公路工程监理培训用书

Gongcheng Zhiliang yu Anquan Jianli
工程质量与安全监理

中国交通建设监理协会　组织编写
秦仁杰　秦志斌　主　编

人民交通出版社股份有限公司
北　京

内 容 提 要

本书为公路工程监理培训用书,全书共十章,主要内容包括:绪论、路基工程施工质量监理、路面工程施工质量监理、桥梁工程施工质量监理、隧道工程施工质量监理、交通安全设施质量监理、机电工程质量监理和公路工程施工安全监理等。

本书主要作为公路工程监理人员培训用书,也可供公路工程建设单位及监理单位的技术及管理人员参考。

图书在版编目(CIP)数据

工程质量与安全监理／中国交通建设监理协会组织编写．— 北京：人民交通出版社股份有限公司,2020.4
ISBN 978-7-114-16409-5

Ⅰ．①工… Ⅱ．①中… Ⅲ．①道路工程—工程质量—质量管理—技术培训—教材 Ⅳ．①U415.12

中国版本图书馆 CIP 数据核字(2020)第 043027 号

公路工程监理培训用书

书　　　名	工程质量与安全监理
著　作　者	中国交通建设监理协会
责任编辑	刘永超　周佳楠
责任校对	孙国靖　魏佳宁
责任印制	张　凯
出版发行	人民交通出版社股份有限公司
地　　　址	(100011)北京市朝阳区安定门外外馆斜街 3 号
网　　　址	http://www.ccpcl.com.cn
销售电话	(010)85285857
总 经 销	人民交通出版社股份有限公司发行部
经　　　销	各地新华书店
印　　　刷	北京市密东印刷有限公司
开　　　本	787×1092　1/16
印　　　张	32.75
字　　　数	796 千
版　　　次	2020 年 4 月　第 1 版
印　　　次	2025 年 4 月　第 11 次印刷
书　　　号	ISBN 978-7-114-16409-5
定　　　价	120.00 元

(有印刷、装订质量问题的图书由本社负责调换)

前　言

为满足公路工程建设需要，提高施工监理队伍素质，中国交通建设监理协会组织相关专家学者，编写了用于施工现场监理员岗前培训的公路工程监理培训用书，本套培训用书共二册，分别为《监理理论基础知识》与《工程质量与安全监理》。

本套培训用书依据我国公路建设实际以及最新颁布的法律法规、标准规范，以夯实现场监理员完成监理工作所必需的知识和技能为目的，以传递"公正、科学、诚信、自律"的监理职业原则为前提，注重工程监理基本理论、基本方法的阐述，突出工程建设质量与安全监理要点，内容系统性与实践指导性并重，有利于公路工程监理员岗前监理业务培训和学习。

《监理理论基础知识》一书，在基本认识公路工程监理制度的基础上，全面介绍了与监理相关的法规文件、体系构成，系统阐述了监理组织、监理规划、工程进度、费用、环境保护监理等基础理论知识。全书共分为12章，另外在附录中摘选了公路工程监理相关的部分法律法规，由中国交通建设监理协会组织编写，章剑青、秦志斌主编。

《工程质量与安全监理》一书，从公路工程建设的质量与安全监理角度出发，系统介绍了路基、路面、桥梁、隧道、交通安全设施、机电工程的质量监理内容，以及施工中的安全监理程序和要点等。全书共分为10章，由中国交通建设监理协会组织编写，秦仁杰、秦志斌主编。

本套培训用书在编写时参考了2013年由中国交通建设监理协会组织编写的"公路工程监理培训用书（第三版）"，在此特向该套书的主编（罗娜、袁志英、袁剑波、彭余华、李宇峙、王富春、杨玉胜、原驰、王成）及所有参编人员表示感谢。本套培训用书既可作为公路行业监理业务培训用书，也可供从事公路工程管理的人员学习使用和高等学校相关专业教师教学参考。

限于编者的水平和经验，书中谬误和疏漏之处在所难免，敬请读者批评指正。

中国交通建设监理协会
2020年4月

目 录

第一章 绪论 ... 1
- 第一节 工程质量管理概述 ... 1
- 第二节 质量缺陷与质量事故的处理 ... 5

第二章 路基工程施工质量监理 ... 7
- 第一节 路基工程概述 ... 7
- 第二节 一般路基施工质量监理 ... 9
- 第三节 特殊路基施工质量监理 ... 25
- 第四节 路基排水工程、支挡与防护工程施工质量监理 ... 48
- 第五节 路基工程常见质量问题与防治 ... 51

第三章 路面工程施工质量监理 ... 53
- 第一节 路面工程概述 ... 53
- 第二节 路面基层(底基层)施工质量监理 ... 72
- 第三节 沥青面层施工质量监理 ... 89
- 第四节 水泥混凝土路面质量控制 ... 115
- 第五节 路面工程常见质量问题与防治 ... 131

第四章 桥梁工程施工质量监理 ... 138
- 第一节 概述 ... 138
- 第二节 桥梁基础工程施工质量监理 ... 147
- 第三节 桥梁下部构造施工质量监理 ... 162
- 第四节 桥梁工程上部构造施工质量监理 ... 167
- 第五节 桥面系施工质量监理 ... 207
- 第六节 桥梁工程常见质量问题与防治 ... 210

第五章 隧道工程施工质量监理 ... 218
- 第一节 隧道工程施工准备 ... 218
- 第二节 隧道开挖施工质量监理 ... 228
- 第三节 隧道支护施工质量监理 ... 244
- 第四节 隧道洞内防排水 ... 256
- 第五节 隧道工程质量评定标准和方法 ... 264
- 第六节 隧道工程常见质量问题与防治 ... 275

第六章 交通安全设施质量监理 ... 284
- 第一节 交通安全设施概述 ... 284
- 第二节 交通安全设施施工质量监理 ... 285

第七章　机电工程质量监理 ... 291
第一节　机电工程概述 ... 291
第二节　通信系统工程质量监理 ... 295
第三节　监控系统工程质量监理 ... 305
第四节　收费系统工程质量监理 ... 325
第五节　隧道机电系统工程质量监理 ... 353
第六节　供配电、照明系统工程质量监理 ... 371

第八章　公路工程施工安全监理概述 ... 387
第一节　安全监理概述 ... 387
第二节　安全事故致因分析 ... 403
第三节　风险管理及控制 ... 408
第四节　现代安全管理方法 ... 413

第九章　安全监理程序和主要内容 ... 436
第一节　招标阶段 ... 436
第二节　施工准备阶段 ... 438
第三节　施工阶段 ... 447
第四节　交工验收阶段 ... 455

第十章　公路工程施工安全监理要点 ... 458
第一节　通用作业的安全监理要点 ... 458
第二节　路基工程施工中的安全监理要点 ... 468
第三节　路面工程施工中的安全监理要点 ... 473
第四节　桥涵工程施工中的安全监理要点 ... 474
第五节　隧道工程施工中的安全监理要点 ... 492
第六节　交通安全设施安全监理要点 ... 508
第七节　改扩建工程安全监理要点 ... 510
第八节　特殊季节与夜间施工安全监理要点 ... 511

参考文献 ... 514

第一章 绪 论

第一节 工程质量管理概述

在公路工程建设中,质量是工程建设的关键,任何一个环节、任何一个部位出现问题,都会给工程的整体质量带来严重后果,直接影响到公路的使用效益,甚至会导致返工重建造成巨大的经济损失。因此,工程质量是公路工程建设的生命。

一、工程质量管理的重要性

随着改革开放的不断深入和发展,我国的建设工程质量和服务质量的总体水平不断提高。多年来,我国一直强调必须贯彻"百年大计、质量第一"的方针,这对建立和发展社会主义市场经济和扩大对外开放发挥了重要作用。质量管理工作已经越来越为人们所重视,企业领导清醒地认识到了高质量的产品和服务是市场竞争的有效手段,是争取用户、占领市场和发展企业的根本保证。但是与国民经济发展水平和国际水平相比,我国的质量水平仍有较大差距。世界著名的管理专家桑德霍姆教授说:"质量是打开世界市场的金钥匙。"美国的质量专家朱兰博士对20世纪90年代的经济发展提出了质量改进理论。日本的质量管理专家明确阐述了质量经济的思路。这些质量管理理论都极大地推动了各国经济的发展,特别是国际标准化组织(ISO)于1987年发布了通用的ISO 9000《质量管理和质量保证》系列标准,并得到国际组织的认可和采用,已逐步成为世界各国共同遵守的工作规范。有人比喻当今世界正在进行"第三次世界大战"。这不是一场使用枪炮的流血战争,而是一场商业竞争大战、贸易大战。而这场战争中制胜的武器就是质量。谁赢得质量,谁就有了这场战争的主动权。因此,从发展战略的高度来认识质量问题,质量已关系到国家的命运、民族的未来,质量管理的水平已关系到行业的兴衰、企业的命运。

作为建设工程产品的工程项目,投资和耗费的人工、材料、能源都相当大,投资者(业主)付出巨大的投资,要求获得理想的、满足使用要求的产品,以期在一定时间内能发挥作用,为社会经济建设和物质文化生活需要做出贡献。如果工程质量差,不但不能发挥应有的效用,而且还会因质量、安全等问题影响国计民生和社会环境安全。

工程质量的优劣,直接影响国家建设的速度。工程质量差本身就是最大的浪费,低劣的质量一方面需要大幅度增加返修、加固、补强等人工、器材、能源消耗,另一方面还将给用户增加使用过程中的维修、改造费用。同时,低劣的质量必然缩短工程的使用寿命,使用户遭受经济损失。此外,质量低劣还会带来其他的间接损失,给国家和使用者造成的浪费、损失将会更大。因此质量问题直接影响着我国经济建设的速度。对建筑施工项目经理来说,把质量管理放在头等重要的位置是刻不容缓的当务之急。

二、工程质量的概念

1. 质量

质量的定义是"反映产品或服务满足明确或隐含需要能力的特征和特性的总和"。定义中"产品或服务"是质量的主体。简单地说，所谓质量，一是必须符合规定要求，二是要满足用户期望。

2. 产品质量

产品质量是指满足人们在生产及生活中所需的使用价值及其属性。它们体现为产品的内在和外观的各种质量指标。根据质量的定义，可以从两个方面理解产品质量。第一，产品质量好坏和高低是根据产品所具备的质量特性能否满足人们需要及满足程度来衡量的。第二，产品质量具有相对性。即一方面，对有关产品所规定的要求及标准、规定等因时而异，会随时间、条件而变化；另一方面，满足期望的程度由于用户需求程度不同，因人而异。

3. 工程项目质量

工程项目质量包括建设工程产品实体和服务这两类特殊产品的质量。

工程实体作为一种综合加工的产品，它的质量是指建设工程产品适合某种规定的用途，满足人们要求其所具备的质量特征的程度。

"服务"是一种无形的产品。服务质量是指企业在推销前、推销时、售后服务过程中满足用户要求的程度。其质量特性依服务业内不同行业而异，但一般均包括：服务时间、服务能力、服务态度。

结合建设工程施工项目的特点，投标额较大、生产周期较长，因此服务质量同样是工程项目质量中的主要因素之一。建设工程的服务质量既可以是定量的，也可以是定性的。例如施工工期、现场的概貌、同驻现场的监理和其他施工单位之间的协作配合、工程竣工后的保修等。

4. 公路工程质量

公路工程质量的定义可以为反映公路工程满足相关标准规定或合同约定的要求，包括安全、使用功能及其在耐久性能、环境保护等方面所有明显和隐含能力的特性总和。

5. 工作质量

工作质量是指参与工程的建设者，为了保证工程的质量所从事工作的水平和完善程度。

工作质量包括社会工作质量、生产过程工作质量等。工程质量的好坏是建设工程的形成过程的各方面、各环节工作质量的综合反映，而不是单纯靠质量检验检查出来的，要保证工程质量就要求有关部门和人员精心工作，对决定和影响工程质量的所有因素严加控制，即通过工作质量来保证和提高工程质量。多年的施工技术经验表明，要保证公路施工处于较高的工作质量水平，必须从人(Man)、材料(Material)、设备(Machine)、方法(Method)和环境(Enviroment)(简称"4M1E")这五大要素着手。

三、质量管理的发展

所谓质量管理,广义地说,是为了最经济地生产出适合使用者要求的高质量产品所采用的各种方法的体系。随着科学技术的发展和市场竞争的需要,质量管理已越来越为人们所重视,并逐渐发展成为一门新兴的学科。最早提出质量管理的国家是美国。日本在第二次世界大战后引进美国的一套质量管理技术和方法,结合本国实际,又将其向前推进,使质量管理走上了科学的道路,取得了世界瞩目的成绩。质量管理作为企业管理的有机组成部分,它的发展也是随着企业管理的发展而发展的,其产生、形成、发展和日益完善的过程大体经历了以下几个阶段。

1. 质量检验阶段(20世纪20—40年代)

20世纪前,主要是手工业和个体生产方式,依靠生产操作者自身的手艺和经验来保证质量。进入20世纪,由于生产力的发展,机器化大生产方式与手工作业的管理制度的矛盾,阻碍了生产力的发展,于是出现了管理革命。美国的泰勒研究了从工业革命以来的大工业生产的管理实践,创立了"科学管理"的新理论。他提出了计划与执行、检查与生产的职能需要分开的主张,即企业中设置专职的质量检验部门和人员,从事质量检验。这使产品质量有了基本保证,对提高产品质量、防止不合格产品出厂或流入下一道工序具有积极的意义。由于这个阶段的特点是质量管理单纯依靠事后检验,剔出废品。因此,它的管理效能有限。按现在的观点来看,它只是质量管理中的一个必不可少的环节。

1924年,美国统计学家休哈特提出了"预防缺陷"的概念。他认为,质量管理工作除了事后检验以外,还应做到事先预防,应在有不合格产品出现的苗头时,就应发现并及时采取措施予以制止。他创造了统计质量控制图等一套预防事故的理论。与此同时,还有一些统计学家提出抽样检验的方法,把统计方法引入了质量管理领域使得检验成本得到降低。但由于当时不为人们充分认识和理解,故未得到真正执行。

2. 统计质量管理阶段(20世纪40—50年代)

第二次世界大战初期,由于战争的需要,美国许多民用生产企业转为生产军用品。由于事先无法控制产品质量,造成废品量很大,耽误了交货期,甚至因军火质量差而发生事故。同时,军需品的质量检验大多属于破坏性检验,不可能进行事后检验。于是人们采用了休哈特的"预防缺陷"的理论。美国国防部请休哈特等研究制订了一套美国战时质量管理方法,强制生产企业执行。这套方法主要是采用统计质量控制图,了解质量变动的先兆并进行预防,使不合格品率大为下降,对保证产品质量收到了较好的效果。这种用数理统计方法来控制生产过程影响质量的因素,把单纯的质量检验变成了过程管理,使质量管理从"事后"转到了"事中",较单纯的质量检验前进了一大步。但因为对数理统计知识的掌握有一定要求,在过分强调的情况下,给人们以统计质量管理是少数数理统计人员责任的错觉,而忽略了广大生产与管理人员的作用,结果是既没有充分发挥数理统计方法的作用,又影响了管理功能的发展,把数理统计在质量管理中的应用推向了极端。到了20世纪50年代,人们认识到统计质量方法并不能全面保证产品质量,进而导致了"全面质量管理"新阶段的出现。

3. 全面质量管理阶段(20世纪60年代以后)

20世纪60年代以后,随着社会生产力的发展和科学技术的进步,经济上的竞争也日趋激烈。特别是一大批高安全性、高可靠性、高科技和高价值的技术密集型产品和大型复杂产品的质量,在很大程度上依靠对各种影响质量的因素加以控制,才能达到设计标准和使用要求。人们对质量控制的认识有了升华,意识到单纯靠检验手段已不能满足要求,大规模的工业化生产,质量保证除与设备、工艺、材料、环境等因素有关外,还与职工的思想意识、技术素质、企业的生产技术管理等相关。同时检验质量的标准与用户需要的质量标准之间也存在时差,必须及时地收集反馈信息,修改制定满足用户需要的质量标准,使产品具有竞争性。20世纪60年代,美国的菲根堡姆首先提出了较系统的"全面质量管理"的概念。其中心意思是,数理统计方法是重要的,但不能单纯依靠它,只有将它和企业管理结合起来,才能保证产品质量。这一概念通过不断完善,便形成了今天的"全面质量管理"。

全面质量管理阶段的特点是,针对不同企业的生产条件、工作环境及工作状态等多方面因素的变化,把组织管理、数理统计方法以及现代科学技术、社会心理学、行为科学等综合运用于质量管理,建立适用和完善的质量工作体系,对每一个生产环节加以管理,做到全面运行和控制,通过改善和提高工作质量来保证产品质量;通过对产品形成和使用全过程管理,全面保证产品质量;通过形成生产(服务)企业全员、全企业、全过程的质量工作系统,建立质量体系以保证产品质量始终满足用户需要,使企业用最少的投入获得最佳的效益。

四、质量管理与质量保证标准的形成

质量检验、统计质量管理和全面质量管理三个阶段的质量管理理论和实践的发展,促使世界各发达国家和企业纷纷制定出新的国家标准和企业标准,以适应全面质量管理的需要。这样的做法虽然促进了质量管理水平的提高,却也出现了各种各样的不同标准。各国在质量管理术语、概念、质量保证要求、管理方式等方面都存在很大差异,这种情况显然不利于国际交往与合作的进一步深化。

近三十年国际化的市场经济迅速发展,国际间商品和资本的流动空前增长,国际间的经济合作、依赖和竞争日益增强,有些产品已超越国界形成国际范围的社会化大生产。特别是不少国家把提高进口商品的质量作为限入奖出的保护手段,利用商品的非价格因素竞争设置关贸壁垒。为了解决国际间质量争端、消除和减少技术壁垒、有效地开展国际贸易、加强国际间技术合作、统一国际质量工作语言、制定共同遵守的国际规范,各国政府企业和消费者都需要一套通用的、具有灵活性的国际质量保证模式。在总结发达国家质量工作经验的基础上,20世纪70年代末,国际标准化组织着手制定国际通用的质量管理和质量保证标准。1980年5月,国际标准化组织的质量保证技术委员会在加拿大应运而生。它通过总结各国质量管理的经验,于1987年3月制定和颁布了ISO 9000系列质量管理及质量保证标准。此后又不断对它进行补充、完善。标准一经发布,相当多的国家和地区表示欢迎,等同或等效采用该标准,指导企业开展质量工作。

质量管理和质量保证的概念和理论是在质量管理发展三个阶段的基础上逐步形成的,是市场经济和社会化大生产发展的产物,是与现代生产规模、条件相适应的质量管理工作模式。

因此,ISO 9000 系列标准的诞生,顺应了消费者的要求,为生产方提供了当代企业寻求发展的途径,有利于一个国家对企业的规范化管理,更有利于国际间贸易和生产合作。

第二节 质量缺陷与质量事故的处理

质量缺陷是指工程中出现的质量问题,它不仅包括工程施工中存在的一般性质量缺陷,而且包括需要部分或全部返工的重大质量事故。

在任何工程施工中,由于种种主观、客观的原因,出现一种质量缺陷,甚至质量事故是在所难免的。问题是在质量问题发生后,监理工程师应采取什么程序来进行处理。

一、质量缺陷的处理原则

对质量缺陷的处理必须坚持以下原则:
(1)监理工程师具有质量否决权。
(2)质量缺陷处理须事先进行调查,分清责任,以明确处理费用的归属。
(3)施工中,前道工序有缺陷,在未经监理工程师认可之前不准进行下一道工序。如土方施工中局部压实度不足,必须进行补充压实,并达到设计标准的要求,否则不准进行上层土方的施工。
(4)承包人必须执行监理工程师对质量缺陷的处理意见。
(5)承包人对质量缺陷的处理方案和措施必须经过监理工程师批准方可实施。
(6)承包人对质量缺陷的处理完成后,必须接受监理工程师的检查、验收。

二、质量缺陷的现场处理

在各项工程的施工过程中或完工以后,现场监理人员如发现工程项目存在着技术规范所不允许的质量缺陷,应根据质量缺陷的性质和严重程度,按如下方式处理:
(1)当因施工而引起的质量缺陷处在萌芽状态时,应及时制止,并要求承包人立即更换不合格的材料、设备或不称职的施工人员;或要求立即改变不正确的施工方法及操作工艺。
(2)当因施工而引起的质量缺陷已出现时,应立即向承包人发出暂停施工的指令(先口头后书面),待承包人采取了能足以保证施工质量的有效措施,并对质量缺陷进行了正确的补救处理后,再书面通知恢复施工。
(3)当质量缺陷发生在某道工序或单项工程完工以后,而且质量缺陷的存在将对下道工序或分项工程产生质量影响时,监理工程师应在对质量缺陷产生的原因及责任做出了判定并确定了补救方案后,再进行质量缺陷的处理或下道工序或分项工程的施工。
(4)在交工使用后的缺陷责任期内发现施工质量缺陷时,监理工程师应及时指令承包人进行修补、加固或返工处理。
(5)对于一些复杂的工程缺陷,在做出决定前,可采取下述的方法做进一步的研究:
①试验验证。监理工程师根据试验数据,进行详细分析,然后再做出决策。
②定期观测。对于某些存在缺陷的工程,由于损坏的程度尚未稳定,在短时间内可能对工

程的影响并不十分明显,需要进行较长时间的观测。在这种情况下,监理工程师应当与业主和承包人协商,如果他们同意,则可以修改合同,采取延长缺陷责任期的办法进行处理。

③专家论证。对于一些工程缺陷,可能涉及的技术领域较广,甚至有时往往根据合同约定也难以决策。在这种情况下,可邀请有关专家进行论证,监理工程师根据专家的分析结论和合同条件,做出最后的决定。

三、质量缺陷的修补与加固

(1)对因施工原因而产生的质量缺陷的修补和加固,应先由承包人提出修补方案及方法,经监理工程师批准后方可进行;对因设计原因而产生的质量缺陷,应通过业主提出处理方案及方法,由承包人进行修补。

(2)修补措施及方法应不降低质量控制指标和验收标准,并应是技术规范允许的或是行业公认的良好工程技术。

(3)对已完工程的缺陷,如果并不构成对工程安全的危害,并且满足设计和使用要求时,经征得业主同意,可不进行加固或变更处理。如工程的缺陷属于承包人的责任,应通过与业主及承包人的协商,降低对此项工程的支付费用。

四、质量事故的处理

当某项工程在施工期间(包括缺陷责任期间)出现了技术规范所不允许的断层、裂缝、倾斜、倒塌、沉降、强度不足等情况时,应视为质量事故。可按如下程序处理:

(1)监理工程师应立即指令承包人暂停该项工程的施工,并采取有效的安全措施。

(2)监理工程师应要求承包人尽快提出质量事故报告并报告业主。质量事故报告应翔实反映该项工程名称、部位、事故原因、应急措施、处理方案以及损失的费用等。

(3)监理工程师应组织有关人员在对质量事故现场进行审查、分析、诊断、测试或验算的基础上,对承包人提出的处理方案予以审查、修正、批准,并指令恢复该项工程施工。

(4)监理工程师应对承包人提出的有争议的质量事故责任予以判定。判定时应全面审查有关施工记录、设计资料及水文地质现状,必要时还要实际检验测试。在分清技术责任时,应明确事故处理的费用数额、承担比例及支付方式。

应当注意的是,无论是质量缺陷的补救还是质量事故的处理,都不应以降低质量标准或使用要求为前提,而且还要考虑对造型及美观的影响。当别无选择且不影响使用要求的情况下降低标准时,应特别注意征得业主的同意,并应在竣工报告及竣工资料中特别提出。

第二章　路基工程施工质量监理

第一节　路基工程概述

1. 路基的定义

公路是一种线形工程构造物。它主要承受和满足汽车荷载的重复作用和经受各种自然因素的长期影响。由于地形、地质和经济条件的限制,公路中线在平面上有弯曲,在竖直方向上有起伏。因此,它是一条空间曲线,其形状称为公路的线形。

路基是公路线形的主体,它贯穿公路全线,并与沿线的桥梁、隧道和涵洞等相连接。路基也是路面的基础,它与路面共同承担汽车荷载的作用,路面靠路基来支撑,没有稳固的路基就没有稳固的路面。

路基是按照路线位置和一定的技术要求修筑的作为路面基础的带状构造物。

2. 路基的形式

路基的横断面如图 2-1 所示。由于地形的变化,道路设计高程与天然地面高程的相互关系不同,一般常见的路基横断面形式有路堤和路堑两种,高于天然地面的填方路基称为路堤[图 2-1a)],低于天然地面的挖方路基称为路堑[图 2-1b)]。介于两者之间的称为半填半挖路基[图 2-1c)]。

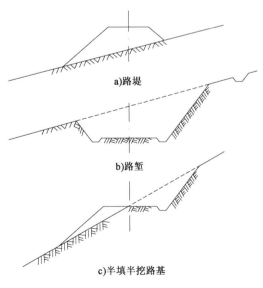

图 2-1　路基横断面形式

为了保证路基的稳定,必须修建适宜的排水系统(如边沟、截水沟、排水沟、跌水、急流槽和盲沟、渗沟、渗井等排水设施),用以排除地面水和地下水。在修建山区公路时,还常须修筑各种防护工程和特殊构筑物。如在山坡较陡时,为了保证路基的稳定和节省土方量,往往需修筑挡土墙(图2-2)、石砌边坡和护脚(图2-3);再如为保护岩石路堑边坡避免自然因素侵蚀而砌筑的护面墙和为防止土质路堤免受常年积水影响而修筑的护坡(图2-4)。

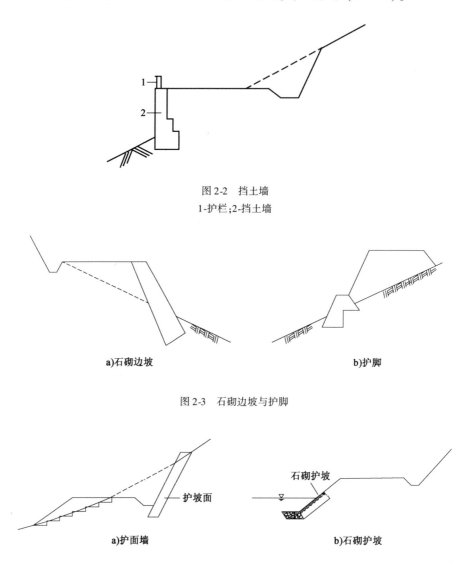

图2-2 挡土墙
1-护栏;2-挡土墙

a)石砌边坡　　　　　　b)护脚

图2-3 石砌边坡与护脚

a)护面墙　　　　　　b)石砌护坡

图2-4 护面墙与护坡

3. 对路基的基本要求

路基的强度和稳定性是保证路面强度和稳定性的先决条件,提高路基的强度和稳定性,可以适当减薄路面的结构层厚度,从而达到降低工程造价的目的。因此,除要求路基断面尺寸符合设计外,路基还应满足下列基本要求:

(1)具有足够的整体稳定性。路基是在天然地面上填筑或挖去一部分而建成。路基修建后,改变了原地面的天然平衡状态,当地质不良时,修建路基可能加剧原地面的不平衡状态,从而发生沉陷、滑坍、崩塌等病害,造成路基损害。为防止路基在行车荷载及自然因素作用下发生较大的变形或破坏,必须因地制宜采取一定措施来保证路基的整体稳定性。

(2)具有足够的强度。路基强度是指在行车荷载作用下,路基抵抗变形的能力。行车荷载及路基路面自重同时对路基下层及地基形成一定压力,这些压力都可能使路基产生变形,直接影响路面结构的使用性能。为保证路基在外力及自重作用下,不致产生超过允许范围的变形,要求路基具有足够的强度。

(3)具有足够的水温稳定性。路基在地面水及地下水的作用下,其强度将会显著降低。特别是在冰冻地区,由于水温的变化,路基发生周期性冻融作用,形成冻胀与翻浆,路基的强度急剧下降。因此,路基不仅要求有足够的强度,还应采取措施确保路基在不利的水温状况下强度不致过度降低,这就要求路基应具有一定的水温稳定性。

4.路基的几何要素

路基的几何要素主要指路基宽度、路基高度和路基边坡坡度。

路基宽度是指路基某一横断面上两路肩外缘之间的距离,它一般为行车道宽度与路肩宽度之和。当设有中间带、变速车道、爬坡车道、紧急停车带时,还应包括这部分的宽度。公路等级越高,路基宽度越大。

路基高度是指路堤的填筑高度或路堑的开挖深度,是路基设计高程与原地面高程之差。

由于原地面横向往往有倾斜,在路基宽度范围内,两侧的相对高差常有不同。通常,路基高度是指路中心线处的设计高程与该处原地面高程之差,但对路基边坡高度来说,则指坡脚、坡顶边缘高程与路肩边缘高程之差。所以,路基高度有中心高度与边坡高度之分。在正常条件下,可根据土质类别的不同,将边坡高度小于 1.0~1.5m 的填方路基称为矮路堤,将大于 18m(土质)或 20m(石质)的填方路基视为高路堤,将大于 20m(土质)或 30m(石质)的挖方路基视为深路堑。

为保证路基稳定而在其两侧做成的具有一定坡度的坡面称为路基边坡。公路路基的边坡坡度,可用边坡高度 H 与边坡宽度 b 之比值表示,并取 $H=1$。路基边坡坡度对路基的稳定起着重要的作用,边坡坡度的大小,取决于边坡的土质、岩石的性质及水文地质条件等自然因素和边坡的高度。

第二节 一般路基施工质量监理

一、路基施工准备阶段的监理

在路基施工准备阶段(即承包人进场至正式签发开工通知书之前),监理工程师的主要工作重点是:根据合同条件对承包人开工前的准备工作进行检查。除检查材料、施工机械、施工方案、自检系统外,还应检查承包人进行的施工测量。

1. 一般规定

(1)路基工程施工前,承包人应熟悉设计文件、领会设计意图。

(2)监理工程师应进行施工调查及现场核对,根据设计要求、合同条件及现场情况等,审查承包人编制的施工组织设计。

(3)路基开工前,监理工程师应督促承包人建立健全质量、环境、职业健康安全管理体系,对各类施工人员进行岗位培训和技术、安全交底。

(4)临时工程应满足正常施工需要,保证路基施工影响范围内原有道路、结构物的使用功能,保护农田水利设施等。临时工程宜与永久工程相结合。

(5)对拟采用新技术、新工艺、新材料、新设备的工程项目,应提前做好试验研究和论证工作。

2. 施工测量

(1)应根据公路等级和测量精度要求,选择测量方法。控制性桩点,应进行现场交桩,在复测原控制网的基础上,根据施工需要适当加密、优化,建立施工测量控制网,妥善保护。

(2)平面控制测量应符合下列规定:

①平面控制测量应采用卫星定位测量、导线测量、三角测量或三边测量的方法进行。

②平面控制测量等级与技术要求应符合现行《公路路基施工技术规范》(JTG/T 3610)的有关规定。

③卫星定位测量、导线测量、三角测量与三边测量的主要技术要求应符合现行《公路路基施工技术规范》(JTG/T 3610)的有关规定。

(3)高程控制测量应符合下列规定:

①高程控制测量应采用水准测量或三角高程测量的方法进行。

②高程控制测量等级与技术要求应符合现行《公路路基施工技术规范》(JTG/T 3610)的有关规定。

③水准测量、光电测距三角高程测量的主要技术要求应符合现行《公路路基施工技术规范》(JTG/T 3610)的有关规定。

(4)路基施工与隧道、桥梁施工共用的控制点,应符合现行《公路路基施工技术规范》(JTG/T 3610)、《公路隧道施工技术规范》(JTG F60)、《公路桥涵施工技术规范》(JTG/T F50)的有关规定。

(5)施工期间,应保护好所有控制桩点,及时恢复被破坏的桩点,根据情况对控制桩点进行复测。

(6)导线复测应符合下列规定:

①导线测量精度应符合现行《公路路基施工技术规范》(JTG/T 3610)的有关规定。

②原有导线点不能满足施工需要时,应增设满足相应精度要求的附合导线点。

③同一建设项目内相邻施工段的导线应闭合,并满足同等级精度要求。

④可能受施工影响的导线点,施工前应加固或改移,并应保持其精度。

⑤导线桩点应进行不定期检查和定期复测,复测周期应不超过6个月。

(7)水准点复测与加密应符合下列规定:

①水准点精度应符合现行《公路路基施工技术规范》(JTG/T 3610)的有关规定。

②同一建设项目应采用同一高程系统,并应与相邻项目高程系统相衔接。

③沿路线每500m宜有一个水准点,高速公路、一级公路宜加密,每200m有一个水准点。在结构物附近、高填深挖路段、工程量集中及地形复杂路段,宜增设水准点。临时水准点应符合相应等级的精度要求,并与相邻水准点闭合。

④对可能受施工影响的水准点,施工前应加固或改移,并应保持其精度。

⑤水准点应进行不定期检查和定期复测,复测周期应不超过6个月。

(8)中线放样应符合下列规定:

①路基开工前,应进行全段中线放样并应固定路线主要控制桩,宜采用坐标法进行测量放样。

②中线放样时,应注意路线中线与结构物中心、相邻施工段的中线闭合,发现问题应及时查明原因,进行处理。

③实际放样与设计图纸不符时,应查明原因后进行处理。

(9)路基放样应符合下列规定:

①施工前应对原地面进行复测,核对或补充横断面。

②施工前应设置标识桩,将路基用地界、路堤坡脚、路堑坡顶、取土坑、护坡道、弃土堆等的具体位置标识清楚。

③深挖高填路段,每挖填一个边坡平台或者3~5m,应复测中线和横断面。

(10)每项测量成果应进行复核,原始记录应存档。

(11)路基施工测量应符合现行《公路路基施工技术规范》(JTG/T 3610)、《公路勘测规范》(JTG C10)的有关规定。

3.试验

(1)路基施工前,应建立具备相应试验检测能力的工地试验室。

(2)路基填前碾压前,应对路基基底原状土进行取样试验。每公里应至少取2个点,并应根据土质变化增加取样点数。

(3)应及时对拟作为路堤填料的材料进行取样试验。土的试验项目应包括天然含水率、液限、塑限、颗粒分析、击实、CBR(加州承载比)等,必要时还应做相对密度、有机质含量、易溶盐含量、冻胀和膨胀量等试验。

(4)使用特殊材料作为填料时,应按相关标准进行相应试验检验,经批准后方可使用。

4.地表处理

(1)地基表层碾压处理压实度控制标准为:二级及二级以上公路一般土质应不小于90%;三、四级公路应不小于85%。低路堤应对地基表层土进行超挖、分层回填压实,其处理深度应不小于路床厚度。

(2)原地面坑、洞、穴等,应在清除沉积物后,用合格填料分层回填、分层压实,压实度应符合上述(1)的规定。对可能存在空洞隐患的,应结合具体情况采取相应的处治措施。

(3)泉眼或露头地下水,应按设计要求采取有效导排措施,将地下水引离后方可填筑路堤。

(4)地基为耕地、松散土质、水稻田、湖塘、软土、过湿土等时,应按设计要求进行处理,局部软弹的部分应采取有效的处理措施。

(5)陡坡地段、填挖结合部、土石混合地段、高填方地段地基等应按设计要求进行处理。

(6)地下水位较高时,应按设计要求进行处理。

(7)特殊地段路基应先核对地勘资料,确定设计资料与实际的符合性、处理方法的适用性,必要时重新补勘地质、水文资料,根据结果重新确定处理方案。

5. 试验路段

(1)下列情况应进行试验路段施工:

①二级及二级以上公路路堤。

②填石路堤、土石路堤。

③特殊填料路堤。

④特殊路基。

⑤拟采用新技术、新工艺、新材料、新设备的路基。

(2)试验路段应选择地质条件、路基断面形式等具有代表性的地段,长度宜不小于200m。

(3)试验路段施工总结宜包括下列内容:

①填料试验、检测报告等。

②压实工艺主要参数:机械组合、压实机械规格、松铺厚度、碾压遍数、碾压速度、最佳含水率及碾压时含水率范围等。

③过程工艺控制方法。

④质量控制标准。

⑤施工组织方案及工艺的优化。

⑥原始记录、过程记录。

⑦对施工图的修改建议等。

⑧安全保证措施。

⑨环保措施。

二、路基施工的一般规定

(1)路基填料应符合下列规定:

①宜选用级配好的砾类土、砂类土等粗粒土作为填料。

②含草皮、生活垃圾、树根、腐殖质的土严禁作为填料。

③泥炭土、淤泥、冻土、强膨胀土、有机质土及易溶盐超过允许含量的土等,不得直接用于填筑路基;确需使用时,应采取技术措施进行处理,经检验满足要求后方可使用。

④粉质土不宜直接用于填筑二级及二级以上公路的路床,不得直接用于填筑冰冻地区的路床及浸水部分的路堤。

(2)路基填料最小承载比和最大粒径应符合表2-1的规定。

路基填料最小承载比和最大粒径要求 表 2-1

填料应用部位(路面底面以下深度)(m)				填料最小承载比 CBR(%)			填料最大粒径(mm)
				高速公路、一级公路	二级公路	三、四级公路	
填方路基	上路床		0~0.30	8	6	5	100
	下路床	轻、中及重交通	0.30~0.80	5	4	3	100
		特重、极重交通	0.30~1.20				
	上路堤	轻、中及重交通	0.8~1.5	4	3	3	150
		特重、极重交通	1.2~1.9				
	下路堤	轻、中及重交通	>1.5	3	2	2	150
		特重、极重交通	>1.9				
零填及挖方路基	上路床		0~0.30	8	6	5	100
	下路床	轻、中及重交通	0.30~0.80	5	4	3	100
		特重、极重交通	0.30~1.20				

注:1. 表列承载比是根据路基不同填筑部位压实标准的要求,按现行《公路土工试验规程》(JTG E40)试验方法规定浸水 96h 确定的 CBR。
2. 三、四级公路铺筑沥青混凝土和水泥混凝土路面时,应采用二级公路的规定。
3. 表中上、下路堤填料最大粒径150mm 的规定不适用于填石路堤和土石路堤。

三、路床施工质量监理

(1)路床填料应符合下列规定:
①路床填料应符合表2-1 的规定。
②高速公路、一级公路路床填料宜采用砂砾、碎石等水稳性好的粗粒料,也可采用级配好的碎石土、砾石土等;粗粒料缺乏时,可采用无机结合料改良细粒土。
(2)零填、挖方路段的路床施工应符合下列规定:
①路床范围原状土符合要求的,可直接进行成形施工。
②路床范围为过湿土时应进行换填处理,设计有规定时按设计厚度换填,设计未规定时按以下要求换填:高速公路、一级公路换填厚度宜为0.8~1.2m,若过湿土的总厚度小于1.5m,则宜全部换填;二级公路的换填厚度宜为0.5~0.8m。
③高速公路、一级公路路床范围为崩解性岩石或强风化软岩时应进行换填处理,设计有规定时按设计厚度换填,设计未规定时换填厚度宜为0.3~0.5m。
(3)路床填筑,每层最大压实厚度宜不大于300mm,顶面最后一层压实厚度应不小于100mm。

四、一般路基施工质量监理

1. 挖方路基

(1)土方开挖应符合下列规定:
①应自上而下逐级进行,严禁掏底开挖。
②开挖至边坡线前,应预留一定宽度,预留的宽度应保证刷坡过程中设计边坡线外的土层

不受到扰动。

③拟用作路基填料的土方,应分类开挖、分类使用。非适用材料作为弃方时,应按现行《公路路基施工技术规范》(JTG/T 3610)的规定处理。

④开挖至零填、路堑路床部分后,应及时进行路床施工;如不能及时进行,宜在设计路床顶高程以上预留至少300mm厚的保护层。

⑤应采取临时排水措施,施工作业面不得积水。

(2)土方开挖遇到地下水时,应按下列规定处理:

①应采取排导措施,将水引入路基排水系统,不得随意堵塞泉眼。

②路床土含水率高或为含水层时,应采取设置渗沟、换填、改良土质等处理措施。路床填料除应符合表2-1的规定外,还应具有好的透水性和水稳性。

(3)石方开挖施工应符合下列规定:

①应根据岩石的类别、风化程度、岩层产状、岩体断裂构造、施工环境等因素确定开挖方案。

②应逐级开挖,逐级按设计要求进行防护。

③施工过程中,每挖深3~5m应进行边坡边线和坡率的复测。

④爆破作业应符合现行《爆破安全规程》(GB 6722)的有关规定。

⑤严禁采用峒室爆破,靠近边坡部位的硬质岩应采用光面爆破或预裂爆破。

⑥爆破法开挖石方,应先查明空中缆线、地下管线的位置,开挖边界线外可能受爆破影响的建筑物结构类型、居民居住情况等,对不能满足安全距离的石方宜采用化学静态爆破或机械开挖。

⑦边坡应逐级进行整修,同时清除危石及松动石块。

(4)石质路床清理应符合下列规定:

①欠挖部分应予凿除,超挖部分应采用强度高的砂砾、碎石进行找平处理,不得采用细粒土找平。

②路床底面有地下水时,可设置渗沟进行排导,渗沟应采用硬质碎石回填。

③路床的边沟应与路床同步施工。

(5)深挖路堑施工应符合下列规定:

①应根据地形特征设置边坡观测点,施工过程中应对深挖路堑的稳定性进行监测。

②施工过程中,应核查地质情况,如与设计不符应及时反馈处理。

③每挖深3~5m应复测一次边坡。

2. 填土路堤

(1)路堤填筑应符合下列规定:

①性质不同的填料,应水平分层、分段填筑,分层压实。同一层路基应采用同一种填料,不得混合填筑。每种填料的填筑层压实后的连续厚度宜不小于500mm。路基上部宜采用水稳性好或冻胀敏感性小的填料。有地下水的路段或浸水路堤,应填筑水稳性好的填料。

②在透水性差的压实层上填筑透水性好的填料前,应在其表面设2%~4%的双向横坡,并采取相应的防水措施。不得在透水性好的填料所填筑的路堤边坡上覆盖透水性差的填料。

③每种填料的松铺厚度应通过试验确定。

④每一填筑层压实后的宽度不得小于设计宽度。
⑤路堤填筑时,应从最低处起分层填筑,逐层压实。
⑥填方分几个作业段施工时,接头部位如不能交替填筑,先填路段应按1:1~1:2坡度分层留台阶;如能交替填筑,应分层相互交替搭接,搭接长度应不小于2m。

(2)湿黏土路堤施工应符合下列规定:
①应按设计要求对基底湿黏土层进行处理。
②湿黏土填料宜采用石灰进行改良,石灰宜采用消石灰或磨细生石灰粉。石灰粒径应不大于20mm,质量宜符合三级及三级以上标准。
③施工前应取现场有代表性的土做石灰掺配试验,确定石灰用量。
④灰土拌和可采用路拌法,翻拌后填料的块状粒径超过15mm的含量宜小于15%,填筑层厚度宜不超过200mm。
⑤改良后的湿黏土路堤质量应采用灰剂量与压实度两个指标控制,灰剂量应不低于设计掺量,压实度应符合表2-2的规定。应采用设计灰剂量的击实试验确定最大干密度。

土质路基压实度标准 表2-2

填筑部位(路面底面以下深度)(m)				压实度(%)		
				高速公路、一级公路	二级公路	三、四级公路
填方路基	上路床		0~0.30	≥96	≥95	≥94
	下路床	轻、中及重交通	0.30~0.80	≥96	≥95	≥94
		特重、极重交通	0.30~1.20			—
	上路堤	轻、中及重交通	0.8~1.5	≥94	≥94	≥93
		特重、极重交通	1.2~1.9			—
	下路堤	轻、中及重交通	>1.5	≥93	≥92	≥90
		特重、极重交通	>1.9			
零填及挖方路基	上路床		0~0.30	≥96	≥95	≥94
	下路床	轻、中及重交通	0.30~0.80	≥96	≥95	—
		特重、极重交通	0.30~1.20			

注:1.表列压实度以现行《公路土工试验规程》(JTG E40)重型击实试验法为准。
2.三、四级公路铺筑水泥混凝土路面或沥青混凝土路面时,其压实度应采用二级公路的规定值。
3.路堤采用特殊填料或处于特殊气候地区时,压实度标准在保证路基强度要求的前提下根据试验路段和当地工程经验确定。
4.特殊干旱地区的压实度标准可降低2~3个百分点。

(3)填土路堤施工过程质量控制应符合下列规定:
①施工过程中,每一压实层均应进行压实度检测,检测频率为每1000m² 不少于2点。压实度检测可采用灌砂法、环刀法等方法,检测应符合现行《公路路基路面现场测试规程》(JTG 3450)的有关规定。
②施工过程中,每填筑2m宜检测路线中线和宽度。
(4)路堤填筑至设计高程并整修完成后,其施工质量应符合表2-3的规定。

土质(土石)路堤施工质量标准　　　　　　　　　　表 2-3

项次	检查项目	规定值或允许偏差			检查方法和频率
		高速公路、一级公路	二级公路	三、四级公路	
1	压实度	符合表2-2规定	符合表2-2规定	符合表2-2规定	密度法:每200m每压实层测2处
2	弯沉(0.01mm)	满足设计要求	满足设计要求	满足设计要求	—
3	纵断高程(mm)	+10,-15	+10,-20	+10,-20	水准仪:每200m测2点
4	中线偏位(mm)	50	100	100	全站仪:每200m测2点,弯道加缓圆(HY)、圆缓(YH)2点
5	宽度(mm)	≥设计值	≥设计值	≥设计值	尺量:每200m测4处
6	平整度(mm)	≤15	≤20	≤20	3m直尺:每200m测2处×5尺
7	横坡(%)	±0.3	±0.5	±0.5	水准仪:每200m测2个断面
8	边坡坡度	满足设计要求	满足设计要求	满足设计要求	每200m测4点

3. 填石路堤

(1)填料应符合下列规定:

①硬质岩石、中硬岩石可用于路堤和路床填筑;软质岩石可用于路堤填筑,不得用于路床填筑;膨胀岩石、易溶性岩石和盐化岩石不得用于路基填筑。

②路基的浸水部位,应采用稳定性好、不易膨胀崩解的石料填筑。

③路堤填料粒径应不大于500mm,并宜不超过层厚的2/3。路床底面以下400mm范围内,填料最大粒径不得大于150mm,其中小于5mm的细料含量应不小于30%。

(2)填筑应符合下列规定:

①填石路堤应分层填筑压实。在陡峻山坡地段施工特别困难时,三级及三级以下砂石路面公路的下路堤可采用倾填方式填筑。

②岩性相差大的填料应分层或分段填筑,软质石料与硬质石料不得混合使用。

③填石路堤顶面与细粒土填土层之间应填筑过渡层或铺设无纺土工布隔离层。

④压实机械宜选用自重不小于18t的振动压路机。

⑤填石路堤采用强夯、冲击压路机进行补压时,应避免对附近构造物造成影响。

(3)中硬、硬质石料填筑路堤时,应进行边坡码砌。码砌防护的石料强度、尺寸应满足设计要求。边坡码砌与路基填筑应基本同步进行。

(4)采用易风化岩石或软质岩石石料填筑时,应按设计要求采取边坡封闭和底部设置排水垫层、顶部设置防渗层等措施。

(5)填石路堤压实质量标准应符合表2-4的规定。

填石路堤压实质量标准　　　　　表2-4

分　区	路床顶面以下深度（m）	硬质石料孔隙率（％）	中硬石料孔隙率（％）	软质石料孔隙率（％）
上路堤	0.80～1.50	≤23	≤22	≤20
下路堤	>1.50	≤25	≤24	≤22

（6）施工过程质量控制应符合下列规定：

①施工过程中每一压实层，应采用试验路段确定的工艺流程、工艺参数控制，压实质量可采用沉降差指标进行检测。

②施工过程中，每填高3m宜检测路基中线和宽度。

（7）填石路堤填筑至设计高程并整修完成后，其施工质量应符合表2-5的规定。

填石路堤施工质量标准　　　　　表2-5

项次	检查项目		规定值或允许偏差		检查方法和频率
			高速公路、一级公路	其他公路	
1	压实		孔隙率满足设计要求		密度法：每200m每压实层测1处
			沉降差≤试验路段确定的沉降差		精密水准仪：每50m测1个断面，每个断面测5点
2	纵断高程（mm）		+10，-20	+10，-30	水准仪：每200m测2点
3	弯沉（0.01mm）		满足设计要求		—
4	中线偏位（mm）		≤50	≤100	全站仪：每200m测2点，弯道加HY、YH两点
5	宽度（mm）		满足设计要求		尺量：每200m测4处
6	平整度（mm）		≤20	≤30	3m直尺：每200m测2处×5尺
7	横坡（％）		±0.3	±0.5	水准仪：每200m测2个断面
8	边坡	坡度	满足设计要求		尺量：每200m测4点
		平顺度	满足设计要求		

（8）成型后的外观质量标准应符合下列规定：

①路堤表面应无明显孔洞。

②大粒径石料应不松动。

③边坡码砌紧贴，密实无松动，砌块间承接面向内倾斜，坡面平顺。

④路基边线与边坡不应出现单向累计长度超过50m的弯折。

⑤上边坡不得有危石。

4．土石路堤

（1）填料应符合下列规定：

①膨胀岩石、易溶性岩石等不宜直接用于路基填筑，崩解性岩石和盐化岩石等不得用于路基填筑。

②天然土石混合填料中，中硬、硬质石料的最大粒径不得大于压实层厚的2/3；石料为强风化石料或软质石料时，其CBR值应符合表2-1的规定，石料最大粒径不得大于压实层厚。

（2）填筑应符合下列规定：

①压实机械宜选用自重不小于18t的振动压路机。

②应分层填筑压实，不得倾填。

③应使大粒径石料均匀分散在填料中，石料间孔隙应填充小粒径石料和土。

④土石混合料来自不同料场，其岩性或土石比例相差大时，宜分层或分段填筑。

⑤填料由土石混合材料变化为其他填料时，土石混合材料最后一层的压实厚度应小于300mm，该层填料最大粒径宜小于150mm，压实后表面应无孔洞。

⑥中硬、硬质石料填筑土石路堤时，宜进行边坡码砌，码砌与路堤填筑宜同步进行，软质石料土石路堤的边坡按土质路堤边坡处理。

⑦采用强夯、冲击压路机进行补压时，应避免对附近构造物造成影响。

（3）施工过程质量控制应符合下列规定：

①中硬及硬质岩石的土石路堤填筑施工过程中每一压实层，应采用试验路段确定的工艺流程、工艺参数，压实质量可采用沉降差指标进行检测。

②软质石料的土石路堤填筑质量标准应符合表2-2的规定。

③施工过程中，每填筑3m高宜检测路线中线和宽度。

（4）路基成型后质量应符合表2-3的规定。

（5）外观质量标准应符合下列规定：

①路基表面无明显孔洞。

②大粒径填石应不松动。

③中硬、硬质石料土石路基边坡应码砌紧贴、密实无松动，砌块间承接面应向内倾斜，坡面平顺。

5. 高路堤与陡坡路堤

（1）高路堤段应优先安排施工，宜预留1个雨季或6个月以上的沉降期。

（2）高路堤宜采用强度高、水稳性好的材料。路堤浸水部分应采用水稳性和透水性好的材料。

（3）高路堤施工中应按设计要求预留高度与宽度，并进行动态监控。

（4）高路堤宜每填筑2m冲击补压一次，或每填筑4~6m强夯补压一次。

（5）高路堤填筑过程中应进行沉降和稳定性观测。

（6）在不良地质路段的高路堤与陡坡路堤填筑，应控制填筑速率，并进行地表水平位移监测，必要时应进行地下土体分层水平位移监测。

6. 台背与墙背填筑

（1）填料宜采用透水性材料、轻质材料、无机结合料稳定材料等，崩解性岩石、膨胀土不得用于台背与墙背填筑。

（2）台背与墙背填筑施工应符合下列规定：

①二级及二级以上公路应按设计做好过渡段，过渡段路堤压实度应不小于96%；二级以下公路的路堤与回填的联结部，应预留台阶。

②台背和锥坡的回填宜同步进行。

③台背与墙背1.0m范围内回填宜采用小型夯实机具压实。

④分层压实厚度宜不大于150mm,填料粒径宜小于100mm,涵洞两侧回填填料粒径宜小于50mm,压实度应不小于96%。

⑤部位狭窄时,可采用低强度等级混凝土、浆砌片石等材料回填。

⑥涵洞两侧应对称分层回填压实。

⑦回填部分的路床宜与路堤路床同步填筑。

⑧台背与墙背回填,应在结构物强度达到设计强度的75%以上时进行。

7. 粉煤灰路堤

(1)粉煤灰可用于各级公路路堤填筑,不得用于高速公路、一级公路的路床和二级公路的上路床。

(2)用于路基填筑的粉煤灰的烧失量应不大于20%,SO_3含量宜不大于3%,粉煤灰中不得含团块、腐殖质及其他杂质。

(3)储运粉煤灰应符合下列规定:

①调节粉煤灰含水率宜在储灰场或灰池中进行。

②粉煤灰的装卸、运输和堆放,应采取洒水封盖等防止扬尘的措施。

③粉煤灰填料宜从厂家或渣场直接运输至施工作业面使用。

(4)粉煤灰路堤填筑应符合下列规定:

①大风或气温低于0℃时不宜施工。

②有显著差别的灰源应分别堆放,分段填筑。

③路堤高度超过4m时,可在路堤中部设置土质夹层。

④粉煤灰路堤应进行包边防护,包边土应与粉煤灰同步施工,宽度宜不小于2m。

⑤施工过程中,作业面应及时洒水润湿,并应合理设置行车便道。

⑥施工间歇期,作业面应洒水润湿,并应封闭交通;间隙期长时,应在粉煤灰压实层顶面覆盖封闭土层。

(5)粉煤灰路堤压实度标准应通过试验路段确定,并应符合表2-6的规定。包边土和顶面封层土的压实度应符合表2-2的规定。粉煤灰路堤压实度可采用填上层检下层的方式进行检测。

粉煤灰路堤压实度标准　　　　表2-6

填料应用部位	压实度(%)	
	高速公路、一级公路	二级及二级以下公路
下路床	—	≥92
上路堤	≥92	≥90
下路堤	≥90	≥88

注:表列压实度以现行《公路土工试验规程》(JTG E40)重型击实试验法为准。

8. 土工泡沫塑料路堤

(1)土工泡沫塑料可用于软土地基上路堤、桥涵与挡土墙构造物台背路堤、拓宽路堤和修复失稳路堤等。

(2) 土工泡沫材料密度宜不小于20kg/m³,10%应变的抗压强度宜不小于110kPa,抗弯强度宜不小于150kPa,压缩模量宜不小于3.5MPa,7天体积吸水率宜不大于1.5%。

(3) 土工泡沫塑料块体在工地堆放时,应采取防火、防风、防鼠、防雨水滞留、防有机溶剂及石油类油剂的侵蚀等保护措施,并应采取措施避免阳光直接照射。

(4) 土工泡沫塑料块体铺筑应符合下列规定:

①铺筑前应对材料进行检测。

②非标准尺寸土工泡沫塑料块体宜在生产车间加工。现场加工时,宜用电热丝进行切割。

③铺筑前应设置垫层,垫层宽度宜超过路基边缘0.5~1.0m,垫层顶面应保持干燥。

④最底层块体与垫层之间、同一层块体侧面联结、不同层块体之间的联结应牢固,联结件应进行防锈处理。

⑤应逐层错缝铺设,缝隙或高差可用砂或无收缩水泥砂浆找平。

⑥严禁重型机械直接在土工泡沫塑料块体上行驶。

⑦与其他填料路堤或旧路基的接头处,土工泡沫塑料块体应呈台阶铺设,台阶宽度与坡度应满足设计要求。

⑧顶面的钢筋混凝土薄板、土工膜或土工织物等,应覆盖全部土工泡沫塑料块体,并向土质护坡延伸0.5~1.0m。

⑨土工泡沫塑料路堤两边应进行土质包边,包边法向厚度应不小于0.25m,并应分层夯实,防渗土工膜宜分级回包。

(5) 土工泡沫塑料路堤质量应符合表2-7的规定。

土工泡沫塑料路堤质量标准　　　　　　表2-7

项次	检查项目		允许偏差	检查方法和频率
1	土工泡沫塑料块体尺寸	长度	1/100	尺量,抽样频率:<2000m³抽检2块,2000~5000m³抽检3块,5000~10000m³抽检4块,≥10000m³每2000m³抽检1块
		宽度	1/100	
		厚度	1/100	
2	土工泡沫塑料块体密度		≥设计值	天平:抽样频率同项次1
3	基底压实度		≥设计值	环刀法或灌砂法:每1000m²检测2点
4	垫层平整度(mm)		10	3m直尺:每20m测3点
5	土工泡沫塑料块体之间平整度(mm)		20	3m直尺:每20m测3点
6	土工泡沫塑料块体之间缝隙、错台(mm)		10	尺量:每20m测1点
7	土工泡沫塑料块体路堤顶面横坡(%)		±0.5	水准仪:每20m测6点
8	护坡宽度		≥设计值	尺量:每40m测1点
9	钢筋混凝土板厚度(mm)		+10,-5	尺量:量板边,每块2点
10	钢筋混凝土板宽度(mm)		±20	尺量:每100m测2点

续上表

项次	检查项目	允许偏差	检查方法和频率
11	钢筋混凝土板强度(MPa)	满足设计要求	按《公路工程质量检验评定标准 第一册 土建工程》(JTG F80/1—2017) 附录D 检查
12	钢筋网孔间距(mm)	±10	尺量

注：路线曲线部分的土工泡沫塑料块体缝隙不得大于50mm。

9. 泡沫轻质土路堤

(1)用于公路路基的泡沫轻质土的无侧限抗压强度应满足设计要求，设计未规定时应符合表2-8的规定。

泡沫轻质土无侧限抗压强度　　表2-8

路基部位		无侧限抗压强度(MPa)	
		高速公路、一级公路	二级及二级以下公路
路床	轻、中及重交通	≥0.8	≥0.6
	特重、极重交通	≥1.0	
上路堤、下路堤		≥0.6	≥0.5
地基置换		>0.4	

注：无侧限抗压强度为龄期28d、边长100mm的立方体抗压强度。

(2)泡沫轻质土施工湿重度应符合设计要求，设计未规定时泡沫轻质土施工最小湿重度应不小于$5.0kN/m^3$，施工最大湿重度宜不大于$11.0kN/m^3$。

(3)泡沫轻质土施工流动度宜为170~190mm。特重、极重交通高速公路及一级公路路床部位的泡沫轻质土配合比宜采用掺砂配合比，流动度宜为150~170mm，且砂与水泥的质量比宜控制在0.5~2.0。

(4)泡沫轻质土的原材料应符合下列规定：

①水泥应符合现行《通用硅酸盐水泥》(GB 175)的规定，其强度等级宜为42.5级。

②用水应符合现行《混凝土用水标准》(JGJ 63)的规定，且温度应不低于5℃。

③泡沫剂应符合现行《泡沫混凝土用泡沫剂》(JC/T 2199)的规定。

④外加剂、掺合料应满足相关规范要求，使用前应进行效果试验，确认对泡沫轻质土无不良影响。

(5)泡沫轻质土的施工设备应符合下列规定：

①水泥浆拌和设备应具有配合比自动配置及记录功能，且单台套产能宜不低于$35m^3/h$。

②泡沫轻质土拌和设备应具有配合比自动配置及记录功能，且单台套产能宜不低于$90m^3/h$。

(6)泡沫轻质土配合比试验应符合下列规定：

①泡沫轻质土配合比应进行湿重度、流动度、抗压强度试验，并应满足设计要求。

②泡沫轻质土抗压强度试件为100mm×100mm×100mm的立方体，试件应采用保鲜袋密封养护，养护温度应为20℃±2℃。

③泡沫轻质土的设计强度不大于 1.0MPa 时,试配强度应为设计强度的 1.1 倍;设计强度大于 1.0MPa 时,试配强度应为设计强度加 0.05MPa。试配 7 天龄期抗压强度应在合格标准的 50% 内。

(7)泡沫轻质土路堤地基应按设计高程和尺寸进行开挖、清理、整平、压实,设置排水沟或其他排水设施。当在地下水位以下浇筑时,应有降水措施,不得在基底有水的状态下浇筑。

(8)泡沫轻质土路堤施工应符合下列规定:

①泡沫轻质土路堤施工前,应将路基划分为面积不大于 400m²、长轴不超过 30m 的浇筑区,每个浇筑区单层浇筑厚度宜为 0.3~1.0m。轻质土路堤每隔 10~15m 应设置一道变形缝。

②泡沫宜采用压缩空气与发泡剂水溶液混合的方式生产,不得采用搅拌发泡法生产泡沫。

③原材料配合比计量应采用电子计量,泡沫剂、水泥、水、外加剂和外掺料计量精度均为 ±2%。

④用于制备泡沫轻质土的料浆在储料装置中的停滞时间宜不超过 1.5h。

⑤泡沫轻质土应在出料软管的前端直接浇筑,出料口宜埋入泡沫轻质土中。

⑥单个浇筑区浇筑层的浇筑时间不得超过水泥浆的初凝时间。上下相邻两层浇筑间隔时间宜不少于 8h。

⑦泡沫轻质土不得在雨天施工。已施工尚未硬化的轻质土,在雨天应采取遮雨措施。

⑧泡沫轻质土浇筑至设计厚度后,应覆盖塑料膜或无纺土工布进行保湿养护,养护时间宜不少于 7 天。

⑨不宜在气温低于 5℃时浇筑,否则应采取保温措施。

⑩泡沫轻质土顶层铺筑过渡层之前,不得直接在填筑表面进行机械或车辆作业。

(9)旧路加宽老路堤与泡沫轻质土交界的坡面,清理厚度宜不小于 0.3m,从老路堤坡脚向上按设计要求挖台阶。土体台阶必须密实、无松散物。泡沫轻质土浇筑应采用分层分块方式,不宜沿公路横向分块浇筑。纵向填挖结合段,应合理设置台阶。

(10)泡沫轻质土分区施工时,分区模板应安装拼接紧密,不漏浆。宜在分区浇筑施工缝处设置变形缝。变形缝宜采用 18mm 胶合板或 20~30mm 聚苯乙烯板,上下可不贯通。

(11)泡沫轻质土路基床强度应符合表 2-8 的规定,对 CBR 值、弯沉值可不作要求。

(12)泡沫轻质土在浇筑过程中应做湿重度现场检测,检测方法应采用容量筒法,每一浇筑区浇筑层检测次数应不低于 6 次。

(13)泡沫轻质土应在固化后 28 天进行无侧限抗压强度和密度检测。抗压强度和密度应按现行《公路工程水泥及水泥混凝土试验规程》(JTG E30)进行检测,并满足设计要求。

(14)泡沫轻质土施工质量应符合表 2-9 的规定。

泡沫轻质土施工质量标准　　　　　表 2-9

项　　次	检查项目	规定值或允许偏差	检查方法和频率
1	强度(MPa)	在合格标准内	2 组/400m³
2	干重度(kN/m³)	≤设计值	2 组/400m³

续上表

项　次	检查项目	规定值或允许偏差	检查方法和频率
3	顶面高程(mm)	+10，-15	水准仪；每20m测1点
4	轴线偏位(mm)	20	全站仪；每20m测1点
5	宽度(mm)	≥设计值	尺量；每10m测1点

(15)泡沫轻质土的外观质量应符合下列规定：

①面板应光洁平顺，线形平顺，沉降缝上下贯通顺直。

②表面不得出现宽度大于2mm的非受力贯穿缝。

10. 煤矸石路堤

(1)煤矸石可用于公路路堤填筑，不宜用于高速公路、一级公路上路堤，不得用于路床。需要保护的水源地区域不宜采用煤矸石进行路堤填筑。

(2)用于路堤填筑的煤矸石填料应符合下列规定：

①经过充分氧化或存放3年以上的煤矸石可直接用于路堤填筑。

②煤矸石填料CBR值应大于8%，耐崩解性指数应大于60%，硫化铁含量宜小于3%。

③遇水崩解的软质煤矸石不得用于路堤浸水部位的填筑。

(3)来源不同的煤矸石填料，性能相差大时，应分段填筑。

(4)未经充分氧化与陈化的煤矸石用于路堤填筑时应采取封闭措施，并应符合下列规定：

①每填筑2~3m应设置300mm厚的细粒土隔离层，路堤顶面应进行封闭处理。

②应采用细粒土进行包边防护，包边土应与煤矸石同步施工，宽度宜不小于2m，包边土底部0.5m范围宜采用透水性填料。

③煤矸石路堤发生自燃时可灌注石灰浆、水泥浆进行封闭处理。

(5)煤矸石路堤及包边土压实度标准应符合表2-2的规定。当煤矸石填料粒径大时，施工控制及压实质量标准可参照填石路堤。

11. 工业废渣路堤

(1)工业废渣可用于公路路堤填筑，不得用于高速公路、一级公路路床和路堤浸水部分。

(2)工业废渣填料用于路堤填筑时，必须符合国家现行环境保护的有关规定，严禁采用有害物质超标的工业废渣作为路堤填料。

(3)储运工业废渣应符合下列规定：

①调节工业废渣含水率应在渣场中进行。

②工业废渣的装卸、运输和堆放，应采取洒水封盖等防止扬尘措施。

③工业废渣填料宜从厂家或渣场直接运输至施工作业面使用。

(4)工业废渣路堤填筑应符合下列规定：

①有显著差别的填料应分段填筑。

②应采用细粒土进行包边防护，包边土应与工业废渣同步施工，宽度宜不小于2m，包边土底部0.5m范围宜采用透水性填料。

③每填筑2~3m应设置300mm厚的细粒土隔离层，路堤顶面应进行封闭处理。

④施工间歇期作业面应封闭交通，洒水润湿。施工间隔长时，应在工业废渣压实层顶面覆

盖封闭土层。

(5) 工业废渣路堤压实度标准应通过试验路段确定,并应符合表2-10的规定。包边土的压实度应符合表2-2的规定。工业废渣路堤压实度可采用填上层检下层的方式进行检测。

工业废渣路堤压实度标准　　　　表2-10

填料应用部位	压实度(%)	
	高速公路、一级公路	二级及二级以下公路
下路床	—	≥93
上路堤	≥93	≥90
下路堤	≥90	≥88

注:表列压实度以现行《公路土工试验规程》(JTG E40)重型击实试验法为准。

12. 填砂路堤

(1) 砂料可用于公路路堤填筑,不宜直接用于路床填筑。

(2) 含草皮、生活垃圾、树根、腐殖质的砂料不得作为路基填料,砂料中有机质含量应不超过5%。

(3) 填砂路堤施工应符合下列规定:

① 在填筑前先填筑黏土或石灰改良土下封层,下封层厚度宜不小于400mm,应分两层施工。

② 应全断面分层填筑和压实,最大松铺厚度宜不超过400mm,施工作业段长度宜为400~500m,超填宽度每侧宜不小于500mm。

③ 不得土砂夹层混填。

④ 宜采用洒水压实法或水沉法逐层密实。受条件限制只能采用小型压实机具时,最大松铺厚度应不大于150mm,并充分灌水后压实。

⑤ 应经常洒水,保持表层湿润,形成的车辙应及时整平、碾压。

(4) 填砂路基压实度应符合表2-2的规定。

(5) 填砂路基边坡防护应符合下列规定:

① 边坡防护可采用包边土,包边土宽度宜为3m,应先填筑包边土,与填砂交错进行。

② 应考虑坡面排水能力、整体抗冲刷能力,以及与周边环境的协调性,路基坡脚应设干砌片石护脚。

③ 雨季施工边坡防护不能及时完成时,宜采取油毛毡或塑料薄膜覆盖等临时防护措施。

五、路基拓宽改建施工质量监理

(1) 不中断交通路基拓宽施工时,应采取交通管制和安全防护措施。

(2) 施工前应截断流向拓宽作业区的水源,开挖临时排水沟。施工期间应在水流汇集的路肩外侧设置拦水带,根据水流情况在拓宽路基中合理设置临时急流槽与泄水口。

(3) 拓宽路堤的填料宜与老路基相同,或选用水稳性好的砂砾、碎石等填料,且应满足表2-1的要求。路床应采用水稳性好的粗粒土或无机结合料稳定材料填筑。

(4) 一般路堤拓宽施工应符合下列规定:

①拓宽路堤填筑前,应拆除原有排水沟、隔离栅等设施。拓宽部分的基底清除原地表土应不小于0.3m,清理后的场地应进行平整压实。老路堤坡面,清除的法向厚度应不小于0.3m。

②拓宽路基的地基处理应符合设计和现行《公路路基施工技术规范》(JTG/T 3610)的有关规定。

③上边坡的既有防护工程宜与路基开挖同步拆除,下边坡的防护工程拆除时应采取措施保证既有路堤的稳定。

④既有路堤的护脚挡土墙及抗滑桩可不拆除。路肩式挡土墙路基拼接时,上部支挡结构物应予拆除,宜拆除至路床底面以下。

⑤既有路基有包边土时,宜去除包边土后再进行拼接。

⑥从老路堤坡脚向上开挖台阶时,应随挖随填,台阶高度应不大于1.0m,宽度应不小于1.0m。

⑦拼接宽度小于0.75m时,可采取超宽填筑再削坡或翻挖既有路堤等措施。

⑧宜在新、老路基结合部铺设土工合成材料。

(5)高路堤与陡坡路堤拓宽施工应符合下列规定:

①原坡脚支挡结构不宜拆除,结构物邻近处可用小型机具薄层夯实。

②老路底部设置有渗沟或盲沟时,应做好排水通道的衔接施工。

③高路堤与陡坡路堤拓宽施工,尚应符合现行《公路路基施工技术规范》(JTG/T 3610)的有关规定。

(6)挖方路基拓宽施工应符合下列规定:

①应在既有路基边缘设置防止飞石或落石的安全防护措施,并应设置警示标志。

②边通车边施工时,宜采用机械开挖或静力爆破方式进行开挖。

③采用爆破方式时,应按爆破施工方案组织施工,宜统一规定爆破时间段,爆破时应临时封闭交通。

④拓宽施工中的挖方路基施工,除执行本小节规定外,还应执行前文中"挖方路基"的有关规定。

(7)拓宽路基应进行沉降观测,观测点应按设计要求设置。高路堤和陡坡路堤路段尚应进行稳定性监测。

第三节 特殊路基施工质量监理

一、概述

特殊路基包括特殊土(岩)路基、不良地质路基和特殊条件下路基。路线通过特殊路段,应进行综合地质勘察,查明特殊地质体的性质、成因类型、规模、稳定状况及发展趋势;特殊路基设计所需要的物理力学参数,宜采用原位测试数据,并结合室内试验资料综合分析确定。

特殊路基设计应考虑地质和环境等因素对路基的影响,以及这些因素的发展变化规律,路基病害整治应遵循"以防为主、防治结合、力求根治"的原则,通过综合技术经济比较,因地制宜,采取合理的整治方案和有效的工程措施。如果分期整治,应保证在各种因素的变化过程中不降低路基的安全度。

存在多种特殊土(岩)或特殊地质条件路基的工点应进行综合设计。特殊路基施工的一般规定如下:

(1)特殊路基施工,应进行必要的基础试验,编制专项施工组织设计,批准后实施。

(2)施工中如实际地质情况与设计不符或设计处治方案因故不能实施,应按有关规定办理。

(3)采用新技术、新工艺、新设备、新材料时,必须制订相应的工艺、质量标准。

(4)用湿黏土、红黏土和中、弱膨胀土作为填料直接填筑时,应符合下列规定:

①填料液限在40%~70%之间且 CBR 值满足规定。

②碾压时填料稠度应控制在1.1~1.3之间。

③压实度标准可比规定降低1~5个百分点,具体降低数应根据当地土质的情况通过试验确定。

④不得作为二级及二级以上公路路床、零填及挖方路基0~0.8m范围内的填料;不得作为三、四级公路上路床、零填及挖方路基0~0.3m范围内的填料。

二、湿黏土路基施工质量监理

(1)采用不符合相关要求的湿黏土填筑路基时,应进行处理,处理后应符合前述的相关规定,压实质量应符合路堤施工的相关规定。

(2)基底为软土时,应按相关的要求进行处治。

(3)不同类的填料,不得填筑在同一压实层上。

(4)路堤填筑时,每层宜设2%~3%的横坡。当天的填土,宜当天完成压实。

(5)填筑层压实后,应采取措施防止路基工作面暴晒失水。

(6)水稻田地段路基施工应符合下列规定:

①水稻田地段路基施工,不得影响农田排灌。

②施工前应采取措施排除公路用地范围内的地表水。疏干地表水确有困难时,应按设计要求进行处治。

③二级及二级以上公路路堑段,应在边坡顶适当距离外,筑埂并挖截水沟;土质、风化岩石边坡,应浆砌护墙或护坡;路堑路段宜加大边沟尺寸并采用浆砌。

(7)河、塘、湖地段路堤施工应符合以下规定:

①受水浸润作用的路堤部分,宜用水稳定性好、塑性指数不大于6、压缩性小、不易风化的透水性填料填筑。

②在洪水淹没地段的路堤,两侧不得取土;三、四级公路,特殊情况下可在下游侧距路堤安全距离外取土。

③两侧水位相差较大的河滩路堤,根据具体情况,宜放缓下游一侧边坡、设滤水趾和反滤层,在基底设隔渗墙或隔渗层。

④防洪工程应在洪水期前完成,施工期间应注意防洪。

(8) 多雨潮湿地区路基施工应符合下列规定：

①多雨潮湿地区施工，应注意排水。机具停放、库房、生活区域应选在地势较高不易被水淹的地点，并有完善的排水防洪设施。

②多雨潮湿地区，应按设计要求对基底过湿土层进行处理。

三、软土地区路基施工质量监理

1. 一般规定

软土地基处治的施工必须保证施工质量，科学地做好施工组织设计，加强工地技术管理，严格按照有关的操作规程实施，严格执行有关安全、劳保和环境保护等规定。

所有运至工地的软土地基处治材料必须分类堆放，妥善保管，按有关标准进行质量检验，不合格材料不得用于工程。

软土处治施工前应做好施工期间的排水措施，对常年地表积水、水塘地段，应按设计要求先做好抽水、排淤、回填工作。

施工中应遵守"按图施工"的原则和"边观察、边分析"的方法，如发现现场地质情况与设计提供资料不符或原设计的处治方法因故不能实施需改变设计时，应及时报告监理工程师并根据有关规定报请变更设计。

采用新技术、新机具、新工艺、新材料、新测试方法时，必须制订不低于规范水平的质量标准和工艺要求，并应征得监理工程师认可。

2. 质量监理程序框图

软土地基处理施工程序流程及监理工作项目内容如图 2-5 所示。

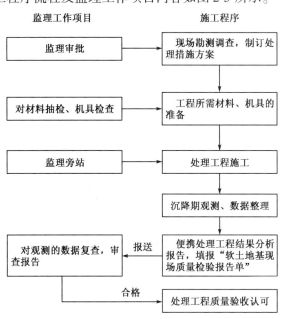

图 2-5 软土地基处理施工流程及监理工作项目内容框图

3. 软土地基处治施工方法及质量要求

1) 砂垫层

砂垫层为设置于路堤填土与软土地基之间的透水性功能层,可起排水的作用,可保证填土荷载作用下地基中孔隙水的顺利排出,从而加快地基的固结。

砂垫层材料宜采用洁净中砂、粗砂,含泥量不应大于5%,并应将其中的植物、杂质除净;也可采用天然级配砂砾料,其最大粒径不应大于5cm,砾石强度不低于四级(即洛杉矶法磨耗率小于60%)。摊铺后适当洒水,分层压实,压实厚度宜为15~20cm。如采用砂砾石,应无粗细粒料分离现象。砂垫层宽度应宽出路基边脚0.5~1.0m,两侧端以片石护脚或采用其他方式防护,以免砂料流失。

2) 浅层处治

表层分布厚度小于3m的软土时,可采用换填、抛石挤淤的方法进行处治。

软土、泥沼地区采用换填地基时,其填筑、压实的施工与监理应按照前述的规定执行。

抛石挤淤是强迫换土的一种形式,它不必抽水挖淤,施工简便。抛石挤淤应采用不易风化的石料,片石大小随泥炭稠度而定。对于容易流动的泥炭或淤泥,片石可稍小些,但不宜小于30cm,且小于30cm粒径含量不得超过20%。

当软土地层平坦、软土呈流动状时,抛投应沿路中线向前成三角形方向投放片石,再渐次向两侧扩展。软土地层横坡陡于1:10时,应自高侧向低侧抛投,并在低侧边部多抛投,使低侧边部约有2m宽的平台顶面。

片石抛出软土面后,应用较小石块填塞垫平,用重型机械碾压紧密,然后在其上设反滤层,再进行填土。

3) 反压护道

反压护道是在路堤一侧或两侧填筑一定宽度和高度的护道,运用力学平衡原理,平衡路堤自重作用而产生的滑动力矩,以提高路基的稳定性。

用作反压护道填料的材质及护道的高度、宽度应符合设计要求。反压护道施工宜与路基同时填筑,分开填筑时,必须在路堤达到临界高度前将反压护道填筑好。

反压护道压实度应达到现行《公路土工试验规程》(JTG E40)重型击实试验法测定的最大干密度的90%,或满足设计提出的要求。

4) 土工合成材料加筋路堤

采用变形小、老化慢的土工合成材料作为路堤的加筋体,可以减少路堤填筑后的地基不均匀沉降,又可以提高地基承载能力,同时也不影响排水,故可提高路基的整体性和稳定性。

土工合成材料应具有质量轻、整体连续性好、抗拉强度较高、抗腐蚀性和抗微生物侵蚀性好、施工方便等优点;非织型的土工纤维应具有当量孔隙直径小、渗透性好、质地柔软、能与土很好结合的性质。应根据出厂单位提供的幅宽、质量、厚度、抗拉强度、顶破强度和渗透系数等测试数据,选用满足设计要求的土工合成材料。土工合成材料在存放以及施工铺设过程中,应尽量避免长时间暴露或暴晒,以免其性能劣化。

土工合成材料加筋路堤施工时,应符合以下规定:

(1) 应在平整好的下承层上按路堤底宽断面铺设,摊铺时应拉直平顺,紧贴下承层,避免出现扭曲、折皱、重叠。在斜坡上摊铺时,应保持一定松紧度(可用U形钉控制)。

(2)铺设土工聚合物,应在路堤每边各留出足够的锚固长度,回折覆裹在压实的填料面上,要求平整顺适,外侧用土覆盖,以免人为破坏;锚固长度应满足设计要求。

(3)应保证土工合成材料的整体性,当采用搭接法连接时,搭接长度宜为30~60cm;采用缝接法时,缝接宽度应不小于5cm,缝接强度应不低于土工合成材料的抗拉强度;采用黏接法时,黏接宽度不应小于5cm,黏合长度应不低于土工合成材料的抗拉强度。

(4)现场施工中发现土工合成材料有破损时,必须立即修补好。双层土工合成材料上、下层接缝应交替错开,错开长度不应小于0.5m。

5)袋装砂井

采用一定的施工方法在地基中获得按一定规律排列的孔眼,在孔眼中灌入砂袋即形成袋装砂井。袋装砂井的主要材料是袋和砂。宜选用聚丙烯或其他适用的编织料制成袋,抗拉强度应能保证承受砂袋自重,装砂后砂袋的渗透系数应不小于砂的渗透系数。砂则宜采用渗水率较高的中、粗砂,粒径大于0.6mm的砂的含量宜占总质量的50%以上,含泥量不应大于3%,渗透系数不应小于5×10^{-2}mm/s。

袋装砂井的主要施工机具为导管式振动打桩机,在行进方式上普遍采用的有轨道门架式、履带臂架式、起重机导架式等。

袋装砂井的施工工艺流程为:整平原地面→摊铺下层砂垫层→机具定位→打入套管→沉入砂袋→拔出套管→机具移位→埋砂袋头→摊铺上层砂垫层。

袋装砂井施工的质量应符合以下规定:

(1)袋装砂井的井距、井长、井径及灌砂率均应符合设计规定,砂井的竖直度允许偏差为1.5%。

(2)砂袋灌入砂后,露天堆放应有遮盖,切忌长时间暴晒,以免砂袋老化。砂袋入井,应采用桩架吊起垂直起吊,以防止砂袋发生扭结、缩颈、断裂和砂袋磨损。

(3)为控制砂井的设计入土深度,在钢套管上应划出标尺,以确保井底高程符合设计要求。拔钢套管时应注意垂直起吊,以防止带出或损坏砂袋。施工中若发现上述现象,应在原孔边缘重打;连续两次将砂袋带出来时,应停止施工,待查明原因后再进行施工。

(4)砂袋留出孔口长度应保证伸入砂垫层至少30cm,并不得卧倒。

6)塑料排水板

塑料排水板是由芯板和滤套组成的复合体,或是由单一材料制成的多孔管道板带(无滤套)。

芯板是由聚乙烯或聚丙烯加工而成的多孔管道或其他形式的板带,应具有足够的抗拉强度和垂直排水的能力。其抗拉强度不应小于130kN/cm;当周围土体压力在15cm深度范围内不大于250kPa或在大于15cm范围内不大于350kPa条件下,其排水能力应不低于30cm³/s。芯板应具有耐腐蚀性和足够的柔性,保证塑料排水板在地下的耐久性并在土体固结变形时不会发生折断或破坏。

滤套一般由无纺织物制成,应具有一定的隔离土颗粒和渗透功能,应等效于0.025mm孔隙,其最小自由透水表面积宜为1500cm²/m,渗透系数应不小于5×10^{-2}mm/s。

用塑料排水板处治软土的主要施工机具是插板机,也可与袋装砂井打设机具共享,但应将圆形套管换成矩形套管。

用塑料排水板处治软土的施工工艺流程为：整平原地面→铺设下层砂垫层→机具就位→塑料排水板穿靴→插入套管→拔出套管→割断塑料排水板→机具移位→摊铺上层砂垫层。

施工质量应符合以下规定：

(1) 施工现场堆放的塑料排水板应加以适当覆盖，以防暴露在空气中老化。

(2) 插入过程中导轨应垂直，钢套管不得弯曲；施工中防止泥土等杂物进入套管内，一旦发现应及时清除；透水滤套不应被撕破和污染；排水板底部应有可靠的锚固措施，以免拔出套管时将芯板带出。

(3) 塑料排水板留出孔口长度应保证伸入砂垫层不小于50cm，使其与砂垫层贯通，并将其保护好，以防机械、车辆进出时受损，影响排水效果。

(4) 塑料排水板不得搭接。应采用滤套内平接的方法，芯板对扣，凹凸对齐，搭接长度不小于20cm，滤套包裹，用可靠措施固定。

(5) 塑料排水板的板长要求不小于设计值，板距允许偏差为 -15~+15cm，竖直度偏差不大于1.5%。

7) 砂桩

采用一定的施工方法在地基中获得按一定规律排列的孔眼，在孔眼中灌入中、粗砂即形成砂桩。砂桩顶面应铺设砂垫层，以构成完整的地基排水系统。用作砂桩的砂，其要求同袋装砂井，也可使用含泥量小于5%的砂和角砾混合料。

砂桩的施工机具有振动打桩机、柴油打桩机，其成型工艺有冲击式和振动式，桩管下端装有活瓣钢桩靴。砂桩的施工工艺流程为：整平原地面→机具定位→桩管沉入→加料压密→拔管→机具移位。

砂桩的施工质量应符合以下规定：

(1) 砂的含水率对桩体密实度有很大影响，应根据成桩方法分别符合以下规定：

当采用单管冲击法、一次打桩管成桩法或复打成桩法施工时，应采用饱和砂。

采用双管冲击法、重复压拔法施工时，可使用含水率为7%~9%的砂，饱和土中施工也可用天然湿砂。

(2) 地面以下1~2m土层由于侧向约束软弱，不利于成桩，应取超量投砂法，通过压挤提高表层砂的密实程度。

(3) 桩体在施工中应确保连续、密实；在软弱黏性土中成型困难时，可隔行施工，各行中也可间隔施工。

(4) 实际灌砂量未达到设计用量要求时，应在原位将桩管打入，补充灌砂后复打1次，或在旁边补桩1根。

(5) 砂桩的桩长、桩径、灌砂量应符合设计要求，桩距允许偏差为 -15~+15cm，竖直度偏差应小于1.5%。

8) 碎石桩

采用砾石、碎石等散粒材料，以专用振动沉管机械或水振冲器施工形成碎石桩，碎石桩与周围地基组成复合地基。粒料桩对地基有置换、挤密和竖向排水作用。

碎石桩的填料应为未风化的干净砾石或轧制碎石，粒径宜为19~63mm，含泥量不应大于10%。一般可饮用水均可用于碎石桩的施工。

施工前应按规定做成桩试验,监理工程师应检查承包人冲孔、清孔、制桩时间和深度、冲水量、水压、压入碎石量及电流的变化等记录。经验证设计参数和施工控制的有关参数作为碎石桩施工的控制指标。

碎石桩的主要施工机具是振冲器、起重机或施工专用平车和水泵。其施工工艺流程为:整平原地面→振冲器就位对中→成孔→清孔→加料振密→关机停水→振冲器移位。

碎石桩施工质量控制应符合以下规定:

(1)碎石桩施工应根据制桩试验成果,严格控制水压、电流和振冲器在固定深度位置的留振时间。

水压视土质及其强度而定,一般对强度较低的软土,水压要小些;对强度较高的软土,水压宜大。成孔时水压宜大,制桩振密时水压宜小。水量要充足,使孔内充满水,以防塌孔。

应严格控制电压稳定,一般为(380±20)V。应控制加料振密过程中的密实电流,密实电流的规定值应根据现场制桩试验定出,宜为潜水电动机的空载电流加上10~15A,或为额定电流的90%左右;严禁在超过额定电流的情况下作业。

振冲器在固定深度位置的留振时间宜为10~20s。

(2)填料要分批加入,不宜一次加料过量,原则上要"少吃多餐",保证试桩标定的装料量,一般制作最深桩体时填料偏多。每一深度的桩体在未达到规定的密实电流时应继续加料,继续振实,严格防止"断桩"和"缩颈桩"的发生。

(3)施工时碎石桩的桩径、桩长、灌碎石量均应符合设计要求,桩距施工允许误差为±15cm,竖直度偏差小于1.5%。

(4)碎石桩密实度自检频率宜抽查5%,要求用重Ⅱ型动力触探测试,贯入量为10cm时,击实不小于5次。

9)加固土桩

采用某种深层拌和的专用机械,将软土地基的局部范围内用固化材料加以改善、加固,即形成加固土桩。加固土桩与桩间土形成复合地基。

(1)加固土桩的固化材料可用水泥、生石灰、粉煤灰或NCS固化剂等,其质量规格应符合设计要求。

生石灰是磨细的,最大粒径应小于0.236cm。生石灰应无杂质,氧化镁和氧化钙含量不应小于85%,其中氧化钙含量不低于80%。

水泥宜采用普通水泥或矿渣水泥,应是国家免检产品。严禁使用过期、受潮、结块、变质的劣质水泥。对非免检厂生产的水泥,应分批提供有关强度等级、安定性等试验报告。

粉煤灰化学成分中要求二氧化硅和三氧化二铝的含量应大于70%,烧失量应小于10%。

有条件地区可采用石膏粉作为掺加剂,有利于强度的提高。

施工实际使用的固化剂和外掺剂,必须通过室内试验的检验,符合设计要求后方可使用。

(2)加固土桩施工前必须进行成桩试验,应达到下列要求并取得以下技术参数:

①满足设计喷入量的各种技术参数,如钻进速度、提升速度、搅拌速度、喷气压力、单位时间喷入量等。

②确定搅拌的均匀性。

③掌握下钻和提升的阻力情况,选择合理的技术措施。

④根据地层、地质情况确定覆喷范围,成桩工艺性试验桩数不宜少于5根。

(3)施工工艺流程为:整平原地面→钻机定位→钻杆下沉钻进→上提喷粉(或喷浆)强制搅拌→复拌→提杆出孔→钻机移位。

(4)施工前应测量钻杆长度,并标上显著标志,以掌握钻杆钻入深度、复拌深度,保证设计桩长。

(5)施工机械应按固化剂喷入的形态(浆液或粉体),采用不同的施工机械组合。

对浆液固化剂:主机为深层搅拌机,有双搅拌轴中心管输浆方式和单搅拌轴叶片喷浆方式两种;配套机械主要有灰浆拌制机、集料斗、灰浆泵、控制柜及计量装置。

对粉体固化剂:主要为钻机、粉体发送器、空气压缩机、搅拌钻头。

(6)施工质量应符合以下规定:

①采用浆液固化剂时:

a. 固化剂浆液应严格按预定的配合比拌制。制备好的浆液不得离析,不得停置过长,超过2h的浆液应降低强度等级使用;浆液倒入集料时应加筛过滤,以免浆内结块,损坏泵体。

b. 泵送浆液前,管路应保持潮湿,以利于输浆。现场拌制浆液,应有专人记录固化剂、外掺剂用量,并记录泵送浆液开始、结束时间。

c. 根据成桩试验确定的技术参数进行施工。操作人员应记录每米下沉时间、提升时间,记录送浆时间、停泵时间等有关参数的变化。

d. 供浆必须连续,拌和必须均匀。一旦因故停浆,为防止断桩和缺浆,应使浆搅拌机下沉至停浆面以下0.5m,待恢复供浆后再喷浆提升。如因故停机超过3h,为防止浆液硬结堵管,应先拆卸输浆管路,清洗后备用。

e. 搅拌机提升至地面以下1m时宜用慢速;当喷浆口即将出地面时,应停止提升,搅拌数秒以保证桩头均匀密实。

②采用粉体固化剂时:

a. 粉喷桩施工应根据成桩试验确定的技术参数进行;操作人员应随时记录压力、粉喷量、钻进速度、提升速度等有关参数的变化。

b. 严格控制粉喷高程和停粉高程,不得中断喷粉,确保桩体长度;严禁在尚未喷粉的情况下进行钻杆的提升作业。

c. 当钻头提升到地面以下不足50cm时,送灰器应停止喷灰,并用人工回填黏性土压实。

d. 桩身根据设计要求在一定深度即在地面以下1/2~1/3桩长并不小于5m的范围内,必须进行重复搅拌,使固化料与地基土均匀拌和。

e. 施工中,发现喷粉量不足,应整桩复打,复打的喷粉量应不小于设计用量。如遇停电、机械故障等原因,喷粉中断时,必须复打,复打重叠孔段应大于1m。

f. 施工机具设备的粉体发送器必须配置粉料计量装置,并记录水泥的瞬时喷入量和累计喷入量。严禁无粉料喷入计量装置的粉体发送器投入使用。

g. 储灰罐容量应不小于一根桩的用灰量加50kg;当储量不足时,不得对下一根桩开钻施工。

h. 钻头直径的磨损量不得大于1cm。

(7)粉喷桩的桩径、桩长、单桩粉喷量均应符合设计要求,应在桩体三等分段各钻取芯样一个,一根桩取三个试块进行强度测试,强度应不低于设计要求。桩距允许偏差为±10cm,竖直度偏差应小于1.5%。

四、盐渍土地区路基施工质量监理

(1)在盐渍土地区施工时,路堤填料应符合下列要求:

①路堤填料的含盐量不得超出规定允许值,不得夹有盐块和其他杂物。盐渍土地区路堤填料的可用性见现行《公路路基施工技术规范》(JTG/T 3610)的规定。

②对填料的含盐量及其均匀性应加强施工控制检测,路床以下每1000m³填料、路床部分每500m³填料至少做一组测试,每组取3个土样,取土不足上列数量时,也应做一组试件。

③在内陆盆地干旱地区,如当地无其他适用的填料,需用易溶盐含量超过规定值的土、砾等作为填料时,应根据当地气候、水文地质等条件,通过试验决定填筑措施。

④用石膏土做填料时,应先破坏其蜂窝状结构。石膏含量一般不予限制,但应控制压实度。

(2)盐渍土路堤应分层铺填分层压实,每层松铺厚度不大于20cm,砂类土松铺厚度不大于30cm。碾压时应严格控制含水率,不应大于最佳含水率1个百分点;雨天不得施工。

(3)盐渍土地区路堤施工前,应测定其基底(包括护坡道)表土的含盐量和含水率以及地下水位,根据测得的结果,分别按设计规定进行处理。

①如表土不符合规范规定时,应在填筑路堤前予以挖除;如路堤高度小于规范规定时,除将基底含盐量较大的表土挖除外,还应按设计要求换填渗水性较好的土。

②原基底土的含水率如超过液限的土层厚度在1m以内时,必须全部换填渗水性土;如含水率介于液限和塑限之间时,应铺10~30cm厚的渗水性材料;如含水率在塑限以下时,可直接填筑黏性土。

③当清除软弱土体达到地下水位以下时,则应铺填渗水性强的粗粒土,并应高出地下水位30cm以上,再填黏性土。

④在内陆盆地干旱地区设计为高级或次高级路面的地段,路床的填料应符合规定要求。土层应设法洒水压实到规定要求,同时还应在路堤下部设置封闭性隔水层(采用不透水材料,如沥青砂、防渗薄膜、聚丙烯薄膜编织布等),隔水层铺设前应清除植物根茎,将基底做成2%的横坡,整平压实,沿横坡均匀铺平。

(4)在地表为过盐渍土的细粒土地区或有盐结皮和松散土层时,应将其铲除。铲除的深度,应通过试验确定。如地表过盐渍土过厚,也可铲除一部分,并设置封闭隔水层。隔水层设置深度宜在路床顶以下80cm深度外。若有盐胀问题存在,隔水层应设在产生盐胀的深度以下。当采用土工合成材料做隔水层时,为防止合成材料被挤破,宜在隔水层上、下分别铺一层10~15cm厚的砂或黏土保护层。

(5)排水。

①施工中应及时合理地布置好排水系统,不应使路基及其附近有积水现象。

②路基一侧或两侧有取土坑时,取土坑底部距离地下水位不应小于15~20cm;底部应向路堤外设有2%~3%排水横坡和不小于0.2%的纵坡。

③排水困难地段或取土坑有被水淹没可能时,应在路基一侧或两侧取土坑外设置高0.4~

0.5m、顶宽 1m 的纵向护堤。

④在地下水位较高地段,除挡导表面水外,应加深两侧边沟或排水沟,以降低路基下的地下水位。

⑤盐渍土地区的地下排水管与地面排水沟渠,必须采取防渗措施。盐渍土地区不宜采用渗沟。

(6)高速公路、一级公路的盐渍土路基的路肩及坡面,应采用防护措施或加宽路基措施。其他等级公路,也宜采用防护措施。

(7)盐渍土路基的施工,应从基底清除开始,连续施工。即从基底到路床表面应分段一次完成,不可间断,在设置隔水层的地段,至少一次做到隔水层的顶部。

(8)施工季节,在地下水位高的黏性土盐土地区,以夏季施工为宜;砂性土盐土地区,以春季和夏初施工为宜;强盐渍土地区,在表层含盐量较低的春季施工为宜。

五、风沙地区路基施工质量监理

(1)风沙地区路基宜在少风、风速较小或有雨季节分段集中施工,并在大风来临前配套完成。若当地风力较强或需在风季施工时,应采取临时防护措施;对设计的永久防护工程,若材料运输有困难,需待通车后施工时,可采取临时防护过渡。填筑路堤当日不能完工地段,应对坡面和路肩应加以覆盖;开挖路堑,应从一开始就随挖随用平铺式栅栏或草席、芦苇等将坡面、路肩护好,周围用小木桩固定或用大石块或混凝土预制块压住。

(2)风沙地区路基施工,应采取措施保护线路两侧的地表原有植被和地表硬壳。施工前应准备充分的防护材料,对因施工作业使两侧地表受损部分应按设计要求在新露出的沙面上及时填筑砾卵石土防护层。施工的路基应集中力量完成一段、防护一段。

(3)填方取土要根据当地风向情况选择取土坑位置。在单一风向地区,取土坑宜设在路堤下风一侧距路堤坡脚至少 5m;在有反向风交替作用的地区,取土坑可设在路堤两侧,施工完成后应将其边坡修成缓坡,使其断面成浅槽形。应尽量利用挖方材料,如需废弃,应弃于背风坡一侧的低地或距路堑坡顶不小于 10m 处,并应摊平。

(4)路基压实。

①对风沙地区用粉沙或细沙填筑路堤时,仍应分层压实。根据现场自然条件、沙的特性及水源分布等情况确定压实机械和压实方法,宜采取机械振动压实为主,结合蓄水、快成型、快防护的施工方法。

②对缺土、缺水,压实确有困难的风积沙路基,可采用土工合成材料(编织袋、编织布)对路基进行加固。土工布横向搭接宽度应不小于 300mm,纵向搭接长度应不小于 500mm,搭接部分应采用有效方法连接。土工布铺好后,宜采用振动压路机静压一遍,增强沙基表层密实度,然后方可铺筑功能层。

(5)在地形开阔的风沙地段,应将路基两侧 20~50m 范围内的小沙滩、弃土堆、小土丘等凡可引起积沙的障碍物予以清除、摊平。

(6)植物固沙是防止沙害的根本措施,在有条件的地方采用植物固沙法施工时,应严格按照设计要求的树苗或灌木种类和设计规定的种植间隔尺寸及布置形式进行栽种。

在无条件采用植物固沙的地区及采用植物固沙的初期,为防止沙害并为植物固沙创造条件,应采用工程防沙措施。在林带前缘,为防止积沙,也应适当设置工程防沙设施。采用天然砂砾或黏土等覆盖地表面时,粒径应不大于63mm。

工程防沙有"固、阻、输、导"四种类型,应根据设计并结合路基施工情况及时配套完成。

(7)格状沙障施工应做到稳固、牢实、风吹不走。有水源条件的,可在草方格内播撒适于沙漠生长的植物种子,使方格内生长沙生植物。路线如通过牧区,还应在路基两侧设置铁丝隔离栅,防止人、畜进入而破坏草方格。

设置草方格沙障时,在迎风侧应先设主带(垂直主风向),后设副带(平行主风向);在背风侧应先设副带,后设主带,施工时均应先远后近,由上而下。有新月形沙丘时,应从迎风坡脚开始设置。

埋设防风栅栏(立式沙障)应整平两侧地面,插铺草束,压沙插实,埋设稳固,防止栅栏底部被风吹掏空。

(8)沙质路基主体应按设计要求进行全面防护。在路基顶面、边坡面及坡脚外5~10m地面范围内,用黏性土、盐盖、砾(卵)石、乳化沥青等材料进行平铺覆盖或处理。

黏性土封闭防护是风沙地区路基常用的一种经济而有效的防护措施。采用黏性土时,应通过试验测定其塑性指数,符合设计要求的方可使用。

(9)风沙地区筑路时,路线主要控制桩、护桩、水准基点桩、路基边桩等均应设置明显的标志,并妥善保护,以防被沙埋没。

六、黄土地区路基施工质量监理

(1)在黄土地区填路堤时,路基基底处理应按设计要求进行施工并应符合以下要求:

①若基底为非湿陷性黄土,且无地下水活动时,可按一般黏性土地基进行基底处理,同时做好两侧的施工排水、防水措施。

②若基底为湿陷性黄土,应采取拦截、排除地表水的措施,防止地表水下渗,减少地基地层湿陷性下沉。其地下排水构造物与地面排水沟渠必须采取防渗措施。

③若地基土层具有强湿陷性或较高的压缩性,且容许承载力低于路堤自重压力时,应考虑地基在路堤自重和活载作用下所产生的压缩下沉。除采取防止地表水下渗的措施外,可考虑采用重锤夯实、石灰桩挤密加固、换填土等措施。

(2)用黄土填筑路堤应符合下列要求:

①新、老黄土均为路堤适用填料。老黄土透水性差,干湿难以调节,大块土料不易粉碎,使用前应通过试验确定措施,路床填料不得使用老黄土。新黄土为良好的填料,可用于填筑路床。黄土路堤应分层填筑,分层压实,粒径大于10cm的块料必须打碎,并应在接近土的压实最佳含水率时碾压密实。

②黄土路堤施工时,应做好填挖界面的结合(纵向),清除坡面杂草,挖好向内倾斜的台阶。如结合面陡立无法挖成台阶时,可采用土钉加强结合。

③黄土路堤的边坡应刷顺,整平拍实,并应及时予以防护,防止路表水冲刷。

④不应使用黄土填筑浸水路堤。必须使用时,应采取措施,并报请审批。

(3)黄土路堤的压实要求与一般黏性土相同,并应符合下列要求:

①黄土含水率过小,应均匀加水再行碾压;如含水率过大,可翻松晾晒至需要的含水率后

再进行碾压,也可掺入适量石灰处理,降低含水率。掺石灰后应将土、灰拌匀,其最大干密度应通过击实试验确定。

②黄土地区路床土基强度应符合设计要求,当不能满足要求时,应对原土进行技术处治。

(4)高路堤路基施工期间,应在两侧或一侧(超高段)设临时阻水、拦水设施,以防雨水冲毁边坡。路堤填至设计高程后,应根据设计及时修筑外侧边缘的拦水、截水沟构造物和急流槽,将水引至坡脚以外。对高度大于20m的路堤,应按设计预留竣工后路堤自重压密固结产生的压缩下沉量。

(5)黄土路堑边坡应严格按设计坡度开挖,如设计为陡坡时(如1:0.1),施工中不得放缓,以免引起边坡冲刷。

路堑施工,当挖到接近设计高程时,应对上路床部分的土基整体强度和压实度进行检测。

如路堑路床土质不符合设计规定,则应将其挖除,另行取土分层摊铺、碾压至规定的压实度。挖除厚度根据道路等级对路床的要求而定,高速公路及一级公路宜挖除50cm,其他公路可挖除30cm。

如路堑路床的密实度不足,土质符合设计规定,则视其含水率情况,经洒水或经翻松晾晒至要求的含水率后再整平碾压至规定压实度。

(6)黄土地区应特别注意路基排水,对地表水应采取拦截、分散、防冲、防渗、远接远送的原则,根据设计及时做好综合排水设施,将水迅速引离路基。在填挖交界处引出边沟水时,应做好出水口的加固。

①湿陷性黄土路基的地下排水管道与地面排水设施,应根据设计进行加固和采取防渗措施。

②黄土路基水沟的加固类型,宜用浆砌片石或混凝土板。如用预制混凝土板拼砌时,其接缝处应牢固无渗漏。

(7)黄土陷穴应进行处理。处理时,首先要查清陷穴的供给来源、水量、发展方向及对路基可能造成的危害,视具体情况采取以下相应的处理方法:

①在路堑顶部及路堤的靠山侧做好排水工程,将地表水、地下水引入有防渗层的水沟内排走。

②对通过路基路床的陷穴,要向上游追踪至发源地点。在发源地点把陷穴进口封填好,并引排周围地表水,使其不再向陷穴进口流入。

③对现有的陷穴、暗穴,可以采用灌砂、灌浆、开挖回填等措施,开挖的方法可以采用导洞、竖井和明挖等。

a.灌砂法:适用于小而直的陷穴,以干砂灌实整个洞穴。

b.灌浆法:适用于洞身不大,但洞壁起伏曲折较大,并离路基中线较远的小陷穴,施工时先将陷穴出口用草袋装土堵塞,再在陷穴顶部每隔4~5m打钻孔作为灌浆孔,待灌好的土浆凝固收缩后,再对各孔补充灌浆,一般需重复2~3次,有时为了封闭水道也可灌水泥砂浆。

c.开挖回填夯实:适用于各种形状的陷穴,填料一般用就地黄土分层夯实。

d.导洞和竖井:适用于较大、较深的洞穴。由洞内向外逐步回填夯实,在回填前,应将穴内虚土和杂物彻底清除干净。当接近地面0.5m时,应有老回填或新回填加10%的石灰拌匀回填夯实。

④处理好的陷穴,其土层表面均应用石灰与土的比例为3:7的石灰土填筑夯实,或铺填老黄土等不透水材料加以改善。石灰土厚度应按设计严格执行,如原设计未要求时,其厚度不宜小于30cm,并将流向陷穴的附近地面水引离,防止形成地表积水或水流集中产生冲刷。

(8)黄土陷穴的处理范围应视具体情况而定,宜在路基填方或挖方边坡外,上侧50m,下侧10~20m。若陷穴倾向路基,虽在50m以外,仍应做适当处理,对串珠状陷穴应彻底进行处治。

七、多雨潮湿地区路基施工质量监理

(1)多雨潮湿地区进行路基施工时,应特别注意排水。机具停放地、库房、生活区域,都必须选在地势较高不易被水淹没的地点,并有可靠的排水防洪设施,预防洪水造成危害。

(2)开工前,场地准备工作应特别注意排除地面水。低洼地带沿用地两边应挖大断面的纵向排水沟并引向出水口。在纵向排水沟之间应挖掘横向排水沟并互相贯通疏干地表,以达到地面不积水。

(3)多雨潮湿地区,原地面多为含水率过大的过湿土,应按下列方法处理:

①含水率过大的潮湿土深度在2m以内时,可挖去湿土,换填适用的干土或挖方石渣、天然砂砾等,并分层压实达到标准。

②挖去淤泥后将土层湿土翻松耙碎,掺5%~10%的生石灰粉压实,其层厚以能达到规定的压实度为准,使之成为稳定土加固层。

③当有非风化大块岩石可利用时,在挖去软湿土后铺筑厚50cm左右的石块层,嵌填石渣后,用重型压路机碾压成型,再于其上填筑路堤。二级以下公路可以采用抛填片石挤淤,整理碾压成型后填筑路堤。

④当软湿土深度大于2m时,按软土路基的规定处理。

(4)利用潮湿土填筑路堤时,应按下列压实标准和方法进行:

①当天然稠度小于1.1、液限大于40%、塑性指数大于18的黏质土用作高速公路、一级公路和二级公路上路床的填料时,应采用各种措施达到规定的压实度。上述土用作下路床及上、下路堤的填料,当进行处治或采用重型压实度确有困难时,可采用轻型压实标准。填料经翻拌晾晒分层压实后,压实度应满足规定要求。

②碾压潮湿土填筑的路堤适宜的压路机类型和规格、填层的适宜厚度、所需碾压遍数和压实度,应通过试验确定。

③碾压完成后的路段,若不立即铺筑路面,且不需维持通车时,应在路床顶再铺盖一层碾压紧密的防水黏土层或沥青封闭层。

④填料的天然稠度为0.9~1.0时,宜将土摊开翻拌晾晒,当含水率接近最佳含水率时即可碾压密实。

⑤填料的天然稠度为0.5~0.9时,宜在土中掺入生石灰等外掺剂拌和均匀后,分层填筑压实。

(5)多雨潮湿地区,土的含水率大,地下水位高,容易影响路基稳定。填方边坡宜用浆砌护坡防护。二级以下公路也宜采取相应的防护措施。

(6)路堤填筑每层表面宜做成2%~4%的横坡以利排水。当天的填土,必须当天完成压实。

(7)路堤坡脚护坡道外,应设置加大断面的石砌边沟,以降低地下水位。

八、季节性冻融翻浆地区路基施工质量监理

(1)冻融翻浆地区施工,必须贯彻"以防为主,防治结合"的原则。

(2)翻浆地区路基,首先应做好路基排水,保证路基填土高度和对压实度的要求。高速公路、一级公路除考虑强度因素外,还需考虑冻胀对路基、路面的影响。

(3)施工前应对冻胀翻浆地区进行详细的现场调查,按各段水文地质情况,做好场地排水、填料选择、料场规划等工作,并根据地区特点、翻浆类型、严重程度,按照因地制宜、就地取材和路基路面综合处理的原则提出处治方案。

(4)翻浆防治可根据公路等级、冻融程度、地带类型、当地料源,采用下述处治措施:

①换填土法。采用水稳定性好、冻稳定性好、强度高的粗粒土换填路基上部;换填选料原则为:冻胀时路面不致产生有害变形,冻融时路床承载能力不致下降,换填厚度应控制在最大冻深的70%~100%。

②隔离层法。深度应设在聚冰层以下和地下水以上适当处;隔离层宜高出地表水位25cm,有效厚度一般为20cm。为防淤塞,上下面宜设防淤层,也可在上下面反铺草皮或土工织物防淤。隔离层材料可用碎石、砾石、粗砂、土工布等,上下面宜设3%~4%的拱度。采用何种防淤层,应视道路等级而定。

不透水隔离层可选3cm厚沥青,8%~10%的沥青土或6%~8%的沥青砂,或沥青油毡、塑料膜等。

③隔温层法:设置在路基上部或路面底基层处,以延缓和减小负气温的强度;材料可选择炉渣、矿渣、碎砖,厚度一般为20~50cm。

④降低水位法:在低于现有地下水位的两侧边沟底部位设置管沟或渗沟。

⑤土工布排水法:将过滤型土工布(也可用塑编布)直接铺在土基上,上面铺填30~40cm厚的砂砾层。

⑥改善路面结构法:如设置石灰底基层、二灰砂砾基层、水泥稳定基层、砂砾垫层等,厚度可根据计算确定。

上述各法可根据具体情况采用一种或两种以上。

(5)不论路堤或路堑,在修筑路面结构层前,应用不小于20t的压路机或等效碾压机械对路基进行检验(2~3遍),发现软弹现象时应进行处理。

(6)涎流冰地区在涎流冰溶解期,能渗浸路基,降低强度,导致翻浆,融雪洪流通过受阻时还易引起路基水毁,应采取排、挡、截等措施防治。

当采用暗管、渗沟等疏排方法时,管沟等结构应埋在冰冻线以下,并不低于路面以下2m。上口通过封闭式渗池与含水层衔接,下口于路基下侧边坡坡面以外排出,并做好出口处的保温和加固设施。

暗管适用于不产砂石的地区。

(7)季节性冻融翻浆地区路基施工时应符合以下规定:

①排水。施工前应认真了解地形及水文地质情况,凡是可能危害路基强度和稳定性的地

面水和地下水,均应采取有效的临时性或永久性措施,使水能迅速排出路基之外;路床面应保持良好的排水状态;从路堑到路堤必须修建过渡边沟并无阻塞现象;各层填土应有路拱,使表面无积水;施工后,各式沟、管、井、涵等能形成完整有效的排水系统。

②路堤。

a. 原地面处理:水文地质不良和湿软地段,可视情况在地表铺填厚度不小于30cm的砂砾,或做局部挖除换填处理。当路堤高度低于20cm时(包括挖方土质路段)应翻松30~50cm并分层整型压实,其压实度为94%~96%,高速公路、一级公路取高限,其他公路取低限。

b. 填料:宜选用水稳定性好的土填筑路基;路基上部受冰冻影响部位,应选用水稳定性和冻稳定性均较好的粗粒土;冻土、非渗水性过湿土、腐殖土禁止用于填筑各层路堤;压实时的含水率应控制在最佳含水率±2%范围内。

c. 取土场:宜设置集中取土场,排水困难地段更宜集中取土。

d. 碾压:各层表面碾压前应用平地机进行整平和修整路拱,切实控制松铺厚度以及填料的均匀性。压实后各层表面的平整度,用3m直尺测量,其间隙高度不宜大于20mm;成型后路床顶面强度按规定进行检查或用不小于20t的压路机碾压检验有无"软弹"现象。

e. 路堤高度:应满足路基全年能处于干燥或中湿状态;修筑低路堤时,应根据具体情况采取相应的技术措施。

f. 为使路基强度和稳定性满足设计要求,施工中各类冻融翻浆防治方法可综合选用。

③路堑。

a. 石方段超挖回填部位应选用符合要求的石渣,压实度不得低于96%;禁止使用劣质开山料或覆盖土回填或找平;超挖部分不规则或不超过8cm时,可用混凝土修补找平;整平层宜采用级配碎石或水泥稳定碎石、二灰稳定碎石类等半刚性材料。

b. 土质路堑或遇水崩解软化的风化泥质页岩等类路堑的路床压实度如不符合规定,应翻松压实或根据土质情况,换填符合路床强度并满足压实度要求的足够厚度的土,并予以压实,然后加强排水措施,如封闭路肩、浆砌边沟等。

c. 有裂隙水、层间水、潜水层、泉眼等路段,应按规定分别采取切断、拦截、降低等措施,如加深边沟,设置渗沟、渗管、渗井等。

九、多年冻土地区路基施工质量监理

(1)施工前,应核查沿线冻土分布、类型、冻土上下限、冰层上限、地面水、地下水以及有无其他如热融(湖、塘)、冰丘、冰锥等不良地质路基地段情况。

(2)施工必须严格遵循保护冻土的原则,使路基施工后仍处于热学稳定状态。路基原则上均应采取路堤形式,尤其在厚冰发育地段,并尽可能避免零填或浅挖断面,以免造成严重热融沉陷等病害,弱融沉或不融沉的多年冻土地区,路基施工可按融化原则进行。

(3)路基排水与加固除满足水力和土力条件外,还应考虑由于施工因素如排水系统修筑等引起的热力变化,不导致多年冻土上限的下降。

(4)填方路基的施工应符合以下要求:

①排水:当路基位于永久冻土的富冰冻土、饱冰冻土或含土冰层地段时,必须保持路基及周围的冻土处于冻结状态,排水系统与路基坡脚应保持足够距离;高含冰量冻土集中路段,严

禁坡脚滞水、路侧积水,边坡应及时铺填草皮。

在少冰与多冰冻土地段,也应避免施工时破坏土基热流平衡。排水沟与坡脚距离不应小于2m;沼泽湿地地段不应小于8m;饱冰冻土及含土冰层地段,应避免修建排水沟和截水沟,宜修建挡水埝(堰),距坡脚不应小于6m,若修建排水沟则不应小于10m。

②基底处理:填方基底为含冰过多的细粒土,且地下冰层不厚,可挖除并用渗水性土回填压实,再填路基。

当基底为排水困难的低洼沼泽地段时,其底部应设置毛细水隔水层,其厚度宜在路堤沉降后至少高出水面0.5m,并在其上铺设反滤层;泥沼地段路堤基底生长塔头草时,可利用其做隔温层。上述地段路堤应预加沉降量,并在修筑路面结构之前,路基沉降基本趋于稳定。

③路基高度:应达到防止翻浆与不超过路基冻胀值要求的最小填土高度;按保持冻结原则施工的路段,应同时满足冻土上限不下降的要求。

④取土:宜设置集中取土场,富冰冻土、饱冰冻土及含土冰层路段,确需就近解决部分土源时,应在路基坡脚10m以外取土;斜坡地表路堤,取土坑应设在上坡一侧。取土坑深度不得超过当地多年冻土上限以上土层厚度的80%,坑底应有坡度,积水应有出口,水能及时排出,同时取土坑的外露面宜用草皮铺填。

⑤填料:应选用保温隔水性能均较好的细粒土。采用黏性土或透水性不良的土填筑路堤时,要控制土的湿度,碾压时含水率不能超过最佳含水率±2%。不得冻土块或草皮层及沼泽地含草根的湿土填筑路基。通过热融湖(塘)路堤,水下部分必须用渗水良好的土填筑,并应高出最高水位0.5m。

⑥压实:压实检查应采用重型击实标准。成型后路床强度应符合设计要求,用不小于20t的压路机或等效碾压机械进行碾压检验2~3遍,无轮迹和软弹现象。

⑦侧向保护:靠近基底部位有冰冻土层且有可能融化时,宜设保温护道或护脚。保温材料宜就地取材。用草皮时,草根应向上一层一层叠铺,最外一层应带泥,以便拍实形成保护层;沿线两侧20m内植被和原生地貌应严加保护。

(5)挖方路基施工应符合以下要求:

①排水:地下水发育地段,路基边沟均应有防渗措施。路堑坡顶避免设置截水沟或排水沟,宜修挡水埝并与坡顶距离不小于6m。若必须修排水沟或截水沟,距挡水埝外距离不应小于4m。

②土质边坡加固铺砌厚度均应满足保温层要求。如用草皮铺砌,应水平叠砌,错缝嵌紧,缝隙用黏土或草皮塞塞严密,连成整体。草皮应及时铺填。

③饱冰冻土、含土冰层地段路堑,为防止开挖后基底冻胀翻浆,可根据需要换填足够厚度的渗水性土。

(6)路基处于其他不良地质地段时,应按下列规定施工:

冰锥、冰丘地段采用冻结、拦截、截水墙、保温渗沟排水等方法处理、热融湖(塘)地段的路堤水下部分应用渗水性土;松软基底两侧宜设反压护道;沼泽冻土地段路堤下部应设置隔离层和隔温层,并保护好两侧地表植被;水鼓丘较重路段,可在上游主流处设地下渗沟或将水引到一定距离外的地面积冰场。

十、岩溶地区路基施工质量监理

（1）影响路基稳定的溶洞，不论采用何种处理方法，在施工中均不应堵塞溶洞水路。

（2）路基基底的岩溶泉或冒水，不论采用何种方法排出，均应保证路床范围的土石方不受浸润；当修建高级或次高级路面时，应保证不因温差作用而使水汽上升，聚集在路面基层下。

（3）对路基上方岩溶泉或冒水，可采用排水沟将水引离路基，不宜堵塞；对路基基底的岩溶泉或冒水，宜设置涵洞（管）将水排除；流量较大的暗洞及消水洞，可用桥涵跨越通过。

（4）路堑边坡上危及路基稳定的干溶洞，可用干砌片石或浆砌片石堵塞。

（5）路基基底的溶洞，应采用桥涵通过，当为干溶洞且又不大时，可采用砂砾石、碎石、干砌片石、浆砌片石等回填密实。

（6）路基基底干溶洞的顶板太薄或顶板较破碎时，可采用加固或将顶板炸除之后，以桥涵跨越。

（7）路基基底干溶洞的顶板较完整，有较大厚度时，可按路基设计规范给出的路基基底溶洞顶板安全厚度的公式予以验算，并根据验算的结果，确定处治方案。

（8）当路基溶洞位于边沟附近且较深时，可采用钢筋混凝土板封闭，并应防止边沟水渗漏到溶洞内。

（9）为防止溶洞的沉陷或坍塌，以及处理岩溶水引起的病害，可视溶洞的具体情况分别采用洞内加固（如桩基加固、衬砌加固）、盖板加固、封闭加固（如锚喷加固）等方法。

（10）对影响路基稳定的人工坑洞（如煤洞、古墓、枯井、捣砂坑、防空洞等），应查明后，参照岩溶处治方法进行处理。

十一、膨胀土地区路基施工质量监理

（1）膨胀土地区的路基施工，应避开雨季作业，加强现场排水，保证地基和已填筑的路基不被水浸泡。

（2）膨胀土地区路基施工，开挖后各道工序要紧密衔接，连续施工，分段完成。路基填筑后不应间隔太久或越冬后做路面。

（3）路堑施工前，先开挖截水沟并铺设浆砌圬工，其出口应延伸至桥涵进出口。

（4）路堤、路堑边坡按设计修整后，应立即浆砌护墙护坡，防止雨水直接侵蚀。

（5）膨胀土稳定性差，不应作为路基填料；中等膨胀土宜经过加工、改良处理后作为填料；弱膨胀土可根据当地气候、水文情况以及道路等级加以应用，对直接使用中、弱膨胀土填筑路堤时，应及时对边坡及顶部进行防护。

①高速公路、一级公路、二级公路等采用中等膨胀土用作路床填料时，应做掺灰改性处理。改性处理后要求胀缩总率不超过 0.7 为宜。

②限于条件，高速公路、一级公路用中等膨胀土填筑路堤时，路堤填成后，应立即做浆砌护坡封闭边坡。当填至路床底面时，应停止填筑，改用符合规定强度的非膨胀土或改性处理的膨胀土填至路床顶面设计高程并严格压实。如当年不能铺筑路面，作为封层的填筑厚度，不宜小于 30cm，并做成不小于 2% 的横坡。

③使用膨胀土作为填料时,为增加其稳定性,可采用石灰处治,石灰剂量可通过试验确定,要求掺灰处理后的膨胀土,其胀缩率接近0为佳。

④可用接近最佳含水率的中等膨胀土填筑路堤,但两边边坡部分要用非膨胀土作为封层。路堤顶面也要用非膨胀土形成包心填方。挖方地段当挖到距路床顶面以下30cm时,应停止向下开挖,并挖好临时排水沟。待做路面时,再挖至路床顶面以下30cm,并用非膨胀土回填,并按要求压实。

(6)高速公路、一级公路路堤原地面处理应符合下列规定:

①填高不足1m的路堤,必须挖去地表30cm的膨胀土,换填非膨胀土,并按规定压实。

②地表为潮湿土时,必须挖去湿软土层换填碎、砾石土、砂砾或挖方坚硬岩石碎渣,或将土翻开掺石灰稳定并按规定压实。

(7)膨胀土地区路堤施工前,应按规定做试验路段。

(8)膨胀土地区路堑开挖应符合下列规定:

①挖方边坡不要一次挖到设计线,沿边坡预留厚度30~50cm一层,待路堑挖完时,再削去边坡预留部分,并立即浆砌护坡封闭。

②膨胀土地区的路堑,高速公路、一级公路的路床应超挖30~50cm,并立即用粒料或非膨胀土分层回填或用改良性土回填,按规定压实。

(9)膨胀土地区路基碾压应符合下列规定:

①根据膨胀土自由膨胀率的大小,选用工作质量适宜的碾压工具,碾压时应保持最佳含水率;压实土层松铺厚度不得大于30cm;土块应击碎至粒径5cm以下。

②在路堤与路堑交界地段,应采用台阶防水搭接,其长度不应小于2m,并碾压密实。

十二、滑坡地段路基施工质量监理

(1)对于滑坡的处治,应分析滑坡的外形地形、滑动面、滑坡体的构造、滑动体的土质及饱水情况,以了解滑坡体的形式和形成的原因,根据公路路基通过滑坡体的位置、水文、地质等条件,充分考虑路基稳定的施工措施。

(2)当路基滑坡直接影响到公路路基的稳定时,不论采用何种方法处理,都必须做好地表水及地下水的处理。

(3)对于滑坡顶面的地表水,应采取截水沟等措施处理,不让地表水流入滑动面内。必须在滑动面以外修筑1~2条环形截水沟;对于滑坡体下部的地下水源应截断或排出。

(4)在滑坡体未处治之前,禁止在滑坡体上增加荷载(如停放机械、堆放材料、弃土等)。

(5)对于挖方路基上边坡发生的滑坡,应修筑一条或数条环形水沟,但最近一条必须距离滑动裂缝面最少5m以外,以截断流向滑动面的水流。截水沟可采用砂浆封面浆或砌片(块)石修筑,滑坡上面出现裂缝须填土进行夯实,避免地表水继续渗入,或结合地形,修建树枝形及相互平行的渗水沟与支撑渗沟,将地表水及渗水迅速排走。

(6)当挖方路基上边坡发生的滑坡不大时,可采用刷方(台阶)减重、打桩或修建挡土墙进行处理以达到路基边坡稳定。采用打桩时,桩身必须置于滑动面以下设计要求的深度;采用修建挡土墙时,挡土墙基础必须置于滑动面以下的硬岩层上。同时,宜修筑排水沟、暗沟(或渗沟)排出地下水。滑坡较大时,可采用修建挡土墙、钢筋混凝土锚固桩或预拉应力锚索等方法处理;不论采用何种处理方法,其基础都必须置于滑动面以下的硬岩层上或达到设计要求的深度。同时宜修筑深渗沟、排水涵洞(管)或集水井等,排除地下水或修建地下截水墙截断地下水。

(7)对于填方路堤发生的滑坡,可采用反压土方或修建挡土墙等方法处理。当滑坡较大时,或采用反压土方或修建挡土墙、钢筋混凝土锚固桩、预拉应力锚索等方法处理,修建构造物的基础必须置于滑动面以下硬岩层上或达到设计要求的深度。

(8)对于沿河路基发生的滑坡,可采用修建河流调治构造物(如堤坝、丁坝、稳定河床等)、挡土墙等方法处理,其构造物的基础必须置于河流冲刷线以下要求的深度或硬岩上。

(9)滑坡表面处治可采用整平夯实山坡、填筑积水坑、堵塞裂隙或进行山坡绿化固定表土。

十三、崩塌岩堆地段路基施工质量监理

(1)公路路基通过岩石容易崩塌地区,不论采用何种方法处治,都必须排除崩塌地段对路基造成损坏的潜在威胁或隐患。

(2)在崩塌地区进行公路路基施工,必须采取预防岩石坍落的安全措施,以保障施工中的安全。

(3)公路通过岩堆地区,不论采用何种方法处治,应尽量避免扰动岩堆体,保持岩堆稳定;施工时不宜破坏原有的边坡率,同时应处理好岩堆地段的渗入水及地下水。

(4)对于挖方边坡及原自然坡面岩石裂隙较多,岩石比较破碎,或由于雨水侵蚀容易引起风化,或由于冰冻作用而引起岩石剥落、破碎而容易发生崩坍的地段,施工中宜采用喷射水泥砂浆稳定,砂浆厚度宜为5~10cm;在气候条件比较恶劣或寒冷地区,厚度宜为10cm以上;对于长而高或较陡的边坡,宜嵌入直径2~6mm、间距100~200mm的铁丝网(挂网)固定在边坡上,在1m^{2}内固定1~2处,然后再喷射水泥砂浆稳定;也可用浆砌片(块)石封面,厚度应为30cm以上,并宜在2m^{2}内设置一处泄水孔。

(5)对岩石裂缝较大,节理比较发育,容易产生崩坍危险的边坡,宜用混凝土块、片(块)石浆砌铺筑处理,厚度应为30~40cm。

(6)在岩堆上部的挖方地段,如有坍落危险的危岩,用一般防护工程不能防止坍落时,应采用清除的办法处理(清除过程中,应做好安全防护措施,保障施工安全),或采用修筑防止落石工程,如岩石加固(或锚固)工程、落石防护栅、防护棚等进行防护。

(7)在比较稳定的或厚度不大的岩堆上修筑路基,应设置护面墙或挡土墙。当设置上挡土墙时,其高度应达到与原岩堆的边坡坡率保持一致;设置下挡土墙时,应保持表面活动层的稳定,同时应设置泄水孔以排出渗入水或地下水。

(8)在比较大而稳定性较好的岩堆上修筑路基,应采取措施治理岩堆,保持岩堆的稳定,在开挖范围内,可采用注水泥砂浆使岩堆稳定后开挖,但应避免采用大、中型炮爆破,以防止岩堆体受扰动而滑移;同时宜修建护面墙或挡土墙以稳定岩堆,其设置高度应达到与原岩堆的边坡率保持一致,并应设置泄水孔排出渗入水或地下水。

对较大而稳定性较差的岩堆,应尽量避免路基通过,若必须通过时,应采用综合治理的办法处治岩堆,先修筑下挡土墙稳定岩堆脚,然后在岩堆体上分段注入水泥砂浆,待岩堆体较稳

定后,逐步开挖。边坡较长时,分阶梯形成边坡,或修筑护面墙稳定边坡,同时应做好岩堆体的排水工程。

十四、红黏土地区路基施工质量监理

(1)压缩系数大于 $0.5MPa^{-1}$ 的红黏土不得直接用于填筑路堤。

(2)不符合规范规定的红黏土拟作为路基填料时,应进行处理,处理后的红黏土应符合规范规定,压实度应符合规范规定。

(3)路堤施工前应做好临时排水及防渗设施,截断流向路堤作业区的水源,疏干地表水。

(4)路堤填筑应符合下列规定:

①应尽量避免雨季施工。雨季施工时,应防止松土被雨淋湿。施工中应保持作业面横坡不小于3%。雨后作业面,应经晾干且重新压实合格后方可进行下道工序的施工。

②填料应随挖随用。摊铺后必须及时碾压,做到当天摊铺当天完成碾压。

③路堤填料应连续,碾压完成后,应采取措施防止路堤作业面因暴晒失水。

(5)包边法施工应符合以下规定:

①包边材料应为透水性较差的低液限黏土、石灰土等,CBR值应符合前述规定,严禁采用粉土、砂土等低塑性土包边。

②分层填筑时,先摊铺包边土,后摊铺红黏土。碾压前,应控制两种填料的各自含水率,使两种填料在同一压实工艺下能达到压实标准。包边土的压实度应符合规范规定。

③碾压应从两边向中间进行,对不同填料的结合处要增加碾压遍数1~2遍。

④超高弯道的碾压应自低处向高处进行。

(6)路堑边坡应按设计要求及时进行防护和综合排水施工。

(7)挖方边坡坡脚应按设计要求及时实施支挡工程。

十五、涎流冰地区路基施工质量监理

(1)施工前,应对当地地形、地质、气象涎流冰的水源、类型及规模、危害情况,当地防治经验等进行调查核对,确定合理的处治措施及施工方案。

(2)施工应尽量减少对原有自然排水系统的影响。在修建排、挡、截等结构物时,不得随意挖掘取土,并注意保留(护)原自然形成的疏水系统。

(3)在冰冻或高寒的涎流冰地区,路基宜选用水稳定性良好的砂砾石土作为填料。

(4)采用浆砌片(块)石砌筑的挡土墙,砌筑砂浆必须饱满、密实,未达到设计强度前不得浸水遭受冻胀破坏,采用干砌时,应采用大块石砌筑。挡冰墙外的聚冰坑应按设计要求进行施工。土质地段的聚冰坑,应按设计要求砌筑,并做好防渗施工。

(5)在施工过程中,应对涎流冰进行监控。

(6)地下排水施工应符合以下规定:

①应按设计要求在冻结深度以下,并在不低于路面以下2m处做好地下排水设施的隔水层或反滤层。

②地下排水设施应在路基完工前完成。

③地下排水结构开挖中,应采取有利于排水的方法分层进行,随时排出地下渗水和流水。上口通过封闭式渗池与含水层衔接,下口位于路基下侧边坡坡面以外,出水口应有保温措施。

十六、雪害地区路基施工质量监理

(1)应充分理解和掌握防雪工程的设计意图,进行详细现场勘察,核查公路沿线雪害的类型、范围、规模、分布位置等。

(2)应本着不破坏自然景观及生态环境的原则,采用科学的施工工艺,尽量减少在施工过程中造成额外的公路雪害。及时清理现场,严禁随意破坏地表植被。

(3)雪崩地段施工应制订安全预案。

(4)在修筑高路堤、开挖储雪场及整修山坡的施工中,及时查明工程地质及水文地质变化,根据实际情况,采取相应的措施。

(5)路基排水应充分考虑春季融雪水的渗透作用,根据当地稳定积雪深度及融雪水的情况,采取措施保证路基的稳定及构造物的抗冻融性。路基的纵横向排水、防水系统应完善,保证融雪水顺畅排出。

(6)积雪地段及构造物应采用水稳性和抗冻融性较好的材料,对填料的性能指标及其均匀性应加强施工控制检测,保证雪害地段路基及防雪工程的稳定性。

(7)坡面防护施工应适时,防止温度变化、春融雪水作用破坏边坡坡面。

(8)雪崩地段路基施工应符合下列规定:

①应配备专门的观测仪器和人员进行监测,及时预报警示山头塌方、碎石跌落、降雨降雪天气、大量地下水涌出等可能造成的山体变化情况,应制订安全预案,避免施工安全事故。

②应及时监测和预防施工机械运转振动造成的坍塌、碎落及山体滑坡。

③在同一个雪崩区,防雪工程应从雪崩源头开始施工,上一个单项工程完成后,方可开始相邻的下一个单项工程施工。其他类似工程也可按此要求依次施工。

④挖方施工时,应沿等高线开挖水平台阶,按从上到下的顺序开挖台阶,废方堆于台阶下方。

⑤稳雪栅栏可沿等高线设置。稳雪栅栏宜设置多排,最高一排栅栏应尽可能在雪崩裂点附近及雪檐下方,应保证基础的稳定性及锚固钢筋的锚固要求,回填土压实度应不小于95%,栅栏与坡面的交角严格按设计要求施工。

⑥防雪林的布置应从雪崩源头开始到雪崩运动区,从上到下分期种植适合当地环境的速生树种。

⑦修筑钢筋混凝土或浆砌圬工防雪走廊时,原地基及回填土压实度应不小于95%。应注意结构物的防水。排水及冻融要求,墙后填土应与山坡相顺接。

(9)风吹雪地段路基施工应符合下列规定:

①路基两侧距边坡坡脚不小于30m范围内的废方及障碍物应清除,并对地表进行整平,否则,应设置防雪设施。

②根据当地主风向、风速等情况选择取土坑的位置。在单一风向的地段,取土坑宜设在路堤背风侧,距路堤边坡坡脚的最小距离为50m。在有两向交替风作用的路段,宜集中设置取土坑,距路堤边坡坡脚的最小距离为100m。施工完成后应将其边坡修成缓坡,使其平行于主风向的断面平顺通畅。根据需要,填方路堤的取土坑也可用作储雪场。

③风吹雪路段路基弃方位置,应位于背风一侧、距离大于100m的低地或距路堑坡顶的距离不小于100m,并应将其整理平顺。

④石方路堑(包括积雪平台)超挖处理应符合以下规定:

a. 严禁使用劣质开山料或覆盖土回填。

b. 超挖回填部分应选用水稳定性和抗冻融性好的材料,压实度应符合规范规定。

c. 超挖部分不规则或超挖深度超过80mm时,应采用混凝土填补找平。

d. 边坡、积雪平台应按以上要求进行施工整理,并设向路基坡脚外2%的坡度,应将积雪平台内进行硬化处理。

⑤土质路堑或遇水崩解软化的风化泥质页岩类路堑的路床(包括积雪平台)压实度应满足规范要求,积雪平台应设向外2%的坡度,路基边坡应严格按防雪设计要求施工,将废方或障碍物清理到设计指定的位置。

⑥挖方路基边坡一般不陡于1:4。当外侧剩余台地工程量不大时,宜全部挖除。

十七、泥石流地区路基施工质量监理

(1)施工前,应结合设计详细调查泥石流的成因、规模、特征、活动规律、危害程度等相关情况,核实泥石流形成区、流动区和堆积区,确定适宜的施工方案。

(2)泥石流地区路基施工,应设置专职巡查人员,监测泥石流动态,遇有异常情况应及时处理,确保施工安全。

(3)采用桥梁形式跨越泥石流地段时,应按设计要求采取防护加固措施。

(4)采用排泄道、排导沟、明洞、涵洞、渡槽等排导功能为主的结构进行泥石流治理时,排导构造物应符合下列规定:

①排导构造物基础应牢固,其强度、断面与高度应符合设计要求。

②排导构造物平面线形应圆滑、渐变,上下游应有足够长的衔接段,行进段沟槽不宜过分压缩,出口不宜突然放宽。流向改变处的转折角不宜超过15°,避免因急弯突然收缩和扩大而造成淤塞。

③排导构造物行进段和出口段的纵坡应满足设计要求或大于沟槽的淤积平衡坡度。

(5)永久性调治构造物采用浆砌片(块)石时,应采用质地坚硬、不易风化的片(块)石,基础应置于设计要求的深度,强度符合设计要求。

(6)利用植被治理泥石流时,植物种类应选择生长期短、见效快、根系发达、适宜本地区生长的品种。

十八、采空区路基施工质量监理

(1)施工前,应结合设计详查路幅内采空区类型(平洞、竖井或斜井)、水文地质、地下水高度和顶板地层厚度,复核设计方案的可行性,编制施工组织设计,完善处治措施。

(2)路基边沟及排水沟底部,应采取措施防止地表水渗漏到采空区内。

(3)采空区路基基底采用砂砾石、碎石、干(浆)砌片石等回填时,填料质量和填筑压实度应符合设计要求,片石强度应满足设计要求。

(4)开挖回填处治采空区,应按设计要求的处理长度、宽度、深度进行处理。
(5)采空区采用充填注浆处理时,处理后地基应满足设计对沉降稳定的要求。

十九、沿河、沿溪地区路基施工质量监理

(1)沿河、沿溪地区路基施工应根据设计要求和现场情况,合理选择施工方法。
(2)路基弃方应妥善处理,严禁向河中倾弃。
(3)受水位涨落影响及常水位以下的路堤,宜用水稳定性好、不宜风化的透水性材料填筑,粒径不宜大于300mm。
(4)沿河、沿溪地区的高填方、半填半挖、拓宽路段的新老交界面,应按设计要求采取措施保证路基稳定,峡谷地段宜采用石质填料。
(5)路基边坡有潜水或渗水时,应按规范有关规定以及设计要求设置排水设施,将水引出路基范围之外。

二十、水库地区路基施工质量监理

(1)库区路基施工,应采取措施减少对水库水体及周围环境的污染。
(2)库区路基施工应根据设计线位与库岸的位置关系,合理选择施工方法。
(3)沿水库边缘修筑的路基,或路基离岸10m以内时,应按设计要求预先对库岸进行防护。
(4)路堤填料宜选择透水性较好的材料。
(5)边坡防护材料应采用强度较高、不易风化的硬质石料。在冰冻地区的护坡采用片石防护时,应选择抗冻性好的石料。在水库上游地段,护坡基础埋置深应符合设计要求。
(6)库区浸水路基施工要求如下:
①填料应采用不易风化的硬质石料。
②路堤外侧边坡的码砌厚度应满足设计要求,码砌石块粒径宜大于300mm,错缝台阶式砌筑,块体紧贴边坡,块体接触面向内倾斜,路堤边坡符合设计要求。
③路基较高且浸水较深的路段,可在靠水库库心一侧的迎水坡面护脚上设置片石石垛,石块尺寸应不小于码砌厚度。

二十一、滨海地区路基施工质量监理

(1)滨海地区路基施工应根据设计要求和现场水文地质情况,合理选择施工方法。
(2)滨海地区路基应采用水稳定性较好的填料填筑。
(3)斜坡式路堤施工要求如下:
①应采取措施保证路堤填料不被海流冲移、侵蚀。
②护坡采用条石、块石或混凝土人工块体、土工合成材料时,所采用的材料质量必须满足相关要求,坡面平整,块体接触面向内倾斜,紧贴坡面。
③胸墙应在路堤的沉降基本完成后再进行修筑。
(4)直墙式路堤施工要求如下:
①直墙式路堤应采用块石填筑,石块的大小应以石块能够沉达到位,且能确保路堤安全稳

定为原则。

②采用抛石方法形成的明基床或暗基床应满足设计要求。

第四节　路基排水工程、支挡与防护工程施工质量监理

一、路基排水工程

由于各种地面水与地下水对路基的强度和稳定性影响极大,必须修建路基排水设施,将危害路基的地面水和地下水排出路基范围之外。在施工中应不断完善排水系统,使全线沟渠、管道、桥涵组成完整的排水系统。

路基排水工程主要分为地面排水设施和地下排水设施。地面排水设施包括边沟、截水沟、排水沟、跌水、急流槽、拦水缘石与蒸发池等;地下排水设施包括渗沟、渗井、隔离层等,渗沟也可分为填石渗沟、管式渗沟和洞式渗沟三种形式,三种渗沟均应设置排水层(或管、洞)、反滤层和封闭层。

路基排水工程施工质量监理的工作要点如下:

(1)根据路基施工的现场情况核对路基排水设计,如设计与现场情况相符时,应检查各类排水设施的位置、断面、尺寸、坡度、高程。如果需要变更,施工监理应根据实际需要确定。

(2)各类排水设施要求纵坡顺适、沟底平整、排水畅通,无冲刷和无阻水现象。

(3)检查沟槽护砌片石的强度,严禁采用风化岩石;检查确定护面砌体所用砂浆和混凝土的配合比,抽样检查其强度。

(4)检查沟槽护面砌体的质量(包括砂浆饱满程度和密实程度),要求砌体咬扣紧密,勾缝平顺无脱落,缝宽大体一致。

(5)检查渗沟、渗井及隔离层的底面高程及尺寸,确保地下排水设施的埋设深度符合设计要求。

(6)检查渗沟、渗井的回填渗透材料的规格尺寸。

(7)严格检查地下排水设施的施工程序,上一道工序的质量未经监理工程师检查认可,不得进行下一道工序的施工。

(8)旁站地下排水设施的施工后,对施工单位填报的"隐蔽工程记录单"进行审核检查,确认符合设计要求方能认可。

各类路基排水工程质量标准应符合规范规定。

二、涵洞及通道

涵洞按照形式可分为管式涵、盖板涵、拱涵与箱涵等。每座涵洞由涵身与进、出洞口组成。洞口的建筑形式有八字翼墙式、直墙式、端墙式,必要时尚需铺砌进洞口处的路堤,以防水流的冲刷。一般涵洞的设计可使用标准图。涵洞的施工一般可分为基础开挖、涵身砌筑与进、出洞口砌筑几道工序。

与涵洞构造形式相同,但不是过水而用于过人或过人力车、马车和拖拉机的低等级立交构

造物称为通道。

1. 基础开挖

(1)基础开挖应符合图纸要求。开挖基坑时,应核对地质情况,检查基底土质的均匀性、地基稳定性及承载力(小桥和涵洞的地基检验,一般采用直观或触探方式,必要时可进行土质分析试验和试压试验)。

(2)检查基底表面位置、尺寸大小、基底高程,并检查施工原始记录。

(3)基坑开挖后,应紧接着进行功能层铺设,并紧接着进行下一工序的施工,承包人应采取措施,保护基坑的暴露面不致破坏。

(4)垫层和基座砂砾垫层应为压实的连续材料层,应分层摊铺压实,不得有离析现象,其压实度应在90%以上。混凝土基座浇筑时,应防止混凝土中的水分被基底吸收或积水渗入混凝土中而降低混凝土的强度,基座的尺寸应符合图纸要求,并按图纸要求设置沉降缝。

2. 涵管敷设与涵身砌筑

1)涵管敷设

(1)管节安装从下游开始,使接头面向上游,每节涵管应紧贴于功能层或基座上,使涵管受力均匀,所有管节应按正确的轴线和坡度敷设,如管壁厚度不同,应使内壁齐平。

(2)涵管接缝宽度不应大于10mm,并应用沥青麻絮或其他具有弹性的不透水材料填塞接缝的内、外侧,以形成一柔性密封层,不得有裂缝、空鼓、漏水等现象。

(3)如果图纸有规定,在管节接缝填塞好后,应在其外部设置C20混凝土箍圈。箍圈环绕接缝浇筑好后,应给予充分养生使其达到规定的强度,且不产生裂缝、脱落等现象。

(4)当管节采用承插式接缝时,在承口端应先座以干硬性水泥砂浆,在管节套接以后再在承口端的环形孔隙内塞以砂浆使接头紧密,并将内壁表面抹平。

2)盖板涵施工

(1)混凝土的涵台及基础分别浇筑时,基础顶面与涵台相接部分应拉毛。涵台或盖板可按图纸设置的沉降缝处分段修筑。

(2)当设计有支撑梁时,应在安装或浇筑盖板之前完成。图纸有要求将钢筋混凝土盖板用锚栓与涵台锚固在一起时,应按图纸规定或监理工程师批准的其他方法固定锚栓。

(3)盖板安装前,应检查成品及边墙尺寸,并检查涵台强度是否达到设计强度的70%以上,盖板安装时必须坐浆稳固。

(4)盖板安装后,盖板上的吊装装置,应用砂浆填满,相邻板块之间采用1:2的水泥砂浆填塞密实。

3)箱涵现场浇筑

(1)在浇筑底板以前,应清除基座上的杂物,然后按图纸立模板,绑扎钢筋,浇筑混凝土。

(2)底板达到设计强度后,方可在底板上绑扎钢筋、立模浇筑侧板及顶板。

(3)为保证搭板与箱体的连接,在浇筑侧板上的牛腿时,应按图纸预埋锚固筋。

(4)严格按图纸所示的高程,纵坡和预拱度设置功能层、基座以及立模和浇筑混凝土。

4)石拱涵施工

(1)拱架、支架、模板等由承包人负责设计,经监理工程师批准后进行施工。

(2)拱圈圬工砌筑,应由两端的拱脚向中间同时、对称进行,砌筑时拱圈或支架不得有变形。

(3)拱圈砂浆强度达到设计强度的70%时方可拆除拱架;拱顶填土,必须达到设计强度后方可进行。

(4)沉降缝、防水层应按设计规定施工。

(5)涵身直顺,涵底铺砌密实平整,拱圈圆滑。

3. 进出水口

(1)进出水口应采用混凝土或圬工修筑,所用原材料及砂浆应符合设计要求。

(2)帽石及一字墙应表面平整、轮廓清晰、线条平直。

(3)进出水口与上下游沟槽连接顺适,流水畅通。

4. 回填

(1)回填所用材料,应采用透水性土,严禁使用含有淤泥、杂草、腐殖物、冻土块的土。

(2)回填材料的压实,应在接近最佳含水率时分层填筑和夯实。

(3)对圆管涵在检验管节安装及接缝符合要求后,在管节两侧分层回填至与涵管中心齐平。夯实作业方式应不使涵管和接缝部位引起任何损坏或扰动。

(4)盖板涵及箱涵台背填土必须在支撑梁(或涵底铺砌)及盖板安装且砂浆强度达到70%以后方可进行,填土时应在两个台背同时对称填筑,盖板上面填土时,第一层土的摊铺及碾压厚度分别不得少于30cm和20cm,并防止剧烈的冲击。

(5)拱涵拱顶填土必须在拱圈砂浆达到设计强度后方可进行。

三、支挡及石砌防护构造物

支挡构造物可利用墙身自重支撑墙背土压力,以防止路基变形或支挡路基本身保证路基稳定性。常用的支挡构造物有各种挡土墙、护肩、砌石、石垛等。砌石、石垛多用干砌,护肩、挡墙则多为浆砌。

石砌防护构造物主要起隔离作用,以防止冲刷和风化。常用的石砌防护构造物有护坡和护面墙。支挡及石砌防护构造物施工一般分为挖基、构造物砌筑和回填等工序。挖基与回填的质量控制与涵洞的相同。

构造物施工时应注意:

(1)沿构造物长度方向地面有纵坡时,应沿纵向挖成台阶。

(2)用来修筑构造物的片石、砂浆、混凝土等材料应满足规范要求。

(3)砌筑基础的第一层时,如基底为基岩或混凝土基础,应先将其表面加以清洗、湿润、坐浆砌筑。

(4)砌体应分层砌筑,砌筑上层时,不应振动下层。

(5)砌石分层错缝,砌筑时坐浆挤紧,嵌填饱满密实,无空洞。

(6)沉降缝、伸缩缝、防水层、泄水孔的位置和数量应符合图纸规定。

(7)墙背填料应符合设计要求。用作挡土墙泄水孔进口处的反滤层和墙背渗水层,其材料为砾石、砂石、砂或其组合,其级配应符合设计要求。

各类路基防护与支挡工程的质量标准应符合规范规定。

第五节 路基工程常见质量问题与防治

整个路基及其各部分都处在自重、行车荷载及许多自然因素的作用之下,行车荷载与路堤自重相比,一般是不大的。

对路基稳定性起主要作用的自然因素有水分(流动的和不流动的)、温度变化(特别是从正温度过渡到负温度,或者从负温度过渡到正温度)以及风蚀作用等。由于这些力与因素的作用,路基及其各部分将产生弹性的(可恢复的)和残留的(不能恢复的)变形。

路基在自重、土的干缩以及汽车车轮的重复作用下所产生的残留变形,可能使土的密实度和强度有所增加,但若作用剧烈和变形过大,则可能危害路基稳定性。

在正确设计、修建和养护路基中,变形不应达到危及路基及其各部分的完整性和稳定性。

一、路基变形、破坏及其原因

1. 路堤沉陷

路基因填料(主要指填土)不当、填筑方法不合理、压实不足,在荷载、水和温度的综合作用下,堤身可能向下沉陷。所谓填筑方法不合理,包括不同土混杂、未分层填筑和压实、土中含有未经打碎的大土块或冻土块等。填石路堤也因石料规格不一、性质不匀,或就地爆破堆积,乱石中空隙很大,在一定期限内(例如经过一个雨季)可能产生局部的明显下沉。此外,原地面比较软弱,例如遇到泥沼、流沙或垃圾堆积等,填筑前未经换土或压实,造成地基下沉,也可能引起路堤下陷。路堤不均匀下陷,造成局部路段破坏,影响交通。

填土因季节性交替地发生含水率变化及温度变化的物理作用,使土体发生膨胀、收缩以及冬季冻胀、春季融化,强度减弱,形成翻浆而破坏。

2. 路基边坡塌方

路基边坡塌方,是最常见的路基病害,也是水毁的普遍现象。按照破坏规模与原因的不同,路基边坡塌方可以分为剥落、碎落、滑坍、崩坍及坍塌等。

剥落是指边坡表土层或风化岩层表面,在大气的干湿或冷热的循环作用下,表面发生胀缩现象,使零碎薄层成片状从边坡上剥落下来,而且老的剥落后,新的又不断产生。此种破坏现象,对于填土不均匀和易溶盐含量大的土层,以及泥灰岩、泥质页岩、绿泥岩等松软岩层而言,较易产生。路堑边坡剥落的碎屑,堆积在坡脚下,堵塞边沟,影响路基的稳定,妨碍交通。

碎落是岩石碎块的一种剥落现象,其规模与危害程度比剥落严重。产生碎落的主要原因是路堑边坡较陡(大于45°),岩石破碎和风化严重,在胀缩、振动及水的侵蚀与冲刷作用下,块状碎屑沿坡面向下滚落。如果落下的岩块较大(直径在40cm以上),以单个或多块落下,此种碎落现象可称为落石或坠落。落石的石块较大,降落速度极快,所产生的冲击力可使路基结构物遭到破坏,也会威胁到行车和行人的安全,有时还会引起其他病害同时发生。

滑坍是指路基边坡土体或岩石,沿着一定的滑动面成整体状向下滑动,其规模与危害程度较碎落更为严重,有时滑动体可达数百立方米以上,造成严重的阻车。产生滑坍的主要原因是原山坡具有倾向公路的软弱构造面,由于施工以及水的侵蚀、冲刷改变了原山坡平衡状态,使山坡在重力作用下沿软弱面整体滑动。如岩层倾向公路,层间又有软弱夹层或风化层、覆盖层,基岩的界面倾向公路,特别是有地下水时,均可能形成滑坍。

崩坍是整体岩块在重力作用下倾倒、崩落,这是比较常见而且危害较大的路基病害之一。产生崩坍的主要原因是岩体风化破碎,边坡较高。它同滑坍的主要区别,就在于崩坍无固定滑动面,坡脚线以下地基无移动现象,崩坍体的各部分相对位置在移动过程中完全打乱,其中较大石块翻滚较远,边坡下部形成倒石堆或岩堆。

坍塌(亦称为堆塌)的成因与形态同崩坍相似,但坍塌主要是土体(或土石混杂的堆积物)遇水软化,在45°~60°的较陡边坡无支撑情况下,自身重量所产生的剪应力,超过黏聚力和摩擦力所构成的抗剪力,沿松动面坠落散开,它的变形速度比崩坍慢,很少有翻滚现象。

3. 路基沿山坡滑动

在较陡的山坡上填筑路基,如果原地面未清除杂草、凿毛或人工挖台阶,坡脚又未进行必要支撑,特别是又受水的润湿时,填方与原地面之间的抗剪力很小,填方在自重和荷载作用下,可能使路基整体或局部沿原地面向下移动。此种破坏现象虽然不普遍,但也不应忽视,如果不针对上述产生破坏的原因采取相应预防措施,路基的稳定性就得不到保证,破坏将难以避免。

4. 特殊地质水文情况的毁坏

公路通过不良地质和水文地带,或遇较大的自然灾害,如滑坡、岩堆、错落、泥石流、雪崩、岩溶、地震及特大暴雨等,均能导致路基结构的严重破坏。

二、原因综合分析

由上面简要介绍可知,路基病害的原因是多方面的。各种病害既有各自的特点,又往往具有共同原因,大致可归纳为以下几个方面:

(1)不良的工程地质和水文地质条件,如地质构造复杂,岩层走向与倾角不利,岩性松软、风化严重、土质较差、地下水位较高,以及其他地质不良灾害等。

(2)不利的水文与气候因素,如降雨量大、洪水猛烈、干旱、冰冻、积雪或温差特大等。

(3)设计不合理,如断面尺寸不合要求,其中包括边坡取值不当,挖填布置不符合要求,最小填土高度不足,以及排水、防护与加固不妥等。

(4)施工不符合规定,如填筑顺序不当,土基压实不足,盲目采用大型爆破,以及不按设计要求和操作规程进行施工,工程质量不符合标准等。

上述原因中,地质条件是影响路基工程质量和产生病害的基本前提,水是路基病害的主要原因。为此,必须强调设计前进行地质与水文的勘察工作,针对具体条件及各种因素的综合作用,采取正确的设计方案与施工方法,才能消除和尽可能减轻路基病害,确保路基工程达到规定的质量要求。

第三章 路面工程施工质量监理

第一节 路面工程概述

一、路面的功能与构造

1. 路面的功能

路面是用各种筑路材料铺筑在路基上供车辆行驶的层状构造物。路面不仅直接承受车辆荷载的作用,而且要经受自然因素(日光、温度和水等)和其他人为因素的作用。因此,高速公路、一级公路的路面必须具备下述功能:

(1)全天候、稳定地供汽车行驶,即应保证路面良好的行车性能,使之不受任何季节和气候的影响。

(2)保证汽车高速和舒适行驶,即路面应具有和保持较好的平整度,使汽车在高速行驶时不发生颠簸。

(3)保证汽车安全和经济行驶,即路面表面应具有和保持一定的粗糙度。使汽车在高速行驶中需要紧急制动时不致因路滑而产生侧向或超长的纵向滑移,乃至冲撞事故。

2. 对路面的基本要求

路面应具有下述一系列性能:

(1)强度和刚度,指路面整体结构能够抵抗各种外力综合作用,而不发生破坏和过大变形的性能。

(2)稳定性,指路面在日光、大气、温度、湿度等自然因素影响之下,其整体强度不致迅速降低的性能。

(3)耐久性,指路面在自然因素和行车荷载多次重复作用下,材料不致迅速衰变、结构不致因疲劳而破坏的性能。

(4)表面性能,指路面表面的平整度和粗糙度,平整度用路面纵向凹凸量的偏差值表示,而粗糙度则用路面与轮胎的摩擦系数和路表纹理深度表示。

3. 路面构造及结构层次的划分

路面构造及结构层次的划分如图 3-1 所示。

路面由行车道、硬路肩、土路肩、路缘石及中央分隔带等组成。路面结构层次自上而下可分为面层、基层、垫层(功能层),有时在面层之下还设有联结层。路面结构组成如图 3-2 所示。

各结构层次的作用如下:

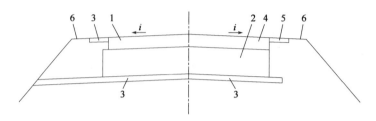

图 3-1　路面构造及结构示意图

i-路拱横坡度;1-面层;2-基层(有时包括底基层);3-垫层(功能层);4-路缘石;5-加固路肩;6-土路肩

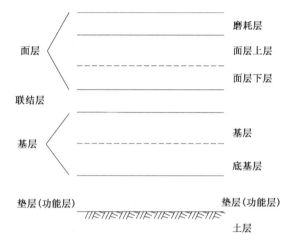

图 3-2　路面结构组成

(1)面层。面层是直接同行车和大气接触的表面层次,它承受较大的行车荷载的垂直力、水平力和冲击力作用,同时还受到降水的侵蚀和气温变化的影响。因此,同其他层次相比,面层应具备较高的结构强度,抗变形能力好,具有较好的水稳定性和温度稳定性,而且应当耐磨、不透水,其表面还应有良好的抗滑性和平整度。

修筑面层所用的材料主要有:水泥混凝土、沥青混凝土、沥青碎(砾)石混合料、砂砾或碎石掺土或不掺土的混合料以及块料等。

(2)基层。基层主要承受由面层传来的车辆荷载的垂直力,并扩散到下面的垫层(功能层)和土基中去。实际上基层是路面结构中的承重层,它应具有足够的强度和刚度,并具有良好的扩散应力的能力。基层遭受大气因素的影响虽然比面层小,但是仍然有可能经受地下水和通过面层渗入雨水的浸湿,所以基层结构应具有足够的水稳定性。基层表面虽然不直接供车辆行驶,但仍然要求有较好的平整度,这是保证面层平整度的基本条件。

修筑基层的材料主要有各种结合料(石灰、水泥或沥青等)稳定土或稳定碎(砾)石、贫水泥混凝土、天然砂砾、各种碎石或砾石、片石、块石或圆石,各种工业废渣(煤渣、粉煤灰、矿渣、石灰渣等)和土、砂、石所组成的混合料等。

(3)垫层(功能层)。它的功能是改善土基的湿度和温度状况,以保证面层及基层的强度、刚度和稳定性不受土基水文状况变化所造成的不良影响。另一方面的功能是将基层传下的车辆荷载应力加以扩散,以减小土基产生的应力和变形。同时也能阻止路基土挤入基层中,影响基层结构的性能。

修筑垫层(功能层)的材料,强度要求不一定高,但水稳定性和隔温性能要好。常用的垫层(功能层)材料分为两种,一类是由松散粒料,如砂、砾石、炉渣等组成的透水性垫层(功能层);另一类是用水泥或石灰稳定土等修筑的稳定类垫层(功能层)。

二、路面的分级与分类

1. 路面的分级

通常按路面面层的使用品质、材料组成类型以及结构强度和稳定性,将路面分为四个等级,如表3-1所示。

各等级路面所具有的面层类型及其所适用的公路等级　　　　表3-1

路面等级	面层类型	所适用的公路等级
高级	水泥混凝土、沥青混凝土、厂拌沥青碎石、整齐石块或条石	高速、一级、二级
次高级	沥青贯入碎(砾)石、路拌沥青碎(砾)石、沥青表面处治、半整齐石块	二级、三级
中级	泥结或级配碎(砾)石、水结碎石、不整齐石块、其他粒料	三级、四级
低级	各种粒料或当地材料改善土,如炉渣土、砾石土和砂砾土等	四级

1) 高级路面

高级路面的特点是强度高、刚度大、稳定性好、使用寿命长、能适应较繁重的交通量,路面平整、无尘埃,能保证高速行车。高级路面养护费用少、运输成本低,但初期建设投资高,需要用质量高的材料来修筑。

2) 次高级路面

次高级路面与高级路面相比,强度和刚度较差,使用寿命较短,所适应的交通量较小,行车速度也较低。次高级路面的初期建设投资虽较高级路面低些,但要求定期修理,养护费用和运输成本也较高。

3) 中级路面

中级路面的强度和刚度低,稳定性差,使用期限短,平整度差,易扬尘,仅能适应较小的交通量,行车速度低。中级路面的初期建设投资虽然很低,但是养护工作量大,需要经常维修和补充材料才能延长使用年限,运输成本也高。

4) 低级路面

低级路面的强度和刚度最低,水稳定性差,路面平整性差,易扬尘,故只能保证低速行车,所适应的交通量最小,在雨季有时不能通车。低级路面的初期建设投资最低,但要求经常养护修理,而且运输成本最高。

2. 路面的分类

路面类型可以从不同的角度来划分,实际中一般都按面层所用的材料划分,如水泥混凝土路面、沥青路面、砂石路面等。但是在工程设计中,主要从路面结构的力学特性和设计方法的相似性出发,将路面划分为柔性路面、刚性路面和半刚性路面三类。

1)柔性路面

柔性路面的总体结构刚度较小,在车辆荷载作用之下产生较大的弯沉变形,路面结构本身的抗弯拉强度较低,它通过各结构层将车辆荷载传递给土基,使土基承受较大的单位压力。路基路面结构主要靠抗压强度和抗剪强度承受车辆荷载的作用。柔性路面主要包括各种未经处理的粒料基层和各类沥青面层、碎(砾)石面层或块石面层组成的路面结构。

2)刚性路面

刚性路面主要指用水泥混凝土作面层或基层的路面结构。水泥混凝土的强度高,与其他筑路材料比较,它的抗弯拉强度高,并且有较高的弹性模量,故呈现出较大的刚性。在车辆荷载作用下,水泥混凝土结构层处于板体工作状态,竖向弯沉较小,路面结构主要靠水泥混凝土板的抗弯拉强度承受车辆荷载,通过板体的扩散分布作用,传递给基础上的单位压力较柔性路面小得多。

3)半刚性路面

用水泥、石灰等无机结合料处治的土或碎(砾)石及含有水硬性结合料的工业废渣修筑的基层,在前期具有柔性路面的力学性质,后期的强度和刚度均有较大幅度的增长,但是最终的强度和刚度仍远小于水泥混凝土。由于这种材料的刚性处于柔性路面与刚性路面之间,因此把这种基层和铺筑在它上面的沥青面层统称为半刚性路面。这种基层称为半刚性基层。

刚性路面、柔性路面和半刚性路面,这种以力学特性为标准的分类方法主要是为了便于从功能原理和设计方法出发进行划分,并没有绝对的定量分界界线。近年来材料科学的发展正在逐步改变这种属性,如水泥混凝土的增塑研究正在使它的刚性降低而保留它的高强性质,沥青的改性研究使得沥青混凝土随气候而变化的力学性质趋于稳定,大幅度提高其刚度。这说明事物都是在相互转化之中。

三、路面工程材料选择

(一)沥青面层材料选择

1.沥青的分类

沥青材料是由一些极其复杂的高分子碳氢化物和这些碳氢化物的非金属(氧、硫、氮等)衍生物所组成的混合物,其中碳占80%~87%,氢占10%~15%,氧、硫、氮小于3%,此外还有少量的金属元素。石油沥青的化学组分按三组分法分为油分、树脂和沥青质,按四组分法分为饱和分、芳香分、胶质和沥青质。

沥青路面采用的沥青结合料,主要有两大类:一类来源于石油系统,或天然存在、或经人工提炼而得到,称为地沥青;另一类为各种有机物干馏的焦油,经过再加工而得到,称为焦油沥青,如图3-3所示。

地沥青按其产源又可分为天然沥青和石油沥青。天

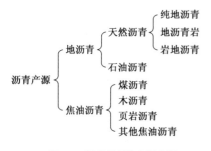

图3-3 沥青材料按产源分类

然沥青是天然条件下,地球物理因素作用形成的产物,其中又有湖状、泉状等存在的纯地沥青,渗透于岩石中的岩地沥青,与岩石和砂石相混的地沥青岩等。石油沥青是指石油经过精制加工成油品后,最后加工而得到的产品。石油沥青的性质不仅与产源有关,而且与制造沥青的石油基属有关。据此,可将石油沥青分为石蜡基沥青、中间基沥青和环烷基沥青,如图3-4所示。

图3-4 石油沥青基属

焦油沥青按其为获得焦油所加工的有机物的名称而命名,如煤焦油获得的沥青叫煤沥青,其他还有木沥青、泥炭沥青等。我国常用的焦油沥青是煤沥青。

按状态可分为液体沥青和黏稠沥青。

按交通标准分,可分为重交通沥青、轻交通沥青和中交通沥青。

按使用的道路等级和层位,可分为A级沥青、B级沥青和C级沥青。

目前我国在炼油厂中生产沥青的主要工艺方法有:蒸馏法、氧化法、半氧化法、溶剂脱沥青法和调配法等,由于制造方法不同,沥青性质也存在很大差异。

2.沥青路面材料的选择

1)沥青

拌制沥青混合料用的沥青材料的技术性质,随气候条件、交通性质、沥青混合料的类型和施工条件等因素而异。通常在较热的气候区、较繁重的交通情况下,细粒式或砂粒式的混合料应采用黏度较高的沥青;反之,采用黏度较低的沥青。在其他配料条件相同的情况下,较黏稠的沥青配置的混合料具有较高的力学强度和稳定性,但如果黏度过高,则沥青混合料的低温变形能力较差,沥青路面容易产生裂缝;采用黏度较低的沥青,虽然配置的混合料在低温时具有较好的变形能力,但在夏季高温时,往往稳定性不足而使路面产生推挤现象。

根据现行技术规范规定,道路石油沥青适用于各类沥青面层,道路石油沥青应符合表3-2要求,高速公路的表面层和中面层所采用的沥青质量应符合A级沥青技术要求,高速公路的下面层、沥青稳定碎石基层,一、二级公路沥青质量应符合A级或B级沥青技术要求,C级沥青宜用于三级及三级以下的公路。同时沥青面层所采用的沥青标号,宜根据公路的等级、气候条件、交通条件、路面类型及所在结构层位、施工方法等,结合当地的使用经验,经过技术认证后确定。

(1)按照沥青路面气候分区的条件综合选择沥青的标号,通常情况下按表3-2选用。对夏季温度高、高温时间长的地区,宜采用黏度大的沥青,也可提高一个高温气候分区选用沥青等级;冬季寒冷的地区,宜选用黏度小、低温延度大的沥青;对温度日温差、年温差大的地区应选用针入度指数大的沥青。

(2)根据交通条件调整选择的沥青标号。对重载交通量路段、高速公路等实行渠化交通的路段、山区及丘陵区上坡路段、服务区、停车场等行车速度慢的路段,宜采用黏度大的沥青,也可提高一个高温气候分区选用沥青等级,同时又是炎热地区时可以提高两个气候分区选用沥青等级;对交通量小、公路等级低,混合交通的路段选用黏度较小的沥青等级;对旅游公路应选用黏度较小的沥青等级。

道路石油沥青技术要求

表 3-2

指　标	单位	等级	160号④	130号④	110号			90号				70号③				50号	30号	试验方法①
			140~200	120~140	110~120			80~100				60~80				40~60	20~40	
针入度(25℃,5s,100g)⑥	0.1mm		注④	注④	2-1	2-2	2-3	1-1	1-2	1-3	1-4	2-2	2-3	2-4	1-3	1-4	注④	T 0604
适用的气候分区⑥																		附录A⑤
针入度指数PI②		A				-1.5~+1.0												T 0604
		B				-1.8~+1.0												
软化点(R&B),不小于	℃	A	38	40	43			45	44	46		45	43			49	55	T 0606
		B	36	39	42			43	42	44		43				46	53	
		C	35	37	41			42								45	50	
60℃动力黏度②,不小于	Pa·s	A	—	60	120			160		140			180			200	260	T 0620
10℃延度②,不小于	cm	A	50	50	40			45	30	30	20	20	20	15	25	15	15	10	T 0605
		B	30	30	30			30	20	20	15	15	15	10	20	10	10	8	
15℃延度②,不小于	cm	A,B,C	80	80	60			50				40				80	50	T 0605
								100									30	20	
蜡含量(蒸馏法),不大于	%	A						2.2										T 0615
		B						3.0										
		C						4.5										
闪点,不小于	℃		230					245				260						T 0611
溶解度,不小于	%							99.5										T 0607
密度(15℃)	g/cm³							实测记录										T 0603
TFOT(或RTFOT)后⑤																		T 0610 或 T 0609
质量变化,不大于	%							±0.8										
残留针入度比,不小于	%	A	48	54	55			57				61				63	65	T 0604
		B	45	50	52			54				58				60	62	
		C	40	45	48			50				54				58	60	
残留延度(10℃),不小于	cm	A	12	12	10			8				6				4	—	T 0605
		B	10	10	8			6				4				2	—	
残留延度(15℃),不小于	cm	C	40	35	30			20				15				10	—	T 0605

注：①试验方法按照《公路工程沥青及沥青混合料试验规程》(JTG E20—2011)规定的方法执行，表中列有的PI值、10℃动力黏度、10℃延度可作为选择性指标，也可不作为施工质量检验指标。
②经建设单位同意，表中列有的PI值、60℃动力黏度、10℃延度可作为选择性指标，也可不作为施工质量检验指标。
③70号沥青可根据需要要求供应商提供针入度范围为60~70或70~80的沥青。
④30号沥青仅适用于沥青稳定基层。130号和160号沥青除寒冷地区可直接应用在低级公路上直接应用外，通常用作乳化沥青、稀释沥青、改性沥青的基质沥青。
⑤老化试验以TFOT为准，也可以RTFOT代替。
⑥气候分区见《公路沥青路面施工技术规范》(JTG F40—2004)附录A。

(3)根据沥青路面的类型及施工工艺选择沥青的标号。对于热拌沥青混合料使用的沥青的标号根据气候分区及交通条件按表3-2选用,不满足要求时宜采用改性沥青;对于SMA结构的沥青黏度在按表3-2选择的基础上黏度大一个等级或采用改性沥青。

沥青面层用的沥青标号,应根据气候、路面类型、施工方法和矿料类型等来选用。通常面层的上层采用较稠的沥青,下层或黏结层采用较稀的沥青。对于渠化交通的道路,宜采用较稠的沥青。其他各层的沥青可采用相同的标号,也可采用不同标号。当沥青标号不符合使用要求时,可采用不同标号的沥青掺配,但掺配后的技术指标应符合要求。

2)粗集料

沥青混合料用的粗集料,可以采用碎石、破碎砾石和矿渣等。沥青混合料用粗集料应该洁净、干燥、无风化、不含杂质。在力学性质方面,压碎值和洛杉矶磨耗率应符合道路等级的要求,见表3-3。

沥青混合料用粗集料质量技术要求 表3-3

指标	单位	高速公路及一级公路		其他等级公路	试验方法
		表面层	其他层次		
石料压碎值,不大于	%	26	28	30	T 0316
洛杉矶磨耗率,不大于	%	28	30	35	T 0317
表观相对密度,不小于	—	2.60	2.50	2.45	T 0304
吸水率,不大于	%	2.0	3.0	3.0	T 0304
坚固性,不大于	%	12	12	—	T 0314
针片状颗粒含量(混合料),不大于	%	15	18	20	T 0312
其中粒径大于9.5mm,不大于		12	15		
其中粒径小于9.5mm,不大于		18	20	—	
水洗法<0.075mm颗粒含量,不大于	%	1	1	1	T 0310
软石含量,不大于	%	3	5	5	T 0320

注:1.坚固性试验可根据需要进行。

2.用于高速公路、一级公路时,多孔玄武岩表观密度限度可放宽至2.45t/m³,吸水率可放宽至3%,但必须得到建设单位的批准,且不得用于SMA路面。

3.对S14则3~5规格的粗集料,针片状颗粒含量可不予要求,<0.075mm颗粒含量可放宽到3%。

对于用于抗滑表层的沥青混合料中的粗集料,应该选用坚硬、耐磨、韧性好的碎石或碎砾石,矿渣及软质集料不得用于防滑表层。在坚硬石料来源缺乏的情况下,允许掺加一定比例普通集料作为中等或小颗粒的粗集料,但掺加比例不应超过粗集料总质量40%。

破碎砾石的技术要求与碎石相同,但破碎砾石用于高速公路、一级公路、城市快速路、主干路沥青混合料时,5mm以上的颗粒中有一个以上破碎面的含量不得少于50%(质量)。

钢渣作为粗集料时,仅限于一般道路,并应经过试验论证取得许可后使用。钢渣应有6个月以上的存放期,质量应符合表3-3的要求。

经检验,属于酸性岩石的石料如花岗岩、石英岩等,用于高速公路、一级公路、城市快速路、主干路时,宜使用针入度较小的沥青,并采用下列抗剥离措施,使其对沥青的黏附性符合要求:

(1)用干燥的生石灰或消石灰粉、水泥作为填料的一部分,其用量宜为矿料总量的1%~2%。
(2)在沥青中掺加抗剥离剂。
(3)将粗集料用石灰浆处理后使用。

3)细集料

用于拌制沥青混合料的细集料,可以采用天然砂、人工砂或石屑。

细集料应洁净、干燥、无风化、不含杂质,并有适当的级配范围。细集料的技术要求列于表3-4。

沥青混合料用细集料质量要求 表3-4

项 目	单位	高速公路、一级公路	其他等级公路	试验方法
表观相对密度,不小于	—	2.50	2.45	T 0328
坚固性(大于0.3mm部分),不小于	%	12	—	T 0340
含泥量(小于0.075mm的含量),不大于	%	3	5	T 0333
砂当量,不小于	%	60	50	T 0334
亚甲蓝值,不大于	g/kg	25	—	T 0349
棱角性(流动时间),不小于	s	30	—	T 0345

注:坚固性试验可根据需要进行。

热拌沥青混合料的细集料宜采用优质的天然砂或人工砂,在缺砂地区,也可使用石屑,但用于高速公路、一级公路、城市快速路、主干路沥青混凝土面层及抗滑表层石屑用量不得超过砂的用量。

细集料应与沥青有良好的黏结能力,高速公路、一级公路、城市快速路、主干路沥青面层使用与沥青黏结性能差的天然砂及花岗岩、石英岩等酸性岩石破碎的人工砂或石屑时,应采用前述粗集料的抗剥离措施。

细集料的级配,天然砂宜按表3-5中的粗砂、中砂或细砂的规格选用;机制砂或石屑宜按表3-6的规格选用。集料的级配在沥青混合料中的适用性,应以其与粗集料和填料配置成砂制混合料后,判定其是否符合矿质混合料的级配要求来决定。当一种细集料不能满足级配要求时,可采用两种或两种以上的细集料掺和使用。

沥青混合料用天然砂规格 表3-5

筛孔尺寸 (mm)	通过各筛孔的质量百分率(%)		
	粗砂	中砂	细砂
9.5	100	100	100
4.75	90~100	90~100	90~100

续上表

筛孔尺寸 （mm）	通过各筛孔的质量百分率（%）		
	粗砂	中砂	细砂
2.36	65~95	75~90	85~100
1.18	35~65	50~90	75~100
0.6	15~30	30~60	60~84
0.3	5~20	8~30	15~45
0.15	0~10	0~10	0~10
0.075	0~5	0~5	0~5

沥青混合料用机制砂或石屑规格　　　　表3-6

规格	公称粒径 （mm）	水洗法通过各筛孔的质量百分率（%）							
		9.5mm	4.75mm	2.36mm	1.18mm	0.6mm	0.3mm	0.15mm	0.075mm
S15	0~5	100	90~100	60~90	40~75	20~55	7~40	2~20	0~10
S16	0~3	—	100	80~100	50~80	25~60	8~45	0~25	0~15

注：当生产石屑采用喷水抑制扬尘工艺时，应特别注意含粉量不得超过表中要求。

4）填料

沥青混合料的矿粉必须采用石灰岩或岩浆岩中的强基性岩石（憎水性石料）经磨细得到矿粉，原石料中泥土杂质应除净。矿粉应干燥、洁净，其质量应符合表3-7的技术要求。

沥青混合料用矿粉质量要求　　　　表3-7

项　目	单位	高速公路、一级公路	其他等级公路	试验方法
表观密度，不小于	t/m³	2.50	2.45	T 0352
含水率，不大于	%	1	1	T 0103
粒度范围 <0.6mm	%	100	100	T 0351
粒度范围 <0.15mm	%	90~100	90~100	
粒度范围 <0.075mm	%	75~100	70~100	
外观	—	无团粒结块		—
亲水系数	—	<1		T 0353
塑性指数	—	<4		T 0354
加热安定性	—	实测记录		T 0355

粉煤灰作为填料使用时，烧失量应小于12%，与矿粉混合后塑性指数应小于4%，其余质量要求与矿粉相同。粉煤灰的用量不宜超过填料总量的50%，并应经试验确认与沥青有良好的黏附性，沥青混合料的水稳定性能满足要求。高速公路、一级公路沥青面层不宜采用粉煤灰作填料。

拌和机采用干法除尘，石粉尘可作为矿粉的一部分回收使用。湿法除尘、石粉尘回收使用时应注意干燥粉尘处理，且不得含有杂质，回收粉尘的用量不得超过填料总量的50%，掺入粉尘填料的塑性指数不得大于4%，其余质量要求与矿粉相同。

由粗集料、细集料和填料组成的矿质混合料,应保证具有足够的密实度和高初始内摩擦角,其组成级配应符合《公路沥青路面施工技术规范》(JTG F40—2004)的规定。密级配沥青混合料宜根据公路等级、气候及交通条件按表3-8选择采用粗型(C型)或细型(F型)混合料,并在表3-8范围内确定工程设计级配范围,通常情况下,工程设计级配范围不宜超出表3-9的要求,其他类型的混合料宜直接以表3-8~表3-14作为工程设计级配范围。

粗型和细型密集配沥青混凝土粗级配和细级配的关键性筛孔通过率　　表3-8

混合料类型	公称最大粒径(mm)	用以分类的关键性筛孔(mm)	粗型密级配		细型密级配	
			名称	关键性筛孔通过率(%)	名称	关键性筛孔通过率(%)
AC-25	26.5	4.75	AC-25C	<40	AC-25F	>40
AC-20	19	4.75	AC-20C	<45	AC-20F	>45
AC-16	16	2.36	AC-16C	<38	AC-16F	>38
AC-13	13.2	2.36	AC-13C	<40	AC-13F	>40
AC-10	9.5	2.36	AC-10C	<45	AC-10F	>45

密集配沥青混凝土混合料矿料级配范围　　表3-9

级配类型		通过下列筛孔(mm)的质量百分率(%)											
		31.5	26.5	19	16	13.2	9.5	4.75	2.36	1.18	0.6	0.3	0.15	0.075
粗粒式	AC-25	100	90~100	75~90	65~83	57~76	45~65	24~52	16~42	12~33	8~24	5~17	4~13	3~7
中粒式	AC-20		100	90~100	78~92	62~80	50~72	26~56	16~44	12~33	8~24	5~17	4~13	3~7
	AC-16			100	90~100	76~92	60~80	34~62	20~48	13~36	9~26	7~18	5~14	4~8
细粒式	AC-13				100	90~100	68~85	38~68	24~50	15~38	10~28	7~20	5~15	4~8
	AC-10					100	90~100	45~75	30~58	20~44	13~32	9~23	6~16	4~8
砂粒式	AC-5						100	90~100	55~75	35~55	20~40	12~28	7~18	5~10

沥青玛蹄脂碎石混合料矿料级配范围　　表3-10

级配类型		通过下列筛孔(mm)的质量百分率(%)											
		26.5	19	16	13.2	9.5	4.75	2.36	1.18	0.6	0.3	0.15	0.075
中粒式	SMA-20	100	90~100	72~92	62~82	40~55	18~30	13~22	12~20	10~16	9~14	8~13	8~12
	SMA-16		100	90~100	65~85	45~65	20~32	15~24	14~22	12~18	10~15	9~14	8~12
细粒式	SMA-13			100	90~100	50~75	20~34	15~26	14~24	12~20	10~16	9~15	8~12
	SMA10				100	90~100	28~60	20~32	14~26	12~22	10~16	9~16	8~13

开级配排水式磨耗层混合料矿料级配范围　　表3-11

级配类型		通过下列筛孔(mm)的质量百分率(%)										
		19	16	13.2	9.5	4.75	2.36	1.18	0.6	0.3	0.15	0.075
中粒式	OGFC-16	100	90~100	70~90	45~70	12~30	10~22	6~18	4~15	3~12	3~8	2~6
	OGFC-13		100	90~100	60~80	12~30	10~22	6~18	4~15	3~12	3~8	2~6
细粒式	OGFC-10			100	90~100	50~70	10~22	6~18	4~15	3~12	3~8	2~6

密级配沥青稳定碎石混合料矿料级配范围　　　　表3-12

级配类型		通过下列筛孔(mm)的质量百分率(%)												
		53	37.5	31.5	26.5	19	16	13.2	9.5	4.75	2.36	1.18	0.6	0.3	0.15	0.075
特粗式	ATB-40	100	90~100	75~92	65~85	49~71	43~63	37~57	30~50	20~40	15~32	10~25	8~18	5~14	3~10	2~6
	ATB-30		100	90~100	70~90	53~72	44~66	39~60	31~51	20~40	15~32	10~25	8~18	5~14	3~10	2~6
粗粒式	ATB-25			100	90~100	60~80	48~68	42~62	32~52	20~40	15~32	10~25	8~18	5~14	3~10	2~6

半开级配沥青碎石混合料矿料级配范围　　　　表3-13

级配类型		通过下列筛孔(mm)的质量百分率(%)											
		26.5	19	16	13.2	9.5	4.75	2.36	1.18	0.6	0.3	0.15	0.075
中粒式	AM-20	100	90~100	60~85	50~75	40~65	15~40	5~22	2~16	1~12	0~10	0~8	0~5
	AM-16		100	90~100	60~85	45~68	18~40	6~25	3~18	1~14	0~10	0~8	0~5
细粒式	AM-13			100	90~100	50~80	20~45	8~28	4~20	2~16	0~10	0~8	0~6
	AM-10				100	90~100	35~65	10~35	5~22	2~16	0~12	0~9	0~6

开级配沥青碎石混合料矿料级配范围　　　　表3-14

级配类型		通过下列筛孔(mm)的质量百分率(%)													
		53	37.5	31.5	26.5	19	16	13.2	9.5	4.75	2.36	1.18	0.6	0.3	0.15	0.075
特粗式	ATPB-40	100	70~100	65~90	55~85	43~75	32~70	20~65	12~50	0~3	0~3	0~3	0~3	0~3	0~3	0~3
	ATPB-30		100	80~100	70~95	53~85	36~80	26~75	14~60	0~3	0~3	0~3	0~3	0~3	0~3	0~3
粗粒式	ATPB-25			100	80~100	60~100	45~90	30~82	16~70	0~3	0~3	0~3	0~3	0~3	0~3	0~3

(二)水泥混凝土面层材料选择

普通混凝土(简称为混凝土)是由水泥、砂、石和水所组成。在混凝土中,砂、石起骨架作用,称为骨料;水泥与水形成水泥浆,水泥浆包裹在骨料表面并填充其空隙。在硬化前,水泥浆起润滑作用,赋予拌和物一定的和易性,便于施工。水泥浆硬化后,则将骨料胶结成一个坚实的整体。混凝土的技术性质在很大程度上是由原材料的性质及其相对含量决定的。同时也与施工工艺有关,因此,必须了解其原材料的性质、作用及其质量要求,合理选择原材料,这样才能保证混凝土的质量。

1. 水泥

配制水泥混凝土一般可采用硅酸盐水泥、普通硅酸盐水泥、矿渣硅酸盐水泥、火山灰质硅酸盐水泥和粉煤灰硅酸盐水泥。必要时也可采用快硬硅酸盐水泥或其他水泥。采用何种水泥,应根据混凝土工程的特点和所处的环境条件进行选择。

1)定义

(1)硅酸盐水泥:凡由硅酸盐水泥熟料、0%~5%石灰石或粒化高炉矿渣、适量石膏磨细制成的水硬性胶凝材料,称为硅酸盐水泥(通称波特兰水泥)。硅酸盐水泥分两种类型:不掺加混合材料的称为Ⅰ型硅酸盐水泥,代号P.Ⅰ;在硅酸盐水泥熟料粉磨时掺加不超过水泥质量5%石灰石或粒化高炉矿渣混合材料的称为Ⅱ型硅酸盐水泥,代号P.Ⅱ。

(2)普通硅酸盐水泥:凡由硅酸盐水泥熟料、6%~15%混合材料和适量石膏磨细制成的水硬性胶凝材料,称为普通硅酸盐水泥(简称普通水泥),代号P.O。

掺活性混合材料时,最大掺量不得超过15%,其中允许用不超过水泥质量5%的窑灰或不超过水泥质量10%的非活性混合材料来代替。掺加非活性混合料时最大掺量不得超过水泥质量10%。

2)组分材料

(1)硅酸盐水泥熟料(clinker):凡以适当成分的生料,烧至部分熔融,所得以硅酸钙为主要成分的产物称为硅酸盐水泥熟料(简称熟料)。

(2)石膏(gypsum):天然石膏必须符合现行《天然石膏》(GB/T 5483)的规定。工业副产石膏是工业生产中以硫酸钙为主要成分的副产品。采用工业副产石膏时必须经过试验,证明对水泥性能无害。

(3)活性混合材料(active admixture):指符合现行标准《用于水泥和混凝土中的粉煤灰》(GB/T 1596)的粉煤灰、《用于水泥中的火山灰质混合材料》(GB/T 2847)的火山灰质混合材料和《用于水泥中的粒化高炉矿渣》(GB/T 203)的粒化高炉矿渣。

(4)非活性混合材料(inactive admixture):活性指标低于现行《用于水泥和混凝土中的粉煤灰》(GB/T 1596)、《用于水泥中的火山灰质混合材料》(GB/T 2847)和《用于水泥中的粒化高炉矿渣》(GB/T 203)标准要求的粉煤灰、火山灰质混合材料和粒化高炉矿渣以及石灰石和砂岩。石灰石中Al_2O_3含量不得超过2.5%。

(5)窑灰(kiln dust):从回转窑窑尾废气中收集下来的粉尘,品质指标应符合现行《掺入水泥中的回转窑窑灰》(JC/T 742)的规定。

硅酸盐水泥熟料主要由CaO、SiO_2、Al_2O_3和Fe_2O_3四种氧化物组成,其含量总和通常都在95%以上。现代生产的硅酸盐水泥熟料,各氧化物含量的波动范围为:CaO 62%~67%,SiO_2 20%~24%,AlO_3 34%~37%,Fe_2O_3 2.55%~6.0%。

硅酸盐水泥熟料中CaO、SiO_2、Al_2O_3和Fe_2O_3不是以单独的氧化物存在,而是以两种或两种以上的氧化物经高温化学反应而生成的多种矿的集合体。其结晶细小,一般为30~60μm。主要有以下四种矿物:硅酸三钙($3CaO \cdot SiO_2$,简写为C_3S)、硅酸二钙($2CaO \cdot SiO_2$,简写为C_2S);铝酸三钙($3CaO \cdot Al_2O_3$,简写为C_3A)、铁相固溶体(通常以铁铝酸四钙$4CaO \cdot Al_2O_3 \cdot Fe_2O_3$作为代表式,简写为$C_4AF$)。此外,还有少量游离氧化钙、方镁石(结晶氧化镁)、含碱矿物及玻璃体。

另外,水泥粉磨时还允许加入主要起助磨作用而不损害水泥性能的助磨剂,其加入量不得超过水泥质量1%。使用助磨剂、工业副产石膏时,须经省、自治区、直辖市以上建材行业主管部门批准,投产后定期进行质量检验。

3)强度等级

硅酸盐水泥分为 42.5、42.5R、52.5、52.5R、62.5、62.5R 六个强度等级;普通硅酸盐水泥分为 32.5、32.5R、42.5、42.5R、52.5、52.5R 六个强度等级。R 型水泥属于快硬型,对其 3 天强度有较高的要求。

4)技术要求

(1)不溶物(insoluble residue):Ⅰ型硅酸盐水泥中不溶物不得超过 0.75%;Ⅱ型硅酸盐水泥中不溶物不得超过 1.50%。

(2)氧化镁:水泥中氧化镁含量不得超过 5.0%。如果水泥经压蒸安定性试验合格,则水泥中氧化镁含量允许放宽到 6.0%。

(3)三氧化硫:水泥中三氧化硫含量不得超过 3.5%。

(4)烧失量(ignition loss):Ⅰ型硅酸盐水泥中烧失量不得大于 3.0%,Ⅱ型硅酸盐水泥中烧失量不得大于 3.5%,普通水泥中烧失量不得大于 5.0%。

(5)细度(fineness):硅酸盐水泥比表面积大于 $300m^2/kg$,普通水泥 $80\mu m$ 方孔筛的筛余量不得超过 10.0%。

(6)凝结时间(setting time):硅酸盐水泥初凝不得早于 45min,终凝不得迟于 6.5h;普通水泥初凝不得早于 45min,终凝不得迟于 10h。

(7)安定性(soundness):用沸煮法检验必须合格。

(8)强度(strength):水泥强度等级按规定龄期的抗压强度和抗折强度来划分,各强度等级水泥各龄期强度不得低于表 3-15 中数值。

(9)碱:水泥中碱含量按 $Na_2O + 0.658K_2O$ 计算值来表示,若使用活性骨料,用户要求提供低碱水泥时,水泥中碱含量不得大于 0.60%或由供需双方商定。

各龄期、各类型水泥强度　　　　　　表 3-15

品　种	强　度　等　级	抗压强度(MPa)		抗折强度(MPa)	
		3 天	28 天	3 天	28 天
硅酸盐水泥	42.5	17.0	42.5	3.5	6.5
	42.5R	22.0	42.5	4.0	6.5
	52.5	23.0	52.5	4.0	7.0
	52.5R	27.0	52.5	5.0	7.0
	62.5	28.0	62.5	5.0	8.0
	62.5R	32.0	62.5	5.5	8.0
普通水泥	32.5	11.0	32.5	2.5	5.5
	32.5R	16.0	32.5	3.5	5.5
	42.5	16.0	42.5	3.5	6.5
	42.5R	21.0	42.5	4.0	6.5
	52.5	22.0	52.5	4.0	6.5
	52.5R	26.0	52.5	5.0	7.0

2.粗集料的技术性质

普通混凝土常用的粗骨料有碎石和卵石,由天然岩石或卵石经破碎、筛分而得。

1)物理性质

(1)物理常数。

①表观密度。粗集料表观密度是单位体积(含颗粒固体及其闭口孔隙体积)物质颗粒的干质量。测定方法见《公路工程集料试验规程》(JTG E42—2005)。

②毛体积密度。粗集料的毛体积密度同石料的毛体积密度。测定方法见《公路工程集料试验规程》(JTG E42—2005)。

③堆积密度。粗集料的堆积密度是单位体积(含物质颗粒固体及其闭口、开口孔隙体积及颗粒间空隙体积)物质颗粒的质量。测定方法见《公路工程集料试验规程》(JTG E42—2005)。

④空隙率。粗集料空隙率是集料的颗粒之间空隙体积占集料总体积的百分比。

(2)级配。

粗集料中各组成颗粒的分级和搭配称为级配,级配是通过筛分试验确定的。筛分试验和有关参数的计算详见细集料技术性质中的内容。

(3)坚固性。

粗集料坚固性按《公路工程集料试验规程》(JTG E42—2005)选取规定数量,分别装在金属网篮中浸入饱和硫酸钠溶液再进行干湿循环试验,经一定的循环次数后,观察其表面破坏情况,并用质量损失百分率来计算其坚固性。

(4)针片状颗粒含量。

粗集料颗粒的最大长度(或宽度)方向与最小厚度(或直径)方向的尺寸之比大于3倍的颗粒含量。

(5)含泥量和泥块含量。

①含泥量是指颗粒小于0.08mm颗粒的含量。

②泥块含量是指颗粒大于5mm,经水洗、手捏后可破碎成小于2.5mm的颗粒含量。

2)化学性质

(1)有害杂质含量。

有害杂质含量主要指硫化物和硫酸盐的含量。

(2)碱活性反应。

当水泥混凝土中碱含量较高时,应鉴定集料与碱发生潜在有害反应,即水泥混凝土-硅酸盐反应的可能性。

3)力学性质

(1)强度。

通常岩石的抗压强度由碎石生产单位提供。试验方法同《公路工程岩石试验规程》(JTG E41—2005)。

(2)压碎值。

压碎值是按规定方法测得的石料抵抗压碎的能力,以压碎试验后小于规定粒径的石料质量百分率表示,试验方法见《公路工程集料试验规程》(JTG E42—2005)。

3. 细集料的技术性质

普通混凝土中的细集料一般采用天然砂,它是岩石风化后所形成的大小不等、由不同矿物散粒组成的混合物,一般有河砂、海砂及山砂。

1) 物理常数

细集料的表观密度或堆积密度和空隙率等物理常数的含义与粗集料完全相同。

2) 级配

级配是集料各级粒径颗粒的分配情况,砂的级配可通过砂的筛分试验确定。砂的筛分试验是取试样 500g,在整套标准筛上进行筛分,分别求出试样存留在各筛上质量的一种试验方法。级配有关参数按如下方法计算:

(1) 分计筛余百分率:某号筛上的筛余质量占总质量的百分率。
(2) 累计筛余百分率:某号筛的分计筛余百分率和大于某号筛的各筛余百分率之总和。
(3) 通过百分率:通过某筛的质量占试样总质量的百分率,亦即 100 与累计筛余百分率之差。
(4) 细度模数 M_x:

$$M_x = \frac{(A_2 + A_3 + A_4 + A_5 + A_6) - 5A_1}{100 - A_1} \tag{3-1}$$

式中:A_1、A_2、A_3、A_4、A_5、A_6——5mm、2.5mm、1.25mm、0.63mm、0.315mm、0.16mm 各筛上的累计筛余百分率。

通常砂的粗细程度用细度模数来表示。砂按细度模数分三级:粗砂($M_x = 3.1 \sim 3.7$),中砂($M_x = 3.0 \sim 2.3$),细砂($M_x = 2.2 \sim 1.6$)。

3) 有害杂质含量

砂中常含有的有害杂质主要有泥、泥块、云母轻物质、硫酸盐硫化物和有机质。

4. 粗集料的技术要求

配制混凝土时所采用的粗、细集料的技术要求有以下几个方面:

1) 粗集料技术要求

水泥混凝土用粗集料的技术要求应符合表 3-16 的规定。

水泥混凝土用粗集料的技术要求　　　　　　表 3-16

项次	技 术 指 标	技 术 要 求			试 验 方 法
		Ⅰ级	Ⅱ级	Ⅲ级	
1	碎石压碎值(%),不大于	18	25	30	JTG E42 T 0316
2	卵石压碎值(%),不大于	21	23	26	JTG E42 T 0316
3	坚固率(按质量损失计)(%),不大于	5	8	12	JTG E42 T 0314
4	针片状颗粒含量(按质量计)(%),不大于	8	15	20	JTG E42 T 0311
5	含泥量(按质量计)(%),不大于	0.5	1.0	2.0	JTG E42 T 0310
6	泥块含量(按质量计)(%),不大于	0.2	0.5	0.7	JTG E42 T 0310
7	吸水率(按质量计)(%),不大于	1	2	3	JTG E42 T 0307
8	硫化物及硫酸盐含量(按 SO_3 计)(%),不大于	0.5	1.0	1.0	GB/T 14685—2011

续上表

项次	技术指标	技术要求			试验方法
		Ⅰ级	Ⅱ级	Ⅲ级	
9	洛杉矶磨耗率(%),不大于	28	32	35	JTG E42 T 0317
10	有机物含量(比色法)	合格	合格	合格	JTG E42 T 0313
11	岩石抗压强度(MPa)	岩浆岩≥100、变质岩≥80、沉积岩≥60			JTG E41 T 0221
12	表观密度(kg/m³),不大于	2500			JTG E42 T 0308
13	松散堆积密度(kg/m³),不大于	1350			JTG E42 T 0309
14	空隙率(%),不大于	47			JTG E42 T 0309
15	磨光值(%),不大于	35			JTG E42 T 0321
16	碱活性反应	不得有碱活性反应或疑似碱活性反应			JTG E42 T 0325

2)粗集料的坚固性

碎石或卵石的坚固性是指集料在气候、环境变化或其他物理因素作用下抵抗碎裂的能力。用硫酸钠溶液法检验,试样经 5 次循环后,其质量损失应符合表 3-16 的规定。

3)有害物质含量

碎石或卵石中的硫化物和硫酸盐含量,以及卵石中有机质含量,应符合表 3-17 规定。

碎石或卵石中有害物质含量　　　　表 3-17

项　　目	品质指标
硫化物及硫酸盐含量(折算成 SO_3 按质量计,%),不大于	1
卵石中有机质含量(比色法)	颜色不深于标准色。如深于标准色,则应配置混凝土进行强度试验,抗压强度应不低于95%

注:如含有颗粒硫酸盐或硫化物,则要进行混凝土耐久性试验,确认能满足要求时方能采用。

4)碱活性反应

当水泥混凝土中碱含量较高时,应采用下列方法鉴定集料与碱发生潜在有害反应,即水泥混凝土碱-硅酸盐反应和碱-硅酸反应的可能性。

(1)用岩相法检验(T 0324)确定哪些集料可能与水泥中的碱发生反应。当集料中下列材料含量为 1% 或更少时即有可能成为有害反应的集料,这些材料包括下列形式的二氧化硅:蛋白石、玉髓、鳞石英、方石英;在流纹岩、安山岩或英安岩中可能存在的中性重酸性(富硅)的火山玻璃;某些沸石和千枚岩等。

(2)用砂浆长度法检验(T 0325)集料产生有害反应的可能性。如果用高碱硅酸盐水泥制成的砂浆长度膨胀率 3 个月低于 0.05% 或者 6 个月低于 0.10% 即可判定为非活性集料。超过上述数值时,应通过混凝土试验结果做出最后评定。

5)水泥混凝土用粗集料级配规格

(1)混凝土用碎石或卵石的颗粒级配应符合表 3-18 的规定。

(2)根据工程要求,连续粒级可与单粒级配合使用,也允许直接采用单粒级,但必须避免混凝土离析。

(3)2.5mm 以下的石屑、石粉,易黏附在颗粒上,对水泥混凝土和易性影响很大,因此,这种细料含量不宜超过5%。

(4)若生产的集料规格不符合表3-18的规定,但确认与其他材料掺配后的级配符合规格时,可以使用。

碎石或卵石的颗粒级配规格　　　　表3-18

级配情况	公称粒径(mm)	累计筛余(按质量计,%)										
		方孔筛筛孔尺寸(mm)										
		2.5	5	10	16	20	25	31.5	40	50	63	80	100
连续级配	5~10	95~100	80~100	0~15	0								
	5~16	95~100	90~100	30~60	0~10	0							
	5~20	95~100	90~100	40~70	—	0~10	0						
	5~25	95~100	90~100	—	30~70	—	0~5	0					
	5~31.5	95~100	90~100	70~90	—	15~45	—	0~5	0				
	5~40	—	95~100	75~90	—	30~60	—	—	0~5	0			
单级配	10~20	—	95~100	85~100	—	0~15	0						
	16~31.5	—	95~100	—	85~100	—	—	0~10	0				
	20~40	—	—	95~100	—	80~100	—	—	0~10	0			
	31.5~63	—	—	—	95~100	—	—	75~100	45~75	—	0~10	0	
	40~80	—	—	—	—	95~100	—	—	70~100	—	30~60	0~10	0

5.细集料技术要求

1)分类、等级和规格

(1)用于水泥混凝土中的砂是指粒径小于5mm的岩石碎屑,主要是在江河湖海水域中水流冲刷自然形成的,也可以是在破碎岩石的过程中形成的岩石碎屑(机制砂)。其技术要求应符合表3-19、表3-20的规定。

天然砂的质量标准　　　　表3-19

项次	项目	技术要求			试验方法
		Ⅰ级	Ⅱ级	Ⅲ级	
1	坚固性(按质量损失计,%),不大于	6.0	8.0	10.0	JTG E42 T 0340
2	含泥量(按质量计,%),不大于	1.0	2.0	3.0	JTG E42 T 0333
3	泥块含量(按质量计,%),不大于	0	0.5	1.0	JTG E42 T 0335
4	氯离子含量(按质量计,%),不大于	0.02	0.03	0.06	GB/T 14684—2011
5	云母含量(按质量计,%),不大于	1.0	1.0	2.0	JTG E42 T 0337
6	硫化物及硫酸盐含量(按SO_3质量计,%),不大于	0.5	0.5	0.5	JTG E42 T 0341
7	海砂中的贝壳类物质含量(按质量计,%),不大于	3.0	5.0	8.0	JGJ 206—2010
8	轻物质含量(按质量计,%),不大于	1.0			JTG E42 T 0338

续上表

项次	项 目	技术要求 I级	技术要求 II级	技术要求 III级	试验方法
9	吸水率(%),不大于	2.0			JTG E42 T 0330
10	表观密度(kg/m³),不小于	2500.0			JTG E42 T 0328
11	松散堆积密度(kg/m³),不小于	1400.0			JTG E42 T 0331
12	空隙率(%),不大于	45.0			JTG E42 T 0331
13	有机物含量(比色法)	合格			JTG E42 T 0336
14	碱活性反应	不得有碱活性反应或疑似碱活性反应			JTG E42 T 0325
15	结晶态二氧化硅含量(%),不大于	25.0			JTG E42 T 0324

机制砂的质量标准 表3-20

项次	项 目		技术要求 I级	技术要求 II级	技术要求 III级	试验方法
1	机制砂母岩的抗压强度(MPa),不小于		80.0	60.0	30.0	JTG E41 T 0221
2	机制砂母岩的磨光值,不小于		38.0	35.0	30.0	JTG E42 T 0321
3	机制砂单粒级最大压碎指标(%),不大于		20.0	25.0	30.0	JTG E42 T 0350
4	坚固性(按质量损失计,%),不大于		6.0	8.0	10.0	JTG E42 T 0340
5	氯离子含量(按质量计,%),不大于		0.01	0.02	0.06	GB/T 14684—2011
6	云母含量(按质量计,%),不大于		1.0	2.0	2.0	JTG E42 T 0337
7	硫化物及硫酸盐含量(按 SO_3 质量计,%),不大于		0.5	0.5	0.5	JTG E42 T 0341
8	泥块含量(按质量计,%),不大于		0	0.5	1.0	JTG E42 T 0335
9	石粉含量(%),小于	MB值<1.4 或合格	3.0	5.0	7.0	JTG E42 T 0349
9	石粉含量(%),小于	MB值>1.4 或不合格	1.0	3.0	5.0	JTG E42 T 0349
10	轻物质含量(按质量计,%),不大于		1.0			JTG E42 T 0338
11	吸水率(%),不大于		2.0			JTG E42 T 0330
12	表观密度(kg/m³),不小于		2500.0			JTG E42 T 0328
13	松散堆积密度(kg/m³),不小于		1400.0			JTG E42 T 0331
14	空隙率(%),不大于		45.0			JTG E42 T 0331
15	有机物含量(比色法)		合格			JTG E42 T 0336
16	碱活性反应		不得有碱活性反应或疑似碱活性反应			JTG E42 T 0325

(2)按国家标准,用于水泥混凝土中的砂按其细度模数分为三大类,如表3-21所示。

水泥混凝土中的砂按其细度模数分类 表3-21

分类	粗砂	中砂	细砂
细度模数 M_x	3.7~3.1	3.0~2.3	2.2~1.6

注:细度模数主要反映全部颗粒的粗细程度,不完全反映颗粒的级配情况,混凝土配制时应同时考虑砂的细度模数和级配情况。

2)颗粒级配

对用于水泥混凝土中细度模数为3.7~1.6的砂,其颗粒级配应处于表3-22中任何一个级配区内。

砂的颗粒级配区 表3-22

筛孔尺寸(mm)	Ⅰ区	Ⅱ区	Ⅲ区	筛孔尺寸(mm)	Ⅰ区	Ⅱ区	Ⅲ区
	累计筛余(%)				累计筛余(%)		
5.00	10~0	10~0	10~0	0.63	85~71	70~41	40~16
2.50	35~5	25~0	15~0	0.315	95~80	92~70	85~55
1.25	65~35	50~10	25~0	0.16	100~90	100~90	100~90

注:1.砂的实际颗粒级配,除5.00mm、0.63mm、0.16mm筛孔外,其余各筛孔累计筛余允许超出本表的规定界限,但不应超出5%。
  2.Ⅰ区砂宜提高砂率以配低流动性混凝土,Ⅱ区砂宜优先选用以配不同等级混凝土,Ⅲ区砂宜适当降低砂率以保证混凝土强度。
  3.对于高强泵送混凝土用砂宜选用中砂,细度模数为2.9~2.4。2.5mm筛孔的累计筛余量不得大于15%。0.315mm筛孔的累计筛余量宜在85%~92%范围内。

3)含泥量及泥块含量

水泥混凝土用砂的含泥量(即粒径小于0.08mm的尘屑、淤泥和黏土的总含量百分比)及泥块(即原颗粒大于1.25mm,经水洗、手压后可破碎成小于0.63mm的颗粒)含量,应符合表3-23的规定。

砂的含泥量及泥块含量 表3-23

混凝土强度等级	大于或等于C30	小于C30	试验方法	混凝土强度等级	大于或等于C30	小于C30	试验方法
含泥量,(按质量计,%)	≤3	≤5	T 0333	泥块含量,(按质量计,%)	≤1.0	≤2.0	T 0335

注:1.对有抗冻、抗渗或其他特殊要求的混凝土用砂,总含泥量应不大于3%,泥块含量应不大于1.0%。
  2.对于C10及以下的混凝土用砂,根据水泥强度等级,其含泥量及泥块含量可予以放宽。

4)细集料坚固性

用于水泥混凝土的砂的坚固性是指砂子在气候、环境变化或其他物理因素作用下抵抗破碎的能力。用硫酸钠溶液法检验,试样经5次循环后,其质量损失应符合表3-24的规定。

砂的坚固性指标　　　　　　　　　　　　　　表 3-24

混凝土所处的环境条件	循环后的质量损失(%)	试验方法
在寒冷地区室外使用,并经常处于潮湿或干湿交替状态下的混凝土	≤8	T 0340
在其他条件下使用的混凝土	≤12	

注:1. 寒冷地区是指最寒冷月份的月平均温度低于 -5℃ 的地区。
　　2. 当同一产源的砂,在类似的气候条件下使用已有可靠经验时,可不做坚固性试验。
　　3. 对于有抗疲劳、耐磨、抗冲击要求的混凝土用砂,或有腐蚀介质作用或经常处于水位变化区的地下结构混凝土用砂,其坚固性质量损失率应小于8%。

5)有害物质含量

用于水泥混凝土的砂中云母、轻物质(表观密度小于2.0,如煤和褐煤等)、有机物、硫化物和硫酸盐等有害物质,其含量应符合表3-19、3-20的规定。

6.水

(1)符合现行《生活饮用水卫生标准》(GB 5749)的饮用水可直接作为混凝土搅拌与养生用水。

(2)非饮用水应进行水质检验,并应符合表3-25的规定,还应与蒸馏水进行水泥凝结时间与水泥浆强度的对比试验;对比试验的水泥初凝与终凝时间差均不应大于30min,水泥胶砂3天和28天强度不应低于蒸馏水配制的水泥胶砂3天和28天强度的90%。

非饮用水质量标准　　　　　　　　　　　　　表 3-25

项次	项　　目	钢筋混凝土及钢纤维混凝土	素混凝土	试验方法
1	pH 值,不小于	5.0	4.5	JGJ 63—2006
2	氯离子含量(mg/L),不大于	1000	3500	
3	硫酸盐含量(mg/L),不大于	2000	2700	
4	碱含量(mg/L),不大于	1500	1500	
5	可溶物含量(mg/L),不大于	5000	10000	
6	不溶物含量(mg/L),不大于	2000	5000	
7	其他杂质	不应有漂浮的油脂和泡沫;不应有明显的颜色和异味		

7. 外加剂

外加剂的质量应符合现行《混凝土外加剂》(GB 8076)的规定。

第二节　路面基层(底基层)施工质量监理

一、基层的作用及对材料的基本要求

路面基层与底基层主要承受由面层传来的车辆荷载的垂直力,并扩散到下面的垫层(功

能层)和土基中去,实际上基层与底基层是路面结构中的承重层,一般应具备足够的强度和刚度、足够的水稳定性和冰冻稳定性、足够的抗冲刷能力、收缩性小、足够的平整度、与面层结合良好等性能。公路路面除根据力学特性可分为柔性基层、半刚性基层、刚性基层外,也可以分为无机结合料稳定类、有机结合料稳定类和粒料类。我国常用的基层材料包括:水泥稳定土、石灰稳定土、石灰工业废渣稳定土、级配碎石、级配砾石或级配砂砾、填隙碎石等类型。

在粉碎的或原状松散的土中掺入一定量的无机结合料(包括水泥、石灰或工业废渣等)和水,经拌和得到的混合料在压实与养生后,其抗压强度符合规定要求的材料称为无机结合料稳定材料。无机结合料稳定类基层与底基层主要有:水泥稳定土、石灰稳定土、石灰工业废渣稳定土等。其中土作为基层材料的骨架,水泥和石灰则属于基层材料的胶凝物质。由于胶凝的机理不同,水泥属于水硬性胶凝材料,而石灰属于气硬性胶凝材料。无机结合料稳定土由于胶凝性质的不同和材料配比的多变性原因,其工程性质千差万别,相应的试验检测方法也较复杂。

粒料类基层是用加工轧制碎石(或砾石)按嵌挤原理铺压而成的结构。粒料类基层的强度主要依靠石料的嵌挤锁结作用以及填充结合料的黏结作用。嵌挤力的大小主要取决于石料的内摩阻角。黏结作用(用材料的黏结力表示)的大小主要取决于填充结合料本身的黏聚力及其与矿料之间的黏附力大小。

有关有机结合料稳定类的技术要求和试验方法参见有关专著。本章主要介绍了无机结合料稳定材料的力学特性,碎(砾)石路面的力学特性,无机结合料稳定粒料基层与底基层指标的试验检测方法,级配碎(砾)石、填隙碎石与天然砂砾基层与底基层检测方法等内容。

1. 用于路面基层材料土的一般定义

按照土中单个颗粒(指碎石、砾石和砂颗粒)的粒径大小和组成,将土分为细粒土、中粒土和粗粒土。

(1)细粒土:颗粒的最大粒径小于10mm,且其中小于2mm的颗粒含量不少于90%。

(2)中粒土:颗粒的最大粒径小于30mm,且其中小于20mm的颗粒含量不少于85%。

(3)粗粒土:颗粒的最大粒径小于50mm,且其中小于40mm的颗粒含量不少于85%。

2. 无机结合料稳定土组成材料要求

无机结合料稳定土的力学特性取决于材料组成,因此首先应对材料的基本性质有所了解。

1)土

(1)水泥稳定土

凡能被粉碎的土都可用作水泥稳定土,其最大颗粒和颗粒组成应满足相关规范的要求。对于细粒土而言,土的均匀系数应大于5,液限不应超过40,塑性指数不应大于17。

集料的压碎值要求:对于二级和二级以下公路基层,不大于35%;对于二级和二级以下公路底基层,不大于40%;对于高速公路和一级公路,不大于30%。

(2)石灰稳定土

塑性指数15~20的黏性土以及含有一定数量黏性土的中粒土和粗粒土均可用作石灰稳定土。不含黏性土或无塑性指数的级配砂砾、级配碎石和未筛分碎石用于石灰稳定时,应添加15%左右的黏性土。硫酸盐含量超过0.8%的土和有机质含量超过10%的土,不宜用于石灰稳定。

石灰稳定土中集料压碎值要求:一般公路的底基层,不大于40%;高速公路和一级公路的底基层、二级以下公路的基层,不大于35%;二级公路的基层,不大于30%。

(3)石灰工业废渣土

宜采用塑性指数12~20的黏性土(亚黏土),有机质含量超过10%的土不宜选用。最大颗粒和颗粒组成应满足规范的要求。集料压碎值要求同水泥稳定土。

2)水泥

普通水泥、矿渣水泥、火山灰水泥等都可使用,但应选用终凝时间较长(宜在6h以上)的水泥,快硬水泥、早强水泥以及已受潮变质的水泥不应使用。宜采用强度等级较低(如强度等级为32.5MPa)的水泥。

3)石灰

石灰质量应符合Ⅲ级以上的生石灰或消石灰的技术指标,要尽量缩短石灰的存放时间。石灰在野外堆放时间较长时,应妥善覆盖保管,不应遭日晒雨淋。

对于高速公路和一级公路,宜采用磨细生石灰粉。

4)粉煤灰

粉煤灰中SiO_2、Al_2O_3和Fe_2O_3的总含量应大于70%,烧失量不应超过20%,比面积宜大于$2500cm^2/g$。

干粉煤灰和湿粉煤灰都可以应用。干粉煤灰如堆在空地上应加水,防止飞扬造成污染。湿粉煤灰的含水率不宜超过35%。

使用时,应将凝固的粉煤灰块打碎或过筛,同时清除有害杂质。

5)煤渣

煤渣是经锅炉燃烧后的残渣,它的主要成分是SiO_2和Al_2O_3,松干密度为$700~1100kg/m^3$。煤渣的最大粒径不应大于30mm,颗粒组成宜有一定级配,且不含杂质。

6)强度标准

无机结合料稳定土强度标准如表3-26所示。

强度标准(MPa) 表3-26

材料名称	高速公路和一级公路		二级和二级以下公路	
	基层	底基层	基层	底基层
水泥稳定土	3.0~5.0	2.0~4.0	2.0~4.0	1.0~3.0
石灰稳定土	—	≥0.8	≥0.8[a]	0.5~0.7[b]
二灰稳定土	≥0.9	≥0.6	≥0.7	≥0.5

注:[a]在低塑性土(塑性指数小于7)地区,石灰稳定砂砾土和碎石土的7天浸水抗压强度应大于0.5MPa。
[b]低限用于塑性指数小于7的黏性土,高限用于塑性指数大于7的黏性土。

二、路面基层的类型

基层(底基层)可分为粒料类和无机结合料稳定类。

1. 粒料类基层(底基层)

粒料类常分为嵌锁型和级配型,目前常用的有填隙碎石(嵌锁型)、级配碎(砾)石、天然砂砾(级配型)几种。粒料类基层(底基层)的主要特点是透水性大、施工方便。我国大都将此类结构作为高速公路、一级公路的底基层或垫层(功能层),有些国家用级配碎(砾)石修筑基层或底基层,还用作沥青面层与半刚性基层间的联结层。

嵌锁型粒料基层的整体强度主要依靠碎石颗粒之间的嵌锁和摩阻作用,颗粒间的黏结力很小,即这种结构层的抗剪强度主要取决于剪切面上的法向应力和材料的内摩阻角。内摩阻角由三项因素构成:粒料表面的相互滑动摩擦、剪切时体积膨胀而需克服的阻力、粒料重新排列而受到的阻力。因此,嵌锁型结构强度主要取决于石料的强度、形状、尺寸、均匀性、表面粗糙度以及施工时的压实程度。当石料强度高,形状接近立方体、有棱角、尺寸均匀、表面粗糙、压实度高时,结构层的强度就高。

级配型粒料基层的强度和稳定性取决于内摩阻角和黏结力的大小,即其强度与稳定性很大程度上取决于集料的类型(碎石、砾石或碎砾石)、集料的最大粒径和级配以及混合料中0.5mm以下细粒的含量及塑性指数。同时还与其密实程度有关系。因此,对级配型粒料,主要控制最大粒径、细粒含量及其塑性指数和现场压实度。

2. 无机结合料稳定类基层(底基层)

无机结合料稳定类基层又称半刚性基层,常用的半刚性基层类型有:

(1)水泥稳定类。主要有水泥稳定土、水泥稳定碎石(或砂砾)及水泥稳定为筛分碎石(石屑、石渣)等。

(2)石灰稳定类。主要有石灰土、石灰碎石土、石灰砾石土以及石灰土稳定级配碎石和级配砂砾等。

(3)综合稳定类。主要有水泥石灰综合稳定土、水泥石灰稳定碎石(砾石)、水泥石灰稳定煤渣等。

(4)石灰工业废渣类。主要有石灰粉煤灰(简称二灰)土、二灰砂、二灰砂砾、二灰碎石等、石灰煤渣、石灰煤渣土、石灰煤渣碎石(砂砾)、石灰煤渣矿渣等。

半刚性基层(底基层)具有良好的力学性能,强度高、水稳定性好、板体性好。其强度不仅与使用材料本身性质有关,更主要的是混合料加水拌和碾压后发生的一系列物理-化学作用,强度随时间增长而逐渐提高。但这类基层的最大缺点是干缩或低温收缩时易产生裂缝。为减少开裂,可在混合料中掺入60%~80%的粒料。无机结合料稳定粒料基层中,水泥稳定碎石(石屑)的强度较高,适宜于大交通重轴载道路的基层,而无机结合料稳定土(如水泥土、石灰土、二灰土等)仅适宜于作高级路面的底基层。

由此可见,无机结合料稳定类基层的力学特性不仅与各组成材料本身的性质有关,而且与混合料的配合比有关。

三、混合料配合比设计

1. 混合料试验项目

1)重型击实试验

确定最佳含水率和最大干密度,以规定工地碾压时的含水率和应达到的最大干密度;确定制备强度试验和耐久性试验的试件应采用的含水率和干密度;确定制备承载比试件的材料含水率。

2）承载比

求工地预期干密度下的承载比，确定材料是否适宜做基层或底基层。

3）抗压强度

进行材料组成设计，选定最适用于水泥或石灰稳定的材料（包括土），规定施工中所用的结合料剂量，为工地提供质量评定标准。

4）耐久性

用干湿循环或冻融循环试验确定适用于石灰或水泥稳定的材料，探索石灰水泥稳定材料在潮湿冰冻条件下的使用性能。

2. 混合料配合比设计的一般方法

1）一般原则

混合料配合比设计要求达到的目标：设计的混合料组成在强度上满足设计要求，抗裂性达到最优且便于施工。配合比设计的基本原则：结合料剂量合理，尽可能采用综合性能稳定的集料，且集料应有一定的级配。

混合料组成中，结合料剂量太低则不能成为半刚性材料，剂量太高则刚度太大，容易脆裂。实际上，限制低剂量是为了保证整体材料具有基本的抗拉强度，以满足荷载作用的强度要求，限制高剂量可使模量不致过大，避免结构产生太大的拉应力，同时降低收缩系数，使结构层不会因温度变化而引起拉伸破坏。

采用水泥、石灰综合稳定时，混合料中掺入一定数量的水泥可提高早期强度，掺入一定数量的石灰可使刚度不会太大，掺入一定数量的粉煤灰可以降低收缩系数，必要时可根据材料性质和施工季节，加入早强剂或其他外掺剂。

集料应有一定的级配，集料数量以达到靠拢而不紧密为原则，其空隙由无机结合料填充，形成各自发挥优势的稳定结构。因此，较为理想的基层材料应是石灰、粉煤灰、水泥综合稳定粒料等半刚性材料。半刚性基层材料中结合料和集料的种类繁多，应以就地取材为前提，并根据以上原则通过试验求得合理组成，以充分发挥其优势。

2）配合比设计方法

混合料配合比设计的主要内容是根据表3-27的强度标准值，通过试验选取适用于稳定的材料，确定材料的配比及最大干密度和最佳含水率。表中所列数值指7天（湿养6天、浸水1天）的无侧限抗压强度。

无机结合料稳定类材料的抗压强度（MPa）   表3-27

公路等级		高速公路、一级公路	二级及二级以下公路
水泥稳定类材料	基层	3.0~5.0	2.0~4.0
	底基层	2.0~4.0	1.0~3.0
石灰稳定类材料	基层	—	≥0.8
	底基层	≥0.8	0.5~0.7[a]
二灰稳定类材料	基层	≥0.9	≥0.7
	底基层	≥0.6	≥0.5

注：[a] 低限与高限分别用于塑性指数小于7和大于7的土。

具体设计步骤如下：

(1)制备同一种土样、不同结合料剂量的混合料,水泥和石灰的剂量可参考表 3-28、表 3-29 所列数值。

水泥剂量参考值　　　　　　　　　　　　　　　　　表 3-28

土　类	层位	水泥剂量(%)				
中粒土和粗粒土	基层	3	4	5	6	7
	底基层	3	4	5	6	7
塑性指数小于 12 的土	基层	5	7	8	9	11
	底基层	4	5	6	7	9
其他细粒土	基层	8	10	12	14	16
	底基层	6	8	9	10	12

石灰剂量参考值　　　　　　　　　　　　　　　　　表 3-29

土　类	层位	石灰剂量(%)				
砂砾土和碎石土	基层	3	4	5	6	7
塑性指数小于 12 的黏性土	基层	10	12	13	14	16
	底基层	8	10	11	12	14
塑性指数大于 12 的黏性土	基层	5	7	9	11	13
	底基层	5	7	8	9	11

二灰稳定类混合料试件的制备可根据不同情况进行。采用石灰粉煤灰做基层或底基层时,石灰与粉煤灰之比可以是 1:2～1:9。采用石灰粉煤灰土做基层或底基层时,石灰与粉煤灰之比常用 1:2～1:4(对于粉土,以 1:2 为宜)。石灰粉煤灰与细粒土的比例可以是 30:70～90:100。采用石灰粉煤灰粒料作基层或底基层时,石灰与粉煤灰的配比常用 1:2～1:4,石灰粉煤灰与级配粒料(中粒土和粗粒土)的配比可以是 1:6～1:4,石灰粉煤灰与粒料的配比也可以用 1:1,但后者可能强度较低,裂缝较多。

(2)采用重型击实试验确定各种混合料的最佳含水率和最大干密度。至少做 3 个不同水泥或石灰剂量混合料的击实试验,即最小剂量、中间剂量和最大剂量。其他剂量混合料的最佳含水率和最大干密度用内插法确定。

(3)按工地预定达到的压实度,分别计算不同结合料剂量时试件应有的干密度。

(4)按最佳含水率和计算得到的干密度制备试件,进行强度试验。作为平行试验的试件数量应符合表 3-30 中的规定。如试验结果的偏差系数大于表中规定的值,则应重做试验,并找出原因,加以解决。如不能降低偏差系数,则应增加试验数量。

最少的试验数量 表3-30

稳定土类型	下列偏差系数时的试验数量		
	小于10%	10%~15%	15%~20%
细粒土	6	9	
中粒土	6	9	13
粗粒土		9	13

(5) 试件在规定温度下保湿养生6天,浸水1天,进行无侧限抗压强度试验,试验温度:冰冻地区20℃±2℃,非冰冻地区25℃±2℃。计算试验结果的平均值和偏差系数。

(6) 根据强度标准,选定合适的结合料剂量。此剂量条件下,试件室内试验结果的平均抗压强度 R 应满足式(3-2)的要求:

$$R \geqslant \frac{R_d}{(1-Z_\alpha C_v)} \tag{3-2}$$

式中:R_d——设计抗压强度;

C_v——试验结果的偏差系数(以小数计);

Z_α——标准正态分布中随保证率(置信度 α)而变的系数。高速公路上应取保证率95%,此时 $Z_\alpha = 1.645$。

工地实际采用的石灰或水泥剂量应较室内试验确定的剂量多0.5%~1.0%。

石灰土稳定碎石和石灰土稳定砂砾,仅对其中的石灰土进行组成设计,对碎石和砂砾只要求具有较好的级配。石灰土与碎石(砂砾)的质量比宜为1:4。二灰稳定粒料的组成设计,则应包括全部混合料或25mm以下的粒料。条件不具备时,可仅对二灰进行组成设计,确定二灰的配合比后,在二灰中掺入一定比例的粒料。

四、基层(底基层)施工准备阶段的质量控制

基层(底基层)施工前,监理应检查审核以下几个方面:

(1) 施工机械设备:主要指摊铺设备、压实机械及其他机械设备的数量、型号,生产能力等。

(2) 混合料拌和场的位置、拌和设备以及运输车辆能否满足质量要求及连续施工的要求。

(3) 路用原材料:检查土、粗细集料、结合料等各种原材料,要求满足《公路路面基层施工技术细则》(JTG/T F20—2015)的要求。

(4) 混合料配合比设计试验报告,检查原材料的试验结果及混合料的击实试验、承载比、抗压强度的试验结果。

(5) 试验路段施工与总结报告。

在正式开工前至少一个月,承包人应在监理工程师批准的地点自费铺筑一段面积为400~800m² 的基层(底基层)试验路段。如经验收合格,可作为主体工程的一部分。

承包人应提供用于试验路段的原材料、混合料组成设计,以及备料、拌和、摊铺、碾压、养生设备一览表和施工程序、施工工艺及操作计划等详细书面说明,并报监理工程师审核批准。

铺筑试验路段的目的:检验承包人提出施工方案和施工方法的适用性,检验拌和、摊铺与压实机械所具有的实际效果,检验和确认基层(底基层)施工中各道工序的质量控制指标,并提出保证质量的有效措施及质量检验试验方法。最终获得基层(底基层)施工时的各项技术参数。

通过试验路段的修筑,需提交正式施工的技术参数:

①用于正式施工的基层(底基层)材料的配合比。

②材料的松铺系数。

③水泥稳定类材料施工的允许延迟时间。

④标准的施工方法:

a. 混合料的数量控制方法。

b. 混合料摊铺方法和适用的机具。

c. 拌和机械是否适用,正确的拌和方法、拌和深度及拌和遍数。

d. 混合料最佳含水率的控制方法。

e. 压实机械的选择和组合,压实的顺序、速度和遍数。

f. 现场密实度的检查方法,初定每一作业段的最小检查数量。

g. 整平和整型的合适机具和方法。

⑤确定每一作业段的合适长度。

⑥确定一次铺筑的合适厚度。

(6)签发"路面底基层和基层开工通知单"。

五、基层(底基层)施工阶段的质量控制

1. 水泥稳定砂砾(碎石)、石灰粉煤灰稳定砂砾(碎石)施工

1)拌和与运输

(1)水泥稳定混合料或二灰稳定混合料的拌和应采用厂拌法。

(2)厂拌的设备及布置位置应在拌和以前提交监理工程师并获得批准。水泥、石灰、粉煤灰与集料应准确过秤,按质量比例掺配,并以质量比加水。拌和时加水时间及加水量应有记录,以提交监理工程师检验。

(3)当进行拌和操作时,稳定料加入方式应能保证自始至终均匀分布于被稳定材料中。应在通向称量漏斗或拌和机的供应线上为抽取试样提供安全方便的设备。拌和机内的死角中得不到充分搅动的材料,应及时排除。

(4)运输混合料的运输设备,应分散设备的压力,均匀地在已完成的铺筑层整个表面上通过,速度宜缓,以减少不均匀碾压或车辙。

(5)当厂拌离摊铺距离较远,混合料在运输中应加以覆盖以防水分蒸发,保持装载高度均匀以防离析。应注意卸料速度、数量与摊铺厚度及宽度。拌和好的混合料要尽快摊铺。

2)摊铺和整型

(1)摊铺必须采用监理工程师批准的机械进行,使混合料按要求的松铺厚度,均匀地摊铺在要求的宽度上。

(2)摊铺时混合料的含水率宜高于最佳含水率0.5%~1.0%,以补偿摊铺及碾压过程中的水分损失。

(3)当压实层厚度超过20cm时,应分层摊铺,最小压实厚度为10cm。先摊铺的一层应经过整型和压实,经监理工程师批准后,将先摊铺的一层表面翻松后再继续摊铺上层,并按规定的路拱进行整型。

3)碾压

(1)混合料经摊铺和整型后,应立即在全宽范围内进行碾压。直线段,由两侧向中心碾压;超高段,由内侧向外侧碾压。每道碾压应与上道碾压相重叠,使每层整个厚度和宽度完全均匀地碾压到规定的密实度为止。压实后表面应平整无轮迹或隆起,且断面正确,路拱符合要求。

(2)碾压过程中,混合料的表面应始终保持潮湿。如表面水蒸发快,应及时补洒少量的水。

(3)严禁压路机在已完成的或正在碾压的路段上"掉头"和紧急制动,以保证结构层表面不受破坏。

(4)施工中,从加水拌和到碾压终了的延迟时间不应超过规定。

4)接缝和"掉头"的处理

施工接缝和压路机"掉头",应按《公路路面基层施工技术细则》(JTG/T F20—2015)的规定处理。

5)养生

碾压完成后应立即进行养生。养生时间不应少于7天。养生方法可视具体情况采用洒水或沥青乳液等。养生期间应封闭交通,不能封闭时,应将车速限制在30km/h以下,且应禁止重型车辆通行。

6)气候条件

工地气温低于5℃时,不应进行施工。雨季施工,应特别注意天气变化,勿使水泥和混合料受雨淋。降雨时应停止施工,已摊铺的混合料应尽快碾压密实。

7)取样和试验

混合料应在施工现场每天取样一次或每拌和250t混合料取样一次,并按《公路工程无机结合料稳定材料试验规程》(JTG E51—2009)的方法进行含水率、稳定剂用量和无侧限抗压强度试验。按《公路工程无机结合料稳定材料试验规程》(JTG E51—2009)规定进行压实度试验,并检查其他项目。所有试验结果,均报监理工程师审批,所发生的一切费用,由承包人自付。

2.石灰土稳定砂砾基层、水泥石灰稳定土基层施工

1)一般要求

(1)石灰土稳定砂砾、水泥石灰稳定土基层应在热季到来之前和热季组织施工,施工期最低气温应在5℃以上。多雨地区,应避免在雨季进行施工。

(2)石灰土稳定砂砾、水泥石灰稳定土宜用中心站集中拌和的方法施工,也可用路拌法施工。

(3)当基层压实采用12~15t三轮压路机碾压时,每层的压实厚度不应超过15cm,用18~

20t 三轮压路机碾压时,每层的压实厚度不应超过 20cm。压实厚度超过上述规定时,应分层铺筑,分层最小压实厚度为 10cm。

(4) 当铺筑层不只一层时,先将铺筑的一层的表面轻轻地耙松,并在铺筑下一层之前洒水湿润使后铺的一层相互黏结良好。

2) 准备工作

(1) 在新完成并经验收的下承层上测量恢复中线,直线段每 20~25m 设一排桩,平曲线每 10~15m 设一排桩,并进行水平测量以确定基层的铺装厚度。

(2) 根据监理工程师批准的配合比在料场用强制式拌和机或双转轴桨叶式拌和机生产集料,拌和时应做到:

①土块要粉碎。

②配料要准确。

③含水率要略大于最佳含水率。

④拌和要均匀。

3) 摊铺

(1) 混合料堆置时间不应过长,尤其雨季施工一定要做到当天堆置、当天摊铺、整型、碾压。

(2) 用平地机或摊铺机按摊铺厚度将混合料摊铺均匀,如发现有粗细颗粒离析现象,应用机械或人工补充拌匀。

4) 碾压

(1) 整型后,当混合料处于最佳含水率 ±1% 时进行碾压,如表面水分不足,应适当洒水。

(2) 用 12t 以上三轮压路机、重型轮胎压路机或振动压路机在路基全宽内进行碾压。直线段,由两侧路肩向路中心碾压;平曲线段,由内侧路肩向外侧路肩进行碾压。碾压时,后轮应重叠 1/2 的轮宽,并必须超过两段的接缝处。后轮压实路面全宽时,即为一遍碾压,进行碾压直到要求的密实度为止。一般需碾压 6~8 遍。压路机的碾压速度,头两遍以采用 1 挡 (1.5~1.7km/h) 为宜,以后用 2 挡 (2.0~2.5km/h)。

(3) 在路面的两侧,应多压 2~3 遍。

(4) 严禁压路机在作业段上掉头和紧急制动。

(5) 在碾压结束前,用平地机终平一次,使其纵向顺适,路拱及超高均符合设计要求,终平应仔细进行。

5) 养生

(1) 每一段碾压完成并经压实度检查合格后,即开始进行养生。

(2) 应用湿砂进行养生。用砂覆盖时,砂层应厚 7~10cm。砂铺均匀后,立即洒水。在整个养生期间都应使砂保持潮湿状态。也可以用潮湿的帆布、粗麻布、草帘或其他合适的材料覆盖,但不得用湿黏性土覆盖。养生结束后,必须将覆盖物清除干净。

(3) 也可用洒水车经常洒水,每天洒水次数应视气候而定。要求在整个养生期间始终保持表面潮湿,不应时干时湿。

(4) 养生不宜少于 7 天。除洒水车外,应封闭交通。

(5) 养生期满后,进行工程质量验收,立即喷洒透层沥青,并在 5~7 天内铺筑沥青面层。

3. 粒料基层(底基层)施工

1)级配碎石施工

级配碎石施工的一般要求如下:

(1)用于二级和二级以上公路底基层的级配碎石应预先筛分成几组不同粒径的碎石(如37.5～19mm,19～9.5mm,9.5～4.75mm 的碎石)及4.75mm以下的石屑组配而成。

(2)在其他等级公路上,级配碎石可用未筛分碎石和石屑组配而成。

(3)缺乏石屑时,可以添加细砂砾或粗砂,也可以用颗粒组成合适的含细集料较多的砂砾与未筛分碎石组配成级配碎砾石。

(4)级配碎石可用于各级公路的基层和底基层。

(5)级配碎石可用作较薄沥青层与半刚性基层之间的中间层。

(6)当级配碎石用作二级和二级以下公路的基层时,其最大粒径应控制在37.5mm以内;当级配碎石用作高速公路和一级公路的基层以及半刚性路面的中间层时,其最大粒径宜控制在31.5mm以下。

(7)级配碎石层施工时,应遵守下列规定:

①颗粒组成应是一根顺滑的曲线。

②配料必须准确。

③塑性指数应符合规定。

④混合料必须拌和均匀,没有粗细颗粒离析现象。

⑤在最佳含水率时进行碾压,直到达到按重型击实试验法确定的要求压实度:中间层100%,基层98%,底基层96%。

⑥应使用12t以上的三轮压路机碾压,每层的压实厚度不应超过18cm。用重型振动压路机和轮胎压路机碾压时,每层的压实厚度可达20cm。

⑦级配碎石基层未洒透层沥青或未铺封层时,禁止开放交通,以保护表层不受破坏。

(8)级配碎石用作半刚性路面的中间层以及二级以上公路的基层时,应采用集中厂拌法拌制混合料,并用摊铺机摊铺混合料。

级配碎石中心站集中厂拌法施工:

(1)级配碎石混合料可以在中心站用多种机械进行集中拌和,如强制式拌和机、卧式双转轴桨叶式拌和机、普通水泥混凝土拌和机等。

(2)对于高速公路和一级公路的级配碎石基层和中间层,宜采用不同粒级的单一尺寸碎石和石屑,按预定配合比在拌和机内拌制级配碎石混合料。

(3)不同粒级的碎石和石屑等细集料应隔离,分别堆放。

(4)细集料应有覆盖,防止雨淋。

(5)在正式拌制级配碎石混合料之前,必须先调试所用的厂拌设备,使混合料的颗粒组成和含水率都能达到规定的要求。

(6)在采用未筛分碎石和石屑时,如未筛分碎石或石屑的颗粒组成发生明显变化,应重新调试设备。

(7)将级配碎石用于高速公路和一级公路时,应用沥青混凝土摊铺机或其他碎石摊铺机摊铺碎石混合料,摊铺机后面应设专人消除粗细集料离析现象。级配碎石用于二级和二级以下公路时,如没有摊铺机,也可用摊铺箱或自动平地机进行摊铺施工。

(8)在任何情况下,拌和的混合料都应均匀,含水率适当,无粗细颗粒离析现象。

(9)级配碎石应在最佳含水率时遵循先轻后重的原则进行碾压,并碾压至要求的压实度。用振动压路机、三轮压路机进行碾压。

①摊铺后,当混合料的含水率等于或略大于最佳含水率时,立即用12t以上三轮压路机、振动压路机或轮胎压路机进行碾压。直线和不设超高的平曲线段,由两侧路肩开始向路中心碾压;在设超高的平曲线段,由内侧路肩向外侧路肩进行碾压。碾压时,后轮应重叠1/2轮宽,后轮必须超过两段的接缝处。后轮压完路面全宽时,即为一遍碾压,碾压一直进行到要求的密实度为止。一般需碾压6~8遍,应使表面无明显轮迹。压路机的碾压速度,头两遍以采用1.5~1.7km/h为宜,以后用2.0~2.5km/h。

②路面的两侧应多压2~3遍。

③严禁压路机在已完成的或正在碾压的路段上掉头或紧急制动。

(10)级配碎石基层,如没有摊铺机,也可用自动平地机(摊铺箱)摊铺混合料。

①根据摊铺层的厚度和要求达到的压实干密度,计算每车混合料的摊铺面积。

②将混合料均匀地卸在路幅中央,路幅宽时,也可将混合料卸成两行。

③用平地机将混合料按松铺厚度摊铺均匀。

④设一个三人小组跟在平地机后面,及时消除粗细集料离析现象。对于粗集料"窝"和粗集料"带",应添加细集料,并拌和均匀;对于细集料"窝",应添加粗集料,并拌和均匀。

(11)用平地机摊铺级配碎石基层混合料后的整型应按下列步骤进行:

①混合料拌和均匀后,立即用平地机初步整平和整型。在直线段,平地机由两侧向路中心进行刮平;在曲线段,平地机由内侧向外侧进行刮平。必要时,再返回刮一遍。

②用推土机、平地机或轮胎压路机立即在初平的路段上快速碾压一遍,以暴露潜在的不平整。

③用平地机再进行整型,再碾压一遍。

④对于局部低洼处,应用齿耙将其表面层5cm以上耙松,并用新拌的水泥混合料进行找补整平。

⑤再用平地机整型一次。

⑥每次整型都应按照规定的横坡和路拱进行。应特别注意接缝必须顺适平整。

⑦当用人工整型时,应用锹和耙先将混合料摊平,用路拱板进行初步整型。用推土机初压1~2遍后,根据实测的压实系数,确定纵横断面的高程,并设置标记和挂线。利用锹和耙按线整型,并再用路拱板校正成型。

⑧在整型过程中,严禁任何车辆通行,并配合人工消除粗细集料"窝"。

(12)集中厂拌法施工时的横向接缝按下述方法处理:

①用摊铺机摊铺混合料时,靠近摊铺机当天未压实的混合料,可与第二天摊铺的混合料一起碾压,但应注意此部分混合料的含水率。必要时,应人工补充洒水,使其含水率达到规定的要求。

②用平地机摊铺混合料时,两作业段的衔接处应搭接拌和。第一段拌和后,留5~8m不进行碾压,第二段施工时,前段留下未压部分与第二段一起拌和整平后进行碾压。

(13)应避免纵向接缝。如摊铺机的摊铺宽度不够,必须分两幅摊铺时,宜采用两台摊铺机一前一后相隔约5~8m同步向前摊铺混合料。在仅有一台摊铺机的情况下,可先在一条摊铺带上摊铺一定长度后,再开到另一条摊铺带上摊铺,然后一起进行碾压。

(14)在不能避免纵向接缝的情况下,纵缝必须垂直相接,不应斜接,并按下述方法处理:

①在前一幅摊铺时,在靠后一幅的一侧应用方木或钢模板做支撑,方木或钢模板的高度与级配碎石层的压实厚度相同。

②在摊铺后一幅之前,将方木或钢模板除去。

③如在摊铺前一幅时未用方木或钢模板支撑,靠边缘的30cm左右难于压实,而且形成一个斜坡,在摊铺后一幅时,应先将未完全压实部分和不符合路拱要求部分挖松并补充洒水,待后一幅混合料摊铺后一起进行整平和碾压。

2)级配砾石施工

级配砾石施工一般要求如下:

(1)天然砂砾符合规定的级配要求,而且塑性指数在6到9以下时,可以直接用作基层。

(2)塑性指数偏大的砂砾,可加少量石灰降低其塑性指数,也可以用无塑性的砂或石屑进行掺配,使其塑性指数降低到符合要求,或塑性指数与细粒土(粒径小于0.5mm的颗粒)含量的乘积符合要求。

(3)可在天然砂砾中掺加部分碎石或轧制碎石,以提高混合料的强度和稳定性。天然砂砾掺加部分未筛分碎石组成的混合料的强度和稳定性介于级配碎石和级配砾石之间。

(4)级配砾石可适用于轻交通的二级和二级以下公路的基层以及各级公路的底基层。

(5)级配砾石层施工时,应遵循下列规定:

①颗粒级配应符合规定。

②配料应准确。

③塑性指数应符合规定。

④混合料应拌和均匀,没有粗细颗粒离析现象。

⑤在最佳含水率时进行碾压,直到达到按重型击实试验法确定的要求压实度:基层98%,底基层96%。

⑥级配砾石应用12t以上三轮压路机碾压,每层的压实厚度不应超过18cm。用重型振动压路机和轮胎压路机碾压时,每层的压实厚度不应超过20cm。

⑦级配砾石基层未洒透层沥青或未铺封层时,禁止开放交通,以保护表层不受破坏。

级配砾石施工过程:

(1)级配砾石施工的工艺流程如下:准备下承层→施工放样→运输和摊铺主要集料→运输和摊铺掺配集料→洒水拌和→整型→碾压。

(2)准备下承层,同半刚性基层施工的要求。

(3)施工放样,同半刚性基层施工的要求。

(4)计算材料用量。根据各路段基层或底基层的宽度、厚度及预定的干密度,计算各段需要的集料数量。如级配砾石是用两种集料合成时,分别计算两种集料的数量。根据料场集料的含水率以及所用运料车辆的吨位,计算每车材料的堆放距离。

(5)运输和摊铺集料。

①集料装车时,应控制每车料的数量基本相等。

②同一料场供料的路段内,由远到近将料按前述计算的距离卸置于下承层上。卸料距离应严格掌握,避免料不够或过多。采用两种集料时,应先将主要集料运到路上,待主要集料摊铺后,再运另一种集料并进行摊铺。如粗细两种集料的最大粒径相差很多,应在粗集料处于潮湿状态下摊铺细集料。

③料堆每隔一定距离应留一个缺口。

④集料在下承层上的堆置时间不宜过长。运送集料较摊铺集料宜只提前数天。

⑤应通过试验确定集料的松铺系数,并确定松铺厚度。人工摊铺混合料时,其松铺系数约为 1.40~1.50;平地机摊铺混合料时,其松铺系数约为 1.25~1.35。

⑥用平地机或其他合适的机具将集料均匀地摊铺在预定的宽度上,表面应力求平整,并有规定的路拱。应同时摊铺路肩用料。

⑦检查松铺材料层的厚度是否符合设计要求,必要时,应进行减料或补料工作。

(6)拌和及整型。

①用平地机拌和时,每一作业段的长度宜为 300~500m。

a. 拌和时,平地机刀片的安装角度宜符合规定。

一般需拌和 5~6 遍。拌和过程中,用洒水车洒足所需的水分。

拌和结束时,混合料的含水率应均匀,并较最佳含水率大 1% 左右。应无粗细颗粒的离析现象。

b. 使用符合级配要求的天然砂砾时,如摊铺后混合料有粗细颗粒离析现象,应用平地机进行补充拌和。

c. 用平地机将拌和均匀的混合料按规定的路拱进行整平和整型。

d. 用拖拉机、平地机和轮胎压路机在已初平的路段上快速碾压一遍,以暴露潜在的不平整。

e. 再用平地机进行整平和整型。

②用拖拉机牵引四铧犁或五铧犁进行拌和时,每一作业段的长度宜为 100~150m。第一遍由路中心开始,将混合料向中间翻,同时机械应慢速前进。第二遍则应从两边开始,将混合料向外翻。拌和过程中,用洒水车洒足所需水分。拌和遍数以双数为宜,一般需拌 6 遍。

拌和结束时,混合料含水率应均匀,并较最佳含水率大 1% 左右,且无离析现象。

用平地机或用其他机具按规定的路拱进行整平和整型。在整型过程中,严禁任何车辆通行。

(7)碾压的有关要求同级配碎石施工。

(8)横缝的处理同级配碎石施工。

(9)纵缝的处理同级配碎石施工。

3)填隙碎石

填隙碎石施工的一般规定:

(1)填隙碎石可采用干法或湿法施工。干旱缺水地区宜采用干法施工。

(2)单层填隙碎石的压实厚度宜为公称最大粒径的 1.5~2.0 倍。

(3)缺乏石屑时,可以添加细粒砂或粗砂等细集料,但其技术性能不如石屑。

(4)填隙碎石可用于各等级公路的底基层和二级以下公路的基层。

(5)填隙碎石施工时,应遵循下列规定:

①细集料应干燥。

②应采用振动轮每米宽质量不小于1.8t的振动压路机进行碾压。填隙料应填满粗碎石层内部的全部孔隙。碾压后,表面粗碎石间的孔隙应填满,但不得使填隙料覆盖粗集料而自成一层,表面应看得见粗碎石。碾压后基层的固体体积率应不小于85%,底基层的固体体积率应不小于83%。

③填隙碎石基层未洒透层沥青或未铺封层时,禁止开放交通。

填隙碎石施工过程:

(1)填隙碎石施工时,应符合下列规定:

①填隙料应干燥。

②宜采用振动压路机碾压,碾压后,表面集料间的空隙应填满,但表面应看得见集料。填隙碎石层上铺薄沥青面层时,宜使集料的棱角外露3~5mm。

③碾压后基层的固体体积率宜不小于85%,底基层的固体体积率宜不小于83%。

④填隙碎石基层未洒透层沥青或未铺封层时,不得开放交通。

(2)填隙碎石施工前,应按《公路路面基层施工技术细则》(JTG/T F20—2015)的要求准备下承层和施工放样。

(3)应根据各路段基层或底基层的宽度、厚度及松铺系数,计算各段需要的集料数量,并应根据运料车辆的车厢体积,计算每车的堆放距离。填隙料的用量宜为集料用量的30%~40%。

(4)材料装车时,应控制每车料的数量基本相等。

(5)应由远到近将集料按计算的距离卸置于下承层上,并严格控制卸料距离。

(6)用平地机或其他合适的机具将集料均匀地摊铺在预定的范围内,表面应平整,并有规定的路拱。应同时摊铺路肩用料。

(7)应检验松铺材料层的厚度,不满足要求时应减料或补料。

①干法施工。

a.初压宜用两轮压路机碾压3~4遍,使集料稳定就位,初压结束后,表面应平整,并具有规定的路拱和纵坡。

b.填隙料应采用石屑撒布机或类似的设备均匀地撒铺在已压稳的集料层上,松铺厚度宜为25~30mm,必要时,用人工或机械扫匀。

c.应采用振动压路机慢速碾压,将全部填隙料振入集料间的孔隙中。如无振动压路机,可采用重型振动板。路面两侧宜多压2~3遍。

d.再次撒布填隙料,松铺厚度宜为20~25mm。应用人工或机械扫匀。

e.同c,再次振动碾压,局部多余的填隙料应扫除。

f.碾压后,应对局部填隙料不足之处进行人工找补,并用振动压路机继续碾压,直到全部空隙被填满,应将局部多余的填隙料扫除。

第三章 路面工程施工质量监理

基层(底基层)完工验收阶段的质量控制要求

表 3-31

项次		水泥土基层和底基层		水泥稳定粒料基层和底基层		石灰土基层和底基层		石灰稳定粒料基层和底基层		石灰、粉煤灰土基层和底基层		石灰、粉煤灰稳定粒料基层和底基层		级配碎(砾)石基层和底基层		填隙碎石(矿渣)基层和底基层		检查方法和频率
基本要求		1)土质应符合设计要求,土块应经粉碎;2)水泥、石灰、土的用量应按设计要求控制准确;3)水泥稳定类从加水拌和到碾压终了的时间不应超过3～4h,并应短于水泥的终凝时间;5)碾压检查合格后应立即覆盖洒水养生,养生期应符合规范要求;6)粒料应符合设计和施工技术规范要求,并应根据当地料源选择质坚干净的粒料;矿渣应经充分消解才能使用,未分解的渣块应予剔出;7)矿料级配应按设计和比剔准确;8)摊铺时应注意消除离析现象;9)石灰质量应符合设计要求,灰块经充分消解后,用重型压路机碾压至要求的压实度,未消解的生石灰块必须剔出;10)混合料配合比应准确,不得含有灰团和生石灰块;11)二灰稳定类应先用轻型压路机稳压,后用重型压路机碾压;12)级配碎(砾)石配料必须准确,塑性指数必须符合规定;13)填隙碎石(矿渣)基层应用振动压路机碾压,使填缝料(5mm以下的轧制细集料或粗砂)填满粗集料空隙																
		基层	底基层	基层	底基层	基层	底基层	基层	底基层	基层	底基层	基层	底基层	基层	底基层	基层	底基层	
		高速其他一级公路	高速其他一级公路	高速其他一级公路	高速其他一级公路	高速其他一级公路	高速其他一级公路	高速其他一级公路	高速其他一级公路	高速其他一级公路	高速其他一级公路	高速其他一级公路	高速其他一级公路	高速其他一级公路	高速其他一级公路	高速其他一级公路	高速其他一级公路	
实测项目	压实度(%) 代表值	95	93	98	97	95	93	97	96	95	93	98	96	98	96	85	83	每200m每车道2处
	规定值或允许偏差 极值	91	89	94	93	91	91	93	92	91	91	94	92	94	92	82	80	
	平整度(mm)	12	15	8	12	12	15	12	15	12p	15	8	12	12	15	12	15	3m直尺:每200m测2处×10尺
	纵断高程(mm)	+5 -15	+5 -20	+5 -10	+5 -15	+5 -15	+5 -20	+5 -15	+5 -20	+5 -15	+5 -20	+5 -10	+5 -15	+5 -15	+5 -20	+5 -15	+5 -20	水准仪:每200m测4个断面
	宽度(mm)	符合设计要求																尺量:每200m测4个断面

87

续上表

项次		水泥土基层和底基层	水泥稳定粒料基层和底基层	石灰土基层和底基层	石灰稳定粒料基层和底基层	石灰、粉煤灰土基层和底基层	石灰、粉煤灰稳定粒料基层和底基层	级配碎(砾)石基层和底基层	填隙碎石(矿渣)基层和底基层	检查方法和频率
实测项目	厚度(mm) 代表值	-10 -10 -12	-8 -10 -10 -12	-10 -10 -12	-10 -10 -12	-10 -10 -12	-8 -10 -10 -12	-10 -10 -12	-10 -10 -12	每200m每车道1点
	厚度(mm) 合格值	-20 -25 -15	-15 -20 -25 -30	-20 -25 -30	-20 -25 -30	-20 -25 -30	-15 -20 -25 -30	-20 -25 -30	-20 -25 -30	
	横坡(±%)	0.5 0.3 0.5	0.5 0.3 0.5	0.5 0.3 0.5	0.5 0.3 0.5	0.5 0.3 0.5	0.5 0.3 0.5	0.5 0.3 0.5	0.5 0.3 0.5	水准仪：每200m测4个断面
	强度(MPa)	符合设计要求								按《公路工程质量检验评定标准 第一册 土建工程》(JTG F80/1—2017)附录G检查
外观鉴定		1)表面平整密实，无坑洼；2)施工接茬平整、稳定；3)无明显离析；4)边线整齐，无松散								

注：填隙碎石(矿渣)基层(底基层)实测项目中，用固体体积率代替压实度，用灌砂法检测。

g.填隙碎石表面孔隙全部填满后,宜再用重型压路机碾压 1~2 遍。在碾压过程中,不应有任何蠕动现象。在碾压之前,宜在表面先洒少量水,洒水量宜不少于 $3kg/m^2$。

h.需分层填筑时,应将已压实的填隙碎石层表面集料外露 5~10mm,然后在其上摊铺第二层集料,并按上述 a~g 要求施工。

②湿法施工。

a.开始工序同干法施工的 a~g 要求。

b.集料层表面孔隙全部填满后,宜立即用洒水车洒水,直到饱和。

c.宜用重型压路机跟在洒水车后碾压。应将湿填隙料及时扫入出现的孔隙中,必要时,宜再添加新的填隙料。

d.应洒水碾压至填隙料和水形成粉浆,粉浆应填塞全部空隙,并在压路机前轮形成微波纹状。

e.碾压完成的路段应让水分蒸发一段时间,结构层变干后,应将表面多余的细集料及细集料覆盖层扫除干净。

f.需要分层铺筑时,宜待结构层变干后,将已压成的填隙碎石层表面的填隙料扫除一些,使表面集料外露 5~10mm,然后在其上摊铺第二层粗碎石。

六、基层(底基层)完工验收阶段的质量控制

基层(底基层)完工验收阶段的质量控制要求应符合表 3-31 规定。

第三节 沥青面层施工质量监理

一、沥青路面概述

1.沥青混合料的分类

沥青混合料是指由适当比例的粗集料、细集料以及填料与沥青在严格控制条件下拌和的混合料。沥青混凝土混合料是指由适当比例的粗集料、细集料及填料组成的符合规定级配的矿料,与沥青结合料拌和而成的符合技术标准的混合料(以 AC 表示)。

1)按密实类型分为 5 类

(1)密级配沥青混凝土混合料。

按密级配原理设计组成的各种粒径颗粒的矿料,与沥青结合料拌和而成,经马歇尔标准击实成型试件的剩余空隙率为 3%~5%(对重载道路为 4%~6%,对人行道路为 2%~5%)的密实型沥青混凝土混合料。按粒径大小分为砂粒式、细粒式、中粒式、粗粒式、特粗式等。按关键性筛孔通过率的不同又可分为细型密级配、粗型密级配沥青混合料等。

(2)开级配沥青混合料。

矿料级配主要由粗集料嵌挤组成,细集料及填料较少,经高黏度沥青结合料黏结,矿料相互拨开形成的混合料,经马歇尔标准击实成型试件的空隙率通常大于 15%。代表性结构有铺筑于沥青层表面的排水式大孔隙沥青混合料磨耗层,如美国的 OGFC,欧洲有的地区也称 PEM

等;铺筑在沥青层底部的排水式沥青稳定基层(ATPB)。

(3)半开级配沥青混合料。

由适当比例的粗集料、细集料及少量填料(或不加填料)与沥青结合料拌和而成,经马歇尔标准击实成型试件的剩余空隙率在8%以上的半开式沥青碎石混合料,我国的AM型沥青碎石混合料属于此类。

(4)间断级配沥青混合料。

矿料级配组成中缺少1个或几个档次,使部分筛孔上的分计筛余很少,而形成的级配曲线不连续的沥青混合料。根据混合料的空隙率不同,间断级配混合料可以是密级配或非密级配的混合料。密级配间断级配混合料的代表性结构是沥青马蹄脂碎石混合料(SMA)。

(5)沥青稳定碎石混合料(沥青碎石)。

由矿料和沥青组成具有一定级配要求的混合料,按空隙率、集料最大粒径、添加矿粉数量的多少,分为3种类型:

①密级配沥青稳定碎石基层混合料(ATB)。

与沥青混凝土的区别主要是公称最大粒径的不同,实际上相当于用于基层的粗粒式或特粗式沥青混合料,公称最大粒径通常大于26.5mm,其设计空隙率为3%~6%,不大于8%,粒径大于37.5mm的特粗式沥青稳定碎石混合料也称大粒径沥青混合料。

②开级配排水式沥青稳定基层混合料(ATPB)。

公称最大粒径通常大于19mm,铺筑在沥青层底部起排水作用,设计空隙率大于15%。

③半开级配沥青稳定混合料。

设计空隙率在8%以上,适用于缺乏添加矿粉的沥青拌和设备和人工炒拌(只加少量矿粉或不加矿粉)制造沥青混合料铺筑中低等级公路的情况,根据路面的压实层厚度可采用不同的公称最大粒径,通常称为沥青碎石(AM)。

2)按沥青结合料分为5类

(1)普通沥青和改性沥青混合料。

(2)乳化沥青碎石混合料。

采用乳化沥青与矿料在常温状态下拌和而成,压实后剩余空隙率在10%以上的常温沥青混合料。

(3)沥青马蹄脂碎石混合料。

由沥青结合料与少量的纤维稳定剂、细集料以及较多量的填料(矿粉)组成的沥青马蹄脂,填充于间断级配的粗集料骨架的间隙,组成一体形成的沥青混合料,简称SMA。

(4)沥青马蹄脂。

由沥青结合料与少量的纤维稳定剂、细集料及较多量的填料(矿粉)组成的混合料。

(5)沥青胶浆。

由沥青结合料、矿粉,或掺加部分纤维组成的混合料。

3)按颗粒最大粒径和级配划分

(1)砂粒式沥青混合料。

公称最大集料粒径等于或小于4.75mm的沥青混合料,也称为沥青石屑或沥青砂。

(2)细粒式沥青混合料。

公称最大集料粒径为9.5mm或13.2mm的沥青混合料。

(3)中粒式沥青混合料。

公称最大集料粒径为16mm或19mm的沥青混合料。

(4)粗粒式沥青混合料。

公称最大集料粒径为26.5mm或31.5mm的沥青混合料。

(5)特粗式沥青混合料。

公称最大集料粒径为等于或大于37.5mm的沥青混合料。

4)按沥青生产工艺划分

(1)热拌热铺沥青混合料:沥青与矿料在热态下拌和、热态下铺筑的沥青路面混合料。

(2)再生沥青混合料:采用适当的工艺,将已破坏的旧沥青路面混合料进行再生处理,或与新沥青混合料混合得到的沥青混合料。

5)按强度构成原则划分

分为按嵌挤原则构成的结构和按密实级配原则构成的结构两类。

(1)按嵌挤原则构成的沥青混合料的结构强度,是以矿料颗粒之间的嵌挤力和内摩阻力为主,沥青结合料的黏附作用为辅而构成的。沥青贯入式路面、沥青表面处治、沥青碎石路面均属此类结构。这一类路面是以颗粒较粗的、尺寸较均匀的矿料构成骨架,沥青混合料填充其空隙,并把矿料黏成一个整体。这种混合料的强度受自然因素(温度、水)的影响较小。

(2)按密实级配原则构成的沥青混合料的结构强度,是以沥青与矿料之间的黏结力为主,矿质颗粒之间的嵌挤力和内摩阻力为辅而构成的。沥青混凝土路面属于此类。这类沥青混合料的结构强度受温度影响较大。

2.沥青混合料结构类型

沥青混合料按其结构组成通常可以分成下列3种组成方式:

(1)悬浮密实结构。由连续级配矿料组成的密实混合料,当粗集料约为30%~40%时,沥青混合料虽可以形成密实结构,但因为粗集料数量较少,不能形成骨架,而以悬浮状态处于较小颗粒之中,这种沥青混合料表现为黏结力较高,内摩阻力受沥青材料的性质和物理状态的影响较大,稳定性较差,密实、疲劳和低温性能强。

(2)骨架空隙结构。采用连续型级配矿质混合料,当矿质集料中粗集料较多,可以形成骨架,但因细集料数量过少,不足以填满空隙时,则形成"骨架-空隙"结构。这种沥青混合料强度主要取决于内摩阻力,黏结力低,其结构强度受沥青的性质和物理状态影响较小,高温稳定性较好,抗水损害、疲劳和低温性能较差。

(3)骨架密实结构。当采用间断型密级配时,混合料中既有一定数量的粗集料形成骨架,同时细集料足以填满骨架的空隙。这种沥青混合料黏结力和内摩阻力均较高,高温稳定性较好,抗水损害、疲劳和低温性能较好。

三种结构示意图如图3-5所示。

3.沥青混合料的使用范围

沥青混合料的使用范围可以按照交通性质、路面结构、现有材料、施工地区的气候条件和施工条件选择。

a)悬浮密实结构　　　b)骨架空隙结构　　　c)骨架密实结构

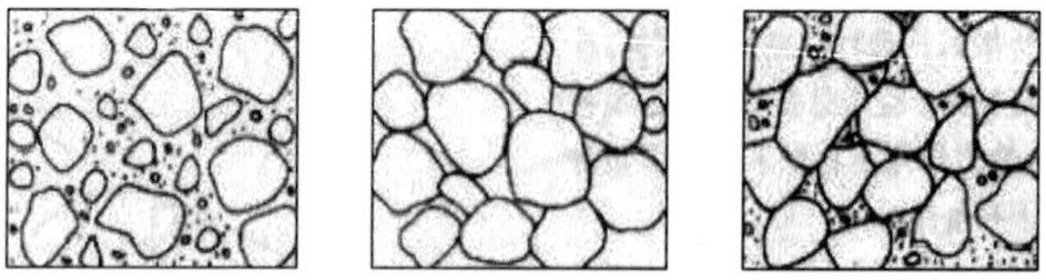

图3-5　沥青混合料结构示意图

热拌沥青混合料用途最广,适用于任何交通量的道路,可用于路面的上层、下层和整平层,也可以用于修建基层。一般剩余空隙率较大的沥青碎石(砾石),只用于修建路面的下层或整平层,路面上层宜用空隙率较小的沥青混凝土铺筑,粗粒式沥青混合料只用于修建路面的下层,它的粗糙表面有助于与上层牢固结合。中粒式沥青混合料主要用于修建路面上层和单层式面层,这种混合料修筑路面表面非常粗糙,可以保证汽车轮胎与路面之间有可靠的摩擦力。细粒式沥青混合料广泛用于修建路面上层,这种混合料具有较大均匀性、足够的嵌挤能力,可以防止拥包、波浪和其他剪切变形的发生。只要沥青混合料中有足够数量坚硬、耐磨的碎石,就能使路面具有必要的粗糙度。砂粒式沥青混合料仅用于路面的封层和表面处治,由于颗粒过小,该沥青混合料层厚以10mm为宜,过厚容易发生推挤和拥包现象。

在现行技术规范中对沥青混合料的使用提出了如下要求:

1)热拌沥青混合料的一般规定

对热拌沥青混合料(HMA)适用于各个等级公路的沥青面层提出了要求。其种类按集料公称最大粒径、矿料级配、空隙率划分,集料规格以方孔筛为准,并按表3-32选用。各类沥青混合料的使用范围应遵循以下规定:

(1)密级配沥青混凝土混合料(AC)适用于各级公路沥青面层的任何层次。

(2)沥青玛蹄脂碎石混合料(SMA)适用于铺筑新建公路的表面层、中面层或旧路面加铺磨耗层使用。

(3)设计空隙率为6%~12%的半开级配的沥青碎石混合料(AM)仅适用于三级及三级以下公路、乡村公路,且沥青混合料拌和设备缺乏添加矿粉的装置和人工炒拌的情况。

(4)设计空隙率为3%~6%粗粒式及特粗式的密级配沥青稳定碎石混合料(ATB)适用于基层。

(5)设计空隙率大于18%的粗集料及特粗式排水式沥青稳定碎石混合料(ATPB)适用于基层。

(6)设计空隙率大于18%的细粒式排水式沥青稳定碎石混合料(OGFC)适用于高速行车、多雨潮湿、不宜被尘土污染、非冰冻地区铺筑排水式沥青路面磨耗层。

2)注意事项

(1)密级配和间断级配的沥青混凝土适用于各等级公路的各个层次。当采用间断级配沥青混合料时,混合料应不至于在施工过程中发生明显离析。

(2)为提高沥青混合料的使用性能,或普通沥青混合料不能适用于使用需要时,宜铺筑改性沥青混合料路面。SMA宜同时采用改性沥青。

热拌沥青混合料种类 表3-32

混合料类型	密级配		开级配			半开级配	公称最大粒径（mm）	最大粒径（mm）
	连续级配	间断级配	间断级配					
	沥青混凝土	沥青稳定碎石	沥青玛蹄脂碎石	排水式沥青磨耗层	排水式沥青碎石基层	沥青碎石		
特粗式	—	ATB-40	—	—	ATPB-40	—	37.5	53.0
粗粒式	—	ATB-30	—	—	ATPB-30	—	31.5	37.5
	AC-25	ATB-25	—	—	ATPB-25	—	26.5	31.5
中粒式	AC-20	—	SMA-20	—	—	AM-20	19.0	26.5
	AC-16	—	SMA-16	OGFC-16	—	AM-16	16.0	19.0
细粒式	AC-13	—	SMA-13	OGFC-13	—	AM-13	13.2	16.0
	AC-10	—	SMA-10	OGFC-10	—	AM-10	9.5	13.2
砂粒式	AC-5	—	—	—	—	—	4.75	9.5
设计空隙率（%）	3~5	3~6	3~4	>18	>18	6~12	—	—

注：设计空隙率可按配合比设计要求适当调整。

（3）开级配排水式沥青混合料磨耗层必须采用具有高黏结性能的特殊改性沥青铺筑，其下的层次应采用空隙率小、密水性好的结构层，并设置封层。工程上必须通过试验，取得成功的经验，并经过论证后使用。

（4）开级配排水式沥青混合料基层（ATPB）的下卧层应具有排水和抗冲刷的能力。工程必须通过试验，取得成功的经验，并经论证后使用。

（5）特粗式沥青混合料适用于基层，粗粒式沥青混合料适用于下面层或基层，中粒式沥青混合料适用于中面层和表面层，细粒式沥青混合料适用于表面层和薄面罩面。砂粒式沥青混合料适用于非机动车道或行人道路。对高速公路及一级公路，除沥青稳定碎石基层外，通常宜选用公称最大粒径为13.2~26.5mm的沥青混合料。

3）混合料类型选择

沥青面层的混合料类型根据公路等级及所处层位的功能性要求选择，从表3-32中选择适当的结构组合，并应遵循以下原则：

（1）沥青面层宜采用双层或三层式结构，各层之间应联结成整体，为此在沥青层下必须浇洒透层沥青，沥青层与沥青层之间必须喷洒黏层沥青。

（2）沥青路面应满足耐久性、抗车辙、抗裂、密水、抗滑等多方面性能要求，便于施工，并应根据施工机械、工程造价等实际情况选择沥青混合料的种类。

（3）对高速公路、一级公路，为提高沥青混合料的使用性能和延长沥青路面的使用寿命，或采用普通的道路沥青不能满足使用要求时，宜对上面层或中面层沥青结合料采用改性措施，或采用SMA等特殊的矿料级配。如果需要，二级公路也可采用改性沥青或SMA结构。

（4）对沥青层较厚的高速公路、一级公路，在选择级配类型，确定矿料级配和最佳沥青用量时，应首先保证各层的组合不致发生早期破坏。并在此基础上优先或侧重考虑各层的服务功能，进而做出选择：

①表面层应具有良好的表面功能、密水、耐久、抗车辙、抗裂等多方面性能要求,潮湿地区和湿润地区的路面上面层应符合潮湿条件下的抗滑性能,如不符合要求,宜铺筑抗滑磨耗层。在寒冷地区,表面层应考虑抗裂性能的要求。

②三层式路面的中面层或双层式路面的下面层应重点满足混合料的高温抗车辙性能。

③下面层应在满足高温抗车辙性能基础上,重点考虑抗疲劳性能及抗裂性能的要求。

④除排水式沥青混合料外,每一层都应考虑密水性,当上层属渗水性结构层时,层间或下层应采取防渗水或排水措施。

(5)高速公路的紧急停车带(硬路肩)沥青面层宜采用与车行道相同的结构,但表面层宜采用密级配沥青混凝土铺筑。

4)沥青面层集料要求

沥青面层集料的最大粒径宜从上至下逐渐增大,并应与设计厚度相匹配。除行人道路外,沥青层的压实厚度不宜小于集料最大粒径的 2 倍。对高速公路和一级公路,密级配沥青混合料的厚度不宜小于公称最大粒径的 3 倍,SMA 等嵌挤密实型混合料的厚度不宜小于公称最大粒径的 2.5 倍,以减少离析,便于施工和压实。

5)热拌热铺沥青注意事项

热拌热铺沥青混合料路面必须采用机械化连续施工。

二、沥青混合料配合比设计

1. 沥青混合料组成及各参数

沥青混合料是具有空间网络结构的分散体系,客观上讲沥青混合料是由沥青、矿质集料和部分空气组成的三相体系。沥青混合料物理力学性质取决于组成材料本身的性质以及它们之间的配比。对沥青混合料进行物理力学性质分析时,常用到下列一些概念。与集料有关的有:集料毛体积密度、表观密度、有效密度和粗集料间隙率;与沥青混合料有关的有:沥青混合料的最大密度、压实混合料毛体积密度、有效沥青含量、空隙率以及矿料间隙率 VMA 等。

(1)集料毛体积密度:在规定温度下单位体积(含集料的实体成分及不吸收水分的闭口孔隙、能吸收水分的开口孔隙等颗粒表面轮廓线所包围的全部毛体积)集料在空气中的质量,以 g/cm^3 表示。表干法测定的毛体积密度,又称饱和面干毛体积密度,是集料在常温条件下的干燥质量与表干状态下的毛体积(指饱和面干状态下的实体体积与闭口孔隙、开口孔隙之和)的比值,它适用于吸水较小的粗集料。

(2)表观密度:在规定温度下单位体积(包括封闭空隙)集料在空气中的质量。

(3)有效密度:在规定温度下单位体积(不包括被沥青渗入的空隙)集料在空气中的质量。

(4)沥青混合料的密度:指压实沥青混合料常温条件下单位体积的干燥质量,以 g/cm^3 表示。

(5)沥青混合料的相对密度:同温度条件下压实沥青混合料试件密度与水的密度的比值,单位无量纲。

(6)沥青混合料的理论最大密度:为计算沥青混合料空隙率,假设压实沥青混合料试件全部为矿料(包括矿料自身内部的孔隙)及沥青,空隙率为零的理想状态下的最大密度,以 g/cm^3 表示。

(7)沥青混合料的理论最大相对密度:同温度条件下沥青混合料的理论最大密度和水的密度的比值,单位无量纲。

(8)沥青混合料的表观密度:单位体积(含混合料实体体积与不吸收水分的内部闭口孔隙之和)压实沥青混合料的干质量,又称视密度,由水中重法测定(仅仅适用于几乎不吸水的密实试件),以 g/cm³ 表示。

(9)沥青混合料的表观相对密度:又称视比重,是表观密度和同温度水的密度之比值,单位无量纲。

(10)沥青混合料的毛体积密度:单位体积(含混合料的实体矿物成分及不吸收水分的闭口孔隙、能吸收水分的开口孔隙等颗粒表面轮廓线所包围的全部毛体积)压实沥青混合料的干质量,由表干法、蜡封法或体积法测定,以 g/cm³ 表示。

(11)表干法测定的毛体积密度:又称饱和面干毛体积密度,是压实沥青混合料试件常温条件下的干燥质量与表干状态下的毛体积(指饱和面干状态下的实体体积与闭口孔隙、开口孔隙之和)的比值,适用于较密实的、吸水很少的试件。

(12)蜡封法测定的毛体积密度:压实沥青混合料试件常温条件的干燥质量与蜡封条件的毛体积(指混合料蜡封状态下实体体积与闭口孔隙、开口孔隙之和,但不计蜡被吸入混合料的部分)的比值,适用于吸水较多而不能由表干法测定的试件。

(13)体积法测定的毛体积密度:压实沥青混合料试件的干质量与直接用卡尺测量的试件毛体积(指用卡尺测量的试件名义表面以内包括凹陷在内的全部毛体积)的比值,适用于吸水严重至完全透水,不能由表干或蜡封法测定的试件。

(14)有效沥青含量 P_{be}:沥青总含量减去被集料吸收的沥青量。

(15)空隙率 VV:压实后的沥青混合料中被沥青包裹的粒料之间的空隙占总体积的百分比。

(16)粗集料松装间隙率:干燥粗集料(通常指 4.75mm 或 2.36mm 以上的集料)在标准量筒中经捣实形成的粗集料骨架部分以外的体积占容量筒总体积的百分率,以 VCA_{DRC} 表示。

(17)沥青混合料试件的粗集料间隙率:压实沥青混合料试件内粗集料骨架部分以外的体积占试件总体积的百分率,以 VCA_{mix} 表示。

(18)沥青含量:沥青混合料中沥青质量与沥青混合料总质量的比值,以百分率计。

(19)油石比:沥青混合料中沥青质量与矿料总质量的比值,以百分率计。

沥青混合料各参数关系可用图 3-6 来表示。

2.沥青混合料各参数的计算

沥青混合料的主要组成参数计算方法如下:

(1)矿料混合料的合成毛体积相对密度 γ_{sb}:对于具有一定级配的集料毛体积相对密度,可用式(3-3)计算。

$$\gamma_{sb} = \frac{100}{\dfrac{P_1}{\gamma_1}+\dfrac{P_2}{\gamma_2}+\cdots\cdots+\dfrac{P_n}{\gamma_n}} \tag{3-3}$$

式中:P_1、P_2、$\cdots$、P_n——各种矿料成分的配合比,其和为100;

γ_1、γ_2、$\cdots$、γ_n——各种矿料相应的毛体积相对密度,无量纲,粗集料按 T 0304 方法测定,机制砂及石屑可按 T 0330 方法测定,也可以用筛出的 2.36～4.75mm 部分的毛体积相对密度代替,矿粉(含消石灰、水泥)以表观相对密度代替。

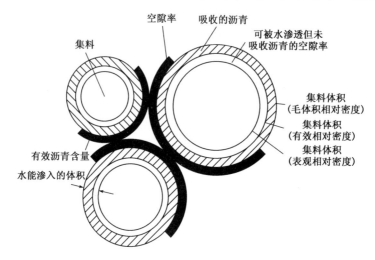

图 3-6 沥青混合料各参数关系图

沥青混合料配合比设计时,均采用毛体积相对密度(无量纲),不采用毛体积密度,故无须进行密度的水文修正。生产配合比设计时,当细料仓中的材料混杂各种材料而无法采用筛分替代法时,可将 0.075mm 部分筛除后以统货实测值计算。

(2)按式(3-4)计算矿料混合料的合成表观相对密度 γ_{sa}。

$$\gamma_{sa} = \frac{100}{\dfrac{P_1}{\gamma'_1} + \dfrac{P_2}{\gamma'_2} + \cdots \dfrac{P_n}{\gamma'_n}} \tag{3-4}$$

式中:γ'_1、γ'_2、$\cdots$、γ'_n——各种矿料按试验规程的方法测定的表观相对密度,无量纲。

(3)确定矿料的有效相对密度。

①对非改性沥青混合料,宜以预估的最佳油石比拌和两组混合料,采用真空法实测最大相对密度,取平均值,然后由式(3-5)反算合成矿料的有效相对密度 γ_{se}。

$$\gamma_{se} = \frac{100 - P_b}{\dfrac{100}{\gamma_t} - \dfrac{P_b}{\gamma_b}} \tag{3-5}$$

式中:P_b——试验采用的沥青用量(占混合料总量的百分比)(%);

γ_t——试验沥青用量条件下实测得到的最大相对密度,无量纲;

γ_b——沥青的相对密度(25℃/25℃),无量纲。

②对改性沥青及 SMA 等难以分散的混合料,有效相对密度宜直接由矿料的合成毛体积相对密度与合成表观相对密度按式(3-6)计算确定,其中沥青吸收系数根据材料的吸水率由式(3-7)求得,材料的合成吸水率按式(3-8)计算:

$$\gamma_{se} = C\gamma_{sa} + (1 - C) \cdot \gamma_{sb} \tag{3-6}$$

$$C = 0.033\omega_x^2 - 0.2936\omega_x + 0.9339 \tag{3-7}$$

$$\omega_{x} = \left(\frac{1}{\gamma_{sb}} - \frac{1}{\gamma_{sa}}\right) \cdot 100 \qquad (3-8)$$

式中：C——合成矿料的沥青吸收系数；

ω_{x}——合成矿料的吸水率(%)；

γ_{sb}——集料的合成毛体积相对密度，无量纲；

γ_{sa}——集料的合成表观相对密度，无量纲。

(4)确定沥青混合料的最大理论相对密度。

①对非改性沥青的普通沥青混合料，在成型马歇尔试件的同时，按要求用真空法实测各组沥青混合料的最大理论密度 γ_{ti}。当只对其中一组油石比测定最大理论相对密度时，也可按式(3-9)计算其他不同油石比时的最大理论相对密度 γ_{ti}。

②对改性沥青或 SMA 混合料宜按式(3-10)计算各个不同沥青用量混合料的最大理论相对密度。

$$\gamma_{ti} = \frac{100 + P_{ai}}{\dfrac{100}{\gamma_{se}} + \dfrac{P_{ai}}{\gamma_{b}}} \qquad (3-9)$$

$$\gamma_{ti} = \frac{100}{\dfrac{P_{si}}{\gamma_{se}} + \dfrac{P_{bi}}{\gamma_{b}}} \qquad (3-10)$$

式中：γ_{ti}——相对于计算沥青用量 P_{bi} 时沥青混合料的最大理论相对密度，无量纲；

P_{ai}——所计算的沥青混合料中的油石比(%)；

P_{bi}——所计算的沥青混合料中的沥青用量(%)，$P_{bi} = P_{ai}/(1 + P_{ai})$；

P_{si}——所计算的沥青混合料中的矿料含量(%)，$P_{si} = 100 - P_{bi}$。

(5)按式(3-11)~式(3-13)计算沥青混合料试件的空隙率，矿料间隙率 VMA，有效沥青饱和度 VFA 等体积指标，取 1 位小数，进行体积组成分析。

$$VV = \left(1 - \frac{\gamma_{f}}{\gamma_{t}}\right) \cdot 100 \qquad (3-11)$$

$$VMA = \left(1 - \frac{\gamma_{f}}{\gamma_{sb}} \cdot P_{s}\right) \cdot 100 \qquad (3-12)$$

$$VFA = \frac{VMA - VV}{VMA} \cdot 100 \qquad (3-13)$$

式中：VV——试件的空隙率(%)；

VMA——试件的矿料间隙率(%)；

VFA——试件的有效沥青饱和度(有效沥青含量占 VMA 的体积比例)(%)；

γ_{f}——试件的毛体积相对密度，无量纲；

γ_{t}——沥青混合料的最大理论相对密度，无量纲；

P_{s}——各种矿料占沥青混合料总质量的百分率之和(%)，即 $P_{s} = 100 - P_{b}$；

P_{b}——沥青含量(%)；

γ_{sb}——矿料混合料的合成毛体积相对密度，无量纲。

(6)按式(3-14)、式(3-15)计算沥青结合料被集料吸收的比例及有效沥青含量。

$$P_{ba} = \frac{\gamma_{se} - \gamma_b}{\gamma_{se} \cdot \gamma_{sb}} \cdot \gamma_b \cdot 100 \tag{3-14}$$

$$P_{be} = P_b - \frac{P_{ba}}{100} \cdot P_s \tag{3-15}$$

式中:P_{ba}——沥青混合料中被集料吸收的沥青结合料比例(%);

P_{be}——沥青混合料中的有效沥青用量(%);

γ_{se}——集料的有效相对密度,无量纲;

γ_{sb}——材料的合成毛体积相对密度,无量纲。

如果需要,可按式(3-16)、式(3-17)计算有效沥青的体积百分率 V_b 及矿料的体积百分率 V_g。

$$V_b = \frac{\gamma_f \cdot P_{be}}{\gamma_b} \tag{3-16}$$

$$V_g = 100 - (V_b + VV) \tag{3-17}$$

(7)检验最佳沥青用量时的粉胶比和有效沥青膜厚度。

①按式(3-18)计算沥青混合料的粉胶比,宜为 0.6~1.6。对常用的公称最大粒径 13.2~19mm 的密级配沥青混合料,粉胶比宜控制在 0.8~1.2 范围内。

$$FB = \frac{P_{0.075}}{P_{be}} \tag{3-18}$$

式中:FB——粉胶比,沥青混合料的矿料中 0.075mm 通过率与有效沥青含量的比值,无量纲;

$P_{0.075}$——矿料级配中 0.075mm 的通过率(水洗法)(%);

P_{be}——有效沥青含量(%)。

②按式(3-19)的方法计算集料的比表面积,按式(3-20)估算沥青混合料的沥青膜有效厚度。

$$SA = \sum(P_i \cdot FA_i) \tag{3-19}$$

$$DA = \frac{P_{be}}{\gamma_b \cdot SA} \cdot 10 \tag{3-20}$$

式中:SA——集料的比表面积(m^2/kg);

P_i——各种粒径的通过百分率(%);

FA_i——相应于各种粒径的集料表面积系数,见表3-33;

DA——沥青膜有效厚度(μm)。

各种公称最大粒径混合料中大于 4.75mm 集料的表面积系数 FA 均取 0.0041,且只计算一次,4.75mm 以下部分的 FA_i 见表3-33。表中的 $SA = 6.60 m^2/kg$,若混合料的有效沥青含量为 4.65%,沥青的相对密度为 1.03,则沥青膜有效厚度 $DA = 4.65/(1.03 \times 6.60) \times 10 = 6.83(\mu m)$。

集料的表面积系数及比表面积计算算例　　　　表3-33

筛孔尺寸(mm)	19	13.2	4.75	2.36	1.18	0.6	0.3	0.15	0.075	集料比表面积总和 SA (m^2/kg)
表面积系数 FA_i	0.0041	—	0.0041	0.0082	0.0164	0.0287	0.0614	0.1229	0.3277	
通过百分率 P_i(%)	100	85	60	42	32	23	16	12	6	
比表面积 $FA_i \cdot P_i$ (m^2/kg)	0.41	—	0.25	0.34	0.52	0.66	0.98	1.47	1.97	6.60

关于沥青膜的厚度,在《公路沥青路面施工技术规范》(JTG F40—2004)里没提出具体指标,根据国外的资料介绍,通常情况下连续密级配沥青混合料的沥青膜有效厚度宜不小于 $6\mu m$,密实式沥青碎石混合料的沥青膜有效厚度宜不小于 $5\mu m$,在进行配合比设计时也可参考这个数值控制。

3. 沥青混合料配合比设计方法

热拌沥青混合料配合比设计采用沥青混合料马歇尔试验方法,包括目标配合比设计、生产配合比设计和生产配合比验证等三个阶段,通过配合比设计决定沥青混合料的材料品种、矿料级配及沥青用量。根据我国《公路沥青路面施工技术规范》(JTG F40—2004),其设计步骤宜按图3-7进行。

1) 材料准备

按相关试验规程规定的方法,取足够数量的具有代表性的沥青及矿料试样。按《公路沥青路面施工技术规范》(JTG F40—2004)中材料质量的技术要求检验各项性质,当检验不合格时,不得用于试验。

2) 矿质混合料的配合比组成设计

沥青与矿料级配选定之后,如何确定沥青混合料配合比,目前大多数国家仍采用马歇尔法。但是大量实践证明,马歇尔稳定度和流值与沥青路面的长期使用性能关系不显著,并且往往流值合格而高温车辙仍很严重,该法不能很好地反映沥青混合料的高温稳定性。用马歇尔试验方法进行混合料设计存在着片面性,鉴于此,不少公路工程研究者提出了对混合料进行综合设计,作为对马歇尔试验方法的补充和完善。

沥青混合料的综合设计应该包括两个方面的含义,一方面是对沥青路面的各种可能的破坏形式进行综合考虑,使沥青混合料在性能上得到保证,避免沥青路面可能出现的破坏,即综合考虑沥青路面的各种可能破坏形式及相应的沥青混合料路用性能。另一方面是沥青混合料设计与沥青路面结构设计的综合考虑,最理想的应是结构分析理论,即所用的材料性能参数能够在沥青混合料设计中体现。

从本质上讲,混合料综合设计就是考虑其抗疲劳能力、高温稳定性、水稳定性、低温抗裂性和抗滑性等路用性能,通过确定沥青混合料的结构参数如沥青用量及与级配类型相关的空隙率等,使各项指标达到理想、协调,使混合料具有良好的结构特点,从而获得较为理想的受力变形特性,达到要求的性能指标,保证沥青路面在使用期限内具有抵抗各种破坏的能力。

矿质混合料的配合比组成设计主要包括以下步骤:

(1) 确定沥青混合料类型。

沥青混合料类型根据道路等级、路面类型、所处的结构层位和设计厚度综合确定,公称最大粒径根据设计层厚确定,各国对沥青混合料的公称最大粒径(D)同路面结构层最小厚度的关系均有规定,除苏联规定矿料公称最大粒径分别为面层厚度的0.6倍与底基层厚度的0.7倍外,一般均规定为0.5倍以下。我国研究表明:随 h/D 增大,耐疲劳性提高,但车辙量增大,相反 h/D 减少,车辙量也减少但耐久性降低,特别是在 $h/D<2$ 时,疲劳耐久性急剧下降。为此建议结构层厚度 h 与最大粒径 D 之比应控制在 $h/D \geq 2.5$,对SMA和OGFC等嵌挤型混合料 $h/D \geq 2$。只有控制了结构层厚度与最大公称粒径之比,才能保证摊铺的沥青混合料拌和

均匀,易于达到要求的密实度和平整度,保证施工质量。

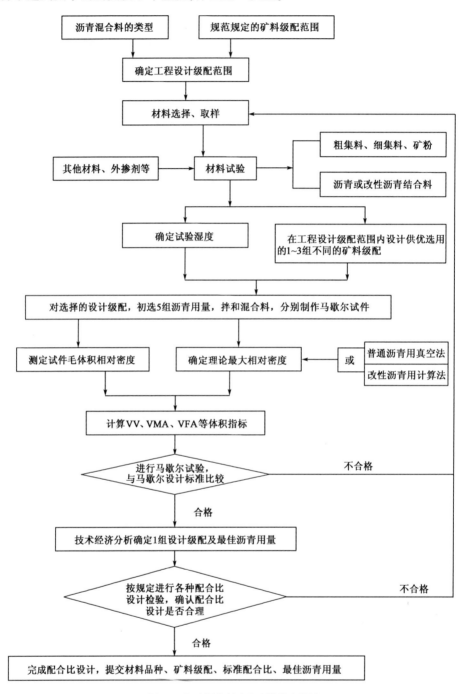

图 3-7 沥青混合料配和比设计流程图

(2)确定矿质混合料的级配范围。

级配范围确定主要综合以下方面考虑:

①沥青混合料的设计级配范围按工程设计文件或招标文件的规定执行。当无明确规定

时,工程单位应根据工程所在地的气候条件、交通条件、公路等级、路面类型、混合料所处的层次,按照下述②的原则对规范规定的矿料级配范围进行调整,确定设计级配范围。当发现设计文件规定的级配明显不合理时,有责任提出修改建议。在经实践证明是合理且有成功的把握的情况下,设计级配范围允许超出规范规定的级配范围。所确定的设计级配范围必须得到主管部门,包括工程设计单位、建设单位和监理的认可和批准。设计级配范围一经确定,不得随意变更。

②确定设计级配范围时宜按下列原则进行调整:

a. 根据公路等级和施工设备的控制水平确定设计级配范围上限和下限的差值,设计级配范围上下限差值,通常情况下对4.75mm和2.36mm通过率的范围差值宜小于12%。

b. 确定设计级配范围时应特别重视实践经验,通过对条件大体相当的工程的使用情况进行调查研究,证明选择的级配范围能满足使用需要。

c. 对天气炎热、夏季持续时间长,但冬季不太寒冷的地区,或者重载路段,应重视抗车辙能力的需要,降低4.75mm和2.36mm通过率,采用较粗的级配,适当提高VMA,选用较高的设计空隙率。

d. 对天气寒冷、夏季高温持续时间短的北方地区,或者非重载路段,应在保证抗车辙能力的前提下,充分考虑提高低温抗裂性能,适当增大4.75mm和2.36mm通过率,采用较细的级配,适当减少VMA,选用较小的设计空隙率。

e. 对我国许多地区,夏季天气炎热,高温持续时间长,冬季又十分寒冷,年温差特别大,且属于重载路段,当高温要求和低温要求发生矛盾时,应以提高高温抗车辙能力为主,兼顾提高低温抗裂性能的需要,在减少4.75mm和2.36mm通过率的同时,适当增加0.075mm通过率,使规范级配范围成S型,并取中等或偏高水平的设计空隙率。

f. 在潮湿区和湿润区等雨水、冰雪融化水对路面有严重危险的地区,在考虑抗车辙能力的同时还应重视密水性的需要,减少水损害,宜适当减少设计空隙率,保持良好的雨天抗滑性能。对干旱地区的混合料,受水的影响很小,对密水性及抗滑性能的要求可放宽。

g. 对等级较高的公路,沥青层厚度较厚时,可采用较粗的级配范围;反之,对等级较低的公路,沥青层厚度较薄时,宜采用较细的级配范围。

h. 对重点考虑高抗车辙能力、设计空隙率较高的混合料,细集料宜采用较多的石屑;而对更需要低温抗裂性能、较小设计空隙率的混合料,相对而言,宜采用较多的天然砂作细集料。

i. 确定沥青混合料设计级配范围时应考虑不同层次的功能需要。对沥青面层较厚的三层式面层,表面层应综合考虑满足高温抗车辙能力、低温抗裂性能、抗滑的需要,中面层应考虑高温抗车辙能力,底面层重点考虑抗疲劳开裂性能、密水性等。对沥青面层较薄时或双层式路面的下面层,底面层应在满足密水性能的同时,提高高温抗车辙能力,并满足抗疲劳开裂性能。

j. 对交通量大、轴载重的道路,宜偏向级配范围的下(粗)限;对中小交通量或人行道路等宜偏向级配范围的上(细)限。可根据实践经验选用连续级配或间断级配,当无成功的经验或不能确保施工中不产生严重的离析时,宜采用通常的连续级配沥青混凝土。在通常情况下,连续级配宜成为S型的级配范围,即适当减少公称最大粒径附近的粗集料通过率,减少0.6mm以下部分细粉的用量。

(3)级配曲线确定的示例。

按照《公路工程沥青及沥青混合料试验规程》(JTG E20—2011)的方法,采用泰勒曲线的指数 $n=0.45$,横坐标 $y=10^{0.45\lg d_i}$ 计算(表3-34),纵坐标为普通坐标,利用计算机的电子表格功能或其他文字处理功能绘制,绘制级配曲线图。以图中的原点(零点)与通过集料最大粒径100%的点的连线作为最大密度线。在级配曲线图上绘制设计级配范围及中值级配,其示例如图3-8所示,图中的级配范围如表3-35所列。

泰勒曲线的横坐标   表3-34

粒径(mm)	0.075	0.15	0.3	0.6	1.18	2.36	4.75
y	0.312	0.426	0.582	0.795	1.077	1.472	2.016
粒径(mm)	9.5	13.2	16	19	26.5	31.5	37.5
y	2.745	3.193	3.482	3.762	4.370	4.723	5.109

矿料级配范围与级配曲线示例   表3-35

级配类型	通过下列筛孔(方孔筛,mm)的质量百分率(%)									
	19	16	13.2	9.5	4.75	2.36	1.18	0.6	0.3	0.15	0.075
规范级配范围	100	90~100	76~92	60~80	34~62	20~48	13~36	9~26	7~18	5~14	4~8
工程设计级配范围	100	95~100	70~84	59~72	40~54	27~37	16~24	10~18	7~14	6~12	4~8
标准级配曲线	100	97	79	67	44	32	21	14	10	7	6
施工控制级配范围 (高速公路,一级公路)	100	97±6	79±6	67±6	44±6	32±5	21±5	14±5	10±5	7±5	6±2

注:其他等级公路的质量要求或允许偏差是0.075mm为±2%,不大于2.36mm为±6%,不小于4.75mm为±7%。

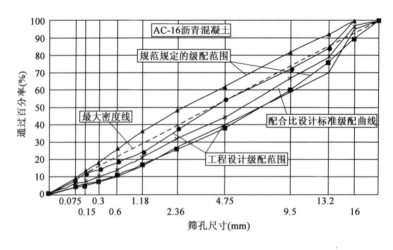

图3-8 级配曲线标准画法示例

根据已确定的沥青混合料类型,查阅推荐(规范或设计)的矿质混合料级配范围。

3)矿质混合料配合比计算

(1)组成材料的原始数据测定。根据现场取样,对粗集料、细集料和矿粉进行水筛,按筛分结果分别绘出各组成材料的筛分曲线,同时测出各组成材料的相对密度,以备计算物理常数。

(2)各种矿料的配合比宜采用试配法进行计算,也可用图解法或其他计算进行。设计的合成级配应符合下列要求:

①合成矿料级配必须符合设计级配范围的要求。

②合成的级配曲线,不得有太多的锯齿形交错。当反复调整,仍有两个以上的筛孔超出设计级配范围时,应更换原材料重新设计。

(3)根据需要,可在确定的设计级配范围内,计算1~3组粗细不同的配合比,使包括0.075mm、2.36mm、4.75mm筛孔在内的较多筛孔的通过量分别接近设计级配范围的上限、中限及下限,但应避免0.3~0.6mm范围内出现驼峰。

(4)在级配曲线上绘制配制的几组设计级配曲线。查看其与最大密度线的接近程度,估计设计级配的VMA值。如果过分接近,VMA可能太小,宜调节设计级配(尤其是0.075mm、2.36mm、4.75mm筛孔),使之稍稍偏离最大密度线的两侧,具有适宜的VMA值。适宜的VMA值按表3-36由集料的公称最大粒径确定。

最 小 VMA 值　　　　　表3-36

	设计空隙率(%)	相应于以下公称最大粒径(mm)的最小VMA技术要求					
		26.5	19	16	13.2	9.5	4.75
密级配沥青混凝土混合料马歇尔试验矿料间隙率VMA(%),不小于	2	10	11	11.5	12	13	15
	3	11	12	12.5	13	14	16
	4	12	13	13.5	14	15	17
	5	13	14	14.5	15	16	18
	6	14	15	15.5	16	17	19
沥青稳定碎石混合料马歇尔试验配合比设计密级配基层ATB的矿料间隙率VMA(%),不小于	设计空隙率(%)	ATB-40		ATB-30		ATB-25	
	4	11		11.5		12	
	5	12		12.5		13	
	6	13		13.5		14	
SMA混合料马歇尔试验配合比设计矿料间隙率VMA(%),不小于	17						

(5)根据当地实践经验选择一个沥青用量,对每一组配合比分别进行马歇尔试验,计算VMA等体积指标。选择符合要求的级配作为设计级配。如果有两种以上的级配符合要求,则选择较细的一组为设计级配。通常情况下,择优确定设计级配中小于4.75mm的部分宜在最大密度线的下方通过。

(6)矿料级配设计时应符合施工需要,尽量考虑各种材料在供料时各料仓之间的平衡,减少废弃料。

4)马歇尔试验

(1)配合比设计各阶段都应进行马歇尔试验。经配合比设计得到的沥青混合料应符合规范规定的马歇尔设计技术标准。

(2)沥青混合料的试件制作温度及试验温度,通常应通过沥青结合料在135℃及175℃条件下测定的黏度-温度曲线按表3-37的规定确定。缺乏黏温曲线数据时,可按表3-38规定的范围选择,但应得到主管部门的批准。

确定沥青混合料拌和及压实温度的适宜温度　　　　表3-37

黏　度	适宜于拌和的沥青结合料黏度	适宜于压实的沥青结合料黏度	测 定 方 法
表观黏度	$(0.17+0.02)$Pa·s	(0.28 ± 0.03)Pa·s	T 0625
运动黏度	(170 ± 20) mm²/s	(280 ± 30) mm²/s	T 0619
赛波特黏度	(85 ± 10)s	(140 ± 15)s	T 0623

热拌沥青混合料的施工温度　　　　表3-38

施工工序		石油沥青的标号			
		50号	70号	90号	110号
沥青加热温度(℃)		160~170	155~165	150~160	145~155
矿料加热温度(℃)	间隙式拌和机	集料加热温度比沥青温度高10~30			
	连续式拌和机	矿料加热温度比沥青温度高5~10			
沥青混合料出料温度(℃)		150~170	145~165	140~160	135~155
混合料储料仓储存温度(℃)		储料过程中温度降低不超过10			
混合料废弃温度(℃),高于		200	195	190	185
运输到现场温度(℃),不低于		150	145	140	135
混合料摊铺温度(℃),不低于	正常施工	140	135	130	125
	低温施工	160	150	140	135
开始碾压的混合料内部温度(℃),不低于	正常施工	135	130	125	120
	低温施工	150	145	135	130
碾压终了的表面温度(℃),不低于	钢轮压路机	80	70	65	60
	轮胎压路机	85	80	75	70
	振动压路机	75	70	60	55
开放交通的路表温度(℃),不高于		50	50	50	45

注:1.沥青混合料的施工温度采用具有金属探测针的插入式数显温度计测量。表面温度可采用表面接触式温度计测定。当采用红外线温度计测量表面温度时,应进行标定。
2.表中未列入的130号、160号及30号沥青的施工温度由试验确定。

(3)根据以往工程的实践经验,预估适宜的沥青用量(或油石比)。当工程使用的材料密度不同,原工程矿料的合成相对密度为D_1,使用的最佳沥青用量为a_1,新工程矿料的合成相对密度为D_2时,预估需要的沥青用量a_2可按式(3-21)换算预估。以此沥青用量a_2为中值,按0.5%间隔,取5个不同的沥青用量,每一组的试样数不少于6个。其中按规范规定的击实次数和试验温度成型的马歇尔试件不少于4个;用于测定理论最大相对密度的试样不少于2个。

$$a_2 = \frac{a_1}{\frac{(100-a_1)}{D_1} \cdot D_2 + a_2} \tag{3-21}$$

(4)按现行试验规程用真空法测定不同沥青用量的试件的理论最大相对密度,取 2 个以上试样的平均值。对改性沥青混合料和 SMA 混合料,如混合料分散操作难以进行时,可按试验规程的方法计算最大理论相对密度。

(5)测定试件的毛体积相对密度和吸水率,取 4 个以上试件的平均值。测定方法必须按下列要求进行:

①通常采用表干法测定毛体积相对密度。

②对吸水率小于 0.3% 的试件,允许采用水中重法测定的表观相对密度代替毛体积相对密度。

③对吸水率大于 2% 的试件,宜采用蜡封法测定的毛体积相对密度。

④对空隙率大于 10% 的试件,应采用体积法测定的毛体积相对密度。

⑤当采用其他配合比设计方法及试件成型方法时,测定的毛体积相对密度、空隙率等指标必须通过规范规定的马歇尔试验方法进行校核,并将由马歇尔试验得出的各项体积设计指标与规范规定的技术标准相比较,判断是否符合要求。

(6)计算各组成的空隙率、矿间隙率、沥青结合料的体积百分率、沥青饱和度等体积指标,取 1 位小数,进行体积组成分析。

5)确定沥青最佳用量

以沥青含量为横坐标,沥青混合料的密度、稳定度和流值、空隙率及矿料间隙率为纵坐标,绘制如图 3-9 所示关系曲线,选择的沥青用量范围应尽可能使密度及稳定度曲线出现峰值。

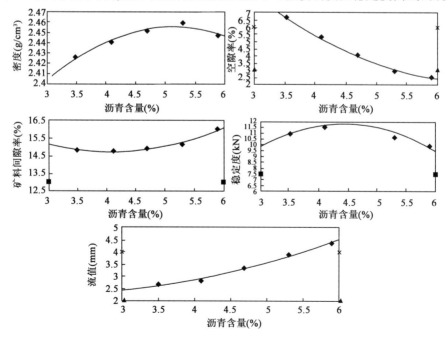

图 3-9 沥青混合料技术指标与沥青含量的关系曲线

要求在最佳沥青用量(OAC)的基础上减少0.1%~0.2%作为设计沥青用量,或提高设计孔隙率至4%~6%。同时必须要求在施工时加强碾压,提高压实标准,使路面的空隙率达到没有减少沥青用量条件下施工得到的沥青路面的空隙率。对寒区公路、旅游公路,最佳沥青用量可以在中限值OAC加0.1%~0.3%作为设计沥青用量,或减少设计孔隙率至2%~4%,但不得降低施工压实度。

若所设计的沥青混合料不能达到热拌沥青混合料马歇尔试验技术指标规定值,应进行调整。如果设计的沥青混合料空隙率低于规定值,可通过增大矿质集料中粗集料或细集料的含量,而为沥青提供足够的集料空隙。当沥青含量过高时,供集料吸收的沥青有富余,需占据一定的空隙。因而,剔除多余的沥青、降低沥青含量即可提高空隙率。采用上述措施提高空隙率可能降低稳定度,若稳定度不符合要求,应更换集料级配。一般情况下,增大碎石用量可以改善沥青混合料的稳定度、提高空隙率,但有时石英石一类的石料,由于表面光滑,使用太多反而会降低沥青混合料的稳定度。

6) 其他性能检验

按照马歇尔试验方法确定最佳沥青用量后,依据规范或设计要求尚需进行水稳定性检验、高温稳定性检验、低温抗裂性能检验和钢渣活性检验。

(1) 低温抗裂性能检验。

对改性沥青混合料应按 OAC 轮碾成型试件,再用切割机锯成规定尺寸的长方体试件,在 $-10℃$ 条件下用 $50mm/min$ 加载速率进行低温弯曲试验,检测其破坏应变是否符合要求,如不符合要求应对矿料级配进行调整,必要时更换改性沥青品种。当最佳沥青用量(OAC)与两个初始值(OAC_1、OAC_2)相差甚大时,宜按 OAC 与 OAC_1 或 OAC_2 分别制作试件,进行低温抗裂试验,根据试验结果对 OAC 做适当调整。

(2) 钢渣活性检验。

对粗集料或细集料使用钢渣的沥青混合料进行马歇尔试验时,应增加3个试件,将试件在 $60℃$ 水浴中浸泡48h,然后取出冷却至室温,观察有无裂缝或鼓包,测量试件体积,其增大量不得超过1%,同时还应满足浸水马歇尔和冻融劈裂试验的要求,达不到这些要求的钢渣不得使用。

三、沥青路面施工阶段质量控制

1. 热拌沥青混合料面层质量控制要点

1) 试验路段

(1) 在铺筑试验路段之前28天,承包人应安装好与本项工程有关的全部试验仪器和设备(包括沥青、石料、混合料等以及多项室内外试验的配套仪器,设备及取芯机等),配备足够数量的熟练试验技术人员,报请监理工程师审查批准。

(2) 在工程开工前14天,承包人应在监理工程师批准的现场并在监理工程师的监督下,用备齐并投入该项工程的全部机械设备及每种沥青混合料各铺筑一段长约 100~200m(单幅)的试验路段。

(3) 试验路段的目的是证实混合料的稳定性以及拌和、摊铺和压实设备的效率和施工方法、施工组织的适应性。

（4）沥青混合料摊铺、压实12h以后,应对其厚度、密实度、沥青含量及矿料级配及其他项目进行抽样试验。抽样试验的频度应满足规范要求。

（5）试验路段完成后,承包人应编写书面报告,报请监理工程师审查批准。

（6）经监理工程师批准的试验路段应成为比较的标准,正式工程应按批准的同一方法和同一标准施工。

（7）批准的试验路段应同完成后的工程一起支付。如未能取得监理工程师的批准,承包人应破碎清除该试验路段,重新铺筑试验路段,并承担其费用。

2）施工设备

（1）拌和及运料设备。

①拌和厂应在其设计、协调配合和操作方面,都能使生产的混合料符合工地配合比设计要求。拌和厂必须配备足够试验设备的试验室,并能及时提供使监理工程师满意的试验资料。

②拌和机应能按用量(以质量计)分批配料,并有装有温度计及示温的成品储料仓和二次除尘设置,拌和设备的产量应和生产进度相匹配,在安装完成后应按批准的配合比进行试拌调试,直到符合要求。

③拌和场地布置应远离居民区,其距离不少于1km。

④运料设备应采用干净有金属底板的自卸槽斗车辆运送混合料,车槽内不得沾有有机物质。为了防止尘埃污染和热量过分损失,运输车辆应备有覆盖设备,车槽四角应密封坚固。

（2）摊铺及压实设备。

①沥青混合料摊铺机应是自动式摊铺设备,安装有可调的活动整平板或整平组件。整平板在需要时可以加热,能按照规定的典型横断面和图纸所示的厚度在车道宽度内摊铺,并备有修边的套筒。摊铺机应有一套夯板和可调整振幅的振动整平板的组合装置,夯板与振动整平板的频率,应能随意变化,并能各自单独的调整。

②摊铺混合料时,摊铺机应能按照与摊铺混合料相协调的前进速度运行。

③摊铺机应配备整平板自控装置,其一侧或双侧装有传感器,可通过外面的参考线探出纵坡和整平板的横坡,并能自动发生信号来操纵整平板,使摊铺机能铺筑出理想的纵横坡度。

④压实设备应配有钢轮式、轮胎式及振动压路机,能按合理的压实工艺进行组合压实。还应备有监理工程师认可的小型振动压(夯)实机具,以用于压路机不便压实的地方。

3）混合料的拌和

（1）粗细集料应分类堆放和供料,取自不同料源的集料应分开堆放。每个料源的材料应进行抽样试验,并经监理工程师批准。

（2）拌和应将集料包括矿粉充分地烘干。每种规格的集料、矿粉和沥青都必须分别按要求的配合比进行配料。

（3）沥青的加热温度、石料加热温度、混合料的出厂温度、运到施工现场的温度均应满足规范要求。

（4）所有过度加热的混合料,或已经炭化、起泡和含水的混合料都应废弃。拌和后的混合料必须均匀一致,无花白、无粗细料离析和结块现象,否则不得用于工程项目。

（5）材料的规格或配合比发生改变时,都应根据室内试验资料进行试拌。试拌时必须抽样检查混合料的沥青含量、级配组成和有关力学性能,并报请监理工程师批准。

4)混合料的运送

(1)已经离析或结成不能压碎的硬壳、团块或在运料车辆卸料时留于车上的混合料,以及低于规定铺筑温度或被雨水淋湿的混合料都应废弃,不得用于工程项目。

(2)运至铺筑现场的混合料,应在当天或当班完成压实。

5)混合料的摊铺

(1)摊铺混合料之前,必须对下层进行检查,并取得监理工程师的批准,同时必须按规定铺洒沥青透层、黏层或下封层。

(2)在开始摊铺混合料时,应考虑在路面边缘设置路缘石(拦水带)的具体位置、埋设深度,将预制的路缘石块,按图纸要求进行设置,基础及后背填料必须夯实,缝宽均匀线条顺直、顶面平整、砌筑牢固。

(3)为消除纵向接缝,应采用全路摊铺。当采用两台摊铺机组成梯队联合摊铺的方式时,两台摊铺机前后的距离以前面摊铺的混合料尚未冷却为度,一般为10~30m。

(4)沥青混合料的摊铺温度应随沥青的标号及气温的不同通过试验确定,进行调节。正常施工时,摊铺温度不低于125℃,但不得超过160℃(表3-38)。

(5)摊铺机应以均匀的速度行驶。它的输出量和沥青混合料的运送量相匹配,以保证混合料均匀、不间断地摊铺。摊铺过程中不得随意变换速度,避免中途停顿,影响施工质量。

(6)对外形不规则,路面厚度不同,空间受到限制以及人工构造物接头等摊铺机无法工作的地方,经监理工程师批准可以采用人工铺筑混合料。

6)混合料的压实

(1)混合料完成摊铺和刮平后应立即进行宽度、厚度、平整度、路拱及温度检查,对不合格之处应及时进行调整,随后按试验路段确定的压实设备的组合及程序进行充分的均匀压实。

(2)压实分初压、复压和终压。压路机碾压的适宜速度见表3-39。

压路机碾压速度 表3-39

碾压阶段		初压(km/h)	复压(km/h)	终压(km/h)
压路机类型	钢轮压路机	2.0~3.0	3.0~5.0	3.0~6.0
	轮胎压路机	2.0~3.0	3.0~5.0	4.0~6.0
	振动压路机	静压或振动2.0~3.0	振动3.0~4.5	静压3.0~6.0

(3)初压应采用钢轮压路机或振动压路机(静压)。初压后应检查平整度和路拱,必要时应予以修整。复压应采用串联式双轮振动压路机或轮胎压路机。终压应采用光面钢轮压路机或振动压路机(静压)。

(4)碾压作业时混合料的温度,初压温度不应低于120℃,碾压终了温度钢轮压路机不得低于60℃,轮胎压路机不得低于70℃,振动压路机不得低于55℃。

(5)碾压应纵向并由低边向着高边慢速均匀地进行。相邻碾压重叠宽度至少为:双轮30cm,三轮为后轮宽度的二分之一。

(6)碾压时,压路机不得中途停留,转向或制动。当压路机来回交替碾压时,前后两次停留地点应相距10m以上,并应驶出压实起始线3m以外。

(7)压路机不得停留在温度高于60℃的已经压过的混合料上。同时,应采取有效措施,防止油料、润滑脂、汽油或其他杂质在压路机操作或停放期间落在路面上。

(8)压实时,如接缝处的混合料温度已不能满足压实温度要求,应采用加热器提高混合料的温度,压实温度达到要求后,再压实到无缝迹为止。否则,必须垂直切割混合料并重新铺筑后立即共同碾压到无缝迹为止。

(9)在压路机压不到的其他地方,应采用振动夯板、手夯或机夯把混合料充分压实。已经完成碾压的路面,不得修补表皮。

(10)当层厚等于或大于40mm时,监理工程师可使用核子密度仪进行现场密实度检验,以代替试验室试样测定。但每读10个核子密度仪读数,必须钻取一个试样送交试验室进行密度试验,以检验核子密度仪的准确性。

7)接缝的处理

(1)铺筑工作的安排应使纵、横两种接缝都保持在最小数量。接缝的方法及设备,应取得监理工程师批准。在接缝处的密度和表面修补应与其他部分相同。

(2)纵向接缝应采用一种自动控制接缝机装置,以控制相邻行程间的高程,并做到相邻行程间可靠的结合。纵向接缝应是热接缝,并应连续和平行,缝边垂直并形成直线。

(3)纵缝上的混合料,应在摊铺机的后面立即用一台静力钢轮压路机以静力进行碾压。

(4)纵向接缝与横坡变坡线的重合应在15cm以内,与下层接缝应错开15cm以上。

(5)当由于工作中断,摊铺混合料的末端已经冷却,或者在第二天恢复工作时,应做成一道与铺筑方向大致成直角的横向接缝。横向接缝在相连的层次和相邻的行程间均应至少错开1m。

8)气候条件

(1)沥青混合料的摊铺应避免在雨季进行。当路面滞水时,应暂停施工。

(2)施工气温低于10℃时,应停止摊铺,或摊铺时采取措施,并经监理工程师同意方可继续摊铺。否则在气温还没有上升到10℃以上之前,不得摊铺,当气温下降到15℃以下时,应控制混合料的最大运距,保证碾压温度在规定的范围以内。

(3)未经压实即遭雨淋的沥青混合料应全部清除,更换新料。所发生的一切费用由承包人负担。

9)取样和试验

(1)沥青混合料应按统计法取样,以测定集料级配、沥青含量、压实度等,集料取样地点应在沥青掺入前的热拌设备旁,沥青含量试验应在摊铺机后面及压路机前面,从已摊铺的混合料中取样。压实度试验应从压好的路面上钻取试样。

(2)混合料的取样,应在施工现场每天进行一次,或拌500t混合料取一次并按规范进行检验。

(3)所有的试验结果均应报监理工程师审批,所发生的一切费用由承包人自理。

2.沥青表面处治施工质量控制要点

1)一般规定

(1)沥青表面处治宜选择在干燥和较热的季节施工,并在雨季前及日最高气温低于15℃到来之前半个月结束。

(2)沥青表面处治宜采用层铺法施工,厚度不宜大于3cm,可采用沥青洒布机及集料撒铺机联合作业。

(3)施工工序紧密衔接,沥青洒布长度与石料撒铺相配合,避免浇油后等待较长时间才撒铺石料。

2)施工设备

(1)沥青表面处治应采用沥青洒布机喷洒沥青,洒布机应能稳定在控制的速度和确定的用油量,并能在整个洒布宽度内均匀洒布沥青。

(2)应采用一台自行式的集料撒布机,配有可靠的控制系统,能把所需的集料均匀撒铺到沥青材料的整个宽度上。

(3)沥青表面处治宜采用轮胎式光面钢筒压冷机,压路机的吨位应能使集料嵌挤紧密又不致使石料有较多的压碎为度。通常采用6~8t及10~12t压路机进行碾压,乳化沥青表面处治宜采用较轻的压路机进行碾压。

3)表面准备

(1)沥青表面处治层的表面应平整、清洁、无松散,并应符合图纸所示或监理工程师确定的典型断面。

(2)当监理工程师有指示时,应视需要用机动路帚或电鼓风机,并辅以人工扫净表面,清除有害物质。

4)沥青洒布

(1)沥青材料的加热温度应满足规范要求。

(2)沥青应采用压力喷洒机均匀地洒布,洒油量、温度条件及处治面积均应在洒布前获得认可,在洒布沥青之前,集料和集料撒布设备均应运抵施工现场。处治区附近的结构物和树木的表面应加以保护,以免溅上沥青,受到污染。

(3)沥青洒布机应在喷嘴打开的同时按适当的洒布速度向前行驶,除监理工程师同意采用其他材料或方法外,应在每次喷洒开始一端和结束的末端后面足够距离的表面上铺上施工用纸,以使喷嘴洒出来的沥青在开始和结束时都落在纸上,并保证喷嘴在喷洒的整个长度内喷洒正常。

(4)在喷洒交接处洒布沥青时应精心控制,不超过批准的洒油量,应把过量的沥青材料从洒布表面刮掉,漏洒或少洒的地区应补洒纠正。

5)集料撒铺

(1)符合指定级配的集料,事先清除或减少集料上的浮土,以提高和改进黏着质量。

(2)在沥青洒布后3min内应按确定的用量撒铺集料,撒铺期间,如集料多少不匀,应用补撒集料的方法校正,直至达到均匀的表面结构,撒布机械无法靠近的地方,需用人工撒铺。

(3)在半宽施工情况下,应留下一条15cm宽的接头地带暂不撒布集料,以使沥青材料略微重叠。

6)碾压

(1)碾压应在沥青和集料撒铺后立即进行,并在当日完成。

(2)撒铺一段集料后即用6~8t轮胎或双轮压路机碾压,每层集料应按集料撒铺的全宽初压一遍,并应按需要进行补充碾压以使盖面集料适当就位,碾压时每次轮迹重叠约30cm,从路边逐渐移向路中心,然后再从另一边开始移向路中心,以此作为一遍,一般全宽的碾压不少于4遍,以不大于2km/h的速度进行碾压。

7)养护

(1)集料表面应用扫帚轻轻扫过。可以用其他方法养护4d,或按指示的天数养护。

(2)表面养护应包括把盖面料撒布到整个沥青表面上,以吸收游离的沥青材料或覆盖集料不足之处。

(3)养护不应使已嵌锁的集料移动位置。

(4)应采用旋转路帚把多余的材料从整个处治表面上清扫出去,面层清扫应在监理工程师指定的时间进行。

8)多层表面处治

(1)多层表面处治是在由准备好的基层上连续洒布的沥青材料和撒铺的盖面集料构成,材料应反复摊铺直至达到所需的层数。

(2)多层表面处治的沥青洒布、集料撒铺等的施工方法和要求与第一层相同,但第二层、第三层的碾压可采用8~10t压路机。

9)稀浆封层、微表处施工质量控制要点

(1)稀浆封层和微表处必须使用专用的摊铺机进行摊铺。

(2)微表处必须采用改性乳化沥青,稀浆封层可采用普通乳化沥青或改性乳化沥青,其品种和质量应符合规范的要求。

(3)稀浆封层和微表处应选择坚硬、粗糙、耐磨、洁净的集料。各项性能应符合前述沥青混合料用粗集料和细集料的技术指标要求。其中稀浆封层用通过4.75mm筛的合成矿料,其砂当量不得低于50%。当用于抗滑表层时,还应符合规范中有关磨光值的要求。细集料宜采用碱性石料生产的机制砂或洁净的石屑。对集料中的超粒径颗粒必须筛除。

(4)稀浆封层和微表处的矿料级配可根据铺筑厚度、处治目的、公路等级条件按表3-40选择。

稀浆封层和微表处的矿料级配 表3-40

筛孔尺寸(mm)	不同类型通过各筛孔的百分率(%)				
	微表处		稀浆封层		
	MS-2型	MS-3型	ES-1型	ES-2型	ES-3型
9.5	100	100	—	100	100
4.75	95~100	70~90	100	95~100	70~90
2.36	65~90	45~70	90~100	65~90	45~70
1.18	45~70	28~50	60~90	45~70	28~50
0.6	30~50	19~34	40~65	30~50	19~34
0.3	18~30	12~25	25~42	18~30	12~25
0.15	10~21	7~18	15~30	10~21	17~18
0.075	5~15	5~15	10~20	5~15	5~15
一层的适宜厚度(mm)	4~7	8~10	2.5~3	4~7	8~10

（5）稀浆封层和微表处的混合料中乳化沥青及改性乳化沥青的用量应通过配合比设计确定。混合料的质量应符合表3-41的技术要求。

稀浆封层和微表处混合料的技术要求　　　　　　表3-41

项　目	单　位	微　表　处	稀　浆　封　层	试验方法
可拌和时间	s	>120		手工拌和
黏度	cm	—	2~3	T 0751
黏结力 30min(初凝时间) 60min(开放交通时间)	N·m	≥1.2 ≥2.0	（仅适用于快开放交通的稀浆封层） ≥1.2 ≥2.0	T 0754
负荷轮碾压试验(LWT) 黏附砂量 轮迹宽度变化率	g/m² %	<450 <5	（仅适用于重交通道路表层） <450 —	T 0755
湿轮磨耗试验的磨耗值 (WTAT) 浸水1h 浸水6d	g/m²	<540 <800	<800 —	T 0752

注：负荷轮碾压试验(LWT)的宽度变化率适用于需要修补车辙的情况。

（6）稀浆封层和微表处混合料的配合比设计按下列步骤进行：

①根据选择的级配类型，按表3-40确定矿料的级配范围。计算各种集料的配合比例，使合成级配在要求的级配范围内。

②根据以往的经验初选乳化沥青、填料、水和外加剂用量，进行拌和试验和黏聚力试验。可拌和时间的试验温度应考虑最高施工温度，黏聚力试验的温度应考虑施工中可能遇到的最低温度。

③根据上述试验结果和稀浆混合料的外观状态，选择1~3个认为合理的混合料配方，按表3-41规定试验稀浆混合料的性能，如不符合要求，适当调整各种材料的配合比例再试验，直至符合要求为止。

④根据经验在沥青用量的可选范围内选择适宜的沥青用量。

⑤根据以往经验及配合比设计试验结果，在充分考虑气候及交通特点的基础上综合确定混合料配方。

（7）稀浆封层和微表处施工前，应彻底清除原路面的泥土、杂物，修补坑槽、凹陷，较宽的裂缝宜清理灌缝。

（8）稀浆封层和微表处的最低施工温度不得低于10℃，严禁在雨天施工，摊铺后尚未成型的混合料遇雨时应予铲除。

（9）稀浆封层和微表处两幅纵缝搭接宽度不宜超过80cm，横向接缝宜做成对接缝。分两层摊铺时,第一层摊铺后至少应开放交通24h后方可进行第二层摊铺。

(10)稀浆封层和微表处铺筑后的表面不得有超粒径料拖拉的严重划痕,横向接缝和纵向接缝处不得出现余料堆积或缺料现象,用3m直尺测量接缝处的不平整度不得大于6mm。经养生和初期交通碾压稳定的稀浆封层,在行车作用下应不飞散且完全密水。

10)透层与黏层施工质量控制要点

(1)透层施工质量控制要点。

①沥青透层的材料要求应符合《公路沥青路面施工技术规范》(JTG F40—2004)的规定。

②沥青透层可采用煤油稀释沥青或慢裂的洒布型乳化沥青。乳化沥青透层的规格和质量应符合规范的要求。

③各种透层沥青的品种和用量应根据基层的种类通过试洒确定。

④透层宜在基层表面稍干后浇洒。当基层完工后时间较长、表面过于干燥时,应对基层进行清扫,并在基层表面少量洒水,等表面稍干后浇洒透层沥青。

⑤透层沥青宜采用沥青洒布车喷洒。

⑥喷洒透层沥青应符合下列要求:

a.喷洒透层前,路面应清扫干净,应采取防止污染路缘石及人工构造物的措施。

b.洒布的透层沥青应渗入基层一定深度,不应在表面流淌,并不得形成油膜。

c.如遇大风或即将降雨时不得喷洒透层沥青。

d.气温低于10℃时,不宜喷洒透层沥青。

e.应按沥青用量一次喷洒均匀,当有遗漏时,应采用人工补洒。

f.喷洒透层沥青后,严禁车辆、行人通过。

⑦在铺筑沥青面层前,当局部地方有多余的透层沥青未渗入基层时,应予清除。

⑧透层洒布后应尽早铺筑沥青面层。当用乳化沥青做透层时,洒布后应待其充分渗透,水分蒸发后方可铺筑沥青面层,其时间间隔不宜少于24h。

(2)黏层施工质量控制要点。

①高速公路路面工程中在中面层与下面层之间,应浇洒黏层,在与新铺沥青混合料接触的路缘石、雨水进水口、检查井等的侧面也应洒黏层。

②黏层材料。

黏层的沥青材料采用乳化沥青或改性乳化沥青。黏层沥青的规格和质量应符合规范的要求;重交通沥青和改性沥青分别满足相应的技术规范要求。

③各种黏层沥青品种和用量应根据黏层的种类通过试洒确定,并符合《公路沥青路面施工技术规范》(JTG F40—2004)的要求。

④黏层沥青应采用沥青洒布车喷洒,洒布车应符合规范要求。在路缘石、雨水进水口、检查井等局部应用刷子进行人工涂刷。

⑤喷洒黏层沥青应符合下列要求:

a.施工准备工作。

准备喷洒沥青的工作面,应整洁无尘埃。路面有脏物时应清除干净。当黏有土块时应用水刷净,待表面干燥后喷洒。

b. 气候条件。

洒布沥青材料的气温不应低于10℃,风速适度。浓雾或下雨路面潮湿时不应施工。

c. 喷洒温度。

液体石油沥青和乳化沥青在正常温度下洒布,如气温较低,黏度较大的可适当加热。重交通沥青和改性沥青应在规范要求的温度下喷洒。

d. 喷洒。

黏层沥青应均匀洒布或涂刷,喷洒过量处,应予刮除。并按《公路路基路面现场测试规程》(JTG 3450—2019)中有关要求和方法检测洒布量,每次检测不少于3处。

沥青洒布设备应配备有适用于不同黏度沥青喷洒用的喷嘴,在沥青洒布机喷洒不到的地方可采用手工洒布。喷洒超量或漏洒或少洒的地方应予纠正。

喷洒黏层油时,喷油管宜与路表面形成约30°角,并有适当高度,以使路面上喷洒的透层油或黏层油形成重叠。

喷洒区附近的结构物和树木表面应加以保护,以免溅上沥青受到污染。

黏层沥青应在铺筑覆盖层之前24h内洒布或涂刷。

e. 养护。

喷洒黏层沥青后严禁除沥青混合料运输车外的其他车辆、行人通过。黏层沥青洒布后应紧接铺筑沥青层。当使用乳化沥青作黏层时,应待破乳、水分蒸发完后铺筑。

3. 沥青贯入式路面施工质量控制要点

沥青贯入式路面根据沥青贯入深度的不同,可分深贯式及浅贯式,深贯入式厚6~8cm,浅贯入式厚4~5cm。

(1)施工准备。下承层沥青贯入式路面施工前,基层必须清扫干净,贯入式使用乳化沥青时,必须洒透层或黏层沥青。

(2)撒料。撒主层集料时,应注意撒铺均匀,避免颗粒大小不均,并不断检查松铺厚度和校验路拱。撒布集料后,严禁车辆通行。

(3)碾压。主层集料撒布后,先用6~8t压路机以2km/h的初碾速度碾压3~4遍,使集料基本稳定,无显著推移为止,然后再用10~12t压路机以3~4km/h的速度进行碾压,直到主层集料嵌挤稳定,无显著轮迹为止,碾压遍数一般为2~4遍,视集料硬度而定。

(4)浇洒第一层沥青。主层集料碾压完毕后,应立即浇洒第一层沥青。当采用乳化沥青贯入时,为防止乳液下漏过多,可在主层集料碾压稳定后,先撒布一部分上一层嵌缝料,再浇洒主层沥青。

(5)撒布第一层嵌缝料。主层沥青浇洒后应立即均匀撒布第一层嵌缝料。当使用乳化沥青时,嵌缝料的撒布必须在乳液破乳前完成。

(6)再碾压。嵌缝料扫匀后立即用8~12t钢筒式压路机碾压4~6遍,直至稳定为止,碾压时随压随扫,使嵌缝料均匀嵌入。

(7)浇洒第二层沥青→撒布第二层嵌缝料→碾压→浇洒第三层沥青→撒布封层料→最后碾压(宜采用6~8t压路机碾压2~4遍)。

(8)交通控制及初期养护。

第四节 水泥混凝土路面质量控制

一、水泥混凝土路面概述

水泥混凝土路面俗称白色路面,是一种高级路面,是以水泥与水拌和成的水泥浆为结合料,以碎(砾)石、砂为集料,再加适当的掺和料及外掺剂,拌和成水泥混凝土混合料而筑成的路面,经过一定时间的养护,达到很高的强度与耐久性。当车轮行驶在路面上,整个水泥混凝土路面会起抵抗作用,不使路面产生较大的弯曲变形,当车轮驶过后,又重新恢复原来的形状。这种性质的路面,又称为刚性路面。

水泥混凝土路面不但具有很高的强度,而且具有汽车运行中所必需的平整度,很好的耐磨性和必要的粗糙度,可以确保汽车的高速安全行驶。为了修筑好水泥混凝土路面,保证行车安全、舒适以及耐久性等指标达到标准,不仅要求在设计中准确计算出路面的结构和厚度,而且也要求在施工时必须选择优质材料,科学的组成设计,文明、合理地组织施工,认真操作,做到"精心设计,精心施工"。

水泥混凝土路面,包括普通混凝土、钢筋混凝土、连续配筋混凝土、预应力混凝土、装配式混凝土和钢纤维混凝土等面层板和基(垫)层所组成的路面。目前采用最广泛的是就地浇筑的普通混凝土路面,简称混凝土路面。

所谓普通混凝土路面,是指除接缝区和局部范围(边缘和角隅)外不配置钢筋的混凝土路面。与其他类型路面相比,混凝土路面具有以下优点:

(1)强度高,混凝土路面具有很高的抗压强度和较高的抗弯拉强度以及抗磨耗能力。

(2)稳定性好,混凝土路面的水稳性、热稳性均较好,特别是它的强度能随着时间的延长而逐渐提高,不存在沥青路面的那种"老化"现象。

(3)耐久性好,由于混凝土路面的强度和稳定性好,所以经久耐用,一般能使用20~40年,而且能通行包括履带式车辆等在内的各种运输工具。

(4)有利于夜间行车,混凝土路面色泽鲜明,能见度好,对夜间行车有利。

但是,混凝土路面也存在一些缺点,主要有以下几方面:

(1)对水泥和水的需要量大,修筑0.2m厚、7m宽的混凝土路面,每1000m要耗费水泥约400~500t和水约250t,尚不包括养生用的水在内,这给水泥供应不足和缺水地区带来较大困难。

(2)有接缝,一般混凝土路面要建造许多接缝,这些接缝不但增加施工和养护的复杂性,而且容易引起行车跳动,影响行车的舒适性,接缝又是路面的薄弱点,如处理不当,将导致路面板边和板角处破坏。

(3)开放交通较迟,一般混凝土路面完工后,要经过28d的潮湿养生,才能开放交通,如需提早开放交通,则需采取特殊措施。

(4)修复困难,混凝土路面损坏后,开挖很困难,修补工作量也大,且影响交通。

二、水泥混凝土配合比设计

公路、城市道路水泥混凝土路面和机场道面,面板厚度的计算是以混凝土的抗折强度为依据,与其相应的路面混凝土配合比,也应以混凝土的抗折强度为指标进行设计。

1. 混凝土配合比设计总的要求、原则和一般步骤

路面水泥混凝土应具有设计要求的强度、耐久性,抗磨性好、质量均匀、离散性小,根据这些质量要求,以及便于施工操作的和易性,采用选定的材料,通过试验和必要的调整来确定混凝土单位体积中各种组成材料的用量。

混凝土配合比设计以抗折强度为指标,采用石子用量法或砂率法,在水泥用量和用水量一定的条件下,根据和易性好,坍落度最大或工作度最小进行砂石用量的优选,同时通过抗折强度试验确定配合比,不同于一般混凝土配合比的设计方法。

水灰比是决定混凝土强度和耐久性的主要因素,选用水灰比不得超过有关规范规定的最大值。在满足和易性的条件下,应力求最小单位用量,既可节约水泥,降低造价,又可减少混凝土路面铺筑时的温度和收缩裂缝。

混凝土应具有与铺筑方法相适应的和易性,以及容易达到要求平整度的易修整性。在施工可能的条件下,尽量采用坍落度小或工作度大的混凝土。

路面混凝土应优先考虑采用优质硅酸盐水泥、减水剂或引气减水剂。

2. 混凝土配制强度的确定

混凝土配制强度应按式(3-22)计算:

$$f_{cu,0} \geq f_{cu,k} + 1.645\sigma \tag{3-22}$$

式中:$f_{cu,0}$——混凝土配制强度(MPa);

$f_{cu,k}$——混凝土立方体抗压强度标准值(MPa);

σ——混凝土强度标准差(MPa)。

遇有下列情况时应提高混凝土配制强度:

(1)现场条件与试验室条件有显著差异时。

(2)C30级及其以上强度等级的混凝土,采用非统计方法评定时。

混凝土强度标准差宜根据同类混凝土统计资料计算确定,并应符合下列规定:

(1)计算时,强度试件组数不应少于25组。

(2)当混凝土强度等级为C20和C25级,其强度标准差计算值少于2.5MPa时,计算配制强度用的标准差应取不小于2.5MPa;当混凝土强度等级等于或大于C30级,其强度标准差计算值小于3.0MPa时,计算配制强度用的标准差应取不小于3.0MPa。

(3)当无统计资料计算混凝土强度标准差时,其值应按《混凝土结构工程施工质量验收规范》(GB 50204—2015)的规定取用。

3. 混凝土配合比设计中的基本参数

每立方米混凝土用水量的确定,应符合下列规定:

(1)干硬性和塑性混凝土用水量的确定:

水灰比在0.40~0.80时,根据粗集料的品种、粒径及施工要求的混凝土拌和物黏度,其用

水量可按表3-42、表3-43选取。

干硬性混凝土的用水量（kg/m³）　　表3-42

拌和物黏度		卵石最大粒径(mm)			碎石最大粒径(mm)		
项目	指标	10	20	40	16	20	40
维勃黏度(s)	16~20	175	160	145	180	170	155
	11~15	180	165	150	185	175	160
	5~10	185	170	155	190	180	165

塑性混凝土的用水量（kg/m³）　　表3-43

拌和物黏度		卵石最大粒径(mm)				碎石最大粒径(mm)			
项目	指标	10	20	31.5	40	16	20	31.5	40
坍落度(mm)	10~30	190	170	160	150	200	185	175	165
	35~50	200	180	170	160	210	195	185	175
	55~70	210	190	180	170	220	205	195	185
	75~90	215	195	185	175	230	215	205	195

注：本表用水量是采用中砂时的平均取值。采用细砂时，每立方米混凝土用水量可增加5~10kg；采用粗砂时，则可减少5~10kg。掺用各种外加剂或掺合料时，用水量应相应调整。

水灰比小于0.4的混凝土以及采用特殊成型工艺的混凝土用水量应通过试验确定。

（2）流动性和大流动性混凝土的用水量宜按下列步骤计算：

以表3-43中坍落度90mm的用水量为基础，按坍落度每增大20mm用水量增加5kg，计算出未掺外加剂时的混凝土用水量。

掺外加剂时的混凝土用水量可按式（3-23）计算：

$$m_{wa} = m_{w0}(1-\beta) \tag{3-23}$$

式中：m_{wa}——掺外加剂混凝土每立方米混凝土用水量（kg）；

m_{w0}——未掺外加剂混凝土每立方米混凝土用水量（kg）；

β——外加剂的减水率。

外加剂的减水率应经试验确定。

（3）当无历史资料可参考时，混凝土砂率的确定应符合下列规定：

①坍落度为10~60mm的混凝土砂率，可根据粗集料品种、粒径及水灰比按表3-44选取。

混凝土的砂率（%）　　表3-44

水灰比(W/C)	卵石最大粒径(mm)			碎石最大粒径(mm)		
	10	20	40	16	20	40
0.40	26~32	25~31	24~30	30~35	29~34	27~32
0.50	30~35	29~34	28~33	33~38	32~37	30~35
0.60	33~38	32~37	31~36	36~41	35~40	33~38
0.70	36~41	35~40	34~39	39~44	38~43	36~41

注：本表数值是中砂的选用砂率，对细砂或粗砂，可相应地减少或增大砂率。只用一个单粒级粗集料配制混凝土时，砂率应适当增大。对薄壁构件，砂率取偏大值。本表中的砂率是指砂与集料总量的质量比。

②坍落度大于60mm的混凝土砂率,可经试验确定,也可在表3-44的基础上,按坍落度每增大20mm,砂率增大1%的幅度予以调整。

③坍落度小于10mm的混凝土,其砂率应经试验确定。

外加剂和掺合料的掺量应通过试验确定,并应符合《混凝土外加剂应用技术规范》(GB 50119—2013)、《粉煤灰混凝土应用技术规范》(GB/T 50146—2014)、《用于水泥、砂浆和混凝土中的粒化高炉矿渣粉》(GB/T 18046—2017)等的规定。

④当进行混凝土配合比设计时,混凝土的最大水灰比和最小水泥用量,应符合表3-45的规定。

混凝土的最大水灰比和最小水泥用量　　　　　　表3-45

环境条件		结构物类型	最大水灰比			最小水泥用量(kg)		
			素混凝土	钢筋混凝土	预应力混凝土	素混凝土	钢筋混凝土	预应力混凝土
干燥环境		正常的居住和办公用房屋内部件	不作规定	0.65	0.60	200	260	300
潮湿环境	无冻害	高湿度的室内部件; 室外部件; 在非侵蚀土和(或)水中的部件	0.70	0.60	0.60	225	280	300
	有冻害	经受冻害的室外部件; 在非侵蚀性土和(或)水中且经受冻害的部件; 高湿度且经受冻害的室内部件	0.55	0.55	0.55	250	280	300
有冻害和除冰剂的潮湿环境		经受冻害和除冰剂作用的室内和室外部件	0.50	0.50	0.50	300	300	300

注:当用活性掺合料取代部分水泥时,表中的最大水灰比和最小水泥用量即为替代前的水灰比和水泥用量。配制C15级及其以下等级的混凝土,可不受本表限制。

⑤长期处于潮湿和严寒环境中的混凝土,应掺入引气剂或引气减水剂。引气剂的掺入量应根据混凝土的含气量并经试验确定,混凝土的最小含气量应符合表3-46的规定。混凝土的含气量亦不宜超过7%。混凝土中的粗集料和细集料应做坚固性试验。

长期处于潮湿和严寒环境中混凝土的最小含气量　　　　　　表3-46

粗集料最大粒径(mm)	最小含气量(%)
40	4.5
25	5.0
20	5.5

注:含气量的百分比为体积比。

4. 混凝土配合比的计算

进行混凝土配合比计算时,其计算公式和有关参数表格中的数值均以干燥状态集料为基准。当以饱和面干集料为基准进行计算时,则应做相应的修正。

混凝土配合比应按下列步骤进行计算：
(1) 计算配制强度 $f_{cu,0}$ 并求出相应的水灰比。
(2) 选取每立方米混凝土的用水量，并计算出每立方米混凝土的水泥用量。
(3) 选取砂率，计算粗集料和细集料的用量，并提出供试配用的计算配合比。

混凝土强度等级小于 C60 级时，混凝土水灰比宜按式(3-24)计算：

$$W/C = \frac{\alpha_a \cdot f_{ce}}{f_{cu,0} + \alpha_a \cdot \alpha_b \cdot f_{ce}} \tag{3-24}$$

式中：α_a、α_b——回归系数；
f_{ce}——水泥 28d 抗压强度实测值(MPa)。

①当无水泥 28d 抗压强度实测值时，式(3-24)中的 f_{ce} 值可按式(3-25)确定：

$$f_{ce} = \gamma_c \cdot f_{ce,g} \tag{3-25}$$

式中：γ_c——水泥强度等级值的富余系数，可按实际统计资料确定；
$f_{ce,g}$——水泥强度等级值(MPa)。

②f_{ce} 值也可根据 3d 强度或快测强度推定 28d 强度关系式推定得出。

回归系数 α_a 和 α_b 宜按下列规定确定：

①回归系数 α_a 和 α_b 应根据工程所使用的水泥、集料，通过试验由建立的水灰比与混凝土强度关系式确定。

②当不具备上述试验统计资料时，其回归系数可按表3-47采用。

回归系数 α_a、α_b 选用表　　　　　　　　　　　　　　　　　　　　　表3-47

系数	碎石	卵石	系数	碎石	卵石
α_a	0.46	0.48	α_b	0.07	0.33

每立方米混凝土的用水量(m_{w0})可按前述规定确定。
每立方米混凝土的水泥用量(m_{c0})可按式(3-26)计算：

$$m_{c0} = \frac{m_{w0}}{W/C} \tag{3-26}$$

混凝土的砂率可按前述的规定选取。
粗集料和细集料用量的确定，应符合下列规定：
①当采用质量法时，应按式(3-27)、式(3-28)计算：

$$m_{c0} + m_{g0} + m_{s0} + m_{w0} = m_{cp} \tag{3-27}$$

$$\beta_s = \frac{m_{s0}}{m_{g0} + m_{s0}} \times 100\% \tag{3-28}$$

式中：m_{c0}——每立方米混凝土的水泥用量(kg)；
m_{g0}——每立方米混凝土的粗集料用量(kg)；
m_{s0}——每立方米混凝土的细集料用量(kg)；
m_{w0}——立方米混凝土的用水量(kg)；
m_{cp}——每立方米混凝土拌和物的假定质量(kg)，其值可取 2350~2450kg；
β_s——砂率(%)。

②当采用体积法时，应按式(3-29)、式(3-30)计算：

$$\frac{m_{c0}}{\rho_c} + \frac{m_{g0}}{\rho_g} + \frac{m_{s0}}{\rho_s} + \frac{m_{w0}}{\rho_w} + 0.01\alpha = 1 \qquad (3\text{-}29)$$

$$\beta_s = \frac{m_{s0}}{m_{g0} + m_{s0}} \times 100\% \qquad (3\text{-}30)$$

式中：ρ_c——水泥密度（kg/m³），可取 2900~3100 kg/m³；

ρ_g——粗集料的表观密度（kg/m³）；

ρ_s——细集料的表观密度（kg/m³）；

ρ_w——水的密度（kg/m³），可取 1000 kg/m³；

α——混凝土的含气量百分数，在不使用引气型外加剂时，可取 1。

5. 混凝土配合比的试配、调整与确定

1）配合比的试配

进行混凝土配合比试配时应采用工程中实际使用的原材料。混凝土的搅拌方法，宜与生产时使用的方法相同。

混凝土配合比试配时，每盘混凝土的最小搅拌量应符合表 3-48 的规定，当采用机械搅拌时，其搅拌量不应小于搅拌机额定搅拌量的 1/4。

混凝土试配的最小搅拌量　　　　　　表 3-48

集料最大粒径（mm）	拌和物数量（L）	集料最大粒径（mm）	拌和物数量（L）
31.5 以下	15	40	25

按计算的配合比进行试配时，首先应进行试拌，以检查拌和物的性能。当试拌得出的拌和物坍落度或维勃黏度不能满足要求，或黏聚性和保水性不好时，应在保证水灰比不变的条件下相应调整用水量或砂率，直到符合要求为止。然后提出供混凝土强度试验用的基准配合比。

混凝土强度试验时至少应采用三个不同的配合比。当采用三个不同的配合比时，其中一个应为所确定的基准配合比，另外两个配合比的水灰比，宜较基准配合比分别增加和减少 0.05；用水量应与基准配合比相同，砂率可分别增加和减少 1%。

当不同水灰比的混凝土拌和物坍落度与要求值的差超过允许偏差时，可通过增、减用水量进行调整。

制作混凝土强度试验试件时，应检验混凝土拌和物的坍落度或维勃黏度、黏聚性、保水性及拌和物的表观密度，并以此结果作为代表相应配合比的混凝土拌和物的性能。

进行混凝土强度试验时，每种配合比至少应制作一组（三块）试件，标准养护到 28d 时试压。

需要时可同时制作几组试件，供快速检验或较早龄期试压，以便提前定出混凝土配合比供施工使用。但应以标准养护 28d 强度或按《粉煤灰混凝土应用技术规范》（GB/T 50146—2014）等规定的龄期强度的检验结果为依据调整配合比。

2）配合比的调整与确定

（1）根据试验得出的混凝土强度与其相对应的灰水比（C/W）关系，用作图法或计算法求出与混凝土配制强度（$f_{cu,0}$）相对应的灰水比，并应按下列原则确定每立方米混凝土的材料用量：

①用水量(m_w)应在基准配合比用水量的基础上,根据制作强度试件时测得的坍落度或维勃黏度进行调整确定。

②水泥用量(m_c)应以用水量乘以选定出来的灰水比计算确定。

③粗集料和细集料用量(m_g 和 m_s)应在基准配合比的粗集料和细集料用量的基础上,按选定的灰水比进行调整后确定。

(2)经试配确定配合比后,尚应按下列步骤进行校正:

①应根据前述所确定的材料用量按式(3-31)计算混凝土的表观密度计算值 $\rho_{c,c}$:

$$\rho_{c,c} = m_c + m_g + m_s + m_w \tag{3-31}$$

②应按式(3-32)计算混凝土配合比校正系数 δ:

$$\delta = \frac{\rho_{c,t}}{\rho_{c,c}} \tag{3-32}$$

式中:$\rho_{c,t}$——混凝土表观密度实测值(kg/m^3)。

③当混凝土表观密度实测值与计算值之差的绝对值不超过计算值的2%时,按前述确定的配合比即为确定的设计配合比;当二者之差超过2%时,应将配合比中每项材料用量均乘以校正系数 δ,即为确定的设计配合比。

(3)根据本单位常用的材料,可设计出常用的混凝土配合比备用。在使用过程中,应根据原材料情况及混凝土质量检验的结果予以调整。但遇有下列情况之一时,应重新进行配合比设计:

①对混凝土性能指标有特殊要求时。

②水泥、外加剂或矿物掺合料品种、质量有显著变化时。

③该配合比的混凝土生产间断半年以上时。

三、水泥混凝土路面施工阶段质量控制

1. 摊铺机施工

1)一般要求

高速公路、一级公路水泥混凝土路面的摊铺必须采用机械摊铺,所采用的摊铺机械性能必须达到监理工程师的要求。基层强度不符合要求者,不得进行路面摊铺。

2)试验路段

(1)在水泥混凝土路面摊铺开工之前,承包人应在严密的组织下,按照批准的施工方案,在监理工程师选定的现场上,铺筑面积不小于 $400m^2$ 的试验路段,承包人应提供并使用要在正常生产工作中采用的全部设备。

(2)铺筑试验路段的目的是证明在正常生产的情况下,工程质量能达到要求。

(3)承包人应根据试验路段结果提出对机械设备或操作进行合理的改进。

(4)竣工的试验路段如经监理工程师认可验收,可作为竣工项目支付,如不予验收,则应由承包人把所有不合格的路段清除出去,重做试验,费用由承包人负担。

3)钢筋的设置

(1)横向缩缝及胀缝设置传力杆时,应与中线及路面表面平行,其偏差不应大于5mm,传

力杆应采用监理工程师认可的支承装置,在铺筑路面之前装设好传力杆。

(2)传力杆长度的一半再加上5cm,应涂上两层沥青乳液或一层沥青,胀缝处的传力杆尚应在涂沥青的一端加一个预制的盖套,内留36mm的空隙,填以纱头或泡沫塑料。

(3)拉杆不应露头。拉杆端应切正,横断面上不应变形,装设拉杆时,不应使其穿过已摊铺好的混凝土顶面,拉杆应在混凝土摊铺之前就装设好,或者用一台拉杆振动器把它装入接缝边缘内,或者用混凝土摊铺机上的拉杆自动穿杆器来装设。在已凝固的混凝土内安装拉杆时,应用经监理工程师认可的拉杆穿插装置来进行。

(4)工程中所用的全部钢筋的设置及绑扎都应先经监理工程师同意后才能浇筑混凝土,承包人至少应在12h以前把浇筑混凝土的意图通知监理工程师,以使他有足够的时间检查钢筋和采取纠正措施。

(5)钢筋不应沾土、污垢、油脂、油漆、毛刺以及松散的或厚的铁锈,以免损坏钢筋与混凝土之间的黏结。

4)混凝土拌和物的搅拌和运输

混凝土的搅拌和运输应符合《水泥混凝土路面施工及验收规范》(GBJ 97—1987)的要求。

5)混凝土拌和物的摊铺

(1)承包人应提供摊铺的设备和方法,以及摊铺宽度、接缝布置和预计的进度等全部详情和细节,报监理工程师审批。

(2)当蔽阴处的气温低于5℃或高于35℃时,或者正在下雨或估计4h内有雨时,不得铺筑混凝土,工程中铺筑的混凝土的温度不应低于5℃或高于35℃。

(3)承包人应提供测定保养气温、混凝土温度、相对湿度及风速的设备,并应按照监理工程师的指示测定和记录这些数据。当蒸发率每小时超过$0.75kg/m^2$,承包人应采取使监理工程师满意的防止水分损失的预防措施,如果监理工程师认为这些预防措施不能令人满意时,可下令停止施工。

(4)监理工程师应检查和批准所有的模板、基层准备情况、接缝和养生材料的供应情况,备用振捣器的储备情况,以及承包人的全面准备情况,以保证工程的正常进行。

(5)混凝土应采用摊铺机械铺筑。手工摊铺只应局限于小范围或不能用机械摊铺的区域。手工摊铺应在施工前由承包人报监理工程师审批。

(6)摊铺机应是经批准的自行式机械。铺摊时应以缓慢的速度均匀地进行,以保证摊铺机的连续操作。摊铺机还应有以下特点:

①有带传感装置的自动控制系统,以便把线形和高程控制到规定的标准。

②有能均匀摊铺混合料及调节混合料流向的振捣器,能捣实混凝土整个深度。

③有单独的发动机作动力的插入式振捣器,能捣实混凝土整个深度。

④有可调整的挤压整平板和整型板,并在所有表面上做出要求的修饰。

⑤具有适应混凝土板不同宽度或组合宽度与板厚的摊铺能力,其组合板宽应符合图纸或监理工程师的要求。

(7)摊铺机应具有摊铺、捣实、整型和修饰的功能,使后来只需要最少的手工修饰,并能铺筑成符合规范要求的修饰表面和密实而均质的混凝土。

(8)摊铺机、汽车以及养生、切缝和做纹理的设备行走路线的承力面,应由承包人进行准备及保养,以便能适应操作。

(9)混凝土拌和物摊铺工作一旦开始,不得中断,摊铺机应不致因缺乏混凝土而停工,如停工时间延续超过30min,则应设置经批准的横向施工缝。距胀缝、缩缝或薄弱面3m之内不得出现横向施工缝。如果不能充分供应混凝土,则在至少做成3m长的板的工作中断之时,应把最后一条缝后面的多余混凝土按指示清除掉。

(10)混凝土均匀浇筑在模板内,不应有离析现象。靠边角应先用插入式振捣器顺序捣实,再用平板振捣器纵横交错全面振捣,然后用振动梁振捣,平行移动往返拖振2~3遍,使表面泛浆,赶出水泡。

6)终饰

(1)混凝土振动梁振动整平后,应保持路拱的准确,并检查平整度,由承包人用长度不小于3m的直尺检查新铺混凝土表面,每次用直尺进行检查时,都应与前一次检查面至少重叠1/2的直尺长度。

(2)表面修饰前应做好清边整缝,清除黏浆,修补掉边、缺角,表面修整时,严禁在混凝土面板上洒水、撒水泥。

(3)表面整修宜分二次进行,先找平抹面,等混凝土表面无泌水时,再做第二次抹平,板面应平整密实。

(4)整修作业应在混凝土保持塑性和具有和易性的时候进行,以确保从路表面上清除水分和浮浆。新铺混凝土表面,平整度检查出来的高处,应用手镘法清除高出的混凝土,低洼处不得填以表面的浮浆,必须用新制混凝土填补与修整。

(5)板面抹平后在混凝土仍具有塑性时,应采用拉槽器、滚动压纹器或其他合适的工具在混凝土表面沿横向制作纹理,但不得扰动混凝土。表面纹理应符合图纸规定。拉槽时,一般槽口宽度为4~5mm,槽深为1~2mm。

7)工程防护

(1)承包人应提交在下雨干扰工程时拟采用的防护方法及设备的详细建议。防护设备应停放在工地,以便随时可以投入使用。

(2)应采取预防措施,保证路面铺筑完的头96h期间混凝土的温度不降到5℃以下,当主导温度偏低,或当有寒冷气候预报以及新铺混凝土的温度有降到规定极限以下的危险时,承包人应停止摊铺混凝土拌和物作业。如果承包人采取了预防措施,可保证混凝土拌和物的温度能在上述时间内维持在5℃时,施工可继续进行,否则,拒绝验收。

8)接缝

(1)承包人应在开始铺筑路面混凝土之前28d,提交一份整个工程范围的平面图,标示出建议在混凝土路面内设置的全部接缝的部位和布置细节。路面板锚头、桥头搭板及末端板也均应在平面图中示出。

(2)横向施工缝。

①横向施工缝的位置宜改在胀、缩缝处,设在缩缝处或非胀、缩缝处时,横向施工缝采用平缝加传力杆,并应垂直于中线和按图纸所示尺寸及其他要求施工。传力杆采用光面钢筋,其长度的一半以上应涂以沥青,设在胀缝处时,横向施工缝应按胀缝的要求施工,传力杆最外边距接缝或自由边的距离,不应小于15cm。

②横向施工缝只应在摊铺作业中断时间超过30min时才设置。

③横向施工缝若与横向缩缝、胀缝分开设置时,其距离不得小于2m,必要时为了保证获得最小间距,监理工程师可授权改变横向缩缝的间距。

④横的施工缝应在做纹理之前修整出光顺平齐的表面。

(3)横向缩缝。

①横向缩缝应横过路面全宽设置。缩缝一般采用假缝形式,且缩缝应做成一条直线,不得有任何中断。图纸规定缩缝处设传力杆时,其要求与施工缝的传力杆相同。

②除监理工程师另有指示外,横向缩缝(假缝)应采用锯缝,并按图纸规定的尺寸锯成,承包人应负责修建除规定位置外,不得出现任何横向裂缝的路面。在规定部位之外出现裂缝的混凝土路面应拒绝验收。

③锯缝垂直或水平的边缘剥落,不应超过5mm,边缘剥落长度,在任何1m长的锯缝内不得超过300mm。

④承包人应采用能适合割锯混凝土硬度的锯刀、设备和控制方法,并应由有经验的操作人员来施工,以确保锯口平直和把边缘剥落控制在规定范围以内。工地上应储备充足的备用锯缝机和锯刀,以供损坏时更换。

⑤当混凝土硬化到足以承受锯缝设备时,即可开始锯缝作业,锯缝作业完成后,应立即把所有锯屑和杂物彻底清除干净。

⑥混凝土板养生完毕后,用空气压缩机很好地清扫接缝的沟槽内杂物,待混凝土充分干燥后,用符合图纸规定的填料予以填封。

(4)横向胀缝。

①横向胀缝应按图纸所示或监理工程师指示,在桥头搭板端部、路面板的锚头处、沿行车道与交叉道之间以及其他规定处设置,胀缝应采用滑动传力杆,即在传力杆涂沥青的一端加一个盖套,内留30mm的空隙,填纱头或泡沫塑料,盖套一端宜在相邻板中交错布置。

②横向胀缝应连续贯通路面全宽,并应垂直于道路中心线以及按图纸所示尺寸设置,横向胀缝与其他横缝的距离不得小于2m,必要时,为保证获得最小净距,监理工程师可授权改变横向缩缝的间距。

③接缝用的接缝板和填缝料应符合图纸规定。

④在设置接缝材料时,胀缝要彻底扫净,缝的侧面均应用接缝材料制造厂家推荐的结合料抹涂。填缝料的顶部低于路面表面不得少于5mm,也不得多于7mm。

(5)纵向缩缝。

①纵向缩缝应平行于中线或按图纸所示或监理工程师指示的位置设置。拉杆应采用螺纹钢筋。

②除监理工程师另有指示外,纵向缩缝采用假缝,用锯缝机按图纸规定的尺寸锯成。

③所有纵向缩缝的缝线与平面图所示位置之间的偏差在任何一点上都不得超过10mm。

(6)纵向施工缝。

纵向施工缝一般采用平缝,并应在板厚中央设置拉杆,拉杆的设置与纵向缩缝拉杆设置相同,接缝应符合规范或图纸规定的填缝料予以填封。

9) 混凝土板养护及模板的拆除

混凝土板表面修整完毕后,应及时采用湿治养护和塑料薄膜养护 14~21d。模板的拆除,应符合《水泥混凝土路面施工及验收规范》(GBJ 97—1987)的规定。

10) 开放交通

混凝土板达到设计强度时,监理工程师可允许开放交通。当遇特殊情况需要提前开放交通时,则应根据《公路工程水泥混凝土试验规程》(JTG E30—2005)的试验方法测定混凝土试块,应达到设计强度80%以上,其车辆荷载不得大于设计荷载。在开放交通之前,路面应清扫干净,所有接缝均应封闭好。

11) 取样和试验

(1) 施工过程中,弯拉强度试验取样频率为:高速公路和一级公路每工作班制作 2~4 组,日进度大于或等于1000m 取 4 组,大于或等于500m 取 3 组,小于500m 取 2 组;其他公路每工作班制作 1~3 组,日进度大于或等于1000m 取 3 组,大于或等于500m 取 2 组,小于500m 取 1 组。每组 3 个试件的 28d 强度的平均值作为一个统计数据。

抗压强度试验取样频率为:不同强度等级及不同配合比的混凝土应在浇筑地点或拌和地点分别随机制取试件;浇筑一般体积的结构物时每一单元结构物应制取 2 组;连续浇筑大体积结构物时,每 80~200m³ 或每工作班应制取 2 组。每组 3 个试件的 28d 强度的平均值作为一个统计数据。

强度试验按《公路工程水泥混凝土试验规程》(JTG E30—2005)规定的方法进行。如果试件的试验结果表明混凝土28d 强度达不到规定强度时,监理工程师可允许承包人提交从工程中挖取的试件进行试验,此外监理工程师可选择任何时间从工程中提取样芯以使和按要求制备的试样所取得的测试强度结果进行校验核对。

(2) 摊铺好的混凝土面板厚度应在统计基础上取样,并进行量测,以确定面板厚度是否符合设计要求。

(3) 所有试验结果均应报监理工程师审批,所发生的一切费用由承包人自理。

12) 混凝土面板的拆除及更换

(1) 凡不符合规定要求时,任何混凝土面板均应按监理工程师的指示予以拆除及更换,拆除及更换所发生的一切费用均由承包人负担。

(2) 拆除的混凝土板应打碎后再拆除,拆除时不能损坏邻近的混凝土板和基层。

(3) 更换的新板及接缝均应符合新建的规定。

13) 冬季施工和夏季施工

在冬季或夏季施工时,应按《水泥混凝土路面施工及验收规范》(GBJ 97—1987)的要求进行施工。

2. 人工、小型机械化施工

1) 模板安装的检查

(1) 钢模板的高度应与混凝土板厚度一致。

(2) 木模板应选用质地坚实、变形小、无腐朽、扭曲、裂纹的木料。

(3) 模板高度的允许误差为 ±2mm。企口舌部或凹槽的长度允许误差:钢模板为 ±1mm;木模板为 ±2mm。

(4)立模的平面位置与高程,应符合设计要求,支立准确并稳固,接头紧密平顺,不得有离缝、前后错茬和高低不平等现象。

(5)混凝土拌和物摊铺前,应对模板的间隔、高度、润滑、支撑稳定情况和基层的平整、润湿情况,以及钢筋的位置和传力杆装置等进行全面检查。

2)混凝土拌和物的搅拌和运输

(1)混凝土拌和物应采用机械搅拌施工,其搅拌站宜根据施工顺序和运输工具设置,搅拌机的容量应根据工程量大小和施工进度配置。施工工地宜有备用的搅拌机和发电机组。

(2)搅拌机每批的拌和物数量,应按混凝土施工配合比和搅拌机容量确定,并应符合下列规定:

①进入拌和机的砂、石料必须准确过秤,磅秤使用前应检查校正。

②散装水泥必须过秤,袋装水泥当以袋计量时,应抽查其质量是否准确。

③严格控制加水量,每班开工前,实测砂、石料的含水率,根据天气变化,由工地试验确定施工配合比。

(3)搅拌第一批混凝土拌和物应先用适量的混凝土拌和物或砂浆搅拌,拌后排弃,然后再按规定的配合比进行搅拌。

(4)混凝土拌和物每批的搅拌时间,应根据搅拌机的性能和拌和物的和易性确定。

(5)混凝土拌和物的运输,宜采用自卸机动车运输。当运距较远时,宜采用搅拌运输车运输。混凝土拌和物自搅拌机出料后,运至铺筑地点进行摊铺、振捣、做面,直至浇筑完毕的允许最长时间,由试验室根据水泥初凝时间及施工气温确定。

(6)装运混凝土拌和物,不得漏浆,并应防止离析。夏季和冬季施工,必要时应有遮盖或保温措施,出料及铺筑时的卸料高度,不应超过1.5m,当有明显离析时,应在铺筑时重新拌匀。

3)混凝土浇筑施工的质量控制

混凝土拌和物的施工,应符合下列规定:

(1)对厚度不大于22cm的混凝土板,靠边角应先用插入式振捣器顺序振捣,再用功率不小于2.2kW平板振捣器纵横交错全面振捣。纵横振捣时,应重叠10~20cm,然后用振动梁振捣拖平,有钢筋的部位,振捣时应防止钢筋变位。

(2)振捣器在每一位置振捣的持续时间,应以拌和物停止下沉、不再冒气泡为宜。当水灰比小于0.45时,不宜少于30s,用插入式振捣器时,不宜少于20s。

(3)当采用插入式与平板振捣器配合使用时,应先用插入式振捣器振捣,后用平板振捣器振捣。分二次摊铺的,振捣上层混凝土拌和物时,插入式振捣器应插入下层混凝土拌和物5cm,上层混凝土拌和物的振捣必须在下层混凝土拌和物初凝以前完成。插入式振捣器的移动间距不宜大于其作用半径的0.5倍,并应避免碰撞模板和钢筋。

(4)振捣时应辅以人工找平,并应随时检查模板,如有下沉、变形或松动,应及时纠正。

(5)干硬性混凝土搅拌时可先增大水灰比,浇筑后采用真空吸水工艺再将水灰比降低,以提高混凝土在未凝结硬化前的表层结合强度。

(6)混凝土拌和物整平时,填补板面应先选用碎(砾)石较细的混凝土拌和物,严禁用纯水泥砂浆填补找平。经用振动梁整平后,可再用铁滚筒进一步整平。设有路拱时,应使用路拱成型板整平。整平时必须保持模板顶面整洁,接缝处板面平整。

(7)混凝土板做面,应符合下列规定:

①做面前,应做好清边整缝,清除黏浆,修补掉边、缺角。做面时严禁在面板混凝土上洒水、撒水泥粉。

②做面宜分二次进行。先找平抹平,待混凝土表面无泌水时,再作第二次抹平。混凝土板面应平整、密实。

③抹平后沿横坡方向拉毛或采用机具压槽。公路和城市道路、厂矿道路的拉毛和压槽深度应为 1~2mm,民航机场道面拉毛的平均纹理深度(填砂法):跑道、高速出口滑行道不得小于 0.8mm;滑行道、停机坪不得小于 0.4mm。

4)水泥混凝土路面接缝施工

人工及小型机械化施工水泥混凝土路面接缝时,其要求与摊铺机施工水泥混凝土路面接缝相同。

5)混凝土板养护及模板的拆除

混凝土板表面修整完毕后,应及时采用湿治养护或塑料薄膜养护 14~21d,模板的拆除,应符合《水泥混凝土路面施工及验收规范》(GBJ 97—1987)的规定。

四、连续配筋混凝土路面施工质量控制

连续配筋混凝土路面的施工工序可按图 3-10 实施。

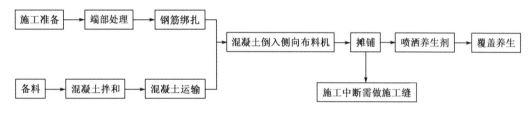

图 3-10 连续配筋混凝土路面施工工序简图

1. 配合比设计

(1)承包人应将计划用于铺筑水泥混凝土面层的各种材料,提前通过试验进行混合料组成配合比设计,这些设计应包括材料标准试验、混凝土抗折和抗压强度、集料级配、水灰比、坍落度、水泥用量、质量控制等,承包人应及时提供所有设计、试验报告单和详细说明,报监理工程师批准。混凝土的单位水泥用量,应根据摊铺选用的水灰比和单位用水量进行计算。

(2)为了确定在整个施工过程中,混凝土混合料配合比是否需要调整,承包人可按规定做 7d 抗折强度试验。

(3)混凝土配合比除了应保证设计强度、耐磨、耐久性外,还必须满足摊铺对混凝土拌和物工作性能的要求。

(4)承包人按上述要求提供的试验室理论配合比,必须经过试验路段的试拌、试铺检验,检验满足要求后,将确定的配合比资料报监理工程师批准后,才能用于施工配合比。

(5)已批准的混凝土施工配合比,施工方法和材料,除由于原材料天然含水率变化引起的用水量变化需适量调整外,未经监理工程师的同意不应改变,如需改变时,承包人应重新报送资料,试拌、试铺经监理工程师批准后才能使用。

2. 施工准备

1)人员准备

在摊铺开始前,施工单位应对施工、试验、机械、管理等岗位的技术人员和各工种技术工人进行培训,未经培训的人员不得单独上岗操作。

2)材料

(1)施工单位应安排专人负责材料的准备工作,所有材料的供应、储备应不影响摊铺的正常施工。

(2)所有运至工地的材料必须经监理工程师验收。

(3)料场应建在地势较高、排水通畅的位置,其底部应硬化处理,严禁料堆积水和泥土污染。不同规格的砂石料之间应有隔离设施,严禁混杂。

3)机械设备

施工前,必须对搅拌楼、运输车辆、布料机、滑模摊铺机(三轴仪)、拉毛养生机等施工机械,经纬仪、水准仪或全站仪等测量基准线仪器和人工辅助施工的振捣棒、整平梁、模板等机具、工具及试验仪器进行全面的检查、调试、校核、标定、维修和保养,并试运行正常。对主要设备易损零部件应有适量储备。

4)下卧层

(1)面层施工前,应对下卧层进行评定。必须保证下卧层的平整度、高程等指标符合要求。

(2)摊铺前,必须将下卧层表面清扫干净,并洒水湿润,若下卧层表面被泥土等污染,应用洒水车冲洗干净。

(3)摊铺前,应对基层上的沥青封层进行认真检查,若发现沥青封层损坏,应补洒沥青。

(4)施工前,必须对透层、封层验收合格后,方可进行下一步工作。

5)模板安装

(1)下卧层验收合格后,应进行路面施工段的水准复测和补测以及中线的复测,核对原有中线桩和补测丢失的中桩。

(2)采用24cm厚的钢模板,根据测量的高程进行准确安装,应安装稳固、牢靠。模板安装完毕后,应检查其安装准确与否。

(3)模板安装完毕后,禁止扰动,特别是正在摊铺时,严禁碰撞和振动。确保模板的稳定,保持混凝土路面边缘形状与高程准确,保证路面的平整度。

6)基准线设置

(1)基层岩石合格后,应进行路面施工段的水准复测和补测以及中线的复测,核对原有中线桩和补测丢失的中桩。

(2)摊铺机导线桩的设置间距为10m,在变坡和弯道段应加密至5m,每个桩要打牢固,应打入基层10~15cm,夹线臂到基层顶面的距离为45~75cm。导线必须拉紧,每根导线上应有100kg的拉力,张紧后准线上的垂直不应大于1mm,其长度最大不超过400m。导线安装完毕后,应检查其安装准确与否。

(3)导线安装完毕后,禁止扰动,特别是正在摊铺时,严禁碰撞和振动。断开的导线连接后可使用,但接头不得大于1cm。大风天气将引起导线振动,若导线振动会引起路面平整度不良,应停止施工。

3. 施工

1) 设备

(1)路面施工应采用滑模摊铺机为主的大型机械配套施工技术,或人工及小型机械化施工。混凝土的搅拌、运输、表面整修与纹理制作等设备必须与其相配套,搅拌机的生产率、混凝土运输生产能力必须与摊铺速度合理配套。

(2)混凝土拌和设备

混凝土拌和机必须采用强制式搅拌机,并有自动供料、自动计量设备,设有集料配料系统、供水系统、外加剂加入装置和水泥及粉煤灰供应系统。

搅拌站的生产能力应保证摊铺均衡地、不停顿地作业,按半幅路面全宽摊铺所需要的水泥混凝土量来决定,其生产能力不宜小于 $300m^3/h$。采用多台搅拌机组合时,必须保证新拌混凝土的质量均衡性。

搅拌站应有备用搅拌机和发电机组,应保证搅拌、清洗、养生用水的供应,并保证水质。

应配备足够的试验设备和人员,以对混凝土的质量进行检验与控制。

(3)新拌混凝土的运输应采用 10~20t 的大吨位自卸汽车为主,辅以汽车式混凝土搅拌运输车,每台运输车应带有附着式振捣器,以方便卸料。自卸车的车斗要平整、光滑、不渗漏,后挡板应关闭严密,无漏浆,不变形。运料时应加盖,以防水分蒸发,每天应对运输车辆检查清洗。

(4)滑模摊铺机应可以在施工中一次完成主线半幅路面两条行车带(含路缘带)混凝土板的摊铺、振捣、成型、传力杆安置、拉杆插入、抹光等工序。滑模摊铺机应有行驶方向以及摊铺高度两个方向的自动控制功能。

2) 钢筋设置

(1)纵向钢筋必须紧密绑扎、安装好且稳固可靠(所有接点必须稳固),搭接点可采用细铁丝绑扎或者点焊,纵向钢筋最小搭接长度为钢筋直径的 30 倍,搭接位置应错开布置。横向钢筋布置于纵向钢筋之下,一般不应搭接,若有搭接也应错开布置,搭接长度不小于钢筋直径的 30 倍。纵横向钢筋绑扎的钢筋网必须平直成带片状,至板边的侧距应保持相等。除了临时中断的施工缝以外,钢筋网应保持连续。

(2)支架应按照设计图纸设置,根据监理工程师批准,也可以采用其他可靠的方法。混凝土摊铺和振捣期间,钢筋的排列和间距应保持和控制在正确的位置,且在规定的允许误差范围内,其竖向允许误差为 ±5mm,钢筋网间距允许误差为 ±5mm。应将支架牢固地竖立在基层上,以防止支架倾倒或刺入基层。固定装置不应影响混凝土的摊铺和振捣。

(3)施工缝和纵缝处外露的普通钢筋和补强钢筋宜进行防锈处理。

(4)拉杆按规范进行设置,其位置位于纵向钢筋之上。

3) 混凝土的搅拌与运输

(1)各种规格的集料应分开堆放和供料,取自不同料源的集料应分开堆放;每个料源的材料要进行抽样试验,并报经监理工程师批准。

(2)搅拌站的计量系统在工地安装之后,应进行检定、校正,经监理工程师验收合格后方可正式投入生产。

(3)混凝土拌和物的拌和时间应根据搅拌机的性能和拌和物的和易性确定。净拌最短时间,即材料全部进入拌和楼起,至拌和物开始出料的连续搅拌时间,对强制式搅拌一般不应小于 35~40s。

(4)对搅拌站的大型搅拌机的生产性验证,应根据试验室提供的配合比试拌,进行混凝土和易性、含气量、弯拉强度等三项检验,并从每台搅拌机试拌时的初期、中期和后期分别取样制作试件,以检验各台搅拌机拌制混凝土的均匀性。

(5)每天应对混凝土的生产进行全面的监督,并要求将多台搅拌机的实际配料记录和材料使用统计、机械操作参数以及搅拌混凝土生产时间、数量等记录进行统计,并作定期分析,以提高混凝土生产质量的均匀性。

(6)混凝土拌和物从搅拌机出料后,运至铺筑地点进行摊铺完毕的最长允许时间,由试验室根据水泥初凝时间、施工气温以及坍落度试验结果确定,一般不应大于 1.5h,在气温不同的条件下,可以采用外掺剂来调节初凝时间。

(7)自卸汽车装运混凝土拌和物时,不得漏浆,并应防止离析。在夏季或冬季施工时,自卸车厢上应加遮盖。混凝土出料时应注意移动自卸汽车,避免离析。出料时的卸料高度不得超过 1.5m。

4)混凝土的摊铺

(1)连续配筋混凝土路面宜采用能够一次完成半幅路面滑模摊铺机施工。

(2)摊铺时,宜采用侧向进料方式,可采用经监理工程师同意的侧向布料机或其他侧向进料设备。同时,在布料机械出现故障时,应有相应的应急措施。对布料机上的易损零部件应储备。如采用人工摊铺时,不应对混合料进行抛掷和楼耙,以防离析。

(3)在摊铺机起步、收机等路段,应采用刚运到的新混凝土拌和物,辅以人工浇筑、捣实,以保证混凝土板的板厚、密实度、平整度及饰面质量。

(4)在滑模摊铺的最初 50m 之内,应测量校核路面高程、厚度、宽度、中线、横坡等技术参数,并及时通知相关人员,以便调整滑模摊铺机上传感器、挤压板等设备,保证所铺的路面满足要求。

(5)摊铺机应保持均匀摊铺速度,摊铺时应随时观察新拌混凝土的级配和黏度情况,并根据其黏度调整摊铺的速度和振捣频率。摊铺后的混凝土表面应无麻面,板侧应垂直光洁,无坍边和麻面。如有少量麻面、气泡、边角塌陷等,应及时用人工修整,如缺陷严重,应立即对摊铺机加以调整,经调整后仍不能克服的,应立即停机,查出原因,清除弊端后方可继续工作。

(6)在滑模摊铺机施工过程中,要求供料与摊铺机速度密切协调,尽可能减少停机次数。若出现新拌混凝土供应不上的情况,滑模摊铺机停机等待时间不得超过 30min,在 30min 内,应每隔 10min 开动振捣棒振动 2min;超过 30min 时,应将滑模摊铺机开出路面摊铺位置,且该处应做施工缝。

(7)施工时要求尽量保证连续施工,以减少横向缝的数量。当遇实际情况不得不中断施工时,其间距不宜小于 200m。在施工缝处增加纵向抗剪钢筋,钢筋的数量比纵向钢筋数量少 2 根,其布置位置保证距两根纵向钢筋的间距相等,钢筋的直径与纵向钢筋相同,且应具有足够的长度,抗剪钢筋应伸入先施工的面板一端至少 95cm,后摊铺的面板一端 245cm。施工缝端部应平整、光洁、无麻面。

(8)对混合料进行振捣,每一位置的持续时间应以混凝土停止下沉,不再冒气泡并泛出砂浆为准,振捣时间不宜太长。振捣时应辅以人工找平,并随时检查模板有无下沉、变形和松动。

(9)下列情况下不能进行摊铺:准备工作不充分;气温低于5℃或高于35℃;正在下雨或估计4h内有雨;其他监理工程师认为不应摊铺的情况。

5)表面修整

(1)混凝土摊铺、捣实、刮平作业完成后,应用批准的饰面设备进一步整平,使混凝土表面达到要求的坡度和平整度。

(2)饰面作业时,不得在混凝土表面洒水或撒水泥粉,当烈日暴晒或干旱风吹时,宜在遮阳棚下进行。

(3)接缝和路表面不规则处的必要的人工修整作业,应选用较细的碎石混合料,严禁使用纯砂浆找平,并在经监理工程师批准的工作桥上进行,工作桥不得支撑在尚未达到强度要求的混凝土上。

(4)修整作业应在混凝土仍保持塑性和具有和易性的时候进行,以确保从路表面上清除水分和浮浆。表面低洼处不得填以表面的浮浆,而必须用新制混凝土填补与修整。

(5)在混凝土仍具有塑性时,应按照要求纵向拉毛,横坡方向拉槽措施在混凝土表面沿横向作纹理,以保证混凝土路面的抗滑要求,不宜采用刚性刻槽方式,以免损坏混凝土表面开裂处。

6)混凝土养生

(1)混凝土浇筑作业完成后,应开始养生并进行防护。所选择的养生方法应经监理工程师批准。

(2)采用喷洒养护剂的方式进行养护时,应采用专用的养生机喷洒,养护剂的品种和数量应满足规范的要求,并应均匀喷洒2遍,面板两侧也应喷洒。养生剂的喷洒量必须以在混凝土表面形成完全封闭的薄膜为度,然后再塑料薄膜覆盖或加盖麻袋进行湿治养生。在养护膜未形成前,如遇雨水侵袭,应重新喷洒。覆盖应持续到14d或达到混凝土设计强度的80%。

(3)应控制养生初期的养生温度。养生时间应随混凝土强度的增长情况而定,并经监理工程师同意。

第五节 路面工程常见质量问题与防治

一、沥青路面常见质量问题与防治

沥青路面由于环境因素的不断影响和行车荷载的反复作用,经过一段时间的使用,便会产生破坏而失去原有的使用功能。沥青路面常见的病害类型如下:

1.由软土地基继续沉降产生的路面(含桥头)沉陷

我国多条高速公路都有部分路段位于软土地基上。针对不同情况的软土地基,高速公路设计和施工时,都采用了相应的处治措施,花费了大量的资金,期望在路面建成通车后软土地基不会产生过多的工后沉降,以减少或减轻路面产生较大沉陷,保持路面应有的平整度。但是实践表明,多条高速公路都没有达到应有的技术效果。

未得到应有效果的关键问题在于:采取处理措施后到铺筑路面前允许软土地基固结沉降的时间太短。造成软土地段路面大量沉陷的另一个重要外因是袋装砂井、塑料排水板,以及粉喷桩、搅拌桩等没有打穿软土层,致使砂井底、排水板下端以及桩尖下部仍有一个层厚不一的软土层。

因此,要使软土地基固结稳定,最重要的是要有足够长的加载预压时间。

2. 水破坏

沥青路面水破坏现象十分普遍,水破坏来得快,性质最为严重。降水进入沥青面层后,视水的滞留位置而异,在大量高速行驶车辆作用下,可能产生以下几种不同的水破坏现象:

1) 表面层产生坑洞

降雨过程中,雨水会进入并滞留在表面层沥青混凝土的空隙中。在大量快速行车的作用下,一次一次产生的动水压力(孔隙水压力)使沥青从碎石表面剥落下来,局部沥青混凝土变成松散,碎石被车轮甩出,路面产生坑洞。

2) 表面层和中面层同时产生坑洞以及局部表面产生网裂和形变

降雨过程中,如自由水渗入并滞留在表面层和中面层内,大量快速行车使此两层内沥青混凝土中部分碎石上的沥青剥落,导致表面产生网裂、形变(下陷)和向外侧推挤,或产生坑洞。

3) 唧浆、网裂、坑洞

如水透过沥青面层(两层式或三层式)滞留在半刚性基层顶面,在大量快速行车作用下,自由水产生很大的压力并冲刷基层混合料表层的细料,形成灰白色浆。灰浆被行车碾压唧到路表面,在灰浆数量大的情况下,可能立即产生坑洞;在数量小的情况下,可使路面网裂或变形,某处产生网裂和变形后,降水就更容易渗入,并产生恶性循环,最终导致路面破坏。

沥青混凝土本身的空隙率大、压实度不够和不均匀性是导致沥青面层产生水破坏的主要内因。

3. 沉陷

沉陷是路面在车轮作用下表面产生的较大凹陷变形,有时凹陷两侧伴有隆起现象,当沉陷严重时,超过了结构的变形能力,在结构层受拉区产生开裂而形成纵裂,并有可能逐渐发展成网裂。造成沉陷的主要原因是路基土的压缩。当路基土的承载能力较低,不能承受从路面传至路基表面的车轮压力,便产生较大的垂直变形即沉陷。

4. 车辙

车辙是路面的结构层及土基在行车重复荷载作用下的补充压实,以及结构层材料的侧向位移产生的累积永久变形。这种变形出现在行车轮带处,即形成路面的纵向带状凹陷。车辙是高级沥青路面的主要破坏形式。因为这类路面的使用寿命较长,即使每一次行车荷载作用产生的残余变形量很小,而多次重复作用累积起来的残余变形总和也将会较大,足以影响车辆的正常行驶。降雨过程中及雨后车辙内的积水会使行车产生水漂现象影响行车安全。车辙超过一定深度,路面就容易破坏。

对于半刚性基层,如果半刚性基层质量不好,局部半刚性基层材料没有形成完整的整体,甚至是松散的,则其上的沥青面层会产生严重的车辙。

对于某一已知气候条件,影响车辙的两个主要外因如下:

(1)重载卡车的数量及其轴重和轮胎压力。重载卡车的数量越多、轴重和轮胎压力越大,要求沥青混凝土的抗车辙能力越大。

(2)行车速度。承受慢速交通或有停车情况的路面与承受快速交通的路面相比较而言,前者要求沥青混凝土有较大的抗车辙能力,即车速越慢,要求沥青混凝土的抗车辙能力越大。

如果沥青混凝土本身的高温强度(常称的高温稳定性)不足,或水浸入沥青混凝土面层后,使其下部沥青剥落,强度显著下降,在行车作用下会产生剪切形变并导致严重车辙和向外侧推挤现象。

5. 松散

松散是由于沥青混凝土表面层中的集料颗粒脱落,从表面向下发展的渐进过程。集料颗粒与裹覆沥青之间丧失黏结力是颗粒脱落的原因。

有多种原因可能导致松散:

(1)集料颗粒被足够厚的粉尘包裹,使沥青膜黏结在粉尘上,而不是黏结在集料颗粒上。表面的摩擦力磨掉沥青膜,并使集料颗粒脱落。

(2)表面有离析,离析处细集料较少。离析面上粗集料与粗集料相接触,但只有少数接触点有沥青黏结着集料。随时间增长,沥青会老化,剥落会使沥青与集料的黏结力减弱,孔隙中的水冻结会破坏黏结力,或足够大的摩擦力会破坏离析面上的集料颗粒。

(3)沥青混凝土面层内有密实度低的位置,需要有高密实度才能保证沥青混合料的黏聚力。如混合料压实度不够,集料就容易从混合料中脱落。

松散严重的路面,如材料散失后在路面表面留下一个洼坑,并有足够的深度存水,就可能引起水漂现象而产生安全问题。表面的松散集料会降低抗滑能力,并被行车轮胎带起甩在行车道上,引起其他问题。

6. 横向裂缝

横向裂缝是沥青面层发生最多的一种裂缝。关于横向裂缝的几个要点:

(1)沥青路面的裂缝是不可避免的,横向裂缝也是不可避免的。横向裂缝可能有多个外因引起,如温度变化的作用、地基或填土路堤纵向不均匀沉陷、半刚性基层的裂缝或刚性路面的接缝。

(2)绝大部分是温度裂缝。高速公路半刚性路面的横向裂缝绝大部分是温度裂缝。在冰冻地区温度裂缝有两种:一是冬季突然大幅度降温引起沥青面层产生低温收缩裂缝;二是日气温变化引起沥青面层产生温度应力,温度应力的反复作用使沥青面层产生温度疲劳裂缝。在冬季负气温的地区,通常主要是低温裂缝。

(3)温度裂缝起始于表面。大风降温过程中,面层表面的温度最低,温度变化也使表面的温度变化率最大。因此,表面产生的温度拉应力最大以及温度裂缝总是起始于表面并向下较快延伸。

(4)半刚性路面的裂缝率与柔性路面的裂缝率没有明显的差别。

(5)温度裂缝逐年增加。

(6)优质沥青能减少温度裂缝。

(7)沥青较稀、黏度较高有利于减少温度裂缝。

(8)面层沥青混凝土的强度。大幅度降温时,面层表面产生的温度应力大于表层沥青混凝土拉应力时,面层就会开裂。因此,表层沥青混凝土的抗拉强度越大,面层越不容易开裂,反之亦然。

影响沥青混凝土抗拉强度大小的因素有沥青质量、矿料级配、沥青混凝土的空隙率和压实度。通常压实度高或空隙率小的沥青混凝土抗拉强度大。

(9)沥青混凝土的均匀性。沥青混凝土的均匀性越好,其强度就越均匀,面层表面的薄弱处也就越少。因此在其他条件相同的情况下,沥青混凝土面层的均匀性越好,表面产生温度裂缝的时间可能越晚,温度裂缝的数量也会越少。

(10)面层越厚并不意味着裂缝越少。在其他条件相同的情况下,面层越厚,表面产生的温度应力可能越大。由于面层表面的温度裂缝是由多个因素引起的,因此不是面层越薄,温度裂缝越少。

7. 反射裂缝

反射裂缝指下卧层不连续处作用在热拌沥青混凝土面层底面的应力超过了材料的抗拉强度并使面层底面开裂,裂缝逐渐向上延伸,直到穿透面层,反映为表面的裂缝。下列因素可能引起反射裂缝:

(1)下卧水泥混凝土路面的裂缝或接缝。

(2)旧热拌沥青混凝土面层的低温裂缝。

(3)旧热拌沥青混凝土面层的块状裂缝,或由土基收缩裂缝引起的旧路面的块状裂缝。

(4)旧面层上的纵向裂缝。

(5)旧面层上的疲劳裂缝。

在旧面层上铺一层薄的应力或应变吸收层会吸收下卧层的很多水平运动,从而减少裂缝穿过热拌沥青混凝土顶面。另一个修补技术是,使用再生技术使旧沥青混凝土面层上部5~10cm 如同新铺面层。这种旧面层更新技术能消除旧面层中的部分裂缝,从而减少或延缓反射裂缝发展。

如果反射裂缝是由开裂或有接缝水泥混凝土路面相邻两部分的水平和垂直运动引起的,则很难预防穿过热拌沥青混凝土面层的反射裂缝。

实践中还有另一种情况,在旧的有缝路面上不是铺筑薄沥青混凝土面层,而是较厚(如8cm 以上)的沥青混凝土面层。在这种情况下,旧路面的缝也会促使其上新铺面层在旧路面缝的上方产生相对应的裂缝。但此对应裂缝不是从新铺面层的底面开始,而是从其顶面开始,并逐渐向下穿透面层与旧路面的缝相连。为区别于上述从底面开始的反射裂缝,称之为对应裂缝。

为了减少或延缓产生这类形成机理完全不一样的对应裂缝,显然也需要采取某些不同的技术措施,上述在旧路面上铺设应力吸收膜中间层的措施就不再适用于减少对应裂缝。就减少或延缓对应裂缝而言,需要加强新面层表层的抗拉强度。

二、水泥混凝土路面常见质量问题与防治

根据病害发生的原因、表现形态、对使用性能的影响、对应的处治措施等因素,并考虑简明

实用和避免不必要的烦琐,将水泥路面病害分为4类、17型,每型分1~3级,共计31种病害。

1．断裂类质量问题

1）裂缝

单块面板范围内仅存在一条裂缝,包括横向裂缝、纵向裂缝、斜向裂缝,且不属于断角情况。按裂缝宽度、是否有错台沉陷等情况,分为3个轻重程度等级。

(1)轻微:裂缝两边的板块稳固,无松动和错台,裂缝基本无剥落(剥落长度≤10%裂缝长度)且裂缝缝隙宽度≤3mm或裂缝填封良好。一般为平面上未裂通或裂通不久的裂缝。轻度裂缝为裂缝初期形态,在素混凝土板中一般不会维持很久。对于未裂通的轻度裂缝一般不予处理,已裂通的可采取灌缝或封缝处理。

(2)中等:裂缝有一定程度剥落(裂缝剥落长度为10%~50%裂缝长度)或裂缝两边板块存在中等错台(错台量6~10mm),或裂缝缝隙宽度为3~15mm。中等裂缝为轻度裂缝进一步发展形成。中等裂缝的典型处治措施为板底压浆后沿裂缝开槽(宽10~20mm,深15~30mm),在缝槽内灌注接缝填缝料,或养护规范推荐的其他处治措施。

(3)严重:裂缝出现两边板块严重错台、沉陷、唧泥,或裂缝严重剥落等情况,或裂缝缝隙宽度≥15mm。严重裂缝为中等裂缝进一步发展形成。严重裂缝的典型处治措施为进行板底压浆稳定板块,再沿裂缝开槽(宽10~20mm,深15~30mm)后在缝槽内灌注接缝填缝料,维持使用。但是,若满足下列三个条件,可采取局部换板(全厚式修补)处理。

①裂块中的一块占60%以上面积并保持稳定而没有任何沉陷、唧泥、松动等情况。

②经适当的横(纵)向锯切后保留的板长(宽)在2.5m以上。

③局部换板处理的板块长(宽)度至少为1.0m。

2）破碎

裂缝将板分为3块以上,如全部断块。若裂缝发生在一个局部应归为断角。按破坏程度是否已经影响行车安全、需要立即进行换板处治,分为3个轻重程度等级。

(1)轻微:板块被轻度裂缝分为3块,板块未发生松动、错台或沉陷。轻度破碎板一般由轻微裂缝(缝宽3mm)板进一步开裂形成。轻微破碎板可采取封闭裂缝等方法维持使用。

(2)中等:板块被轻度裂缝分为4块或被中等裂缝(缝宽3~15mm)分为3块,或板块发生10mm以下错台或沉陷。中等破碎板一般由轻微破碎板或中等裂缝板进一步开裂形成。中等破碎板可采取封闭裂缝等方法维持使用,或与相邻的严重破碎板一并进行整板更换。

(3)严重:板块被分为5块以上,或虽分为3~4块但板块有明显松动、10mm以上错台、沉陷、唧泥等情况。严重破碎板可由中等破碎板进一步发展形成,也可由严重裂缝(缝宽≥15mm)板或补块板进一步开裂形成。严重破碎板一般应立即做整板更换,基层应在换板时一并处理完善。

3）板角断裂

裂缝与纵横接缝相交,且二交点距角点均小于或等于1.8m。按是否下沉影响行车安全和损坏程度,分为2个轻重程度等级。

(1)轻微:板角没有下沉或已经修补且补块未破碎下沉。发生板角断裂的板块通常厚度不足,在重车的作用下板角竖向位移过大,引起基层或土基发生塑性变形而使板角失去支撑,造成板角上表面拉应力过大,超过疲劳极限而开裂。轻度板角断裂可封缝后维持使用。

(2)严重:板角有下沉或断角本身进一步断裂成两块以上。严重板角由轻微板角断裂发展而来。严重板角断裂应进行角隅全厚式修补或横向全厚式修补。

4)补块

路面板损坏后用水泥混凝土进行的局部全厚式修补。板块的病害虽经修补,但毕竟已不同于完整板块,即使修补部分本身情况良好,整个板块的结构性能仍受到削弱。当补块为断角修补时,归入断角病害。当补块的非补块部分发生新的开裂时,归入破碎板病害。按补块本身是否下沉和开裂将补块板,分为2个轻重程度等级。

(1)轻微:补块稍有损坏,错台<10mm,不影响路面使用性能。对于轻微补块板可不予处理。

(2)严重:补块内开裂,或错台沉陷≥10mm。对于严重损坏的补块板应翻修补块或整板更换,基层应一并处理完善。

2. 变形类质量问题

1)脱空、唧泥

板块在荷载通过时有明显活动感,或接缝处有污染,沉积着基层材料;板角弯沉检测弯沉值>0.2mm。脱空、唧泥病害不分等级,脱空、板块松动可采取压力灌浆的方法进行板下封堵处治;当有唧泥时表明路面、基层或路基排水不良,应采取措施改进路面、基层和路基排水系统。

2)错台

接缝两边出现3mm以上高差。按高差大小分为3个轻重程度等级。

(1)轻微:高差≤5mm。轻度错台可不予处理。

(2)中等:高差6~10mm。中等错台可采用机械磨平法,打磨宽度不小于40倍错台高差。

(3)严重:高差≥10mm。严重错台可采用环氧树脂砂浆进行结合式补平或用沥青砂调平(补平或调平宽度不小于40倍错台高差),或用沥青混凝土罩面,或采取板底压浆抬高等方法进行处治。

3)拱起

横缝两侧的板体因热胀而突然发生明显抬高。拱起病害不分等级。切割拱起部位将板复位,再进一步灌填接缝材料。

4)胀起

路面板在局部路段范围内因路基冻胀或膨胀土膨胀向上隆起,造成0.5%以上的纵坡突变或10mm以上的邻板高差。按对行车的影响程度分为2个轻重程度等级。

(1)轻微:当车辆驶过时仅引起不舒适而不影响安全性,纵坡突变量为0.5%~1.0%。轻度沉陷可不予处理。

(2)严重:当某些车辆高速驶过时影响安全,纵坡突变量大于1.0%。严重沉陷可采用提升面板后再压浆的办法进行处理,也可以采用先板底灌浆再进行浅层结合式修补调平,或采用沥青混凝土罩面的方法处理。沉陷并伴有板体开裂时属严重破碎板,一般应作整板更换。

3. 接缝类质量问题

1)接缝剥落

沿接缝每侧约一个板厚宽度范围内的板边碎裂,裂缝面与板面成一定角度未贯通板厚。

接缝剥落分为2个轻重程度等级。

(1)轻微:浅层剥落,接缝槽深度范围内(约8cm)的碎裂。可以用浅层结合式边角修复的方法进行修补。

(2)严重:深层剥落,接缝附近混凝土多处开裂且深度超过接缝槽底部的碎裂。严重接缝剥落可进行横向全厚式修复;当深层剥落局限于板角时可采用角隅全厚式修复。

2)纵缝张开

因未设拉杆、拉杆数量不足或拉杆损坏而造成纵向接缝两侧板块分离3mm以上。纵缝张开病害分为2个轻重程度等级。

(1)轻微:纵缝张开3~10mm。可采用填缝料做灌缝处理。

(2)严重:纵缝张开10mm以上。可采用沥青砂做填缝处理。

3)接缝填缝料损坏

因填缝料老化、与接缝缝壁剥离、挤出、车轮带出等原因,接缝整条脱黏、开裂、渗水或1/3以上缝长出现空缝(包括被砂、石、土填塞)。接缝填缝料损坏不分等级。接缝填缝料损坏应先清缝然后重新灌注接缝填缝料;当接缝呈空缝状态时往往表明板底脱空、唧泥,应先进行板下封堵,然后灌缝。

4.表面类质量问题

1)露骨

路面板表面面积在$2m^2$以上的细集料散失和粗集料暴露。露骨病害分2个轻重程度等级。

(1)轻微:露骨深度≤3mm。一般可不予处理。

(2)严重:露骨深度>3mm。可进行罩面或表面刻纹处理。

2)表层裂纹

路面板因冰冻、水泥安定性不足、活性集料反应、施工期间水泥混凝土塑性收缩等引起的表面浅层裂纹。表层裂纹病害不分等级。一般可不予处理。

3)层状剥落

路表面因冰冻侵蚀、活性集料反应、砂浆强度不足等造成的浅层碎裂剥落。层状剥落病害不分等级。可采取浅层结合式罩面修补法进行处治。

4)坑洞

因粗集料脱落或局部振捣不到位等原因,分布于路表面,面积为20~80cm^2左右,深度为40mm以上的局部凹坑。坑洞病害不分等级。一般可采用高度等级水泥砂浆填实。

第四章 桥梁工程施工质量监理

为了保证拟建的公路工程项目连续、河沟水流畅通、船只航行和原有道路的交通运输状况不受影响,必须修建各种类型的桥梁和涵洞。受工程现场地形环境、工程水文地质、设计技术和思路、工程材料品种等各方面因素的影响,桥型变化繁多,因此桥梁工程施工方法和工艺也非常多。随着科学技术的发展、社会的进步,物质、文化生活水平不断提高,人们对公路交通建设的要求也越来越高。其中,对高速公路中的桥梁工程建设提出了以下几点要求:

(1)桥梁的设置要尽可能符合路线布设规定,并服从路线的走向,以确保行车舒适、安全、经济。

(2)桥梁的造型要美观,尤其是城市和风景区的桥梁,其建筑造型往往成为评选方案的重要条件。

(3)桥梁的环保要求严,以免造成水土流失、破坏生态环境。

(4)桥梁的工程质量要求高、施工期限要求紧,这是取得较好社会效益的重要前提条件。所以,应尽可能采用工业化和机械化施工。

因此,在现代桥梁建设中,以钢筋混凝土、预应力混凝土为主要的建筑材料和以梁、拱、悬索为主要结构体系的桥梁结构,不仅得到了广泛的应用,而且正向大跨度方向发展。

第一节 概 述

一、桥梁工程的基本组成及分类

1. 桥梁工程的基本组成

桥梁一般由桥跨结构、桥墩、桥台、基础和调治构造物四个部分组成。

(1)桥跨结构:在线路中断时跨越障碍的主要承载结构。

(2)桥墩和桥台:支撑桥跨结构并将恒载和车辆等活载传至地基的建筑物。通常设置在桥两端的称为桥台,它除了上述作用外,还与路堤相衔接以抵御路堤土压力,防止路堤填土的滑坡和坍落。在路堤与桥台衔接处,一般还在桥台两侧设置石砌的锥形护坡。

(3)基础:基础是将桥梁墩、台所承受的各种荷载传递到地基上的结构物,是确保桥梁安全使用的关键部位,有扩大基础(明挖浅基础)、桩基础和沉井基础等不同的结构形式。随着桥梁技术的不断发展,一些新的基础形式(如地下连续墙基础、组合式基础等)也逐渐在桥梁工程中得到应用。

(4)调治构造物:为引导和改变水流方向,使水流平顺通过桥孔并减缓水流对桥位附近河床、河岸的冲刷而修建的水工构造物。如桥台的锥形护坡、台前护坡、导流堤、护岸墙、丁坝、顺坝等,对保证河道流水顺畅和防止破坏生态环境有着极其重要的作用。

2.桥梁工程的分类

1)按桥梁的基本体系划分

(1)梁式桥:梁式桥是一种在竖向荷载作用下无水平反力的结构。由于外力的作用方向与承重结构的轴线接近垂直,故与同样跨径的其他结构体系相比,梁内产生的弯矩最大,通常用抗弯能力强的材料来建造。这种桥梁结构简单、施工方便。

(2)拱式桥:拱式桥的主要承重结构是拱圈或拱肋,这种结构在竖向荷载作用下,桥墩或桥台将承受水平推力。同时,这种水平推力将显著抵消荷载所引起的拱圈内的弯矩。因此,与同跨径的梁相比,拱的弯矩和变形要小很多。鉴于拱桥的承重结构以受压为主,通常就可用抗压能力强的圬工材料和钢筋混凝土等来建造。

(3)刚构桥:刚构桥的主要承重结构Ż是梁或板和立柱或竖墙整体结合在一起的刚架结构,梁和柱的连接处具有很大的刚性。

在竖向荷载作用下,梁部主要受弯,而在柱脚处也具有水平反力,其受力状态介于梁桥和拱桥之间。因此,对于同样的跨径,在相同的荷载作用下,刚构桥的跨中正弯矩要比一般梁桥小。根据这一特点,刚构桥跨中的建筑高度就可以做得较小。

(4)吊桥:传统的吊桥均用悬挂在两边塔架上的强大缆索作为主要承重结构。在竖向荷载作用下,缆索通过吊杆承受很大的拉力。因此,通常在两岸桥台的后方修筑非常巨大的锚碇结构。吊桥也是具有水平反力的结构。现代的吊桥上,广泛采用高强度钢丝编制的钢缆,以充分发挥其优异的抗拉性能,因此结构自重较轻,能以较小的建筑高度跨越其他任何桥型的特大跨度。吊桥的另一特点是成卷的钢缆易于运输,结构组成构件较轻,便于无支架悬吊拼装。

(5)组合体系桥:根据结构的受力特点,由几个不同体系的结构组合而成的桥梁称为组合体系桥。组合体系桥实质是利用梁、拱、吊三者的不同组合,上吊下撑以形成新的结构。

2)按用途划分

可分为公路桥、铁路桥、公路铁路两用桥、农用桥、人行桥、运水桥及其他专用桥梁。按多孔跨径总长和跨径的不同分为特大桥、大桥、中桥和小桥。具体划分见表4-1。

桥梁涵洞按跨径分类   表4-1

桥涵分类	特大桥	大桥	中桥	小桥	涵洞
多孔跨径总长 L	$L>1000$	$100 \leqslant L \leqslant 1000$	$30<L<100$	$8 \leqslant L \leqslant 30$	—
单孔跨径 L_K (m)	$L_K>150$	$40 \leqslant L_K \leqslant 150$	$20 \leqslant L_K<40$	$5 \leqslant L_K<20$	$L_K<5$

注:1.单孔跨径系指标准跨径。
2.梁式桥、板式桥的多孔跨径总长为多孔标准跨径的总长;拱式桥为两岸桥台内起拱线间的距离;其他形式桥梁为桥面系车道长度。
3.管涵及箱涵不论管径或跨径大小,孔数多少,均称为涵洞。
4.标准跨径:梁式桥、板式桥以两桥墩中线间距或桥墩中线与台背前缘间距为准;拱式桥和涵洞以净跨径为准。

3)按主要承重结构所用的材料划分

有圬工桥、钢筋混凝土桥、预应力混凝土桥、钢桥和木桥等。按上部结构行车道位置可分为上承式桥、下承式桥和中承式桥。

3. 与桥梁布置和结构有关的主要尺寸和术语名称

低水位:在枯水季节的最低水位。

高水位:在洪峰季节河流中的最高水位。

设计洪水位:桥梁设计中按规定的设计洪水频率计算所得的高水位。

净跨径:对于梁式桥,是设计洪水位上相邻两个桥墩(或桥台)之间的净距;对于拱式桥,是每孔拱跨两个拱脚截面最低点之间的水平距离。

计算跨径:对于有支座的桥梁,是指桥跨结构相邻两个支座中心之间的距离;对于拱式桥,是两相邻拱脚截面形心点之间的水平距离。

标准跨径:对于梁式桥,是指两相邻桥墩中线之间的距离,或墩中线至桥台背前缘之间的距离;对于拱桥,则是指净跨径。

总跨径:多孔桥梁中各孔净跨径的总和。

多孔跨径总长:多孔桥梁中各孔标准跨径的总长。

桥梁全长:桥梁两端两个桥台的侧墙或八字墙后端点之间的距离,对于无桥台的桥梁为桥面系行车道的全长。

桥梁高度:桥面与低水位之间的高差,或为桥面与桥下线路路面之间的距离。

建筑高度:桥上行车道路面高程至桥跨结构最下缘之间的距离。

4. 桥梁工程质量评定单元划分及评定方法

1) 桥梁工程质量评定单元划分

桥梁工程根据建设任务、施工管理和质量检验评定的需要,按《公路工程质量检验评定标准 第一册 土建工程》(JTG F80/1—2017)将建设项目划分为单位工程、分部工程和分项工程。施工单位、工程监理单位和建设单位应按相同的工程项目划分进行工程质量的监控和管理。

2) 桥梁工程质评定方法

工程质量检验评分以分项工程为单元,采用百分制进行。在分项工程评分的基础上,逐级计算各相应分部工程、单位工程、合同段和建设项目评分值。

工程质量评定等级分为合格与不合格,按分项工程、分部工程、单位工程、合同段和建设项目逐级评定。

施工单位应对各分项工程按《公路工程质量检验评定标准 第一册 土建工程》(JTG F 80/1—2017)所列基本要求、实测项目和外观鉴定进行自检,按照《公路工程质量检验评定标准 第一册 土建工程》(JTG F80/1—2017)附录 K 中"分项工程质量检验评定表"及相关施工技术规范提交真实、完整的自检资料,对工程质量进行自我评定。

工程监理单位应按规定要求对工程质量进行独立抽检,对施工单位检评资料进行签认,对工程质量进行评定。

建设单位根据对工程质量的检查及平时掌握的情况,对工程监理单位所做的工程质量评分及等级进行审定。

质量监督部门、质量检测机构对公路工程质量进行检测、鉴定。

二、桥梁施工的一般要求

1. 场地清理

承包人应按规定要求清理施工场地,做到使监理工程师满意。

2. 复测

承包人应在开工前对桥梁中心位置桩、三角网基点桩、水准基点桩及其他测量资料进行核对、复测。承包人应将复测结果报监理工程师认可。

3. 线形

竣工后的桥梁应线形平顺、坡度匀称、外形美观。缘石、栏杆、护栏、桥面等的高程、线形、弯度、坡度、超高、加宽要做到流畅舒顺、色泽均匀。为了获得满意的外观,监理工程师认为有必要进行修整时,其费用由承包人负责。

4. 预制场地

预制场地由承包人自行选择。承包人应向监理工程师报送一份预制场地的平面位置图及预制场地的平整计划,报监理工程师批准。工程完工后,应进行设施、废弃物清理,恢复原状,并使监理工程师满意。

5. 图纸

(1)承包人必须按照图纸及其有关说明施工。结构物的尺寸、线条、外形应符合图纸规定,其施工偏差应在规范规定的允许值范围内。

(2)当图纸内有关施工说明与规范规定有矛盾时,或图纸及规范均缺少有关的要求和规定时,由监理工程师根据实际情况确定或规定。

三、钢筋混凝土、预应力混凝土及原材料的质量要求

1. 钢筋工程

1)钢筋的基本要求

钢筋工程是结构物承受拉力的主要组成部分,而预应力混凝土是当今世界最重要、最有发展的结构之一,因此,普通钢筋和预应力钢筋作为相应结构的受力部分显得十分重要。

(1)钢筋和预应力钢筋各项技术性能、力学性能、化学性能、机械性能和可焊性,必须符合国家现行的标准规定和设计要求,严格检查钢筋和预应力钢筋的出厂合格证和试验报告。

(2)对钢筋和预应力钢筋,按有关规定进行抽验。

(3)钢筋表面必须清洁平直,不得有裂皮、油污和颗粒状锈斑。

(4)接头等部位加工必须符合《公路工程质量检验评定标准 第一册 土建工程》(JTG F80/1—2017)和《公路桥涵施工技术规范》(JTG/T F50—2011)的要求。

2)钢丝的表面质量要求

钢丝表面不得有裂纹、小刺、机械损伤、氧化铁皮及油迹;回火成品表面允许有回火颜色。除非另有协议,表面允许有肉眼可见的麻坑及浮锈。

3)预应力混凝土用钢绞线的表面质量要求

钢绞线表面不得带有降低钢绞线与混凝土黏结力的润滑剂、油渍等物质,允许有轻微的浮锈,但不得锈蚀成肉眼可见的麻坑。

4)热处理钢筋的表面质量要求

钢筋表面不得有肉眼可见的裂纹、结疤、折叠;允许有凸块,但不得有超过横肋高度的凸块;表面允许有不影响使用的缺陷,但不得沾有油污。

2. 混凝土及砂浆砌体工程

(1)所用的水泥、砂、石、水、粉煤灰及外加剂的质量规格必须符合有关规范的要求,并按规定的配合比施工。

(2)应按规范要求制作立方体标准试件与构件同条件制作和养护。

(3)拌制混凝土用的水不应含有影响水泥正常凝结与硬化的有害杂质或油脂、糖类及游离酸类等。

(4)混凝土及砂浆冬季施工应符合《公路桥涵施工技术规范》(JTG/T F50—2011)规定的要求。

(5)石料应符合设计规定的类别和标号,石质应均匀、不易风化、无裂纹。石料标号为 $20 \times 20 \times 20 cm^3$ 含水饱和试件的极限抗压强度(MPa)。

(6)1月份平均气温低于 $-10℃$ 的地区,除干旱地区的不受冰冻部位或根据以往实践经验证明材料确有足够的抗冻性者外,所用砖石及混凝土须通过冻融试验证明符合表4-2的抗冻性指标时,才可使用。

砖石及混凝土材料抗冻性指标 表4-2

结构物类别	大、中桥	小桥及涵洞
镶面或表层	50次	25次

注:抗冻性指标是指材料在含水饱和状态下经 $-15℃$ 的冻结与融化的循环次数。试验后的材料应无明显的损伤(裂缝、脱层),其强度不低于试验前的0.75倍。

(7)片石:一般指爆破或楔劈法开采的石块,厚度不应小于15cm(卵型和薄片者不得使用)。用做镶面的片石,应选择表面较平整、尺寸较大者,并应稍加修整。

(8)块石:形状应大致方正,上下面大致平整,厚度20~30cm,宽度约为厚度的1.0~1.5倍,长度约为厚度的1.5~3.0倍(如有锋棱锐角,应敲除)。块石做镶面时,应由外露面四周向内稍加修凿;后部可不修凿,但应略小于修凿部分。

(9)粗料石:由岩层或大块石料开辟并经粗略修凿而成,应外形方正,成六面体,厚度为20~30cm,宽度为厚度的1.0~1.5倍,长度为厚度的2.5~4.0倍,表面凹陷深度不大于2cm。加工镶面粗料石时,丁石长度应比相邻顺石宽度至少大15cm,修凿面每10cm长须有錾路约4~5条,侧面修凿面应与外露面垂直,正面凹陷深度不应超过1.5cm。

(10)镶面粗料石的外露如带细凿边缘时,细凿边缘的宽度应为3~5cm。

(11)拱石:可根据设计采用粗料石、块石或片石。拱石应立纹破料,岩层面应与拱石轴线垂直,各排拱石沿拱圈内弧的厚度应一致。用粗料石砌筑曲线半径较小的拱圈,辐射缝上下宽度相差超过30%时,宜将粗料石加工成楔形,其具体尺寸可根据设计及施工条件确定,但应符合下列规定:

①厚度不应小于20cm。
②高度应为最小厚度的1.2~2.0倍。
③长度应为最小厚度的2.5~4.0倍。
桥涵附属工程采用卵石代替片石时,其石质及规格须符合片石的规定。

(12)混凝土预制块的规定应与粗料石相同,其强度应符合规定,尺寸应根据砌体形状确定。预制块作拱石时,应比封顶时间提前2~4个月预制,以减少混凝土的收缩。

3.其他

如对材料检验;橡胶伸缩缝检验;板式橡胶支座、四氟板式橡胶支座、盆式橡胶支座、盆式四氟板式橡胶支座的检验;预应力锚具、夹具、连接器的检验均应符合规范规定的要求。

四、桥梁结构施工质量要求

(1)钢筋加工应符合《公路桥涵施工技术规范》(JTG/T F50—2011)的规定。
(2)钢筋的接头应符合《公路桥涵施工技术规范》(JTG/T F50—2011)的规定。
(3)钢筋的焊接方法、形式及使用范围应符合《公路桥涵施工技术规范》(JTG/T F50—2011)的规定。
(4)钢筋骨架和钢筋网的组成和安装要求见表4-3。

钢筋骨架和钢筋网的组成及安装　　　　　　　　　　　　　表4-3

项　目	钢筋骨架与钢筋网拼接安装要求
钢筋骨架片和钢筋网片的预制	在钢筋工程中,对适用于预制钢筋骨架或钢筋网的构件,宜先预制成钢筋骨架片或钢筋网片,在工地就位后进行拼装(绑扎或焊接),以保证安装质量并加快施工进度。 预制成的钢筋骨架,必须具有足够的刚度和稳定性,以利运输、吊装和浇筑混凝土过程中不致松散、移位、变形,必要时可在钢筋骨架的某些连接点处加以焊接或增设加强钢筋
骨架的焊接拼装	1.拼装时应按设计图纸放大样,同时还应考虑焊接变形并预留拱度。 2.钢筋拼装前,对有焊接接头的钢筋应检查每根接头的焊缝有无开焊、变形,如有开焊,应及时补焊。 3.为防止电焊时局部变形,拼接时在需要焊接的位置先用楔形卡卡住,待所有焊接点卡好后,焊缝两端以点焊定位,然后进行焊缝施焊。 4.骨架焊接时,不同直径钢筋的中心线应在同一平面上。因此,在焊接较小直径钢筋时,下面宜垫以厚度适当的钢板。 5.焊接顺序宜由中到边对称地向两端进行,先焊骨架下部,再焊骨架上部,相邻的焊缝采用分区对称跳焊,不得顺着一个方向一次焊成,药皮应随焊随敲除
钢筋网点的焊接	钢筋网焊点应符合设计规定。当设计无规定时,可按下述要求执行: 1.当钢筋网的受力钢筋为变形钢筋时,网内焊点的数目和位置可按运输和安装条件决定。 2.当焊接网的受力钢筋为Ⅰ级或冷拉Ⅰ级钢筋时,如焊接网只有一个方向为受力钢筋,网两端边缘的两根锚固横向钢筋与受力钢筋的全部相交点必须焊接,如焊接网的两个方向均为受力钢筋,则沿网四边的两根钢筋的全部相交点均应焊接,其余的相交点可根据运输和安装条件决定,一般可焊接和绑扎一半交点。 3.当焊接网的受力钢筋为冷拔低碳钢丝而另一方向的间距小于10cm时,除网两端边缘的两根锚固横向钢筋的全部相交点必须焊接外,中间部分的焊点距离可增大至25cm

续上表

项 目	钢筋骨架与钢筋网拼接安装要求
现场绑扎钢筋时有关规定	1. 钢筋的交叉点应用铁丝绑扎结实，必要时，亦可用点焊焊牢。 2. 除设计有特殊规定者外，柱和梁中的箍筋应与主筋垂直。 3. 箍筋的末端应向内弯曲，箍筋转角与钢筋的交接点均应绑牢（钢筋与箍筋的平直部分的相交点可成梅花式交叉扎牢）。 4. 箍筋的接头（弯钩叠合处），在柱中应沿竖向线方向交叉布设，在梁中应沿纵向线方向交叉布设。 5. 墩、台身、柱中的竖向钢筋搭接时，转角处的钢筋弯钩均应与模板成45°，中间钢筋的弯钩应与模板成90°。如采用插入式振动器浇筑小型截面时，弯钩与模板的角度最小不得小于15°，在浇筑过程中不得松动。 6. 绑扎用的铁丝应向里弯，不得伸向保护层内
对先绑扎后入模的骨架安装	1. 绑扎梁、柱、桩等钢筋骨架，宜在绑扎工作台上进行。 2. 运送、搬移钢筋骨架要轻起轻落，不得猛摔或翻滚。 3. 抬运钢筋骨架时，应注意不使骨架有变形情况，必要时可加斜筋加以撑固或增设吊点。 4. 钢筋在入模前，在底部应加好垫块、在侧部绑好垫块，以保证应有的保护层厚度。 5. 钢筋入模前，对模板上的浮油要加以清除，以免油污染钢筋影响质量。 6. 已经绑扎好的钢筋骨架或钢筋网上不得踩踏或在其上放置重物

（5）预应力高强钢丝、钢绞线、热处理钢筋及冷拉Ⅳ级钢筋的切断，宜采用切割机或砂轮锯，不得使用电弧。

（6）钢绞线在使用前宜进行预拉，预拉力值可采用整根钢绞线破断负荷的80%，持荷时间不应少于5min。但对质量可靠的低松弛钢绞线可不进行预拉。

（7）预应力钢材由多根钢丝或钢绞线组成时，同束内应采用强度相等的钢材，且应编束理顺直，预应力钢材镦粗头及冷拉和冷拔要求见表4-4。

预应力钢材镦粗头及冷拉和冷拔　　　　　表4-4

项 目	有关规定和要求			
预应力钢材镦粗头	预应力钢材镦粗头锚固时，对于高强钢丝，宜采用液压冷镦；对于冷拔低碳钢丝，可采用冷冲镦粗；对于钢筋，宜采用热电镦粗，但Ⅳ级钢筋镦粗后应进行电热处理。 冷拉钢筋端头的镦粗及热处理工作，应在钢筋冷拉之前进行，否则应对镦头逐个进行抗拉检查，检查时的控制应力应不小于钢筋冷拉的控制应力			
预应力钢材的冷拉	预应力混凝土结构用的冷拉钢筋，可采用Ⅱ~Ⅳ级热轧钢筋，冷拉控制应力及冷拉率应符合下列规定			
	钢筋冷拉参数			
	序号	钢筋种类	双控	单控
			控制应力（MPa）	冷拉率不大于（%）	冷拉率（%）
	1	Ⅱ级钢筋	450	5.5	3.5~5.5
	2	Ⅲ级钢筋	530	6.0	3.5~5.0
	3	Ⅳ级钢筋	750	4.0	2.5~4.0

续上表

项目	有关规定和要求
用单控方法冷拉钢筋时的冷拉率	其冷拉率应有试验确定。当试验冷拉率小于上述规定的下限时,控制冷拉率按下限值采用,同时控制冷拉率也不得大于表列的上限值
冷拉钢筋由多根钢筋组成时的冷拉率	按总长控制的冷拉率除应符合上述单控规定外,还宜分别测定各钢筋的冷拉率,当采用单控方法时,不应超过上列冷拉参数规定的上限值,但允许低于下限值;当采用双控方法时,不应超过规定参数的限值
钢筋的冷拉速度	冷拉速度不宜过快,一般控制在5MPa/s左右,冷拉至控制应力时,应停置1~2min再放松。冷拉后,有条件时宜进行时效处理,应按冷拉延伸率大小分组堆放,以备编束时选用。冷拉钢筋应做记录
冷拔钢丝的采用与冷拔速度	预应力钢材采用冷拔低碳钢丝时,应采用直径为6~8mm的Ⅰ级热轧钢筋盘条拔制。拔丝模孔为盘条0.85~0.9,拔制次数一般不超过3次,超过3次时应将拔丝退火处理。拉拔总压缩率应控制在60%~80%,平均拔丝速度应为50~70m/min。冷拔达到要求直径后,应按规定进行检验,以决定其组别和力学性能(包括伸长率)

(8)预应力张拉一般采用双控,用应力控制方法张拉时,应以伸长值进行校核,实际伸长值与理论伸长值之差应在6%以内。最大超张拉应力要符合设计要求或符合《公路桥涵施工技术规范》(JTG/T F50—2011)的要求。

(9)混凝土的拌和、浇筑、接缝等处理应符合《公路桥涵施工技术规范》(JTG/T F50—2011)的要求。一般情况下应满足:

①钢筋混凝土结构在自重的作用下,不允许出现受力裂缝。

②钢管混凝土应保证管内混凝土饱满,管壁与混凝土紧密结合。

③对拱式、悬臂等对称结构浇筑必须对称、均衡施工。

④对大体积、大面积混凝土施工,应注意其水化热温度的影响,可按规范要求分块、分层施工。

⑤对现浇桥梁上部结构应重视其支架和模板的稳定,且应根据需要设置预拱度,其拆模的期限应符合规范的规定。

⑥当气温在5℃以下时,应符合冬季施工的规定。混凝土结构模板的估计拆除期限见表4-5、表4-6。

拆除承重模板的估计期限 表4-5

项目	达到设计强度(%)	水泥品种	强度等级	拆模期限(d)及硬化时昼夜的平均温度(℃)						
				+5	+10	+15	+20	+25	+30	+35
1	50	硅酸盐、普通	52.5	6.5	5	4.2	3	3	2.5	2
		矿渣	42.5	17	15	9.5	6	4	3	2.5
		矿渣	32.5	18	15	12	8	6.5	5	3.8
2	70	硅酸盐、普通	52.5	11	9.5	8	6	4.5	3.5	3
		矿渣	42.5	31	19	14	11.5	8.5	6	4.5
		矿渣	32.5	34	26	18	15	12.5	8.5	7

续上表

项目	达到设计强度（%）	水泥品种	强度等级	拆模期限(d)及硬化时昼夜的平均温度(℃)						
				+5	+10	+15	+20	+25	+30	+35
3	100	硅酸盐、普通	52.5	41	36	32	28	19	15	13
		矿渣	42.5	56	47	39	28	26	19	17
		矿渣	32.5	62	51	41	28	26	22	18

注：1. 本表按强度等级20以上一般混凝土考虑。
2. 火山灰水泥、粉煤灰水泥可参照表中矿渣水泥考虑。
3. 普通水泥强度等级小于或等于42.5的拆模期限应酌情予以延长。
4. 采用干硬性、低流动性或掺有外加剂的混凝土时，拆模期限可通过试验确定。

拆除非承重模板的估计期限　　　　　　　　表 4-6

项目	混凝土强度等级（MPa）	水泥品种及强度等级	混凝土强度达到2.5MPa所需的时间(h)及硬化时昼夜的平均温度(℃)						
			+5	+10	+15	+20	+25	+30	+35
1	20	32.5号矿渣水泥	23	16	13	10	9	8	7
2	40	42.5号矿渣水泥	22	10	9	7	6	5	5
		52.5号矿渣水泥	15	11	9	8	6	5	4
		52.5号硅酸盐水泥	14	9	7	6	4	4	4

注：1. 本表拆模期限按混凝土强度达到2.5MPa的时间考虑。
2. 当采用火山灰水泥、粉煤灰水泥时，可参考矿渣水泥考虑。
3. 混凝土强度等级小于或等于15时，拆模时间应酌情予以延长。

五、桥梁结构施工的监理程序

桥梁结构的基本监理程序图如图4-1所示。

六、桥梁荷载试验

（1）桥梁完工以后，承包人应按有关规定及合同要求，根据监理工程师指示，对桥梁或桥梁的某一部分进行荷载试验，以证实结构物具有承受设计荷载的能力。

（2）荷载试验应委托经监理工程师同意的、有相应资质的检测、科研或设计单位承担。

（3）承包人应在进行荷载试验前至少14d向监理工程师提交一份测试设备、方法、步骤及按照测试要求得到的成果的计划，报监理工程师批准。

（4）荷载试验完成后，承包人应向监理工程师提供一份完整的试验报告。

（5）按试验结果，结构物或结构物的任一部分，如由于施工原因不能满足图纸要求，承包人应

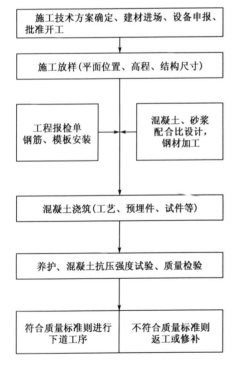

图 4-1　桥梁结构监理程序

报监理工程师批准后进行重建或补强,做到使监理工程师满意。重建或补强结构物的费用由承包人负责。

(6)桥梁荷载测试项目按图纸规定或监理工程师指定。如图纸无规定测试项目时,一般动载试验包括冲击、自振频率、动挠度、脉动、动应变试验;静载试验包括静挠度及静应变试验。上述项目由监理工程师选择部分或全部进行试验,或由监理工程师认定必要试验的其他项目进行试验。

应根据桥梁设计荷载标准,按最不利受力状态选取荷载组合进行静载或动载试验。静载试验效率系数 η_g 一般取 0.8~1.05,动载效率系数 η_d 一般取 1,按实际情况分 3~5 级加载,主要测点的布设应能检测结构的最大应力(应变)和最大挠度(或位移),加载过程中应观测裂缝的发展情况,钢筋混凝土结构裂缝不允许超过《公路桥涵设计通用规范》(JTG D60—2015)的规定值;应变和挠度应分别满足不同桥梁结构类型的校验系数。

七、地质钻探及取样试验

桥梁基础在施工过程中,地质情况有变化,因而需要进行补充钻探,以查明桥梁基础的地质情况,经报请监理工程师审查批准,承包人可进行补充地质钻探并取样做必要的试验,据以继续进行基础施工或改变基础设计。改变基础设计时,需经监理工程师审查批准。

八、开放交通

(1)水泥混凝土桥面铺装在浇筑混凝土的强度达到设计等级后,才可开放交通。如果经监理工程师同意采用快硬水泥混凝土铺装,开放交通的时间需根据试验确定,但在任何情况下,至少在浇筑混凝土以后 7d 才能开放交通。当日平均气温低于 10℃时,上述时间尚应根据监理工程师指示予以推迟。因不遵守上述规定开放交通而造成的不良后果,由承包人负责。

(2)开放交通需经监理工程师批准。

第二节 桥梁基础工程施工质量监理

桥梁基础常用的基础类型有明挖基础、桩基础、沉井基础等。根据现行《公路桥涵地基与基础设计规范》(JTG 3363)的规定和要求,基础类型应根据桥址处的工程地质勘测资料以及水文、地形情况,结合上下部结构、荷载、材料供应和施工条件等合理选用。

一、明挖基础质量控制的要求

1. 明挖基础的分类

明挖基础一般可分为刚性扩大基础、单独或联合基础、条形基础、片筏和箱形基础等。

2. 明挖基础质量控制的要求

明挖基础施工一般包括:基坑、围堰、挖基和排水、基底处理和基底检验、回填等。

1) 基坑

(1) 基坑尺寸应满足施工要求。当基坑为渗水的土质基底,坑底尺寸应根据排水要求(包括排水沟、集水井、排水管网等)和基础模板设计所需基坑大小而定。一般基底应比基础的平面尺寸增宽 0.5~1.0m。当不设模板时,可按基础底的尺寸开挖基坑。

(2) 基坑坑壁坡度应按地质条件、基坑深度、施工经验和现场具体情况确定。

①基坑深度在 5m 以内、施工期较短、基坑底在地下水位以上、土的湿度接近最佳含水率、土层构造均匀时,基坑坑壁坡度可参考表 4-7。

②基坑深度大于 5m 时,应将坑壁坡度适当放缓或加设平台。如土的湿度可能引起坑壁坍塌时,坑壁坡度应缓于该湿度下土的天然坡度。

③没有地面水但地下水位在基坑底以上时,地下水位以上部分可以放坡开挖,地下水位以下部分,若土质易坍塌或水位在基坑底以上较深时,应加固坑壁开挖。

基坑坑壁坡度　　　　表 4-7

坑壁土类	坑壁坡度		
	基坑坡顶缘无荷载	基坑坡顶缘有静载	基坑坡顶缘有动载
砂类土	1:1	1:1.25	1:1.5
碎、卵石类土	1:0.75	1:1	1:1.25
亚砂土	1:0.67	1:0.75	1:1
亚黏土、黏土	1:0.33	1:0.5	1:0.75
极软岩	1:0.25	1:0.33	1:0.67
软质岩	1:0	1:0.1	1:0.25
硬质岩	1:0	1:0	1:0

注:挖基经过不同土层时,边坡可分层决定,并酌设平台;在山坡上开挖基坑,如地质不良时,应注意防止坍滑;坑壁土类按照现行《公路桥涵地基与基础设计规范》(JTG 3363)划分;单轴极限强度 <5MPa、5~30MPa、>30MPa 时分别定为极软、软质、硬质岩。

(3) 如土的湿度有可能使坑壁不稳定而引起坍塌时,基坑坑壁坡度应缓于该湿度下的天然坡度。

(4) 当基坑有地下水时,地下水位以上部分可以放坡开挖;地下水位以下部分,若土质易坍塌或水位在基坑底以上较高时,应采用加固或降地下水位等方法开挖。

2) 围堰

围堰常采用的形式有:土围堰、土袋围堰、钢板桩围堰、钢筋混凝土板桩围堰、竹(铅丝)笼围堰、套箱围堰等。

围堰的一般要求如下:

(1) 围堰尺寸要求。

①堰顶高度,宜高出施工期间可能出现的最高水位(包括浪高)50~70cm。

②围堰外形,应考虑河流断面被压缩后,流速增大引起水流对围堰、河床的集中冲刷及影响通航、导流等因素。

③堰内面积:应满足基础施工的需要。

④围堰断面:应满足堰身强度和稳定的要求。

(2)围堰要求防水严密、尽量减少渗漏,以减轻排水工作。

3)挖基和排水

(1)挖基的一般要求:

①承包人应在基础开挖之前通知监理工程师,以便检查、测量基础平面位置和现有地面高程。在未完成检查测量及监理工程师批准之前不得开挖。为便于开挖后的检查校核,基础轴线控制桩应延长至基坑外加以固定。

②开挖应进行到图纸所示或监理工程师所指定的高程。最终的开挖深度要依据设计期间所进行的钻探和土工试验,并结合基础开挖的实际调查资料来确定。在开挖的基坑未经监理工程师批准之前,不得浇筑混凝土或砌筑圬工。低于批准基底高程的超挖或纵横向超过规定界线的部分,应由承包人自费补填,并应使用批准的材料压实到规定的标准。

③在原有建筑物附近开挖基坑时,应采取有效防护措施,使开挖不致危及附近建筑物的安全,所采用的防护措施须经监理工程师同意。所有从挖方中挖出的材料,如果监理工程师认为适用,可以作回填或修筑路堤,或按监理工程师指示的其他方法处理。

④在基桩处的基坑开挖应在打桩之前完成。

⑤必要时,挖方的各侧面应始终予以可靠的支撑,并使监理工程师满意。

⑥石方基础挖方的施工也要符合上述的规定。

(2)排水的一般要求:

①所有基础挖方都应始终保持良好排水,使挖方的整个施工期间都不致遭受水的危害。凡低于已知地下水位的地方进行开挖并构成基础时,承包人必须提交一份建议用于每个基础的排水方法以及为此而采取的各项措施的报告,并取得监理工程师的批准。

②在施工期间,承包人应维护天然水道并使地面排水畅通。违反上述要求而引起的任何损失应由承包人负责。

4)基底处理

当开挖到设计高程后,经监理工程师检查后不满足要求的,应按下列要求进行基底处理。

(1)岩层基底。

①在未风化的岩层上建筑基础时,应先将岩面上松碎石块、淤泥、苔藓等清除后洗净岩面。

②若岩层倾斜,应将岩层面凿平或凿成台阶,使承重面与重力线垂直。

③在风化岩层上建筑基础时,应按基础尺寸凿除已风化的表面岩层,在砌筑基础圬工的同时,将基坑底填满、封闭。

(2)对于碎石类或砂类土层基底,应将其承重面修理平整,当坑底渗水不能彻底排干时,应将水引至基础外排水沟;在水稳性较好的土质中,可在基底上铺一层25~30cm厚的片石或碎石,然后在其上砌筑基础。

(3)黏土层基底,应将其低洼处加以铲平、修整妥善后,于最短时间内砌筑基础,不得暴露或浸水过久。

承包人经过处理后,须报请监理工程师检查验收。由于违反上述要求而引起的损失由承包人负责。

5)基底检验

基坑开挖并处理完毕,应首先由施工单位自检并报请检验,确认合格后填写地基检验表。经过检验签证的地基检验表由施工单位保存并作为竣工交验资料,未经监理工程师签证,不得砌筑基础。

基坑检验的内容:

(1)检查基底平面位置、尺寸大小、基底高程。

(2)检查基底地质情况和承载能力是否与设计资料相符。

(3)检查基底处理和排水情况是否符合规范要求。

(4)检查施工日志及有关试验资料等。

基底平面位置和高程允许偏差规定如下:

①平面轴线位置:+20cm。

②基底高程:土质:±5cm;石质:-20~5cm。

按桥涵大小、地基土质复杂情况及结构对地基有无特殊要求,一般采用以下不同检查方法:

①小桥涵的地基检验,一般采用直观或触探方法,必要时可进行土质试验。

②大、中桥和地质复杂、结构对地基有特殊要求的地基检验,一般采用触探和钻探取样做土工试验,或按设计的特殊要求进行荷载试验。

6)回填

(1)所有结构物的回填必须采用经监理工程师批准的能够充分压实的材料,不得用草皮土、垃圾和有机土等回填。严禁结构物基础超挖回填虚土。

(2)未经监理工程师许可,不得对结构物回填。一般要到结构物的拆模期终了3d之后进行回填。如果养生条件反常,应按监理工程师的指示延长时间。桥台、桥墩等周围的回填,应同时在两侧及基本相同的高程上进行,特别要防止对结构物形成单侧受土压。必要时,挖方内的边坡应修成台阶形。

(3)回填材料应分层摊铺,并用符合要求的设备压实。每层都应压实到图纸或监理工程师要求的压实度标准,回填用土的含水率应严格控制。

(4)需回填的基坑应尽可能地及时排水。若无法排除基坑积水时,应采用砂砾材料回填,并在水中分薄层铺筑,直到回填进展到该处的水全部被回填的砂砾材料所吸收并达到能充分压实的程度时,再进行充分夯实。

二、桩基础质量控制基本要求

桩基础根据施工方法不同可分为:沉入桩、钻孔桩、挖孔桩。钻孔桩根据施工机械的不同可分为冲击钻、旋转钻等,旋转钻又分为正循环与反循环。

1. 沉入桩基础的基本要求

承包人在沉桩之前,应通知监理工程师,以便检查、测量。

(1)桩位应根据已测定基础的纵横中心线量出,并标志、固定。测定基桩轴线应填写记录。在陆地或静水区,基桩轴线定位允许偏差为:

①每根基桩的纵横轴线位置:2cm。
②单排桩的每根基桩轴线位置:1cm。
在流速较大的深水河流中,基桩轴线定位允许偏差在设计允许范围内,可适当增大。

(2)桩基轴线的定位点应设置在不受沉桩影响处。在施工过程中对桩基轴线应做系统的、经常的检查。定位点需移动时,应先检查其正确性,并做好测量记录;各桩位置的正确性,应在沉桩过程中随时检查。

(3)沉桩前要做好一切准备工作,并报请监理工程师检查。

(4)承包人可根据具体情况选择沉桩的方法,其施工组织方案须报请监理工程师审批。选择沉桩方法应依据桩重、桩型、设计荷载、地质情况、设备条件及对附近建筑物产生的影响等条件而定。附近有重要建筑物时,不宜用射水沉桩或振动沉桩。在城市附近采用锤击或振动沉桩方法时,应采取减小噪音和振动影响的措施。

(5)除一般的中和小桥沉桩工程、有可靠的依据和实践经验可不进行试桩外,其他沉桩工程在施工前应先沉试桩,以确定沉桩工艺和检验桩的承载力。

(6)特大桥和地质复杂的大、中桥,应采用静载试验方法确定单桩允许承载力,一般的大、中桥的试桩,原则上宜采用静载试验法,在条件适合时,可采用可靠的动力振动波方法。

(7)施工中,如监理工程师对基桩桩身质量或承载力产生疑问时,应选用可靠的无破损检验方法进行检验。

2. 钻孔灌注桩的基本要求

承包人应将准备采用的施工方法的全部细节送请监理工程师批准,其中包括材料和全部设备的说明。任一钻孔工作开始前,都应得到监理工程师的书面批准。承包人应保存每根桩的全部施工记录,当需要时,记录应报送监理工程师作为检查之用。记录格式当由监理工程师统一发放时,应按监理工程师的要求填列记录。如监理工程师要求由承包人自行拟定记录格式时,记录格式应经监理工程师批准。

1)水下混凝土

水下灌注混凝土(导管灌注混凝土)应符合下列要求:

(1)水泥的强度等级应不低于42.5MPa,其初凝时间不早于2.5h。

(2)粗集料应为卵石,或级配良好的碎石。

(3)粗集料最大粒径为40mm,且不得大于导管内径的1/6及钢筋最小净距的1/4。

(4)混凝土的含砂率宜为40%~50%。

(5)缓凝外掺剂,只有得到监理工程师的批准,才能采用。

(6)抗硫水泥应按图纸说明,或按监理工程师的要求采用。

(7)坍落度宜为180~220mm。

(8)除非监理工程师另有许可,水泥用量应不少于350kg/m³。

(9)水灰比宜为0.5~0.6。

2)钻孔

(1)承包人可选择任何一种钻孔方法,但完成的钻孔应符合规定的允许偏差。

(2)钻孔时,应采用长度适应钻孔地基条件的护筒,保证孔口不坍塌及不使地表水进入钻孔并保持钻孔内泥浆表面高程。护筒应符合以下要求:

①护筒内径宜比桩径大 200～400mm。

②护筒中心竖直线应与桩中心线重合,除设计另有规定外,平面允许误差为 50mm,竖直线倾斜不大于 1%,干处可实测定位,水域可依靠导向架定位。

③旱地、筑岛处护筒可采用挖坑埋设法,护筒底部和四周所黏黏质土必须分层夯实。

④水域护筒设置,应严格注意平面位置、竖向倾斜、倾斜角(斜桩)和两节护筒的连接质量均需符合上述要求。沉入时可采用压重、振动、锤击并辅以筒内除土的办法。

⑤护筒高度宜高出地面 0.3m 或水面 1.0～2.0m。当钻孔内有承压水时,应高于稳定后的承压水位 2.0m 以上。若承压水位不稳定或稳定后承压水位高出地下水位很多,应先做试桩,鉴定在此类地区采用钻孔灌注桩基的可行性。当处于潮水影响地区时,应高出最高施工水位 1.5～2.0m,并应采取稳定护筒内水头的措施。

⑥护筒埋置深度应根据设计要求或桩位的水文地质情况确定,一般情况埋置深度宜为 2～4m,特殊情况应加深以保证钻孔和灌注混凝土的顺利进行。有冲刷影响的河床,应沉入局部冲刷线以下不小于 1.0m。

⑦护筒连接处要求筒内无突出物,应耐拉、压,不漏水。

3)固孔

(1)承包人应采用钻孔泥浆,始终支持孔壁,但采用全长护筒除外。

(2)承包人可用膨润土悬浮泥浆或合格的黏土悬浮泥浆作为钻孔泥浆,钻孔泥浆不得污染地下水。根据钻孔方法的适用性的论证,不加掺加物的清水仅在监理工程师书面同意才可采用。

(3)钻孔泥浆应始终高出孔外水位或地下水位 1.0～1.5m。

(4)胶泥应用清水彻底拌和成悬浮体,使在灌注混凝土时及至施工完成保持钻孔的稳定。泥浆的性能指标如表 4-8 所示,施工时除相对密度和黏度应进行试验外,如果监理工程师要求,其他指标也应予以抽检。

泥浆性能指标选择　　　　　　　　　表 4-8

钻孔方法	地层情况	泥浆性能指标							
		相对密度	黏度(Pa·s)	含砂率(%)	胶体率(%)	失水率(mL/30min)	泥皮厚(mm/30min)	静切力(Pa)	酸碱度(pH)
正循环	一般地层	1.05～1.2	16～22	8～4	≥96	≤25	≤2	1.0～2.5	8～10
	易坍地层	1.2～1.45	19～28	8～4	≥96	≤15	≤2	3～5	8～10
反循环	一般地层	1.02～1.06	16～20	≤4	≥95	≤20	≤3	1～2.5	8～10
	易坍地层	1.06～1.10	18～28	≤4	≥95	≤20	≤3	1～2.5	8～10
	卵石土	1.10～1.15	20～35	≤4	≥95	≤20	≤3	1～2.5	8～10
推钻冲抓	一般地层	1.10～1.20	18～24	≤4	≥95	≤20	≤3	1～2.5	8～11
冲击	易坍地层	1.20～1.40	22～30	≤4	≥95	≤20	≤3	3～5	8～11

注:1. 地下水位高或地下水流速大时,指标取高限,反之取低限。
2. 地质状态较好、孔径或孔深较小的取低限,反之取高限。
3. 在不易坍塌的黏质土层中,使用推钻、冲抓、反循环回转钻进时,可用清水提高水头(≥2m)维护孔壁。
4. 若当地缺乏优良黏质土,远运膨润土亦很困难,调制不出合格泥浆时,可掺用添加剂改善泥浆性能。

(5)地面或最低冲刷线以下部分,护筒宜在灌注混凝土时拔除。图纸另有规定者除外。

4)钻孔工序

(1)桩的钻孔和开挖,应在中距5m内的任何桩的混凝土灌注完成24h后才能开始,以避免干扰邻桩混凝土的凝固。

(2)钻孔应连续进行、不得中断,如用抓斗开挖,应注意提升抓斗时,下面不致产生真空。

(3)软土地段排架桩桥台处的钻孔、应先挖去软土,并回填适当新土,经夯实后再行钻孔。

(4)钻孔过程应经常对泥浆的性能指标进行检测,并根据检测结果及时调整泥浆指标。

(5)钻孔时须及时填写钻孔记录,在土层变化处捞取渣样,判明土层,以便与地质剖面图相核对。

5)清孔

(1)钻孔达到图纸规定的深度后,且成孔质量符合设计要求或监理工程师要求,应立即进行清孔。清孔时,孔内水位应保持在地下水位或河流水位以上1.5~2m,以防止钻孔的任何塌陷。

(2)钻孔底沉淀物厚度:对于摩擦桩,应不大于$0.4d$(d为设计桩径);对于柱桩,应不大于图纸规定值,如图纸无规定,不得大于5cm。

(3)用换浆法清孔后的泥浆指标:相对密度1.05~1.20t/m^3;黏度17~20s;含砂率<4%。

6)钻孔检查及允许偏差

(1)钻孔过程中,应用孔规(检孔器)和其他仪器,对钻孔直径进行检查。检孔器为一钢筋制作的圆柱体,长度为4~6倍孔径,检孔器直径与设计孔径相同。当钻孔深度达到设计要求,在清孔完毕,放置钢筋骨架之前,应对全长进行检查,并报请监理工程师复查。

(2)检查孔位偏差。孔位的准确位置应标在护筒周边上,并用十字线的交点显示孔的中心位置,检孔器的中心点与十字线的偏移即为孔位偏差。经检查发现有缺陷,例如中心线不符、直径减小、椭圆截面、孔内有漂石等,承包人应就这些缺陷作出报告送监理工程师,并采取适当措施,予以改正。修补措施和费用由承包人负担。

(3)钻孔应符合下列允许偏差:

①平面位置:群桩不大于10cm,单排桩不大于5cm。

②钻孔直径:不小于桩的设计直径。

③倾斜率:直桩不大于1%;斜桩不超过设计斜率的±2.5%。

④深度:对于摩擦桩,不小于设计值;对于柱桩,应比设计超深不小于5cm。

7)钢筋笼

桩的钢筋骨架,应紧接在混凝土灌注前,整体放入孔内。如果混凝土不能紧接在钢筋骨架放入之后灌注,则钢筋骨架应从孔内移去。在钢筋骨架重放前,应对开挖的完整性,包括孔底松散物的出现,进行检查。灌注混凝土时,钢筋骨架在顶面应有地面框架、吊车或其他有效方法进行固定,防止混凝土灌注过程中钢筋骨架上升。支承系统应对准中线防止钢筋骨架倾斜和移动。钢筋骨架上应事先安设控制钢筋骨架与孔壁净距的混凝土间隔块,或用适当弯折的和系结的钢筋,这些间隔块应可靠地以等距离绑在钢筋骨架周径上,其沿桩长的间距不超过4m,或采用其他有效方法以保证图纸要求的保护层得到满足。钢筋骨架底面高程允许偏差为±50mm。

8) 灌注混凝土

(1) 灌注混凝土前,应检测孔底泥浆沉淀厚度,如大于规定的清孔要求,应再次清孔。

(2) 混凝土拌和物运至灌注地点时,应检查其均匀性和坍落度,如不符合规定的要求应进行第二次拌和,二次拌和仍达不到要求,不得使用。

(3) 孔身底面得到监理工程师认可和钢筋骨架安放后,应立即开始灌注混凝土,并应连续进行、不得中断。

(4) 混凝土应用适宜的导管灌注。导管由管径不小于250mm的管子组成,用装有垫圈的法兰盘连接的管节制成。导管应进行水密、承压和接头抗拉试验。灌注混凝土时,导管应充满混凝土且缓慢下降塞球。在灌注混凝土开始时,导管底部至孔底应有25～40cm的空间。首批灌注混凝土的数量应能满足导管初次埋置深度($\geqslant 1.0m$)和填充导管底部间隙的需要。在整个灌注时间内,导管漏斗下应保持足够的混凝土,排泄端应充分伸入先前灌注的混凝土内至少2m,且不得大于6m,以防止水冲入管内。应经常量测孔内混凝土面层的高程,及时调整导管排泄端与混凝土表面的相应位置,并始终予以严密监视,导管应在无空气和水进入的状态下填充。如为泵送混凝土,泵管应设底阀或其他装置,以防水和管中混凝土混合。泵管应在桩内混凝土升高时,慢慢提起。管底在任何时候应在混凝土顶面以下2m。输送到混凝土桩中时,应一次连续操作。初凝前,任何受污染的混凝土应从桩顶清除。

(5) 灌注混凝土时,溢出的泥浆应引流至适当地点处理,以防止污染。

(6) 处于地面或桩顶以下的井口整体式刚性护筒,应在灌注混凝土后立即拔出;处于地面以上能拆除的护筒部分,须待混凝土抗压强度达到5MPa后拆除。当使用全护筒灌注混凝土时,应逐步提升护筒,护筒底面应保持在混凝土顶面以下1～2m。

(7) 混凝土应连续灌注,直至灌注的混凝土顶面高出理论截断面不小于80cm,以保证截断面以下的全部混凝土具有满意的质量。

(8) 混凝土灌注过程中,如发生故障应及时进行处理。

9) 混凝土的质量检查和验收

(1) 混凝土质量的检查和验收,应符合规定的要求。

(2) 根据监理工程师指示,承包人应在监理工程师在场情况下,采用无破损检验方法。对特大桥和大桥应每一钻孔桩以及对有代表性的桩,以及对质量有怀疑的桩和因灌注故障处理过的桩作整体性检验。无破损检验所需预埋件,应按图纸所示或由承包人自行设置。

(3) 承包人应在工地配备能对全桩长钻取70mm直径或较大的芯样的设备和经过训练的工作人员,也可以分包给经监理工程师认可的钻探队或检测单位来承担钻取芯样的工作。

(4) 如果监理工程师认为混凝土整体性检验不满意,或在施工中遇到的任何异常情况,说明桩的质量可能低于要求标准时,监理工程师可要求对桩顶部分或桩全长钻取芯样,以检验桩的混凝土灌注质量。钻芯检验应在监理工程师指导下进行。

(5) 监理工程师除对成桩平面位置用经纬仪复查外,其余根据灌注混凝土前的施工记录进行复查。当监理工程师对全部检查及试验结果满意时,即可对每桩作出书面批准。

10) 缺陷桩

(1) 如果桩不符合规定要求,或在施工中遇到异常情况,使得监理工程师有理由认为桩的质量低劣,则应采取经监理工程师认可的补救措施或予以废弃。

(2)废弃的桩应由一根或多根另增加的桩代替,增加桩的数量、位置以及因增加桩而引起的基础尺寸改变,应由承包人提出,经监理工程师批准。这些增加的工程,其费用由承包人承担。

(3)由于施工过错而引起的桩长增加,其费用由承包人承担。

3.挖孔灌注桩

承包人应将准备采用施工方法的全部细节,送请监理工程师批准,其中包括材料和全部设备的说明。任一挖孔工作开始前,都应得到监理工程师的书面批准。

承包人派代表驻工地负责施工,并对其提出书面指示。包括适用的挖孔方法、挖孔的深度、检查方法、混凝土拌和细节,一桩完成浇筑混凝土后,下一相邻桩开始挖孔的最小间隔时间以及施工计划等。这些指示的抄件,应报送监理工程师。

1)一般要求

(1)挖孔灌注桩适用于无地下水或少量地下水,且较密实的土层或风化岩层。若孔内产生的空气污染物超过现行《环境空气质量标准》(GB 3095)规定的三级标准浓度限值时,必须采取通风措施,方可采用人工挖孔施工。

(2)挖孔桩直径不应小于1200mm,挖孔的深度不宜大于15m,孔深大于10m时必须强制采取机械通风措施。

(3)桩孔直径应符合设计规定。挖孔过程中,应经常检查桩孔尺寸、平面位置和竖轴线倾斜情况,如有偏差应随时纠正。

2)支撑及护壁

(1)挖孔施工应选择合适的孔壁支护类型,一般可采用木框架、竹篱、柳条、荆笆、预制混凝土或钢板制成的井圈支护,也可以采用现浇或喷射混凝土护壁。

(2)摩擦桩的临时性支撑及护壁,应在灌注混凝土时逐步拆除。无法拆除的临时性支护,不得用于摩擦桩。

(3)如以现浇或喷射混凝土护壁作为桩身的一部分时,须根据图纸规定或经监理工程师书面批准,且仅适用于桩身截面不出现拉力的情况。护壁混凝土的级别不得低于桩身混凝土的级别。

3)挖孔

(1)挖孔时,应注意施工安全。挖孔工人必须配有安全帽、安全绳,必要时应搭设掩体。提取土渣的吊桶、吊钩、钢丝绳、卷扬机等机具,应经常检查。井口围护应高出地面20~30cm,防止土、石、杂物落入孔内伤人。挖孔工作暂停时,孔口必须罩盖。挖孔时,如孔内的二氧化碳含量超过0.3%,或孔深超过10m时,应采用机械通风。

挖孔斜桩挖掘时容易坍孔,宜采用预制钢筋混凝土护筒分节下沉护壁。

(2)孔内岩石须爆破时,应采用浅眼爆破法,严格控制爆药用量,并在炮眼附近加强支撑和护壁,防止震塌孔壁。当桩底进入倾斜岩层时,桩底应凿成水平状或台阶形。孔内经爆破后,应先通风排烟、经检查无毒后,施工人员方可下井继续作业。

(3)挖孔达到设计深度以后,应清除孔底松土、沉渣、杂物。如地质复杂,应用钢钎探明孔底以下地质情况,并报经监理工程师复查认可后方可灌注混凝土。

(4)挖孔的允许偏差同钻孔灌注桩。

4)灌注混凝土

(1)混凝土及钢筋骨架的施工同钻孔灌注桩的要求。

(2)当自孔底及孔壁渗入的地下水的上升速度较小时,可不采用水下灌注混凝土桩的方法。混凝土施工时,应注意下列事项:

①混凝土坍落度,当孔内无钢筋骨架时,宜小于6.5cm;当孔内设置钢筋骨架时,宜为7~9cm。当用导管灌注混凝土时,导管应对准孔中心,混凝土在导管中自由坠落。开始灌注混凝土时,孔底积水不应超过5cm,灌注速度应尽可能加快,使混凝土对孔壁的侧压力尽快大于渗水压力,以防水渗入孔内。当用导管法灌注时,桩顶2m以下的混凝土可利用其自由坠落捣实,在此线以上的混凝土必须用振捣器捣实。

②孔内混凝土应尽可能一次连续灌注完毕,若施工缝不可避免时,应按有关规定及监理工程师要求进行处理,并应在施工缝设置上下连接钢筋。连接钢筋的截面积可按桩截面的1%设置。若在施工缝上设有钢筋骨架,则钢筋骨架的截面积可作为上述1%的配筋的一部分,若钢筋骨架的总截面积超过桩截面的1%,则可不设置连接钢筋。

③当自孔底及孔壁渗入的地下水的上升速度较大时,则应采用水下灌注混凝土桩的方法,要求用导管在水中灌注混凝土。灌注混凝土之前,孔内水位至少应与孔外地下水位同高,若孔壁土质易坍塌,应使孔内水位高于地下水位1~1.5m。水下混凝土应连续灌注,直至灌筑的混凝土顶面高出理论截面不小于80cm,以保证截切面以下的全部混凝土具有足够的质量。

4. 桩的垂直静荷载试验

对于采用就地灌注钻孔桩和挖孔桩的结构物,监理工程师可选择工程用桩做检验荷载试验以检验桩的承载力,承包人应在工地先对这些供试验的工程用桩施工。为检验荷载试验目的而选用的桩,其施工设备及施工方法应与要施工的主要的基桩所使用者相同,桩要做到如设计图所示深度。工地的其他桩,在先前的试桩完成且监理工程师认为满意以后,才能施工。

监理工程师也可要求在工地附近的其他指定地点进行破坏荷载试验。破坏荷载试验的目的是确定桩设计的合理性,这些试验应在任何工程用桩开始以前完成,且做到使监理工程师满意。破坏荷载试验用桩不得在以后作为工程用桩。

对就地灌注钻孔桩和挖孔桩是否做检验荷载和破坏荷载试验,由监理工程师根据具体情况考虑确定。

1)试验要求

(1)要做荷载试验的工程用桩,按设计图纸或由监理工程师指定,监理工程师至少在基桩施工开始前7天选定试桩。

(2)试验应在桩的混凝土强度达到设计等级后,才能进行。

(3)试验应按规定的程序进行,承包人应向监理工程师提交拟采用的荷载装置的详图请求批准。荷载装置应考虑逐渐施加荷载增量而不致使试桩震动。如批准的方法需要拉桩(锚桩),若方法可行,这些拉桩应与永久性桩同一形式和同一直径,且设在永久性的桩位上。

试桩桩顶高程在混凝土结硬以后应立即确定,且在荷载试验以前再加复核,以检验有无隆起现象。所有隆起的桩在试验前应用千斤顶压至原来的高程上。

2）桩的破坏荷载及检验荷载的试验标准

桩的检验荷载为两倍设计荷载。如果加载达到两倍设计荷载后总沉降量不超过40mm，且最后一级加载引起的沉降不超过前一级加载引起的沉降的5倍，沉降在24h内稳定，则该桩可予以验收。

如最后一级加载以后，桩的总沉降量等于或超过40mm，且本级荷载加载引起的沉降大于或等于前一级加载引起前一级加载引起沉降的5倍，或桩的总沉降量大于或等于40mm且本级荷载加载后，沉降经24h仍不稳定，则最后一级加载时总荷载为破坏荷载。

3）桩的荷载试验步骤

(1) 每级荷载增量约为预定的最大试验荷载的10%。

(2) 每级加载阶段，荷载应持续到沉降稳定。沉降观测在开始的第一小时内应每15min记录一次；第二小时内每30min记录一次；以后每小时观测一次。

(3) 每级加载的沉降量，在下列时间内如不大于0.1mm时，即可视为稳定。

如桩尖下为大块碎石类土、砂类土、坚硬黏性土，则时间为最后30min；如桩尖下为半坚硬和软塑黏性土，则时间为最后1h。

(4) 应分阶段卸载，其值相当于分阶段加载的两倍，如加载级为奇数，则第一级卸载量为分阶段加载级的三倍。卸载到零后，至少在2h内，每30min观测一次回弹量，如果桩尖下为砂类土，则开始30min内，每15min观测一次；如果桩尖下为黏性土，则开始1h内，每15min观测一次。

4）试桩成果及试桩的挖移或截断

(1) 承包人应在试桩试验完成后24h内，按规范及监理工程师要求，向监理工程师提交每根试桩完备的记录及数据分析。

(2) 不用于结构上的破坏荷载试验的试桩，在试验完成以后应挖移，或截断至完工后的地面、河床或最低冲刷线以下30cm。

三、沉井基础质量控制的要求

1. 沉井基础的分类

沉井基础根据下沉方式的不同可分为浮运沉井、就地制造下沉的沉井。根据使用的材料可分为混凝土沉井、钢筋混凝土沉井、竹筋混凝土沉井、钢沉井、砖沉井、木沉井。

根据外观情况可分为圆形、箱形、圆端形三类。

沉井一般由井壁、刃脚、隔墙、井孔、凹槽、封底及盖板等部分组成。

2. 沉井基础的质量控制要求

沉井在施工开始之前，必须报请监理工程师，以便监理工程师在施工时随时检查、验收。

(1) 制造沉井的场地必须具有足够的承载能力，支垫布置应满足设计要求及抽垫方便，第一节沉井下沉工作，应在井壁混凝土强度达到各阶段要求的强度后方可进行。

(2) 浮式沉井在下水、浮运前，应进行水密性试验，对水下基床进行检查，确认合格后才能就位落床。

(3) 沉井下沉过程中，应随时注意正位和垂直下沉，至少每下沉1m检查一次，并做好观测记录,发现偏位或倾斜应及时纠正。

(4)采用吸泥气幕方法下沉时应保持沉井内水位的一定高差,防止翻砂,合理安排井外弃土位置,尽量减少偏压。

(5)沉井接高时,各节的竖向中轴线与第一节竖向中轴线应相重合,接高前尽量纠正沉井的倾斜。

(6)当沉井下沉至设计高程后,应检查基底情况是否符合设计要求,必要时应由潜水工进行检查,并在填写记录经监理工程师检验后方可封底,水下封底混凝土应密实不漏水。

(7)各项施工记录齐全。

四、地下连续墙基础质量控制要求

地下连续墙基础适合作为地下挡土墙、挡水围堰,承受竖向和侧向荷载的桥梁基础和平面尺寸大、形状复杂的地下构造物及适用于除岩溶和地下承压水很高处的其他各类土层中施工。

地下连续墙可采用直线单元节段式施工,亦可采用桩排式施工方式。

1. 地下连续墙工程施工前的准备

(1)地下连续墙工程施工前必须具备工程地质资料、区域内障碍物资料、必要的试验资料等。

(2)在原有构造物附近施工前,承包人必须了解原有构造物结构及基础情况,如影响构造物的安全时,应对其研究并采取有效处理措施。

2. 地下连续墙导墙的施工控制及质量要求

导墙施工时,监理人员应重视其质量检查控制,确保导墙的平面轴线与地下连续墙轴线平行。

(1)用泥浆护壁挖槽构成的地下连续墙应先构筑导墙。导墙应能满足地下连续墙的施工导向、蓄积泥浆并维持其表面高度,支承挖槽机械设备和其他荷载,维护槽顶表土层的稳定和阻止地面水流入沟槽。

(2)导墙的材料、平面位置、形式、埋置深度、墙体厚度、顶面高度应符合设计文件要求。当设计文件未规定时,应符合以下要求:

①导墙宜采用钢筋混凝土材料构筑。混凝土强度等级不宜低于C20。

②导墙的平面轴线应与地下连续墙轴线平行,两导墙的内侧间距宜比地下连续墙体厚度大40~60mm。

③导墙形式根据土质情况可采用板墙形、匚形或倒L形。墙体厚度应满足施工要求。

④导墙底端埋入土内深度宜大于1m。基底土层应夯实,遇有特殊情况须妥善处理。导墙顶端应高出地面,遇地下水位较高时,导墙顶端应高于地下水位,墙后应填土与墙顶齐平,全部导墙顶面应保持水平,内墙面应保持竖直。

⑤导墙支撑应每隔1~1.5m距离设置。

(3)导墙施工除按照规范有关规定执行外,还应符合下列要求:

①导墙要求分段施工时,段落划分应与地下连续墙划分的节段错开。

②安装预制导墙块时,必须按照设计施工,保证连接处质量,防止渗漏。

③混凝土导墙在浇筑及养护时,重型机械、车辆不得在附近作业、行驶。

(4)地下连续墙导墙的质量标准

导墙平面轴线应与地下连续墙的平面轴线平行,允许偏差为10mm。导墙内墙面应竖直,顶面应水平。两导墙内墙面间的距离允许偏差为5mm,导墙顶面高程允许偏差为±10mm。

3.地下连续墙的施工要求

(1)地下连续墙的沟槽施工,应根据地质情况和施工条件选用能满足成槽要求的机具与设备。

(2)桩排式地下连续墙的主要施工工艺和技术要求可按桩基础有关规定执行。桩排间的土层可压注化学溶液或水泥浆予以加固和防渗透,并应符合相关规定的要求。

(3)槽壁式地下连续墙的沟槽开挖应符合下列要求:

①开挖前应按已划分的单元节段,决定各段开挖先后次序。挖槽施工开始后应连续进行,直到节段完成。

②槽孔宜分段建造,施工的相邻槽孔之间应留有足够的安全距离。

③成槽机械开挖一定深度后,应立即输入调制好的泥浆,并宜保持槽内泥浆面不低于导墙顶面300mm。配制优质泥浆,起到良好的护壁作用是成槽的关键,重复使用的泥浆若性质变化,应进行再生处理或舍弃。

④挖掘的槽壁及接头处应保持竖直。接头处相邻两槽段的挖槽中心线在任一深度的偏差值不得大于墙厚的1/3。槽底高度不得高于墙底设计高度。

⑤挖槽时应加强观测,如槽壁发生坍塌时,应查明原因,采取相应措施,妥善处理。对于严重大面积坍塌,应提出挖槽机械后,填入较好的黏质土,必要时可掺拌10%~20%的水泥,回填至坍塌处以上1~2m,待沉积密实后再进行挖掘。对局部坍塌,可加大泥浆相对密度和黏度,已坍入的土块宜清理后再继续挖掘。

⑥挖掘时如遇到槽沟偏斜等故障,应查明原因,采取措施,予以排除。

⑦槽段开挖达到槽底设计高程后,应对成槽质量进行检查,监理工程师验收合格后,方可进行下一工序清底、换浆。

⑧挖槽施工应做好施工记录,妥善处理废弃泥浆及钻渣,防止环境污染。

(4)槽段清底工作应在吊放接头装置之前进行。清底工序包括清除槽底沉淀的泥渣和置换槽中的泥浆,清底应按下列技术要求办理:

①清底之前应检测节段平面位置、横截面和竖面。如槽壁竖向倾斜、弯曲和宽度不足等超过允许偏差时,应进行修槽工作,使其符合要求。节段接头处应用刷子或高压射水清扫。

②清底工作宜根据设备条件采用抓斗排渣法、反循环泥浆泵排泥法、潜水电泵排泥法、空气升液排泥法等。

③清理槽底和置换泥浆工作结束1h后,应进行检验,槽底以上200mm处的泥浆相对密度不应大于1.15,槽底沉淀物厚度应符合设计要求,并报监理工程师审核。

(5)施工接头应符合设计要求,当设计无规定时,经监理工程师同意可按下列规定办理:

①对受力和防渗要求较小的施工接头,宜采用接头管式接头。当初期的单元节段开挖完成并清底后,应用起重机将钢制接头管竖直吊放入槽内,紧靠单元节段两端,接头管底端应插入槽底以下100~150mm,管长应略大于地下连续墙设计值。接头管可分节,于管内用销子连

接固定。管外平顺无突出物,管外径宜比墙厚小 50mm。此后可进行吊放钢筋骨架、灌注水下混凝土工序。

②对受力、防渗和整体性要求较大的接头装置宜采用接头箱式或隔板式接头。接头箱式吊放的钢筋骨架一端带有堵头板,堵头钢板向外伸出的水平钢筋可插入接头箱管中,灌注混凝土时,由堵头板挡住,使混凝土不流入接头箱管内。混凝土初凝后,逐步吊出接头箱管,先灌节段骨架的外伸钢筋可伸入邻段混凝土内。

③当地下连续墙设计与梁、承台或墩柱连接时,应于连接处设置结构接头。结构接头的形式应按照设计规定。施工时应在连接处按照设计文件埋设连接钢筋,待墙体混凝土灌注并凝固后,开挖墙体内侧土体,并凿去混凝土保护层,露出预埋钢筋。将其弯成所需形状,与后浇的梁、承台或墩柱的主钢筋连接。

(6)地下连续墙钢筋骨架的制作和吊放除应符合灌注桩钢筋骨架要求外,还应符合下列规定:

①钢筋骨架应根据设计图和单元节段的划分长度制作,并宜在工地的工作台上试装配成型,骨架中间应留出上下贯通的导管位置。

②吊放钢筋骨架时,必须使骨架中心对准单元节段中心,竖直不变形并准确地下放插入槽内,不得使骨架发生摆动。

③全部钢筋骨架入槽后,应固定在导墙上,并应使骨架顶端高度符合设计要求。

④当钢筋骨架不能顺利插入槽内时,应重新吊起,查明原因,解决后重新放入,不得强行压入槽内。

(7)灌注水下混凝土时,应符合下列要求:

混凝土拌和物应采用导管法灌注。单元节段长度小于或等于 4m 时,可采用 1 根导管灌注;单元节段长度超过 4m 时,宜采用 2 或 3 根导管同时灌注。采用多根导管灌注时,导管间净距不宜大于 3m,导管距节段端部不宜大于 1.5m。各导管灌注的混凝土拌和物表面高差不宜大于 0.3m。导管内径不宜小于 200mm。

4. 地下连续墙的质量标准

地下连续墙裸露墙面应平整,外轮廓线应平顺,无突变转折现象,允许偏差应符合表 4-9 的规定。

地下连续墙的允许偏差 表 4-9

项目	规定值或允许偏差
混凝土强度	在合格标准内
轴线位置(mm)	30
外形尺寸(mm)	0,+30
倾斜度	0.5%
顶面高程(mm)	±10
沉淀厚度	符合设计要求

五、地基处理

1. 一般规定

(1)地基处理应根据地基土的种类、强度和密度,结合现场情况,按照设计图纸和监理工程师要求,采取相应的处理方法。

(2)地基处理的范围至少应宽出基础之外0.5m。

(3)符合设计要求的细粒土、特殊土基底,修整妥善后,应尽快修建基础,不得使基底浸水和长期暴露。

(4)当地基需加固或现场开挖后地质情况与设计不符时,应按设计要求及有关规范执行。

2. 细粒土及特殊土地基的处理

属细粒土或特殊土类的饱和软弱黏土层、粉砂土层及湿陷性黄土、膨胀土和黏土及季节性冻土,强度低,稳定性差,处理时应视该类土的处治深度、含水率等情况,按基底的要求采取固结处理,以满足设计要求。

3. 粗粒土和巨粒土地基的处理

对于强度和稳定性满足设计要求的粗粒土及巨粒土基底,应将其承重面平整夯实,其范围应满足基础的要求。

基底有水不能彻底排干时,应将水引至排水沟,然后在其上修筑基础。

4. 岩层基底的处理

(1)风化的岩层,应挖至满足地基承载力要求或监理工程师的要求为止。

(2)在未风化的岩层上修建基础前,应先将淤泥、苔藓、松动的石块清除干净,并洗净岩石。

(3)坚硬的倾斜岩层,应将岩层面凿平。倾斜度较大、无法凿平时,则应凿成多级台阶。台阶的宽度宜不小于0.3m。

5. 多年冻土地基的处理

(1)基础不应置于季节冻融土层上,并不得直接与冻土接触。

(2)基础的基底修筑于多年冻土层(即永冻土)上时,基底之上应设置隔温层或保温层材料,且铺筑宽度应在基础外缘加宽1m。

(3)按保持冻结的原则设计的明挖基础,其多年平均地温高于或等于-3℃时,应于冬季施工;多年平均地温低于-3℃时,可在其他季节施工,但应避开高温季节,并应按下列规定处理:

①严禁地表水流入基坑。

②及时排除季节冻层内的地下水和冻土本身的融化水。

③必须搭设遮阳棚和防雨棚。

④施工前做好充分准备,组织快速施工。做好的基础应立即回填封闭,不宜间歇。必须间歇时,应以草袋、棉絮等加以覆盖,防止热量侵入。

(4)施工时,明水应在距坑顶10m之外修排水沟。水沟之水,应引至远离坑顶宣泄并及时排除融化水。

6. 溶洞地基的处理

(1)影响基底稳定的溶洞,不得堵塞溶洞水路。

(2)干溶洞可用砂砾石、碎石、干砌或浆砌片石及灰土等回填密实。

(3)基底干溶洞较大、回填处理有困难时,可采用桩基处理,桩基应进行设计,并经监理工程师或有关单位批准。

7. 泉眼地基的处理

(1)可将有螺口的钢管紧紧打入泉眼,盖上螺帽并拧紧,阻止泉水流出;或向泉眼内压注速凝的水泥砂浆,再打入木塞堵眼。

(2)堵眼有困难时,可将管子塞入泉眼,将水引流至集水坑排出或在基底下设盲沟引流至集水坑排出,待基础圬工完成后,向盲沟压注水泥浆堵塞。采用引流排水时,应注意防止砂土流失,引起基底沉陷。

(3)基底泉眼,不论采用何种方法处理,都不应使基底饱水。

8. 地基检验

1)检验内容

(1)检查基底平面位置、尺寸大小、基底高程。

(2)检查基底地质情况和承载力是否与设计资料相符。

(3)检查基底处理和排水情况是否符合要求。

(4)检查施工记录及有关试验资料等。

2)检验方法

按桥涵大小、地基土质(如溶洞、断层、软弱夹层、易溶岩等)复杂情况及结构对地基有无特殊要求,经监理工程师同意,可采用以下检查方法:

(1)小桥涵的地基检验:可采用直观或触探方法,必要时可进行土质试验。

(2)大、中桥和地基土质复杂、结构对地基有特殊要求的地基检验,一般采用触探和钻探(钻深至少4m)取样做土工试验,或按设计的特殊要求进行荷载试验。

(3)特大桥按设计要求处理。

3)基底平面位置和高程允许偏差

(1)平面周线位置不小于设计要求。

(2)基底高程:土质:±50mm;石质:+50mm,-200mm。

第三节 桥梁下部构造施工质量监理

桥墩和桥台,包括墩台身和墩台帽或盖梁等两项工程内容,通常称为下部构造。常用的墩台结构形式,有实体式墩、台,柱式墩、台,埋置式桥台,空心墩,Y形墩和薄壁墩以及索塔等。实体式墩、台包括以下两大类。

1. 重力式墩台

这类墩台的主要特点是靠自身重力来平衡外力而保持其稳定。因此,墩、台身比较厚实。

可以不用钢筋,而用天然石材、片石或混凝土砌筑。

2.轻型墩台

这类墩台的刚度小,受力后允许在一定的范围内发生弹性变形。所用的建筑材料大都以钢筋混凝土和少量配筋的混凝土为主,但也有一些轻型墩台,通过验算后,可以用石料砌筑。

一、浆砌石块及混凝土预制块墩台

1.一般要求

(1)砌块在使用前必须浇水湿润,表面如有泥土、水锈,应清洗干净。

(2)砌筑基础的第一层砌块时,如基底为岩层或混凝土基础,应先将基底表面清洗、湿润,再坐浆砌筑;如基底为土质,可直接坐浆砌筑。

(3)砌体应分层砌筑,砌体较长可分段分层砌筑,但两相邻工作段的高差一般不宜超过1.2m;分段位置宜尽量设在沉降缝或伸缩缝处,各段水平砌缝应一致。

(4)各砌层应先砌外圈定位行列,然后砌筑里层,外圈砌块应与里层砌块交错连成一体。砌体外露面镶面种类应符合设计规定,位于流冰或有严重漂流物河中的墩台,宜选用较坚硬的石料或高强度等级的混凝土预制块进行镶砌。砌体里层应砌筑整齐,分层应与外圈一致,应先铺一层适当厚度的砂浆再安放砌块和填塞砌缝。

砌体外露面应进行勾缝,并应在砌体时靠外露面预留深约2cm的空缝备作勾缝之用;砌体隐蔽面砌缝可随砌随刮平,不另勾缝。

(5)各砌层的砌块应安放稳固,砌块间应砂浆饱满、黏结牢固,不得直接贴靠或脱空。砌筑时,底浆应铺满,竖缝砂浆应先在已砌石块侧面铺放一部分,然后于石块放好后填满捣实。用小石子混凝土填塞竖缝时,应以扁钢捣实。

(6)砌筑上层砌块时,应避免振动下层砌块。砌筑工作中断后恢复砌筑时,已砌筑的砌层表面应加以清扫和湿润。

2.砂浆和小石子混凝土

(1)砌体所用砂浆或小石子混凝土的材料配合比,应经试拌试验决定。水灰比不应大于0.65。砂浆应有适当的和易性及稠度,当用标准圆锥体沉入度表示时其值为5~7cm。小石子混凝土的坍落度应为5~10cm。

(2)砌石和勾缝所用的砂浆或小石子混凝土强度等级应按设计规定。砂浆可用人工或机械拌和。人工拌和砂浆时,应将砂和水泥在干净、不漏水的槽内彻底拌和,直至拌和物颜色均匀,然后加干净水,其加入量应能使拌和物形成结实的可塑体。机械拌和砂浆应在监理工程师认可的拌和机内进行,其拌和时间不少于1.5min。砂浆或小石子混凝土拌和后2~3h内应使用完毕,不允许加水重塑。

(3)在铺筑砂浆或用作砂浆的小石子混凝土时,应遵守有关气候和温度的规定。

(4)水泥砂浆及小石子混凝土的取样和试验。

除监理工程师另有指示外,重要及主体砌筑物,不同等级及不同配合比的水泥砂浆及小石子混凝土,每工作班分别各制取工作试件(每组试件,水泥砂浆取6个70.7cm×70.7m×70.7mm立方体,小石子混凝土取3个150mm×150mm×150mm立方体)。一般及次要砌筑物,每工作班取一组试件。

一组砂浆试样的强度为该组试样6个试件28d抗压极限强度的平均值。砂浆的抗压强度试验应按规范进行。

砂浆试样强度应符合以下要求:

①同一等级的各组砂浆试样的平均强度(MPa)应不低于图纸规定的砂浆等级。

②任一组试件的强度应不低于图纸规定的砂浆等级的75%。

3. 片石砌体

(1)片石应分层砌筑,宜以2~3层砌块组成一工作层,每一工作层的水平缝应大致找平。各工作层竖缝应相互错开,不得贯通。

(2)外圈定位行列和转角石,应选择形状较为方正及尺寸较大的片石,并长短相间地与里层砌块咬接;砌缝宽度一般不应大于4cm,用小石子混凝土砌筑时,可为3~7cm。

(3)较大的砌块应使用于下层,安砌时应选取形状及尺寸较为合适的砌块,尖锐突出部分应敲除。竖缝较宽时,应在砂浆中塞入小石块,不得在石块下面用高于砂浆砌缝的小片石支垫。

4. 块石砌体

(1)块石砌体应成行铺砌,并砌成大致水平层次。镶面石应按一丁一顺或一丁二顺砌筑。任何层次石块应与邻层石块搭接至少8cm。砂浆砌筑缝宽应不大于3cm。

(2)帮衬石及腹石的竖缝应相互错开,砂浆砌筑平缝宽度不应大于3cm,竖缝宽度不应大于4cm;当用小石子混凝土砌筑时,砌缝不大于5cm。

5. 粗料石及混凝土预制块砌体

砌筑前,应先计算层数并选好料,砌筑时应严格控制平面位置和高度。镶面石应一丁一顺排列,砌缝应横平竖直。砌缝宽度,粗料石不应大于20mm,混凝土预制砌块不应大于10mm;上下层竖缝错开距离不小于100mm,同时在丁石的上层或下层不宜有竖缝。砌体里层为浆砌块石时,按块石浆砌的技术要求办理。

6. 石、混凝土预制块砌体检查项目

石、混凝土预制块砌体检查项目见表4-10和表4-11。

浆砌片石基础检查项目　　　　表4-10

检查项目	规定值或允许偏差	检查项目		规定值或允许偏差
砂浆强度(MPa)	在合格标准内	顶面高程(mm)		±30
轴线偏位(mm)	25	基底高程(mm)	土质	±50
平面尺寸(mm)	±50		石质	-200~50

墩台身砌体检查项目　　　　表4-11

检查项目		规定值或允许偏差
砂浆强度(MPa)		在合格标准内
断面尺寸(mm)	片石	-10~40
	块石镶面	-10~30
	粗料石、混凝土预制块镶面	-10~20

续上表

检查项目		规定值或允许偏差
竖直度或坡度	片石	0.5%
	块石、粗料石、混凝土预制块镶面	0.3%
顶面高程(mm)		±10
轴线偏位(mm)		20
大面积平整度(mm)	片石	30
	块石镶面	20
	粗料石、混凝土预制块镶面	10

二、混凝土墩台

1. 基础及墩、台

（1）浇筑基础混凝土前,应将地基进行清理使符合图纸要求。当基底为干燥地基时,应将地基润湿。如果是岩石地基,在湿润后,先铺一层厚 2～3cm 的水泥砂浆,并在其凝结前浇筑第一层混凝土。

（2）一般基础及墩、台混凝土应在整个平截面范围水平分层进行浇筑。当截面过大、不能在前层混凝土初凝或能重塑前浇筑完成次层混凝土时,可分块进行浇筑。

（3）采用滑升模板浇筑墩、台混凝土时,应符合下列规定：

①宜采用低流动度或半干硬性混凝土。

②浇筑应分层分段进行,各段应在浇筑到距模板上口不少于 10～15cm 的位置时停止。

③应采用插入式振捣器振捣。

④为加快模板提升时间,可掺入一定数量的早强剂。

⑤在滑升中须防止千斤顶或油管接头在混凝土或钢筋材料上漏油。

⑥每一整体结构的浇筑应连续进行,若因故中断,应按施工缝处理。

⑦混凝土脱模时的强度宜为 0.2～0.5MPa,脱模后如表面有缺陷时,应及时予以修补。

（4）除上述步骤外,监理工程师可以拒收任何明显有缺陷的混凝土,或在试验后拒收任何不符合规范要求的混凝土。

任何混凝土不符合上述规定者,或有缺陷且其位置对结构将有不能容忍的有害影响时,应将其除去,并代以合格混凝土。替代的混凝土应遵照规定进行生产和验收,移去和重新浇筑混凝土,其费用由承包人承担。

2. 柱

（1）除非监理工程师另有指示,墩柱混凝土应在一次作业中浇筑完成。混凝土墩柱应在浇筑完成最少24h 后才允许浇筑盖梁混凝土,但图纸上另有注明者除外。

（2）若采用滑升模板施工,应符合上述规定,当为排柱式墩台,各立柱的浇筑进度应保持一致。

3. 质量标准

混凝土质量标准应满足规范的要求。检查项目见表 4-12～表 4-16 所示。

基础检查项目　　　　　　　　　　　　　　　　表 4-12

检 查 项 目		规定值或允许偏差
混凝土强度(MPa)		在合格标准内
平面尺寸(mm)		±50
基础高程(mm)	土质	±50
	石质	−200~50
基础顶面高程(mm)		±30
轴线偏位(mm)		25

承台检查项目　　　　　　　　　　　　　　　　表 4-13

检 查 项 目	规定值或允许偏差	检 查 项 目	规定值或允许偏差
混凝土强度(MPa)	在合格标准内	顶面高程(mm)	±20
尺寸(mm)	±30	轴线偏位(mm)	15

墩、台身检查项目　　　　　　　　　　　　　　表 4-14

检 查 项 目	规定值或允许偏差	检 查 项 目	规定值或允许偏差
混凝土强度(MPa)	在合格标准内	轴线偏位(mm)	10
断面尺寸(mm)	±20	大面积平整度(mm)	5
竖直度或斜度(mm)	0.3%H 且不大于 20	预埋件位置(mm)	10
顶面高程(mm)	±10		

注:H 为墩柱式墩壁高度。

柱式墩及双壁墩检查项目　　　　　　　　　　　表 4-15

检 查 项 目	规定值或允许偏差
混凝土强度(MPa)	在合格标准内
相邻间距(mm)	±15
竖直度(mm)	0.3%H 且不大于 20
墩顶高程(mm)	±10
轴线偏位(mm)	10
断面尺寸(mm)	±15

注:H 为墩柱式墩壁高度。

墩、台帽或盖梁检查项目　　　　　　　　　　　表 4-16

检 查 项 目	规定值或允许偏差
混凝土强度(MPa)	在合格标准内
断面尺寸(mm)	±20
轴线偏位(mm)	10

续上表

检 查 项 目		规定值或允许偏差
支座处顶面高程(mm)	简支梁	±10
	连续梁	±5
	双支座连续梁	±2
支座位置(mm)		5
预埋件位置(mm)		5

第四节 桥梁工程上部构造施工质量监理

公路桥梁上部构造是跨越山谷、河流连接路基的主要承重部分,常用的有梁板式、拱式等结构形式。梁板式桥的截面形式有矩形板、空心板、肋形梁、箱形梁、组合箱梁和桁架梁等。拱式桥的截面形式有板拱、薄壳拱、肋拱、双曲拱、箱形拱、桁架拱和刚架拱等。桥梁上部构造的施工工艺分为两大类:板、梁的现浇施工和板、梁的预制及安装。在施工过程中,监理工程师的监理工作要点如下。

一、模板、拱架和支架

模板应不漏浆,符合结构尺寸、线形及外形,并且有足够的刚度以防浇筑混凝土时有明显挠度。拱架和支架应具有足够的刚度,能承受所加的荷载并使结构在线形及外形方面符合图纸要求。

1. 模板、拱架和支架的设计

(1)承包人在制作模板、拱架和支架前14天,向监理工程师提交模板、拱架和支架的施工图、内力及预计挠度计算书,经监理工程师批准后才能制作和架设。监理工程师的批准及制作、架设过程中的检查,并不能免除承包人对此应负的责任。

(2)模板、拱架和支架的挠度及预拱度:

结构外露表面的模板,其挠度不应超过1/400跨径;结构隐蔽表面的模板,其挠度不应超过1/250跨径。当结构自重和汽车荷载(不计冲击力)产生的向下挠度超过跨径的1/1600时,钢筋混凝土梁、板、拱的底模板应设预拱度,预拱度值等于结构自重和1/2汽车荷载(不计冲击力)所产生的挠度。纵向预拱做成抛物线或圆曲线。跨度大于20m的预应力简支梁,应按图纸或监理工程师指示设置反拱。

(3)支架的杆件挠度应不大于无支长度的1/400。支架的基础预期沉降及接缝压缩预估值不应超过25mm。

(4)拱架和支架的预拱度应考虑下列因素:
①脚手架承受施工荷载后引起的弹性变形。
②超静定结构由于混凝土收缩及徐变而引起的挠度。
③由于杆件接头的挤压和卸落设备的压缩而产生的塑性变形。

④脚手架基础在受载后的塑弹性沉降。

⑤梁、板、拱的底模板的预拱度设置。

2. 模板、拱架和支架的制作和架设

(1)混凝土外露面的模板应采用下列材料之一:胶合板、锯材,至少一个侧面及两个边刨光;金属、玻璃纤维、粗面木材衬以胶合板或金属板。

(2)梁及墩台帽的凸出部分应做成倒角或削边,以便脱模,并按图纸所示或监理工程师指示,在结构物的某些部位设置凸条或凹槽的装饰线。

(3)在模板内的金属连接件或锚固件,应至少在距混凝土表面25mm深处将其拆卸或截断,且不损伤混凝土。混凝土表面处所留空洞应用水泥砂浆填塞,表面应坚固、光滑、平整,颜色均匀。

(4)充气胶囊作空心构件内芯模时,应遵守以下规定:

①充气胶囊在使用前应经过检查,不得漏气,安装时应有专人检查钢丝头,钢丝头应弯向内侧,胶囊涂刷隔离剂。每次使用后,应妥善存放,防止污染、破损及老化。

②从开始浇筑混凝土到胶囊放气时止,其充气压力应保持稳定。

③浇筑混凝土时,为防止胶囊上浮和偏位,应采取有效措施加以固定,并应对称平衡地进行浇筑。

④胶囊放气时间应经过试验确定,以混凝土强度达到胶囊放气后构件不致引起变形为宜。

⑤充气胶囊芯模在工厂制作时,应规定充气变形值,保证制作误差不大于设计规定的误差要求。

⑥木芯模使用时应防止漏浆和采取措施便于脱模。应控制好拆芯模时间,过早易造成混凝土坍落,过晚拆模困难。应根据施工条件通过试验确定拆除时间。

⑦钢管芯模应由表面匀直、光滑的无缝钢管制作,混凝土终凝后,即可将芯模轻轻转动,然后边转动边拔出。

(5)模板内应无污物、砂浆及其他杂物。以后要拆除的模板,应在使用前彻底涂以脱模剂。脱模剂或其他相当的代用品,应使混凝土能易于脱模并不变色。

(6)当所有和模板有关的工作做完,待浇混凝土构件中所有预埋件亦安装完毕,应经监理工程师检查认可后,才能浇筑混凝土。这些工作应包括清除模板中所有污物、碎屑物木屑以及其他杂物。

(7)除非监理工程师的批准,拱架和支架不得支承于除基础以外的结构物的任何部分。

(8)在拱架和支架中应设有合适的千斤顶或楔块,以便用于调整在浇筑混凝土以前或浇筑混凝土时支架的沉降。拱架建造应使落架缓慢且均匀。梁桥中支撑桥面板及悬出部分脚手架的设计,应使在浇筑桥面混凝土时,梁和桥面板模板间无明显不均匀沉降。

(9)在浇筑混凝土及砌筑拱圈过程中,承包人应随时测量和记录拱架和支架的沉降量。在监理工程师同意下,必要时可将发生过度沉降的拱架和支架的底脚顶起。

3. 模板、拱架和支架的拆卸

(1)承包人应在拟定拆模时间的24h以前,向监理工程师报告拆架建议,并应取得监理工程师同意。

(2)由于拆模不当而引起混凝土损坏,其修补费用应由承包人承担。

(3)不承重的侧模,应在混凝土强度能保证混凝土表面及棱角不损坏的情况下方可拆除,一般在混凝土抗压强度达到2.5MPa时方可拆除侧模。

(4)承重模板、拱架和支架,应在混凝土强度能承受自重时方可拆除,一般跨径不超过3m的梁和板应达到混凝土设计等级的50%,跨径超过3m为70%。

(5)石或混凝土预制块拱桥,须待砂浆强度达到图纸要求才能卸架,如图纸无规定,一般须达到砂浆设计等级的70%。跨径小于10m的拱桥,在拱上建筑完成后卸架。中等跨径实腹式拱,在护拱完成后卸架。空腹式拱,在拱上建筑立墙完成后卸架。裸拱卸架需事先进行验算。

(6)支架和拱架的卸落应分几个循环卸完,卸落量开始宜小,以后逐渐增大,卸落时纵向应对称均衡,横向应同时一起卸落。

(7)卸落拱架时,应用仪器观测拱圈挠度和墩台变位情况,并做好记录供监理工程师核查。

二、混凝土、钢筋混凝土现浇施工

1. 钢筋混凝土梁在支架上浇筑

(1)浇筑梁体混凝土时,一般宜按梁的全部横断面斜向分段、水平分层地连续浇筑。上层与下层前后浇筑距离应不小于1.5m,每层浇筑厚度当用插入式或附着式振捣器振捣时,不宜超过30cm。

若箱梁体不能一次浇筑完成、需分二次浇筑时,第一次浇筑到梁的底板的承托顶部以上30cm,第一次和第二次浇筑的时间应间隔至少24h。在第二次浇筑前,应检查脚手架有无收缩和下沉,并打紧各楔块,以保证最小的压缩和沉降。

悬出的承托及悬出板的底面,一般应在离外缘不大于15cm处设一10mm深的V形滴水槽以阻止水流污染混凝土表面,除非监理工程师另有指示。

(2)简支梁桥上部构造的混凝土浇筑,一般应由墩、台两端开始向跨中方面同时进行。如果采用分层浇筑,也可从一端开始。无论采用何种方式,均应一次浇筑完成。

(3)一般跨径的悬臂梁桥混凝土浇筑,应从跨中向两端墩台进行,其邻跨悬臂应从悬臂向墩台进行。悬臂梁桥吊梁的混凝土,应在悬臂梁混凝土强度达到设计等级的70%后再行浇筑。

(4)跨径较大的简支梁以及在基底刚性不同的支架上浇筑连续梁或悬臂梁,为防止支架不均匀沉降引起混凝土开裂,可按下列方法之一进行:

①加快浇筑作业,使全梁混凝土在最初浇筑的混凝土初凝前浇筑完毕。

②在支架预加等于架身重力的荷载,使支架充分变形。预加荷载于混凝土浇筑过程中逐步撤除,预压后的支架高程与设计不符时,应进行调整。

③将梁分成数段,按适当顺序分段浇筑,以消除支架沉降不均匀的影响。

(5)浇筑前,承包人应向监理工程师送交拟采用方法的详细内容和说明,包括静力计算和图纸,得到监理工程师批准之后方可开始工作。

2. 混凝土、钢筋混凝土拱在支架上浇筑

跨度小于16m的拱圈或拱肋，应全宽度自两端拱脚向拱顶对称地连续浇筑，并在混凝土凝结前全部完成。跨度大于或等于16m的拱圈或拱肋，应沿拱跨方向分段浇筑。分段接缝位置，拱式拱架设置在拱架受力反弯点、拱架节点、拱顶及拱脚处；满布式拱架设置在拱顶、1/4跨径、拱脚及拱架节点处。各段接缝面应与拱轴线垂直，各分段处应预留间隔槽，其宽度为50～100cm，且应满足钢筋接头要求。

分段浇筑时，各段混凝土应一次连续浇筑完成，如因故中断，应做垂直于拱轴线的施工缝。间隔槽混凝土应在分段混凝土强度达到设计等级的70%后浇筑，接合面应按施工缝处理。拱顶及两拱脚的间隔槽混凝土在最后封拱时浇筑。

大跨度拱圈混凝土采用分环分段浇筑时，混凝土浇筑程序应通过计算确定，并得到监理工程师的批准。

拱上建筑混凝土应在封拱间隔槽混凝土强度达到设计等级的30%方可浇筑，浇筑应按施工设计程序进行，一般由拱脚至拱顶，对称、均衡地进行。立柱底座应与拱圈或拱肋同时浇筑。立柱应从底到顶一次浇筑完成，再浇横梁。两伸缩缝间的桥面板应一次浇筑完成。

3. 质量标准

1）一般要求

（1）除非监理工程师另有批准，混凝土及混凝土材料的试验均需按规定的试验标准进行。

（2）所有取样及试验应在监理工程师在场的情况下由承包人进行。

（3）试验应在监理工程师批准的试验室进行，必要时可送到独立的试验室进行试验，其试验费用均由承包人承担。

（4）混凝土及原材料的取样及试验按《公路工程水泥及水泥混凝土试验规程》（JTG E30—2005）的规定执行。

2）结构物的检查

检查项目见表4-17～表4-19。

就地浇筑梁（板）检查项目　　　　　　表4-17

检 查 项 目	规定值或允许偏差
混凝土强度（MPa）	在合格标准内
断面尺寸（mm）	−5～8
长度（mm）	−10～8
纵轴线偏位（mm）	10
平整度（mm）	8
支座板平面高程（mm）	2

就地浇筑箱形梁检查项目   表4-18

检查项目		规定值或允许偏差
混凝土强度(MPa)		在合格标准内
纵轴线偏位(mm)		10
顶面高程(mm)		±10
断面尺寸(mm)	高度	−10~5
	顶宽	±30
	顶、底、腹板厚	0~10
长度(mm)		−10~0
平整度(mm)		8

就地浇筑拱圈检查项目   表4-19

检查项目		规定值或允许偏差
混凝土强度(MPa)		在合格标准内
轴线偏位(mm)	板拱	10
	肋拱	5
内弧线偏离设计弧线(mm)	跨径≤30m	±20
	跨径>30m	±1/1500 跨径
断面尺寸(mm)	宽、高	±5
	顶、底、腹板厚	0~10
拱肋间距(mm)		5

三、混凝土、钢筋混凝土预制构件

1. 预制构件

预制场地应平整、坚实、清洁,应采取排水措施,防止场地沉降。每个预制块件应一次浇筑完成,不得间断。

采用平卧重叠法浇筑混凝土时,下层构件顶面应设隔离层;上层构件须待下层混凝土强度达到设计等级的30%以上后,方可浇筑。

在空心板的筒模周围浇筑混凝土时,应采取措施使筒模不致移位,混凝土应分两层浇筑,底层浇至筒模的圆心处,并振捣使之沉积,而后在下层混凝土仍有足够塑性时尽快浇筑上层混凝土,用振捣器使上下层混凝土结合。

腹板底部为扩大断面的T形梁或I形梁。应先浇筑其扩大部分并振实,再浇筑其上部腹板。

U形梁式拱肋,宜一次浇筑完成。首先浇筑底板至底板承托的顶面,待上述混凝土沉实后,再浇筑腹板。

连续箱梁梁段的浇筑,应先浇底板,振捣密实后,再行浇筑腹板。腹板浇筑可分段分层进行,亦可由一端向另一端逐步推进,并及时振捣。腹板浇筑完毕即可浇筑顶板,顶板亦可在腹板浇筑到一定长度后与腹板交叉进行。

为加速模板周转,小型构件可采用干硬性混凝土,以下述方法进行预制。

(1)翻转模板法。构件浇筑并振实后,连同模板反转,然后脱去模板,立即进行混凝土表面修抹。

(2)在移动式底模上或平整的地面上浇筑混凝土,振动时应于表面加压,增加振动时间,然后短时间内拆模,修整混凝土边角。

2. 与铁路相交而采用顶入法施工的箱涵

在预制钢筋混凝土箱涵时,其技术要求及质量检验标准均应符合有关规范。

3. 预制构件的安装

预制构件的起吊、运输、装卸和安装时的混凝土强度应符合图纸规定,一般不低于预制构件混凝土设计等级的70%。对于预应力混凝土梁,应通过与梁相同的混凝土制成的且与梁同一条件下养护的混凝土立方体试件,表明梁的抗压强度达到图纸规定的抗压强度,且至少达到14d龄期,才能装运。预应力混凝土预制构件孔道内的水泥浆强度,应符合图纸规定,如图纸无规定时,应不低于预制构件混凝土设计等级的55%,且不低于20MPa。

装卸、运输及储存预制构件时,其位置应正立,顶面朝上。支承点应接近于构件最后放置的位置的情况。用于制作预制构件的吊环钢筋,只允许采用未经冷拉的Ⅰ级热轧钢筋。

预制构件的起吊、运输、装卸和安装过程中的应力应始终小于设计应力。

在起吊、运输、装卸和安装过程中由承包人损坏的任何预制构件均应由承包人自费修复或更换,直至监理工程师满意为止。

在桥墩、支柱或桥台混凝土未达到图纸规定强度,或设计等级的80%(当图纸未规定时),以及其他方面未经监理工程师许可时,不得架设预制构件。

分段拼装的预制构件,除图纸有规定外,其接合用的混凝土的等级应不低于预制构件的设计等级。

预制构件安装就位,并经监理工程师检查认可后,才允许浇筑接合用的混凝土或焊接。

构件应在正式起吊安装前进行满载或超载的起吊试验,以检验起吊设备的可靠性,进一步完善操作方法。

1)简支梁、板的安装

(1)安装前应对墩、台支座垫层表面及梁底面清理干净,支座垫石应用符合要求的水泥砂浆抹平,使其顶面高程符合图纸规定,水泥砂浆在预制构件安装前必须进行养护,并保持清洁。

(2)板式橡胶支座上的构件安装温度应按图纸规定,活动支座上的构件安装温度及相应的支座上、下部分的纵向错位(如有必要)应按图纸规定。对于非桥面连续简支梁,当图纸未规定安装温度时,一般在5~20℃的温度范围内安装。

(3)预制梁就位后,应妥善支承和支撑,直到就地浇筑或焊接的横隔梁强度足以承受荷载。支承系统图纸应在架梁开始之前报请监理工程师批准。

(4)简支架、板的桥面连续设置,应符合图纸要求。

(5)预制板的安装直至形成结构整体前,各个阶段都不允许板式支座出现脱空现象,并应逐个进行检查。

2)箱形连续梁的安装

(1)箱形梁段的移运、搭设临时支架、安装顺序、浇筑梁段接头混凝土等施工细节,承包人应至少在安装施工前28d报监理工程师批准。

(2)箱形梁段移运时的吊点位置应按图纸规定。如图纸无规定时,一般采用两点吊运。对于上下面有相同配筋的等截面直杆构件,吊点位置可设在距端头$0.21L$处(L为构件长),或根据配筋情况经计算确定。

(3)浇筑梁段接头混凝土搭设的临时支架,应进行认真检查,确保牢固可靠,支架高程应予严格控制。施工过程中,应防止支架下沉,如有发生,应立即采取措施,及时调整。

(4)两相邻梁段的接头钢筋,焊接后应经监理工程师检查,确认符合焊接要求后,方可浇筑梁段接头混凝土。

(5)接头混凝土的强度等级不得低于梁段的混凝土强度等级,一般宜较梁段混凝土提高一级,待接头混凝土强度达到图纸规定要求后,方可拆除临时支架。

3)拱肋及拱上建筑的安装

(1)拱肋移运、装卸、安装等的施工细节,承包人应至少在施工前28d报送监理工程师批准。

(2)拱肋的移运应按图纸要求或监理工程师指示,同时应遵守下列各点:

①拱肋采用两点吊运,吊点位置应使吊点高于构件重心,可设在距拱肋端头$0.22L \sim 0.24L$处(L为吊运的拱肋长度)。

②当拱肋较长或曲率较大,可采用3点或4点吊运,各吊点受力应均匀,吊点位置应按图纸规定。若图纸无规定,当采用3点吊时,除跨中一点外,其余两吊点可设在距端头$0.1L$处。当采用4点吊时,第一吊点可设在距拱肋端头$0.17L$处,第二吊点设在距端头$0.37L$处,4个吊点左右对称(L为吊运的拱肋长度)。

(3)拱肋的安装,可采用少支架或无支架施工方法。

少支架施工,支架的架设和拆卸的技术要求,除应满足前述有关规定外,还应符合下列规定:

①当拱肋接头混凝土、拱板混凝土及拱肋横向连接构件混凝土的强度达到设计等级的70%或满足图纸规定后,方可开始卸架;为避免一次卸架突然发生较大变形,可在主拱安装完成时(包括拱板浇筑完成时)分两次或多次卸架,使拱圈及台、墩逐次成拱受力。

②卸架前,承包人应对主拱圈混凝土质量、拱轴线的坐标尺寸、卸架设备、气温引起拱圈变化、台后填土等进行全面检查。卸架时应观测拱圈挠度和墩台变位情况。

③承包人须在卸架前取得监理工程师的书面批准后,方可进行卸架。

无支架施工:

①拱肋吊装时,除拱顶段外,每段拱肋应各采取一组扣索悬挂。扣索固定在扣架上,扣架设在墩台顶上。扣架底部应固定,其顶部应设置风缆。

②各段拱肋应设置风缆,其布置与安装应符合:每对风缆与拱肋轴线水平投影的夹角,一般不宜小于50°;拱肋分3段或5段拼装时,至少应保持2根基肋设置固定风缆,拱肋接头处应加横向连接;固定风缆应待全孔合龙、横向连接构件混凝土强度满足图纸要求后或经监理工程

师同意后,才可撤除;在河流中设置风缆时,必须采取可靠的防护措施,防止风缆受到碰撞。

(4)多孔拱桥施工时,应按图纸所示的程序自桥台或制动墩起逐孔吊装。施工时桥墩承受的单向推力,应尽量减少到图纸规定的允许范围内。

(5)拱肋及拱板的合龙温度应符合图纸规定,如图纸无规定,宜在气温接近年平均温度(一般在 5~15℃)时进行。

(6)拱上建筑的施工:拱上构造的立柱或横墙的基座,承包人在施工前应对其位置和高程进行复测检查。基座与拱的连接应牢固。大跨径拱桥拱上构造的吊装安砌应根据施工验算并结合施工观测进行,使施工过程中的拱轴线与设计拱轴线尽量接近。中、小跨径拱桥拱上构造,一般可由拱脚至拱顶对称吊装、安砌。

(7)拱上腹拱圈施工时,应注意腹拱圈所产生的推力对立柱或横墙的影响;相邻腹拱的施工进度应大致平衡。

4)预应力混凝土连续梁的顶推安装

(1)顶推施工前应根据主梁长度、设计顶推跨度、桥墩能承受的水平推力、顶推设备和滑动装置等条件,在单点顶推法或多点顶推法中选择适宜的顶推方式。采用多点顶推必须确保同步。顶推施工方案及细节,承包人应在顶推施工前至少 28d 报监理工程师批准。

(2)水平千斤顶的实际总顶推力,不应小于计算顶推力的 2 倍,墩台顶上水平千斤顶的台背必须坚固,应能抵抗顶推时的总反力。在顶推过程中,各桥墩的纵向位移值不得超过图纸规定。

(3)当水平千斤顶顶推一个行程,用竖向千斤顶将梁顶高以便拉回滑块时,其最大顶升高度不得超过图纸规定。如图纸无规定时,不得超过 10mm。

(4)主梁被顶推前进时,如梁的中线偏离较大,应用导梁装置纠偏。

(5)顶推时,若导梁杆件有变形或螺丝松动,导梁与主梁连接处有变形或混凝土开裂等,应立即停止顶推,进行处理。梁段中未压浆的预应力筋的锚具如有松动,亦应停止顶推,并将松动的锚具重新张拉、锚固。

(6)顶推时至少应在两个墩上设置保险千斤顶,如遇到滑移故障用千斤顶处理时,起顶的反力值不得大于计算反力的 1.1 倍,起顶高度不得大于 10mm。

(7)全梁顶推到图纸规定位置后,首先应按图纸规定的张拉顺序,对补充的预应力筋进行张拉、锚固、压浆。将供顶推用的临时预应力筋按图纸规定的顺序予以拆除。张拉、拆除作业时应注意安全,防止损坏混凝土和相邻锚具。

(8)落梁前应拆除墩、台上的滑动装置和导梁。拆除时各支点宜均匀顶起,其顶力应按图纸所示支点反力控制,相邻墩各顶点的高差不得大于 5mm,同墩两侧梁底顶起高差不得大于 1mm。

(9)落梁时,应根据图纸规定的顺序和每次下落量进行,同一墩、台的千斤顶应同步运行。

(10)在整个顶推施工过程中,应注意观测墩台和临时墩在承受荷载时产生的竖直、水平位移、主梁和导梁控制截面的挠度及其变化、滑动装置的静摩擦系数和动摩擦系数,并随时作好记录,整理报告监理工程师。如发现超过规定限值,应分析原因,采取措施纠正。

5)钢筋混凝土立交箱涵的顶入

采用顶入法施工的立交箱涵,在施工过程中,其施工工艺、技术要求及质量标准等均应符合有关规范。

四、预应力混凝土

1. 后张法预应力混凝土的浇筑

1）一般要求

(1) 模板、钢筋、管道、锚具和预应力钢筋经监理工程师检查并批准后，方可浇筑混凝土。

(2) 预应力结构混凝土的浇筑及养生应符合下列要求：

①浇筑混凝土时，应保持锚塞、锚圈和垫板位置的稳固。

②在混凝土浇筑和预应力钢筋张拉前，锚具的所有支承表面（如垫板）应加以清洗。

③拌和后超过45min的混凝土不得使用。

④简支梁梁体混凝土应水平分层，一次浇筑完成。箱形梁梁体混凝土，应尽可能一次浇筑完成，梁体较高时，若分二次或三次浇筑完成，第一次浇筑应浇至底板承托顶部以上30cm，而后按腹板、顶板、翼板的次序浇筑。

⑤为避免孔道变形，不允许振捣器触及套管。

⑥梁式空心板端部锚固区及预制构件，为了保证混凝土密实，应当使用外部振捣器加强振捣，且集料尺寸不要超过两根钢筋或预埋件间距的一半。

⑦混凝土立方体强度尚未达到15~20MPa时，不得拆除模板。

⑧混凝土养生时，对为预应力钢束所留的孔道应加以保护，严禁将水和其他物质灌入孔道，并防止金属管生锈。

2）预应力混凝土梁的悬臂浇筑

(1) 如梁体与桥墩非刚性连接，悬臂浇筑梁体混凝土时，应先将墩顶梁段与桥墩临时固定。

(2) 悬臂浇筑时桥墩两侧的浇筑进度应尽量做到对称、均衡。桥墩两侧的梁体和施工设备的重力差及相应的在桥墩两侧产生的弯矩差，应不超过图纸规定。承包人应向监理工程师送一份拟采用的施工方法的说明、图纸、静力及变形计算的资料。

(3) 悬臂浇筑用挂篮，在已完成的梁段上前移时，后端应有压重稳定或采用其他可靠的稳定措施。浇筑混凝土时，挂篮后端应锚固于已完成的梁段上。挂篮前移及在其上浇筑混凝土时，抗倾覆稳定系数应不小于1.5。

(4) 悬臂浇筑开始前，应对挂篮进行质量检查，做载重试验以测定各构件变形量，并尽可能消除非弹性变形，并对悬臂浇筑的预拱度提供数据。

(5) 悬臂浇筑前，待浇筑段的前端底板高程和桥面板高程应根据挂篮前端垂直挠度、各施工阶段的弹、塑性挠度（包括待浇及后浇各梁段的重力、预应力、混凝土的收缩与徐变、施工设备荷载、桥面系恒载、体系转换引起的挠度）及1/2静活载挠度，设置预拱度。

(6) 浇筑梁段混凝土自前端开始向后浇筑，在浇筑的梁段根部与前一浇筑段接合。前后两段的模板的接缝应紧密接合。

(7) 连续梁各跨合龙段的合龙，一般自两边跨向中跨进行。自桥端至合龙跨的所有支座均为活动支座。在合龙段合龙时，合龙段的两端应予临时固定并施加必要的预应力，临时固定装置应能承受上述活动支座的摩阻力。

(8)连续刚构桥合龙段两端的临时固定装置及墩身,应能承受合龙段浇筑时段内的温度变化影响力及截面温差影响力。

(9)合龙段合龙前应在合龙段两端的悬臂上加压重,并于浇筑混凝土过程中逐步撤除,使悬臂挠度保持稳定。合龙段的施工,在两端临时固定完成后应尽快在短时间内完成,混凝土浇筑应在一天中最低温度进行。

(10)合龙段混凝土可掺加必要的早强剂和减水剂。全合龙段混凝土在浇筑完成后应加强养生,在达到图纸要求张拉强度后,尽早张拉预应力筋。

3)预应力混凝土梁在支架上浇筑

(1)在支架上浇筑混凝土时,应根据混凝土的弹性和非弹性变形及支架的弹性和非弹性变形设置施工预拱度。

(2)全部混凝土宜在最初浇筑的混凝土初凝前浇筑完。若跨径较大,混凝土数量较多,不能在最初浇筑的混凝土初凝前浇筑完,应考虑新浇混凝土对已初凝混凝土的影响或设置工作缝,或按适应顺序分段浇筑。

(3)箱形梁段混凝土若分次浇筑,应先浇底板至承托顶部以上30cm,其次腹板,最后浇筑顶板及翼板。混凝土浇筑完成并初凝后,应即开始养生。

(4)除非监理工程师批准,混凝土的强度未达到图纸规定值之前,不得拆除支架。

4)顶推预应力混凝土连续梁的预制

(1)承包人应于预应力混凝土连续梁预制、顶推作业开始之前28天,将全部施工程序和细节报监理工程师审查批准。

(2)预制场地设在桥台后面桥轴线上的引道或引桥上,其长度应考虑梁段悬出时反压的长度、梁段预制长度、导梁拼装长度和机具设备材料进入预制作业线长度,宽度应考虑梁段两侧施工作业的需要。预制场地上空宜搭设作业棚,其长度宜大于2倍预制梁段的长度。作业棚应注意防火。

(3)预制台座的地基或引桥的强度,刚度和稳定性应符合图纸要求,并做好台座地基的防水、排水设施以防沉降。在荷载作用下,台座顶面最大变形不应大于2mm。

(4)台座轴线应与桥梁轴线的延长线重合,台座的纵坡应与桥梁的纵坡一致。台座的施工允许偏差如下:

①中线偏差不大于5mm。

②相邻两支承点上台座中滑移装置的纵向顶面高程差±2mm。

③同一个支承点上滑移装置的横向顶面高程差±1mm。

④台座(包括滑移装置)和梁段底模板顶面高程差±1mm。

(5)梁段预制时,应严格控制截面尺寸、底面平整度和梁端部的垂直度,严格控制钢筋、预应力筋的孔道位置及预埋件位置和混凝土浇筑质量,采取措施提高混凝土的早期强度,缩短顶推周期。

(6)有关梁段预应力筋的布置及张拉、梁段间预应力筋的连接、临时预应力筋的拆卸等,均应严格按图纸规定、预应力筋及混凝土的施工作业技术要求、规定办理。

2. 后张法预应力的施工

1)一般要求

(1)承包人在张拉开始前,应向监理工程师提交详细说明、图纸、张拉应力和延伸量的静力计算,请求审核。

(2)承包人应选派富有经验的技术人员指导预应力张拉作业。所有操作预应力设备的人员,应通过设备使用的正式训练。

(3)所有设备应至少每间隔两个月进行一次检查和保养。

(4)预应力张拉中,如发现下列任何一种情况,张拉设备应重新进行校验:

①张拉过程,预应力钢丝经常出现断丝时。

②千斤顶漏油严重时。

③油压表指针不回零时。

④调换千斤顶油压表时。

2)施工要求

(1)除非另有书面允许,张拉工作应在监理工程师在场时进行。

(2)当气温下降到5℃以下且无保温措施时,禁止进行张拉作业。

(3)预应力钢筋在张拉前应做检查,保证它们在管道内移动自由。

(4)最少应有一组浇筑梁体的混凝土试块达到图纸规定的传递预应力的混凝土强度,才允许进行张拉;图纸无规定时,混凝土强度应不低于设计等级的75%。张拉力应按图纸规定。

(5)预应力张拉应从两端同时进行,除非监理工程师同意采用另外的方式。

(6)当仅从一端张拉时,应精确量测另一端的回缩量,并从千斤顶量测的伸长值中适当给予扣除。

(7)控制张拉力为锚固前锚具内侧的拉力。在确定千斤顶的拉力时,应考虑锚具摩阻损失及千斤顶内摩阻损失。这些增加的损失以采用的预应力系统及通过现场测验而定,但一般对钢绞线为3%的千斤顶控制张拉力,对钢丝为5%千斤顶控制张拉力。

3)张拉步骤

(1)除非图纸内有规定或监理工程师另有指示外,张拉程序如表4-20。

后张法预应力钢筋张拉程序 表4-20

预应力筋		张拉程序
钢筋、钢筋束		0→初应力→1.05σ_{con}(持荷2min)→σ_{con}(锚固)
钢绞线束	对于夹片式等具有自锚性能的锚具	普通松弛力筋 0→初应力→1.03σ_{con}(锚固) 低松弛力筋 0→初应力→σ_{con}(持荷2min 锚固)
	其他锚具	0→初应力→1.05σ_{con}(持荷2min)→σ_{con}(锚固)
钢丝束	对于夹片式等具有自锚性能的锚具	普通松弛力筋 0→初应力→1.03σ_{con}(锚固) 低松弛力筋 0→初应力→σ_{con}(持荷2min 锚固)
	其他锚具	0→初应力→1.05σ_{con}(持荷2min)→0→σ_{con}(锚固)
精轧螺纹钢筋	直线配筋时	0→σ_{con}→初步锚固→0→σ_{con}(持荷2min 锚固)
	曲线配筋时	0→σ_{con}(持荷2min)→0(上述程序可反复几次)→初应力→σ_{con}(持荷2min 锚固)

注:1. 表中σ_{con}为张拉时的控制应力,包括预应力损失值。

2. 两端同时张拉时,两端千斤顶升降压、划线、测伸长、插垫等工作应基本一致。

3. 梁的竖向预应力筋可一次张拉到控制应力,然后持荷5min 后测伸长和锚固。

4. 超张拉数值超过规定的最大超张拉应力限值时,应按该条规定的限值进行张拉。

(2)预应力钢筋张拉后,应测定预应力钢筋的回缩与锚具变形量。对于锥形锚具,其值不得大于6mm,对于夹片式锚具,不得大于5mm。如果大于上述允许值,应重新张拉,或更换锚具后重新张拉。

(3)预应力钢筋的断丝、滑丝不得超过表4-21规定,如超过限制数,应进行更换,如不能更换时可提高其他束的控制张拉力作为补偿,但最大张拉力不得超过千斤顶额定能力,也不得超过钢绞线或钢丝的标准强度的80%;对于工地冷拉钢筋,不超过其屈服强度的95%。

预应力钢筋断丝滑移限制数　　　　表4-21

类 别	检 查 项 目	控 制 数
钢丝束和钢绞线束	每束钢丝断丝或滑丝	1根
	每束钢绞线断丝或滑丝	1丝
	每个断面断丝之和不超过该断面钢丝总数的比例	1%
单根钢筋	断筋或滑移	不允许

注:1.钢绞线断丝指单根钢绞线内钢丝的断丝。
　　2.超过表列控制数时,原则上应更换;当不能更换时,在许可的条件下,可采取补救措施,如提高其他束预应力值,但须满足设计上各阶段极限状态的要求。

(4)当计算延伸量时,应根据试样或试验证书确定的弹性模量。

(5)在张拉完成以后,测得的延伸量与预计延伸量之差应在6%以内,否则监理工程师可指示采取以下的若干步骤或全部步骤:

①重新校准设备。
②对预应力材料做弹性模量检验。
③放松预应力钢筋重新张拉。
④预应力钢筋用润滑剂以减少摩擦损失。仅水溶性油剂可用于管道系统,且在压浆前清洗掉。
⑤原先如仅一台千斤顶张拉,可改为两端用两台千斤顶张拉。
⑥监理工程师指示的其他方法。
⑦监理工程师可要求按照规范规定进行摩擦损失试验。

(6)当监理工程师认为预应力张拉满足要求后,预应力钢筋应预锚固。放松千斤顶压力时应避免振动锚具和钢筋。

(7)预应力钢筋在监理工程师认可后方可截割露头。锚具的凹座应按图纸所示,用水泥砂浆封闭。

4)记录及报告

每次预应力张拉以后,如监理工程师要求,应将下列数据抄录给监理工程师:

(1)每个测力计、压力表、油泵及千斤顶的鉴定号。
(2)测量预应力钢筋延伸量时的初始拉力。
(3)在张拉完成时的最后拉力及测得的延伸量。
(4)千斤顶放松以后的回缩量。
(5)在张拉中间阶段测量的延伸量及相应的拉力。

3. 先张法预应力混凝土的施工

(1)任何先张法工作开始前,承包人应向监理工程师提交先张法的建议,包括拟采用的预应力张拉台、横梁及各项张拉设备。预应力张拉台须有足够强度和刚度,抗倾覆系数不小于1.5,抗滑系数不小于1.3。横梁须有足够的刚度,受力后挠度不应大于2mm。

(2)先张法预应力张拉,除图示或监理另有指示外,张拉程序如表4-22所示。

先张法预应力钢筋张拉程序 表4-22

预应力筋种类	张 拉 程 序
钢筋	$0 \rightarrow$ 初应力 $\rightarrow 1.05\sigma_{con}$(持荷2min)$\rightarrow 0.9\sigma_{con} \rightarrow \sigma_{con}$(锚固)
钢丝、钢绞线	$0 \rightarrow$ 初应力 $\rightarrow 1.05\sigma_{con}$(持荷2min)$\rightarrow 0 \rightarrow \sigma_{con}$(锚固) 对于夹片式等具有自锚性能的锚具: 普通松弛力筋 $0 \rightarrow$ 初应力 $\rightarrow 1.03\sigma_{con}$(锚固) 低松弛力筋 $0 \rightarrow$ 初应力 $\rightarrow \sigma_{con}$(持荷2min锚固)

注:1. 表中σ_{con}为张拉时的控制应力值,包括预应力损失值。
    2. 超张拉数值超过规定的最大超张拉应力限值时,应按该条规定的限制张拉应力进行张拉。
    3. 张拉钢筋时,为保证施工安全,应在超张拉放至$0.9\sigma_{con}$时安装模板、普通钢筋及预埋件等。

(3)当用先张法张拉钢筋的温度低于10℃时,钢筋延伸量计算应考虑从张拉开始到混凝土初凝时钢筋温度的增加的因素。当测得预应力钢筋的温度低于5℃时,未得监理工程师许可,不得施加预应力。

(4)同时张拉多根钢筋时,应抽查钢筋的预应力值,其偏差的绝对值不得超出按一个构件全部钢筋预应力总值的5%。

(5)当混凝土达到图纸所规定强度时,荷载应逐渐传递给混凝土,而且要求混凝土与钢筋不互相隔离。放松荷载的次序应图纸所示,然后预应力钢筋端部应截断到与混凝土表面平齐,并涂一层认可的防腐剂。图纸未作规定时,预应力钢筋放松时混凝土的强度应不低于设计等级的75%。

(6)所有构件应标以不易擦掉的记号,记录制造的生产线,浇筑混凝土的日期及张拉日期,标记的位置应在工程完工及构件置于最终位置以后,不致暴露于外。

4. 孔道压浆

1)压浆设备

(1)水泥浆拌和机应能制备具有胶稠状的水泥浆。水泥浆泵应可连续操作,对于纵向预应力管道,能以$0.5 \sim 0.7$MPa的恒压作业;对于竖向预应力钢筋管道,能以$0.3 \sim 0.4$MPa的恒压作业。

(2)水泥浆泵应是活塞式的或排液式的,水泥浆泵及其吸入循环应是完全密封的,以避免气泡进入水泥浆内,它应能在压浆完成的管道上保持压力,且装有一个喷嘴,该喷嘴关闭时,导管中无压力损失。

(3)压力表在第一次使用前及此后,监理工程师需要时应加以校准。所有设备在压浆操作中至少每3h用清洁水彻底清洗一次,每天使用结束时,也应清洗一次。

2)压浆

(1)水泥浆应由精确称量的不低于42.5硅酸盐水泥或普通硅酸盐水泥和水组成。水灰比一般在0.4~0.45之间,所用水泥龄期不超过一个月。

(2)可将经监理工程师认可的减水剂掺入水泥浆混合料中,其掺入量百分比以试验确定,且须经监理工程师同意。掺入减水剂的水泥浆水灰比可减到0.35,其他掺入料仅在监理工程师的书面许可下才可使用。含有氯化物和硝酸盐的掺料不应使用。

(3)水泥浆的最大泌水率不应超过3%,拌和后3h泌水率应小于2%,24h后泌水应重新被吸收。

(4)水泥浆内可掺入膨胀剂,例如铝粉,铝粉约为水泥用量的0.01%(通过试验)。掺入膨胀剂后,水泥浆不受约束的膨胀应不超过10%。

(5)水泥浆的拌和应首先将水加入拌和机内,再放入水泥。当这些充分拌和以后再加入掺加料。掺加料内的水分应计入水灰比内。拌和应至少2min,直至达到均匀的稠度为止。任何一次投配满足1h的使用即可。稠度应在14~18s之间。

(6)水泥浆的泌水率及稠度测试按《公路桥涵施工技术规范》(JTG/T F50—2011)的规定执行。

(7)当监理工程师认为必要时,应进行压浆试验。

(8)在压浆前,吹入无油分的压缩空气清洗管道。然后用含有0.01kg/L生石灰或氢氧化钙的清水冲洗管道,直到松散颗粒除去及清水排出。管道再以无油的压缩空气吹干。

(9)压浆时,每一工作班应留取不少于3组试样,标准养生28天,检查其抗压强度作为水泥浆质量评定依据。

(10)当气温或构件温度低于5℃时,不得进行压浆。水泥浆温度不得超过32℃。

(11)管道压浆应尽可能在预应力钢筋张拉完成和监理工程师同意压浆后尽早进行,一般不得超过14天。在一个连续的操作中,水泥浆应自管道的最低点注入,并且使水泥浆自出气孔流出,直到流出的稠度达到注入的稠度。当有几个低点时,监理工程师可指示在各低点注入,使水泥浆不致发生向下流。管道应充满水泥浆。简支梁的管道压浆,应自梁一端注入,而在另一端流出,流出的稠度须达到规定的稠度。

(12)出气孔应在水泥浆的流动方向一个接一个地封闭,注入管在压力下封闭直至水泥浆凝固。压注满浆的管道应进行保护,使其在一天内不受振动,待监理工程师同意,且在管道中注入水泥浆后48h内的混凝土温度不低于5℃。当白天气温高于35℃时,压浆宜在夜间进行,在压浆两天后应检查注入端及出气孔的水泥浆密实情况,需要时进行处理。

(13)承包人应具有完备的压浆记录,包括每个管道的压浆日期、水灰比及掺加料、压浆的压力、试块强度、障碍事故细节及需要补做的工作。这些记录的抄送件应在压浆后三天内送交监理工程师。

五、钢悬索桥及斜拉桥的施工

(一)钢悬索桥的施工控制

1. 锚碇

(1)重力式锚碇基础施工除必须按明挖地基有关规定执行外,还必须注意以下问题:

①基坑开挖时应沿等高线自上而下分层开挖,在坑外和坑底要分别设置排水沟和截水沟,防止地面水流入并积留在坑内从而引起塌方或基底土层破坏。原则上应采用机械开挖,开挖时应在基底高程以上预留 150~300mm 土层,采用人工清理,不要破坏基底结构。如采用爆破方法施工,应使用如预裂爆破等小型爆破法,尽量避免对边坡造成破坏。

②对于深大基坑边坡处理,应采取边开挖边支护措施以保证边坡稳定。支护方法应根据地质情况采用。

(2)重力式锚碇锚固体系施工。

①型钢锚固体系可按下列规定进行:

a. 所有钢构件安装均应按照钢桥要求进行。

b. 锚杆、锚梁制造时必须严格按设计要求进行抛丸除锈、表面涂装和无破损探伤等工作。出厂前应对构件连接进行试拼,其中应包括锚杆拼装、锚杆与锚梁连接、锚支架及其连接系平面试装。

c. 锚杆、锚梁制作及安装精度应符合要求。

②对预应力锚固体系可按下列规定进行:

a. 预应力张拉与压浆工艺必须经监理工程师审查,除需严格按照设计与预应力混凝土结构的要求进行外,锚头要安装防护套,并注入保护性油脂。

b. 加工件必须进行超声波和磁粉探伤检查。

c. 预应力锚固系统施工精度应符合要求。

(3)重力式锚碇锚体混凝土施工。

①大体积混凝土的施工,承包人经监理工程师批准可采取下列措施进行温度控制,防止混凝土开裂。

a. 采用低水化热品种的水泥。对于普通硅酸盐水泥应经过水化热试验比较后方可使用。

b. 采用下列方法降低水泥用量、减少水化热:掺入质量符合要求的粉煤灰和缓凝型外掺剂,粉煤灰用量一般为水泥用量的 30%~40%;混凝土可按 60d 的设计强度进行配合比设计。

c. 降低混凝土入仓温度。可对砂石料加遮盖,防止日照;采用冷却水作为混凝土的拌和水等。

d. 在混凝土结构中布置冷却水管,混凝土终凝后开始通水冷却降温。设计好水管流量、管道分布密度和进水温度,使进出水温差控制在 10℃ 左右,水温与混凝土内部温差不大于 20℃。

②大体积混凝土施工时应注意以下问题:

a. 大体积混凝土应采用分层施工,每层厚度可为 1~1.5m,应视混凝土浇筑能力和降温措施而定。后一层混凝土浇筑前需对已浇好的混凝土面进行凿毛、清除浮浆,确保混凝土结合面黏结良好。层间间歇宜为 4~7 天。

b. 根据锚碇的结构形式、大小等采取分块施工,块与块之间预留湿接缝,槽缝宽度宜为 1.5~2m,槽缝内宜浇筑微膨胀混凝土。

c. 每层混凝土浇筑完后应立即遮盖塑料薄膜减少混凝土表面水分挥发,当混凝土终凝时可掀开塑料薄膜在顶面蓄水养生。当气温急剧下降时需注意保温,并应将混凝土内表温差控制在 25℃ 以内。

(4)隧道式锚碇在隧道开挖时应采用小型爆破,并不得损坏周围岩体。开挖后应正确支护并进行锚体灌筑。

(5)隧道式锚碇混凝土施工应符合以下要求:

①锚体混凝土必须与岩体结合良好,宜采用自密实型微膨胀混凝土,确保混凝土与拱顶基岩紧密黏结。

②洞内应具备排水和通风条件。

2. 索塔

(1)塔基、混凝土塔身施工应按相关规定进行。

(2)塔顶钢框架的安装必须在索塔上系梁施工完毕后方能进行。

(3)索塔施工完成后,应测定裸塔倾斜度、塔顶高程及索塔中心线里程,并做好沉降、变位观测点标记。在塔顶位置预留主索鞍钢隔栅安装槽口。

(4)塔施工精度应符合表4-23的要求。

索塔施工精度要求 表4-23

项 目	规定值或允许偏差(mm)
混凝土强度	在合格标准内
塔柱底水平偏位	10
倾斜度	塔高的1/3000,且不大于30或设计要求
断面尺寸	±20
系梁高程	±10
索鞍底板面高程	+10,-0
预埋件位置	符合设计要求

3. 施工猫道

(1)猫道形状及各部尺寸应满足主缆工程施工的需要。猫道面层高程到被架设的主缆底面距离沿全长宜保持一致,宜为1.3~1.5m;猫道净宽宜为3~4m,扶手高宜为1.50m。上、下游猫道间宜设置若干条人行通道,以增强抗风稳定性。

(2)猫道承重索可用钢丝绳或钢绞线。设计时充分考虑猫道自重及可能作用其上的其他荷载,承重索的安全系数不小于3.0。猫道宜设抗风缆,确保其稳定性。

(3)采用钢丝绳做承重索时,须进行预张拉消除非弹性变形。预张拉荷载不得小于各索破断荷载的1/2,保持60min,进行两次。测长和标记在温度稳定的夜间进行。承重索按被指定的长度切断以后,其端部灌铸锚头,锚头顶面需与承重索垂直,并对锚头进行静载检验,以策安全。

(4)架设时总的原则是做到对称施工,边跨与中跨作业平衡,减少对塔的变位的影响,控制裸塔塔顶变位及扭转在设计允许范围内。猫道承重索架设后要进行线形调整,应预留500mm以上的可调长度,各根索的跨中高程相对误差宜控制在±30mm之内。承重索在边跨与中跨应连续架设。

(5)猫道面层宜由阻风面积小的两层大、小方格钢丝网组成。

(6)猫道面层从塔顶向跨中、锚碇方向铺设,并且上、下游两幅猫道要对称、平衡地进行。铺设过程中设牵引及反拉系统,防止面层下滑失控而出现事故及卡环、与猫道承重索卡死的现象。

(7)中跨、边跨猫道面的架设进度,要以塔的两侧水平力差异不超过设计要求为准。在架设过程中须监测塔的偏移量和承重索的垂度。

(8)抗风缆采用钢丝绳时,使用前应进行预张拉。抗风缆架设时宜按先内侧后外侧的架设顺序进行。架设前须先与有关部门联系,设置通航标志,保证航道安全。

(9)加劲梁架设前,须将猫道改吊于主缆上,然后解除猫道承重索与塔和锚碇的联结,以利施工控制。

(10)主缆防护工程完成以后,可进行猫道拆除工作。拆除时严禁伤及吊索、主缆和桥面。

4.主缆工程

(1)索股牵引应符合下列规定:

①牵引过程中应对索股施加反拉力。

②牵引最初几根时,宜压低牵引速度,注意检查牵引系统运转情况,对关键部位进行调整后方能转入正常架设工作。

③牵引过程中发现绑扎带连续两处被切断时,应停机进行修补。监视索股中的着色丝,一旦发生扭转,须采取措施加以纠正。

④牵引到对岸,在卸下锚头前须把索股临时固定,防止滑移。索股后端宜施加反拉力。

⑤索股两端的锚头引入锚固系统前,须将索股理顺,对鼓丝段进行梳理,不许将其留在锚跨内。

⑥索股横移时,须将索股从猫道滚筒上提起,确认全跨径的索股已离开猫道滚筒后,才能横向移到索鞍的正上方。横移时拽拉量不宜过大,任何人不允许站在索股下方。

(2)索股锚头入锚后进行临时锚固。为便于夜间调整线形,应给索股设置一定的抬高量(一般为200~300mm),并做好编号标志。

(3)索股线形调整应按下列要求执行:

①垂度调整须在夜间温度稳定时进行。温度稳定的条件为:

长度方向索股的温差$\triangle t \leqslant 2℃$;横截面索股的温差$\triangle T \leqslant 1℃$。

a.绝对垂度调整(即对基准索股高程的调整):应测定基准索股下缘的高程及跨长,塔顶高程及变位,主索鞍预偏量,散索鞍预偏量,主缆垂度和高程、气温、索股温度等值后经计算决定其调整量。基准索股高程必须连续3天在夜间温度稳定时进行测量,3次测出结果误差在容许范围内时取3次的平均值作为该基准索股的高程。

b.相对垂度调整:一般索股相对于基准索股的垂度调整,按与基准索股若即若离的原则进行调整。

②垂度调整精度标准如下:

索股高程允许误差为基准索股中跨跨中$\pm L/20000$(L为跨径)。

边跨跨中为中跨跨中的2倍。

上下游基准索股高差为10mm。

一般索股(相对于基准索股)为-5mm,10mm。

(4)索力的调整以设计提供的数据为依据,其调整量应根据调整装置中测力计的读数和锚头移动量双控确定。其精度要求为实际拉力与设计值之间的允许误差为设计锚固力的3%。

(5)紧缆工作须分两步进行,即预紧缆和正式紧缆。

①预紧缆应在温度稳定的夜间进行。预紧缆时宜把主缆全长分为若干区段分别进行,以免钢丝的松弛集中在一处。索股上的绑扎带采用边紧缆边拆除的方法,不宜一次全部拆除。预紧缆完成处必须用不锈钢带捆紧,保持主缆的形状,不锈钢带的距离可为5~6m,预紧缆目标空隙率宜为26%~28%。

②正式紧缆宜用专用的紧缆机把主缆整成圆形,其作业可以在白天进行。正式紧缆的方向宜向塔柱方向进行。当紧缆点空隙率达到设计要求时,在靠近紧缆机的地方打上两道钢带,其间距可取100mm,带扣放在主缆的侧下方。紧缆点间的距离约1m。

③正式紧缆质量控制:

a. 空隙率须满足设计要求,空隙率偏差为±2%。

b. 不圆度(即紧缆后主缆横径与竖径之差)不宜超过主缆设计直径的5%。

(6)主缆防护。

①主缆防护应在桥面铺装完成后进行。

②防护前必须清除主缆表面灰尘、油污和水分等污物,临时覆盖,待对该处进行涂装及缠丝时再揭开。

③主缆涂装应按涂装设计进行。

④缠丝工作宜在二期恒载作用于主缆之后进行,缠丝材料以选用软质镀锌钢丝为宜。缠丝工作应由电动缠丝机完成。

⑤钢丝缠绕应密贴,缠丝张力应符合设计要求。

5. 索鞍

1)索鞍安装

(1)安装索鞍时必须满足高空吊装重物的安全要求,选择在白天晴朗时连续完成工作。

(2)索鞍安装时应根据设计提供的预偏量就位,加劲梁架设、桥面铺装过程中按设计提供的数据逐渐顶推到永久位置。顶推前应确认滑动面的摩阻系数,严格掌握顶推量,确保施工安全。

(3)索鞍安装精度见表4-24和表4-25。

主索鞍安装精度实测项目　　　　表4-24

项　目	规定值或允许偏差(mm)
纵向最终偏差	符合设计要求
横向偏位	10
高程	+20,-0
四角高差	2

散索鞍安装实测项目　　　　表4-25

项　目	规定值或允许偏差(mm)
纵、横向偏位	5
高程	±5
角度	符合设计要求

6. 索夹与吊索

1) 索夹安装

(1) 索夹安装前,须测定主缆的空缆线形,提交给设计及监控单位,对原设计的索夹位置进行确认。然后在温度稳定时在空缆上放样定出各索夹的具体位置并编号,清除索夹位置处主缆表面的油污及灰尘,涂上防锈漆。

(2) 索夹在运输和安装过程中应注意保护,防止碰伤及损坏表面。

(3) 索夹安装方法应根据索夹结构形式、施工设备和施工人员经验确定。当索夹在主缆上精确定位后,即紧固索夹螺栓。

(4) 紧固同一索夹螺栓时,须保证各螺栓受力均匀,并按三个荷载阶段(即索夹安装时、钢箱梁吊装后、桥面铺装后)对索夹螺栓进行紧固,补足轴力。索夹位置要求安装准确,纵向误差不应大于10mm。记录每次紧固的数据存档,并交大桥管理部门备查。

2) 吊索安装

(1) 运输、安装过程中保证吊索不受损伤。

(2) 安装时须采取措施,防止吊索扭转。

7. 加劲梁

1) 加劲钢箱梁制作

(1) 全焊加劲钢箱梁的制造,加劲钢桁架梁的制造可按钢桥制造中的有关规定执行。

(2) 零部件加工。

①零部件加工精度应符合施工图及工艺文件的要求。

②零部件边缘的加工,应优先选用精密切割。

③边缘加工后,必须将边缘刺屑清除干净,磨去飞刺、挂渣及波纹,还应将崩坑等缺陷部位磨修匀顺。

④零件应根据零件预留加工量及平直度要求,加工端边。已有孔(或锁口)的零件按孔(或锁口)中心线定位加工边缘。

⑤按设计要求需要刨(铣)加工的零件,刨(铣)边时应避免油污污染钢料,加工面的表面粗糙度 Ra 不大于 $25\mu m$,顶紧加工面与板面垂直度偏差应小于 $0.01t$(t 为板厚)且不得大于 $0.3mm$。

(3) 板件、部件及节段组装。

①组装:

a. 组装前应熟悉施工图和工艺文件,核对编号及图纸无误后方可组装。

b. 板件、部件及节段组装应在专用平台或胎架上进行,使用专用夹具或马板进行固定,并按工艺要求施放余量或补偿量,在确保产品组装精度、控制焊接变形的条件下应尽量使用夹具,减少使用马板的数量。

c. 松开马板约束时,必须采用火焰切割的方式进行,并将约束部位修磨匀顺。

d. 桥面板、桥底板纵、横对接焊缝应带产品试板,对产品试板进行拉伸试验及焊缝热影响区低温冲击试验。产品试板数量为桥面板、桥底板纵向对接焊缝每10条带1块产品试板,横向对接焊缝每5条焊缝带1块产品试板。

e. 组装合格后的板块或部件,应在规定部位打上编号钢印。

f. 组装精度应满足设计要求。

②焊接:

焊接的施工和检验应符合钢桥焊接的要求。

③试拼装:

a. 钢梁应按拼装图进行厂内试拼装,试拼不少于3个节段,按架梁顺序进行试拼装。

b. 试拼装前,应认真做好各项准备工作,仔细检查试拼装胎位、工具、仪器及吊具是否完好和安全可靠。

c. 依据设计图及工艺文件核对每个零件、部件、梁段,不允许使用未经检验或不合格的零部件及梁段参加厂内试拼装。

d. 每次试拼按有关规定进行检测,其结果应有详细的记录,首次由工厂技术负责主管组织鉴定,其余各次由工厂检验部门检验确认合格后方可进行下道工序。

④成品:

a. 成品梁段基本尺寸允许偏差应符合表4-26的要求。

b. 钢梁成品应由工厂检验部门进行全面检查、验收,并与业主委派的监理工程师共同确认,合格后方可填发产品合格证。

c. 成品移交用户时,工厂应提供下列文件:

产品合格证;完工图;工厂内试拼装记录;焊缝重大修补检验记录。

梁段验收允许误差　　　　　　　　　　　表4-26

项目		允许误差(mm)
名称	范围	
跨度(L)	L为三段试装时最外两吊点的中心距(m)	$\pm(5+0.15L)$
	分段时两吊点中心距	± 2
全长	分段累加总长	± 20
	分段长	± 2
盖板宽	盖板单元纵向有对接时的盖板宽	± 1
	箱梁段的盖板宽	± 3
旁弯	桥面中心线在平面内的偏差,L为三段试装长度(m)	$3+0.1L$,最大12
	单段箱梁	≤ 5
拱度	L为跨度或试装匹配时三段的长度(m)	超过的 $+\begin{cases}3+0.15L\\最大12\end{cases}$ 不足的 $-\begin{cases}3+0.15L\\最大6\end{cases}$
工地对接板面高低差	安装匹配件后板面高差	≤ 1.5

2)钢箱梁安装

(1)待索夹、吊索安装完毕并做好以下前期准备工作后方可进行吊装:

①对桥下地形及河床进行探测,根据实际情况进行清理。

②潮汐河段须掌握桥位区海域水文情况,了解该处潮汐变化规律。
③完成施工组织设计,并经监理工程师审定。
④确定吊装期间封航和航道运输管理方案。
⑤应充分掌握有关气象资料,特别是突发性风情预报,并做好防范措施。
⑥起重机安装就位,并完成各项设备安装及检查工作。

(2)吊装方法可根据以下情况选定:
①如能将梁段运至吊点位置处,可采用垂直起吊法架设。
②因河床的限制,梁段不能运至吊点正下方时,可在起重机偏位后将梁段垂直起吊,然后纵向牵引箱梁就位。

(3)吊装过程必须严格遵守高空作业及水上作业的安全规定。应观察索塔变位情况,根据设计要求和实测塔顶位移分阶段调整索鞍偏移量,以保证工程质量和施工安全。

安装前应确定安装顺序,一般可以从中跨跨中对称地向两边进行,安装完一段跨中梁段后,再从两边跨对称地向索塔方向进行。各工作面上,吊装第二节段起须与相邻节段间预偏一定间隙(0.5~0.8m),至指定高程后牵拉连接,避免吊装过程与相邻节段发生碰伤,影响吊装工作顺利进行。安装合龙段前,必须根据实际的合龙长度,对合龙段长度进行修正。

(4)调试和定位。

在节段吊装过程中应对箱梁节段接头进行测试,并随时拧紧定位临时螺栓。当节段吊装超过一定数量时,跨中段的挠度曲线趋于平缓,接近设计要求,此时可对该接头进行定位焊。随着节段吊装的增加,其他节段的挠度曲线将逐渐趋于平缓,其他节段接头也将就位,可实施定位焊。

(5)工地焊接。

工地焊接应做工艺评定,并严格按工地焊接工艺进行工地焊接。

工地焊缝焊接前应用钢丝砂轮进行焊缝除锈,并在除锈后24h内进行工地焊接。焊接前应检查接头坡口、间隙和板面高低差是否符合要求,同时检查环境是否满足工地焊接的环境要求,如不满足应采取措施。接头焊接时,应注意温度变化对接头焊接的影响。安装时须有足够数量的固定点并保证足够的强度。当工地焊缝形成并具有足够的刚度和强度时,方能解除安装固定点,防止焊缝裂纹及接口处错边量超差。为控制变形,应对施焊顺序进行控制,横向施焊顺序宜从桥面中轴线向两侧焊接,并尽量做到对称施焊。

工地焊接接头应进行100%的超声波探伤,其中抽其30%进行X光探伤拍片检查,当有一片不合格时则对该焊缝进行100%的X光拍片。

(6)工地涂装。
①工地焊接后应按防腐设计要求进行表面处理。
②工地焊接的表面补涂油漆应在表面除锈24h内进行,分层补涂底漆和面漆,并达到设计的漆膜总厚度。
③根据技术文件的要求,工地焊接完成后,应按涂装工艺文件的要求涂箱外装饰面漆。

3)钢桁架梁安装

可按钢桥的有关规定执行。悬臂吊装时,可先利用塔顶的吊装设备安装好靠塔柱的节段,再在桁梁上安装移动式悬臂起重机,利用移动式悬臂起重机从塔柱往主跨跨中及锚碇方向对称均衡地将桁梁安装到位。对于桁梁节段质量较轻者,也可采用缆索吊装。

4)钢加劲梁安装

应符合表4-27的要求。

钢加劲梁安装后的允许偏差 表4-27

项目	规定值或允许偏差(mm)
吊点偏位	20
箱或桁梁顶面高程在两吊索处高差	20
相邻节段匹配高差	2
吊索防护	符合设计要求
箱或桁梁段工地连接	符合规范和设计要求
钢箱或桁梁工地防护	符合设计要求

(二)斜拉桥的施工控制

1. 一般要求

斜拉桥施工与设计有互补和互反馈关系,施工前承包人应全面了解设计的要求和意图,编制施工组织设计,使成桥线形和内力符合设计要求。施工组织设计应经监理工程师审批,其主要内容应包括:

(1)基础、墩塔和主梁的施工工艺。

(2)塔、梁施工控制及施工测量方法。

(3)拉索制作、安装、张拉及锚固工艺。

(4)施工质量保证、安全保证、环境保护等措施。

斜拉桥梁体的施工方法可视设计要求、桥位条件、施工经验、设备状况及技术经济比较选定。

2. 索塔

(1)索塔的施工可视其结构、体形、材料、施工设备和设计要求综合考虑选用适合的方法。裸塔施工宜用爬模法,横梁较多的高塔宜采用劲性骨架挂模提升法。

(2)索塔施工,除设置相应的塔吊外,还应设置工作电梯及安全通道。

(3)斜拉桥施工时应避免塔梁交叉施工干扰。必须交叉施工时,承包人应根据设计和施工方法采取保证塔梁质量和施工安全的措施,并报监理工程师审批。

(4)索塔横梁施工时应根据其结构、质量及支撑高度设置可靠的模板和支撑系统,考虑弹性和非弹性变形、支承下沉、温差及日照的影响。必要时应设支承千斤顶调控。体积过大的横梁经监理工程师批准可两次浇筑。

(5)斜塔柱施工时,承包人必须对各施工阶段塔柱的强度和变形进行计算,计算结果应报监理工程师审查,应分高度设置横撑,使其线形、应力、倾斜度满足设计要求并保证施工安全。

(6)索塔混凝土现浇应选用输送泵施工,超过一台泵的工作高度时,允许接力泵送,但必须做好接力储斗的设置,并尽量降低接力站台高度。

(7)宜在索塔施工中设置劲性钢骨架,以保证索管空间定位精度和钢筋架立的精度。

(8)索塔施工组织设计中必须制订整体和局部的安全措施。

3. 主梁

主梁施工时必须进行施工控制,即对梁体每一施工阶段的结果进行详细的检测分析和验算,以确定下一施工阶段拉索张拉量值和主梁线形、高程及索塔位移控制量值,周而复始直至合龙成桥。施工监控测试内容和方案应报监理工程师审批,除设计图纸或监理工程师另有规定外,一般应包括下列内容:

(1)变形:主梁线形、高程、轴线偏差、索塔的水平位移。

(2)应力:拉索索力、支座力以及梁塔应力在施工过程中的变化。

(3)温度:温度场及指定测量时间塔、梁、索的变化。

1)混凝土主梁

(1)主梁 0 号段及其两旁的梁段,在支架和塔下托架上浇筑时,应消除温度、弹性和非弹性变形及支承等因素对变形和施工质量的不良影响。

(2)采用挂篮悬浇主梁时,除应符合梁桥挂篮施工的有关规定外,还应按下列规定执行:

①挂篮的悬臂梁及挂篮全部构件制作后均应进行检验和试拼,合格后再于现场整体组装检验,并按设计荷载及技术要求进行预压,同时测定悬臂梁和挂篮的弹性挠度、调整高程性能及其他技术性能。

②挂篮设计和主梁浇筑时应考虑抗风振的刚度要求。

③拉索张拉时应对称同步进行,以减少其对塔与梁的位移和内力影响。

(3)为防止合龙梁段施工出现的裂缝,应采用以下方法改善受力和施工状况:

①在梁上下底板或两肋端部预埋临时连接刚构件,或设置临时纵向连接预应力索,或用千斤顶调节合龙口的应力和合龙口长度。

②合龙两端高程在设计允许范围内时,可视情况进行适当压重。

③观测合龙前连日的昼夜温度场变化与合龙高程及合龙口长度变化的关系,选定适当的合龙浇筑时间。

(4)主梁采用悬拼时,除应遵守连续梁及斜拉桥主梁悬浇的有关规定外,还应按下列规定施工:

①预制梁段,如设计无规定,宜选用长线台座(可分段设置),亦可采用多段的联线台座,每联宜多于 5 段,先预制顺序中的 1、3、5 段,脱模后再在其间浇 2、4 段,使各端面啮合密贴,端面不应随意修补。

②应在底模上调整主梁分段形体所受竖曲线的影响。拼装中多段积累的超误差,可用湿接缝调整。

③梁段拼合前应试拼,以便及时调整。

④湿接缝拼合面应进行表面凿毛和清扫,干接缝应保持结合面清洁,黏合料应涂刷均匀。

⑤采用垫片调整梁段拼装线形时,每次垫片调整的高程不应大于 20mm。

(5)大跨径主梁施工时应缩短双向长悬臂持续时间,尽快使一侧固定,以减少风振的不利影响,必要时应采取临时抗风措施。

2)钢主梁(包括叠合梁和混合梁)

(1)钢主梁应由资质合格的专业单位加工制作、试拼,经检验合格后安全运至工地备用。

堆放应无损伤、无变形和无腐蚀。

(2)钢梁制作的材料应符合设计要求。焊接材料的选用、焊接要求、加工成品、涂装等项的标准和检验内容均应按有关规定执行。

(3)应进行钢梁的连日温度变形观测对照,确定适宜的合龙温度及实施程序,并应满足钢梁安装就位时高强螺栓定位所需的时间。

4. 拉索

1)拉索和锚具的制作

拉索及其锚具应委托专业单位制作,严格执行国家或部颁的行业标准和规定生产,并应进行检测和验收。拉索成品、锚具交货时应提供下列资料:

(1)产品质量保证书、产品批号、设计索号及型号、生产日期、数量、长度、重量等。

(2)产品出厂检验报告及有关数据。

拉索的运输和堆放应无破损、无变形、无腐蚀。

2)拉索的安装与张拉

(1)拉索安装可根据塔高、布索方式、索长、索径、索的刚柔程度、起重设备和施工现场状况等综合选择架设方法。

(2)安装前应根据索长、索重、斜度和风力等因素计算其安装过程中锚头距索管口2.0m、1.0m、距锚板0.70m以及锚头带锚环时的牵引力,以综合选择架设方案和设备。

(3)施工中不得损伤索体保护层和索端锚头及螺纹,不得堆压弯折索体。

(4)施工中,拉索抗振的约束环和减振器未安装前,必须确保索管(特别是梁上索管)和锚端的防水、防腐和防污染。

(5)斜拉桥拉索的张拉应按下列各项执行:

①张拉施工的设备和方法应根据设计的索型、锚具、布索方式、塔和梁的构造确定。

②拉索张拉的顺序、级次数和量值应按设计规定执行。应以振动频率计测定的索力或油压表量值为准,以延伸值作校核,并应视拉索防振圈以及弯曲刚度的状况对测值予以修正。

③拉索张拉可于塔端或梁端单端进行,也可顶升索鞍支座进行。平行钢丝拉索宜采用整体张拉,平行钢绞线拉索可用整体或分索张拉,分索张拉应按"分级、等力"的原则进行,每根同级的索力允许误差为±1%。

④索塔顺桥向两侧的拉索(组)和横桥向对称的拉索(组)必须对称同步张拉;同步张拉的不同步索力的相差值不得超出设计规定;两侧不对称或设计拉力不同的拉索,应按设计规定的索力分级同步张拉,各千斤顶同步之差不得大于油表读数的最小分格,索力终值误差小于±2%。

⑤拉索锚固时不宜在锚环与承压板间加垫,需要加垫时,其垫圈材料和强度应符合承压要求,并应设成两个密贴带扣的半圆。

⑥拉索张拉完成后,悬臂施工跨中合龙前后,当梁体内预应力钢筋全部张拉完且桥面及附属设备安装完时,应采用传感器或振动频率测力计检测各拉索索力值,同时应视防振圈及索的弯曲刚度等状况对测值予以修正。每组及每索的拉力误差超过设计规定时应进行调整,调整时可从超过设计索力最大或最小的拉索开始(放或拉),直调至设计索力。调索时应对塔和相应梁段进行位移检测,并做出存档记录,记录内容包括日期、时间、环境温度、索力、索伸缩量、

桥面荷载状况、塔梁的变位量及主要相关控制断面应力等。

5. 质量标准

(1)斜拉桥基础、混凝土、钢筋、预应力筋及钢结构等方面的施工质量标准,应参照规范中的有关规定执行。

(2)斜拉桥索塔和梁的施工质量标准如下:

①钢筋混凝土索塔的施工质量标准见表4-28。

钢筋混凝土索塔　　　　　　　　　　表4-28

项　目	规定值或允许偏差(mm)
混凝土强度	在合格标准内
地面处水平偏位	10
倾斜度	塔高的1/3000,且不大于30或设计要求
断面尺寸	20
锚固点高程	±10
系梁高程	±10
孔道位置	10,且两端同向

②悬臂浇筑混凝土梁的施工质量标准见表4-29。

悬臂浇筑混凝土梁　　　　　　　　　　表4-29

项　目		规定值或允许偏差
混凝土强度(MPa)		在合格标准内
轴线偏位(mm)	$L \leq 100m$	10
	$L > 100m$	$L/10000, \leq 30$
斜拉索拉力(kN)		符合设计要求
断面尺寸(mm)	高	+5,-10
	顶高	±30
	板厚	+10,0
梁锚固点高程(mm)	$L \leq 100m$	±20
	$L > 100m$	$±L/5000$
锚具轴线与孔位轴线偏位(mm)		5

注:L为跨径。

③悬臂拼装钢筋混凝土梁应符合表4-30的要求。

悬臂拼装混凝土梁的施工要求　　　　　　　　　　表4-30

项　目		规定值或允许偏差
轴线偏位(mm)	$L \leq 100m$	10
	$L > 100m$	$L/10000, \leq 30$
斜拉索拉力(kN)		符合设计要求
锚具轴线与孔道轴线偏位(mm)		5

续上表

项　　目		规定值或允许偏差
梁锚固点高程(mm)	$L \leq 100m$	±20
	$L > 100m$	±L/5000
合龙段混凝土强度(MPa)		在合格标准内

注：L为跨径。

（3）悬臂施工钢及钢筋混凝土结合梁，应符合表4-31的要求。

悬臂施工结合梁施工要求　　　　表4-31

项　　目		规定值或允许偏差
轴线偏位(mm)	$L \leq 200m$	10
	$L > 200m$	L/20000，≤20
混凝土强度(MPa)		在合格标准内
混凝土板断面尺寸(mm)	厚	+10，-0
	宽	±30
斜拉索拉力(kN)		符合设计要求
梁锚固点顶面高程(mm)	$L \leq 200m$	±20
	$L > 200m$	±L/10000
钢梁防护		涂装符合设计要求

注：L为跨径。

六、拱圈施工

1. 石砌及混凝土预制块砌拱圈

（1）砌筑层数、楔块厚度以及砂浆等级均按图纸规定或监理工程师指定。

（2）在监理工程师校核拱架并批准后，才能砌筑拱石。

（3）径向缝应垂直于拱轴线。拱圈的任一层及任一纵排的石块，应分别与邻层和邻排的石块形成长度不小于10cm的径向搭接和纵向搭接。砌缝宽度，对片石砌体不大于4cm，对块石砌体不大于3cm，对粗料石或混凝土预制块砌体为1~2cm，当用小石子混凝土砌片石时，砌缝宽度为4~7cm，用小石子混凝土砌块石时砌缝宽度不大于5cm。

（4）对于陡的径向缝，可以在拱石间塞填料木片形成固定缝，以便随后将砂浆填入，对于不甚陡的径向缝，可以在已成石块侧面铺砂浆，随后横向压挤砌筑相邻石块。

（5）拱石铺砌应在纵横向保持对称、平衡，按图纸的加载程序进行，并应随时进行观察和测定以拱制拱架和拱圈的变形。

（6）拱跨长度在13~20m时，不论用何种形式的拱架，半拱圈可以分三段，其长度大致相等，先砌筑拱脚及拱顶部分，然后砌筑拱跨1/4及3/4附近部分，两半跨应同时对称地进行，当拱跨在10m及10m以下且设满堂拱架时，拱圈石可以从拱脚向拱顶砌筑，当用拱式拱架时，其砌筑方法同前拱跨长度13~20m所述。

（7）拱圈施工时应在拱脚、拱顶石两侧、拱架的结构缝、分段点及可能出现裂隙处设置空

缝,有关空缝的设置和填塞应满足下列有关要求:

①外露面的空缝宽度应与上述各条中所列缝宽一致,但当拱圈石为粗料石时,空缝内部宽可以加大到 3~4cm,以便填浆。可以将水泥浆块或其他满足要求的材料插入空缝以保持缝宽,插入块数量及其尺寸不应过多、过大,以保持缝宽为度。

②空缝两边的拱石侧面应凿成规则形状。

③空缝应在分段砌体砂浆强度达到设计等级70%后进行填塞,填塞时应分层捣实。

④在全部拱圈砌筑完以及卸拱架前,应完成空缝填浆工作,填缝砂浆应为半干硬水泥砂浆。所有空缝的填浆和捣实应自两拱脚向拱顶对称进行,或先填塞拱脚处,次填塞拱顶处,然后自拱顶向两端对称逐条填塞,也可所有空缝同时填塞。

(8)封拱的定义为砌筑拱顶石,并在拱顶石两侧灌浆,它是拱圈施工中最后工序,应遵守下列要求进行,但图上另有规定或监理工程师批准时除外。

①封拱应在当地平均气温 5~15℃时进行。

②当拱圈分成几段砌筑时,填缝砂浆应达到设计等级的50%才能封拱;当采用砂浆封顶时,填缝砂浆应达设计等级的70%;采用千斤顶施加压力以调整拱圈应力封拱时,填缝砂浆应达设计等级的100%。

(9)拱上建筑在拱架卸架前砌筑时,拱圈合龙砂浆强度应达到设计等级的30%;拱上建筑先松架后砌筑时,拱圈合龙砂浆强度应达到设计等级的70%;拱圈采用千斤顶施加压力以调整应力时,拱上建筑砌筑时的拱圈合龙砂浆强度应达到图纸规定值。

拱上建筑由拱脚至拱顶对称、均衡地砌筑。

2. 用小石子混凝土砌筑片石拱圈

用小石子混凝土作砂浆砌筑石块时应遵守下列各点:

(1)应将底面较大并表面整齐的片石用于拱腹,需要时应粗凿,拱背片石则应大致平整。

(2)砌缝中的小石子混凝土可在铺石块前,先在砌缝处铺设一部分,然后在铺石块后再填缝。

(3)在空缝两侧面应用较大的和大致凿成方形的经挑选的石块。

3. 拱架

应按监理工程师批准的拱架图修建拱架,但在任何情况下并不能减轻承包人由于应用此图所负的责任。应设合适的楔块、砂筒或其他设施使拱架能逐渐降落,使拱能独立支承。应逐渐并均匀降落拱架,并使结构中任何部分无有害的应力。两跨或两跨以上的拱,卸拱架顺序应提请监理工程师批准。

七、钢桥施工质量的控制

1. 钢桥施工前监理工程师的检查审核

1)钢桥材料的检验

(1)钢桥制造使用的材料必须符合设计要求和现行有关标准的规定,必须有材料质量证明及进行复验;钢材应按同一炉批、材质、板厚每10个炉(批)号抽验一组试件,焊接与涂装材料应按有关规定抽样复验,复验合格经监理工程师批准后方可使用。

(2)采用进口钢材时,应按合同约定进行商检,应按现行标准检验其化学成分和力学性能;并应按现行有关标准进行抽查复验和与匹配的焊接材料做焊接试验,不符合要求的钢材不得使用。

(3)当钢材表面有锈蚀、麻点或划痕等缺陷时,其深度不得大于该钢材厚度允许负偏差值的1/2。

2)设计文件的审核

钢桥的制作和安装应符合设计图和施工图的要求。当需要修改设计时,应取得原设计单位和监理工程师的同意,并应签署设计变更文件。设计文件及施工图应包括以下内容:

(1)钢桥由钢桥制造厂生产时,施工单位提交钢桥制造厂的设计文件应包括:

①钢桥主要受力杆件的应力计算表及杆件断面的选定图表。

②钢桥全部杆件的设计详图、材料明细表、工地螺栓表,制作时应考虑荷载引起的挠度对钉孔的影响。

③特定的设计、施工及安装说明。

④安装构件、附属构件的设计图。

(2)钢桥制造厂提交给施工单位的施工图应括下列各项:

①按杆件编号绘制的施工图。

②厂内试装简图。

③发送杆件表。

④工地拼装简图。

3)计量器具的检验

钢桥制造和检验所用的量具、仪器、仪表等应经主管部门授权的法定计量技术机构或经监理工程师批准的有资质的检验单位进行校验。大桥工地用尺与工厂用尺应互相校对。

2.钢桥制造的要求

1)放样、号料和切割

(1)放样和号料应根据施工图和工艺要求进行,应预留制作和安装时的焊接收缩余量及切割、刨边和铣平等加工余量。

(2)对于形状复杂的零部件,在图中不易确定的尺寸,应通过放样校对后确定。

(3)样板、样杆、样条制作的允许偏差应符合表4-32的规定。

样板、样杆、样条制作允许偏差 表4-32

项 目	允许偏差(mm)
两相邻孔中心线距离	±0.5
对角线、两极边孔中心距离	±1.0
孔中心与孔群中心线的横向距离	0.5
宽度、长度	+0.5,-1.0
曲线样板上任意点偏离	1.0

(4)号料前应检查钢料的牌号、规格、质量,如发现钢料不平直,有蚀锈、油漆等污物,应矫正清理后再号料;号料外形尺寸允许偏差为±1mm。

(5)切割时精密切割面质量应符合表4-33的规定,切割面硬度不超过HV350。

切割表面质量要求 表4-33

项目	等级		备注
	1	2	
表面粗糙度 Ra	25μm	50μm	按现行《产品几何技术规范(GPS)表面结构 轮廓法 表面粗糙度参数及其数值》(GB/T 1031)用样板检测
崩坑	不允许	1m长度内允许有1处1mm	深度小于2mm时,可磨修匀顺,当深度超过2mm时,应先补焊,然后磨修匀顺
塌角	圆角半径≤0.5mm		
切割面垂直度	≤0.05t,且不大于2.0mm		t为钢板厚度

2)矫正和弯曲

(1)钢材矫正前,剪切的反口应修平,切割的挂渣应铲净。

(2)碳素结构钢在环境温度低于 -16℃、低合金结构钢在环境温度低于 -12℃时,不得进行冷矫正和冷弯曲。

(3)主要受力零件冷作弯曲时,环境温度不宜低于 -5℃,内侧弯曲半径不得小于板厚的15倍,小于者必须热煨,热煨温度宜控制在900~1000℃。冷作弯曲后零件边缘不得产生裂纹。

(4)热矫温度应控制在600~800℃,矫正后钢材温度应缓慢冷却,降至室温以前,不得锤击钢料或用水急冷。

(5)矫正后的钢材表面不应有明显的凹痕或损伤。零件矫正后的允许偏差应符合有关规范的规定。

3)边缘加工

(1)零件刨(铣)加工深度不应小于3mm,加工面的表面粗糙度 Ra 不得低于25μm;顶紧加工面与板面垂直度偏差应小于0.01t(板厚),且不得大于0.3mm。

(2)坡口可采用机器加工或精密切割,坡口尺寸及允许偏差应由焊接工艺确定。

(3)边缘加工的允许偏差应符合有关规范的规定。

(4)零件应根据预留加工量及平直度要求,两边均匀加工。已有孔的零件应按其中心线找正边缘。

4)制孔

(1)螺栓孔应成正圆柱形,孔壁表面粗糙度 Ra≤25μm,孔缘无损伤不平,无刺屑。

(2)组装件可预钻小孔,然后扩钻。预钻孔径至少应较设计孔径小3mm。扩钻孔时,严禁飞刺和铁屑进入板层。

(3)使用卡板(卡样)时,必须按施工图检查零件规格尺寸,核对所用钻孔样板无误后,方可钻孔。对卡固定式样板钻孔的杆件,应检查杆件外形尺寸和制造偏差,并将误差均分。卡固限度应符合下列要求:

①工形杆件腹板中心与样板中心允许偏差1mm。

②纵向偏差应以两端部边距相等为原则。

③箱形杆件两竖板水平中线与样板中线允许偏差1.5mm,但有水平拼接时,其允许偏差为1mm。

(4)螺栓孔的允许偏差应符合表4-34的规定。

螺栓孔允许偏差　　　　　表4-34

项　目		允许偏差(mm)	项　目		允许偏差(mm)
螺栓直径	螺栓孔径(mm)		螺栓直径	螺栓孔径(mm)	
M12	14	+0.5,0	M24	26	+0.7,0
M16	18	+0.5,0	M27	29	+0.7,0
M20	22	+0.7,0	M30	33	+0.7,0
M22	24	+0.7,0			

(5)螺栓孔距允许偏差应符合表4-35的规定。

螺栓孔距允许偏差　　　　　表4-35

项　目		允许偏差(mm)		
		主要杆件		次要杆件
		桁梁杆件	板梁杆件	
两相邻孔距		±0.4	±0.4	±0.4(±1.0)[b]
多组孔群两相邻孔群中心距		±0.8	±1.5	±1.0(±1.5)[b]
两端孔群中心距	$l \leq 11m$	±0.8	±4.0[a]	±1.5
	$l > 11m$	±1.0	±8.0[a]	±2.0
孔群中心线与杆件中心线的横向偏移	腹板不拼接	2.0	2.0	2.0
	腹板拼接	1.0	1.0	—

注:[a]连接支座的孔群中心距允许偏差。
　　[b]括号内数值为人检结构的允许偏差。

5)组装

(1)组装前,零件、部件应经监理工程师验收合格;连接接触面和焊缝边缘每边30~50mm范围内的铁锈、毛刺、污垢、冰雪等应清除干净,露出钢材金属光泽。

(2)杆件的组装应在工作台上或工艺装备内进行。组装时应将焊缝错开。

(3)组装时,应用冲钉使绝大多数孔正确就位,每组孔应打入10%的冲钉,但不得少于2个,冲钉直径不应小于设计孔径0.1mm。采用预钻小孔组装的杆件,使用的冲钉直径不应小于预钻孔径0.5mm。

(4)组装时,应用螺栓紧固,保证零件、杆件相互密贴,一般在任何方向每隔320mm至少有一个螺栓。组装螺栓的数量不得少于孔眼总数的30%;组装螺栓的螺母下最少应放置一个垫圈,如放置多个垫圈时,其总厚不应超过30mm。

(5)焊接杆件和焊接箱形梁的组装允许偏差应分别符合规定。

(6)卡样钻孔应经常检查钻孔套模的质量情况,如套模松动或磨耗超限时,应及时更换。

6)焊接

(1)在工厂或工地首次焊接工作之前或材料、工艺在施工过程中遇有需重新评定的变化,必须分别进行焊接工艺评定试验。

（2）焊工应经过考试，熟悉焊接工艺要求，取得资格证书后方可从事焊接工作。焊工停焊时间超过6个月，应重新考核。

（3）工厂焊接宜在室内进行，湿度不宜高于80%。焊接环境温度，低合金高强度结构钢不应低于5℃，普通碳素结构钢不得低于0℃。主要杆件应在组装后24h内焊接。

（4）低合金高强度结构钢厚度为25mm以上时进行定位焊、手弧焊及埋弧焊时应进行预热，预热温度80~120℃，预热范围为焊缝两侧，宽度50~80mm。厚度大于50mm的碳素结构钢焊接前也应进行预热。

（5）焊接材料应通过焊接工艺评定确定，没有生产厂家质量证明书的材料不得使用。对储存期较长的焊接材料，使用前应重新按标准检验。

（6）焊接时应符合下列规定：

①施焊前必须清除焊接区的有害物。

②施焊时母材的非焊接部位严禁焊接引弧。

③多层焊接宜连续施焊，应注意控制层间温度，每一层焊缝焊完后应及时清理检查，清除药皮、熔渣、溢流和其他缺陷后，再焊下一层。

7）焊缝检验

焊接完毕后，监理工程师必须进行检查验收，检验内容如下：

（1）所有焊缝必须进行外观检查，不得有裂纹、未熔合、夹渣、未填满弧坑和超出表4-36规定的缺陷。

（2）外观检查合格后，零部（杆）件的焊缝应在24h后进行无损检验。

（3）进行超声波探伤，内部质量分级应符合规定。其他技术要求可按现行《焊缝无损检测 超声检测 技术、检测等级和评定》（GB 11345—2013）执行，见表4-36。

焊缝外观检查质量标准（mm）　　　　　表4-36

项　　目	质　量　要　求	
气孔	横向对接焊缝	不允许
	纵向对接焊接缝、主要角焊缝	直径小于1.0 ／ 每米不多于3个，间距不小于20
	其他焊缝	直径小于1.5
咬边	受拉杆件横向对接焊缝及竖加劲肋角焊缝（腹板侧受拉区）	不允许
	受压杆件横向对接焊缝及竖加劲肋角焊缝（腹板侧受压区）	≤0.3
	纵向对接及主要角焊缝	≤0.5
	其他焊缝	1.0
焊脚尺寸	主要角焊缝	$K_0^{+2.0}$
	其他焊缝	$K_{-1.0}^{+2.0}$ a
焊波	角焊缝	任意25mm范围内高低差≤2.0

续上表

项　目	质　量　要　求	
余高	对接焊缝	焊缝宽 $b<12$ 时，≤ 3.0
		$12<b\leq 25$ 时，≤ 4.0
		$b>25$ 时，$\leq 4b/25$
余高铲磨后表面	横向对接焊缝	不高于母材 0.5
		不低于母材 0.3
		粗糙度 $Ra50$

a 手工角焊缝全长 10% 区段内允许 $K_{-1.0}^{+3.0}$。

注：1. 箱形杆件棱角焊缝探伤的最小有效厚度为 $\sqrt{2t}$（t 为水平板厚度，以 mm 计）。
  2. 对接焊缝除应用超声波探伤外，尚须用射线抽探其数量的 10%（并不得少于一个接头）。探伤范围为焊缝两端各 250～300mm，焊缝长度大于 1200mm 时，中部加探 250～300mm。当发现裂纹或较多其他缺陷时，应扩大该条焊缝探伤范围，必要时可延长至全长。进行射线探伤的焊缝，当发现超标缺陷时应加倍检验。

8）节点钢枢及枢孔

（1）枢孔直径允许偏差为 ±0.2mm，拉力杆件两枢孔外缘至外缘，或压力杆件两端枢孔内缘至内缘之距离，除设计文件另有规定外，允许偏差为 ±0.5mm。枢孔应于杆件焊接矫正后镗（钻）制。枢接结构中，钢枢设计直径一般较枢孔设计直径小 0.4mm，钢枢直径制造允许偏差为 ±0.1mm。

（2）公路装配式钢桥的枢孔、钢枢直径和杆件两端枢孔距离允许偏差以及其他质量要求应符合设计文件的规定。

（3）公路装配式钢桥的钢枢除设计另有规定外，应采用 30 铬锰钛（30CrMnTi）合金结构钢制造。

9）除锈

表面和摩擦面的除锈应在制作质量合格后进行，并应符合下列要求：
（1）表面的除锈方法和除锈等级设计无规定时，其质量要求应符合表 4-37 的规定。

表面除锈质量要求 表 4-37

除锈方法	喷射或抛射除锈			手工和动工工具除锈	
除锈等级	Sa2	Sa2.5	Sa3	St2	St3
适用范围	除右边两类条件以外的其他地区	年平均相对湿度在 50% 以上及有一般大气污染的工业地区	1. 大气含盐雾的沿海地区；2. 大气中 SO_2 含量大于 $250mg/m^3$ 的工业地区；3. 杆件浸水部分；4. 防腐要求高的钢梁及构件	与 Sa2 条件同	与 Sa3 条件同

续上表

除锈方法	喷射或抛射除锈			手工和动工工具除锈	
除锈等级	Sa2	Sa2.5	Sa3	St2	St3
质量标准	一般喷射、抛射除锈,钢材表面的油脂和污垢,氧化皮、锈和油漆涂层等附着物已基本清除,其残留物应是牢固附着的	较彻底的喷射、抛射除锈,钢材表面应无可见的油脂和污垢,氧化皮、锈和油漆涂层等附着物,任何残留的痕迹仅是点状或条纹状的轻微色斑	彻底的喷射、抛射除锈,钢材表面应无可见的油脂和污垢,氧化皮、锈和油漆涂层等附着物,表面应呈现均匀的金属光泽	一般的手工和动力工具除钢筋。钢材表面应无可见的油脂和污垢,没有附着不牢的氧化皮、锈和油漆涂层等附着物	彻底的手工和动力工具除锈。钢材表面应无可见的油脂和污垢,没有附着不牢的氧化皮、锈和油漆涂层等附着物,除锈比St2彻底,底材显露部分的表面应具有金属光泽

（2）适应范围还应与设计采用的涂装及所处环境相适应。

（3）除锈后的摩擦面宜进行喷铝防锈处理。

（4）采用喷射或抛射除锈时回收的钢丸应去除锈屑、锈粉等杂物。

10）钢梁试拼装

钢梁试拼装前监理工程师应对其杆件进行检查验收,承包人应提供试拼装方案经监理工程师审查同意后方可进行。

（1）进行钢梁试拼装应符合下列要求：

①试拼装宜采用具有代表性的局部试拼装法,未经试拼装合格不得成批生产。

②试拼装应根据试件施工图进行。每拼完一个单元（或节间）应检查并调整好几何尺寸,再继续进行。

③试拼装时螺栓应紧固,使板层紧密。冲钉不得少于孔眼总数的10%,螺栓不得少于螺栓孔总数的20%。

④检查拼接处有无相互抵触及不易施拧螺栓的情况。

⑤试拼装应在台架上进行,台架顶面（梁段底）纵、横向线形应与设计要求的梁底线形相吻合。台架应有足够的刚度,其基础应有足够的承载力。梁段应解除与台架间的临时连接,处于自由状态。

⑥每批梁段制造完成后,应进行连续匹配试拼装。每批试拼装的梁段数不应少于3段,试拼装检查合格后,留下最后一个梁段并前移参与下一批次试拼装,其余梁段吊运出台架。

（2）钢梁试拼装的质量标准如下：

①钢梁试拼时,必须用试孔器检查所有螺栓孔。主桁的螺栓孔应能100%自由通过较设计孔径小0.75mm的试孔器;桥面系和连接系的螺栓孔应100%能自由通过较设计孔径小1.0mm的试孔器;板梁的螺栓孔应100%自由通过较设计孔径小1.5mm的试孔器方可认为合格。

②钢梁试拼装的主要尺寸允许偏差应符合表4-38和表4-39的规定。

板梁试拼装主要尺寸允许偏差　　　　　　　　　　　　　　　　　　　表 4-38

项　　目		允许偏差(mm)
梁高 h	h≤2m	±2
	h>2m	±4
跨度 L	支座中心至中心	±8
全长	全桥长度	±15
	主梁中心距	±3
旁弯	桥梁中心线与其试拼装全长 L 的两端中心所连直线的偏差	L/5000
	平联节间对角线差	3
	横联对角线差	4
	主梁倾斜	4
支点高低差	支座处三点水平时,另一点翘起高度	3

桁梁试拼装主要尺寸允许偏差　　　　　　　　　　　　　　　　　　　表 4-39

项　　目		允许偏差(mm)
桁高	上下弦杆中心距离	±2
	节间长度	±2
旁弯	桥面系中线与其试拼装全长 L 的两端中心所连续直线的偏差	$\dfrac{L}{5000}$
试装全长	L≤50000mm	±5
	L>50000mm	$\pm\dfrac{L}{10000}$
拱度(计算拱度)	f≤60mm	±3
	f>60mm	$\pm\dfrac{5}{100}f$
对角线	每个节间	±3
	主桁中心距	±3

(3)试拼装应有详细检查记录,经监理工程师验收合格后方可批量生产。

3.钢桥验收出厂

钢桥加工完成后,监理工程师应进行检查验收,签认合格后方能出厂安装,其要求如下:

(1)板梁基本尺寸允许偏差应符合表 4-40 的规定。

板梁基本尺寸允许偏差　　　　　　　　　　　　　　　　　　　　　　表 4-40

项　　目		检 查 方 法	允许偏差(mm)
名　　称			
梁高 h	h≤2m	测量两端腹板处高度	±2
	h>2m		±4

续上表

项 目		允许偏差
名 称	检 查 方 法	(mm)
跨度	测量两支座中心距离	±8
全长	测量全桥长度	±15
纵梁长度	测量两端角钢背与背之间的距离	+0.5, -1.5
横梁长度		±1.5
纵梁高度	测量两端腹板处高度	±1.0
横梁高度		±1.5
纵、横梁旁弯	梁立置时在腹板一侧距主焊缝100mm处拉线测量	3
主梁拱度 f	梁卧置时在下盖板外侧拉线测量	不设拱度 +3~0
		设拱度 +10~-3
两片主梁拱度差	分别测量两片主梁拱度,求差值	4
主梁腹板平面度	用平尺测量(h 为梁高或纵向加劲肋至下盖板间的距离)	$<\dfrac{h}{350}$ 且 ≤8
纵、横梁腹板平面度		$\dfrac{h}{500}$ 且 ≤5
主梁、纵横梁盖板对腹板的垂直度 — 有孔部位	用直角尺测量	0.5
主梁、纵横梁盖板对腹板的垂直度 — 其余部位		1.5

(2) 桁梁杆件尺寸应符合有关钢构件加工精度的要求。
(3) 箱形梁基本尺寸允许偏差应符合表 4-41 的规定。

箱形梁基本尺寸允许偏差 表 4-41

项 目		允许偏差
名 称	检 查 方 法	(mm)
梁高 h — $h≤2m$	测量两端腹板处高度	±2
梁高 h — $h>2m$		±4
跨度 L	测两支座中心距离,L 以 m 计	±(5+0.15L)
全长	—	±15
腹板中心距	测两腹板中心距	±3
盖板宽度 b	—	±4
横断面对角线差	测两端断面对角线差	4
旁弯	L 以 m 计	3+0.1L
拱度	—	+10, -5
支点高度差	—	5

续上表

项目		允许偏差（mm）
名称	检查方法	
腹板平面度	H 为盖板与加劲肋或加劲肋与加劲肋之间的距离	$<\dfrac{h}{250}$ 且 ≤ 8
扭曲	每段以两端隔板处以为准	每米 ≤ 1，且每段 ≤ 10

注：1. 分段分块制造的箱形梁拼接处，梁高及腹板中心距允许偏差按施工文件要求办理。
　　2. 箱形梁其余各项检查方法可参照板梁检查方法。

(4) 钢桥构件出厂时，应提交下列资料：
① 产品合格证。
② 钢材和其他材料质量证明书或试验报告。
③ 施工图、拼装简图和设计变更文件，设计变更内容应在施工图中相应部位注明。
④ 产品试板的试验报告。
⑤ 焊缝重大修补记录。
⑥ 高强度螺栓摩擦面抗滑移系数试验报告，焊缝无损检验报告及涂层检测资料。
⑦ 工厂试拼装记录。
⑧ 构件发运和包装清单。

4. 钢桥工地安装

1) 安装前的准备工作

(1) 安装前承包人应对临时支架、支承、起重机等临时结构和钢桥结构本身在不同受力状态下的强度、刚度及稳定性进行验算。编制实施性施工组织设计，报监理工程师审批。

(2) 安装前，应按照构件明细表核对进场的构件、零件，查验产品出厂合格证及材料的质量证明书。

(3) 钢桥构件在运输、存放过程中损坏的涂层，应按照规定补涂。

(4) 钢梁安装前，承包人应对桥台、墩顶面高程、中线及各孔跨径进行复测，误差在允许偏差内，经监理工程师复查签认方可安装。

(5) 钢梁安装前，根据跨径大小、河流情况、起吊能力选择安装方法。

2) 安装

(1) 杆件宜采用预先组拼、拴合或焊接，扩大拼装单元进行安装，对容易变形的构件应进行强度和稳定性验算，必要时应采取加固措施。

(2) 杆件组拼前应清除杆件上的附着物，摩擦面应保持干燥、整洁。应根据外界环境和焊接等变形因素的影响，采取措施，保证钢梁的建筑拱度及中心线位置。

(3) 在支架上拼装钢梁时，冲钉和粗制螺栓总数不得少于孔眼总数的 1/3，其中冲钉不得多于 2/3。孔眼较少的部位，冲钉和粗制螺栓总数不少于 6 个或将全部孔眼插入冲钉或粗制螺栓。

用悬臂或半悬臂法拼装钢梁时，连接处所需冲钉数量应按所承受荷载计算决定，但不得少于孔眼总数的一半，其余孔眼布置精制螺栓。冲钉和精制螺栓应均匀地安放。

高强度螺栓栓合梁拼装时，冲钉数量应符合上述规定，其余孔眼布置高强度螺栓。吊装杆件的吊钩,必须等杆件完全固定后方可卸去。

(4)拼装用的冲钉直径(中段圆柱部分)应较孔眼设计直径小 0.2~0.3mm,其长度应大于板束厚度。

拼装用精制螺栓直径应较孔眼设计直径小 0.4mm,拼装板束用的粗制螺栓直径应较孔眼直径小 1.0mm。冲钉和螺栓可用 35 号碳素结构钢制造。

(5)钢桥安装过程中,每完成一节间应测量其位置、高程和预拱度,如不符合要求时应进行校正。

3)高强度螺栓连接的规定

(1)由制造厂处理的钢桥杆件的摩擦面,安装前应复验所附试件的抗滑移系数,合格后方可安装,并应符合设计要求。

(2)高强度螺栓的设计预拉力、施加预拉力应符合《公路桥涵施工技术规范》(JTG/T F50—2011)的要求。

(3)高强度螺栓连接副在运输过程中应轻装轻卸,储存时应分类分批存放,不得混淆,并防止受潮生锈,在使用前应进行外观检查并应在同批内配套使用。

(4)施工前,高强度螺栓连接副应按出厂批号复验扭矩系数,每批号抽验不少于 8 套,其平均值和标准偏差应符合设计要求。设计无要求时平均值应在 0.11~0.15 范围内,其标准偏差应小于或等于 0.01。复验数据应作为施拧的主要参数。

(5)安装钢梁的高强度螺栓的长度必须与安装图一致。安装时,高强度螺栓应顺畅穿入孔内,不得强行敲入,穿入方向应全桥一致。高强度螺栓不得作为临时安装螺栓。被栓合板束的表面应垂直于螺栓轴线,否则应在螺栓垫圈下面加垫斜坡垫板。

(6)用扭矩法拧紧高强度螺栓连接副时,初拧、复拧和终拧应在同一工作日内完成。初拧扭矩应由试验确定,一般为终拧扭矩的 50%。终拧扭矩应按式(4-1)计算。

$$T_c = K \cdot P_c \cdot d \tag{4-1}$$

式中:T_c——终拧扭矩(N·m);

K——高强度螺栓连接副的扭矩系数平均值,按第(4)条要求测得;

P_c——高强度螺栓的施工预拉力(kN);

d——高强度螺栓公称直径(mm)。

(7)高强度螺栓终拧完毕应按下列规定进行质量检查:

①检查应由专职质量检查员进行,检查扭矩扳手必须标定,其扭矩误差不得大于使用扭矩的 ±3%,且应进行扭矩抽查。

②松扣、回扣法检查,先在螺栓与螺母上做标记,然后将螺母退回 30°,再用检查扭矩扳手把螺母重新拧至原来位置测定扭矩,该值不小于规定值的 10% 时为合格。

③对主桁节点及板梁主体及纵、横梁连接处,每栓群以高强螺栓连接副总数的 5% 抽检,但不得少于 2 套,其余每个节点不少于 1 套进行终拧扭矩检查。

④每个栓群或节点检查的螺栓,其不合格者不得超过抽验总数的 20%,如超过此值,则应继续抽验,直至累计总数 80% 的合格率为止。然后对欠拧者补拧,超过者更换后重新补拧。

4)工地焊缝连接和固定

钢桥工地焊缝连接分全焊连接和焊缝与高强度螺栓合用连接两类。工地焊缝连接应符合

下列规定:

(1)钢桥杆件工地焊缝连接应按设计规定的顺序进行。设计无规定时,纵向宜从跨中向两端,横向宜从中线向两侧对称进行。

(2)工地焊接应设立防风设施,遮盖全部焊接处。雨天不得焊接(箱形梁内除外)。箱形梁内采用CO_2气体保护焊时,必须使用通风防护安全设施。

5)钢桥构件连接和固定

钢桥构件连接固定后落梁就位时,应符合下列规定:

(1)钢梁就位前应清理支座垫石,其高程及平面位置应符合设计要求。

(2)固定支座与活动支座的精确位置应按设计图并考虑施工安装温度、施工误差等确定。

(3)钢梁落梁前后应检查其建筑拱度和平面尺寸,并做记录,校正支座位置。

(4)钢梁安装后的允许偏差见表4-42。

钢梁安装后的允许偏差　　　　　　　　　　　　　　　　　　　表4-42

项	目		规定值或允许偏差(mm)
轴线偏位	钢梁中线		10
	两孔相邻横梁中线相对偏差		5
梁底高程	墩台处梁底		±10
	两孔相邻横梁相对高差		5
支座偏位	支座纵、横线扭转		1
	固定支座顺桥向偏差	连续梁或60m以上简支梁	20
		60m以下简支梁	10
	活动支座按设计气温定位前偏差		3
	支座底板四角相对高差		2
连接	对接焊缝的对接尺寸、气孔率		符合规范要求
	高强度螺栓扭矩		±10%

6)工地涂装质量检验

钢桥工地涂装应符合设计要求。防腐蚀涂料应具有良好的附着性、耐蚀性,并具有出厂合格证和检验资料,工地涂装施工组织设计应满足使用要求。喷涂金属的表面处理的最低等级为Sa2.5。喷涂金属系统的封闭涂层,其底漆应具有良好的封孔性能。

(1)涂层系统。

①涂装前应进行表面处理的质量检查,合格后方可进行涂装。

②涂装时,涂层遍数和漆膜厚度应符合设计要求,应及时测定湿膜厚度,保证干膜厚度。

涂装时发现漏涂、流挂发白、皱纹、针孔、裂纹等缺陷,应及时进行处理。每层涂装前,应对上一层涂层进行检查。涂装后,应进行涂层外观检查。表面应均匀、无气泡、无裂纹等缺陷。

③涂层干膜厚度大于或等于设计厚度值的点数占总测点数的90%以上,其他测点的干膜厚度不应低于90%的设计厚度值。当不符合上述要求时,应进行修补。

④厚膜涂层应进行针孔检测,针孔数不应超过测点总数的20%,当不符合要求时,应进行修补。

(2)喷涂金属系统。

①可目视或用5~10倍放大镜观察,喷涂金属层应颗粒细密、厚薄均匀,并不得有固体杂质、气泡及裂缝等缺陷。

②喷涂厚度达不到要求时,应进行补喷或重喷。

③孔隙率检测,检测面积宜占总面积的5%,当不合格时,应进行补喷或重喷。

④对喷涂金属层与钢结构的结合性能,可采用敲击或刀刮进行检测,当不合格时,应进行补喷或重喷。

7)钢桥验收

钢桥工程的验收应在钢桥全部安装并涂装完成后进行。钢桥安装、涂装的质量和允许偏差应符合本章各节的有关要求,并应符合现行《公路工程质量检验评定标准 第一册 土建工程》(JTG F80/1—2017)的规定。

八、组合体系桥

组合体系桥是根据结构的受力特点,由几个不同体系的结构组合而成的桥梁称为组合体系桥。组合体系桥实质是利用梁、拱、吊三者的不同组合,上吊下撑以形成新的结构。常见的有斜拉桥和系杆拱桥以及钢-混凝土组合梁桥等。斜拉桥的施工监理本节前面已经介绍。下面将介绍有关系杆拱桥质量监理内容。其他结构的组合体系桥可参照相关章节的内容执行。

系杆拱桥是梁和拱的组合体系,其中梁和拱都是主要承重结构,两者相互配合受力。由于吊杆将梁向上吊起(与荷载作用的挠度方向相反),显著减小了梁内的弯矩。与梁桥相比,系杆拱桥能够跨越较一般简支梁桥更大的跨度;与拱桥相比,系杆拱桥虽然具有拱的外形,但由于拱与梁连接在一起,拱的水平推力就传给梁来承受,而对墩、台没有水平推力作用,因此对地基无过高要求。系杆拱桥的施工方法有多种,这里仅以拱圈预制、系梁现浇的施工方法为例,介绍系杆拱桥的质量监理。

1. 系杆拱桥施工方案的审批

进场后,承包人应首先提交开工申请报告(附施工技术设计方案),监理工程师对其申报的施工工艺流程、材料试验报告(包括原材料试验报告及混凝土配合比设计报告)、施工组织设计等进行认真审查,并检查承包方进场的人员、机具设备等情况,及时召开工地会议,对承包人提交的施工工艺做出评价,提出修改意见或批准其开工申请,并向承包人交代系杆拱桥施工过程中的检测项目、质量标准、检测频率和检测方法等。

施工方案的审查主要包括以下几方面内容:

(1)材料试验报告的审查。包括砂石料、钢筋、水泥、预应力钢筋及锚夹具等的出厂证书、产品合格证和质保书的检查。监理工程师应会同承包人对各种材料进行取样试验,检验材料的合格率。若对材料有怀疑,应要求承包人重新取样试验。

(2)混凝土配合比设计的审查。现场监理工程师应做对比(平行)试验,复核承包人的配合比试验结果。

(3)现浇系梁施工方案审查。包括支架及支架的压载方案审查、混凝土浇筑方案审查、预应力钢筋的张拉压浆方案审查以及系梁落架方案的审查等。可参照现浇拱桥的有关规定进行。

(4)拱圈及横梁的预制方案审查。可参照装配式钢筋混凝土拱桥的有关规定进行。

(5)竖向吊杆的施工方案审查。应严格控制竖向吊杆的张拉顺序和张拉力,必须满足设计要求,防止因张拉顺序不对或张拉力过大导致拱圈和系梁的连接处开裂,影响结构的安全使用和安全度。

2. 现浇系梁的施工质量检查

现浇系梁的施工质量检查包括:支架安装质量检查,模板安装质量检查,支架预压检查,钢筋、预埋件质量检查,支座安装质量检查等。检查内容参照相关章节的执行。

在施工过程中混凝土浇筑、预应力张拉、压浆必须进行旁站检查。其系梁的纵向预应力筋应分为两期张拉。预制拱圈吊装前先张拉第一期预应力筋束。拱圈吊装就位、与系梁实现固结后,再张拉二期预应力。张拉顺序应严格按照设计要求进行。

3. 横梁安装质量检查

预制横梁出场前,监理工程师应对其混凝土强度、构件尺寸及混凝土外观质量等进行成品质量检验。安装前,现场监理人员主要应检查其在运输吊装过程中是否有损伤。若有损伤或裂缝,轻则必须在安装前修补好,严重者则废弃。安装横梁时,监理工程师应配合承包人检查其平面和立面的位置。在系梁的纵向预应力筋张拉前,横梁应先与系梁铰接,以免张拉纵向预应力筋时对横梁产生次内力的影响。所有纵向预应力筋张拉完毕后,再实现横梁与系梁的固结。

4. 预制拱圈施工质量检查

(1)拱圈预制质量检查,参照钢筋混凝土预制构件的有关规定进行。

(2)对拱圈安装的质量监理,主要是控制拱圈的平面和立面位置,直顺、垂直和平整情况以及强度等,而更为重要的是拱圈与系梁之间的连接是否牢固、吻合。监理的主要目的是使拱圈安装后能满足设计所要求的受力状态和使用要求。

5. 吊杆施工质量检查

安装之前,监理工程师应要求承包人对吊杆进行验收,合格后方可进行安装。吊杆所用钢材必须符合设计要求,锚具也应经过检验。在吊杆的施工过程中,监理工程师应着重检查以下几项内容:

(1)吊杆应顺直,无扭转现象。吊杆的防护层必须完整无破损。应根据设计要求,逐根检查吊杆锚固处的防护。

(2)吊杆的吊点位置必须准确,其平面位置、高程及两侧高差的误差应在允许偏差范围内。

(3)应严格控制吊杆的拉力和张拉顺序,其拉力必须满足设计要求,防止因拉力过大而造成拱圈和系梁固结处开裂。

6. 落梁检查

应按照设计要求,对称、少量、多次地逐渐完成,使结构物逐步承受荷载,避免在落梁过程中出现构件开裂等质量问题。

7. 系杆拱桥质量标准

(1)拱圈预制质量、现浇系梁质量、支座安装质量分别参照相关章节的要求执行。

(2)吊杆安装质量要求见表4-43。

吊杆安装质量允许偏差表　　　　　　　　　　　表4-43

项　　目		质量标准	允许误差	备　　注
吊杆的拉力(kN)		符合设计要求	—	
吊点位置(mm)			10	
吊点高程(mm)	高程	—	±10	
	两侧高差		20	
吊杆锚固处防护		符合设计要求		

第五节　桥面系施工质量监理

钢筋混凝土和预应力混凝土桥的桥面部分,通常包括桥面铺装、防水和排水设备、伸缩缝、人行道、缘石、栏杆和灯柱等构造,由于桥面部分天然敞露而受天气影响十分敏感,车辆行人来往对美观也至为重要,根据以往的实践,建桥时因对桥面重视不足而造成日后修补和维护的弊病是不少的。因此,如何合理改进桥面的构造和施工,已愈来愈引起人们的注意。

一、桥面铺装

1. 一般要求

(1)预制板或现浇桥面板与桥面铺装混凝土的混凝土龄期相差应尽量缩短,以避免两者之间产生过大的收缩差。

(2)为使桥面铺装与下面的混凝土构件紧密结合,应对桥面铺装下面的混凝土进行凿毛,并用高压水冲洗干净。

(3)当进行混凝土桥面铺装时,应按图纸所示预留好伸缩缝工作槽。当进行沥青混凝土铺装时,不必为伸缩缝预留工作槽,而在安装伸缩缝前先行切割沥青混凝土铺装所占的伸缩缝的位置。

(4)桥面铺装采用全桥宽上同时进行,或分车道进行,或根据监理工程师指示办理。

2. 混凝土桥面的铺装

(1)混凝土的铺设要均匀,铺设的高度应略高于完成的桥面高程,要用振动器压实,并用整平板整平。

(2)混凝土桥面铺装的最终修整工作,应包括镘平及清理。在修整前要清理所有的表面自由水,但不能用如水泥、石粉或砂子来吸干表面水分。

(3)在一段桥面铺装修整完成后的15min内,要采用有效的措施保护混凝土表面不受风吹日晒。

(4)当混凝土桥面铺装之上另有一层沥青混凝土铺装时,该混凝土桥面铺装除按上述要求外,其表面应予以适当粗糙处理。

3. 沥青混凝土桥面铺装

在沥青混凝土桥面铺装下,如另有一层混凝土底层时,应待底层的混凝土强度达到设计强度的70%以上时,方能铺筑沥青混凝土桥面铺装。

4. 防水层

(1)铺设防水层的桥面板表面应平整、干燥、干净。防水层沿缘石或中间分隔带的边缘应封闭,以免桥面水渗入主体结构内。

(2)防水层应根据不同材料按制造商推荐的铺设要求进行。

5. 泄水管

(1)在浇筑桥面板时应预留泄水管安装孔,桥面铺装时应避免泄水管预留孔堵塞。

(2)泄水管下端应伸出结构物底面10~15cm,或按图示将其引入地下排水设施。

二、桥梁接缝和伸缩缝

1. 一般要求

(1)所有产品在任何时候都应严格按照生产厂家推荐的方法装卸、放置、装配和安装。

(2)当气温和相邻接缝的温度低于10℃时,不应浇筑热浇封缝料。

(3)沥青混凝土铺装,应在伸缩缝安装前完成,且不为伸缩缝预留位置,而在安装伸缩缝前,切割先前铺设的沥青混凝土铺装所占的伸缩缝的位置。

(4)伸缩缝的牌号、型号应符合图纸规定。安装伸缩缝时的上部构造的端部间空隙宽度及伸缩缝的安装预定宽度,均应与安装温度相适应,并应遵照图纸规定。伸缩缝的安装应在伸缩缝制造商提供的夹具控制下进行。当伸缩缝的安装温度不同于图纸规定时,各项安装参数应予调整。

(5)伸缩缝的安装须由专业施工单位施工,并满足制造商的有关要求。伸缩缝下面或背面的混凝土应密实、不留气泡,预埋件位置应准确。安装完成后的伸缩缝应与桥面铺装接合平整。

2. 钢-橡胶组合伸缩缝

(1)伸缩缝应根据图纸提出的型号、长度及安装时宽度制造和装配。图内应注明相应安装温度或温度范围。

(2)伸缩缝根据安装时宽度预先在工厂组装,由专门的设备包装后运送工地。若伸缩缝长度过长,超过运输允许长度,或安装期间部分车行道需维持通车,可分段组装和运输,钢构件在工地拼焊,橡胶构件须硫化连接,如橡胶硫化连接有困难,在钢构件拼焊后再装整条橡胶件。出厂前,装配好的伸缩缝,制造商按用户要求的安装尺寸,用夹具固定,以便保持用户需要的宽度。装配好的伸缩缝应分别标有质量、吊点位置。运抵工地后,承包人应妥善保管。

(3)在伸缩缝安装前,承包人应对其宽度进行检查。在工厂说明书内注有规定的安装温度和温度范围,如果此温度不同于实际安装温度,则应进行安装宽度调整。

(4)在浇筑桥面板或桥台混凝土时,应按图纸或制造商提供的安装图,预留凹槽及预埋钢筋。钢筋头应伸出进入凹槽内。

(5)在预留凹槽内划出伸缩缝定位中心线和高程,用起重机将伸缩缝吊入预留凹槽内,使伸缩缝正确就位,如伸缩缝坐落于坡面上,需作适应纵横坡的调整,此后将锚固钢筋与预埋钢筋焊连,使伸缩缝固定。禁止在伸缩缝边纵梁上施焊,以免造成边梁局部变形。伸缩缝固定后即可松开夹具,使伸缩缝参与工作。

(6)安装伸缩缝的最后一道工序是在槽口立模板浇筑混凝土。模板要严密无缝,防止混凝土进入控制箱,混凝土在边纵梁、控制箱及锚固板附近要振捣密实。

3.镀锌铁皮伸缩缝

(1)预制铁皮做成U形,U形铁皮的顶部水平翼缘钉在预埋于混凝土的木块上。木块在埋入混凝土前经干燥处理。

(2)在浇筑沥青填缝料以前,接缝上的凹槽应清扫干净并经监理工程师认可。

4.钢板伸缩缝

(1)钢板伸缩缝应按图纸生产和加工,安装伸缩缝时的上部构造的端部间空隙宽度及伸缩缝的安装宽度,均应与安装温度相适应,并应遵照图纸规定。当伸缩缝的安装温度不同于图纸规定时,各项安装参数应予调整。

(2)伸缩缝的分离的细部构件应在工厂内准确成型并在工地按图纸焊接和组装。

(3)伸缩缝应在桥面安装就位。应精心确保正确的空隙、路线高程和坡度,并保证钢滑板与对面的钢板完全接触。完成的伸缩缝在交通荷载下不得振响。当采用梳形板伸缩缝时,两相对齿板在合龙时应完全吻合,不得错位,且在顶平面上齐平。

(4)安装好的钢板伸缩缝应经过监理工程师验收后方能浇筑混凝土。

(5)完成的伸缩缝表面应与桥面平齐。

5.暗埋式伸缩缝

暗埋式伸缩缝采用具有弹性的改性沥青混凝土,铺于板式上部结构接缝处,其施工须按图纸所示。

三、防水处理

1.施工要求

与路堤材料及与路面接触的所有公路通道结构物的外表面,均应按照图纸所示及本节要求做防水处理。

1)沥青涂刷层

混凝土按规定养生之后,须做防水处理的表面应至少晾干10天,然后用刷子或喷枪给表面彻底刷上或喷上一道底层及三道地沥青或煤沥青,每层均应在完全吸收后才喷刷下一层,在封层硬结前不应与水或土接触。当混凝土或前一层未干,气候条件不适宜时不应涂防水层。

2)沥青油毛毡防水层

混凝土养生后应晾干10d。需用预制沥青油毛毡做防水层的混凝土表面应用一层底油彻底封闭。当底油的溶剂完全挥发后,连续洒布一层热沥青混合物,然后在热沥青层上铺油毡。油毡应铺得紧密,使油毡与混凝土表面之间,或各层油毡之间不存空气。油毡之间应搭接,端头至少应搭接150mm,侧向至少应搭接100mm。接头应在任何一点都不超过三层油毡厚度,而且接头距离应尽可能远一些,以便把水从外露边缘排走。

3)晾干

当使用含挥发溶剂的沥青材料时,应待所有溶剂挥发后再铺筑下一层。如果使用乳化沥青,则应待全部水分蒸发。

4)保护

除非图上另有说明,所有暴露于外面的、无覆盖的防水层都应用最小厚度为10mm的沥青砂层进行保护。

四、栏杆及护栏

除非监理工程师另有批准,混凝土栏杆及护栏(防撞墙)应在该跨拱架或脚手架放松后才能浇筑。特别要注意使模板光顺并紧密装配,以能保持其线条及外形,且在拆模时不致损害混凝土,应按施工详图制作所有模板以及斜角条,并具有简洁斜角接头。在完成工程中,所有角隅应准确、线条分明、加工光洁,且无裂缝、破裂或其他缺陷。

预制栏杆构件应在不漏浆的模板中浇筑。当混凝土足够硬化时,即自模板中取出预制构件并养生10天。

可以采用加湿加温方法和(或)用快硬水泥或减水剂以缩短养生期,其方法应经监理工程师批准。

存放并装卸预制构件时,应保持边缘及角隅完整和平整,在安放前或安放时任何碎裂、损坏、开裂的构件应废弃并从工程中移去。

与预制栏杆柱相连接的就地浇筑栏杆帽及护栏帽,在浇筑并整修混凝土时应防止栏杆及护栏被玷污和变形。

第六节 桥梁工程常见质量问题与防治

一、钢筋混凝土梁桥

1. 钢筋混凝土梁桥常见质量问题及采用的处理方法

(1)对梁(板)体混凝土的空洞、蜂窝、麻面、表面风化、剥落等应先将松散部分清除,再用高强度等级混凝土、水泥砂浆或其他材料进行修补。新补的混凝土要密实,与原结构应结合牢固、表面平整。新补的混凝土必须进行养生。

(2)梁体若发现露筋或保护层剥落,应先将松动的保护层凿去,并清除钢筋锈迹,然后修复保护层。如损坏面积不大可用环氧砂浆修补,如损坏面积过大可用喷射高强度等级水泥砂浆的方法修补。

(3)梁(板)体的横、纵向连接件开裂、断裂、开焊,可采取更换、补焊、帮焊等措施修补。

(4)钢筋混凝土梁桥的裂缝处理:当裂缝的宽度大于限值及裂缝分布超出正常范围时,应

作如下处理:

当裂缝宽度在限值范围内时,可进行封闭处理,一般涂刷环氧树脂胶。

当裂缝宽度大于限值规定时,应采用压力灌浆法灌注环氧树脂胶或其他灌缝材料。

当裂缝发展严重时,应加强观测,查明原因,按照有关规定进行加固处理。

(5)混凝土构件的修补。

①在昼夜平均气温低于5℃的冬季维修桥梁时,对修补的混凝土构件应采取保温措施,保证混凝土的凝固硬化。

②用于修补加固的混凝土、钢材,其强度和其他质量指标应不低于原桥材料。修补用的混凝土强度等级应比原强度等级提高一级,在pH值小于5.6的地区,所用水泥应根据环境特点采用耐酸的硅酸盐水泥、抗铝硅酸盐水泥等。

③受拉区修补用的混凝土宜用环氧树脂配制,受压区修补用的混凝土可用膨胀水泥配制。用水泥混凝土或砂浆修补的构件应加强养生,有条件时宜用蒸汽养生或封闭养生。

2.筋混凝土桥梁加固方法及适用范围

梁桥加固可以采用以下几种方法:

(1)浇筑钢筋混凝土加大截面加固法。用于加强构件,但应注意在加大截面时,结构自重也相应增加了。

(2)增加钢筋加固法。用于加强构件,常与方法(1)共同使用。

(3)粘贴钢板加固法。是普遍采用的方法,钢板与原结构必须可靠连接,并作防锈处理。

(4)粘贴碳纤维、特种玻璃纤维加固法。主要用于提高构件抗弯承载力。使用此法加固几乎不增加原结构自重。

(5)预应力加固法。对于提高构件强度、控制裂缝和变形的作用较好。

(6)改变梁体截面形式加固法。一般是将开口的T形截面或H形截面转换成箱形截面。

(7)增加横隔板加固法。用于无中横隔或少中横隔梁的加固,可增加桥梁整体刚度、调整荷载横向分配。

(8)在桥下净空和墩台基础受力许可的条件下,采用在梁(板)底下加八字支撑加固法。

(9)桥梁结构由简支变连续加固法。

(10)当支座设置不当造成梁体受力恶化时可采用调整支座高程的加固方法。

(11)更换主梁加固法。

二、预应力混凝土梁桥

1.预应力混凝土梁桥常见质量问题

(1)混凝土表面剥落、渗水,梁角破碎、露筋,钢筋锈蚀、局部破损等。

(2)预应力钢束应力损失造成的质量问题。

(3)预应力混凝土梁出现裂缝。全预应力及部分预应力A类构件正常使用条件下不允许出现裂缝,只有B类构件允许出现裂缝。裂缝的类型除了与钢筋混凝土梁桥相同外,还有沿预应力钢束的纵向裂缝、锚固区局部承压的劈裂缝。

2. 预应力混凝土梁桥常见质量问题的处理方法

预应力混凝土梁桥常见质量问题的处理方法同钢筋混凝土梁桥。对于不允许出现裂缝的桥梁,不论裂缝宽窄,都应查明原因进行处理或加固。

3. 预应力混凝土梁桥的加固方法

(1)预应力混凝土梁桥的一般加固方法及适用范围常见前面钢筋混凝土梁桥加固方法及适用范围。

(2)因为预应力部分失效而进行加固时,若原结构有预留孔,可在预留孔内穿钢束进行张拉;采用无黏结钢束的可对原钢束重新张拉;或增设齿板,增加体外束进行张拉。

(3)腹板抗剪切强度不够时,可采用加竖向预应力加固。

三、拱桥

1. 拱桥构件表面缺陷及局部损坏的修补

拱桥构件表面缺陷及局部损坏的修补方法主要有以下几类:

(1)圬工砌体的边角压碎、砌块断裂,干砌石拱桥砌缝张口等,可用水泥砂浆修补。若个别块体压碎或脱落,应用新的块体填塞更换,更换时应保证嵌挤或填塞紧密。砌缝砂浆若发生脱离,应凿除后重新用干硬性砂浆或微膨胀砂浆填筑,表面重新勾缝。

(2)钢筋混凝土拱构件的表面缺损与裂缝修补参见钢筋混凝土梁桥有关部分。

(3)钢管混凝土拱钢构件表面的防锈涂层应保持完好,并定期重涂。

(4)实腹拱的侧墙若发生较大变形、开裂,应查明原因并作相应处理。若是填料不实或拱腔积水,应挖开拱上填料,修补防排水系统,拆除鼓凸部分侧墙后重新砌筑,重新回填拱上填料及重做路面,也可酌情换用轻质填料或加大侧墙尺寸。若发现侧墙与拱圈之间脱开或侧墙上有斜向(若是砌体通常沿砌缝成锯齿状)开裂,应检查墩台与主拱的变形。开裂轻微且不再发展的,可作一般修补裂缝处理。若开裂严重或裂缝在发展中,应考虑加固、改造方案。

(5)中、下承式拱桥的吊杆缺陷及局部损坏的修补参见斜拉桥的拉索部分。

系杆拱桥的系杆混凝土裂缝应用环氧砂浆等材料进行处理。系杆采用无混凝土包裹的预应力钢束时,应定期对钢束的防锈保护层进行养护、更换防护油脂等。系杆的支承点如有下沉要及时调整。

2. 加固方法及适用范围

1)拱桥的主要质量问题

(1)主拱圈抗弯强度不够引起拱圈开裂。裂缝主要发生在拱顶区段的拱圈下缘与侧面,拱脚处的拱圈上缘与侧面。

(2)主拱圈抗剪强度不够引起拱圈开裂。裂缝主要发生在拱脚,空腹拱的立柱柱脚。

(3)拱圈材料抗压强度不够,引起劈裂或压碎。

(4)两拱脚墩台不均匀沉降引起拱圈开裂,一般出现在拱顶区段,横桥向贯穿全拱圈,裂缝宽度上下变化不大,且两侧有错动。墩、台基础上、下游不均匀沉降引起拱圈及墩台出现顺桥向裂缝。

(5)墩台沿桥梁纵向发生向后滑动或转动引起拱圈开裂,裂缝规律同(1)。当向桥孔方向滑动或转动时,裂缝在拱圈上、下缘的位置与(1)相反。

(6)肋拱、刚架拱、桁架拱、双曲拱的肋间横向连接(如横系梁、斜撑)强度不够引起开裂。

(7)拱上排架、梁、柱开裂,短柱的两端开裂,侧墙斜、竖方向开裂,侧墙与拱连接处开裂。开裂的主要原因分别为构造不合理、强度不够、施工质量不好,以及由于拱圈变形、墩、台变位对拱上结构造成不利影响所致。

(8)预制拼装拱桥或分环砌筑的圬工拱桥,沿连接部位或砌缝发生环向裂缝。双曲拱桥的拱肋与拱波连接处开裂。拱肋接头混凝土局部压碎。

(9)双曲拱桥的拱波顶纵向开裂。多为肋间横向连接偏弱,采用平板式填平层使拱横截面刚度分配不均,墩台横向不均匀沉降等原因引起。

(10)桁架拱、刚架拱、系杆拱的节点强度不够引起节点及杆件端部开裂。

(11)中、下承式拱的吊杆锚头滑脱或钢丝锈蚀、折断。

(12)拱铰失效或部分失效,引起拱的受力恶化而开裂。

(13)钢管混凝土拱的钢管因厚度不足,或节间过大造成钢管出现压缩状折皱。

(14)桥面板(平板、微弯板、肋腋板等)开裂。引起开裂的原因主要有局部承受车辆荷载强度不够,参与主拱受力后强度不够,肋片发生较大位移,板与肋连接破坏,或在施工中已开裂未予彻底处理等。

2)加固方法及适用范围

(1)主拱圈强度不足时,可加大拱圈截面。

从拱腹面加固时可采用下列方法:粘贴钢板;浇筑钢筋混凝土加大拱肋截面;布设钢筋网用喷射混凝土或水泥砂浆加大拱圈截面;在拱肋间加底板,变双曲拱截面为箱形截面。条件许可时,也可在腹面做衬拱及相应的下部结构。

从拱背面加固时可在拱脚区段的空腹段背面加大拱圈截面;或拆除拱上建筑,在全拱圈背面加大截面。一般使用混凝土或钢筋混凝土材料。

(2)拱肋、拱上立柱、纵横梁、桁架拱、刚架拱的杆件损坏可用粘钢板或复合纤维片材加固。粘钢板时可粘贴钢板,也可在四角处粘贴角钢。

(3)用粘钢板或复合纤维片材加固桁架拱、刚架拱及拱上框架的节点。

(4)用嵌入剪力键的方法加固拱圈的环向连接。剪力键一般采用钢板或铸件,按一定间隔布置,其间的裂缝用环氧砂浆等处理。

(5)用加大截面的方法加强拱肋之间的横向连接。采用横拉杆的双曲拱,可把拉杆改为系梁。

(6)更换锈蚀、断丝或滑丝的吊杆。若原构造许可,可以用收紧锚头的方法张拉松弛的系杆或吊杆来调整内力。

(7)在钢管混凝土拱肋拱脚区段或其他构件的外面包裹钢筋混凝土。

(8)改变结构体系以改善结构受力,如在桥下通航许可的前提下加设拉杆。

(9)更换拱上建筑,减轻自重,更换实腹拱的拱上填料为轻质填料。

(10)用更换桥面板、增加桥面铺装的钢筋网、加厚桥面铺装、换用钢纤维混凝土等方法维修加固桥面。

(11)因墩、台变位引起拱圈开裂时,应先维修加固墩、台,然后修补拱圈。

(12)加固拱桥时,应注意恒载变化对拱压力线的影响及引起的推力变化,对各施工工序应进行检算,并做出详细的施工组织设计,严格按照设计的工序施工。

四、钢桥

1. 钢桥的杆件加固法

(1)钢板梁由于穿孔或破裂削弱断面时,可补贴钢板或用钢夹板夹紧并连接来加固,这时钢板的边缘应铿平,使之结合紧密。如钢板受到了较短和较深的创伤,宜用电焊填补。

(2)采用增设水平加劲肋、竖向加劲肋的方法加固钢板梁。

(3)钢桁梁加固一般用补加新钢板、角钢或槽钢来加大杆件截面。加固可用拴接、铆接或焊接。

(4)加劲杆件或增强各杆件间的联系。

(5)在接合处用贴板拼接,加设短角钢以加强桁架杆件与节点板的连接。

(6)如桥梁下挠显著增加,销子与销孔有损坏或上下弦强度不足,应停止交通进行检查修理或更换。

2. 恢复和提高整桥承载力的加固方法及适用范围

(1)增设补充钢梁,可装在原有各梁之间,也可以紧靠在原有各梁的旁边。

(2)用加劲梁装在原主梁的下缘或下弦杆上。加劲梁加固方法,适宜于不通航的桥孔或桥下净空足够的小型桥梁。

(3)用体外预应力加固,预应力施加在下挠后的下弦杆截面上。预应力加固法对桥下净空的影响较小,施工方便,但预应力钢索的防锈工作较困难。

(4)用拱式和架结构装在原主梁的上面,拱脚和原主梁固接或铰接,适宜于下部结构能承受所增加恒载的通航桥孔的加固。

(5)用悬索结构加在原主梁上面,可使被加孔的恒载转移到悬索上,以改善结构的变形。这种方法可在运营状态下进行,适宜于下部结构能承受所增加恒载的通航桥孔的加固。

(6)在不影响排洪和通航的情况下,可在桥孔中间添建桥墩,缩短跨径,减小梁和杆件的内力。为了承受新增支点处的剪应力,在新桥墩墩顶处的上部结构中,必须加置竖杆及必要的斜杆。

(7)对于多孔简支桁架,分联将其转变为连续桁架,可采用体外预应力加固方法,使被连接的主桁架上弦杆在墩顶处得以补强。

五、斜拉桥

1. 斜拉桥梁体和索塔部分

斜拉桥梁体和索塔部分的主要质量问题及其处治方法,视其结构类型参见钢筋混凝土桥、预应力混凝土桥及钢桥的有关章节。

2. 斜拉索的调整和更换

(1)若拉索护套出现开裂、漏水、渗水应及时处理。可剥开已损坏的护套,将已潮湿的钢索吹干,对已生锈的钢索做好除锈处理。再涂刷防护漆及防护油,并用玻璃丝布或其他防护材料包扎严密。

(2)对因钢索、锚具损坏而超出安全限值的拉索应及时进行更换。

(3)对索力偏离设计限值的拉索进行索力调整。张拉的顺序、级次和量值应按设计规定进行,并测定索力和延伸值,同时进行控制。

(4)拉索的更换,应对各方案技术经济的合理性进行分析比选,确定安全、简便的施工方案。完工后必须对全桥斜拉索的索力和主梁高程进行测定,检验换索效果,并作为验收的依据。

六、悬索桥

1. 悬索桥梁体和索塔部分的常见质量问题及其处治方法

视其结构类型参见钢筋混凝土桥及钢桥的有关内容。

2. 主缆索、索夹、索鞍、吊杆等常见质量问题及其处治方法

(1)主缆索的防护层如有开裂、剥落,可切开防护层检查主缆是否锈蚀并作相应处理,处理完毕后应及时修复。采用涂敷黄油防锈并用简易包裹做防护层,定期更换黄油及防护层,并保持其完好状态。

(2)网格式悬索桥,肢杆拉索若发现松弛,可调整端头拉杆螺母使其复位。

(3)索夹、索鞍、吊杆等的紧固螺栓应保持其原设计受力状态,若发现松动应及时紧固。

(4)若吊杆有明显摆动、倾斜或检查发现其受力变化,应查明原因。若索夹松动,应使其复位并紧固锚栓;若拉杆螺栓松动,应予拧紧;若吊索锚头出现松动,应予更换。吊杆复位后应进行索力检测。

(5)未做衬砌的岩石锚室或锚洞,若有表面风化或表面裂纹,应用环氧树脂砂浆或钢丝网水泥砂浆进行处理。

3. 加固方法及适用范围

1)减少悬索桥竖向变位的加固方法

(1)设置中央构件,把加劲梁与主缆索在跨中连接起来。

(2)把直吊杆(索)改为斜吊杆(索)或交叉斜吊杆(索)。

(3)增加斜拉索改变结构受力体系,斜拉索可设在主跨四分之一跨径区段,并妥善解决斜拉索与加劲梁及索塔的锚固,同时注意解决索塔受力平衡问题。

2)减少悬索桥横向摆动的加固方法

(1)在桥的两岸上、下游对称增设侧风缆,风缆锚固于悬索桥的加劲梁上,锚固位置可选在四分之一跨至跨中之间。

(2)在桥的上、下游各架设一根跨河钢缆,其高度可略低于桥面,用钢丝绳将加劲梁与过河钢缆作多点连接,适当张紧形成抛物面网络。

(3)加强加劲梁的水平风撑,加大横向刚度。

3)主缆垂度调整

对采用少量索股的悬索桥,结构条件许可时,才可对主缆的垂度进行调整。先将要调整的

主缆一侧的恒载卸载,放松索夹,用卷扬机或其他张拉设备逐股张紧主缆索索股,再用调整索股端头的螺杆固定。

4) 索鞍座复位

当索鞍座偏移超出设计允许值时,可用千斤顶将与辊轴归位。

5) 锚旋及锚室结构处理

锚旋及锚室结构开裂、变形,应及时查明原因,进行加固处理。锚旋板开裂,可增补钢筋混凝土锚旋板,支撑开裂或破损可增加型钢支撑,若锚室发生变形、位移,可用增加压重等方法处理山体。

七、墩台基础

墩台基础加固方法及适用范围如下:

1. 当地基承载力不足时可采用的加固措施

1) 重力式基础的加固

在刚性实体基础周围浇筑混凝土扩大基础。一般应修筑围堰,抽干水后开挖基坑,再浇筑混凝土。新旧基础(承台)之间可埋置连接钢筋,并将旧基础表面刷洗干净、凿毛,使新老混凝土连成整体。

当梁式桥桥台基础承载能力不足时,可在台前增加桩基及柱并浇筑新盖梁、增设支座。这时梁的支点发生变化,应根据结构受力变化对主梁进行检算及加固。

对于拱桥基础可在桥台两侧加设钢筋混凝土实体耳墙,并将耳墙与原桥台用钢销连接起来,增大桥台基础面积,提高桥台承载力。

当桥下净空允许时,可在台前加建新的扩大基础及台身,将主拱改建为变截面拱支承到新基础及台身上。新老基础之间用钢筋或钢销进行连接,有条件时可在台前新基础下增加短桩,以提高承载力。

2) 桩基础的加固

加桩。可用钻孔桩或打入桩增设基桩,并扩大原承台。对单排架桩式桥墩采用加桩加固时,如原有桩距较大(4~5倍桩径),可在桩间插桩。如原有桩距较小但通航净空有富裕时,可在原排架两侧增加新桩,变为三排式墩桩。

对钻孔灌注桩桩身损坏、露筋、缩颈等质量问题,可采用灌(压)浆或扩大桩径的方法进行维修加固。

3) 人工地基加固

对墩台基础以下的地层,采用注浆、旋喷注浆或深层搅拌等方法,将各种浆液及加固剂注入或搅拌于土层中,通过浆液凝固使原来松散的土固结,成为有足够强度和防渗性能的整体。所采用的材料应通过试验确定。

2. 墩台基础防护加固

墩台基础局部被冲空时,可分情况采取下列加固措施。

(1) 水深3m以下,可筑围堰将水抽干,以砌石或混凝土填补冲空部分。桥台基础采用上述方法加固时,还应修整或加筑护坡。

(2)水深3m以上,可在基础四周打板桩或做其他围堰,灌注水下混凝土。也可用编织袋装干硬性混凝土(每袋装量为袋容积的2/3),通过潜水作业将袋装混凝土分层填塞冲空部分,填塞范围比基础边缘宽0.4m以上。

(3)当基础置于风化岩层上,基底外缘已被冲空时,应先清除岩层严重风化部分,再用混凝土填补。对基础周围的风化岩层还应用水泥砂浆进行封闭。

(4)当河床不稳定、基础埋置较浅、冲刷范围较大时,可采用平面防护加固,其范围要覆盖全部冲刷坑。方法如下:

打梅花桩,桩间用块、片石砌平卡紧;用块、片石防护或用水泥混凝土板、水泥混凝土预制块防护;用铁丝笼、竹笼等柔性结构防护。

(5)墩台周围河床冲刷严重、危及基础安全时,除分别采用上述方法进行防护加固外,在洪水期过后,采取必要的调治构造物防护措施。

3. 桥台滑移

桥台发生滑移和倾斜时,应分析原因,根据不同情况采用下列加固方案:

(1)梁式桥或陡拱因台背土压力过大,造成桥台向桥孔方向位移,可采取下列方法进行加固:

挖除台背填土,改用轻质材料回填,减轻台后土压力,以使桥台稳定。拱桥在换填材料时,应维持与拱推力的平衡,如在桥孔设临时拉杆或在后台设临时支撑。挖去台背填土,加厚台身。

对于单跨的小跨径梁式桥,可在两桥台基础之间增设钢筋混凝土支撑梁或浆砌片石支撑板,支撑顶面应不高于河床。埋置式桥台可采用挡墙、支撑杆或挡块等进行加固。

(2)拱桥桥台产生向台后方向位移,可根据不同情况采用下列加固方法:

在U形桥台两侧加厚翼墙。翼墙与原桥台应牢固结合,增大桥台断面和自重,借以抵抗水平位移。若为一字形桥台,可增设翼墙变为U形桥台。

当桥台的位移尚未稳定时,可在台后增设小跨引桥和摩擦板,以制止桥台继续位移。

当桥下净空许可时,可在墩台之间设置拉杆承受推力,限制水平位移。对于多孔拱桥,要注意各孔之间的推力平衡。

4. 墩台基础沉降的加固

若桥梁墩台发生了较明显的沉降、位移,除按本节前述的方法加固外,还可采用下述方法使上部结构复位:

(1)梁式桥上部结构状况基本完好、桥面没有损坏、下部地基较好时,可对上部结构整体或单孔顶升,然后加设垫块、调整支座。

(2)梁式桥上部结构状况基本完好但桥面损坏严重时,可凿除桥面及主梁之间的连接,将主梁逐一移位,加厚盖梁,重新安装主梁,并重新铺装桥面。

(3)拱桥桥台发生位移使拱轴线变形较大、承载能力不足时,可采用顶推方法调整拱轴线,恢复其承载能力。

第五章 隧道工程施工质量监理

第一节 隧道工程施工准备

一、概述

1. 隧道工程的功能与作用

隧道是指在山中、地下或海底开凿或挖掘成的通路。它被广泛用于公路、铁路、矿山、水利、市政和国防等方面。在高等级公路建设中,为了满足技术标准,克服地形和高程上的障碍,改善公路的平面线形、提高车速、减少对植被的破坏、保护生态环境,避免山区公路的各种病害(如落石、塌方、雪崩、泥石流等),常常需修建隧道。修建隧道既能保证线路平顺、行车安全、提高舒适性和节省运费,又能增加隐蔽性、提高防护能力并不受气候影响。

隧道工程施工,是一个复杂的系统工程,其特点是除洞口和洞门是在露天施工外,其余各项工程都在地表下进行施工作业。隧道施工作业空间有限,工作面狭小,光线暗,劳动条件差,施工难度较大。

2. 隧道工程的分类

公路隧道一般可分为三大类:一类是修建在岩层中的,称为岩石隧道;一类是修建在土层中的,称为软土隧道;一类是修建于江、河、湖、海、洋下的,供汽车运输行驶的通道,称为海底隧道。公路隧道按长度分类见表 5-1。

公路隧道按长度分类 表 5-1

分类	特长隧道	长隧道	中隧道	短隧道
长度(m)	$L>3000$	$1000<L\leqslant 3000$	$500<L\leqslant 1000$	$L\leqslant 500$

3. 假定隧道内轮廓及几何尺寸

隧道衬砌是一种超静定结构,所以按超静定结构设计,一般是根据工程类比和设计者的经验首先假定断面尺寸,然后经分析计算、检算,修正假定尺寸,并反复这个过程,最终确定合理的断面形式和尺寸。

设计衬砌断面主要解决内轮廓线、轴线和厚度三个问题。

衬砌的内轮廓线应尽可能地接近建筑限界,力求开挖和衬砌的数量最小。衬砌内表面力求平顺(受力条件有利),还应考虑衬砌施工的简便。

衬砌断面的轴线应当尽量与断面压力曲线重合,使各截面主要承受压应力。为此,当衬砌受径向分布的水压时,轴线为圆形最好;主要承受竖向压力或同时承受不大的水平侧压力时,可采用三心圆拱和直墙式衬砌;当承受竖向压力和较大侧压力时,宜采用五心圆曲墙式衬砌;当有沉陷可能和受底压力时,宜采用加设仰拱的曲墙式衬砌。

衬砌各截面厚度随所处地质条件和水文地质条件不同而有较大变化,并且与隧道的跨径、荷载大小、衬砌材料以及施工条件等有关。根据以往经验,拱圈可以采用等截面,也可采用在拱脚部分加厚20%～50%的变截面。仰拱厚度一般略小于拱顶厚度。

但从施工和衬砌质量要求出发,截面厚度不应小于《公路隧道设计规范 第一册 土建工程》(JTG 3370.1—2018)规定的最小厚度,其值列于表5-2。

截面最小厚度 表5-2

建筑材料种类	隧道和明洞衬砌(cm)			洞门端墙、翼墙和洞口挡土墙(cm)
	拱圈	边墙	仰拱	
混凝土	20	20	20	30
片石混凝土	—	—	—	50

4. 隧道围岩工程性质、围岩分级

隧道围岩是指隧道(坑道)周围一定范围内,对隧道(坑道)稳定性能产生影响的岩(土)体。隧道周围的地层可以是软硬不一的岩石,也可以是松散的土,我们把土视为一种特殊的(风化破碎严重的)岩石,所以隧道周围的地层,不管是土体还是岩体,统称为围岩。

从力学分析的角度来看,围岩的边界应划在因开挖隧道而引起应力变化可忽略不计的地方,或者说在围岩的边界上因开挖隧道而产生的位移应该为零,这个范围在横断面上约为6～10倍的洞径。当然,若从区域地质构造的观点来研究围岩,其范围要比上述数字大得多。

围岩的工程性质,一般包括三个方面:物理性质、水理性质和力学性质。而对围岩稳定性最有影响的则是力学性质,即围岩抵抗变形和破坏的性能。

经过长期的隧道工程实践,我国公路隧道以铁路隧道围岩分级的标准为基础,参考了国内外有关围岩分级的成果,提出了适合我国公路隧道实情的围岩分级标准,下面介绍围岩分级的出发点和依据。

1)公路隧道围岩分级的出发点

隧道围岩分级是对隧道开挖后,围岩稳定程度的分级和评价。构成围岩分级的前提是大量的隧道工程实践,在归纳、统计分析类似地质条件的基础上,通过定量和定性的方法确定影响隧道围岩稳定性的因素,就得到隧道围岩的分级。因此,围岩分级的因素,也就是影响隧道围岩稳定性的因素。

围岩分级主要考虑了以下几点:

(1)强调岩体的地质特征的完整性和稳定性,避免单一的岩石强度指标分级的方法。
(2)分级指标应采用定性和定量指标相结合的方式。
(3)明确工程目的和内容,并提出相应的措施。
(4)分级应简明,便于使用。

(5)应考虑吸收其他围岩分级的优点,并尽量和我国其他工程分级一致。

2)分级需考虑的指标和因素

主要考虑了以下几类影响围岩稳定性的指标和因素。

(1)岩体的结构特征与完整性。

岩体结构的完整状态是影响围岩稳定性的主要因素,目前主要是根据表5-3进行划分的,当风化作用使岩体结构发生变化、松散、破碎、软硬不一时,应结合因风化作用造成的各种状况,综合考虑确定围岩的结构完整状态;地质构造影响程度等级划分按表5-4确定。

岩体完整程度的定性划分 表5-3

名称	结构面发育程度		主要结构面的结合程度	主要结构面(节理)的类型	相应结构类型
	组数	平均间距(m)			
完整	1~2	>1.0	好或一般	节理、裂隙、层面为原生型或构造型密闭	整体状或巨厚层结构
较完整	1~2	>1.0	差	节理、裂隙、层面呈X形,较规则,以构造型为主,多数为密闭部分微张,少有充填物	块状或厚层状结构
	2~3	0.4~1.0	好或一般		块状结构
较破碎	2~3	0.4~1.0	差	节理、裂隙、层面、小断层不规则,呈X形或米字形;以构造型或风化型为主,大部分张开,部分有充填物	裂隙块状或中厚层结构
	≥3	0.2~0.4	好		镶嵌碎裂结构
			一般		中、薄层状结构
破碎	≥3	0.2~0.4	差	各种类型结构面以风化型和构造型为主,微张或张开,均有充填物	裂隙块状结构
		≤0.2	一般或差		破碎状结构
极破碎	无序		很差		散体状结构

围岩受地质构造影响程度等级划分 表5-4

等级	地质构造作用特征
轻微	围岩地质构造变动小,无断裂(层);层状岩一般呈单斜构造;节理不发育
较重	围岩地质构造变动较大,位于断裂(层)或褶曲轴的邻近地段,可有小断层,节理较发育
严重	围岩地质构造变动强烈,位于褶曲轴部或断裂影响带内;软岩多见扭曲及拖拉现象;节理发育
很严重	位于断裂破碎带内,节理很发育;岩体破碎呈碎石状、角砾状,有的甚至呈粉末状、土状

(2)岩石强度。

将岩浆岩、沉积岩、变质岩按岩性、物理力学参数、耐风化能力和作为建筑材料的要求划分为硬质岩石及软质岩石两级,依饱和抗压极限强度R_c与工程的关系分为五种,其标准及代表性岩石见表5-5;当风化作用使岩石成分改变、强度降低时,应按风化后的强度确定岩石等级。

岩石等级划分表 表5-5

岩石等级		饱和抗压极限强度 R_c(MPa)	耐风化能力		代表性岩石
			程度	现象	
硬质岩石	坚硬岩	>60	强	暴露后1、2年尚不易风化	(1)花岗岩、闪长岩、玄武岩等岩浆岩类。 (2)硅质、铁质胶结的砾岩及砂岩、石灰岩、白云岩等沉积岩类。 (3)片麻岩、石英岩、大理岩、板岩、片岩等变质岩类
	较坚硬岩	60~30			
软质岩石	较软岩	30~15	弱	暴露后数日至数月即出现风化壳	(1)凝灰岩等喷出岩类。 (2)泥砾岩、泥质砂岩、泥质页岩、灰质页岩、泥灰岩、泥岩、劣煤等沉积岩类。 (3)云母片岩和千枚岩等变质岩类
	软岩	15~5			
	极软岩	<5			

(3)围岩基本质量指标BQ。

根据上述岩石坚硬程度和岩体完整程度两个基本因素的定性、定量特征,根据式(5-1)确定围岩基本质量指标BQ,并由此对围岩进行初步分级。其中,岩体完整程度的定量指标用岩体完整系数 K_v 表达。K_v 一般用弹性波探测值,如无探测值时,可用岩体体积节理数 J_v 按表5-6确定对应的 K_v。此外,K_v 与定性划分岩体完整程度的对应关系可按表5-7确定。

$$BQ = 100 + 3R_c + 250K_v \quad (5-1)$$

J_v 与 K_v 对照表 表5-6

J_v(条/m³)	<3	3~10	10~20	20~35	>35
K_v	>0.75	0.75~0.55	0.55~0.35	0.35~0.15	<0.15

K_v 与定性划分岩体完整程度的对应关系 表5-7

K_v	>0.75	0.75~0.55	0.55~0.35	0.35~0.15	<0.15
完整程度	完整	较完整	较破碎	破碎	极破碎

(4)地下水等影响因素。

在早期的围岩分级中,主要考虑地下水因素对围岩分级的影响。遇有地下水时,根据围岩等级,一般采用降级处理的方法。比如,在Ⅰ级围岩或属于Ⅱ级的硬质岩石中,可不考虑降低;在Ⅰ级围岩或属于Ⅱ级的软质岩石,应根据地下水的性质、水量大小和危害程度调整围岩级别,当地下水影响围岩稳定产生局部坍塌或软化软弱面时,可酌情降低一级;Ⅳ级、Ⅴ级围岩已呈碎石状松散结构,裂隙中有黏性土充填物,地下水对围岩稳定性影响较大,可根据地下水的性质、水量大小、渗流条件、动水和静水压力等情况,判断其对围岩的危害程度,可变差1~2级;在Ⅵ级围岩中,分级中已考虑了一般含水地质情况的影响,在特殊含水地层,需另做处理。

《公路隧道设计规范 第一册 土建工程》(JTG 3370.1—2018)对围岩分级时,不仅考虑了水的影响,还考虑了软弱结构面和初始高地应力的因素,并对前述岩体基本质量指标BQ进行修正,得到围岩基本质量指标BQ的修正值[BQ],如下式:

$$[BQ] = BQ - 100(K_1 + K_2 + K_3) \tag{5-2}$$

式中：K_1——地下水影响修正系数；

K_2——主要软弱结构面产状影响修正系数；

K_3——初始应力状态影响修正系数。

3）公路隧道围岩分级

根据调查、勘探、试验等资料，并对以上指标和因素进行分析，公路隧道围岩分级将围岩分为六级，表5-8给出了各级围岩的主要定性特征和围岩基本质量指标BQ或修正值[BQ]。

公路隧道围岩级别划分 表5-8

围岩级别	围岩或土体主要定性特征	围岩基本质量指标BQ或修正值[BQ]
Ⅰ	坚硬岩(饱和抗压极限强度 $R_c>60$MPa)，岩体完整，巨块状或巨厚层状整体结构	≥551
Ⅱ	坚硬岩($R_c>30$MPa)，岩体较完整，块状或厚层状结构； 较坚硬岩，岩体完整，块状整体结构	550～451
Ⅲ	坚硬岩，岩体较破碎，巨块(石)碎(石)状镶嵌结构； 较坚硬岩或较软硬质岩，岩体较完整，块状体或中厚层状结构	450～351
Ⅳ	坚硬岩，岩体破碎，碎裂(石)结构； 较坚硬岩，岩体较破碎～破碎，镶嵌碎裂结构； 较软岩或软硬岩互层，且以软岩为主，岩体较完整～较破碎，中薄层状结构	350～251
	土体：(1)压密或成岩作用的黏性土及砂性土； (2)黄土(Q_1、Q_2)； (3)一般钙质、铁质胶结的碎石土、卵石土、大块石土	
Ⅴ	较软岩，岩体破碎； 软岩，岩体较破碎～破碎； 极破碎各类岩体，碎、裂状、松散结构	≤250
	一般第四系的半干硬～硬塑的黏性土及稍湿至潮湿的一般碎石土、卵石土、圆砾、角砾土及黄土(Q_3、Q_4)。非黏性土呈松散结构，黏性土及黄土呈松软结构	
Ⅵ	软塑状黏性土及潮湿、饱和粉细砂层、软土等	

公路隧道围岩分级表中"围岩级别"和"围岩或土体主要定性特征"栏，不包括特殊地质条件的围岩，如膨胀性围岩、多年冻土等。层状岩层的层厚划分为：厚层：大于0.5m；中层：0.1～0.5m；薄层：小于0.1m。

4）隧道施工围岩分级

围岩分级的重要发展趋势是加强施工阶段围岩级别的判定。因为，只有施工阶段的判定才是最直接、最可靠的判定。由于施工后的隧道地质状态已充分暴露，这给围岩级别的判定创造了极好的条件，因此，施工阶段围岩级别的判定是一个重要而现实的问题。

施工阶段围岩分级的评定因素采用围岩坚硬程度、围岩完整性程度和地下水状态三项因素，细分为13个子因素，见图5-1。

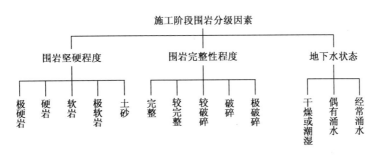

图 5-1　施工阶段围岩分级的评定因素

数据评价围岩的完整程度。由于隧道开挖,掌子面的地质状态暴露无遗,为评定掌子面的稳定性,提供了充分的基础。根据对国内外施工阶段围岩分级的调查,应采用多种方法对围岩完整程度进行分级,采用定性和定量相结合的方法,如可采用图 5-2 的指标,对围岩完整程度进行划分。

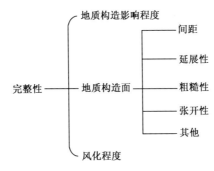

图 5-2　施工阶段围岩分级完整程度的分级指标

二、施工组织

1. 施工准备

施工准备是整个工程建设的序幕和整个工程按预期开工的重要保证。施工准备一般是分阶段进行的,在开工前的准备工作比较集中,开工以后随着施工的进展,各工种施工之前也都有相应的准备工作。因此施工准备工作又是经常性的,需要适应施工中经常变化的客观因素的影响。

隧道工程项目施工准备工作按其性质及内容通常包括技术准备、物资准备、劳动组织准备、施工现场准备和施工场外准备。

1) 技术准备

技术准备是施工准备最重要的内容。任何技术的差错或隐患都可能危及人身安全和引起质量事故,造成巨大的损失。认真地做好技术准备工作,是工程顺利进行的保证,具体有以下内容:

(1) 熟悉、审查施工图纸及有关设计资料:

① 了解设计意图,对工程性质、平、纵布置,结构形式都要认真研究掌握。

② 相关设计文件及说明是否符合国家有关技术规范;设计图纸及说明是否完整,图中的尺

寸是否正确,图纸之间是否有矛盾。

③对工程作业难易程度做出判断,明确工程的工期要求。

④工程使用的材料、配件、构件等采购供应是否有问题,能否满足设计要求。

(2)调查工程所在地区自然条件(地形、地质、水文、气象等)的勘察资料和施工技术资料:

①自然条件调查。地形情况调查包括地形地貌、河流、交通、工程区域附近建筑物的情况。地质调查包括地层地质构造、性质、围岩类别和抗震级别。水文地质调查包括附近河流流量、水质、最高洪水位、枯水期水位,地下水的质量、含水层厚度、流向、流量、流速、最高及最低水位等。气象资料调查包括气温情况、季节风情况、雨量、积雪、冻结深度、雨季及冬季的期限。地下障碍物调查包括各种地下管线、地下防空洞、附近建筑物基础、文物等。

②技术经济条件调查。工地附近可能利用的场地,需要拆迁的建筑,可以租用的民房等。当地可利用的地方材料和供应量。交通运输能力及当地可能提供的交通运输工具,以及修建为施工服务的临时运输道路、桥梁、码头等的可能性与条件。水、电、通信情况,当地可能支援的劳动力的数量及技术水平,以及医疗卫生、文化教育、消防治安等机构的供应和支持能力。

(3)根据获得的工程控制测量的基准资料,进行复核和校核,确定工程的测量网。

(4)在调查获得新资料的基础上,确定施工方案,补充和修改施工设计。

(5)编制施工图预算和施工预算。按照确定的施工方案和修改的施工图设计,根据有关的定额和标准,编制工程造价的经济文件。施工预算是按照施工图预算并根据施工组织设计和施工定额进行编制。

2)物资准备

隧道工程施工的物资准备工作,主要包括现场的基本条件和所需的材料。

开工前必须准备的基本条件有:施工道路,施工所用的水、电、气、通信设施;施工场地的平整和布置;修建施工的临时用房(机械修理房、木材加工房、炸药库房、生活用房、办公室、会计室、调度室等);搭建工程用房(压缩空气房、配电房、水泥搅拌房、材料检测房等)。

物资准备主要有:建筑材料、构件加工设备、工程施工设备(施工机具和设备、运输车辆)、安装设备等。

根据施工设计、施工预算和施工进度的计划,按各阶段施工需求量,计划组织货源和安排。

3)劳动组织准备

(1)工程项目的组织机构。根据工程项目的规模、结构特点和复杂程度,按照因事设职、因职选人、密切协作三者相结合的原则,组建工程项目的组织机构。

(2)工程项目的施工队伍。施工队伍的组建应根据该工程的劳动力需要量计划,考虑专业、工种的合理搭配,强化技术骨干的主导作用,技工、普工的比例要满足合理的劳动组织,符合流水施工组织方式的要求。

(3)建立健全各项管理制度。建立、健全工地的各项管理制度,是工程顺利进行的保证。内容一般有:工程质量检查与验收制度、工程技术档案管理制度、建筑材料(构件、配件、制品)的检查验收制度、技术责任制度、施工图纸学习与会审制度、技术交底制度、工地及班组经济核算制度、材料出入库制度、安全操作制度、劳动制度和机具使用保养制度等。

施工准备的各项工作相互关联,互为补充和配合。要保证施工准备工作的责任和检查制度,应加强与业主、设计单位和当地政府的协调工作,健全施工准备工作的责任和检查制度,在施工全过程中,有组织、有计划地进行。

2. 隧道工程施工准备阶段的质量监理

1)深入工地现场,做好调查工作

(1)预测隧道施工对地表和地下既建(构)构筑物的影响。

(2)了解施工现场布置与洞口的相邻工程、弃渣方案、农田水利、征地等的关系。

(3)了解周围建筑物、道路工程、水利工程和电信、电力线等设施的拆迁情况和数量。

(4)调查和测试水源、水质并拟订供水方案。

2)熟悉设计文件来源

(1)了解隧道方案的选定及设计经过,掌握工程的难点和重点。

(2)重点复查对隧道施工和环境保护影响较大的地形、地貌、工程地质及水文地质条件是否符合实际。

(3)核对隧道平面、纵断面设计,了解隧道与所在区段的总平面、纵断面的设计关系。

(4)核对洞门位置、式样、衬砌类型是否与洞口周围环境相适应。

(5)核对设计文件中确定的施工方法、技术措施与施工实际条件是否相符合。

(6)核对洞外排水系统和设施的布置是否与地形、地貌、水文、气象等条件相适应。

3)审核、检查承包人的准备工作

(1)检查施工机械设备的类型、数量、维修和存放地场地;各类施工人员是否进场;施工临时设施的搭建情况。

(2)检查施工总平面布置:运输便道、场区道路、材料堆放场地和临时排水设施等应合理布局,形成网络。

(3)审核承包人的施工方案及施工组织设计。

①施工方案中所安排的工程进度计划的可行性和可靠性。

②隧道各分项工程所采用的施工方案是否合理可行,是否能满足工程质量的要求。

③在隧道施工过程中,质量控制手段和措施是否有效可行。

④施工支护方式是否符合围岩的实际情况,安全防护措施是否能在整个施工过程中得到保证;在施工过程中出现地质情况发生较大变化时,是否已考虑了应变的措施。

(4)复查测量用的基准点及水准点,审核承包人的测量方案,检查承包人测量的精度是否满足要求。

(5)各种原材料(水泥、钢材、砂石料)的产地、数量、质量,供应方案及存储条件。

(6)承包人的质量保证体系是否建立、健全。

3. 控制测量检查

隧道施工测量是隧道工程修建中不可缺少的一环,它必须保证隧道开挖按规定的精度贯通,使衬砌内轮廓线符合设计要求。因此,施工单位必须重视控制点、基准点、水准点的交接和复核工作,并通过三角网或精密导线网对各点进行校核,以确保隧道施工精度。

隧道测量一般要求精度较高,其控制桩点必须稳定可靠。因为公路隧道在施工过程中很难用其他方法检验其结果,而且测量进行是否正确无误并达到必要的精度,只有在隧道贯通时才知道。因此,隧道施工测量必须以规定的精度认真慎重地进行,避免产生严重后果,造成浪费和返工。

(1)承包人应按《公路勘测规范》(JTG C10—2007)洞外控制测量的有关规定进行一切必要的测量和计算工作,并将测量工作计划和采用的方法,报监理工程师批准。

(2)承包人应根据设计文件,会同设计单位交接和复查测量隧道轴线桩平面控制导线网或三角网控制点,以及施工测量用的基准点和水准点,并将复测成果报监理工程师复查。

(3)隧道每个洞口应设立中线桩点及两个以上的后视点桩,并设立两个水准点,作为进洞的依据。需进行联测,核对其是否达到精度的要求。

(4)监理工程师应对承包人的测量成果进行检查,隧道平面控制测量的精度,洞内导线测角、量距的精度,以及洞口水准点间往返测高差不符值,均应符合《公路勘测规范》(JTG C10—2007)的规定。

4.隧道施工组织设计

1)施工组织设计的分类

(1)按设计阶段分类。

施工组织设计的编制一般是与设计阶段相配合。

①对于两阶段设计,施工组织设计分为两个阶段,即施工组织总设计(扩大初步施工组织设计)和单位工程施工组织设计两种。

②对于三阶段设计,施工组织设计分为三个阶段,即施工组织设计大纲(初步施工组织条件设计)、施工组织总设计和单位工程施工组织设计三种。

(2)按编制对象范围分类。

按编制对象范围不同,可分为施工组织总设计、单位工程施工组织设计、分部分项工程施工组织设计三种。

①施工组织总设计。施工组织总设计是以隧道为编制对象,指导整个隧道施工全过程各项施工活动的综合性文件。一般在初步或扩大初步设计被批准后,在总工程师领导下进行编制。

②单位工程施工组织设计。单位工程施工组织设计是以一个单位工程为编制对象,指导其施工全过程各项施工活动的综合性文件。一般在施工图设计完成后,在工程开工之前,在工程处的技术负责人领导下进行编制。

③分部分项工程施工组织设计。分部分项工程施工组织设计是以分项工程为编制对象,指导具体施工全过程各项施工活动的综合性文件。一般是与单位工程施工组织设计的编制同时进行,并由单位工程的技术人员负责编制。

施工组织总设计是对整个建设项目的全局性战略部署,其内容和范围比较概括;单位工程施工组织设计是在施工组织总设计的控制下,以施工组织总设计和企业施工计划为依据编制的,针对具体的单位工程,把施工组织总设计的内容具体化;分部分项工程施工组织设计是以施工组织总设计、单位工程施工组织设计和企业施工计划为依据编制的,针对具体的分部分项工程,把单位工程施工组织设计进一步具体化,它是专业工程具体的组织施工设计。

(3)按编制内容程度分类。

施工组织设计按编制内容程度可分为完整的施工组织设计和简单的施工组织设计两种。

①完整的施工组织设计。对于规模大、结构复杂、技术要求高,采用新结构、新技术、新材料和新工艺的新建工程项目,必须编制内容详尽的、完整的施工组织设计。

②简单的施工组织设计。对于工程规模小、结构简单、技术要求和工艺方法不复杂的拟建工程项目,可以编制仅包括施工方案、施工进度计划和施工总平面布置图等简单的施工组织设计。

2)隧道施工组织设计的内容

(1)隧道工程施工组织总设计的内容:

①编制的依据和原则。

②建设项目工程概况(项目用途、工期、经费来源、自然条件、环境条件、勘探资料)。

③施工计划及主要施工方案(正常施工、特殊施工)。

④施工准备工作计划(任务划分、工序安排、劳动力组织、经济安排、临时设施)。

⑤施工总进度和季(月)计划。

⑥资源需要量计划(材料、水、电、气、设备、人员)。

⑦施工总平面图。

⑧主要施工技术措施(包括采用新技术、新工艺)。

⑨质量、安全、节约的技术措施。

⑩技术经济指标。

(2)施工组织设计主要图表:

①施工工序图、施工网络图、施工组织进度图。

②工班劳动力的组织循环图及劳动力需求表。

③年度材料需求计划表。

④人员组织机构图。

⑤施工场地布置详图。

⑥给水、排水、电力、通信设计图。

⑦通风设计图。

⑧交通运输图。

⑨弃渣场地平面图。

⑩钻爆施工图。

3)施工组织设计的编制

施工组织设计由中标的施工企业编制,编制的依据是合同条款、设计文件、业主和施工会议确定的有关文件要求,对结构复杂、条件差、施工难度大或采用新工艺、新技术的项目,要进行专业性研究,通过专家审定,报业主审批后采用。

在编制过程中,要充分发挥各职能部门的作用,共同来编制施工组织设计。特别注意的是遵守合同条款要求,保证工程质量和施工的安全;做到统筹计划、科学合理、经济实用。

第二节 隧道开挖施工质量监理

一、隧道洞口、明洞与浅埋段工程

隧道洞口工程一般包括洞外土石方开挖、边仰坡护砌、截水沟修砌、明洞及洞门修筑等工程。洞口工程施工除了要给洞内施工创造条件外,还要稳固因隧道施工可能引起的坡面失稳现象。尤其是洞口坡面存在较大规模滑动、坍塌、落石等现象,监理工程师应预先提醒承包人采取施工措施,或要求承包人按设计文件及时施作工程设施,以避免产生严重的工程事故。

1. 隧道洞口开挖

开挖洞口土石方、清刷洞口边仰坡及进洞开挖、挖掘洞外截水沟等是洞外开挖的主要工程。各项工程及互有影响的桥涵与路基支挡等结构,应综合考虑,妥善安排,尽早完成。开挖作业应符合下列规定。

(1) 确定合理的开挖步骤和循环进尺,保持各开挖工序相互衔接,均衡施工。
(2) 应采用有效的测量手段控制开挖轮廓线,开挖宜预留变形量。
(3) 监控量测应及时进行,地质变化处和重要地段,应有相应照片或文字描述记载。
(4) 开挖作业必须保证安全,宜减少对围岩的扰动。

开挖方法主要有全断面法、台阶法,以及环形开挖留核心土法、中隔壁法、双侧壁导坑法及中导洞法等其他施工方法。应根据隧道长度、断面大小、结构形式、工期要求、机械设备、地质条件等,选择适宜的开挖方案,并应具有较大适应性。变换开挖方法时,应有过渡措施。

全断面法可用于Ⅰ~Ⅲ级围岩的中小跨度隧道,Ⅳ级围岩中跨度隧道和Ⅲ级围岩大跨度隧道在采用了有效的预加固措施后,也可采用全断面法开挖。对于邻近有建筑物需要控制爆破振动速度的隧道用全断面开挖时,可以选择导洞超前再全断面扩挖的方法施工,但应控制导洞超前距离。

台阶法可用于Ⅲ~Ⅳ级围岩的中小跨度隧道,Ⅴ级围岩的中小跨度隧道在采用了有效的预加固措施后也可采用台阶法开挖。采用台阶法施工时应符合下列规定:

(1) 上台阶高度宜为2.5m,装渣机械应紧跟开挖面,减少扒渣距离。
(2) 控制上台阶钢架下沉和变形,可采用扩大拱脚和加强锁脚锚杆、加设临时仰拱等措施。
(3) 当岩体不稳定时,应缩短进尺,先施工边墙支护,后开挖中间土体,左右错开或拉中槽后再挖边墙,并及时施工仰拱。

洞外开挖质量有如下要求:
(1) 路槽开挖。
路槽开挖技术要求详见表5-9。

路槽开挖实测项目允许偏差   表5-9

检 查 项 目	允许偏差或允许值	检查频率要求
路基顶面高程(mm)	+0,-30	每100m用水准仪测3点
中线偏位(mm)	±50,-50	每100m用经纬仪测3点
路基宽度(mm)	+100,-0	每100m用尺测3处
横坡度(%)	±0.3	每100m测3处
路基平整度(mm)	20~30	每100m用3m直尺测2处
边仰坡坡度	不陡于设计值	每100m测2处

(2)外观鉴定：
①路基表面平整，边线顺直。
②坡面平顺稳定、曲线圆滑、无松石垮坡。
③边沟排水顺畅。
(3)截水沟、排水沟开挖。
截水沟、排水沟开挖技术要求详见表5-10。

截水沟、排水沟开挖实测项目允许偏差   表5-10

检 查 项 目	允许偏差或允许值	检查频率要求
沟底纵坡	符合设计要求	每200mm用水准仪测4点
断面尺寸	不小于设计值	每200m用尺量2处
边坡坡度	不陡于设计值	每200m检查2处
边棱直顺度(mm)	±50	每200m拉线检查2处

(4)外观鉴定：沟底有无阻水现象。

2.隧道洞口边坡防护监理要点

坡面防护指防止边仰坡开挖面因受水、风、温度和其他作用而恶化的措施，包括喷射混凝土锚杆加固、砌石护面、铺种草皮，也包括支承侧向土压力、防止土坡坍塌、保证边坡稳定的挡土墙。洞口边仰坡的防护措施，应按图纸的要求办理，如情况有变化或设计文件未作规定，应按监理工程师的指示办理。

对于岩石坡面，采用喷射混凝土封闭表面，使用锚杆深层锚固稳定坡面，防止岩土表面风化。锚杆、钢筋网、喷射混凝土是喷锚加固坡面常采用的组合构造。也可单独使用锚杆或喷射混凝土防止坡面落石或岩块松动;采用预应力锚索稳定坡体防止坡面滑动;采用喷射混凝土封闭土体坡面，可起到避免雨水冲刷、浸湿软化的作用。施工时，监理工程师应根据锚喷加固的目的，注意以下几方面：

(1)锚喷加固应按坡面开挖顺序由上至下分别实施，一般为先锚后喷，或挂网后再喷。
(2)喷射混凝土前，应清除松动的和已经风化的岩石与浮土，最好能将坡面修整平整。
(3)对于有地表水流经的地段，或有地下水出露处，要先设置排水设施或埋设排水管等进行引排后，方可喷射混凝土;对于软弱岩体或土体的坡面，如喷射混凝土封闭后会因水位升高、地下水压力增大而引起坡面失稳，则需事先埋入透水排水网管，并不得让混凝土堵塞管口。
(4)坡面锚固系统锚杆，一般要求垂直坡面安置，但还应根据坡体的结构面组合，并对其方向做适当调整,尽量使锚杆能加固更多的岩石层面。

(5)局部锚固锚杆的设置要根据岩块滑落或坠落趋势确定锚固方向,根据岩块尺寸和滑落力确定锚杆长度及根数。

(6)钢筋网铺设应与第一次喷射混凝土层密贴,并与锚杆连接牢靠,后续喷射混凝土层应覆盖钢筋网,不得裸露在外。

坡面防护质量有如下要求:

(1)浆砌片(块)石护面墙技术要求详见表5-11。

浆砌片(块)石护面墙的实测项目　　　　　　　　　表5-11

检查项目	允许偏差或允许值	检查频率及要求
砂浆强度	在合格标准内	试件强度
表面平整度(mm)	50(20)	每20m用2m直尺检查5处
顶面高程(mm)	±20(±15)	每20m用水准仪测3处
垂直度(或坡度)(%)	0.5(0.3)	每20m检查3处
断面尺寸(mm)	±50(±30)	每20m检查2处

(2)外观鉴定:

①砌体直顺圆滑,表面平整清洁,砂浆饱满,无空洞现象。

②勾缝平顺,无脱落现象。

(3)干砌片(块)石护面墙技术要求详见表5-12。

干砌片(块)石护面墙的实测项目　　　　　　　　　表5-12

检查项目	允许偏差或允许值	检查频率及要求
强度	在合格标准内	试件强度
表面平整度(mm)	5	2m靠尺测量:拱部不少于2处,墙身不少于4处
外形尺寸	不小于设计值	每边不少于4处

(4)外观鉴定:

①砌体应顺适,表面平整、美观。

②石块应嵌挤紧密、不松动。

(5)浆砌片(块)石挡土墙技术要求详见表5-13。

浆砌片(块)石挡土墙的实测项目　　　　　　　　　表5-13

检查项目	允许偏差或允许值	检查频率及要求
砂浆强度	满足设计要求	试件强度
平面位置(mm)	50	仪器测量:每边不少于4处;2m靠尺测量:拱部不少于2处,墙身不少于4处
顶面高程(mm)	±20	
断面尺寸	不小于设计值	
平整度(mm)	块石:20;料石:30;混凝土块料石:10	拱部不少于2处,墙身不少于4处
垂直度(或坡度)(%)	0.5	每边不少于4处

(6)外观鉴定:
①墙直、弯顺、砌筑面平整。
②砌体无空洞、勾缝平顺、无脱落现象。
③泄水孔坡度向外、无堵水现象。
④沉降、收缩缝整齐竖直、上下贯通。

3.隧道洞口建筑及监理要点

隧道洞门结构起到稳定洞口边仰坡,防止洞口上方塌方落石的作用,通常采用浆砌块石或现浇混凝土支挡构造;隧道洞门还有美化洞口的作用。洞门形式除考虑受力条件外,还应与环境及相邻建筑的自然景观相协调,所以要特别重视洞门的施工质量。

1)隧道洞门

隧道洞门的形式多种多样,归结起来,可以说都是从基本形式变化而来,以适合洞口实际的地形、地质条件和自然环境。隧道洞门应在隧道开挖的初期完成,并应符合下列规定:

(1)基础必须置于稳固的地基上,废渣、杂物、风化软层和水泥必须清除干净。
(2)洞门端墙的砌筑与回填应两侧对称进行,不得对衬砌产生偏压。
(3)端墙施工应保证其位置准确和墙面坡度满足设计要求。
(4)洞门衬砌完成后,其上方仰坡脚受破坏时,应及时处理。
(5)洞门的排水设施应与洞门工程配合施工,同步完成。
(6)洞门的排水沟砌筑在填土上时,填土必须夯实。

隧道洞门基本形式如下:

(1)环框式洞门。

洞口地形陡峭,岩层坚硬整体性好,节理不发育、不易风化,开挖后具有稳定的仰坡,且无较大的坡面排水,这样可以采用与洞口衬砌同种混凝土整体灌注的环框作为洞门。环框式洞门的变化形式有削竹式洞门,即将洞口衬砌适量的向外延伸,并以较缓坡度修筑洞门环框,适用于地质条件较差、地形缓坦的洞口。

(2)端墙式洞门。

适用于洞口地形开阔、岩质基本稳定、洞顶排水条件稍差的坡面。洞门为镶套在洞口衬砌上的圬工挡墙或混凝土挡墙。其变化形式有柱式洞门和台阶式洞门,分别适合于地形较陡、地质条件差、洞门较窄和傍山洞门地面横坡较陡的洞门条件。

(3)翼墙式洞门。

当洞口地质情况差,地形等高线与线路近于正交需开挖路堑,山体纵面推力较大或有一定的路堑侧压力时,适宜使用翼墙式洞门。

2)洞门质量要求

洞门端墙、翼墙、挡土墙模板安装质量标准见表5-14。砌石缝允许偏差详见表5-15。

4.明洞施工监理要点

拱形明洞一般适用于洞顶覆盖较薄、难以采用暗挖法修建隧道的地段,或受塌方、落石、泥石流等威胁的隧道洞口或路堑地段。拱形明洞净空与隧道一致,可采用与隧道相同的拱架和模板施工。现浇混凝土或钢筋混凝土明洞,结构整体性较好,能承受较大的垂直力和侧压力,但内外墙基础相对位移对内力会产生较大影响,因而对地基要求较高。明洞施工工序繁杂,如开挖、临时防护、绑扎钢筋、模板就位、浇筑混凝土、铺设防水层、铺设隔水层、回填土等都是施工监理的重点。

洞门端墙、翼墙、挡土墙模板安装质量标准　　　　表5-14

检查项目	允许偏差或允许值(mm)	检查频率及要求
基础边缘位置	±15,0	测量:每边不少于4处
基础顶面高程	±10	
边墙边缘位置	±10,0	
边墙拱脚、端翼墙面顶面高程	±10	
模板表面平整度	5	2m靠尺测量;不少于4处
模板表面错台	2	尺量
预留孔洞位置	±10,0	尺量

砌石缝允许偏差表　　　　表5-15

项目	表面灰缝宽度(mm)	两层间竖向错缝(mm)	三块石料相接处的空隙(mm)	每找平一次的高度(mm)	检查频率及要求
浆砌片石	<40	>80	<70	<1200	不少于7个点,观察、尺量
浆砌片石	<20	>80	—	700~1200	不少于7个点,观察、尺量
浆砌粗料石、混凝土预制块	15~20	>100丁石上下只能一面有竖缝	—	每层找平	不少于7个点,观察、尺量

1)拱形明洞的一般结构形式

(1)路堑对称型。适用于洞顶地面平缓、两侧路堑地质条件基本相同,边坡有落石、坍塌等不良地质现象,或洞顶覆盖较薄,难以用暗挖法修建隧道的情况。结构形式为对称型高拱。

(2)路堑偏压型。当洞顶地面倾斜,路堑边坡一侧较低,明洞边墙顶以下部分为挖方,有坍塌、落石、泥石流等不良地质现象时应采用此种形式明洞。由于荷载不对称,结构也为非对称结构。

(3)半路堑偏压型。适用于外侧地面开敞、稳定、填土坡面线能与地面相交,另一侧边坡或山坡有坍塌、落石或泥石流等不良地质现象处。这种非对称结构外侧常采用刚性边墙,以抵抗较大的偏压荷载。

(4)半路堑单压型。适合于外侧地形陡峻,无法填土,另一侧边坡或山坡有坍塌、落石、泥石流等不良地质现象的地段。这类非对称结构外侧刚性边墙上带有耳墙,以承受回填土侧压力。

2)明洞施工方法

明洞施工方法的选择,应根据地形、地质条件、明洞类型等因素确定。常用的施工方法有:

(1)拱墙整体灌注法。适用于浅埋地段,或地质条件较好,开挖后边坡能够稳定的地段。

开挖时,先自上而下开挖,然后拱墙整体灌注。该方法需要有足够的配套施工机具。

(2)先墙后拱法。适用于开挖后边坡能够稳定的地段,而施工机具不足以供拱墙整体灌注时,施工顺序应为先自上而下开挖,灌注两侧边墙,最后灌注两侧边墙。

(3)先拱后墙法。适用于岩层破碎,路堑边坡较高,全部明挖可能引起坍塌,但拱脚岩层承载力较好,且能保证拱圈稳定的地段。施工程序为起拱线以上部分采用拉槽开挖临时边仰坡,当临时边仰坡不够稳定时,采用喷锚网临时加固。先做好拱圈,然后开挖下部断面,再做边墙,如明洞较长,边坡不够稳定时,则采用分段拉槽较为安全。

(4)墙拱交替法。适用于半路堑式明洞,内侧地质松软或路堑式明洞拱脚处地层松软,不能采用先拱后墙法。施工顺序为对于半路堑式明洞,先灌注外侧边墙,开挖内侧拱脚以上土石方,再灌注拱圈,然后开挖内侧拱脚以下部分,最后灌注内侧边墙。对于路堑式明洞,先开挖起拱线以上部分,然后采用跳槽挖井法灌注两侧部分边墙,再灌注拱圈,最后做其余边墙。

3)明洞边墙基础施工

明洞边墙基础应设置在稳固的地基上,这是总的要求。偏压和单压明洞墙基应考虑其抗滑力。明洞基础开挖至设计高程后,如地基承载力不符合设计要求,应及时做变更设计,可采取夯填一定厚度的碎石或加深或扩大基础等措施,以达到设计要求。明洞边墙基础施工应符合下列规定:

(1)基础开挖应核对地质条件,检测地基承载力,当地基不满足设计要求时,应及时上报监理、设计单位,并按设计单位提供的处理方案施工。

(2)偏压和单压明洞外边墙的基底,在垂直路线方向应按设计要求挖成一定坡度的斜坡,提高边墙抗滑力。

(3)基础混凝土灌注前必须排除坑内积水,边墙基础完成后应及时回填。

4)明洞回填施工

明洞回填分墙背回填和拱背回填两个部位,由于其作用不同,因此工艺的要求也不同。

(1)墙背回填的作用主要是使边墙与围岩密贴。当围岩较稳定时,一般自墙顶起坡,墙背可挖垂直或较陡的坡度;当围岩稳定性较差,采用先拱后墙法施工,边墙采用开挖马口法灌注,两者的墙背空隙都不大,可用与边墙相同的材料同时灌注或用浆砌片石砌筑。

(2)拱背回填主要是缓和边坡落石和坍塌的冲击作用,以及排除坡面水的作用。根据不同类型的明洞和棚洞,设计各有具体规定。为了保证拱圈质量和安全,不宜过早采用机械回填。

明洞回填施工应符合下列规定:

①墙背回填应两侧对称进行。底部应铺填 0.5~1.0m 厚碎石并夯实,然后向上回填。石质地层中墙背与岩壁空隙不大时,可采用与墙身同级别混凝土回填;空隙较大时采用片石混凝土或浆砌片石回填密实。土质地层应将墙背坡面开凿成台阶状用干砌片石分层码砌,缝隙填塞紧密,不得任意抛填土石。

②墙后有排水设施时,应与回填同时施工。

③拱背回填应对称分层夯实,每层厚度不得大于 0.3m,两侧回填高差不得大于 5m,回填至拱顶后应分层满铺填筑。

5)明洞防水层施工

防水层所使用的材料、敷设层数和厚度等均应按照设计要求执行。此处针对的是路堑式和偏压式明洞做防水层的操作。若为单压式明洞，因外侧有耳墙，不设排水盲沟，应将耳墙与拱圈中间空隙先用浆砌片石回填至与拱顶齐平，再铺防水层。黏土隔水层应能防止地表水下渗，以免影响回填土的稳定。明洞防水层施工应符合下列规定：

（1）防水层施工前应用水泥砂浆将衬砌外表涂抹平顺。

（2）防水卷材应与拱背粘贴紧密，接头搭接长度不小于100mm，铺设应自下而上进行，上下层接缝宜错开，不得有通缝。

（3）回填拱背的黏土隔水层应与边坡、仰坡搭接良好，封闭严密。

（4）靠山侧边墙顶或边墙墙后，应设置纵向和竖向盲管（沟）将水引至边墙泄水孔排出。

6）明洞衬砌施工

明洞有拱形明洞和棚洞两种形式。

拱形明洞与隧道整体式衬砌基本相似，由拱圈、边墙、铺底或仰拱组成。衬砌施工一般要求除参照整体式衬砌执行外，在衬砌端部与拱、墙首轮环节处都要设置挡头板。为控制拱圈厚，在拱部加设外模并架设骨肋连接固定。应先做一侧边墙，随即灌注拱圈，若此时另一侧的拱脚基岩松软，可在拱脚下横铺木垫板加大承载面积或夯填碎石，以增加拱脚承载力。

棚洞主要由盖板、内边墙和外侧支承建筑物组成，钢筋混凝土盖板最好预制，既可短期施工又能早期回填，有利于承受落石及塌方的冲击，保证安全。墙顶支座槽应用水泥砂浆填塞紧密，可使盖板安装平稳，最大地承受荷载。

7）明洞开挖监理事项

路堑设置明洞大多是为了防止边仰坡塌方和落石，其地质条件一般是较差的。若明洞较长，宜分段施作，开挖一段施作一段，石质地段开挖应放小炮，必要时可采用预裂爆破法。如必须在雨季施工时，应先将边仰坡上的排水系统做好。对裂隙和凹形地段，应设置标志随时检查或观测有无移动，以分析判断山坡的稳定性。

（1）开挖前及施工中，根据中线、高程并结合施工方法，测定和检查建筑物各部分开挖尺寸。

（2）施工前应先做好洞顶排水设施，防止地表水冲刷边坡造成塌方、落石。

（3）开挖的边坡、仰坡应力求在施工时间内不坍塌，否则可适当放缓坡率或采用锚喷支护、防护栅栏、棚架等措施。

（4）开挖方式应先外后内、从上至下，严禁掏底开挖和上下重叠施工。在地质不良、边仰坡较高地段，应指定专人检查、看守，确保施工安全。

（5）开挖的土石，应弃在指定处，不得影响边坡及其他建筑物的稳定和行车安全。

8）明洞基础施工监理事项

（1）明洞边墙基础必须置于稳固的地基上，遇有地下水时，需将水引离边墙基础；松软基底可用桩基或加固地层等方法处理，以提高基底的抗滑力和承载力；半路堑单压式明洞的外墙岩石基础应埋置在风化层以下0.25m处，若岩层有裂隙不易清除，可采取压浆加固处理；位于陡坡坚硬完整岩石的明洞外墙基础，可将岩石切割成台阶，台阶宽度不得小于0.5m，最低一层基础宽度不得小于2m，且台阶平均坡度一般不陡于1:0.5。

（2）在边墙基础施作前，应该检查地基承载力是否与设计要求相符。

（3）施工顺序应本着先难后易的原则，先做外侧边墙，后做内侧边墙，对于凹形地段或外墙深基部分要先开挖、修筑最低凹处,逐步向两端进行。

(4)挖孔桩作为明洞基础,开挖井孔应分区跳槽开挖。桩孔井口应做锁口,锁口的施工应与边墙承台梁的施工综合考虑,在保证施工安全的情况下,尽量减少拆除量。挖孔桩开挖要分节进行,挖一节立即支护一节,不应在土石层变化处和滑动面以及断层带处分节。下节在上节护壁混凝土终凝后进行。挖至孔底高程清除浮渣后,经测量无误,方可下钢筋笼浇筑混凝土。

5. 明洞拱墙施工监理事项

(1)砌筑前应复测中线、高程,边墙、拱圈放样立模时要预留施工误差,以保证衬砌不侵入建筑限界。

(2)明洞拱圈按断面要求制作定型挡头板和外模,随着灌注逐步向上安设。为不使外模板因振捣及混凝土挤压而移动变形,除临时支顶外,还应将外模板拉紧固定。拱架如架设在立柱上,立柱基底应坚实,否则应铺设纵向卧木并将各立柱纵向连接成整体。

(3)边墙模板必须支撑牢固,有外模者在内外模间设钢筋拉杆及临时支撑,使之成为整体;无外模者采用预埋钢筋或数股铁丝来作为灌浆锚杆,将模板支撑拉住。

(4)灌注拱圈混凝土时,应从两侧拱脚对称不间断地灌注到拱顶。先做一侧边墙随即灌注拱圈时,要加强对另一侧拱脚的基底处理,如超深过挖,应打纵梁、砌垫块、加设锚杆以使拱圈与岩壁连接牢固,防止拱脚基底松软沉落。采用跳槽边墙灌注拱圈时,拱圈分节处所设钢筋应预留接头,使拱节连成整体。

(5)明洞内墙灌注前,墙背空洞应先砌回填片石,回填量不大时可用干砌片石,灌注边墙时应做好纵向盲沟和泄水孔。

(6)明洞伸缩缝一般在土质地层每20m设置一道,石质地层每30m设置一道,但不得设在侧洞范围内,通常距侧洞边缘不小于2m。气温变化较大地区,应根据实际情况设置伸缩缝,但采用先拱后墙法施工的明洞,在与隧道相接处不宜设置伸缩缝。任何形式明洞的基础,在地质软硬变化处均需设置沉降缝。

(7)明洞拱圈混凝土达到设计强度的70%,并且拱顶填土高达0.7m以上时,才能拆除拱架;如采用土石方机械填筑时,需待拱顶回填完成后方能拆除拱架。

6. 防水层及回填施工监理事项

(1)一般在拱墙达到设计强度的25%时,方可拆除外模做防水层。在防水层铺设前,必须将拱墙背的灰尘污垢和积水清除干净,用砂浆抹平,不得有钢筋头露出。

(2)对于甲种、乙种、丙种防水层,根据地区气温不同分别选用油-60、油-30、油-10的石油沥青,所用麻布要求干燥清洁,易于吸透沥青。

(3)铺设时气温不得低于5℃,雨雪天不宜施工,夏季最好在夜间进行。沥青或沥青砂胶铺设的温度应在160℃左右,先铺在拱正中然后向两侧抹平。沥青防水层每层厚度为2mm、沥青砂胶每层厚约2cm。沥青麻布或油毛毡应从两侧拱脚自下而上向拱顶方向铺设,并在先涂一层2cm厚热沥青后,立即粘贴,每次铺设面积宜大于0.5m^2,以免沥青冷却粘贴不紧。

(4)麻布或油毛毡的接头应彼此搭接10cm,各层接头应错开其宽度的1/3。铺好的防水层下面不得留有气泡鼓包。最后一层防水层铺好冷却后方可实施保护层和回填土。

(5)在拱墙背做好防水层,待混凝土达到设计强度的70%时,即可进行回填。

(6)墙后排水设施应在回填时同时施工,并保证能使渗漏水排出。墙背石质地层超挖较小时,应用与边墙相同的材料整体砌筑;超挖较大时,可用浆砌片石回填,对于墙后回填数量较大时,应按设计要求执行。土质地层,墙背开挖的坡面应凿成宽0.5m的台阶,用浆砌片石分层码砌。

(7)拱部回填土与边坡接触处,应挖成不小于0.5m宽的台阶,并用粗糙透水材料填塞,增加摩擦力以保持稳定。拱脚如设有纵向盲沟,应在回填前做好。拱部回填应对称分层夯实,每层厚度不宜大于0.3m,其两侧回填的土面高差不得大于0.5m,回填至拱顶齐平后,成满铺分层向上填筑至要求高度,或先由人工填至拱顶以上0.7m厚,再用机械填筑。

(8)明洞回填土密实度要满足设计要求。拱背黏土隔水层应与边坡、仰坡搭接良好,封闭紧密,以防止地表水下渗。

7. 明洞结构物施工监理事项

明洞有拱式明洞和棚式明洞等形式,一般钢筋混凝土结构需要与明洞地段土石方开挖配合进行,监理应控制各施工环节的质量。

明洞施工准备阶段的监理工作如下:

(1)监理要熟悉设计文件、技术规范和施工地段的地形地质情况,技术要求和质量控制要点。

(2)监理要审核承包人的分项开工报告。重点要审核施工方法,具体应根据地形、地质条件、明洞类型等因素确定。

8. 隧道浅埋段

根据大量隧道工程的施工资料调查,上部覆盖层不足隧道洞跨2倍的隧道区段属于浅埋式隧道,同时,浅埋段工程包括隧道洞跨加强段。

《公路隧道设计细则》(JTG/T D70—2010)对浅埋隧道的定义为:作用在支护结构之上的土压力与隧道埋置深度、地形条件及地表环境基本无关的隧道。

《公路隧道设计规范 第一册 土建工程》(JTG 3370.1—2018)中规定:浅埋与深埋的分界,按荷载等效高度值,并结合地质条件施工方法等因素综合判定。按荷载等效高度的判定公式为 $H_p = (2 \sim 2.5) h_q$,H_p 为浅埋隧道分界深度,h_q 为荷载等效高度。

基本工艺要点:短进尺,少扰动,强支护,早封闭,勤观测。

二、隧道开挖

隧道掘进包括隧道内的施工测量放线、洞身开挖、弃渣运输等工序。隧道掘进质量会直接关系到隧道整体线形质量、结构受力状态以及工程数量的增加。监理工作的要点是把握每项工序的质量,使其对后序工作的不利影响降到最低程度,从而使隧道的整体质量达到规范和设计文件要求。

1. 隧道开挖监理事项

1)开挖方法

隧道施工前在决定开挖方法时,应对断面尺寸及形式、围岩条件、工区长度、工期、当地条件等综合考虑后,最大限度利用围岩自身具有的支承能力,在不使围岩松弛的情况下,尽可能使用开挖断面大的开挖方法。通常采用的开挖方法大体可按全断面法、台阶法、导坑超前法划分。

(1)全断面法适用于地质稳定的地层中,在大断面隧道施工中,开挖和支护衬砌能够使用大型机械,能实现机械化快速施工,且开挖一次完成,不存在多次挠动围岩的情况。由于掌子面集中于一处,便于工程管理和质量控制,但对围岩条件变化的适应性差,施工过程中遇有问题时,要改变施工方式往往非常困难。

(2)台阶法一般指上半断面与下半断面同时并进的开挖方法。在围岩条件或施工机械不适合全断面法施工时可采用这种开挖方法。围岩是否稳定,直接关系到台阶的长短,在膨胀性地层或土砂地层中,通过断面支护尽快使衬砌早期闭合,以使掌子面稳定,要求台阶长度尽可能短。多台阶法是在一般台阶法不能保证掌子面自立的情形下采用的,由于分段多,闭合时间晚,坑道变形会增大。与全断面法比较,台阶法使用的机械设备数目增多,且易出现各工序间的干扰,对工程管理和质量控制带来一定困难。

(3)导坑超前法包括侧导坑超前、下导坑超前、上导坑超前等。其中侧导坑超前是在断面较大、围岩支承力不够的情形下,以及限制覆盖层薄地表下沉的地段使用这种开挖方法,由于其开挖、支护施工较为复杂,因此要仔细研究各阶段的掌子面及支撑的稳定、坑道的变形动态、对下阶段开挖的影响、支护构件的接连等问题。

2)开挖方式

隧道开挖方式有爆破、机械及人力开挖几种。决定开挖方式要考虑施工可能性及经济合理性,并力图使围岩不致松动。所以必须考虑隧道长度、断面尺寸及形状、围岩地质条件、隧道涌水、开挖方法及邻近构造物、对附近居民的振动、噪声干扰等因素选定开挖方式。

(1)爆破开挖是利用炸药的化学能破碎岩石,是目前隧道开挖使用最多的开挖方式之一。在使用中应注意尽可能地减少围岩松弛和断面挖超及对附近建筑物的振动损坏。

(2)机械开挖是利用机械能压碎或切削岩石,是噪声及振动均小的、有利于环境保护的开挖方式,但机械开挖常受施工工区长度、断面尺寸及形状、基岩强度、涌水条件等的限制。

(3)人力开挖在施工效率、安全性等方面都很差,一般仅在其他开挖方式不宜使用或围岩极不稳定、不得不用小断面开挖、未固结围岩的情况下采用。

3)稳定措施

隧道开挖的前提条件:开挖后至支护完毕这段时间内开挖面应能够自稳,否则必须采取能稳定掌子面的措施。

(1)选择稳定掌子面:环形开挖留核心土、缩短进尺及支撑间距及早形成闭合支护等。

(2)土砂围岩、破碎围岩及膨胀性围岩中稳定掌子面的辅助方法有超前管棚、预注浆固结、插钢板支护等。

(3)特殊地层中稳定掌子面的特殊方法有帷幕注浆、井点降水、冻结法等。

4)超挖注意事项

考虑变形富余量后,其开挖轮廓线以外的超挖应尽量减少,不仅是因为超挖会增加出渣量和衬砌数量,而且是由于局部挖掉围岩会产生应力集中,不利于隧道结构的受力。

(1)采用爆破法开挖时,要充分考虑围岩的岩质、裂隙、风化程度,实施爆破时应尽量减少剧烈振动,以免造成掉块形成超挖。

(2)提高钻孔精度,研究光面爆破效果,减少超挖量。

(3)严格控制插管、插板方向,在自立性差的围岩中,采用管棚法、插板法使超挖量降到最小。

5)排水措施

从隧道开挖时起,就必须设置洞内排水设施。洞内排水不良会使路面泥泞降低作业效率,底板积水可能导致漏电致人员死亡。特别是像泥岩、凝灰岩、土砂等遇水软化的地层,洞室基脚遇水会下沉变形,将对结构产生极不利的影响。

(1)施工中能自流排水的施工段应保持排水沟的畅通,软弱地层的排水沟应离开边墙脚并用砂浆等材料封闭,不使水沿沟下渗。

(2)需用水泵排洞内水的施工段,水泵的扬程、容量要有充分的富余,并有备用水泵。

(3)斜井、竖井应准备充足能力的排水泵等设备,并考虑停电的对策。

6)小净距隧道

小净距隧道的中间岩柱宽度介于连拱隧道和分离隧道之间,一般小于1.5倍隧道开挖断面的宽度。

(1)工法特点。

为确保开挖过程中围岩的稳定性,减小因隧道间距小引起的围岩变形、爆破振动等不利因素,满足小净距隧道中夹岩特有的加固要求,关键是如何保证中夹岩的稳定,有效地减少对中夹岩的扰动。相对于分离式隧道,小净距隧道施工对工序控制更加严格,必须正确安排双洞的开挖、支护的间隔和顺序。

(2)工艺原理。

小净距双洞隧道施工的难点、重点是控制爆破作业,必须确保隧道开挖过程围岩的稳定,减小两隧道之间由于净距较小引起的围岩变形、爆破振动等不利因素。小净距隧道施工的关键是中间岩柱的加固和稳定,由于围岩自稳性和支护结构的受力较一般隧道复杂,必须充分利用隧道围岩的自承、自稳能力,通过围岩加固措施使隧道修建达到经济、合理的目的。

(3)小净距隧道施工时要注意以下六点:

①先行洞和后行洞开挖方法。

②先行洞和后行洞爆破设计和爆破振动控制。

③先行洞和后行洞开挖错开距离。

④先行洞衬砌和后行洞开挖错开距离。

⑤中岩墙保护方法。

⑥非小净距隧道施工方案中的其他内容。

7)隧道支护几个特殊问题

(1)初期支护要遵循"短进尺,早封闭"原则,必须一炮一支,防止围岩暴露时间太长而引起的塌方。

(2)隧道内的超前支护,注浆锚杆,在加固围岩的同时,也起一定的堵水作用。

(3) 中侧导洞断面的选择。

(4) 中隔墙的水平推力平衡。

(5) 中隔墙防水。

(6) 在开挖施工过程中及时做好洞内排水系统,严禁洞内积水,排水沟不能沿边墙设置,避免软化边墙基底围岩使其强度降低造成隧道坍塌。

(7) 由于连拱隧道跨度大,即使在围岩好的情况下也要坚持"短进尺、弱爆破、强支护、早闭合"的开挖施工原则,以减少或杜绝塌方。

(8) 仰拱最好在二次衬砌之前施工,以使支护体系尽早形成封闭系统。

(9) 由于连拱隧道跨度大,洞口一般偏压严重,洞口刷坡后极易造成山体松动下滑,进而失稳。从开挖到支护时间间隔不能太长,同时加强边仰坡的变形观测。

(10) 中导洞的开挖施工对正洞来说是最好、最准确的超前地质预报,因而在开挖过程中要对围岩进行详细、准确的记录,指导正洞施工。

8) 隧道开挖质量监理要点

(1) 审查承包人的爆破方案。

①方案中单位用药量是否符合地质条件、开挖方法和隧道断面积,是否会因用药过量对周边围岩产生严重扰动及对附近建筑物产生振动损坏。

②掏槽炮、扩大炮、周边炮、翻底炮的设计参数取值是否合适,是否影响到开挖面的质量和形状,爆渣堆形状和爆渣尺寸是否便于装载运输或后续工程利用。

③所用爆破材料、器材是否适合地层条件,能否保证顺利、安全进行爆破。如涌水地层、高温地层、含瓦斯地层所选用的炸药品种是否合适;光面爆破选用的毫秒差雷管段数是否可行等。

④炮眼设计深度是否考虑到掌子面的自立性。

(2) 查询承包人确保钻眼质量的措施。

①布孔方法是否能保证相当精度及布孔后的检查方法。

②凿岩机、钻孔台车的钻杆定位和插角确定及钻孔深度控制的保证措施。

(3) 检查爆破的安全措施。

①含瓦斯地层中,着重检查机电设备防爆及沼气自动检测报警断电装置。

②采用电雷管起爆的隧道,要检查起爆主线绝缘情况,工作面是否有动力电、照明电的电流导入。

(4) 爆破效果检查。

①炮眼痕迹保存率,硬岩80%、中硬岩70%、软岩50%,最小允许炮眼痕迹率不小于规定值的60%。

②两茬炮衔接台阶的最大尺寸不得超过15cm。

(5) 开挖质量检查。

①对于整体式衬砌,开挖断面的形状、尺寸应符合设计要求。拱墙脚以上1m内断面应无欠挖。其他部位,在岩层完整、抗压强度大于30MPa时,个别突出部分(每平方米不大于0.1m²)侵入衬砌断面不大于5cm。整体式衬砌隧道断面允许超挖值见表5-16。

整体式衬砌隧道断面允许超挖值　　　　　　表5-16

开挖部位	硬岩,相当于Ⅰ级围岩	中硬岩、软岩,相当于Ⅱ、Ⅳ级围岩	破碎松散岩石及土质,相当于Ⅴ、Ⅵ级围岩,一般不需爆破作业开挖	检查数量	检查方法
拱部	平均100mm,最大200mm	平均150mm,最大250mm	平均100mm,最大150mm	每5~10m检查一次,衬砌紧跟时,未衬砌前检查一次	量测周边轮廓断面,经断面图核对,立模板核对,尺量
边墙	每侧:+100mm,0mm;全宽:+200mm,0mm				
仰拱、隧底	平均100mm,最大250mm				

②对于喷锚衬砌,断面开挖形状、尺寸要符合设计要求,在坚硬岩层中局部断面岩石突出部分每平方米不大于0.1m²,侵入断面不大于3cm。喷锚衬砌隧道断面允许超挖值见表5-17。

喷锚衬砌断面允许超挖值　　　　　　表5-17

围　岩	平均线性超挖(mm)	最大超挖(mm)	检查数量	检查方法
硬岩	<10	<20	每5~10m检查一次	测绘周边轮廓断面,核对设计断面图
中硬岩	<13	<25		

注:平均线性超挖=超挖面积÷开挖断面周长。

③开挖断面除考虑施工误差和位移量外,再预留作为必要的补强加固量。

④对于复合式衬砌,断面开挖的允许超欠挖值与锚喷衬砌时断面开挖的允许超欠挖值相同,检查频率与方法也一样。复合衬砌开挖断面应按设计要求预留变形量,当无规定时,预留变形量可参考表5-18取值。

开挖轮廓预留变形量参考值　　　　　　表5-18

围岩类别	预留变形量(cm)	检查数量	检查方法
Ⅳ	5~7	每5~10m检查一次,初期支护紧跟时,锚喷前检查一次	测绘周边轮廓断面,与设计断面核对
Ⅲ	7~12		
Ⅱ	12~17		

(6)爆破振动、噪声的限制。

①爆破或其他作业所引起的地面振动不得损坏地面现有建筑物,对现有建筑物振动的最大振动速度应小于2.5cm/s。对于新灌注混凝土的振速要求,不超过表5-19中的值。

混凝土的振速限值表　　　　　　表5-19

混凝土龄期(h)	振速限值(cm/s)	混凝土龄期(h)	振速限值(cm/s)
12~24	0.625	48~120	2.5
24~48	1.25	—	—

②在最邻近爆破点的现有建筑物所量测的爆破冲击噪声不得超过130dB。

2.隧道开挖中的地质预报

隧道开挖施工中的地质预报,主要报告已开挖的隧道地段的地质调查和各种探测方法取得的资料,用地质推断法预测掌子面前方一定距离范围内(一般每次预报长度为 10~20m),围岩的工程地质和水文地质条件,为预防突发事件、修改施工方案、变更隧道设计提供地质依据。

1)施工地质调查

(1)开挖面的地质素描。

一般只做掌子面和一侧边墙的地质素描,对于地质条件复杂或重点地段,除进行掌子面地质素描外,还应做隧道地质展示图。地质素描图的内容应包括:

①岩性、地成时代、岩层产状、软弱夹层、岩脉穿插情况。

②主要节理裂隙的产状、规模、相互切割关系。

③断层及破碎带的形态、产状及充填物特征。

④地下水出水点、出露水量。

⑤岩溶位置、规模。

⑥不稳定块体的位置、范围。

(2)岩体结构面调查。

该调查是为查明岩体结构类型、结构面形态及结构面的组合关系。调查时按不同的岩组或岩段、不同构造部位,选择有代表性的边墙岩面进行观测。测量范围一般为 $4~10\ m^2$。观测内容有:

①结构面产状,力学属性。

②节理裂隙特征,包括延伸性、粗糙程度、张开度。

③结构面充填特征、含水情况。

(3)洞内涌水观测。

除观测其水温、水质、颜色、气味等外,最重要的是观测其涌水量及变化情况,尤其对较大的股流,应进行定期观测。涌水量观测方法有:

①股状涌水和钻孔集中涌水可用容器直接量测。

②呈降雨状的面积涌水,可按涌水面积与接水容器口面积比来推算涌水量。

③围岩的隧道内涌水,可用三角堰或梯形堰测定。

2)施工地质探测

(1)在长大隧道或地质条件复杂的隧道中,导坑探测常采用超前导坑、平行导坑超前或专用的探测坑道进行探测。根据导坑开挖揭露的围岩地质情况,能比较清楚地了解隧道开挖工作面前方相应地段围岩的工程地质和水文地质条件。

(2)超前水平岩芯钻孔,可看作是隧道中微型导坑超前。通过钻孔可以探测掌子面前方几百米范围内的围岩情况。

(3)掌子面上的浅孔钻探是利用隧道工作面上的炮眼或探水孔、声波探测孔的钻进情况来探测前方几米至几十米范围的地质情况。如遇卡钻时说明岩体破碎;遇跳钻时可能有空洞或溶洞;在遇到断层泥时,钻进时间短、钻进速度快、钻孔冲洗液浑浊。

3)施工地质预测

施工地质预测是根据施工地质调查和施工地质探测的结果,对隧道开挖面前方一定范围内的围岩地质条件做出推断和评估。

(1)围岩工程地质特征的预测方法。

①前推法:根据隧道掌子面及其附近的地质情况推断、预测掌子面前方围岩的工程地质特征。首先按1:200或1:100比例尺做出开挖面附近及开挖面前方一定长度的隧道设计尺寸展开图,并标清拱脚线、墙脚线、洞轴线,展开图被这些线分划出拱部和墙部,然后逐一将开挖面或其附近边墙的岩性、断层界线、节理轨迹线等描绘在图上,按其产状展绘到展开图上,即得到用于地质预报的隧道预测平面图。

②平推法:根据超前导坑揭露的地质界线向两侧或一侧推断、预测未开挖地段隧道围岩的地质情况。首先按比例做出超前导坑底板平面图和隧道未施工地段的展开图,然后将超前导坑底板平面图的地质界线,逐一沿其走向延伸到隧道两边墙脚,再按其视倾向和视倾角延伸到边墙上,即得到隧道预测地质展示图。

(2)围岩塌方的预测

围岩的变形破坏、失稳塌方有一个从量变到质变的过程,在这个过程中必然会表现出一些征兆,根据这些征兆可以预测围岩的失稳塌方。

①遇断层、破碎带、滑动层、溶洞、陷穴、堆积体、流沙、淤泥、松散地层等稳定性差的围岩时,极易产生塌方。

②出现突然出水,水量突然增大,水质由清变浊等都是即将发生塌方的前兆。

③由小断层或软弱结构面构成不稳定块体的出露处,是局部塌方的部位。

④拱顶不断掉下小石块,较大的石块相继掉落,预示即将发生塌方。

⑤裂缝旁出现岩粉或洞内无故出现岩粉飞扬,裂缝逐步扩大,可能即将发生塌方。

⑥支撑变形,甚至发出声响,喷射混凝土出现大量明显裂纹,可能出现失稳塌方。

4)地质预报中监理事项

(1)及时了解、确认承包人通过地质素描对隧道开挖面上的地质特征的记录;仔细分析经整理、加工绘制成的地质展开图,对照设计文件对该地段地质的描述,找出差异和需要改善设计、施工的方面,提请有关方面注意。

(2)详细记录、分析与坍塌变形有关的地质情况,及其对继续掘进的影响进行评价;根据对隧道围岩的直接观察,判定坑道的稳定性,核定岩层构造、岩性及地下水情况;当发现设计文件与实际情况不相符,可能危及隧道施工时,应及时修改支护参数。

(3)在设计文件中圈定的临近大的断层破碎带或岩溶发育段时,必须督促承包人采取超前钻探,以利于采取措施预防大规模坍塌、涌水和突发性泥石流的发生。

3.不良地质地段、特殊地质地段的施工

不良地质地段是指滑坡、崩塌、岩堆、偏压地层、岩溶、高应力、高强度地层、松散地层、软土地段等不利于隧道工程施工的不良地质环境;特殊地质地段是指膨胀地层、软弱黄土地层、含水未固结围岩、溶洞、断层、岩爆、流沙等地段以及瓦斯和有害气体溢出地层等。

膨胀土指土中黏土矿物成分主要由亲水性矿物组成,同时具有吸水显著膨胀软化和失水收缩硬裂两种特性,且具有湿胀干缩往复变形的高塑性黏性土。决定膨胀性的亲水矿物主要是蒙脱石黏土矿物。

黄土是在干燥气候条件下形成的一种具有褐黄、灰黄或黄褐等颜色,并有针状大孔、垂直节理发育的特殊性土。黄土在我国分布较广,黄河中游的河南西部、山西南部、陕西和甘肃的大部分地区为我国黄土和湿陷性黄土的主要分布区。这些地区的黄土分布厚度大、地层全面连续,发育也较典型。

溶洞是在岩溶水的溶蚀作用下,间有潜蚀和机械塌陷作用而造成的基本呈水平方向延伸的通道。溶洞是岩溶现象的一种。

岩爆是岩体中聚集的高弹性应变能,因隧道开挖而发生的一种应力释放现象。它的形成需要两个条件:

(1)地层的岩性条件。岩爆只发生于结构完整或基本完整的脆性硬岩地层中。多见于石英岩、花岗岩、正长岩、闪长岩、花岗闪长岩、大理岩、花斑状大理岩、片麻岩等岩体。

(2)地应力条件。岩爆多发生于埋深大的隧道中,因只有埋深大才足以形成高地应力,在高地应力作用下,地层中才能积聚很高的弹性应变能。

瓦斯是隧道内有害气体的总称,其成分以甲烷(沼气)为主。当隧道中的瓦斯浓度达到爆炸限度时,一旦与火源接触,就会引起爆炸。

松散地层指漂卵石地层、极度风化破碎岩石的松散体、砂夹砾石和含有少量黏土的土层、无胶结松散的干沙等。这类地层的胶结性弱、稳定性差,在隧道施工中极易发生坍塌。

流沙是沙土或粉质黏土在水的作用下丧失其黏聚力后形成的,多呈糊浆状,所到之处,围岩失稳坍塌、支护结构变形,危害极大。

1)工艺设计和控制要求

(1)技术要求。

①必须进行施工监控量测,及时以量测数据反馈指导施工。在特殊地质地段中开挖隧道,辅助施工措施是关键,各种预支护和预加固手段必须严格按设计要求到位。

②爆破设计按围岩实际情况进行,原则是尽量少扰动围岩,必要时可选择不爆破而采用机械或手工挖掘。

(2)材料质量要求。

①水泥、砂、石、水及外掺剂的质量和规格必须符合设计和规范要求,按规定的配合比施工。

②钢筋、钢管的加工、接头、焊接和安装以及混凝土的拌制、运输、浇筑、养护、拆模均需符合设计和规范的要求。

③寒冷地区混凝土集料应按有关规定进行抗冻试验,结果应符合规范要求。

(3)职业健康安全要求。

①施工过程中隧道内的氧气含量按体积计不应小于20%,隧道内气温不宜高于28℃。

②有害气体浓度控制:一氧化碳一般情况下不大于$30mg/m^3$。特殊情况下,施工人员必须进入工作面时,可为$100mg/m^3$,但工作时间不得超过30min。二氧化碳按体积计不得大于0.5%。氮氧化物在$5mg/m^3$以下。甲烷按体积计不得大于0.5%。

③粉尘浓度控制:含10%以上游离二氧化硅的粉尘,每立方米空气中不得大于2mg;含10%以下游离二氧化硅的矿物性粉尘,每立方米空气中不得大于4mg。

④噪声不宜大于80dB。

⑤隧道施工必须采用机械通风。通风方式应根据隧道长度、施工方法和设备条件等确定。长隧道应优先考虑混合通风方式。当主机通风不能保证隧道施工通风要求时,应设置局部通

风系统、风机间隔串联或加设另一路风管增大风量。如有辅助坑道,应尽量利用坑道通风。瓦斯地段通风,应将新鲜空气送至开挖面,将开挖面附近的瓦斯含量稀释到0.5%以下;并用排风管将瓦斯气体排到洞外,不允许瓦斯气体流入隧道后方内。

⑥隧道施工应定期测试粉尘和有害气体的浓度。

(4)环境要求。

①当采用注浆措施时,应尽量避免注浆材料的撒漏,对进入排水系统中的有害物质应做净化处理,避免流入当地水系破坏环境。

②合理选择弃渣场地,并按规范要求施作弃渣排水设计。如隧道通过的岩层含有放射性元素,应经严格测定后,依据含量浓度确定堆渣场地位置,并按规范要求做好处理措施。

第三节 隧道支护施工质量监理

一、支护方式及适用范围

支护是指隧道开挖后,用于控制围岩变形、防止坍塌所及时施作的支护。其类型有锚杆支护、喷射混凝土支护、喷射混凝土与钢筋网联合支护、喷射混凝土与锚杆及钢筋网联合支护、喷钢纤维混凝土支护、喷钢纤维混凝土锚杆联合支护,以及上述几种类型加设钢架而成的联合支护。初期支护的类型及参数应根据围岩的性质及状态、地下水情况、隧道净空尺寸及其埋深等条件确定。其支护方式及使用范围见表5-20。

隧道支护方式及使用范围　　　　　　　　　表5-20

支护方式	适用范围	备注
不支护	Ⅵ类围岩	—
局部喷混凝土或局部锚杆	Ⅴ类围岩	为防止岩爆和局部落石可局部加挂钢筋网
锚杆、锚杆挂网、喷混凝土或锚喷联合支护	Ⅳ～Ⅲ类围岩	Ⅲ类围岩必要时可加设钢架
锚喷挂网联合支护,并可结合辅助施工方法进行施工支护	Ⅱ～Ⅰ类围岩	地质条件差、围岩不稳定时,可用构件支撑

二、锚杆种类

锚杆由锚固器、杆身、垫板组成。根据锚固方式、杆身受力状态,可将锚杆分为低预应力、非预应力、预应力锚杆,其主要种类见表5-21。

锚杆主要种类　　　　　　　　　　表5-21

种类	锚固方式	锚固装置	基本形式	适用范围
低预应力锚杆	端头集中锚固	机械锚固	楔缝式、胀壳式	在比较坚硬的围岩中,起串联岩石的效果
非预应力锚杆	全长锚固	机械锚固	开缝管式	适用于硬岩、中硬岩、软岩、土砂、膨胀性围岩,锚杆全长约束围岩
		黏结锚固	树脂式、水泥砂浆式	

续上表

种类	锚固方式	锚固装置	基本形式	适用范围
预应力锚杆	端头集中和全长锚固	机械和黏结锚固，全长黏结锚固	楔缝式、树脂式、水泥砂浆式、早强水泥砂浆式	在膨胀性围岩或需施加预应力的情况下有效

三、锚杆材料

1. 抗拉强度

锚杆在工作时主要承受拉力，所以检查材质时首先应检测其抗拉强度。方法是从原材料中或成品锚杆上截取试样，在拉力试验机上拉伸，测试材料的力学特性，确定其是否满足工程要求。

2. 延展性与弹性

有些隧道的围岩变形量较大，这就要求锚杆材质具有一定的延展性，过脆可能导致锚杆中途断裂失效，必要时应对材料的延展性进行试验。另外，对管缝式锚杆，要求原材料具有一定的弹性，使锚杆安装后管壁和孔壁紧密接触。检查时，可采用现场弯折或锤击，观察其塑性变形情况。

锚杆材料基本要求见表5-22。

锚杆材料基本要求　　　　　　　　　　　　　　　　　　　表5-22

材料类型	基 本 要 求
钢筋	主要为Q235级钢筋和20MnSi钢。杆体直径一般为16~22mm
砂浆	普通水泥砂浆：强度不低于C20，配合比一般为水泥:砂:水 = 1:(1~15):(0.4~0.5)；早强水泥砂浆：在砂浆中掺入一定比例的早强剂，砂浆灌注后2~8h内，锚杆抗拔力大于50kN；快硬水泥卷锚固剂：由硫铝酸盐水泥和双快型水泥配制而成
树脂	以环氧树脂为主要成分，其成分（质量比）：环氧树脂100，填料（石英砂）300，固化剂（聚乙烯聚酰胺）25~30。另由115松香封端不饱和聚酯树脂制成的树脂药卷锚固剂
垫板	一般用厚6~10mm的钢板或铸铁制成，规格为150mm×150mm或200mm×200mm

四、喷射混凝土材料质量要求及喷射方式

1. 质量检验指标

喷射混凝土是指将水泥、砂子、石子、外加剂和水按一定的配合比和水灰比拌和而成的混合物，以压缩空气为动力快速喷至岩体表面而形成的人造石材。喷射混凝土的质量检验指标主要有喷射混凝土的强度和喷射混凝土的厚度。此外，还应采取措施减少喷射混凝土粉尘、回弹率。

喷射混凝土强度包括抗压强度、抗拉强度、抗剪强度、疲劳强度、黏结强度等。因此，喷射混凝土强度应是这些强度指标的综合结果。又因为这些强度之间存着一定的内在联系，从而

有可能在具体试验中只检测喷射混凝土的某一种强度,并由此推知混凝土的其他强度。其中,喷射混凝土抗压强度是表示其物理力学性能及耐久性的一个综合指标,所以工程实际往往把它作为检测喷射混凝土质量的重要指标。

喷射混凝土厚度是指混凝土喷层表面至隧道围岩接触界面的距离。达到前述喷射混凝土支护的作用原理和效果的关键是要确保混凝土支护的施工质量。在施工中保证喷射混凝土厚度是确保喷射混凝土质量的前提。所以,喷射混凝土厚度也是喷射混凝土质量检验的一个重要指标。

喷射混凝土施工过程中,部分混凝土由隧道岩壁跌落到底板的现象称为喷射混凝土的回弹。回弹下来的混凝土数量与混凝土总数量之比,就是喷射混凝土的回弹率。喷射混凝土施工过程中,回弹率也是检验喷射混凝土施工质量的一项检测指标。

喷射混凝土支护工程质量必须做到内坚外美。外观上无漏喷、离鼓、裂缝、钢筋网(或金属网)外露现象,做到混凝土表面平整密实,断面轮廓符合要求;从内部看,喷射混凝土抗压强度和厚度必须达到设计要求。

2. 喷射混凝土材料质量要求

喷射混凝土原材料主要包括水泥、砂子、石子、速凝剂等。提供能满足质量要求的原材料是保证喷射混凝土强度的前提。喷射混凝土材料质量要求见表5-23。

喷射混凝土材料质量要求 表5-23

材料类型	基 本 要 求
水泥	喷射混凝土应优先选用普通硅酸盐水泥,水泥等级不应低于42.5级
砂	应采用洁净的中、粗砂,细度模数大于2.5,含水率为5%~7%,使用前应一律过筛
石料	采用坚硬耐久的碎石或卵石,粒径不宜大于15mm。钢纤维喷射混凝土的粒径不应大于10mm,且级配良好。当使用碱性速凝剂时,石料不得含活性二氧化硅
速凝剂	必须采用合格产品。应根据水泥品种、水灰比等,通过试验确定速凝剂的掺量。使用前应做速凝效果试验,初凝不超过5min,终凝不超过10min
钢纤维	直径宜为0.3~0.5mm,长度20~25mm,抗拉强度不得低于380MPa,不得有油渍及明显的锈蚀。钢纤维含量宜为混合料质量的3%~6%
水	水质应符合工程用水有关标准,水中不得含影响水泥正常凝结与硬化的有害物质
钢筋网	一般由$\phi 4 \sim \phi 12mm$的Ⅰ级钢筋制成,网孔一般为150mm×150mm~300mm×300mm

3. 喷射方式

根据混凝土搅拌方式及压送方式不同,大体分为干式与湿式两种。干式是将水泥及集料干拌后加速凝剂,用压缩空气压送至喷嘴,在喷嘴处加水喷出;湿式是将水泥和集料加水搅拌成混凝土,用压缩空气或泵压送,在喷嘴处加入速凝剂而喷出;为了在干式中吸收湿式的优点,在到达喷嘴前数米处加水,这种方式称为潮式。干式喷混凝土的质量受喷射工的熟练程度和技术能力影响,与干式比较,湿式喷混凝土质量容易管理,但不适合长距离压送。二者有各自的优缺点,要结合现场的规模、状况、喷射量等条件选用。

五、相关检测仪器的原理

根据隧道的结构特点,在隧道外观检查的基础上,根据病害特征对一些重点部位采用专门技术和检测设备进行深入而细致的检测,可以更加全面准确地掌握隧道的技术状况,为隧道质量评定提供可靠的根据。相关检测仪器的原理见表5-24。

相关检测仪器的原理　　表5-24

检测项目	仪器设备	原理
锚杆拉拔力测试	拉拔仪(千斤顶、油压泵、读数表)	将锚杆外端与千斤顶内缸固定在一起,油压泵加压将锚杆向外拉,通过读数表可读出锚杆承受的拉拔力和位移
砂浆锚杆注满度检测	锚杆质量检测器	通过超声波脉冲在锚杆体中传播的反射波振幅大小来判定水泥砂浆的饱满强度
端锚式锚杆施工质量无损检测	扭力扳手(力臂、刻度盘、指示杆和套筒)	对于带螺栓和托板的端锚式锚杆来说,拉力的大小与螺母的拧紧程度有关,又与加在螺母上的力矩有关。利用锚杆拉力与扭力扳手所加力矩之间的关系,可间接确定锚杆的锚固质量
喷射混凝土厚度检测	激光断面仪	喷混凝土的前后分别用断面仪测出2个周边轮廓,然后相减,即可检测出厚度
可现场实测的喷射混凝土与围岩黏结强度的方法	带有丝扣及加力板的拉杆	在围岩表面预先设置带有丝扣和加力板的拉杆,用10cm厚的喷射混凝土将加力板埋入,经养护后进行拉拔试验

六、普通水泥砂浆锚杆的施工要点

普通水泥砂浆锚杆的施工要点见表5-25。

普通水泥砂浆锚杆的施工要点　　表5-25

要点	要求
配合比	砂浆强度不低于C20,砂浆配合比一般为:水泥:砂:水 = 1:(1~15):(0.45~0.50),砂的粒径不宜大于3~15mm
钻孔	钻孔方向尽量与岩层主要结构面垂直,钻孔完成后用高压水将孔冲洗干净
锚杆	锚杆及黏结剂材料制作,应符合设计要求
砂浆	砂浆应拌和均匀,随拌随用,一次拌和的砂浆应在初凝前用完
灌浆作业	灌浆作业应遵守以下规定: (1)注浆开始或中途暂停超过30min时,应用水润滑灌浆罐及其管路。 (2)注浆孔口压力不得大于0.4MPa。 (3)注浆管应插至距孔底5~10cm处,随水泥砂浆的注入缓慢匀速拔出,随即迅速将杆体插入,杆体插入孔内的长度不得短于设计长度的95%。若孔口无砂浆流出,应将杆体拔出重新注浆。 (4)杆体到位后,要用木楔或小石头在孔口卡住杆体。锚杆安设后不得随意敲击,其端部3d(d为锚杆直径)内不得悬挂重物

七、早强水泥砂浆锚杆的施工要点

早强水泥砂浆锚杆的施工要点见表 5-26。

早强水泥砂浆锚杆的施工要点　　　表 5-26

要　　点	要　　求
普通砂浆锚杆相同点	施工重点与普通砂浆锚杆施工重点基本相同
早强水泥	采用硫铝酸盐早强水泥并掺早强剂
注浆作业	注浆开始或中途停止超过 30min 时,应测定砂浆坍落度,其值小于 10mm 时,不得注入罐内使用

八、喷射混凝土施工要点

(1) 审批喷射混凝土所用的进场原材料,包括水泥品种、强度等级、出厂批号及质量,石子和砂子的级配、细度等,检查水泥、外掺剂、砂石的存放条件。

(2) 审批喷射混凝土配合比设计,承包人提出的配合比设计应使喷射混凝土具有必要的强度、耐久性、防水性、附着性以及良好的施工性。当喷射混凝土所用材料为不同批号或品种改变或产地不同时,承包人应提供新的配合比设计,供监理审批。

(3) 每次喷射作业前或作业期间,检查水泥品种、强度等级、用量,检查砂石的含水率。

(4) 检查喷射机械配套情况和实际功效,进行必要的试喷。

(5) 检查喷射作业面是否存在欠挖、浮石,如有应清除;要求用高压水或高压气清除岩面浮沉土;检查钢筋网、钢拱架是否安装牢靠密贴,位置是否正确。

(6) 检查喷射拌料是否均匀,人工干拌料不少于三遍,掺有钢纤维拌料不得有结团现象存在;所拌料应及时喷射,放置时间不应超过 30min;喷射回弹料不得再次使用。

(7) 检查喷层厚度,最简单易行的方法是标桩法,采用轮廓仪测定更可靠。喷混凝土厚度一般按断面中最小厚度计,但在中硬岩以上围岩,开挖面凹凸较大时也可按断面的平均厚度计。

(8) 检查喷射混凝土表观和强度试验值,如发现喷射混凝土出现非收缩开裂、脱落或强度不足需返工补强时,分析原因后批准补强措施。喷射混凝土补强一般采用增设钢筋网、添加钢纤维来加强喷射混凝土构件,也有用钢拱支撑配合使用的。在附着比较差的软岩和沙土条件下,细网目的金属网能够提高喷射混凝土的施工性能;在膨胀性围岩,金属网可防止脱落,提高混凝土的韧性;在硬岩中节理裂隙发育处,金属网能提高喷射混凝土的抗剪强度。

(9) 检查涌水点处理措施,因为涌水会冲洗喷射混凝土,成为剥落、削弱附着力的原因。一般针对涌水量和出水面积采用带孔集水管集水、半管导排的方法,将涌水归笼后再施喷混凝土。

(10) 检查喷射混凝土施工环境,当喷射区的气温低于 5℃或层面结冰处不得喷射混凝土。混凝土强度未达到 6MPa 前,不得受冻。

(11) 检查喷射混凝土的养护。喷混凝土终凝后 2h 起,开始洒水养护,洒水次数以能保持混凝土具有足够的湿润状态为度,养护期不少于14个昼夜。黄土和其他土质隧道,混凝土以喷雾养护为宜。

喷射混凝土的施工要点见表 5-27。

喷射混凝土的施工要点   表 5-27

序号	施工要点	内容
1	喷前检查准备	检查开挖面尺寸,清除松动危石,清洗受喷面,做好排水引流,埋设喷层厚度检查标志,调试各机械设备,进行材料质量的检测,控制砂石含水率
2	速凝剂掺量和水灰比	掌握规定的速凝剂掺量,添加均匀。应严格控制水灰比,使喷层表面平整光滑
3	检查喷嘴压力	未上拌和料之前,先开高压风和水,如喷嘴风压正常,喷出物呈雾状;如风压不足(一般应为 0.1~0.15MPa)或喷嘴不出风,有可能出料口堵塞,或输料管堵塞,需排除故障。待喷机运转正常后才能投料、搅拌和喷射
4	喷射作业顺序	喷射作业应分段、分层,由下而上顺序进行,每段长度不超过6mm,以减少混凝土因重力作用而滑动或脱落的现象。喷射移动可采用螺旋形或 S 形移动前进
5	一次喷射厚度	喷射作业应分层进行,一次喷射厚度应根据设计厚度和喷射部位确定,初喷厚度不得小于 4~6cm,岩面有较大凹洼时,应结合初喷找平
6	分层喷射的间隔时间	后一层喷射应在前一层混凝土终凝后进行,若终凝后间隔1h以上且初喷表面已蒙粉尘时,应用高压气体、水清洗干净受喷面
7	控制回弹率	掌握好喷嘴与受喷面的距离和角度,调节好风压和水压,保证回弹量小而喷射质量好。回弹率在拱部不超过40%,边墙不超过30%,挂网后,回弹率限制可放宽5%。回弹物不得重新用作喷射混凝土材料
8	养护	喷射混凝土终凝2h后,应喷水养护,养护时间一般大于7d

钢筋网铺设要点见表 5-28。

钢筋网铺设要点   表 5-28

序号	要点	内容
1	清除锈蚀	钢筋使用前应清除锈蚀
2	铺设	钢筋网应随受喷面的起伏铺设,与受喷面的间隙一般不大于3mm,成品钢筋网的搭接长度大于200mm;采用双层钢筋网时,第二层网应在第一层被混凝土覆盖后再铺设
3	固定	钢筋网应与锚杆或其他固定装置连接牢固,并尽可能多点连接,在喷射混凝土时不得晃动

九、喷射混凝土及钢纤维混凝土原料与配合比要求

喷射钢纤维混凝土是在普通混凝土中掺入分布均匀且离散的钢纤维,依靠压缩空气将钢纤维混凝土高速喷射到结构的表面,快速凝固后形成支护壳体。钢纤维的掺入,能显著改善混凝土的抗裂性、延性、韧性和抗冲击性能。喷射混凝土及钢纤维混凝土原料与配合比要求见表 5-29。

喷射混凝土及钢纤维混凝土原料与配合比要求　　　　　　　　　　表5-29

材　料	配合比要求
水泥与砂石	质量比一般为1:4~1:4.5；1m^3干集料，水泥用量为375~400kg
含砂率	一般为45%~55%。宜用中砂或中粗混合砂，砂子含水率应控制在5%~7%（按质量计）
水灰比	一般以0.4~0.45为宜
速凝剂	一般为水泥质量的2%~4%，应通过试验确定最佳掺量
钢纤维	掺量一般为混合料质量的3%~6%，也可按1m^3混凝土70~80kg加入

十、锚喷支护的质量要求

锚喷支护的质量要求见表5-30。

锚喷支护的质量要求　　　　　　　　　　表5-30

项次	检查项目	规定值或允许偏差	检查方法和频率	备　注
1	喷射混凝土强度	同批试块的抗压强度平均值不小于设计强度或C20。任一组试块抗压强度平均值不小于0.8倍的设计强度。同批试块3~5组时，低于设计强度的不得多于1组；试块为6~16组时，不得多于2组	每10m，至少在拱脚部和边墙各取一组试样，材料和配合比变更时另取一组，每组至少取3个试样进行抗压试验	若不合格要查明原因，并立即采取措施
2	喷层厚度	平均厚度不小于设计厚度，60%检查点的厚度不小于设计厚度，最小厚度不小于0.5倍的设计厚度，且不小于60mm	凿孔法或激光断面仪：每10cm检查一个断面，每个断面从拱顶中线起每3m检查1点。也可施工过程中设标志检查	发现喷射混凝土表面有裂纹等情况，应予以修补整治
3	锚杆拔力	28d拔力平均值不小于设计值，最小拔力不小于0.9倍的设计值	按锚杆数1%，且至少3根做拔力试验	—

十一、钢筋网和锚杆检查方法与技术要求

钢筋网和锚杆检查方法与技术要求见表5-31。

钢筋网和锚杆检查方法与技术要求　　　　　　　　　　表5-31

材料	项次	检查项目	规定值或允许偏差	检查方法和频率
钢筋网	1	网格尺寸（mm）	±10	尺量：每50m^2检查2个网眼
	2	钢筋保护层厚度（mm）	≥10	凿孔检查：每20m检查5点
	3	与受喷岩面的间隙（mm）	≤30	尺量：每20m检查10点
	4	网的长宽（mm）	±10	尺量
	5	基本要求	(1)所用材料质量规格应符合设计要求。 (2)采用双层钢筋网时，第二层钢筋网应在第一层钢筋网被混凝土覆盖后铺设	
	6	外观鉴定	钢筋网与锚杆或其他固定装置连接牢固，喷混凝土时不得晃动	

续上表

材料	项次	检查项目	规定值或允许偏差	检查方法和频率
锚杆	1	锚杆数量(根)	不少于设计值	按分项工程统计
	2	锚杆拔力	28d拔力平均值不小于设计值,最小拔力不小于0.9倍的设计值	按锚杆数1%,且不小于3根做拔力试验
	3	孔位(mm)	±50	尺寸:检查锚杆数的10%
	4	钻孔深度(mm)	±50	尺寸:检查锚杆数的10%
	5	孔径	符合设计要求	尺寸:检查锚杆数的10%
	6	外观鉴定	钻孔应尽量与围岩和岩层结构面垂直,锚杆垫板与岩面紧贴	
	7	基本要求	(1)锚杆材质、类型、质量、规格、数量和性能必须符合设计和规范的要求。 (2)锚杆插入孔内的长度不得短于设计长度的95%。 (3)砂浆和注浆锚杆的灌浆强度应大于设计规范的要求,锚杆孔内灌浆密实饱满。 (4)锚杆垫板满足设计要求,垫板应紧贴围岩,围岩不平时,应采用M10砂浆填平。 (5)锚杆应垂直于开挖轮廓线布设,对沉积岩,锚杆应尽量垂直于岩层面	

十二、钢架施工要点

1. 钢拱架制作质量

拱架制作所用材料、规格应符合设计文件要求,材质应具有良好的焊接性和弯曲冷加工性;拱架加工成形,其形状尺寸要符合设计文件要求;拱的轴线应在同一平面内,不得弯曲;所有焊接缝应饱满,不得有沙眼或漏焊处;焊缝药皮应清除干净;钢拱架安置前应清除油污、铁锈和泥土。

2. 检查钢拱架安设质量

拱架安设间隔应符合设计图纸要求,并要放在与隧道轴线垂直的平面内;拱架脚应置于坚实的地层上,能提供足够的支承力,否则要采取增加接触面积或其他措施加以确保;拱架拼装接头处应连接牢靠,可采用螺栓连接和拼接板骑缝焊接并举的方法;拱架与岩面空隙用钢斜楔楔紧,楔得越紧,钢拱架提供的支撑力越大,支撑效果越好;钢楔块应沿拱架大致均匀布置,间距不宜过大;钢拱架之间应用纵向拉杆连系,拱顶与拱脚处必须设置纵向拉杆,其余部位可间隔1m左右增设;在钢拱支撑较少地段,洞口附近或可能产生偏压地段,还应加设纵向斜撑杆;如有锚杆、钢筋网构件时,钢拱架需与之焊连。

3. 检查喷混凝土覆盖钢拱架

拱架背后与岩面的间隔应用喷射混凝土填充密实,钢拱架表面喷混凝土保护层厚不应小于4cm。

十三、隧道监控量测项目、量测方法与频率

1. 必测和选测项目

施工监控量测项目分必测和选测项目。必测项目是用以判断围岩的变化情况和支护结构工作状态的经常性量测;选测项目是以判断围岩松动状态、喷锚支护效果为目的的量测。各类围岩量测项目见表5-32。

各类围岩量测项目　　　　表5-32

量测类别	量测项目	硬岩(断层等破碎带除外)	中硬岩、软岩(发生强大塑性地压)	软岩(发生强大塑性地压)	土、砂
必测	洞内观察	***	***	***	***
	围边收敛	***	***	***	***
	拱顶下沉	***	***	***	***
选测	地表沉降	*	*	*	***
	围岩位移	*	*	***	**
	锚杆轴力	*	*	*	*
	衬砌应力	*	*	**	*
	锚杆拉拔试验	*	*	*	**
	围岩试件试验	*	*	**	***
	洞内弹性波	*	*	*	*

注:*** 表示必须进行项目;** 表示应进行项目;* 表示必要时进行项目。

2. 量测方法与频率

隧道监控量测各项目的量测方法及量测频率见表5-33。

隧道监控量测各项目的量测方法及频率　　　　表5-33

项目名称	方法及工具	布置	量测间隔时间			
			1~18d	16d~1个月	1~3个月	3个月以上
洞内观察	地质锤、尺子	开挖后及初期支护后进行	每次开挖后进行量测			
周边位移	各种类型收敛计	每8~100m一个断面,围岩变化处增加一个断面,每断面1~8对测点	1~2次/d	1次/2d	1~2次/周	1~3次/月
拱顶下沉	高精度水准仪、钢尺	每8~100m一个断面,围岩变化处增加一个断面,每断面一对测点	1~2次/d	1次/2d	1~2次/周	1~3次/月
地表沉降	水平仪、水准尺	每8~100m一个断面,每断面至少11个测点。每隧道至少2个断面。中心位置每8~20m一个测点	(1)开挖面距离量测断面前后小于2倍的坑道宽,1~2次/d。(2)开挖面距离量测断面前后小于8倍的坑道宽,1次/2d。(3)开挖面距离量测断面前后大于8倍的坑道宽,1次/周			

续上表

项目名称	方法及工具	布置	量测间隔时间			
			1~18d	16d~1个月	1~3个月	3个月以上
围岩内部位移（地表设点）	地面钻孔中安设各类位移计	每代表性地段一个断面，每断面3~8个钻孔	(1)开挖面距离量测断面前后小于2倍的坑道宽，1~2次/d；(2)开挖面距离量测断面前后小于8倍的坑道宽，1次/2d；(3)开挖面距离量测断面前后大于8倍的坑道宽，1次/周			
围岩内部位移（洞内设点）	洞内钻孔中安设单点、多点杆式或钢丝式位移计	每8~100m一个断面，每断面2~11个测点	1~2次/d	1次/2d	1~2次/周	1~3次/月
围岩压力及两层支护间压力	各种类型压力盒	每代表性地段一个断面，每断面宜为18~20个测点	1次/d	1次/2d	1~2次/周	1~3次/月
钢支撑内力及外力	支柱压力计或其他测力计	每10榀钢拱支撑一对测力计	1次/d	1次/2d	1~2次/周	1~3次/月
支护、衬砌内应力、表面应力及裂缝量测	各类混凝土内应力计、测缝计及表面应力解除法	每代表性地段一个断面，每断面宜为11个测点	1次/d	1次/2d	1~2次/周	1~3次/月
锚杆内力及抗拔力	各类电测锚杆，锚杆测力计及拉拔器	必要时进行	—	—	—	—
围岩弹性波测试	各种声波仪、配套探头	在有代表性地段设置	—	—	—	—

十四、周边位移与拱顶下沉测试基本原理

周边位移和拱顶下沉应在同一断面上进行量测，其测试基本原理见表5-34。

周边位移与拱顶下沉测试基本原理　　　　表5-34

项　目	仪器设备	基　本　原　理
周边位移	收敛计	隧道内壁面两点连线方向的位移之和称为收敛。在开挖后的洞壁上及时安设测点，用收敛计量测两测点间的距离，两次测定的距离之差为该时段的收敛值(周边位移值)。根据洞壁收敛值或位移速率，可判断围岩与支护是否稳定
拱顶下沉	高精度水准仪、悬吊钢尺、收敛计	隧道拱顶内壁点垂直方向的绝对位移值称为拱顶下沉量。在开挖后的拱顶壁面上及时安设测点，通过已知的高程水准点(通常借用隧道高程控制点)，用悬吊钢尺和水准仪测量读出测点高程，两次测定的高程之差即为拱顶下沉量。根据拱顶下沉量和下沉速率，可判断围岩的稳定状态和支护效果。也可用收敛计测出拱顶相对于隧道某点(边墙或隧底)的位移

十五、洞内、外观察重点

隧道洞内、外观察的内容有洞内掌子面观察、已施工区间观察和洞外观察。

1. 掌子面观察

掌子面观察主要以目视调查来了解开挖工作面的工程地质和水文地质条件。主要包括以下内容：岩石种类和产状；岩性特征(岩石的颜色、成分、结构、构造)；地层时代归属及产状；节理性质、组数、间距、规模,节理裂隙的发育程度和方向性,断面状态特征,充填物的类型和产状等；断层的性质、产状、破碎带宽度、特征；地下水类型,涌水量大小,涌水位置,涌水压力,水的化学成分等；开挖工作面的稳定状态,顶板有无剥落现象。

将观察到的有关情况和现象详细记录,并需绘制图册。

2. 已施工区间观察

已施工区间观察主要以目视调查来了解支护状态。主要内容包括：渗漏水情况(位置、状态、水量等)；喷层表面的观察以及裂缝状况(位置、种类、宽度、长度及发展)的描述和记录；喷混凝土与围岩接触状况,是否产生裂隙或剥离,要特别注意喷混凝土是否发生剪切；有无锚杆被拉坏或垫板陷入围岩内部的现象；有无锚杆和混凝土施工质量问题；钢拱架有无被压屈现象；二次衬砌表面的观察以及裂缝状况(位置、种类、宽度、长度及发展)的描述和记录。

观察中,如果发现异常现象,要详细记录发现时间、距开挖工作面的距离以及附近测点的各项量测数据。

3. 洞外观察

洞外观察是浅埋隧道和隧道洞口段特别重要的量测。为了确认地表面下沉对隧道及周边围岩稳定性和地上结构物的影响,要积极地利用洞外观察。

隧道洞口段附近及一般埋深在20m以下的埋深小的隧道施工时,开挖影响会波及地表面而使地表面下沉,因此,已施工区间的观察就是要观察隧道上部地表面的状况。在地表面应对地表面开裂的分布、树木的破损以及移动、水系状况等进行观察,根据洞外(地表面)观察配合洞内观察到的隧道开挖后的围岩变化,就有可能掌握围岩的动态。

4. 观察时间

每次隧道开挖工作面爆破后立即观察,按要求及时记录和整理。

十六、量测数据的处理方法

量测原始记录应制成表格形式,注明断面编号、测点设置时间,列出量测内容并填写具体量测值,表中应留备注栏以便记录施工情况。每次量测后,需将原始记录及时整理成正式记录。量测数据的处理方法见表5-35。

量测数据的处理方法 表5-35

项目	数据处理方法
地质和支护状况观察	围岩和支护稳定状态观察与分析,做地质素描、地质断面展示图,或纵、横剖面图
周边位移、拱顶下沉、地表下沉	根据记录绘制位移u与时间t的关系曲线,绘制位移u与开挖面距离L的关系曲线；绘制位移速度v与时间t的关系曲线,以上关系曲线也可以列表
锚杆轴力测试	绘制不同时间锚杆轴力(应力σ)与深度L的关系,各测点轴力(应力σ)与时间的关系曲线

续上表

项 目	数据处理方法
岩体内位移	绘制孔内各测点位移与时间的关系曲线,不同时间位移与深度(测点位置)的关系曲线
围岩与支护界面上的接触压力	整理支护内应力及支护与围岩界面上接触压力分布图,绘制应力与时间的关系曲线
围岩弹性波测试	绘制各测孔弹性波传播速度与孔深的关系曲线

十七、利用量测资料指导施工并且修正设计参数

开挖后观察到的地质情况与开挖前勘测结果有很大不同时,则应根据观察的情况重新修改设计参数。设计参数修正应注意事项及可修正的内容见表5-36。

设计参数修正应注意的事项及可修正的内容　　　表5-36

序号	要 点	注意事项及可修正的内容
1	一个断面量测信息的适用范围	根据一个断面的量测信息结果,进行设计参数修正,只适用于该断面前后不大于5m的同类围岩地段
2	修正依据需充分,修正后参数需验证	隧道较长地段同类围岩设计参数的修正,特别是降低设计参数,必须以不少于3个断面的量测信息为依据。按修正后的设计参数进行开挖的地段,其设计参数的正确性和合理性仍根据量测信息分析予以验证
3	可修正的内容	(1)修正支护参数,如锚杆数量和长度、喷层厚度、钢架的增减和间距等。 (2)修正施作时间,如二次衬砌施作时间、仰拱的封底时间。 (3)调整开挖方法,如缩短台阶长度、修改爆破参数、加固开挖面等

十八、直观评价已暴露围岩稳定状态

对于已暴露的围岩,应对其开挖后的稳定状态进行直观的评价分析见表5-37。

直观评价已暴露围岩稳定状态　　　表5-37

围岩类别	围岩开挖后的稳定状态
Ⅵ	围岩稳定、无坍塌、可能产生岩爆
Ⅴ	长时间会出现局部小坍塌,侧壁稳定。层间结合差的平缓岩层顶板易坍落
Ⅳ	拱部无支撑时可产生小坍塌,侧壁基本稳定。爆破振动过大,易坍塌
Ⅲ	拱部无支撑时可产生较大的坍塌。侧壁有时会失去稳定
Ⅱ	围岩易坍塌,处理不当会出现大坍塌,侧壁经常小坍塌,浅埋时易出现地表下沉(陷)或塌至地表
Ⅰ	围岩极易坍塌变形,有水时土砂常与水一起涌出,浅埋时易塌至地表

十九、根据量测资料对围岩进行稳定性判别及决定应采取的应对措施

通过分析、处理监测结果,对监测数据及时进行处理和反馈,预测围岩及结构和支护状态的稳定性,提出施工应对措施,确保工程的顺利施工。对围岩进行稳定性判别及应对措施见表5-38。

对围岩进行稳定性判别及应对措施   表 5-38

序号	量测项目	反馈的信息	稳定性判别	应对措施
1	周边位移拱顶下沉	当变形速度率无明显下降,实测相对位移值已接近允许相对位移值	可能失稳	立即采用补强措施并改变施工方法或设计参数
2	围岩内位移和声波测试	根据位移-时间关系、位移-深度关系曲线,以及声波速度与孔深的关系曲线综合分析出松动圈半径超过允许值	可能失稳	加强支护或改变施工方法,以控制松动范围
3	锚杆轴力量测	锚杆极限抗压强度与锚杆压力的比值 k 小于 1	反映锚杆受力较大,可与其他测试信息综合分析、高度关注	可考虑改用高强度钢材的锚杆,或增加锚杆数量
4	围岩压力	围岩压力小,变形位移大	不稳定	立即停止开挖、加强支护和采取相应辅助施工措施
4	围岩压力	围岩压力很大,位移很大	可能失稳	加强支护、限制围岩变形和控制围岩压力的增长
5	喷层压力	喷层压力大,有裂损、剥落现象	可能失稳	适当增加喷层厚度,锚杆加长、加粗,加强量测监控
6	浅埋隧道地表下沉	地表下沉量大或下沉速率增加	可能失稳	加强支护、调整施工措施

第四节 隧道洞内防排水

施工隧道防排水应采取"堵、排、防结合,因地制宜,综合治理"的原则,以达到衬砌不漏水、隧底不涌水、路面不积水的效果,从而达到保证隧道结构和设备正常使用,地下水环境也受到保护的要求。地层注浆堵水可用于封堵裂隙、隔离水源、堵塞水点,起到减少洞内涌水量,防止地下水大量泄漏的作用,同时也能改善围岩条件,为后续的开挖、衬砌创造好的施工环境;通过一次支护和二次衬砌背后的排水系统,将进入隧道开挖范围内的地下水引到隧底的排水沟中,进而排出隧道,可以改善隧道结构受力状态,减少地下水对结构材料的溶蚀;采用防水卷材或涂料设置衬砌防水层,采用止水带等处理衬砌的施工缝、沉降缝、伸缩缝,采用防水混凝土做衬砌,都是为防止地下水渗入隧道净空内,以获得良好的使用条件。水是无孔不入的,隧道防排水施工中任何一点疏忽都会导致防排水失效,因此这项工作的监理应该严格细致,力求使施工质量达到堵得住、排得顺、防得严。

一、注浆堵水施工监理事项

开挖后的注浆是为了控制涌水量在允许排放量以内,同时可以保证初期支护的质量,有径向注浆和局部注浆、回填注浆等方式;初期支护背后注浆的作用一是充填背后的空隙,二是控制渗漏水量,三是利于二次衬砌的施工。

1. 注浆材料
1)注浆材料的分类(图5-3)

图5-3 注浆材料的分类

2)注浆材料基本成分及适用范围(表5-39)

注浆材料的基本成分及适用范围 表5-39

浆液名称	主要成分	适用范围	注入方式	扩散半径(mm)
单液水泥浆	水泥、其他附加剂	基岩裂隙预注浆	单液	200~300
水泥-水玻璃	水泥、水玻璃	基岩裂隙预注浆、墙特大涌水注浆等	双液	200~300
铬木素类	亚硫酸盐纸浆液、重铬酸钠、过硫酸铵、其他成分	冲积层注浆	单液或双液	300~400
丙烯酰胺	丙烯酰胺、过硫酸铵、NN-亚甲基双丙烯酰胺、ρ-二甲基丙磺酸	冲积层堵水防渗	双液	500~600
PM型浆液	甲苯二异氰酸酯、聚醚树脂、溶剂催化剂、表面活性剂	冲积层或裂隙中堵水	单液	400~500
水玻璃类	水玻璃、其他外加剂	冲积层注浆	双液	300~400
糠醛树脂类	糠醛树脂、尿素、硫酸等	冲积层或小裂隙堵水	双液	500~600
脲醛树脂	脲醛树脂、尿素甲醛、酸性盐等	冲积层注浆	单液或双液	300~400

3) 根据地层条件选择注浆材料(表 5-40)

不同地层条件下的注浆材料　　　　表 5-40

地 层 条 件		堵水	加固	充填	防渗	备注
岩石层	裂隙	水泥浆、水泥-水玻璃浆	—			细小裂缝用化学浆
	空隙	MG-646 铬木素				MG-646 折算丙烯烷胺类浆液
松散砂层		MG-646 铬木素、水玻璃、脲醛树脂、聚氨酯、糠醛树脂	—		MG-646	砾石、卵石层可用水泥浆液
特殊地层		集料 + 水泥浆 集料 + 水泥-水玻璃浆 集料 + 水泥黏土浆				根据地层内有无充填物及空洞大小选择集料
混凝土衬砌	衬砌体内	水泥-水玻璃浆、MG-646 铬木素、聚氨酯、水泥浆	—		MG-646	小裂缝用化学浆、大裂缝用水泥浆
	衬砌背后	岩石层: 水泥浆、水泥砂浆、水泥-水玻璃浆				填充注浆可加黏土、炉渣
		砂层: MG-646 铬木素、聚氨酯、脲醛树脂				

(1)在断层破碎带和砂卵石地层,当裂隙宽度(或粒径)大于 1mm,或渗透系数 $K \geqslant 5 \times 10^{-4}$ m/s 时,选用料源广、价格便宜的单液水泥浆和水泥-水玻璃浆液。

(2)在断层地带,当裂隙宽度(或粒径)小于 1mm,或渗透系数 $K \geqslant 5 \times 10^{-4}$ m/s 时,优先选用水玻璃类注浆材料。

(3)在中、细、粉砂层及细小裂隙岩层,断层泥段堵水压浆宜选用渗透性好、低毒、遇水膨胀的化学浆液,如聚氨酯类。对于颗粒更小的黏土层,采用水泥浆、水泥-水玻璃类注浆材料。

(4)在岩溶地段突泥、突水和裂隙较大的地质构造中,为堵塞突泥、涌水通道在适应压浆设备条件下,可用劈裂法代替渗透注浆。此法对注浆材料种类、黏度、颗粒性要求没有静压渗透注浆严格。

4) 浆液的一般要求

(1)浆液在受压浆的岩层中具有良好的渗入性,即在一定的压力下能渗到一定宽度的裂隙或空洞中去。

(2)浆液凝胶时间可调节。

(3)浆液需具有良好的流动性,以增大浆液的扩散范围。

(4)浆液需具有良好的稳定性,以免过早地产生沉淀,影响浆液的压注。

(5)凝结成石后,应具有一定的强度和抗渗性、耐久性。

(6)无毒或低毒,对环境污染小。

2. 注浆堵水施工

1) 注浆堵水方法

(1)地表预注浆。

在隧道两侧地表钻孔注浆,以形成隔水帷幕。一般适用于覆盖在较薄的地段,此法的主要优点是工作条件好,全部作业在地面进行,可以采用多台钻机同时作业,压浆不受洞内掘进限制。钻孔一般离隧道中线 7~10m,两侧交错排列梅花形布置,或根据涌水方向决定,钻孔间距由浆液扩散半径确定,孔深超过隧底约 2m。可垂直钻孔也可钻斜孔,以增加揭露裂隙的概率。

(2)掌子面预注浆。

在隧道工作面朝掘进方向钻孔注浆,其注浆孔长短结合,并呈伞形辐射状,以形成隔水帷幕。适用于深埋隧道或采用地表钻孔工作量过大,且钻孔不易钻到突水层处。绝大多数钻孔的终止位置在隧道外轮廓线处 2m 以上,终孔间距 5m 左右,以达到沿隧道轮廓形成封闭帷幕。洞内工作面预注浆是分段进行的,一次注浆段长度,在极破碎岩层为 5~10m,在破碎岩层中为 10~15m,在裂隙岩层中为 15~30m,重复注浆可取 30~50m。掘进长度为注浆长度的 70%~80%,每段预留 20%~30% 作为下段注浆的止浆盘。

(3)对开挖面进行预注浆。

开挖前,若开挖面(即掌子面)处涌水量大,且围岩软弱破碎,可在开挖前对开挖面进行预注浆处理。预注浆不仅能够堵水,还能对开挖面处的围岩预先加固,便于爆破开挖作业。

(4)洞身围岩注浆。

开挖后的洞身有渗漏水时,可对围岩进行注浆堵水。

(5)对衬砌背后注浆。

衬砌完成后,如果有渗漏水现象,可向衬砌背后的间隙或围岩注浆防水。设置有防水层的复合式衬砌,不宜采用衬砌背后注浆作业,防止损坏防水层。

(6)对衬砌体内注浆。

如果采取各种防、排水措施后,衬砌表面仍有渗漏水现象,则可对衬砌体内注浆堵水。

2)注浆孔的布置一般注意事项

(1)在水流方向及岩层倾斜上方,钻孔可距隧道远些,孔适当密些。

(2)布孔应先稀后密、先外后内,根据情况再增加钻孔,如先钻一般溶裂地层的孔,再集中于大的溶裂、溶洞层。

(3)裂隙密小时,孔数应增加;反之减少。

(4)注浆泵压力低,孔数应适当增多。

3)注浆钻孔的要求

(1)按设计要求准确定孔位,开孔时要轻加压、慢速、大水量,防止把孔开斜,钻错方向。

(2)为防止串浆,钻孔顺序应按上、中、下、左、右孔错开,长、短孔错开。

(3)钻孔结构要力求简单,不宜过多改变钻孔直径,一般为先用大于开孔直径的钻头钻进一定深度,安装孔口管,再用开孔直径钻进一定深度,改用较小直径钻头钻至终孔。

(4)钻深孔应防止压弯钻具甩打孔壁,造成塌孔或断杆事故;如遇破碎带时应停止钻进,先行压浆,再继续钻进。

(5)详细做好钻孔记录,如钻进进尺、起止深度、钻具尺寸、变径位置、岩石名称、裂隙发育程度及分布位置、出水量、出水位置、处理事故和时间、终孔深度等。

4)注浆要求事项

(1)注浆前,进行试泵与注水试验,安装注浆管路和止浆塞。

(2) 用 1.5~2 倍于注浆终压对注浆管路系统进行吸水试验检查,以查明管路系统能否耐压、有无漏水,连接是否正确,检查设备、机械状况是否正常。试运转的时间一般为 20min。

(3) 注浆顺序一般为先压注内圈孔,后压注外圈孔;先压注无水孔,后压注有水孔;先拱顶后边墙顺序向下压注;如遇串浆跑浆,则间隔一个孔或几个孔灌压。

(4) 压注过程中注意对注浆压力、浆液配比、凝胶时间的控制。

3. 注浆效果检查

监理工程师在注浆段的注浆孔全部注完后,要进行注浆效果检查和评定,不合格者应补钻孔注浆。

(1) 对注浆过程中的各种记录资料综合分析,注浆压力和注浆量变化是否合理、是否达到设计要求。

(2) 设检查孔,工作面预注浆每段设 2~3 个检查孔,地面预注浆每 10~15m 设 1 个检查孔。

① 检查孔取岩芯,观察浆液充填情况。

② 检查孔内涌水量,严重破碎带应小于 0.2L/min,且任何一处漏水小于 10L/min;一般地段应小于 0.2L/min,且任何一处漏水小于 10L/min;或进行压水检查,在 1.0MPa 压力下,进水量小于 2L/min。

二、隧道排水结构施工监理事项

1. 衬砌背后排水

1) 衬砌背后排水设施类型(表 5-41)

排水设施类型 表 5-41

名称	断面形式	适用范围	制作与施工	说明
暗沟	矩形或半圆形	主要环向、竖向及纵向沟	常用乙烯制成 Ω 形半管,其内夹有钢丝,可以任意弯曲,根据岩面、喷射混凝土面涌水现象,将半管沿环向铺设,将出水点、缝盖住,后用砂浆或喷混凝土覆盖	也有用薄铁皮弯成 Ω 形,用法相同;在一次支护中可多层铺设,形成暗沟;当大面积渗水时,可采用集水孔集水后,用暗沟导排到边沟
暗管	圆形	主要纵向沟和竖向沟	常用渗水塑料管或渗水软管,外裹土工布或其他材料,置于防水层内面或衬砌内,汇集导排较大水量	常与环向暗沟、暗管接通,也有用钢管作纵向沟
盲沟	矩形	水流较小的竖向沟	衬砌厚度以外,挖出竖向矩形沟,其内用片石或卵石干砌,顺线路方向的前后面做反滤层,下端与水平盲沟相通	根据围岩岩质,做好反滤层,防止岩屑、砂、土填塞盲沟空隙,使盲沟失效

2) 衬砌背后排水设施施工注意事项

(1) 衬砌背后的排水设施应配合支护衬砌同时施工。

(2) 排水设施的设置应视洞内渗漏水情况确定。出水点多应多设置,相反应少设置;渗水面较大时,宜先钻集水孔集水,后设沟管引排;拱部出水常做环形沟管,边墙出水应从上向下引流到竖向沟管,几处渗漏水可设纵向沟管,最终都应引流到排水沟中。

(3)有排水设施的地段如需要衬砌背后压浆时,沟管四周圬工更应密实,衬砌完成后应将背后的排水设施做出明显标志,以便钻孔和压浆时能避开排水设施位置,严防浆液流入沟管堵塞水流。

(4)严寒地区的排水设施要注意防冻保温层的施作,勿使排水设施内的水流受衬砌表面低温的影响而造成冻害。

2.隧底排水

1)排水沟类型(表5-42)

排水沟类型　　　　　表5-42

名称	断面形式	适用范围	施工	说明
边沟	多为矩形	纵向排水,常温下或寒冷地区	与衬砌铺底同时浇筑,也有预制成型现场安装,或与隧道公共管共用的	寒冷地区可在边沟内设保温层
中心沟	矩形或圆形	纵向排水,有仰拱处或寒冷地区	在仰拱施作前或施作后,多为预制件安装就位	由于埋深较大,在寒冷地区可不用保温材料
泄水沟	多为拱形	纵向汇水排水,用于严寒地区	类似于平行导坑,位于隧道底部岩层中,可起到探查地质、降低水位的作用,主要靠埋深防冻	一般洞顶距隧底3m厚岩层,并用泄水钻孔收集衬砌背后的水

2)施工注意事项

(1)排水沟纵向坡度应与线路纵坡一致,沟内不应有集水段,尤其是不能出现反坡段。

(2)对于预制安装的排水沟,在铺底时要严格禁止出现灰浆流入沟内堵塞沟道。

(3)侧沟位置应在开挖边墙基脚时一次挖好,以免做好边墙后进行爆破,损坏圬工。

(4)防冻排水边沟深度超过边墙基础很多,可能会影响边墙稳定,宜采用分段间隔施工,一段不能开挖过长。

(5)防冻水沟的出口、汇水坑、检查坑都应采取防冻设施。

(6)排水沟洞施工应根据隧道中线桩放样,以保证水沟洞的平纵位置。

3.排水设施监理工作

(1)观察衬砌背后沟管布设及施作过程,及时纠正沟管布设中存在的问题,通过查看沟管排水情况,确认施工质量。

(2)通过量测,检查洞内水沟、泄水洞等的结构尺寸、设置位置、纵向坡度等是否符合设计要求。

(3)具有保温要求的结构需检查其结构形式、建筑材料、回填材料是否符合设计和保温技术要求。

(4)盲沟需检查过滤层级配和回填质量,盲沟、暗沟、排水孔等有无堵塞现象,水流是否畅通。

(5)水沟盖板的尺寸、边缘是否平顺、铺设是否平稳也应抽检。

(6)检查路面水排向边沟或地下水排向泄水洞的集水孔、排水孔和水管是否符合设计要求。

三、隧道防水设施施工监理事项

1. 防水层铺设

(1)铺设防水塑料板的机具：

①工作台车长度必须大于塑料板幅宽3~4m，并设有栏杆和专用电源插座。

②热焊机应包括用于洞外大幅塑料板焊接的壁夹式热焊，以及用于洞内塑料板合拢焊接的鹤颈式热焊机和普通电烙铁。

③手提式电锤或冲击电钻、射钉枪。

(2)铺设塑料防水板应在初期支护变形基本稳定和二次衬砌灌注前进行。施作点距爆破面应大于150m，距二次衬砌处应大于20m。要求开挖用光面爆破，喷层厚度应不小于50cm，喷面基本平顺，锚杆尾部外露长度应小于1cm，并用砂浆抹平。

(3)隧道中因塌方掉块造成的坑洼或岩溶洞穴，必须回填处理，并待其稳固后再铺设塑料板。

(4)铺设塑料板时应环向进行，应按实测洞壁周长增加40cm剪裁下料，铺挂时不可绷得过紧，以松些为宜，以免灌注混凝土时将薄板胀破。

(5)塑料板焊接应以机械热焊为主，手工焊接仅用于零星修补。洞内环向塑料板搭接宽度10cm左右，焊缝为2cm，不得小于1cm。严格掌握热焊温度，保证不焊穿、烤焦，且完全黏合成一体。如有漏焊或焊接不佳处，立即补焊。

(6)塑料板固定可用射钉锚固、塑料膨胀螺栓锚固和胶黏剂黏结，所有用锚固钉、螺栓刺穿处必须用20cm×20cm的塑料板做好补钉块。拱部固定点间距0.5~1.0m，边墙固定点间距1.0~1.5m，固定点距塑料板边缘应不小于5cm。

(7)特殊情况下的处理：

①对断面内坑洼、坍塌回填较困难部位，可用单幅塑料板贴在坑洼处，进行铺焊，然后与隧道塑料板焊接在一起，且不可悬空铺挂。

②在浇筑混凝土过程中，若发现防水板铺设绷得过紧，可将该处塑料板破开，在破口内插入一块塑料板使其紧贴岩壁，然后将新旧两块塑料板焊成整体。

③在大面积漏水处应加设排水板，有流水处应加设排水管将水引排后再铺挂防水板。

(8)施工注意事项：

①防水卷材存放库房应整洁、干燥、无火源，自然通风要好，库房温度不高于40℃，存放时应立放，不得倒放堆码。

②洞外拼接塑料板，工作人员必须穿清洁的软底鞋，搬运时严禁沿地面拖拉；塑料板上不得搁置焊枪，不得扔弃烟头及火柴梗等。

③塑料板施焊表面必须保证洁净，无灰尘和油脂等污物。如有油脂应用丙酮洗净。

④立拱架、安模板、浇筑混凝土时应防止撞碰和刮破防水板；挡头板的支撑物在接触塑料板处必须加橡皮垫层；预埋的管件与塑料板的间距不应小于5cm；绑扎钢筋和浇筑混凝土时，

应有专人跟班观察,若发现防水板损伤立即修补。

(9)塑料板作业质量检查:

①在灌注混凝土衬砌前,必须检查防水层质量,做好记录,并处理出现的问题。

②目测检验。用手将已固定好的塑料板上托或挤压,检查其是否与喷混凝土层密贴;检查塑料板有无破损、断裂、小孔;锚固点是否牢固,外露点是否用塑料片补疤;焊缝有无烤焦、焊穿、假焊和漏焊;焊缝宽度是否达到设计要求,焊缝表面是否平整光滑。

③试验检查,每 10～15m 制作一组焊接试件,对焊缝强度、密实性、抗渗性进行检查。焊缝的强度值不得小于受高温焊接过的塑料板的断裂强度;密实性检查用压缩空气法进行,其原理为:将 5 号注射针与压力表相连接,用打气筒进行充气,当压力表达到 0.25MPa 时停止充气。保持 15min,压力下降在 10% 以内,说明焊缝合格。如压力下降过快说明有渗漏,用肥皂水涂在焊缝上,有气泡的地方重新补焊。

2.喷涂防水层

1)喷涂防水材料

现阶段普遍认为,喷涂的防水材料中阳离子乳化沥青胶乳效果较好,其性能见表 5-43。

阳离子乳化沥青胶乳防水层主要性能   表 5-43

成膜厚度 (mm)	黏结强度 (MPa)	抗渗压力 (MPa)	延伸率 (%)	抗裂性 (mm)	温度适应性 (℃)
1.5～2.0	>0.5	>1.5	600～1000	>10	-30～0

2)喷涂前对施工面的要求

(1)施工地段和开挖面应有一定距离,防止因爆破而损坏防水层。

(2)喷锚支护变形基本稳定之后才能施喷防水层。喷混凝土层要平顺,外露的钢筋、锚杆应截掉。

(3)有大面积漏水处,最好喷一层防水水泥砂浆层,并加强养护,使基面暂不渗漏,以便于沥青胶乳膜成型。如有大股流水应先引流之后再喷涂防水层。

3)喷涂防水层施工注意事项

(1)严格掌握配料比例,拌和要均匀,小范围可用人工涂抹,大范围要用机械喷涂。

(2)喷涂应由下而上,喷涂方向应逆向而做,喷嘴离壁面距离一般为 0.5～0.8m,喷射压力应不小于 0.3MPa。

(3)喷涂应注意细致均匀,每次喷厚宜为 1～2mm,一般需喷 3～4 次,两次喷涂间隔时间一般要大于 4h。

(4)喷涂中及时处理漏水点,当确认防水层不漏水时,再喷水泥砂浆保护层。

(5)喷涂防水层作业完成后与模筑混凝土施工之间,应有 5～10d 间隔时间,以便于对防水层进行观察和补漏处理。

(6)模筑混凝土衬砌应注意切勿损伤防水层。

(7)进行防水层喷涂施工时,应采取必要的防火措施,并做好操作人员的防护工作。

3.衬砌缝隙防水

1)施工缝类型及防水适用条件(表 5-44)

施工缝类型及防水适用条件 表5-44

类 型	方 法	优点	缺点	适 用 条 件
混凝土表面刷毛	施工缝的处理在混凝土灌注后4~12h内,用钢丝刷将接缝处的混凝土面刷毛,或用高压水冲洗,直至露出表面石子。再次浇筑前,先刷水泥浆两遍,再铺设1cm厚砂浆(同原混凝土配合比,除去粗集料),过0.5h再灌注混凝土	施工方便	防水效果欠佳	仅有少量地下水的混凝土衬砌
L形施工缝		防水性能较好	施工较复杂	地下水压力不高,厚度小于40cm的防水混凝土衬砌
企口式施工缝		防水性能较好	施工较复杂	地下水压力不高,厚度大于40cm的防水混凝土衬砌
钢板施工缝	在施工缝处预埋入2mm厚并涂刷防锈剂的钢板,防水要求高的拱部可用塑料止水带代替钢板,接缝混凝土处理同上所述	防水性能好,施工质量易保证	需用钢材,造价较高,耐久性较差	地下水压力较高,防水要求较严的防水混凝土衬砌

2)变形缝主要类型及防水适用条件(表5-45)

变形缝主要类型及防水适用条件 表5-45

类 型	优 点	缺 点	适 用 条 件
沥青木丝板(沥青木板)变形缝	施工方便,材料来源容易	防水性能差	仅有少量地下水的地层
沥青麻筋变形缝	防水性能一般,材料来源容易	施工操作难	有外贴式防水层的明洞沉降缝,或明洞与隧道衔接缝
塑料止水带	质量可靠,抗渗性能好;能承受较大的相对变形;施工较方便;材料来源容易,价格较低	不宜于冻害区段	一般用于防水要求严格的衬砌,在高于0℃低于50℃或无油类、强氧化剂侵蚀的环境均可使用
橡胶止水带或遇水膨胀橡胶止水带	质量可靠,抗渗性能好,强度可达0.8MPa;能承受较大的相对变形;施工较方便,可用于冻害区段	价格较贵	在-40~40℃温度条件下,用于防水要求严格的补衬,不适用于温度超过50℃及受强氧化剂或油类侵蚀的环境

第五节 隧道工程质量评定标准和方法

本标准适用于采用钻爆法施工的山岭隧道的检验评定。采用其他方法如盾构、掘进机、沉埋法施工的隧道的检验评定可参照有关标准另行制定。采用钻爆法施工、设计为复合式衬砌的隧道,承包人必须按照设计和施工规范要求的频率和量测项目进行监控量测,用量测信息指导施工并提交系统、完整、真实的量测数据和图表。

一、隧道开挖的评定标准和方法

隧道洞口的开挖,应按照路基土石方工程的标准进行检验评定;洞门和翼墙的浇(砌)筑和洞口边坡、仰坡防护按照土墙、防护及其他砌石工程的相应项目评定。隧道路面的基层、面层,应按照路基、路面的标准进行检验评定。隧道通风、照明、供配电、监控设施等的检验评定,应根据有关标准的相关章节进行质量评定。长隧道每座为一个单位工程,多个中、短隧道可合并为一个单位工程,每座隧道分别评定。一般按围岩类别和衬砌类型,每100m作为一个分项工程,紧急停车带单独作为一个分项工程。混凝土衬砌采用模板台车,宜按台车长度的倍数划分分项工程。按以上方法划分分项工程时,分段长度可结合工程特点和实际情况进行调整,分段长度不足规定值时,不足部分单独作为一个分项工程。特长隧道的单位工程、分部工程和分项工程可根据具体情况另行划分。

1. 隧道总体

1)基本要求

(1)隧道衬砌内轮廓及所有运营设施均不得侵入建筑限界。

(2)洞口设置应满足设计要求。

(3)洞内外的排水系统设置应满足设计要求。

(4)高速公路、一级公路和二级公路隧道拱部、边墙、路面、设备箱洞应不渗水,有冻害地段的隧道衬砌背后不积水、排水沟不冻结,车行横通道、人行横通道等服务通道拱部不滴水,边墙不淌水。

(5)三级、四级公路隧道拱部、边墙应不滴水,设备箱洞应不渗水,路面不积水,有冻害地段的隧道衬砌背后不积水、排水沟不冻结。

2)实测项目(表5-46)

隧道总体实测项目　　　　表5-46

项次	检查项目	规定值或允许偏差	检查方法和频率
1	行车道宽度(mm)	±10	尺量或按《公路工程质量检验评定标准 第一册 土建工程》(JTG F80/1—2017)附录Q检查:曲线每20m、直线每40m检查一个断面
2	内轮廓宽度(mm)	不小于设计值	
3	内轮廓高度(mm)	不小于设计值	激光测距仪或按《公路工程质量检验评定标准 第一册 土建工程》(JTG F80/1—2017)附录Q检查:曲线每20m、直线每40m检查一个断面,每个断面测拱顶和两侧拱腰共3点
4	隧道偏位(mm)	20	全站仪:曲线每20m、直线每40m测一处
5	边坡与仰坡坡度	不大于设计值	尺量:每洞口检查10处

3)外观质量

(1)洞口边坡、仰坡应无落石。

(2)排水系统应不淤积、不堵塞。

2. 明洞浇筑

1)基本要求

(1)基础的地基承载力应满足设计要求并符合施工技术规范规定,严禁超挖后回填虚土。

(2)钢筋的加工及安装应满足设计要求。

(3)明洞与暗洞连接应符合设计要求。

(4)明洞与暗洞之间的沉降缝应满足设计要求。

2)实测项目(表5-47)

明洞浇筑实测项目　　　　　　　　　　　　　表5-47

项次	检查项目	规定值或允许偏差	检查方法和频率
1	混凝土强度(MPa)	在合格标准内	按《公路工程质量检验评定标准 第一册 土建工程》(JTG F80/1—2017)附录D检查
2	混凝土厚度(mm)	不小于设计值	尺量或按《公路工程质量检验评定标准 第一册 土建工程》(JTG F80/1—2017)附录R检查;每10m检查一个断面,每个断面测拱顶、两侧拱腰和两侧边墙共5点
3	墙面平整度(mm)	施工缝、变形缝处20;其他部位5	2m直尺;每10m每侧连续检查2处,测最大间隙

3)外观质量

(1)蜂窝麻面面积不得超过该面总面积的0.5%,深度不得超过10mm。

(2)隧道衬砌钢筋混凝土结构裂缝宽度不得超过0.2mm。

3. 明洞防水层

1)基本要求

防水层施工前,明洞混凝土外部应平整圆顺,不得有钢筋露出和其他尖锐物。

2)实测项目(表5-48)

明洞防水层实测项目　　　　　　　　　　　　　表5-48

项次	检查项目		规定值或允许偏差	检查方法和频率
1	搭接长度(mm)		≥100	尺量;每环搭接测3点
2	卷材向隧道暗洞延伸长度(mm)		≥500	尺量;测3点
3	卷材向基底的横向延伸长度(mm)		≥500	尺量;测3点
4	缝宽(mm)	焊接	焊缝宽≥10	尺量;每衬砌台车抽查1环,每环搭接测5点
		黏接	黏缝宽≥50	
5	焊缝密实性		满足设计要求	按《公路工程质量检验评定标准 第一册 土建工程》(JTG F80/1—2017)附录S检查;每10m检查一处焊缝

3）外观质量

(1) 防水材料应无破损、无折皱。

(2) 焊接应无脱焊、漏焊、假焊、焊焦、焊穿,黏接应无脱黏、漏黏。

4. 明洞回填

1）基本要求

(1) 人工回填时,拱圈混凝土的强度应不低于设计强度的75%。机械回填应在拱圈混凝土强度达到设计强度且拱圈外人工夯填厚度不小于1.0m后进行。

(2) 墙背回填应两侧同时进行。

(3) 明洞黏土隔水层应与边坡、仰坡搭接良好,封闭紧密。

2）实测项目(表5-49)

明洞回填实测项目　　　　　　　　表5-49

项次	检查项目	规定值或允许偏差	检查方法和频率
1	回填压实	符合设计要求	尺量:厚度及碾压遍数
2	每层回填厚度(mm)	≤300	尺量:每层每侧测5点
3	两侧回填高差(mm)	≤500	水准仪:每层每侧测3处
4	坡度	满足设计要求	尺量:检查3处
5	回填厚度(mm)	不小于设计值	水准仪:拱顶测5处

3）外观质量

回填坡面应不积水。

5. 洞身开挖

1）基本要求

(1) 当围岩自稳能力差时,开挖前应做好预加固、预支护。

(2) 当隧道地质出现变化或接近围岩分界线时,应采用地质雷达、超前小导坑、超前探孔等方法探明工程地质和水文地质状况,方可进行开挖。

(3) 开挖轮廓应预留支撑沉落量及变形量,并根据量测反馈信息及时调整。

(4) 应采用控制爆破技术减少开挖对围岩的扰动。

(5) 应严格控制欠挖,拱脚、墙脚以上1m范围内严禁欠挖;当石质坚硬完整且岩石抗压强度大于30MPa并确认不影响衬砌结构稳定和强度时,岩石个别凸出部分(每$1m^2$不大于$0.1m^2$)可突入衬砌断面,锚喷支护时突入不得大于30mm,衬砌时欠挖值不得大于50mm。

(6) 洞身开挖在清除浮石后应及时进行初喷支护。

2）实测项目(表5-50)

3）外观质量

洞顶应无浮石。

洞身开挖实测项目 表5-50

项次	检查项目		规定值或允许偏差	检查方法和频率
1△	拱部超挖(mm)	Ⅰ级围岩(硬岩)	平均100,最大200	全站仪或按《公路工程质量检验评定标准 第一册 土建工程》(JTG F80/1—2017)附录Q检查:每20m一个断面,每个断面自拱顶起每2m测1点
		Ⅱ、Ⅲ、Ⅳ级围岩(中硬岩、软岩)	平均150,最大250	
		Ⅴ、Ⅵ级围岩(破碎岩、土)	平均100,最大150	
2	边墙超挖(mm)	每侧	+100,0	
		全宽	+200,0	
3	边墙、仰拱、隧底超挖(mm)		平均100,最大250	水准仪:每20m检查3处

注:△表示关键项目,后同。

二、隧道支护的评定标准和方法

1.喷射混凝土支护

1)基本要求

(1)开挖断面质量、超欠挖处理、围岩表面渗漏水处理应符合施工技术规范规定,受喷岩面应清洁。

(2)喷射混凝土支护应与围岩紧密贴合,结合牢固,不得有空洞。喷层内不应存在片石和木板等杂物。严禁挂模喷射混凝土。

(3)钢架与围岩之间的间隙应采用喷射混凝土充填密实。

(4)喷射混凝土表面平整度应符合施工技术规范规定。

2)实测项目(表5-51)

喷射混凝土支护实测项目 表5-51

项次	检查项目	规定值或允许偏差	检查方法和频率
1△	喷射混凝土强度(MPa)	在合格标准内	按《公路工程质量检验评定标准 第一册 土建工程》(JTG F80/1—2017)附录E检查
2	喷层厚度(mm)	平均厚度≥设计厚度;60%检查点的厚度≥设计厚度;最小厚度≥0.6倍设计厚度	凿孔法:每10m检查一个断面,每断面从拱顶中线起每3m测1点;按《公路工程质量检验评定标准 第一册 土建工程》(JTG F80/1—2017)附录R检查:沿隧道纵向分别在拱顶、两侧拱腰、两侧边墙连续测试共5条测线,每10m检查1个断面,每断面测5点
3△	喷层与围岩接触情况	无空洞,无杂物	

3)外观质量

喷射混凝土表面应无漏喷、离鼓、钢筋网和钢架外露。

2.锚杆

1)基本要求

(1)锚杆长度应不小于设计长度,锚杆插入孔内的长度不得小于设计长度的95%。

(2)砂浆锚杆和注浆锚杆的灌浆强度应不小于设计值和规范要求,锚杆孔内灌浆密实饱满。

(3)锁脚锚杆(管)的数量、长度、打入角度应满足设计要求。

2)实测项目(表5-52)

锚杆实测项目   表5-52

项次	检查项目	规定值或允许偏差	检查方法和频率
1△	数量(根)	不少于设计值	目测:现场逐根清点
2△	锚杆拔力(kN)	28d拔力平均值≥设计值,最小拔力≥0.9倍设计值	抗拔仪:抽查1%,且不少于3根
3	孔位(mm)	±150	尺量:抽查10%
4	孔深(mm)	±50	尺量:抽查10%
5	孔径(mm)	≥锚杆杆体直径+15	尺量:抽查10%

3)外观质量

锚杆垫板与岩面间应无间隙。

3. 钢筋网

1)基本要求

钢筋网铺设应在初喷混凝土后进行。

2)实测项目(表5-53)

钢筋网实测项目   表5-53

项次	检查项目	规定值或允许偏差	检查方法和频率
1	钢筋网喷射混凝土保护层厚度(mm)	≥20	凿孔法:每10m测5点
2△	网格尺寸(mm)	±10	尺量:每100m²检查3个网眼
3	搭接长度(mm)	≥50	尺量:每20m测3点

3)外观质量

钢筋网与锚杆或其他固定构件连接不得松脱。

三、隧道防排水的评定标准和方法

1. 隧道防排水工程

1)高速公路、一级公路隧道和设有机电工程的一般公路隧道

(1)隧道拱部、墙部、设备洞、车行横通道、人行横通道不渗水。

(2)路面干燥无水。

(3)洞内排水系统不淤积、不堵塞,确保排水通畅。

(4)严寒地区隧道衬砌背后不积水,排水沟不冻结。

2）其他公路隧道

（1）拱部、边墙不滴水。

（2）路面不冒水、不积水，设备箱洞处不渗水。

（3）洞内排水系统不淤积、不堵塞，确保排水通畅。

（4）严寒地区隧道衬砌背后不积水，路面干燥无水，排水沟不冻结。

2. 钢架

1）基本要求

（1）钢架之间应采用纵向钢筋连接，安装基础应牢固。

（2）钢架安装基底高程不足时，不得用块石、碎石砌垫，应设置钢板或采用强度等级不小于 C20 混凝土垫块。

（3）钢架应紧靠初喷面。

（4）连接钢板与钢架应焊接牢固，焊缝饱满密实；钢架节段之间通过钢板用螺栓连接或焊接。

2）实测项目（表 5-54）

钢 架 实 测 项 目　　　　　　　表 5-54

项次	检查项目		规定值或允许偏差	检查方法和频率
1△	榀数（榀）		不小于设计值	目测或按《公路工程质量检验评定标准 第一册 土建工程》（JTG F80/1—2017）附录 R 检查；逐榀检查
2△	间距（mm）		±50	尺量或按《公路工程质量检验评定标准 第一册 土建工程》（JTG F80/1—2017）附录 R 检查；逐榀检查
3	喷射混凝土保护层厚度（mm）		外侧保护层≥40 内测保护层≥20	凿孔法：每20m 测5点
4	倾斜度（°）		±2	铅锤法：逐榀检查
5	拼装偏差（mm）		±3	尺量：逐榀检查
6	安装偏差（mm）	横向	±50	尺和水准仪：逐榀检查
		竖向	不低于设计高程	
7	连接钢筋	数量（根）	不少于设计值	目测：逐榀检查
		间距（mm）	±50	尺量：逐榀检查 3 处

注：钢架临空一侧为内侧。

3）外观质量

焊接应无假缝、漏缝，基底应无虚渣及杂物。

3. 防水层

1）基本要求

（1）防水材料铺设前喷射混凝土基面不得有钢筋、凸出的管件等尖锐突出物。

（2）隧道断面变化处或转弯处的阴角应抹成半径不小于 50mm 的圆弧。

(3)防水层施工时,基面不得有明水。

2)实测项目(表5-55)

防水层实测项目 表5-55

项次	检查项目		规定值或允许偏差	检查方法和频率
1△	搭接宽度(mm)		≥100	尺量:每5环搭接抽查3处
2△	缝宽(mm)	焊接	焊缝宽≥10	尺量:每5环搭接抽查3处
		黏接	黏缝宽≥50	
3	固定点间距(m)		满足设计要求	尺量:每20m检查3处
4	焊缝密实性		满足设计要求	按《公路工程质量检验评定标准 第一册 土建工程》(JTG F80/1—2017)附录S检查;每20m检查一处焊缝

3)外观质量

(1)防水层表面应无褶皱、气泡、破损,无紧绷。

(2)焊接应无脱焊、漏焊、假焊、焊焦、焊穿,黏接应无脱黏、漏黏。

4. 止水带

1)基本要求

止水带应与衬砌端头模板正交。

2)实测项目(表5-56)

止水带实测项目 表5-56

项次	检查项目	规定值或允许偏差	检查方法和频率
1	纵向偏离(mm)	±50	尺量:每衬砌台车检查1环,每环测3点
2	偏离衬砌中心线(mm)	≤30	尺量:每衬砌台车检查1环,每环测3点
3△	固定点间距(mm)	±50	尺量:每衬砌台车每环止水带检查3点

3)外观质量

(1)止水带应无松脱、扭曲。

(2)止水带连接缝应无裂口、脱胶。

5. 排水

1)基本要求

(1)隧道纵向排水管、横向排水管、环向排水管的材质和规格应满足设计要求。

(2)横向排水管、环向排水管的间距应满足设计要求。

(3)纵向排水管、中心排水沟(管)基座的坡度应满足设计要求。

(4)排水管整体线形应平顺,排水管接头应不得出现松动。

(5)防排水工程施工完成后,应清理排水系统中的建筑垃圾,及时疏通排水管道,并进行灌水排水试验。

2）实测项目

排水结构物（如浆砌片石水沟、现浇混凝土水沟等）按照本章第4节排水工程相应项目检验评定。

3）外观质量

沟槽盖板应无松动、破损。

四、隧道工程衬砌的评定标准和方法

1．仰拱

1）基本要求

（1）仰拱基底承载力应符合设计要求。
（2）仰拱超挖后严禁回填虚土、虚渣。
（3）仰拱浇筑前应无积水、杂物、虚渣。
（4）仰拱曲率、仰拱与边墙连接应满足设计要求并符合施工技术规范规定。

2）实测项目（表5-57）

仰拱实测项目　　　　　　　　　　表5-57

项次	检查项目	规定值或允许偏差	检查方法和频率
1△	混凝土强度（MPa）	在合格标准内	按《公路工程质量检验评定标准　第一册　土建工程》（JTG F80/1—2017）附录D检查
2△	厚度（mm）	不小于设计值	尺量：每20m检查一个断面，每个断面检查5点
3	钢筋保护层厚度（mm）	+10，-5	尺量：每20m测5点
4	底面高程（mm）	±15	水准仪：每20m测5点

3）外观质量

混凝土表面应无露筋。

2．混凝土衬砌

1）基本要求

（1）衬砌施工前初期支护背部存在空洞、断面严重时应及时处理。
（2）衬砌背后的空隙应回填注浆。

2）实测项目（表5-58）

混凝土衬砌实测项目　　　　　　　　　　表5-58

项次	检查项目	规定值或允许偏差	检查方法和频率
1△	混凝土强度（MPa）	在合格标准内	按《公路工程质量检验评定标准　第一册　土建工程》（JTG F80/1—2017）附录D检查

续上表

项次	检查项目	规定值或允许偏差	检查方法和频率
2	衬砌厚度	90%的检查点的厚度≥设计厚度,且最小厚度≥0.5倍设计厚度	尺量:每20m检查一个断面,每个断面测5点; 按《公路工程质量检验评定标准 第一册 土建工程》(JTG F80/1—2017)附录R检查:沿隧道纵向分别在拱顶、两侧拱腰、两侧边墙连续测试共5条测线,每20m检查1个断面,每个断面测5点
3	墙面平整度(mm)	施工缝、变形缝处≤20	2m直尺:每20m每侧连续检查5尺,每尺测最大间隙
		其他部位≤5	
4△	衬砌背部密实状况	无空洞、无杂物	按《公路工程质量检验评定标准 第一册 土建工程》(JTG F80/1—2017)附录R检查:沿隧道纵向分别在拱顶、两侧拱腰、两侧边墙连续测试共5条测线

3)外观质量

(1)蜂窝麻面面积不得超过该面总面积的0.5%,深度不得超过10mm。

(2)隧道衬砌钢筋混凝土结构裂缝宽度不得超过0.2mm,混凝土结构裂缝宽度不得超过0.4mm。

3.衬砌钢筋

1)基本要求

(1)钢筋的连接方式、同一连接区段内的接头面积应满足设计要求;接头位置应设在受力较小处。

(2)钢筋的搭接长度、焊接和机械接头质量应满足施工技术规范规定。

(3)钢筋安装时,应保证设计要求的钢筋根数。

(4)受力钢筋应平直,表面不得有裂纹及其他损伤。

(5)钢筋的保护层垫块应分布均匀,数量及材料性能应满足设计和有关技术规范的规定。

(6)多层钢筋网应有足够的钢筋支撑,并应保证钢筋骨架的施工刚度,使其在混凝土浇筑过程中不出现移位。

2)实测项目(表5-59)

衬砌钢筋实测项目 表5-59

项次	检查项目	规定值或允许偏差	检查方法和频率
1△	主筋间距(mm)	±10	尺量或按《公路工程质量检验评定标准 第一册 土建工程》(JTG F80/1—2017)附录R检查:每模板测3点
2	两层钢筋间距(mm)	±5	尺量:每模板测3点
3	箍筋间距(mm)	±20	尺量:每模板测3点
4	钢筋长度(mm)	满足设计要求	尺量:每模板检查2根
5	钢筋保护层厚度(mm)	+10,−5	尺量:每模板检查3点

3）外观质量

（1）钢筋表面无颗粒状或片状老锈及焊渣、烧伤,绑扎或焊接的钢筋网和钢筋骨架不得松脱和开焊。

（2）焊接接头、连接套筒不得出现裂纹。

4. 超前锚杆

1）基本要求

（1）超前锚杆的打入角度应满足设计要求并符合施工技术规范规定。

（2）超前锚杆纵向两排之间水平搭接长度不小于1m。

（3）锚杆内灌注砂浆应饱满密实。

2）实测项目（表5-60）

超前锚杆实测项目　　　　　　　　　　表5-60

项次	检查项目	规定值或允许偏差	检查方法和频率
1	长度（m）	不小于设计值	尺量：逐根检查
2	数量（根）	不小于设计值	目测：逐根清点
3	孔位（mm）	±50	尺量：每5环抽查5根
4	孔深（mm）	±50	尺量：每5环抽查5根
5	孔径（mm）	≥40	尺量：每5环抽查5根

3）外观质量

锚杆尾端与钢架焊接应无假焊、漏焊。

5. 超前小导管

1）基本要求

（1）超前小导管注浆浆液强度、配合比、注浆压力和注浆量应满足设计要求,且浆液应充满钢管及周围的空隙。

（2）超前小导管的打入角度应满足设计要求并符合施工技术规范规定。

（3）两组小导管之间纵向水平搭接长度不小于1m。

2）实测项目（表5-61）

超前小导管实测项目　　　　　　　　　　表5-61

项次	检查项目	规定值或允许偏差	检查方法和频率
1	长度（mm）	不小于设计值	尺量：逐根检查
2	数量（根）	不少于设计值	目测：现场逐根清点
3	孔位（mm）	±50	尺量：每5环抽查5根
4	孔深（mm）	大于钢管长度设计值	尺量：每5环抽查5根

3）外观质量

钢管尾端与钢架焊接应无假焊、漏焊。

6．管棚

1）基本要求

(1)管棚注浆浆液强度、配合比、注浆压力和注浆量应满足设计要求。

(2)管棚套拱基底承载力应满足设计要求并符合施工技术规范规定。

(3)超前钢管的打入角度应满足设计要求并符合施工技术规范规定。

(4)两组管棚之间纵向水平搭接长度应不小于3m。

2）实测项目（表5-62）

管棚实测项目　　　　　　表5-62

项次	检查项目	规定值或允许偏差	检查方法和频率
1	长度(mm)	不小于设计值	尺量：逐根检查
2	数量(根)	不少于设计值	目测：现场逐根清点
3	孔位(mm)	±50	尺量：每环抽查10根
4	孔深(mm)	大于钢管长度设计值	尺量：每环抽查10根

3）外观质量

钢管尾端与钢架焊接应无假焊、漏焊。

第六节　隧道工程常见质量问题与防治

近年来，随着我国交通建设的发展，公路隧道的数量也迅猛增加，加之公路隧道具有断面面积大、防水要求高、所处自然环境较复杂等特点，目前由于设计、施工等方面的原因，国内已建和在建的部分公路隧道都不同程度地出现了质量问题，有些甚至出现了严重的质量问题，因此，对其进行检查、养护和维修变得日益重要，也成为隧道界关注的焦点。其中最常见问题主要有以下几个方面。

一、洞口坍塌

1．质量问题及现象

在隧道施工过程中，洞口部位经常出现滑坡坍塌，导致洞口堵塞，干扰洞内正常施工，延误工期，甚至会出现人员伤亡事故。

2．原因分析

多数隧道洞口部位地质条件不良，土质松散，稳定性差，开挖隧道又破坏了原有的土体平衡状态，如开挖不好，特别在雨水的作用下易产生坍塌现象。

3．预防措施

(1)隧道开挖进洞前应尽早完成洞口排水系统，按设计要求进行边坡仰坡放线，自上而下逐段开挖，不得掏底开挖或上下重叠开挖。

(2)清除洞口上方可能滑塌的表土、树木及危石等；石质地段爆破后，应及时清除松动石块,土质地段开挖后应及时夯实整平边仰坡。

(3)不得采用深眼大爆破开挖边仰坡,开挖的土石方不得弃在危害边仰坡稳定的地点,洞口支挡工程应结合土石方开挖一并完成。

二、洞口段洞顶出现偏压

1. 质量问题及现象

当隧道洞口位于山坡不稳定、地形条件较差处,且隧道顶两侧土体严重不一致,即为偏压现象,如果处治不当,可能会出现隧道开裂,严重时发生坍塌事故。

2. 原因分析

当隧道单侧压力过大,隧道结构受力不均,局部应力集中,变形过大,可能会使隧道结构遭到剪切破坏。

3. 预防措施

(1)平衡压重填土,即对地形较低侧进行填土夯实,增加侧压力,当填土达到一定高度后,两侧压力基本平衡时再开挖洞口。

(2)隧道边墙基础应设在稳固的岩层上,否则应设混凝土基础。

(3)隧道拱圈应采用钢筋混凝土结构,且外墙尺寸加厚,必要时应加设仰拱,以增强隧道结构的整体抗变形能力。

三、塌方及冒顶事故

1. 质量问题及现象

出现大量超挖,增大出渣量和填塞量,造成人员伤亡或机械设备损坏,影响工期,增大投资。

2. 原因分析

(1)隧道开挖中,围岩性质及地质条件发生变化,岩质由硬变软,或出现断层、破碎带、梯形软弱带等不利地质情况而未及时改变开挖方法、支护方式。

(2)未严格按钻爆设计要求钻孔、装药;孔间距不符合要求或过量装药,爆破后使洞壁围岩过于破碎,裂缝深大而坍落;爆破振动过大,造成局部围岩失稳而塌方、冒顶。

(3)施工组织管理不善、工序衔接不当,支护不及时,采用支护方式不妥,衬砌未及时跟进。

(4)忽视对开挖面和未衬砌面、未支护段围岩变化情况的监测检查,或对已发现的险情未及时处理。

3. 预防措施

(1)隧道开挖中,如发现围岩性质、地质情况发生变化,应及时对所用的掘进方法、支护方式做相应调整,以适应新的围岩条件,确保安全施工。

(2)施工操作人员应严格按钻爆设计要求钻孔、装药、爆破,严格禁止超量装药,爆破工必须经培训合格方能上岗,避免人为因素造成塌方、冒顶。

(3)加强施工组织管理,严格按施工组织设计施工,各工序应有序跟进,相互衔接;如施工组织设计中开挖、支护方式与实际开挖围岩情况不相适应,应及时做出调整。

(4)加强对开挖面、未支护及未衬砌面围岩变化情况的监测和检查,如有塌方、冒顶征兆要及时做强支护处理;对已支护地段亦要经常检查有无变形或破坏,锚杆是否松动,喷射混凝土是否开裂、掉落等;一经发现应立即补救,采取适当方式加固处理。

四、喷射混凝土质量问题

1. 质量问题及现象

混凝土开裂、剥落、离层、厚度不够。

2. 原因分析

(1)受喷面粉尘、杂物未清除或清除不彻底,松动危石未清除,松动石块存有较大空隙,混凝土受遮挡无法喷入。

(2)喷射混凝土所用的材料不合格或混凝土配合比不合适,养生不及时或养生时间不足。

(3)开挖爆破距喷射混凝土作业完成时间间隔过短,受爆破冲击、振动,受喷面平整度太差,高低起伏过大或钢筋网钢筋过粗。

3. 预防措施

(1)喷射混凝土作业前应对上喷面用高压风或水彻底清除干净,对松动石块、危石或遮挡物用人工彻底清除。

(2)喷射混凝土所用的各种材料必须合格,宜采用普通硅酸盐早强水泥,强度等级不低于32.5级,混凝土配合比应通过试验确定,拌制的混凝土具有良好的流动性、和易性并满足设计强度和喷射工艺要求;为减少回弹量,喷射混凝土应均匀、分层进行施工,直至达到设计厚度。

(3)混凝土终凝2h后应喷水养生,经常保持其表面湿润,养生时间不得少于7d。

(4)严格控制开挖爆破距喷射混凝土作业完成时间间隔,对于受喷面高低起伏过大的应事先对低洼处用喷射混凝土做找平处理,个别突出的地方应予凿除。

五、衬砌混凝土开裂、拱顶下沉

1. 质量问题及现象

衬砌开裂损害外观形象,出现渗漏水病害,严重的会使衬砌垮塌;拱顶下沉会影响隧道的净空高度。

2. 原因分析

1)设计方面

隧道设计时,因围岩级别划分不准、衬砌类型选择不当,造成衬砌结构与围岩实际荷载不相适应引发裂损病害。例如:

(1)对一些具有膨胀性围岩地段,未采取曲墙加仰拱衬砌。

(2)偏压地段未采用偏压衬砌。

(3)断层破碎带、褶皱区等局部围岩松散压力或构造应力较大地段,衬砌结构未能相应采取加强措施。

(4)对基底软弱和易风化泥化地段,未设可靠防排水设施,混凝土铺底厚度及强度不足。

2)施工方面

施工时,受技术条件限制,方法不当,管理不善,造成工程质量不良。如:

(1)先拱后墙法施工时,拱架支撑变形下沉,造成拱部衬砌产生不均匀下沉,拱腰和拱顶发生施工早期裂缝。对Ⅲ级以下的围岩,过去通常采用先拱后墙(上下导坑)施工方法,由于工序配合不当、衬砌成环不及时、落中槽挖马口时拱部衬砌悬空地段过长、拱架支撑变形下沉等原因,都容易造成拱部衬砌产生不均匀下沉,导致拱腰和拱顶衬砌发生施工早期裂缝。

(2)拱顶与围岩不密贴,在"马鞍形"受力作用下,拱腰内移张裂,相应拱顶上移,内缘受挤压。模筑混凝土衬砌拱背部位常出现拱顶衬砌与围岩不密贴的空隙,由于不及时压浆回填密实,就形成拱腰承受围岩较大荷载,而拱顶一定范围空载,这种常见的与设计拱部荷载不相符、对拱部衬砌不利的"马鞍形"受力状态,正是导致拱腰内移张裂、相应拱顶上移、内缘受挤压等常见病害产生的荷载条件。

(3)由于施工测量放线发生差错、欠挖、模板拱架支撑变形、塌方等原因,而在施工中未能妥善处理,造成局部衬砌厚度偏薄。

(4)过早拆除模板支撑,使衬砌承受超允许值的荷载,易发生裂损。

(5)施工质量管理不善,混凝土材料检验不力,施工配合比控制不严,水灰比过大,混凝土捣实质量不佳,拱部浇筑间歇施工形成水平状工作缝等,造成衬砌质量不良,降低了承载能力。

3. 预防措施

(1)加强地质勘探工作,为隧道衬砌结构设计提供准确的工程地质与水文地质资料。采用地质雷达探测、开挖面超前钻探等方法进行超前地质预报,加强施工中的地质复查核实工作,正确选择施工方法和衬砌断面。对不良地质地段衬砌,应贯彻"宁强勿弱,宁曲勿直,加强衬砌过渡段,宁长勿短"的设计原则。例如,衡广复线某隧道原设计200多米长的Ⅲ级围岩地段,开挖后发现绝大部分只能算作Ⅵ级围岩,出入甚大,因而设计所选用的衬砌类型也就无法符合实际地层情况,这是施工现场经常遇到的问题。为了弥补设计上的缺陷,作为现场施工技术人员,要对开挖暴露后的围岩情况及时与设计图纸进行核对,如有不符之处不可盲目照图施工,而应立即会同现场设计人员协商做出相应的变更。

(2)采用先进的施工技术设备,尽量减少施工对围岩的扰动,提高衬砌质量。大力推广光面爆破,锚喷支护,提高喷射混凝土永久性衬砌的抗裂、抗渗性能。采用模板台车进行模筑混凝土,进行壁后压浆提高混凝土衬砌与围岩之间的密实性。

六、衬砌后隧道洞顶、洞壁渗水及路面冒水

1. 质量问题及现象

在渗漏水的长期作用下,隧道的衬砌和设备会受到侵蚀,在寒冷地区因冻融的反复循环,加快衬砌和设备的损坏,路面冒水造成行车环境恶化,降低车轮与路面的摩擦力,影响行车安全。

2. 原因分析

地表水渗透到衬砌中,地下水上冒到隧道路面或衬砌中,围岩中的水渗透到衬砌中。

3. 预防措施

(1) 衬砌后设置排水管沟时,应根据隧道的渗水部位及开挖情况适当选择好位置,并配合衬砌进行施工,注意防止排水管沟堵塞。

(2) 在初期支护与二次衬砌间铺设防水板,宜选用耐老化、耐腐蚀、易操作、强度及延伸率较好的塑料板材。

(3) 采用防水混凝土做隧道衬砌,必须严格按混凝土防水要求进行施工。

(4) 为防止路面冒水,可在路面底部每隔10~20m设置一道横向碎石盲沟,并使其与纵向排水沟相连。

(5) 洞外排水要根据当地的地形、地质、气候条件,因地制宜在洞顶设置防排水设施,可将地表填平、铺砌、抹面、喷射混凝土等,将坑穴或钻探堵死、封闭,达到防渗、抗渗的目的。

七、隧道冻害

1. 质量问题及现象

隧道冻害会导致衬砌冻胀开裂,甚至疏松剥落,造成隧道衬砌结构的失稳破坏,降低衬砌结构的安全可靠性,严重影响运输安全和正常运行。

2. 原因分析

1) 寒冷气温的作用

隧道冻害与所在地区气温(低于0℃或正负温交替)直接相关,气温变化冻融交替是主因。

2) 季节冻结圈的形成

季节性冻害隧道中,衬砌周围冬季冻结、夏季融化范围的围岩,沿衬砌周围各最大冻结深度连成的圈叫季节冻结圈,当衬砌周围超挖尺寸不等、超挖回填用料不当及回填密实不够产生积水,形成冻结圈。修建在多年冻土中的隧道,衬砌周围夏季融化范围的围岩,称为融化圈。

在严寒冬季,较长的隧道两端各有一段会形成冻结圈,称为季节冻结段。中部的一段不会形成季节冻结圈,称为不冻结段。隧道两端冻结段长度不一定相等。同一座隧道内,季节冻结段的长度恒小于洞内季节负温段的长度。

隧道的排水设施如埋在冻结圈内,冬季易发生冰塞。

3) 围岩的岩性对冻胀的影响

隧道的季节冻结圈内如果是非冻胀性土,不会发生冻胀性病害。因此,如果季节性冻结圈内是冻胀性土,更换为非冻胀性土是有效的整治措施。

4) 隧道设计和施工的影响

隧道在设计和施工时,对防冻问题没有考虑或考虑不周,造成衬砌防水能力不足,洞内排水设施埋深不够、治水措施不当、施工有缺陷,都会造成和加重运营阶段隧道的冻害。

3. 预防措施

1)综合治水

隧道冻害的根本原因就是围岩地下水的冻结,如果能将水排除在冻结圈以外,杜绝水进入冻结圈,就能达到防止冻害的目的,因此,综合治水是防治冻害的最基本措施。

综合治水要在查明冻害地段隧道漏水及衬砌背后围岩含水情况后,采取"防、排、堵、截"综合治水措施,消除隧道漏水和衬砌背后积水,具体措施包括:

(1)加强接缝防水,防水材料要有一定抗冻性,以消除接缝漏水。

(2)完善冻害段隧道的防、排水系统,消除衬砌背后积水,并防止冻结圈外的地下水向冻结圈内迁移。

2)更换或改造土壤

将冻结圈内的围岩更换或改造,将冻胀土变为非冻胀土、透水性强的粗粒土或保温隔热材料,从而达到防治冻害的目的。更换土壤一般是将砂黏土、粉砂、细砂更换为碎、卵石或炉渣,换土厚度为多年冻深的0.85~1.0,同时加强排水,防止换土区积水。

改造土壤就是采用压浆固结方法,在砂类土及砾卵石等容易压浆的岩土中注入水泥-水玻璃或其他化学浆固结冻结圈内岩土,消除冻胀性。

改造土壤的另一种方法就是在冻结圈注入憎水性填充材料,使之堵塞所有孔隙、裂隙,阻止土中水分迁移和聚冰作用。

3)保温防冻

保温防冻通过控制温度,使围岩中水分达不到冰点,以达到防冻目的,方法主要有保温、供热、降低水的冰点。

(1)加设保温衬层。

在消除隧道渗水、漏水的基础上,隧道衬砌加筑一层保温层,净空富余地段修建在原衬砌的内侧,改建衬砌段可设在衬砌外侧。适用于隧道的内衬保温材料有:加气混凝土、膨胀珍珠岩(膨胀岩石、漂石)混凝土,多孔烧黏土陶粒混凝土。这些材料可制成预制块砌筑,以便施工和更换,也可喷射混凝土。

(2)降低水的冰点。

向围岩中注入丙二醇、氯化钙、氯化钠,使水的冰点降低,从而降低围岩的起始冻结温度,达到防冻目的。

(3)采暖防冻。

在浅埋侧沟洞口段上下层水沟间铺设暖气管道,冬季每天以锅炉供热汽三次,保持气温3~4℃,不发生冰塞,或夏季白天机械送热风融化泄水洞内结冰。

4)结构加强

(1)防水混凝土曲墙加仰拱衬砌。

冻结圈或融化圈内的岩土,经受强烈频繁的冻融破坏,岩土性质改变,冻胀性由弱变强,冻害逐步发展,需要采用加强衬砌,一般宜采用半圆形拱圈、曲边墙加仰拱衬砌形式,这适用于Ⅳ~Ⅵ级围岩和风化破碎、裂隙发育的Ⅲ级围岩地段。

(2)防水钢筋混凝土衬砌。

为了减少开挖和衬砌圬工,可采用加设单层或双层钢筋网的防水钢筋混凝土衬砌,这适用于Ⅲ级以上局部冻胀性围岩地段。

(3)网喷混凝土加固,加设抗冻胀锚杆。

有锚固条件的Ⅳ级以上围岩,局部冻胀性硬岩地段,对既有冻胀裂损衬砌,可应用喷锚加固技术,但需满足限界要求。

5)防止融坍

隧道洞内要防止基础融沉,可采用加深边墙至冻土上限以下或冻而不胀层;防止道床春融翻浆可采用加强底部排水,疏干底部围岩含水或采用换土法。

也可采用如下措施:①加大侧向拱度,使拱轴线能更好地抵抗侧向冻胀;②拱部衬砌厚度增加,一般加厚10cm左右;③提高衬砌混凝土强度等级或采用钢筋混凝土;④隧底增设混凝土支撑。

八、衬砌腐蚀

1. 质量问题及现象

铁路、公路线分布广,隧道所接触的地质条件千差万别。其中有些地区富含腐蚀性介质。衬砌背后的腐蚀性环境水,容易沿衬砌的毛细孔、工作缝、变形缝及其他孔洞渗流到衬砌内侧,成为隧道渗漏水,对衬砌混凝土和砌石、灰缝产生物理性或化学性的侵蚀作用,造成衬砌腐蚀。

2. 原因分析

(1)隧道在寒冷和严寒地区,衬砌混凝土充水部位冻融交替冻胀性裂损。

(2)隧道周围有含石膏、芒硝和岩盐的环境水,干湿交替盐类结晶性胀裂损坏。

(3)硫酸盐侵蚀、镁盐侵蚀、软水溶出性侵蚀、碳酸性侵蚀、一般酸性侵蚀。

3. 预防措施

1)提高衬砌的密实度和整体性

这是提高混凝土抗侵蚀性能最主要,也是最重要的措施。因为不管是混凝土或砌块、砂浆遭受化学侵蚀,还是冻融交替或是干湿交替作用,甚至几种情况同时存在的最不利情况,共同的必要条件是衬砌的透水性。由于水及其中侵蚀介质能渗透到衬砌内部,才会发生一系列物理、化学变化,致使衬砌混凝土或砌块、灰缝产生腐蚀损坏。如果在修建隧道衬砌时,采用防水混凝土(或防水砂浆砌不受侵蚀的石料)做衬砌,提高衬砌的密实度和整体性,则外界侵蚀性水就不易渗入混凝土内部,从而阻止了环境水的侵蚀速度,就可以提高衬砌的耐久性,降低侵蚀的影响。

一般用集料级配法和掺外加剂法配制防水混凝土,来提高隧道衬砌的密实性和防水性。由于隧道衬砌是现场浇筑,在有地下水活动的地段,往往很难保证防水混凝土的质量,从而影响防水性,因此要采取相应措施。

2)外掺加料法

由于腐蚀主要是由于混凝土中游离的$Ca(OH)_2$等引起的,可以采取降低混凝土中$Ca(OH)_2$浓度的措施来达到抗侵蚀的目的。比如掺加粉煤灰可以除去游离的$Ca(OH)_2$。也可以掺加硅粉,但由于硅粉颗粒细,施工时污染严重,对环境有害,影响其使用。

3)选用耐侵蚀水泥

合理选择水泥品种,尽量改善混凝土受侵蚀的内因(如对抗硫酸盐侵蚀的水泥要限制 C_3A 含量不大于 5%,在严寒地区不宜选用火山灰质水泥等)。将合理选择水泥品种,与优选粗细集料及级配、掺外加剂、减少用水量等措施结合起来,最大限度地提高衬砌的抗蚀性和密实度。如能配制成防腐蚀混凝土,效果就更好。

目前隧道工程常用的防腐蚀水泥有抗硫酸盐水泥、高抗硫酸盐水泥、低碱高抗硫酸盐水泥、矾土水泥、石膏矿渣水泥等。

4)加强衬砌外排水措施

将侵蚀性环境水排离隧道周围,减少侵蚀性地下水与衬砌的接触。目前,在地下水丰富地区,用泄水导洞法将地下水引至导洞内,减少地下水对主体隧道的影响,一般泄水导洞应根据地下水的活动规律和流向,设在主洞的上游,拦截住地下水。地下水不发育地区,在隧道背后做盲沟,将地下水排入盲沟,从而减少对隧道衬砌的腐蚀。

5)使用密实的与混凝土不起化学作用的材料,在衬砌外表面做隔离防水层

国内常用的防水卷材有乙烯-醋酸乙烯共聚物(EVA)、乙烯共聚物改性沥青(ECB)、聚乙烯(PE)、聚氯乙烯(PVC)等,这些材料的耐酸碱性能稳定,作为隔离防水层,是较理想的材料。

6)采用与侵蚀性环境水不起化学反应的天然石料砌筑衬砌

这种方法适用于地质条件较好的隧道。

7)向衬砌背后压注防蚀浆液

这种方法一般适用于隧道。目前,常用材料有阳离子乳化沥青、沥青水泥浆液等沥青类的乳液,高抗硫酸盐、抗硫酸盐水泥类浆液。

在衬砌表面涂抹防水防蚀涂料,常用的有阳离子乳化沥青胶乳涂料、苯乙烯共聚涂料,近几年又使用了焦油聚氨酯涂料、RG 防水涂料等。

8)防腐蚀混凝土

防腐蚀混凝土是针对环境水侵蚀性介质不同,选用相应抗侵蚀性能较好的水泥品种,通过调整配合比,掺减水剂、引气剂,并采用机械拌和、机械振捣生产的一种密实性和整体性较高的、具有防水性能的抗腐蚀混凝土。

提高混凝土的密实性和整体性,是提高混凝土抗侵蚀能力最重要的措施,因为混凝土内部结构均匀密实,外界侵蚀性环境水就不容易渗入混凝土内部,$Ca(OH)_2$ 也不易被水析出。

防腐蚀混凝土的制作,除了严格控制水灰比和最小水泥用量及对水泥类型选择之外,还应满足以下要求:

(1)抗硫酸盐水泥的矿物成分:

$3CaO \cdot Al_2O_3$ 即 C_3A 应不超过 5%。

$3CaO \cdot SiO_2$ 即 C_3S 应不超过 50%。

$4CaO \cdot Al_2O_3 \cdot Fe_2O_3 + C_3A$ 应不超过 22%。

(2)防腐蚀混凝土原材料。

对防腐蚀混凝土用的粗集料规定,大于或等于 C28 混凝土的粗集料最大粒径不大于 60mm;最低耐冻循环次数不得低于 10 次(硫酸钠法)。应选用坚硬洁净的中(粗)砂;特细砂不得配制防腐蚀混凝土。

(3)施工与养护。

防腐蚀混凝土必须采用拌和机拌和。使用 AP、BP、CP 型号的水泥,养生时间不得少于 14d;使用 AS、BS、CS 型号的水泥,养生时间不得少于 21d。

防腐蚀混凝土结构物外露面边缘、棱角、沟槽应为圆弧形;钢筋混凝土钢筋的保护层厚度不得小于 5cm。对既有隧道的普通混凝土衬砌,产生腐蚀病害后应查明病害原因,结合隧道裂损、漏水病害,综合考虑衬砌加固和改善防、排水条件。对于拱部质量较差的衬砌(有裂损、漏水、厚度不足和腐蚀等病害),一般应同时考虑衬砌背后压浆后,对衬砌圬工仍存在的局部渗漏且采用排堵结合整治,并采用喷射混凝土补强堵漏。例如成昆线既有隧道裂损、漏水、腐蚀病害综合整治取得大量的成功经验证明:压浆与喷射混凝土是综合整治隧道裂损、漏水、腐蚀三种病害的有效措施。对不需要补强的大面积渗漏水地段,也可采用喷涂阳离子乳化沥青胶乳或喷射防水砂浆,做成内贴式防水、防蚀层。在凿毛冲洗干净的圬工面上,喷射混凝土和防水砂浆,均具有黏结性好、密实度高(满足抗渗等级大于 B8)、质量耐久可靠等突出优点,应优先考虑采用。

九、通风、照明不良

1. 质量问题及现象

在部分运营隧道中有害气体浓度超限,洞内照明昏暗,影响驾乘人员健康,威胁行车安全。

2. 原因分析

造成隧道通风与照明不良的原因有以下三个方面:

(1)设计欠妥。

(2)器材质量存在问题。

(3)运营管理不当。

3. 预防措施

(1)鉴于设计方面的问题,应从加强理论与试验研究着手,不断总结经验,提高设计水平来加以解决。

(2)对于器材,应在安装前对其性能指标加以检测,不符合要求者不予采用。

(3)目前造成隧道通风与照明不良的主要原因是隧道管理部门资金不足,管理不善,风机与灯具开启强度不足。为了不降低隧道的使用标准,确保安全运营,应定期对隧道通风、照明的有关指标进行抽检。

第六章 交通安全设施质量监理

第一节 交通安全设施概述

一、交通安全设施的工程内容与功能

交通安全设施是高等级公路的重要组成部分,主要有护栏、隔离设施、防眩设施、视线诱导设施、交通标志和路面标线等。这些设施是为道路使用者提供信息,确保所传递的信息能最大限度地为使用者接受和理解,从而减少事故的发生,避免在道路上迷失方向,浪费时间。为高等级公路的安全性、舒适性、可靠性、实用性提供了良好的条件。

1. 护栏的主要功能

(1)两侧边护栏防止高速行驶的车辆意外驶出路外,发生严重事故。中央护栏防止车辆越过中央分隔带闯入对面车道造成严重事故。

(2)车辆与护栏冲撞后,减轻车上乘客、驾驶员的伤害程度。

(3)车辆与护栏碰撞时,使失控车辆能恢复到原来的行驶方向,而不影响正常车道行驶的其他车辆。

(4)对行驶车辆有视线诱导效果。

2. 隔离设施的主要功能

隔离设施主要是限制行人、牲畜等进入高速公路,减少干扰、保证车速、避免发生交通事故,并且起到保护其他交通设施,防止人为的损坏、丢失等作用,充分发挥高速公路的使用性能和效益。

3. 防晕眩设施的主要功能

防晕眩设施是防止夜间行车时,对向车辆前照灯在驾驶员视野范围内出现极高的强光,使驾驶员视觉机能或视力降低,影响方向操作而发生安全事故。

4. 视线诱导设施的主要功能

视线诱导设施用于指示道路方向、车行道边界及危险路段,或置于施工、维修作业路段,警示驾驶员改变行驶方向。

5. 交通标志、路面标线的主要功能

交通标志、路面标线是实施交通组织管理的重要设施,它起到控制和疏导交通、维护交通秩序、提供交通信息和指引行进方向的作用,并且是交通执法的依据。

二、交通安全设施监理要点

1. 审查开工报告

承包人向总监办提交开工报告,开工报告包括施工组织设计、施工方案、施工位置及具体桩号、原材料和预制件的产品检验合格证、材料数量、机械设备型号和人员配备,经审查均符合合同、规范要求,报总监办审批。

2. 审查试验段开工报告

所有交通安全设施施工均应先做试验段。总监办收到试验段开工报告后,经审查认为试验段位置、长度选定合适,工艺、材料、机械设备、试验检测、人员配备能满足规范要求,即可签发试验段开工报告。

3. 审查、批准试验段总结报告

承包人按试验段报告内容进行施工,总监办通过旁站,用各项目对应的技术标准进行检查,如达到技术规范要求,由承包人编制试验段总结,报告总监办审查、总监办审批。

4. 正式施工的旁站监理及验收

分项工程试验段总结报告批准后即可正式开始施工。所有施工工序如放样、基坑开挖、混凝土浇筑、安装、调试、缺陷处理等都要逐一经旁站检查并验收,坚持上一道工序未经监理签认、不得进行下一道工序施工的原则。

5. 交工验收

分项工程完成后,总监办按照各项目对应的技术标准进行检查验收(工作站派人参加)。

6. 签认中间交工证书

总监办在接到承包人中间交工证书后,根据旁站监理资料、交工验收资料,现场外观情况,确定是否签认中间交工证书后报工作站审批。

三、交通安全设施施工质量的基本要求

(1)护栏、隔离设施的立柱应有足够的强度,安装必须牢固可靠。
(2)交通标志、路面标线及视线诱导设施应当清晰、醒目,反光膜效果良好。
(3)金属材料必须做防锈处理或采用相应的防锈措施。
(4)各种构件的安装应满足设计和规范的要求。

第二节　交通安全设施施工质量监理

一、护栏

常用的有波形梁护栏、混凝土护栏和缆索护栏三种形式。在此只介绍波形梁护栏和混凝土护栏。

1. 波形梁护栏

1) 质量要求

(1) 波形梁、端头、立柱、横隔梁、防阻块等护栏部件的质量要求,应符合交通运输行业有关护栏产品标准的规定。

(2) 波形梁护栏部件的检验包括外观检查、尺寸检查、热浸镀锌层质量检查。冷弯型钢一般不做力学试验,如有要求时,可在原钢带上进行,其力学性能和工艺性能应符合相应标准的规定。

2) 施工质量监理要点

(1) 对现场材料进行严格检查,要注意检查热浸镀锌质量(容易出现花斑和颜色深浅不同)应按批量进行检查。

(2) 对立柱的放线进行检查,以桥梁、通道、涵洞、中央分隔带开口、立交、平交等作业为控制点,对桥梁、构造物处的放线特别要进行严格检查。

(3) 重视混凝土基础的定位、浇筑及预埋件的安装,以保证以后的施工顺利。

(4) 注意在中央分隔带上设置的波形梁护栏有分设型和组合型两种,其构造特征及埋设方式也随之不同,应按图纸及《公路交通安全设施施工技术规范》(JTG F71—2006)的规定和要求进行施工。

(5) 护栏应在压实的地基上架设,或设在混凝土基座中。当需要在路堤顶面安装护栏时,应待路堤彻底压实后方能安装,立柱应按图纸所示深度埋设。

(6) 钢立柱打入或埋入已压实的路基上,在打入时,应先冲出或钻出导洞以防打入时损坏钢柱。填入洞内的填料应夯实,达到与周围路堤相同的密实度。当立柱埋入岩石时应预先钻孔,固定护栏立柱必须用水泥混凝土填充。

(7) 在沙石回填地段打入立柱时,要注意立柱的变形、扭曲现象,保证立柱四周的土不被扰动。

(8) 除非经监理工程师批准,立柱都应在路面铺筑完成后埋设并安装护栏部件,当柱子位于将摊铺的水泥混凝土、沥青混凝土或其他预拌沥青材料面层的地方时,应先埋设好立柱,柱坑应在路面底面以下 50mm 处回填好,剩余的柱坑深度应使用与路面相同的材料回填。

(9) 注意护栏板的调节。护栏板在安装初期,拼接螺栓和连接螺栓不宜拧得过紧,以便安装过程中充分利用板上的长圆孔进行上下、左右调节,使其成一条平顺的规则线形。

2. 混凝土护栏

1) 质量要求

(1) 混凝土护栏用材料的质量,应按《公路工程水泥及水泥混凝土试验规程》(JTG E30—2005)的规定进行检验。

(2) 混凝土拌制和浇筑的质量,应满足《公路桥涵施工技术规范》(JTG/T F50—2011)的规定。

2) 施工质量监理要点

(1) 对混凝土护栏的中心位置、高程、起止位置反复检查核对。控制好混凝土护栏的长度,定好控制点,以便根据公路沿线构造物的实际情况合理布置。

(2)注意检查浇筑混凝土护栏模板的制作安装,模板应有足够的强度、刚度和稳定性,能可靠地承受施工过程中可能产生的各项荷载,保证构件的形状、尺寸准确。

(3)仔细检查钢筋的预埋件的安装,检查合格后,方能浇筑混凝土。

(4)混凝土浇筑完后,要及时养护,养护时间根据混凝土强度增长情况而定,应经常保持潮湿状态。

(5)预制混凝土护栏在安装前,应精确放样定位,按设计要求做好基层夯实、整平等工作,在确定符合高程且平面位置无误后,方可开始安装。

二、隔离设施

隔离设施主要是隔离栅和防护网。隔离栅或防护网的质量由供方质检部门进行检查验收,产品经检验符合《隔离栅》(GB/T 26941—2011)标准的要求后方可交货。需求方有权按规定或双方协议的要求进行检查和验收。当监理工程师对隔离栅质量有疑问时,有权要求承包人对隔离栅的常规项目进行检查,必要时有权要求承包人对制造该批隔离栅构件的原材料取样进行力学性能、化学和物理性能分析试验。

1. 质量要求

(1)冷弯成形的槽钢立柱、斜撑和钢板网框、角钢,其标称厚度应以距端部100mm处横截面切面部分尺寸为准,其基底金属的标称厚度允许偏差±2mm。立柱、斜撑的标称长度允许偏差为±5mm/m,立柱和斜撑的槽钢宽度允许有3mm公差。弯曲度不允许大于5mm/m。

(2)槽钢表面不得有气泡、裂纹、疤痕、折叠、夹杂和端面分层缺陷,允许有不大于公称厚度的10%的轻微凹坑、压痕、疤痕、擦伤。

(3)产品质量检验包括外观检查、尺寸检查,基底钢材的抗拉强度、屈服强度、延伸率和镀锌层厚度测试。

2. 施工质量监理要点

(1)检查立柱、斜撑、连接件和编织网隔离栅等材料质量及热镀锌质量。按规范要求分批进行检验。

(2)为了与公路地形协调,施工前应根据现场情况设计纵断面曲线,确定每个柱的设计高程。

(3)检查基坑开挖,保证基础几何尺寸以及基础周围土不扰动。

(4)立柱要保证安装牢固且满足垂直度的要求,基础不得有松动,立柱纵向应在一条直线上,不得出现参差不齐的现象。柱顶应平顺,不得出现高低不平的情况。立柱基础强度达到设计强度的80%后方可安装隔离栅网片。

(5)纵向连续铺设编织网隔离栅,边铺边拉紧,并尽可能在立柱挂钩上扣牢。编织网要求卷网自如,弯钩时保证不变形。隔离栅安装完毕后,纵向高程不应有很大的起伏变化,网面要平整,在任何方向均不得有明显的倾斜。各类隔离栅网片安装完毕后,立柱基础均应进行压实处理。

(6)施工完成后要检查隔离栅整体的稳定性,并且要保证在2m范围内平整。施工过程中,如果破坏已完工的路基边坡或边沟,要提醒承包人及时修整。

三、防眩设施

防眩板构件可采用钢材、塑料或其他不易变形的材料。

1. 质量要求

(1) 防眩板的材料、镀锌量、几何尺寸应符合设计要求,平面弯曲不得超过板长的 0.3%。
(2) 防眩设计整体应与路线线形一致。
(3) 防眩板遮光角应符合设计要求,安装要牢固。

2. 施工质量监理要点

(1) 施工前检查清理场地,确定控制点(如桥梁、立交、中央分隔带开口及防眩设施需变化的路段),检查在控制点之间测距定位、放样情况。
(2) 注意按设计要求处理好路段与桥梁上的防眩设施位置及高度,不得出现高低不平甚至扭曲的外形。
(3) 防眩板单独埋设立柱时,应在基础达到设计强度后,方可安装上部构件。
(4) 施工过程中不应损坏金属涂层。涂层任何形式的损伤,均应在 24h 内给予修补。

四、视线诱导设施

视线诱导设施可分为轮廓标,分流、合流诱导标,指示性线形诱导标,警告性线形诱导标。

1. 质量要求

(1) 视线诱导设施的反射器的亮度、颜色应满足规范的规定。当入射角在 0°~20° 的范围变化时,反射器必须保持恒定的光学性能。
(2) 柱体轮廓标的形状尺寸,应与设计图相符,柱体表面不应有明显的伤痕、掉角等缺陷。柱体轮廓标的形状尺寸、轮廓标的混凝土基础尺寸应与设计图相符,预留的柱体凹穴各部件尺寸正确,达到规定的强度。
(3) 附着于构造物上的轮廓标,其支撑结构和体系固件,应与设计图相符。
(4) 各种诱导标的图形符号应符合标准,版面平整,加强连接的牢固性。基础混凝土材料符合要求,强度达到规定要求,基础尺寸正确。

2. 施工质量监理要点

(1) 视线诱导标的施工应在路面施工完成后进行。附着于护栏上的视线诱导设施,可在护栏安装过程中或在护栏安装完成后进行。
(2) 在施工安装前,应对全线视线诱导设施的埋设条件、位置、数量进行核对。
(3) 轮廓标应按设计图量距定位。附着于构造物上的轮廓标可按立柱间距定位。分流、合流诱导标和线形诱导标均应按设计图量距定位。
(4) 埋置于土中的轮廓标或诱导标,均应浇筑混凝土基础,混凝土浇筑完后应采取正常的养护措施,直到混凝土达到规定的强度。当轮廓标柱体或立柱为装配式,则应预留柱体插入的空穴,或用法兰盘连接。
(5) 分流、合流诱导标和线形诱导标应在基础混凝土达到设计强度的 80% 以上方能进行安装,当诱导标附着于护栏立柱上时,应事先对立柱的位置、垂直度进行检查,达到要求后,才能安装诱导标的面板。

五、交通标志

交通标志从结构上可分为单柱、双柱、悬臂、门式几种形式。除门式标志以外,其他均设在路侧。

1. 质量要求

(1)交通标志支撑结构都应按设计图中所给的尺寸建造,并在装配后要涂漆,应符合现行《道路交通标志和标线　第2部分:道路交通标志》(GB 5768.2)的规定。

(2)交通标志的形状、图案、颜色应符合现行《道路交通标志和标线　第2部分:道路交通标志》(GB 5768.2)的规定。指路标志的汉字必须采用标准黑体,阿拉伯数字也应符合现行《道路交通标志和标线　第2部分:道路交通标志》(GB 5768.2)的规定,不允许采用其他字体。

(3)定向反光标识膜应采用工程级和高强级定向反光膜。定向反光膜应采用压合胶结剂或不剥落的热活性胶结剂来粘贴,表面不产生任何气泡等缺陷。

2. 施工质量监理要点

(1)对运到现场的粘贴反光标识膜的标志,要对表面进行抽查,不得有龟裂裂纹、明显的划痕及明显的颜色不均匀。标志板面要保证四个单面垂直,其垂直度不应大于±2°,不允许超过规范要求的±3mm/m的翘曲。要对板面内的符号、字体、尺寸大小进行严格检查。

(2)对于交通标志基础,由于有些标志立于公路回填的边坡上,因此要保证基坑开挖后基坑的四周不被扰动。在基础混凝土施工过程中要注意混凝土的振捣,以保证混凝土的质量,并且要保证预埋件不被移动。只有当基础混凝土达到设计强度后,才允许承受全部荷载。

(3)交通标志在安装过程中,要求承包人对已完工程进行保护,同时标志处的路缘石、路面等要用保护物进行覆盖。

(4)为减少交通标志板面对驾驶员造成的眩光,路侧设置的标志和悬空标志均应符合现行《道路交通标志和标线　第2部分:道路交通标志》(GB 5768.2)和施工规范的要求,在安装过程中要检查板面与水平轴或垂直轴的旋转角度以及板面与道路的间距尺寸,若不符合要求,应及时调整。

六、路面标线

路面标线分为油漆标线和热塑标线两种。一般油漆标线用于车行道边缘处和收费广场标线;热塑标线用于永久性的车道分界线、横向标线、人字标线、斑马纹导流线、出入口标线和车道导向箭头。

1. 质量要求

(1)喷涂标线前,路面应清洁、无起灰现象。

(2)所有路面标线的位置、颜色、形状,应符合图纸和现行《道路交通标志和标线　第2部分：道路交通标志》(GB 5768.2)的规定。

(3)所有标线应具有光洁、均匀及整齐的外观。

2．施工质量监理要点

(1)路面标线施工前承包人应将拟用的材料样品、施工方法报监理工程师，并喷涂一段试验标段，以此检验涂(漆)料配方是否满足图纸要求、施工机具和工艺是否合适。

(2)路面标线位置以道路中心线为基准进行检查；对于人字线，要先按设计图在路面放大样图，经检查符合设计要求后，方可开始施工。

(3)喷涂油漆前，道路表面上的污物、松散的石子和其他杂物应予以清除。喷涂时，道路表面应干净和干燥，喷漆工作应在油漆与路面均匀黏结的情况下进行。

(4)认真检查施工机械设备，尤其是反光标线的施工；要保证设备不发生泄漏现象，玻璃珠要能均匀喷洒。

(5)对热塑线的施工，要注意材料的加热温度，并避免在已完工的路面上进行材料加热。

(6)标线在施工完后，要对其进行保护，防止污染和破坏。

(7)标线表面不应出现网状裂缝、断裂裂缝、起泡现象。

七、交通安全设施工程检验评定标准

交通安全设施工程检验评定标准按《公路工程质量检验评定标准 第一册 土建工程》(JTG F80/1—2017)执行。

第七章 机电工程质量监理

第一节 机电工程概述

一、公路机电工程的内容

公路机电工程包括通信系统、监控系统、收费系统、隧道机电系统和供配电、照明系统的设计和实施。

1. 通信系统

通信系统为高速公路的通信信息管理提供了有力保障,为监控系统、收费系统的数据传输、图像传输,提供相应的传输介质、传输设备。

通信系统主要是由光纤数字传输系统与综合业务接入系统、程控数字交换系统、专用通信电源系统、紧急电话系统、移动通信系统、视频传输设备和室内外光电缆为主要传输介质构成的综合通信系统。

2. 监控系统

监控系统主要是实时收集道路状况、交通流信息、气象信息及相关设备状态,控制与调节交通流,疏导交通,减少交通事故,保证行车安全。

监控系统实质上是一个闭环系统。监控系统采集的信息反映公路上车辆运行情况的交通参数和交通状况,这些信息经监控系统分析、处理、判断后,可发出指令,控制道路信息发布系统,改变其显示内容,实施对交通流的调节和控制。监控系统主要由信息采集子系统、信息处理子系统及信息发布子系统三大部分组成。

(1) 信息采集子系统包括车辆检测器、气象检测器和巡逻车。

(2) 监控处理子系统(监控中心)负责线路范围内交通情况的监视和控制。

(3) 信息发布子系统包括可变情报板、可变限速标志以及路侧广播等,是管理者为车辆和驾乘人员提供服务信息的主要手段。

3. 收费系统

收费系统指从车辆进入收费道路、交纳通行费直到费款安全进入存储点的过程以及为完成车辆过路缴费所采用的所有设施的集合。

高速公路联网收费管理体制分为三级或四级,分别是省收费中心、路段收费分中心以及收费站(四级还包括片区收费分中心)。

收费系统可以实现人工收费、人工半自动和自动收费(ETC)收费方式,可选用 IC 卡、磁票、二维条码作为通行券,支持现金、预付卡、储值卡等支付方式。

各级可以实现监控下级的收费操作过程,实时监测收费站出、入口车道的设备状态;各级系统可以自动统计交通量和收费情况,实现了对通行费、通行券(卡)、票据以及设备等的严格管理。

4. 隧道机电系统

隧道机电系统一般由信息采集设施(车辆检测、气象检测、环境检测)、通风系统、照明系统、交通控制系统、闭路电视监视系统、火灾报警与消防系统以及中央控制系统等组成。

隧道通风系统根据隧道信息采集设施上传的数据,产生并下发控制策略,由本地控制器对风机进行开启、停机,以及正转、反转的控制。隧道照明系统根据洞外亮度对隧道照明回路进行控制,实现亮度调节。隧道交通控制系统用于隧道正常交通、火灾、交通事故、维护施工等各种工况时的交通控制。火灾报警与消防系统用于探测、收集隧道火灾信息,经操作员进行确认,由监控中心监控计算机采取相应的控制方案,以便快速、有序地疏导隧道内的车辆和人员。闭路电视系统在正常的运行期间用于掌握交通状况,在发生交通事故或火灾等意外情况时用于确认现场情况,指挥救援及事故处理等系列活动。中央控制系统主要由监控计算机系统及辅助设施构成,是隧道监控系统的核心部分,通过对上述系统控制与管理,达到隧道安全运营的目的。

5. 供配电、照明系统

供配电系统是指电力部门输电网提供的输电线路(10kV 或 35kV),经由变压器将电压降为高速公路机电设备用电电压(380V/220V),然后通过低压线路直接为高速公路沿线设施(包括监控、通信、收费系统设备、养护服务设施及道路照明、隧道机电设备、沿线收费站、路段中心、服务区等)提供符合标准的电能;是保证高速公路安全、通畅、经济、快速和舒适等特性的支持系统;是实现公路运营管理现代化的根本保证。

为保证交通安全视认性以及视觉效果的舒适性,可在公路按路段、互通立交、收费广场及收费天棚、特大桥、隧道、平面交叉路口等区段设置照明设施,以满足机动车安全行驶与交通管理的需要。照明系统主要是由照明光源、灯具与电器附件等装置、配电与控制设施、安全防护设备等组成。

二、公路机电工程施工监理内容

根据《公路工程施工监理规范》(JTG G10—2016)第 2.0.15 条规定,公路机电工程监理内容包括监控、通信、收费、供配电、照明、隧道机电系统等工程的监理。公路机电工程施工监理阶段划分为施工准备、施工、试运行期、交工验收与缺陷责任期阶段。

1. 施工准备阶段监理

1)监理工作条件准备

监理单位应按合同约定设置监理机构,安排监理人员进场,进行驻地建设,按总监办、驻地办的职责和各阶段监理的任务开展监理工作。

2)检测仪器、仪表准备

监理机构应按合同要求配备机电工程监理的常规检测仪器、仪表,并制订进场计划。

3）监理工作准备

监理机构应组织监理人员熟悉合同文件,进行施工条件调查。总监理工程师应在合同规定的期限内主持编制监理计划和监理细则。

4）监理工作

监理机构应做好施工准备阶段监理工作,包括参加设计交底、审批施工组织设计、检查质保体系落实情况、审批工程划分、核算工程量清单、签发工程预付款支付证书、召开第一次工地会议。

5）签发合同工程开工令

监理工程师应审查施工单位提交的工程开工申请单,具备开工条件时,总监理工程师应签发工程开工令,并报建设单位备案。

2. 施工阶段监理

1）检验进场设备、材料及软件

监理工程师应审查进场的设备、材料是否符合合同要求,是否具有产品检验合格证、质量检验单和出厂合格证;进口设备、材料还应提交商检部门的检验合格证书;进场的计算机平台软件应具有软件复制、说明书和最终的授权文件。

经监理工程师检验不合格的设备、材料、软件,必须清退出场,不得在工程中使用。

2）厂验

对施工现场不具备检测条件或无法进行现场检测的主要设备、材料,监理工程师应到生产厂监督检测。监督检测频率不得低于15%,当设备数量少于或等于3台(件)时宜逐台检测。

3）应用软件开发监理

监理机构应审批施工单位提交的机电工程应用软件的需求分析、概要设计、详细设计和测试大纲。应用软件必须经国家认可的软件机构测试合格后,方可进行安装。

4）审核施工机具

监理工程师应审核施工单位使用的施工机具是否符合合同约定。

5）审批分项、分部工程的开工申请

监理工程师应审查施工单位提交的分项、分部工程的开工申请,具备条件的应批准开工。

6）巡视

监理人员应重点巡视:正在施工的分项、分部工程是否已批准开工;质量、安全、测试人员是否按规定到岗;特种作业人员是否持证到岗;现场使用的设备、材料、施工机具及采用的施工方法与工艺是否与批准的一致;质量、安全措施是否落实到位;测试仪器、仪表是否按规定进行了校准;是否按规定进行了施工自检和工序交接。

7）旁站

监理人员应对重要工程施工、隐蔽工程和完工后无法检测其质量或返工后会造成较大损失的工程进行旁站。

旁站监理人员应重点对旁站项目的工艺过程进行监督,对发现的问题应责令施工单位立即改正;当可能危及工程质量、安全时,应予以制止并及时向总监理工程师报告。

旁站项目完工后,监理工程师应组织检查验收,验收合格的方可进行下道工序。

8) 质量事故处理

发生机电工程质量事故时,当发生可由监理机构处理的质量缺陷、质量隐患时,监理工程师应立即向施工单位发出工程暂时停工指令,并要求其立即书面报告质量缺陷,质量隐患的发生时间、部位、原因及已采取的措施和进一步处理方案;监理工程师应对处理方案进行审核后报建设单位批准,对处理方案的实施进行监理并予以验收,处理合格、隐患消除的可发出复工指令。

总监办应建立专门台账,记录质量事故发生、处理和返工验收的过程和结果。

9) 隐蔽工程的验收

隐蔽工程完工后,施工单位提出申请,监理工程师应及时进行专项验收。

10) 安装验收

监理工程师应对施工单位安装完工并自检合格的单位、分部或分项工程设备、线缆安装的质量、数量、位置、工艺进行验收。经验收合格的工程由总监理工程师签发安装验收合格证书;未经安装验收或验收不合格的工程,不得进行调试工序。

11) 施工安全监理

监理工程师应检查施工单位供配电、高空作业等施工安全保证措施的落实情况,督促施工单位设备安装、光电缆布设、设备基础施工等执行安全生产要求。

12) 费用监理

监理工程师应按《公路工程施工监理规范》(JTG G10—2016)第5.5节的规定实施费用监理。设备、材料报验资料不完整、手续不完备、安装验收资料不齐全的工程项目,暂不予计量。

13) 进度监理

监理工程师应按《公路工程施工监理规范》(JTG G10—2016)第5.6节的规定实施进度监理。

14) 审批系统测试大纲

监理工程师应按合同约定的系统功能、技术指标等内容审批施工单位提交的系统测试大纲。

15) 检查测试仪器、仪表

监理工程师应检查施工单位使用的测试仪器、仪表是否按规定进行了校准。

16) 系统检验测试

监理单位按测试大纲完成自检并提交自测报告后,可由监理工程师主持现场系统检验测试。受条件限制无法进行的单机测试项目,可使用厂验检测数据。监理工程师应对系统测试的各项指标是否合格做出结论。

17) 合同其他事项管理

监理工程师应按《公路工程施工监理规范》(JTG G10—2016)第7章的规定处理工程变更、延期、费用索赔等事项。

18) 工地会议

工地会议应按《公路工程施工监理规范》(JTG G10—2016)第8章执行。

19) 监理月报

监理月报的编报应按《公路工程施工监理规范》(JTG G10—2016)第9.2.7条的规定执行。

20）审查完工申请

监理工程师应审查施工单位提交的完工申请,具备完工条件的合同工程,应建议建设单位组织完工验收。

21）参加完工验收

监理工程师应参加完工验收并签署意见。

3. 试运行阶段监理

1）检查遗留问题的整改

监理工程师应检查、督促施工单位按照完工验收提出的问题和意见进行整改落实。

2）检查系统试运行情况

监理工程师应巡视系统的试运行情况,并做好巡视记录。应重点检查试运行人员的值班记录、系统工作情况。对发现的问题应要求施工单位及时回应、整改。

3）核查专用工具、备品、备件

监理工程师应核查施工单位提供专用工具、备品、备件的质量、数量是否符合合同约定。

4）审查交工申请与合同工程质量评定

监理工程师应审查施工单位提交的交工申请,对具备交工验收条件的应及时进行合同工程的质量评定。

4. 缺陷责任期监理

1）检查遗留问题的整改

监理工程师应检查、督促施工单位按照交工验收提出的问题和意见进行整改落实,并予以验收。

2）缺陷责任期的监理

监理工程师应检查、督促施工单位对缺陷责任期内发生的设备缺陷及时修复,并重新界定相应设备的缺陷责任期。

3）竣工文件整理

监理工程师应按《公路工程施工监理规范》(JTG G10—2016)第9章的规定整理监理文件与资料,并督促施工单位编制和整理竣工资料。

第二节　通信系统工程质量监理

一、高速公路通信系统基本概念

高速公路通信系统是高速公路现代化管理的支撑系统,它要实现监控系统和收费系统的数据、语音和图像等信息准确而及时的传输,保持高速公路各管理部门之间业务联络通信的畅通,并要为高速公路内部各部门和外界建立必要的联系;同时高速公路通信系统作为交通专用通信网的重要组成部分,是交通信息的主要传输载体,为各种网络服务及会议电视系统提供传输通道。

高速公路通信系统业务主要分为语音、图像和数据三大部分。

(1)语音业务主要包括业务电话、指令电话、对讲电话、紧急电话等业务,包括G3类传真。

(2)图像业务主要包括用于高等级公路营运管理视频监控系统、收费系统的静态图或动态图像,也包括公路路政、运输、稽查、建设管理及救援等所需的其他图像信息,分为数字类型图像及模拟类型图像。

(3)数据业务包括公路营运管理监控系统、收费系统数据和政务信息、安全信息等管理数据。

从高速公路的管理模式、机构分布、业务需求看,高速公路通信系统业务接入具有以下主要特点:

(1)集语音、数据、视频图像和多媒体于一体的综合业务承载系统。对高速公路管理所需的通信业务而言,话音通信仅占整个通信业务很小的部分,主要通信业务是数据、视频、图像及多媒体等。

(2)业务流向呈现星形分布。高速公路的管理机构由省中心、分中心、管理处、收费站、服务区、养护中心等构成,基本上采取按段管理,先由管段内的各种管理数据先汇集到分中心,然后再由分中心汇到省中心。

(3)传输距离长、业务接入点分散。高速公路里程一般从十几公里到几百公里,其管理机构分散在高速公路沿线旁,这决定了高速公路通信网的长距离和业务带状分散性。

二、高速公路通信系统的组成

1. 管理架构

1)一般规定

交通工程及沿线设施中通信网的作用是为高速公路使用者和管理者提供大容量网络传输平台和高质量语音、数据、图像等信息交换服务。

各省(自治区、直辖市)高速公路通信系统联网运行范围应包括全省(自治区、直辖市)所有开通运行的高速公路。各高速公路开通运行时,其通信系统需纳入全省(自治区、直辖市)高速公路联网运行通信系统的范围。

省域内高速公路通信系统应由高速公路省级通信中心(以下简称"省级通信中心")、路段通信(分)中心和基层无人通信站三级管理架构构成,其中省级通信中心宜与省级收费、监控中心合址建设。

2)管理架构

高速公路通信系统传输网由干线传输网与路段接入网构成。应在省级通信中心和路段通信(分)中心之间设立干线传输网,承载省级通信中心至路段通信(分)中心之间的所有语音、数据和图像等信息传输。干线网应能有效覆盖全省(自治区、直辖市)高速公路网。在路段通信(分)中心与其直接管辖的基层无人通信站之间应设立路段接入网。交通运输厅所辖的地方公路局和交通局等可汇接至传输网。

2. 系统的构成

高速公路通信系统由以下六部分构成:

(1)传输网系统:干线及接入网,制式、结构、配置等。

(2)业务网系统:语音业务网、数据传输网、图像传输网、会议电视网、呼叫服务中心、紧急电话系统、有线广播系统、无线通信系统。

(3) 支撑网系统:同步系统、信令系统、网管系统。

(4) 通信光、电缆:构成、选型、芯数要求、敷设。

(5) 通信电源系统:交流供电系统、直流供电系统、防雷接地系统、电源管理系统。

(6) 通信管道:构成、设置原则、路由、材料、人手孔、埋深、段长与弯曲。

3. 传输网系统

1) 干线传输网

(1) 制式选择:干线传输网目前宜采用 SDH/MSTP(基于 SDH 的多业务传输平台)系统组建。根据传输技术发展水平,当干线网形成网格型网络并向智能化方向演进时,可采用基于 SDH 的智能光网络。

(2) 网络结构:干线传输网应采用环型、网格型拓扑结构,边缘支链部分可采用链型、树型结构。当物理路由上形成网格结构时,干线传输网应逐步向网格型演进。

(3) 系统配置。

①省级通信中心及周边的骨干节点均应采用10G设备,高阶交叉能力不低于160G;其他骨干节点根据其网络位置、容量的需求采用10G或2.5G设备;边缘节点可根据容量的需求采用2.5G或622M的传输设备。省级通信中心及周边的骨干节点均应采用10G设备,高阶交叉能力不低于160G;其他骨干节点根据其网络位置、容量的需求采用10G或2.5G设备;边缘节点可根据容量的需求采用2.5G或622M的传输设备。

②环形网可采用二纤或四纤复用段共享保护环;链形网采用1+1线路保护方式;网格型网应采用多路径保护方式。

③干线传输网宜采用1550nm工作波长,根据实际情况也可采用1310nm工作波长。

④干线传输网业务带宽需求及接口类型配置见表7-1。

干线传输网典型业务带宽需求及接口类型配置参考表 表 7-1

序号	业务类型	接口类型	实际业务带宽
路段通信(分)中心至省级通信中心			
1	SPC 数字中继(至省级通信中心)	G.703 2Mbit/s	2×2.048 Mbit/s
2	相邻路段通信(分)中心 SPC 数字中继	G.703 2Mbit/s	1×2.048 Mbit/s
3	收费数据	10/100M 以太网	5×2.048 Mbit/s
4	监控数据	10/100M 以太网	2×2.048 Mbit/s
5	视频图像(8路,监控4路,收费4路,每带宽4 Mbit/s)	10/100M 以太网	$8 \times 2 \times 2.048$ Mbit/s
6	会议电视系统	10/100M 以太网	8×2.048 Mbit/s
7	办公自动化	10/100M 以太网	4×2.048 Mbit/s
8	呼叫中心	10/100M 以太网	2×2.048 Mbit/s
9	干线网管通道 SPC 网管通道	10/100M 以太网	1×2.048 Mbit/s
10	其他业务预留(含交通信息化、养护信息、路政信息、交通政务信息等)	10/100M 以太网	40×2.048 Mbit/s

(4)主要技术要求。

①基本功能应满足以下标准要求。

a.《SDH 设备功能要求》(YD/T 1022—2018)。

b.《光同步传送网技术体制》(YDN 099—1998)。

c.《SDH 光发送/光接收模块技术要求——SDH 10Gb/s 光发送模块》(YD/T 1199.2—2002)。

d.《同步数字系列(SDH)的网络节点接口》(YD/T 1017—2011)。

②传送节点设备应能提供下列类型的接口。

a. STM-64 光接口。

b. STM-16 光接口。

c. STM-4 光接口。

d. GE、10GE 以太网接口。

③传送节点设备应能直接提供或通过下挂低速率设备的方式提供下列类型的接口。

a. 139264 kbit/s 点接口。

b. 44736 kbit/s 点接口。

c. 34368 kbit/s 点接口。

d. 2048 kbit/s 点接口。

e. 10/100 Mbit/s 点接口。

④传送节点设备的交叉连接矩阵必须是无阻塞的,并有冗余备份。节点设备满配置时的交叉能力应根据节点设备位置、业务需求和网络规模等因素来选取。

⑤传送节点设备的交叉连接矩阵、电源、时钟发生和分配、控制板等应具有冗余保护,以保护系统的可靠性。交叉连接矩阵的倒换不应产生误码,所有单元盘的保护倒换均不得影响正常的业务。

⑥当干线网形成网格型网络并向智能化方向演进时,应逐步实现下列功能。

a. 呼叫和连接管理功能。

b. 路由功能。

c. 自动发现功能。

d. 链路资源管理功能。

呼叫和连接管理应具有竞争处理功能和异常处理功能。路由功能应支持基于约束条件的通道选择,支持最短路径路由,支持工作通道、保护通道和恢复通道的路由计算,并满足产生无环路路由的要求。

⑦中继设备 REG(光放大与再生整型)宜在距离大于 80km 的两个干线传输设备间增加中继设备。

⑧传输设备的平均无故障工作时间(MTBF)应大于 100000h。

(5)网管系统。

干线传输网网管系统功能至少应包括以下几项:

①故障管理:警告监视、故障检测、区段定位等。

②性能管理:端到端性能监视(误码、抖动等)、单端测试维护等。

③配置管理:利用交叉连接功能进行电路调配,路由自动发现等。
④安全管理:按授权进入,以及对所有申请、接入的监视和控制。
⑤统计管理。

2)路段接入网

(1)制式选择。

路段内接入网应根据各业务的传输需要和特点选定传输制式,并应与干线传输网的技术体制相适应。目前宜采用 SDH/MSTP(综合业务接入网),也可采用 PTN(分组传送网)或以太网等技术。

(2)网络结构。

①综合业务接入网由设置在路段通信(分)中心的光纤线路终端(OLT)设备、基层无人通信站光纤网络单元(ONU)设备以及相应的维护管理设备组成。

②综合业务接入网可根据站址的分布情况组成自愈环网、相切环及环带链网络结构。

③接入网自愈环宜采用二纤通道保护环,链状网应采用1+1线路保护方式。

(3)系统配置。

①传输速率宜根据综合业务接入网网络结构、站点数量及业务容量需求采用 STM-16/STM-4 等级(2.5G/622M)。

②工作波长宜采用1310nm,也可根据需要采用1550nm 的工作波长。

③路段接入网承载业务的带宽需求及分中心 OLT、无人通信站 ONU 设备的接口配置见表7-2。

④综合业务接入网可实现动态带宽分配功能。

⑤平均无故障工作时间(MTBF)应大于100000h。

接入网(OLT-ONU)典型业务带宽需求及接口类型配置参考表　　表7-2

业务类型	带宽需求	接口类型	备注
收费数据	每站 2×2 Mbit/s	10/100M 以太网或 E1(2M)	ONU 至 OLT 的 10/100M 接口可采用 1:1 配置,也可利用 OLT 的汇聚功能实现 n:1 配置
监控数据	$1 - 2 \times 2$ Mbit/(s·站)	10/100M 以太网或低速率(RS232、VF2/4W)	
业务电话	每路 64kbit/s	FXS/FXO	
压缩视频(H.264)	每路 2×2 Mbit/s	10/100M 以太网	
办公网络(预留)	$1 - 2 \times 2$ Mbit/(s·站)	10/100M 以太网	
V5 信令	用户线按 1:2 或 1:4 配置	V5.2/OLT	
其他业务预留(含交通信息化、养护信息、路政信息、交通政务信息等)	20×2 Mbit/(s·站)	10/100M 以太网	

注:实际配置中还应根据所承载业务,对带宽需求进行核对。

三、高速公路通信系统工程施工质量监理要点

1. 工程施工安装阶段

通信系统工程施工主要是光(电)缆线路施工及通信设备安装调试两大部分,工程监理配合承包人制定光(电)缆线路径路及审核光(电)缆配盘是否合理;通信设备安装的机房建筑是否符合设计及规范要求,设备的平面布置是否合理,各种预留管孔是否完善。重点应在抓好质量控制的基础上相应控制好工程进度,以便与机电其他系统进度相配合,为整个机电工程按合同和技术要求提供合格的通信平台,其工作内容如下:

1) 光电缆线路施工监理

(1) 高速公路光电缆线路工程主要采取管道敷设方式,故应会同业主、承包人对已建管道进行调查,并了解其试通情况,人孔布置,引入位置及室内沟、槽建筑情况,发现问题及时提出并尽快解决。

(2) 审查承包人的光(电)缆线路配盘情况,对不合理处提出修正意见。

(3) 应对管道光(电)缆敷设过程进行旁站监理;检查光(电)缆规格及光(电)缆所占用的管孔位置是否符合设计要求;检查人孔内光(电)缆的盘留、保护和识别标志是否符合设计要求。

(4) 掌握光(电)缆接续施工情况,特别是光缆接续要求持证上岗,掌握OTDR(光时域反射仪)监测方式,以确保光缆接续质量。

(5) 测试光(电)缆传输段,特别是光中继段的衰减特性、电缆使用段的电特性指标,均应满足规定,发现问题要分析原因,提出解决方案并督促承包人及时解决。

2) 通信设备安装的施工监理

(1) 对业主所提供的通信设备机房的技术条件进行全面调查了解,包括机房位置、面积、防静电地板及线缆引入走向(地槽、支线架等)、室内温度、湿度、供电照明及接地保护等内容,发现不符合要求的地方及时向业主提出,督促有关施工单位尽快整改。

(2) 通信设备的配置及在机房内的平面布置应满足合同及联合设计的技术要求,在技术规范允许的情况下,通信设备的平面布置可以部分调整,以达到布局配线合理,便于维护。

(3) 通信设备的安装及配线应符合《通信设备安装工程施工监理规定》(YD 5125—2014)的要求,设备要安装固定在机房的混凝土面层上,其垂直度和水平度的偏差要在允许内。设备配线要走向合理,绑扎顺直,标识清楚、室内配线不允许有接头。

(4) 通信设备的加电应遵循先机架、再子架、前后分盘的顺序进行,以确保设备安全。系统的调测应先调通,再调测,然后再测试有关技术指标以达到要求,并做好初测技术指标的相关记录。

2. 通信系统的完工测试及联调阶段

通信系统的完工测试及联调是施工监理的重要阶段,是通信设备质量,施工质量的总检验,故应加倍重视,通信系统的完工测试包括设备功能测试和技术指标测试两部分,其测试程序为单机测试、系统测试、相关系统联调测试,任何一项指标不符合合同、设计要求,都不能进行签验。

（1）系统测试前，要求承包人提供详尽的测试计划，审查其测试内容，应符合合同要求并经监理工程师签认。

（2）经审批的测试计划对通信系统的各子系统[如光纤传输系统、程控数字交换系统、光(电)缆线路等]进行各项指标及功能测试并由承包人整理详细的测试报告提交签证作为完工测试文件。

（3）通信各子系统测试合格后，将进行机电工程各系统联调，在分清通信系统与机电其他系统工作界面的基础上，确保通信系统的正常工作，配合机电其他系统如收费、监控等系统调试，并为其提供良好正常的工作平台。

3. 通信系统工程施工的质量控制重点及目标

1）光纤同步数字传输系统

目前，高速公路的光纤数字传输系统主要采用同步数字传输（即 SDH）自愈网传输方式，其施工的控制重点主要是设备的安装配线及系统测试上。

（1）设备安装配线：调查了解设备安装机房的环境，包括温度、湿度、供电、走线沟槽、接地系统等是否完善，并应符合技术要求；审查设备的平面布置是否合理，设备配线（包括信息线、电源线、地线等）应符合设计要求，接续可靠、绑扎顺直，配线架（ODF：光纤配线架；MDF：配线架）标识应正确。

（2）系统测试：测试前应审查承包人递交的测试计划是否符合设计及规范的要求，测试项目和测试记录表格是否齐全，根据测试数据，对照设计及规范中的技术指标对该系统做出质量评估，并对不合格项提出整改意见。

2）程控数字交换系统

程控数字交换电话主要为高速公路管理部门提供业务通信联系，一般采用专网小型复用交换机，基于安装在管理中心内的通信中心机房内，其工程质量控制要点主要是设备安装的配线。

（1）程控交换设备安装的平面布置在通信中心机房内应与其他通信设备布局相协调，便于维护管理，设备安装应牢固，总配线架安装要便于配线及跳线。

（2）设备之间配线应连接正确，布放整齐，标识明确。

3）光(电)缆线路工程

光(电)缆线路是通信系统的主要组成部分，其传输质量将直接影响整个通信系统的指标，故光(电)缆线路是通信系统的控制重点。

（1）光缆线路工程。

光缆线路工程的控制重点是敷设及接续两个工序，施工后应使每个光中继段的光传输特性符合设计文件和光电数字传输设备的技术要求。

①施工前，应对到场光缆进行单盘测试检验，其出厂技术指标以施工图设计评审结果或招标文件技术规范为准，同时应对光缆路径及人孔分布情况调查了解，并检查承包人的光缆配盘是否合理。

②光缆敷设应根据人孔间距长短决定采用气吹法或人工牵引法进行，光缆预留地点及长短应符合设计及规范要求，如接续预留、引入点预留、过桥涵等处预留，光缆弯曲半径应大于其外径的 20 倍，敷设过程中应杜绝出现"背扣"现象。

③光缆接续及接续测试应由经过专门培训的人员持证上岗操作,并在操作现场进行接续监测,以确保接续损耗满足合同及设计要求。应检查光纤接续如缆芯、金属护套的连接操作工艺是否满足规范要求,接续盒在人孔中的安装、固定、标识是否满足规范要求。光缆预留绑扎等应符合设计及技术规范要求。

整个中继段光缆接续完毕,应进行光传输指标测试,包括传输衰耗、接续点损耗等的测试是否满足合同及设计要求。

④施工完成后整理光(电)缆工程资料。光缆线路工程资料主要包括工程技术资料和工程竣工图纸两方面的内容,工程技术资料由中继段光缆配盘图、中继段光纤衰减统计表、接续损耗测试表、中继段光纤线路衰减测试记录、对地绝缘测试表、光纤后向散射信号曲线图片组成;竣工图内重点图纸有光纤分配示意图、局内光缆安装及ODF架安装位置竣工示意图、光缆竣工路由示意图、光缆敷设的三种长度对比示意图、ODF架光纤分布面板示意图。资料首先要检查资料是否完整、齐全,然后要对资料内容的准确程度进行现场核实。

(2)电缆线路工程。

电缆线路工程用于程控交换业务电话传输线路,目前主要采用充油、全塑型市话电缆,电缆线路工程的控制重点是敷设和接续两个工序。

①施工前,应对到场的电缆进行规格、型号数量按合同文件及设计要求进行核对并进行单盘测试,确认出厂技术指标是否符合有关规定及设计要求。

②根据设计要求调查了解电缆径路及人孔情况,核实承包人的电缆配盘是否合理。

③电缆敷设和电缆预留应符合设计及规范有关规定,电缆的弯曲半径应大于其电缆外径的15倍,敷设后电缆的两端头应密封防潮,防止电缆芯线裸露。

④电缆接续及配线应由经过培训的专业人员上岗操作,全塑市话电缆的接续主要采用接线子及热可缩套管接续工艺。电缆芯线的直接、交接、分歧接应符合《通信线路工程验收规范》(YD 5121—2010)中9.2电缆的接续与封装的要求,其芯线接续应松紧适度,接线子排列整齐,接续后不应有混、断及接触不良等故障。电缆及配线应色谱正确,线序无误,全部接续完毕后应对使用段进行全程测试,确认其是否满足合同及设计要求。

4.通信系统检测的主要项目与方法

1)通信系统设施质量检测主要项目

(1)光(电)缆线路。

(2)光纤数字传输设备。

(3)数字程控交换设备。

(4)会议电视设备。

(5)数字同步时钟设备。

(6)紧急电话、有线广播设备。

(7)通信电源设备。

2)通信系统设施质量检测方法

(1)光(电)缆线路的检测。

①光(电)缆到货后应核对规格、型号、盘长、出厂测试报告和外观检查。

②单盘测试,用光时域反射仪(OTDR)测试光纤损耗和长度。用直流电桥、电容测试仪和

500V绝缘电阻测试仪测试电缆芯线的直流电阻和不平衡电阻,线间电容和对地电容以及绝缘电阻。测试标准应符合设计要求。

③光(电)缆敷设应先核对端别,按照设计要求的 A、B 端敷设光(电)缆。检查通信站引入光缆接头处、大桥、隧道等特殊地段光缆的预留长度,检测方法为随工检测。

④光纤接续损耗检测,可用 OTDR 测试。

⑤光中继段测试。

a. 用光源和光功率计测试光中继段光纤衰减,有两种方法:剪断法和介入法。

b. 光中继段开通 SDH 传输系统,若速率大于 622Mbit/s 时,则应对 S 点回波损耗进行测试,用光回波损耗测试仪进行测试。

(2)通信设备的检测。

①机房环境、安全检查。

a. 通信站机房应符合建筑技术施工工艺要求。

b. 是否有专用交流电源,电压波动范围。

c. 预留沟槽孔洞是否符合设计要求。

d. 接地电阻测试。

②安装工艺检查。

a. 机架设备位置应安装正确、牢固。

b. 机架安装垂直偏差应不大于 3mm,列内机架应相互靠拢,机架间隙应不大于 3mm,列内机面应平齐,且无明显参差不齐现象。

c. 机房布线路由应按设计进行;排列整齐,外皮无损伤;电源线、信号线、通信线分离布放。

③设备检查和本机测试。

a. 通信系统各子系统设备需逐项检查设备出厂记录或厂验记录,确认是否符合设计要求。

b. SDH 光纤数字传输设备:按《SDH 长途光缆传输系统工程验收规范》(YD/T 5044—2005)进行测试,性能及指标需符合规定要求。SDH 设备测试主要有电源及告警功能检查、光接口检查及测试、电接口检查和测试以及抖动性能测试和时钟性能检查测试。用光功率计、SDH 数字传输分析仪和误码测试仪等仪表测试。

c. 数字程控交换设备:按《固定电话交换网工程验收规范》(YD/T 5077—2005)进行测试,性能及指标需符合规定要求。主要进行硬件检查测试和系统检查测试。系统检查测试主要包括系统的建立功能、系统的交换功能、系统的维护管理功能和系统的信号方式及网络支撑。

d. 会议电视设备:按《会议电视系统工程验收规范》(YD/T 5033—2018)进行测试,性能及指标需符合规定要求。会议电视的建筑要求应符合《会议电视系统工程验收规范》(YD/T 5033—2005)中表 2.1 规定。《通信电源设备安装工程验收规范》(GB 51199—2016)系统检查测试主要包括视频部分、语音部分、会议控制、MCU 组网方式、系统的维护管理功能及业务联络系统。

e. 数字同步时钟设备:进行测试后得到的性能及指标需符合规定。设备功能和性能检验,主要包括倒换功能检验、告警功能检验、监测功能检验、同步状态信息功能检验、通信功能检验等。

f. 紧急电话、有线广播设备:主要包括对系统功能的通信呼叫、呼叫排队、地址码显示、自动录音、故障报告、定时自检、手动自检功能等的测试。通话音量测试,用声级检测仪在距电话亭40cm处测试音量≥90dB。广播额定声压级强度测试,用声级检测仪在广播正前方100cm处测量≥120dBA。

g.通信电源设备:按《通信电源设备安装工程验收规范》(GB 51199—2016)进行测试,性能及指标需符合规定。检验主要电气性能参数:输入交流电压,输入、输出的电压、电流;输出杂声;稳压精度,输入、输出过压、欠压保护值,浮充、均充电压和自动转换性能。阀控式密封铅酸蓄电池,应用万用表检查电池端电压和极性,保证极性正确连接;使用前应检查各单体开路电压,低于2.13V或储存期超过6个月则应进行充电。

3)通信系统的调试

(1)单机调试。

单机调试主要在工厂进行,由工厂提供测试记录。现场主要进行检测及按设计要求进行软件设置。

(2)系统调试。

①光纤数字传输系统的调试。

a.SDH 光纤传输工程的系统误码性能指标应符合设计规定。

b.测试时间为24h 和15min 两种。

c.具有24h 测试接口。

d.系统抖动性能测试最大允许输出抖动不应超过规定值,测试时间为60s。

e.光通道衰减测试应符合工程设计要求。

f.公务系统操作检查:公务联络设置功能应满足各站之间的公务联络要求,呼叫方式、延伸话机距离200m检查以及具有64kbit/s数字同向接口的设备具有多方向互通功能。

g.公务电话质量评定:声音清晰、无杂声。

h.激光器保护功能检查:接收系统无光信号时应能自动关闭激光器。

i.选择和切换定时源的功能检查:按SDH设备软件中的同步定时源的配置进行各种定时源选择,一旦检测到当前同步源时钟丢失,则选择下一个最优先级的同步时钟源,当最高优先级时钟源恢复后,能自动或手动倒回最优先级时钟。

j.光缆线路系统出现下列情况之一时应立即倒换:信号丢失(LOS)、帧丢失(LOF)、警告指示信号(AIS)、超过门限的信号劣化。

k.根据功能要求进行软件的配置、光传输线路和光传输设备(SDH、OLT、ONU、网管设备等)的联调。

②数字程控交换系统的调试。

a.根据设计要求在单机测试的基础上进行程控交换主机和其他外围设备的联调,如话务台、维护终端、计费终端、调度指令电话总机以及总配线架间的联调。

b.本局呼叫,出入局呼叫,汇接呼叫等电话交换功能、热线功能、会议功能、114查询、故障受理、计费票据打印等应满足设计要求。

c.设备和线路故障自检等应满足设计要求。

d.程控交换机的传输指标要求应符合《邮电部电话交换设备总技术规范书》(YDN 065—1997)的相关规定。

③紧急电话系统的调试。

a.紧急电话主机功能应符合设计要求,能接听分机呼叫并有保持排队功能,记录通话时间和路侧分机编号地址;可自动接通、保持、断开与路侧分机的通路。

b.有事故记录、打印及录音功能,还可对录音电话进行检索和重放。

c.按设计要求进行通话试验。

d.紧急电话分机与紧急电话控制台之间的传输特性应满足传输衰减小于18dB(800Hz),噪声电平小于40dBmp(噪声计加权)。

④通信电源系统的调试。

a.通信电源系统调试包括交流供电和直流供电功能的调试,供电指标应符合设计要求,能为通信设备提供可靠的交流和直流供电,保证通信设备的不间断供电。

b.电源网管系统的调试,应满足设计要求,能对高频开关整流电源、蓄电池及远端无人通信站的电源进行遥控、遥测和遥信。

c.整流器在稳压工作的基础上,能与蓄电池并以浮充工作方式或均充工作方式向通信设备供电。

d.主备用电源能自动切换,且具有两路电源不能同时供电的互锁功能。

(3)通信系统各子系统之间的联调。

①干线传输系统、综合业务接入网系统、数字程控交换系统、会议电视系统、数字同步时钟系统及电源系统之间的联调,各项功能应满足设计要求。

②干线传输系统与相邻路干线传输系统之间的联调,应保证各项指标符合规范要求。

③数字程控交换机与相邻路交换机、省中心交换机以及本地公用网交换机之间的联调,出、入局呼叫、汇接呼叫及局间信令等应满足设计要求。

④会议电视系统主会场与分会场之间的联调,图像及话音应符合规范要求。

⑤数字同步时钟系统与各系统之间的联调,各系统时钟应同步于主时钟系统,指标应符合要求。

⑥通信系统与收费、监控系统之间的联调,各种接口和通道应满足设计要求。

承包人对机电系统自行调试完成后,应提请工程的系统鉴定测试。承包人宜按以下步骤做准备:提交各系统测试计划＋监理检查审核各系统测试计划→各系统测试计划的确定→各系统测试计划的实施→各系统测试的总结→修改各系统软件→各系统功能的复测→各系统测试后的结论。

第三节 监控系统工程质量监理

一、监控系统概况

1.监控系统发展概况

伴随着汽车保有量的持续增多和交通运输量的持续增长,利用监控系统来提高高速公路的利用率,高速公路的安全程度和使用的舒适性,已成为未来交通发展的方向。高速公路监控系统,作为高速公路信息管理系统中子系统之一,是在一般城市街道交通管理系统的基础上发展起来的。近年来,随着计算机技术、自动化控制技术和计算机网络通信技术的发展,一些国家的高速公路监控系统的技术结构也随之发生变化。由单一的计算机集中处理方式代之为多计算机功能分散的计算机集群网络处理方式,从而使系统可靠性提高,程序编制简单,易于维护和功能扩展。由于光缆、超小型计算机及微电子技术的发展,应用于监控系统中的各种设备向智能化方向发展,使今后高速公路的监控系统具有更加强大的功能。

当然,具有一套完整、科学、方便操作、易于控制的软件系统作为支撑,才能最大程度地发挥高速公路监控系统功能和职责,提高管理效率,满足用户对高速公路的高效、安全、舒适、环保等的要求。

2. 高速公路监控系统目的

监控系统的目的就是保证行车安全和道路畅通,在此基础上提高高速公路使用效率和服务水平,实现高效、舒适和环保等的其他目的。高速公路监控系统应遵循"统筹规划、统一标准、联网监控、分级管理、逐步完善"的原则,实现省(自治区、直辖市)内联网监控。

1)行车安全

高速公路是全封闭式管理,所以从总体上讲,高速公路事故率低于一般公路。但是,高速公路车速快、车流量大,一旦发生事故,车辆损坏和人员伤亡程度都较一般道路严重,即恶性事故多,并且高速公路交通事故引起交通堵塞,给交通参与者造成的影响比一般道路严重。因此,保证行车安全成为高速公路监控系统的首要目标。

引起交通事故的原因主要源自车辆和交通环境两个方面。车辆自身引起的不安全因素分为主观的驾驶员操作失误和客观的车辆故障等;交通环境引起的不安全因素主要包括恶劣的气象环境、损毁的道路设施和各种意外引起的车辆拥堵。

高速公路交通事件一旦出现,随之而来的是偶发性交通拥挤,容易诱发交通事故。因此,确定各种环境诱因,掌握诱发交通事故的机制,监测交通流状态和道路设施运行状态,作出准确的预报或预警,以及采取相应对策,是监控工作的主要任务。

2)道路畅通

道路畅通是指在没有发生堵塞现象,车辆能够持续以理想的车速运行的状态。实际的运行环境存在各种各样影响道路畅通的干扰因素,高速公路监控的目标就是通过对交通流状态进行检测和控制,预防事故的发生、轻交通拥堵程度、排除堵塞,并恢复道路畅通。

要维持道路的畅通,首先要掌握交通流的运行状态和检测出各种影响交通流变化的因素。而且要对掌握的信息进行分析处理,提出减轻或消除影响交通流平稳运行的措施并迅速采取执行措施。

交通拥堵分为常发性拥堵和偶发性拥堵。产生常发性拥堵的基本原因是道路通行能力和交通量的不平衡,外界干扰只能起到激发作用。因此,应及时预判发生拥堵的路段、时刻、性质和程度,对交通流进行调节控制,以维持道路畅通。

3)保证交通设施工作正常

公路设施由路、桥、隧道等土木建筑设施和各类机电设备组成。任何设施的损坏都将影响道路的安全运营。为了减轻公路设施损坏对道路安全运营的影响,监控系统通过各种检测设备轮回采集主要设施的工作状态,一旦公路设施发生故障,能够及时迅速地采取相应措施。

3.监控系统管理架构

省域高速公路监控系统管理架构包括省级监控中心、路段监控分中心和基层监控单元(隧道管理站、桥梁管理站等)。

省内各级高速公路运营和管理单位应根据实际需求设置路段监控分中心及基层监控单元。路段监控分中心作为高速公路运营的具体管理单位和执行机构,主要负责路段内交通监控信息的收集、汇集和记录,负责本路段的交通监控和指挥调度,并从收费管理站获得收费、治超图像,从所辖隧道监控管理站获取隧道状态和交通状况及图像监控信息,发送交通调度信息。监控分中心向上级监控中心上传监控信息,接收执行上级监控中心下达的调度指令。

省域高速公路一般采用"省级监控中心—路段监控分中心—基层监控单元"三级监控管理架构(图7-1)。

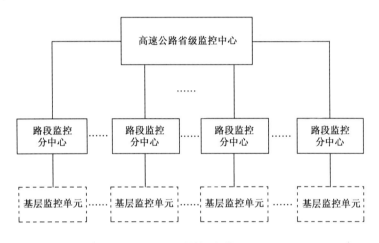

图7-1 监控管理架构图

伴随着全国高速公路信息通信联网工程的实施,监控管理架构从全国层面可分为国家路网监控中心—省级监控中心—路段监控分中心—基层监控单元4级管理。我国部分省份还设置区域监控中心,存在实际为5级管理架构形式。

4.监控系统管理架构设置原则

高速公路监控系统管理架构一般应根据高速路网规划和行政区划特点,结合实际情况统筹规划,并遵循统一设置原则。

国家路网监控中心主要负责统筹区域间的交通信息,预测交通流量,分析查找路网拥堵原因,以及密切监控区域间路网状况,实时发布相关信息,在异常或突发状况的情况下,调度整个高速公路网运行。

省级监控中心负责全省高速公路路网综合监控和管理。省级监控中心的建设模式、建设规模和建设位置等,应根据全省高速路网规划里程、路网结构、道路交通和运营管理实际需求确定。

区域监控中心主要负责区域高速路网的监控与管理。各省根据实际情况,合理设计区域路网监控中心,通过给驾驶员和交通控制实体提供准确的路网实时信息发布。提供可选择的路线和出行建议,以减少路网上的交通拥挤和事故的影响,改善出行计划,提高出行时间的准确性。

路段监控分中心应根据路段建设情况、投资主体、运营管理模式,结合路段实际道路交通特点和长度设置。路段监控分中心一般设置于上下高速公路的互通立交附近,且宜于沿线其他管理部门同址合建。路段监控中心设置应统一规划,管理范围一般为50~200km。

基层监控单元是高速公路监控系统最基层的监控单元,包括隧道管理站(无人值守隧道管理站和有人值守隧道管理站)、桥梁管理站及监控外场设施等。隧道管理站的设置应根据隧道长度、交通量、隧道分布特点、隧道群位置、管理站建设运营成本,以及管理人员生活便利性等因素综合考虑。隧道管理站一般应按照以下原则设置:长度大于6km的特长隧道必须设置有人值守隧道管理站,一般在隧道洞口或在距离隧道洞口约10km以内,宜于沿线其他管理部门合并设置;长度介于3~6km之间且隧道监控等级为A及以上的特长隧道可设置有人值守隧道管理站,可在隧道洞口或距离洞口约10km以内,与沿线其他管理部门合并设置;长度介于2~3km之间且隧道监控等级为A及以上的长隧道可设置无人值守隧道管理站,或与附近隧道群统一设置有人值守隧道管理站;远离互通式立交、地处偏远山区或救援困难等长隧道可以考虑设置为有人值守隧道管理站;如果条件许可,隧道管理站应尽量选择与附近的收费站、服务区、监控分中心等管理机构同址合建。桥梁管理站的设置一般跨大江、大河、海湾等特大桥设置。

5. 监控系统特点

高速公路监控系统实质上是一个闭环系统。系统的输入是反映公路上车辆运行情况的交通参数和交通情况,这些信息经监控系统分析、处理、判断后发生指令,通过信息提供给系统,实施对交通流的调节和控制。其性能的优劣,在一定程度上取决于控制对象的执行程度,即车辆驾驶员能否协调配合工作,接受系统的调度和指挥。

监控系统不仅能改善交通异常情况下车辆行驶速度和交通量,减少交通堵塞程度和车辆延滞时间,同时也能预防、减少交通事故和保证行车安全,节约燃料和缩短运输时间,减少污染,发挥高速公路快速、安全、高效和环保的功能。

二、监控系统工程施工质量监理及技术要求

1. 监理工作基本要求

监理人员应学习、了解国家相关的政策、法令、法规及设计、施工规范,技术标准,以及相关行业、企业标准;熟悉现行《公路工程施工监理规范》(JTG G10);通晓机电工程建设用表(A、B、C、D、E表),并能熟练运用于监理工作当中。

2. 监理工作基本内容

1) 施工准备阶段

(1)广泛阅读、熟悉招、投标文件(包括商务)及相关的业主、承包人谈判合同、澄清文件;仔细了解工程范围、工程界面、工期及要求。

(2)熟悉监控系统外场设备分布、类型、性能要求;室内设备类型、性能及要求。

(3)了解监理服务合同所规定的监理工作范围、服务时限、服务费用及其支付办法等。

(4)在监理办负责人领导下,对施工现场设备位置、土建、房建、路面、供电等工程界面现状反复调查,提交调查报告;根据业主对工期的要求,适时跟踪、检查。发现上述界面不符合设计要求时,应及时向承包人主管人员报告,协调解决。

(5)专业监理要根据《公路工程质量检验评定标准 第二册 机电工程》(JTG F80/2—2004)附录A和监控系统设计,对监控(分部工程)进行分项工程划分。

(6)施工图设计审查,发现问题及时与设计者沟通,且向监理办负责人汇报并提出对施工图设计审查的书面意见。

(7)审查监控分部、分项工程开工申请,检查申请单中施工组织措施、施工技术方案、施工设施、施工计划等内容的完善化;审查专业施工及安全管理、质量检验人员名单;审查质保体系。

(8)施工主要材料及安装设备报验。

①材料、设备到达现场前,要求承包人提报主要材料、安装设备报验单。

②得到材料、设备到货通知,监理人员应会同承包人、供货商并邀请业主(或代表)参加对材料、设备进行现场检验。检验材料、设备品牌、型号、规格、生产厂商是否与合同一致;检查检测报告、测试记录、合格证书、质保证书、使用说明书是否齐全。

2)施工阶段

(1)根据承包人每日"派工单"工作计划,结合分项工程性质,决定监理人员的监督方式。

①对于隐蔽工程、施工安全要求高、关键设备、重点部位应旁站监督。

②隐蔽工程包括设备基础浇筑、电缆直埋敷设、环形线圈埋设、管道埋设等。如检查基础钢筋、地脚螺栓的规格、型号、钢筋绑扎;检查混凝土配比、试块的基础上,全程旁站监督浇筑过程。

③施工安全要求高,包括大型可变信息标志门架式立柱、道路摄像机立柱吊装,监控中心大型地图板、投影大屏幕支架安装、大屏幕拼接等。

(2)对于上述以外设备的施工监理应随机跟踪检查、提出施工指导性意见;发现违规操作与设计图不符应及时与施工主管人员沟通,问明情况予以纠正。

(3)工程质量控制及进度控制要在每日施工监理过程中完成。质量问题的解决要在施工监理过程之中,不能在工程完工之后。

①坚持每日填"监理日志";载明项目、进度、质量问题、解决办法等。

②专业监理发现自己不能协调处理的施工、技术问题,要及时向监理办负责人汇报。

③应严格监督、一丝不苟,发现质量问题绝不放过。质量问题不能留隐患,也不能留遗憾。

(4)在各分项工程施工过程中,要随时监督承包人及时正确地填写工序质量、隐蔽工程报验单,在施工质量自检的基础上专业监理要仔细审核签认、归档。

(5)各分项工程施工监理要点。

①车辆检测器。

a.基本要求。

a)主机及配件数量、型号规格应符合设计要求。

b)安装位置应正确,机箱外部应完整,门锁开闭应灵活。

c)线圈(探头)安装尺寸应符合设计要求。

d)电源、通信线路应按规范要求连接到位,检测器处于正常工作状态。

e)隐蔽工程验收记录、分项工程自检和设备调试记录、有效的设备检验合格报告或证书资料应齐全。

b.实测项目(表7-3)。

车辆检测器实测项目　　　　　　　表7-3

项次	检查项目	技术要求	检查方法(仪表)
1	△交通量计数精度	允许误差:±2%	人工计数与交通数据采集仪结果比较
2	平均车速精度	允许误差:±5%(km/h)	雷达测速与数据采集仪测试结果比较
3	△传输性能	24h观察时间内失步现象不大于1次或BER≤10^{-8}	查日志和用数据传输测试仪
4	绝缘电阻	强电端子对机壳≥50MΩ	500V兆欧表测量
5	△安全保护接地电阻	≤4Ω	秒表、实测
6	△自检功能	自动检测线圈(探头)的开路、短路和损坏情况	模拟故障状态实际操作
7	逻辑识别线路功能	一辆车占用两个车道的2个线圈,处理器逻辑正常,输出的检测信息正确	模拟状态实际操作
8	△复原功能	加电后硬件恢复和重新设置时,原存储数据保持不变且符合设计要求	实际操作
9	本地操作与维护功能	能用便携机维护与测试	实际操作
10	控制功能	满足设计文件要求	实际操作
11	基础尺寸	符合设计要求	实际操作和查隐蔽工程记录
12	机箱和地脚防腐涂层质量	符合设计要求	涂层测厚仪测量

c.外观鉴定。

a)机箱安装应牢固、端正。

b)机箱表面应光泽一致、无划伤、无刻痕、无剥落、无锈蚀。

c)基础混凝土表面应刮平,无损边、无掉角;联结地脚及螺栓规格应符合设计要求,防腐措施应得当,裸露金属基体应无锈蚀;金属机箱与接地极应连接可靠,接地极引出线应无锈蚀。

d)机箱的出线管与箱体连接应密封良好,箱体内应无积水、尘土、霉变。

e)机箱内电力线、信号线、元器件等布线应平直、整齐、固定可靠,标识应正确、清楚,插头应牢固。

d.质量保证资料。

a)隐蔽工程验收记录。

b)分项工程自检和设备调试记录(工序报验、工序自检)。
c)安装和非安装设备及附(备)件清单。
d)有效的设备、材料检验合格报告或证书,以及其他要求资料(设备、材料报验)。
e)施工中如发生质量事故,经处理补救后,应达到设计要求的认可证明文件等。
②气象检测器。
a.基本要求。
a)主机及配件数量、型号规格应符合设计要求。
b)安装位置应正确,机箱外部应完整,门锁开闭应灵活。
c)线圈(探头)安装方位、尺寸应符合设计要求。
d)电源、通信线路应按规范要求连接到位,保证气象检测器处于正常工作状态。
e)隐蔽工程验收记录、分项工程自检和设备调试记录、有效的设备检验合格报告或证书资料应齐全。
b.实测项目(表7-4)。

气象检测器实测项目 表7-4

项次	检查项目	技术要求	检查方法(仪表)
1	立柱竖直度	≤5mm/m	铅锤、直尺或全站仪
2	立柱、法兰和地脚几何尺寸	符合设计要求	超声波测厚仪测壁厚,用量具测其他尺寸
3	基础尺寸	符合设计要求	实际操作并查隐蔽记录
4	机箱、立柱、法兰和地脚的防腐涂层厚度	符合设计要求	涂层测厚仪测量
5	△绝缘电阻	强电端子对机壳≥50MΩ	500V兆欧表测
6	△安全接地电阻	≤4Ω	接地电阻测量仪
7	△防雷接地电阻	≤10Ω	接地电阻测量仪
8	△温度误差	±1.0℃	温度计实地测量比对
9	湿度误差	±5% R.H	湿度计实地测量比对
10	△能见度误差	±10%或符合合同要求	模拟、目测或标准能见度仪测量对比
11	风速误差	±5%或符合合同要求	风速仪实地测量对比
12	△数据传输性能	24h观察时间内失步现象不大于1次或BER≤10^{-8}	查日志或用数据传输测试仪
13	功能验证	能检测到降水天气	模拟降雨实测

c.外观鉴定。
a)立柱、机箱及各探头传感器应安装牢固、端正。
b)各部件表面应光泽一致、无划伤、无刻痕、无剥落、无锈蚀。
c)基础混凝土表面应刮平,无损边、无掉角;机箱、立柱、法兰及地脚螺栓规格应符合设计要求,防腐措施应得当,裸露金属基体应无锈蚀。

d)防雷接地和安全接地应分开设置,接地焊接应牢固,焊缝应饱满并做防腐处理;金属机箱与安全保护地应连接可靠,接地极引出线应无锈蚀。

e)机箱的出线管与箱体连接应密封良好,箱体内应无积水、尘土、霉变。

f)机箱内电力线、信号线、元器件等布线应平直、整齐、固定可靠,标识应正确、清楚,插头应牢固。

③闭路电视监视系统。

a.基本要求。

a)闭路电视系统的设备及配件数量、型号规格应符合要求,部件完整。

b)摄像机基础安装位置应正确,立柱安装应竖直、牢固。

c)防雷部件安装到位、连接措施应符合规范要求。

d)摄像机(云台)安装方位、高度应符合设计要求。

e)控制机箱外部应完整,门锁开闭应灵活。

f)电源、控制线路以及视频传输线路应按规范要求连接到位,闭路电视系统的所有设备应处于正常工作状态。

g)隐蔽工程验收记录、分项工程自检和设备调试记录、有效的设备检验合格报告或证书资料应齐全。

b.实测项目(表7-5)。

闭路电视监视系统实测项目 表7-5

项次	检查项目		技术要求	检查方法(仪表)
1	立柱竖直度		≤5mm/m	铅锤、直尺或全站仪
2	△立柱、避雷针(接闪器)、法兰和地脚几何尺寸		符合设计要求	超声波测厚仪测立柱壁厚,全站仪测立柱和避雷针高度,用量具测其他尺寸
3	基础尺寸		符合设计要求	用量具或查隐蔽工程记录
4	△机箱、立柱、法兰和地脚的防腐涂层厚度		符合设计要求	用量具或涂层测厚仪
5	△强电端子对机壳绝缘电阻		≥50MΩ	500V 兆欧表
6	△安全保护接地电阻		≤4Ω	接地电阻测量仪
7	△防雷接地电阻		≤10Ω	接地电阻测量仪
8	收费中心监视器画面指标	△随机信噪比(雪花干扰)	黑白:≥37db,彩色:≥36db	仪器测量,也可人工(5人以上)主观评分,≥4分合格
		△单频干扰(网纹)	黑白:≥40db,彩色:≥37db	
		△电源干扰(黑白滚动)	黑白:≥40db,彩色:≥37db	
		△脉冲干扰(跳动)	黑白:≥37db,彩色:≥31db	
9	△云台水平转动角度		水平:≥350°	实际操作
10	△云台垂直转动角度		上仰:≥15°、下俯:≥90°	实际操作
11	△监视范围		符合设计要求	实际操作
12	△外场摄像机安装稳定性		受大风影响或受变焦、转动等控制时,动作平滑、无抖动	实际操作

续上表

项次	检查项目	技术要求	检查方法(仪表)
13	自动光圈调节	自动调节	实际操作
14	调焦功能	快速自动调焦	实际操作
15	变倍功能	可变倍	实际操作
16	雨刷功能	工作正常	实际操作
17	△切换功能	监控中心可切换到任一摄像机	实际操作
18	录像功能	可录像,且录像回放效果应清晰且符合设计要求	实际操作
19	硬拷贝功能	拷贝图像清楚	实际操作
20	报警功能	故障报警	模拟

c. 外观鉴定。

a) 立柱、机箱及摄像机(云台)应安装牢固、端正。

b) 各部件表面应光泽一致、无划伤、无刻痕、无剥落、无锈蚀。

c) 基础混凝土表面应刮平,无损边、无掉角;机箱、立柱、法兰及地脚螺栓规格应符合设计要求,防腐措施应得当,裸露金属基体应无锈蚀。

d) 防雷接地和安全接地应分开设置,接地焊接应牢固,焊缝应饱满并做防腐处理;防雷引下线及接地体所用材料规格、防腐与连接措施、安装位置应符合设计要求;金属机箱与安全保护地应连接可靠,接地极引出线应无锈蚀。

e) 云台防护罩和机箱的出线管与箱体连接密封性应良好,箱体内应无积水、尘土、霉变。

f) 机箱内电力线、信号线、元器件等布线应平直、整齐、固定可靠,标识应正确、清楚,插头应牢固。

④可变标志。

a. 基本要求。

a) 主机及配件数量、型号规格应符合设计要求,部件完整。

b) 基础安装位置应正确,立柱安装应竖直、牢固。

c) 防雷部件应安装到位、连接措施应符合设计要求。

d) 可变标志面板安装方位、角度、高度应符合设计要求。

e) 控制机箱外部应完整,门锁应灵活。

f) 电源、控制、通信线路应按规范要求连接到位,保证处于正常工作状态。

g) 显示屏发光单元应处于受控状态,失效率应符合产品标准要求。

h) 隐蔽工程验收记录、分项工程自检和设备调试记录、有效的设备检验合格报告或证书资料应齐全。

b. 实测项目(表7-6)。

可变标志实测项目　　　　　表7-6

项次	检查项目	技术要求	检查方法(仪表)
1	立柱竖直度	≤5mm/m	铅锤、直尺或全站仪
2	△立柱避雷针(接闪器)法兰和地脚的防腐涂层厚度	符合设计要求	超声波测厚仪测量立柱壁厚,用全站仪测量立柱和避雷针高度,用量具测量其他尺寸
3	△基础尺寸	符合设计要求	长宽用量具测量,埋深查隐蔽工程记录或实测
4	△机箱、立柱和防腐层厚度	符合设计要求	用涂层测厚仪
5	△强电端子对机壳绝缘电阻	≥50MΩ	500V兆欧表测量
6	安全接地电阻	≤4Ω	接地电阻测量仪
7	防雷接地电阻	≤10Ω	接地电阻测量仪
8	△视认距离	120km/h,≥250m	按JT/T 431
9	发光单元色度坐标(x,y)	①可变信息标志按《高速公路LED可变信息标志》(GB/T 23828—2009)测量红、绿、蓝、白四色。②可变限速标志按《高速公路LED可变限速标志》(GB 23826—2009)测量测量红、黄色。③其他标志按《道路交通信号灯》(GB 14887—2011)测量红绿色	按GB/T 23828、GB 23826、GB 14887
10	显示屏平均亮度	最大、最小亮度应符合设计要求。无规定时,应不小于8000cd/m²	用亮度计实测
11	△数据传输性能	24h观察时间内失步现象不大于1次或BER<10^{-8}	查日志和用数据传输测试仪
12	自检功能	能向中心计算机提供显示内容的确认信息及本机工作状态自检信息	实际操作
13	△显示内容	及时正确显示中心计算机发送的内容	实际操作
14	亮度调节功能	能自动根据环境照度自动调节显示屏的亮度	实际操作

c.外观鉴定。

a)立柱、控制机箱及显示屏安装应牢固、端正。

b)各部件表面应光泽一致、无划伤、无刻痕、无剥落、无锈蚀。

c)基础混凝土表面应刮平,无损边、无掉角;控制机箱、立柱、法兰及地脚螺栓规格应符合设计要求,防腐措施应得当,裸露金属基体应无锈蚀。

d)防雷接地和安全接地应分开设置,接地焊接应牢固,焊缝应饱满并做防腐处理;防雷引下线及接地体所用材料规格、防腐与连接措施、安装位置应符合设计要求;金属机箱与接地极连接应可靠,接地极引出线应无锈蚀。

e)显示屏、控制机箱的出线管与箱体连接密封应良好,箱体内应无积水、尘土、霉变。

f) 显示屏、控制机箱内电力线、信号线、元器件等布线应平直、整齐、固定可靠,标识应正确、清楚,插头应牢固。

⑤光(电)缆线路。

a. 基本要求。

a) 各种光(电)缆规格及使用的保护管道应符合设计要求。

b) 人手孔及管道设置安装应齐全、合格,防水措施应良好。

c) 塑料通信管道敷设与安装应符合设计要求。

d) 光(电)缆接线及占用管道孔应正确,防水措施应符合规范要求。

e) 光(电)缆成端及进室措施应得当,且符合规范要求。

f) 直埋电缆应符合相关规范要求。

g) 隐蔽工程记录、分项工程自检和通电调试记录、有效的光电及接续附件的检验报告或资料应齐全。

b. 实测项目(表7-7)。

光、电缆线路实测项目 表7-7

项次	检查项目	技术要求	检查方法(仪表)
1	光纤护层绝缘电阻	≥1000MΩ·km	1000V兆欧表(仅对直埋光纤)
2	△单模光纤接头损耗平均值	≤0.1dB	光万用表或光时域反射计测量
3	△多模光纤接头损耗平均值	≤0.2dB	光万用表或光时域反射计测量
4	△低速误码率	BER≤10^{-8}	将线对一端短接,另一端接传输测仪以64kb速率实测
5	同轴电缆衰耗	符合设计要求	衰耗测试仪
6	同轴电缆内外导体绝缘电阻	≥500 MΩ	用兆欧表500V挡,在连接器的芯线和外导体之间测量
7	△电力绝缘电阻	≥2 MΩ	用1000V兆欧表在配电箱和用电设备两点间测量
8	光电缆埋深	符合设计要求	查隐蔽工程记录,必要时开挖实测

c. 外观鉴定。

a) 在配电箱和用电设备控制箱内,光(电)缆应排列整齐、有序,绑扎牢固,标识清楚;电力电缆尾端连接与接续应使用专用连接器并用热塑套管封合与标记。

b) 同轴电缆成端应使用焊接方式,端头处理时预留长度应一致,各层的开剥尺寸与电缆插头相应部分应配合良好;芯线焊接应端正、牢固、焊锡适量,焊点应光滑、不带尖、不成瘤;组装成的同轴电缆插头应配件齐全、位置正确、装配牢固。

c)监控中心(局内)光(电)缆应排列整齐有序,进入墙壁要有保护套管,预留长度应满足使用要求。

d)人(手)孔位置应正确,预埋件安装应牢固,防水措施应良好,人(手)孔内应无积水,高程应符合设计要求。

e)光(电)缆在人(手)孔内余留长度应符合规定;光缆接续箱应安装牢固,密封良好。

f)直埋电缆两端铠装层接地处理措施应得当,电缆标石埋设应符合设计要求。

⑥监控(分)中心设备安装及系统调试。

a.基本要求。

硬件:

a)机房应整洁,通风、照明应良好。

b)设备数量、型号应符合要求,部件应完整。

c)防雷、水暖、供电、空调通风、照明等辅助设施应安装调试完毕并通过相关专业验收。

d)设备安装到位并已连通,应处于正常工作状态,并应进行严格测试和联调。

e)隐蔽工程验收记录、分项工程自检和设备调试记录、有效的设备检验合格报告或证书资料应齐全。

软件:

a)能准确及时采集交通流、交通环境和主要交通设施运行状态的各种信息。

b)能监测恶劣气候。

c)能以交通事故快速作出响应,迅速准确地提供事故信息。

d)根据已掌握的信息,应迅速作出针对性的处理和优化控制方案,并立即执行。

e)应有多种信息发布渠道,为用户提供信息服务,通过驾驶员调整行驶行为,达到交通流动态平衡。

f)可以建立交通流数据库,用以支持道路运行状况评价,为改善道路经营和交通管理的决策提供数据分析。

g)应按国家相关标准要求进行软件的稳定性、可靠性测试并提供了报告;编制并提供符合规范的软件手册及相关文档。

b.实测项目(表7-8)。

监控中心设备安装及系统调试实测项目 表7-8

项次	检查项目	技术要求	检查方法(仪表)
1	监控室内温度	18~28℃	用温度计测10处
2	室内相对湿度	30%~70%	用湿度计测10处
3	室内通风系统功能	要求有通风换气装置且工作正常	目测
4	室内防尘措施	B级(一周内设备应无明显灰尘)	目测
5	室内噪声	小于70db(A)	用声级计实测
6	室内照明	5~200lx 可调	用照度计实测

续上表

项次	检查项目	技术要求	检查方法(仪表)
7	△强电端子对机壳绝缘电阻	≥50 MΩ	查随工记录或用500V兆欧表抽测3台设备
8	△联合接地电阻	≤1Ω	接地电阻测量仪
9	△工作接地电阻	≤4Ω	接地电阻测量仪
10	△安全接地电阻	≤4Ω	接地电阻测量仪
11	△防雷接地电阻	≤10Ω	接地电阻测量仪
12	与外场设备通信轮询周期	30~60s可调	实测10min
13	△与下端设备的交换数据的实时性和可靠性	按设定的系统轮询周期,及时准确地与车辆检测器、气象检测器、可变标志等交换数据	对于检测器,在外场人工测试统计后与上端系统按时段逐一对比不少于30min。对于可变标志,用通信设备在外场与上端比对信息的正确性和实时性
14	△图像监视功能	监视全程和重点路段的运行状况	实际操作
15	与收费系统交换数据功能	正确接收收费数据、收费系统抓拍图像	实际操作
16	△系统工作状态监视功能	系统外场设备工作状态在计算机和投影仪上正确显示	实际操作
17	事故阻塞报警功能	符合设计要求	模拟阻塞测试
18	恶劣气候告警	天气异常时,自动报警	模拟低能见度测试
19	紧急情况告警	能识别交警、消防、急救等特殊电话并在地图板、大屏幕上提示	实际操作
20	△信息提供功能	指令信息通过系统正确地传送到可变标志、交通信号灯、车道控制器及消防救援部门	实际操作
21	报表统计、查询及打印功能	迅速正确地统计、查询、打印命令指示、设备状况、系统故障、交通参数等数据	实际操作,查询历史数据
22	数据备份、存档功能	每日数据备份并有存档功能	实际操作,查询历史数据
23	加电自检功能	可循环检测监控中心内、外场设备运行情况,正确及时地显示故障位置、类型	目测

c.外观鉴定。

a)控制台上设备应布局合理,且安装稳固、横竖端正,应符合设计和人机工学的要求,接线端子和接、插座应标识清楚。

b)CCTV(Closed Circuit Television,一种图像通信系统)监视器应布局合理,屏幕拼接应完整,应无明显歪斜,且安装稳固、横竖端正,应符合设计和人机工学的要求,接线端子和接、插座应标识清楚。

c)控制台、CCTV电视墙内,以及各设备之间应布线整齐、美观、编号标识清楚;信号线和动力线及其接头插座应明确区分,预留长度应适当。

d)电力配电柜、信号配线架内布线应整齐、美观;绑扎应牢固、成端应符合规范要求;编号标识应清楚;预留长度应适当。

⑦大屏幕投影系统。

a. 基本要求。

a)投影仪、屏幕及配件数量、型号应符合要求,部件应完整。

b)投影仪、屏幕安装方位、角度、高度应符合设计要求。

c)电源、控制线路及通信线路应按规范要求连接到位,且保证设备处于正常工作状态。

d)分项工程自检和设备调试记录、有效的设备检验合格证或证书等资料应齐全。

b. 实测项目(表7-9)。

大屏幕投影系统实测项目　　　　表7-9

项次	检查项目	技术要求	检查方法(仪表)
1	拼接缝	不大于2mm或合同要求的尺寸	实测
2	△亮度	达到白平衡时的亮度不小于150cd/m^2	亮度计实测
3	亮度不均匀度	不大于10%	亮度计实测
4	图像显示	正确显示监控中心CCTV系统监视器的切换图像及图形计算机输出信息	实际操作
5	△窗口缩放	可对所选择的窗口随意的缩放控制	实际操作
6	△多视窗显示	同时显示多个监视断面的窗口	实际操作

c. 外观鉴定。

a)投影仪外观应完整无损伤、镜头洁净、屏幕应平整整洁、白度均匀。

b)图像应清晰、稳定、无抖动。

c)图像应明亮、色泽鲜艳可调。

⑧地图板。

a. 基本要求。

a)地图板、控制器及其他配件的型号规格、数量应符合设计要求,部件应完整。

b)安装方位、角度、高度应符合规范要求。

c)电源、控制线路及通信线路应符合规范要求连接到位,且保证设备处于正常运转工作状态。

d)显示屏发光单元应处于受控状态。

e)分项工程自检和设备调试记录、有效的设备检验合格报告或证书等资料应齐全。

b. 实测项目(表7-10)。

地图板实测项目 表7-10

项次	检查项目	技术要求	检查方法(仪表)
1	整板尺寸	允许偏差:1%	卷尺
2	垂直度	≤2mm/m	铅锤、直尺
3	平整度	任意相邻两块不平度≤1.0mm	游标卡尺或靠尺、塞尺
4	△强电端子对机壳绝缘电阻	≥50MΩ	500V兆欧表
5	静态显示	显示内容符合设计要求	目测
6	动态交通状态显示	绿、黄、红表示交通正常、拥挤、阻塞	模拟
7	△设备工作状态显示	绿、红表示外场设备的正常、故障	目测
8	△可变标志内容显示	符合设计	实际操作
9	△紧急电话呼入显示	亮灯表示ET通话状态	模拟
10	△交通量、气象、时间、日期	显示正确	目测

c. 外观鉴定。

a)地图板各显示区域应布局合理,且符合设计要求。

b)屏幕模块应拼接完整,无明显歪斜,且安装稳固、横竖端正。

c)屏幕基底色泽应一致,且无明显差异。

d)各显示区域有信息显示时应清晰明亮、稳定。

e)地图板后箱内各设备之间应布线整齐、美观,编号标识应清楚;信号线和动力线及其接、插头座应明确区分,且预留长度适当。

⑨计算机控制软件与网络

a. 基本要求。

a)网线、插座、连接线、网卡、集线器、交换机、路由器、调制解调器、服务器等网络设备的数量、型号规格应符合设计要求。

b)插座、双绞线接头的压接形式(线对分配)应符合 ANSI/TIA-568C,一个系统中只能选用一种压接形式,不得混用。

c)网络设备安装调试完毕,系统应处于正常运转工作状态。

d)隐蔽工程验收记录、分项工程自检和设备及系统联调记录、有效的设备检验合格报告或证书等资料应齐全。

b. 实测项目(表7-11)。

监控系统计算机网络实测项目 表7-11

项次	检查项目	技术要求	检查方法(仪表)
1	△网线接线图(双绞线缆)	EIA/TIA 568	现行《综合布线系统电气特性通用测试方法》(YD/T 1013)
2	布线长度(双绞线缆)	符合设计要求	现行《综合布线系统电气特性通用测试方法》(YD/T 1013)

续上表

项次	检查项目	技术要求	检查方法(仪表)
3	△衰减(双绞线缆)	EIA/TIA 568	现行《综合布线系统电气特性通用测试方法》(YD/T 1013)
4	△近端串扰(双绞线缆)	EIA/TIA 568	现行《综合布线系统电气特性通用测试方法》(YD/T 1013)
5	环路阻抗(双绞线缆)	EIA/TIA 568	现行《综合布线系统电气特性通用测试方法》(YD/T 1013)
6	远方近端串扰(双绞线缆)	EIA/TIA 568	现行《综合布线系统电气特性通用测试方法》(YD/T 1013)
7	相邻线对综合串扰(双绞线缆)	EIA/TIA 568	现行《综合布线系统电气特性通用测试方法》(YD/T 1013)
8	远端串扰与衰减比(双绞线缆)	EIA/TIA 568	现行《综合布线系统电气特性通用测试方法》(YD/T 1013)
9	近端串扰与衰减比(双绞线缆)	EIA/TIA 568	现行《综合布线系统电气特性通用测试方法》(YD/T 1013)
10	综合远端串扰比(双绞线缆)	EIA/TIA 568	现行《综合布线系统电气特性通用测试方法》(YD/T 1013)
11	△回波衰耗(双绞线缆)	EIA/TIA 568	现行《综合布线系统电气特性通用测试方法》(YD/T 1013)
12	传输时延(双绞线缆)	EIA/TIA 568	现行《综合布线系统电气特性通用测试方法》(YD/T 1013)
13	线对间传输时延(双绞线缆)	EIA/TIA 568	现行《综合布线系统电气特性通用测试方法》(YD/T 1013)
14	△同轴电缆特性阻抗	50Ω 或 70Ω	现行《综合布线系统电气特性通用测试方法》(YD/T 1013)
15	光纤接头衰耗	0.2dB,按设计文件	光时域反射器
16	光纤接头回损	按设计要求	光时域反射器
17	光纤衰耗	按设计要求	光时域反射器
18	△网络维护性测试	符合设计文件	网络测试仪
19	网络健康测试	符合设计文件	网络测试仪

c. 外观鉴定。

a) 网络设备、网线线槽、信息插座布放应整齐美观,且安装牢固、标识清楚。

b) 线缆布放路由应正确、绑扎牢固,端头连接应规范、标识清楚,弯曲半径和预留长度应符合设计要求或《工程结构设计通用符号标准》(GB/T 50132—2014)要求。

3) 完工阶段

分部工程或分项工程完工,在承包人自检并提供自检报告后可提供工程报验申请;监理工程师对该分部(或分项)工程进行全面检查,保证符合质量要求并进行功能试验正确;各项检查、试验应合格,且按要求签发分部(或分项)工程检验认可书。

3. 监控设施质量标准及要求

(1)专业监理工程师在监理过程中,对具体设备的质量要求应熟读《公路工程质量检验评定标准 第二册 机电工程》(JTG F80/2—2004)中"一般规定"及"监控设施"部分的相关内容,并坚决贯彻执行。

(2)熟悉机电工程单位、分部、分项工程划分原则[见《公路工程质量检验评定标准 第二册 机电工程》(JTG F80/2—2004)附录A]。

(3)熟悉每项监控设施的质量评定方法、原则、项目、重点。

每项监控设施质量评定分以下3个方面:

①基本要求。

②实测项目(标注"△"项目为关键项目)。

③外观鉴定。

其中,实测项目是重点,但其他两项相辅相成不可偏废,均应严格监督。

(4)根据现行《公路工程质量检验评定标准 第二册 机电工程》(JTG F80/2)规定,对机电分项工程检查监督。监理单位检查频率应不低于30%,对此务必引起重视并严格执行。

4. 监控设备防雷及接地要求

高速公路监控系统防雷与接地的要求,包括监控机房、沿线监控外场设备、隧道监控设备、桥梁监控设备等。

1)一般规定

(1)监控系统的防雷设计,应根据当地雷电活动情况和设备情况,选择合理的保护等级,确保必要的防护置信度;同时也应防止过度保护造成不必要的浪费。

(2)监控系统应按照B级防雷防护等级考虑。

(3)监控系统使用的防雷器,应经过国家雷电防护装置测试中心及交通运输部认可的防雷产品质量检测部门测试合格。

(4)电源防雷器宜具备监测功能。

(5)管理部门所在地雷暴日的确定,应依据当地气象部门提供的有关数据。

(6)管理部门的建筑物应采取防直击雷和防雷电波侵入的措施。

(7)接地电阻应符合下列要求。

①联合接地电阻≤1Ω。

②保护接地电阻≤4Ω。

③防雷接地电阻≤10Ω。

(8)避雷针应符合下列要求:

①避雷针宜采用圆钢或钢管制成,或专用避雷针。

②针长1m以下,直径:圆钢不应小于ϕ12mm;钢管不应小于ϕ20mm。

③针长1~2m,直径:圆钢不应小于ϕ16mm;钢管不应小于ϕ25mm。

(9)接地体应符合下列要求。

①接地体在土壤中的埋设深度不应小于0.5m,宜埋设在冻土层以下。水平接地体应挖沟埋设,钢质垂直接地体宜直接打入地沟内,其间距不宜小于其长度的2倍且均匀布置,铜质和石墨材料接地体宜挖坑埋设。

②垂直接地体宜采用长度不小于2.5m(特殊情况下可根据埋设接地体的土质及地理情况决定垂直接地体的长度)的热镀锌钢材、铜材、铜包钢的接地体,垂直接地体间距为垂直接地体长度的1~2倍,具体数量可以根据地理环境、电阻值要求确定,但不宜超过20个接地体。

③垂直接地体应采用$\phi 38 \sim \phi 50$mm的钢管(壁厚不小于3.5mm)或40mm×40mm×4mm~65mm×65mm×8mm(推荐采用50mm×50mm×5mm)的角钢。

④水平接地体应采用热镀锌扁钢或铜材,扁钢规格不小于40mm×4mm,如采用圆钢其规格应不小于$\phi 16$mm。

⑤接地装置宜采用热镀锌钢质材料。在高土壤电阻率地区,宜采用换土法、降阻剂法或其他新技术、新材料降低接地装置的接地电阻。

⑥铜质接地装置应采用焊接或熔接,钢质和铜质接地装置之间连接应采用熔接方法,连接部位应做防腐处理。

⑦钢质接地装置应采用焊接连接。其搭接长度应符合下列规定。

a.扁钢与扁钢搭接为扁钢宽度的2倍,不少于三面施焊。

b.圆钢与圆钢的搭接为圆钢直径的6倍,双面施焊。

c.圆钢与扁钢搭接为圆钢直径的6倍,双面施焊。

d.扁钢和圆钢与钢管、角钢互相焊接时,除应在接触部位两侧施焊外,还应增加圆钢搭接件。

e.焊接部位应做防腐处理。

(10)接地引线应符合下列要求。

①引线宜采用圆钢或扁钢,管理部门机房宜采用40mm×4mm或50mm×5mm热镀锌扁钢;外场设备宜采用圆钢,圆钢直径不应小于8mm。

②引线长度不宜超过30m。

③当垂直接地主干线直接与地网连接时,应从地网上不同的两点引接地引线。

④引线应镀锌或涂漆,并做好防腐蚀处理。

(11)接地线应符合下列要求。

①各类接地线的截面积,应根据最大故障电流和机械强度选择;一般设备(机架)的接地线应使用截面积不小于16mm^{2}的铜线。

②严禁在接地线中加装开关或熔断器。

③接地线布放时应尽量短直,多余的线缆应截断,严禁盘绕。

④多股接地线与接地汇流排连接时,必须加装接线端子(铜鼻),接线端子尺寸应与线径相吻合,压(焊)接牢固。接线端子与接地汇流排的接触部分应平整、紧固、无锈蚀、无氧化,不同材料连接时应涂凡士林或黄油防锈。

(12)线缆敷设应符合下列要求。

①进、出监控机房楼体的线缆,宜埋设敷设,其中信号线缆应选用有金属屏蔽层的电缆。

②监控系统线缆与其他管线的间距应符合表7-12的规定。

监控系统线缆与其他管线的净距　　　　　　　　　　表7-12

其他管线	监控系统线缆	
	最小平行净距(mm)	最小交叉净距(mm)
防雷引下线	1000	300
保护地线	50	20
给水管	150	20
压缩空气管	150	20
热力管(不包封)	500	500
热力管(包封)	300	300
煤气管	300	20

③监控系统信号线缆的路由走向,应尽量减小由线缆自身形成的感应环路面积。

④监控系统线缆与电力电缆的间距应符合表7-13的规定。

监控系统线缆与电力电缆的净距　　　　　　　　　　表7-13

类　别	与监控系统信号线缆接近状况	最小净距(mm)
380V电力电缆,容量小于2kV·A	与信号线缆平行敷设	130
	有一方在接地的金属线槽或钢管中	70
	双方都在接地的金属线槽或钢管中	10
380V电力电缆,容量为2~5kV·A	与信号线缆平行敷设	300
	有一方在接地的金属线槽或钢管中	150
	双方都在接地的金属线槽或钢管中	80
380V电力电缆,容量大于5kV·A	与信号线缆平行敷设	600
	有一方在接地的金属线槽或钢管中	300
	双方都在接地的金属线槽或铜管中	150

注:1. 当380V电力电缆的容量小于2kV·A,双方都在接地的线槽中,即两个不同线槽或在同一线槽中用金属板隔开,且平行长度小于或等于10m时,最小间距可以是10mm。
　　2. 电话线缆中存在振铃电流时,不宜与计算机网络在同一根双绞线电缆中。

⑤监控系统线缆与配电箱、变电室、电梯机房、空调机房之间的最小净距宜符合表7-14的规定。

监控系统线缆与电气设备之间的最小净距　　　　　　　　　　表7-14

名　称	最小净距(m)	名　称	最小净距(m)
配电箱	1.00	电梯机房	2.00
变电室	2.00	空调机房	2.00

2)监控机房防雷与接地

(1)防雷要求。

①从配电房低压配电屏引电进入监控机房所在大楼的电源室配电柜(电源室有UPS等设备)进线端及电源室配电柜供给外场监控设备的电源输出端应安装第一、第二级复合式防雷器组;第一级推荐选择具有能量自动配合功能的10/350μs波形开关型防雷器;第二级为

8/20μs 波形限压型防雷器,具体标称放电电流参数值参照表 7-15。如电源室没有 UPS 等设备,可不设置第二级防雷器。

监控大楼电源防雷器标称放电电流(kA)参数值 表 7-15

环境因素			气象因素		
			当地雷暴日(日/年)		
			<20	20~40	≥40
第一级	平原	有不利因素	60(15)	100(25)	
		无不利因素	60(15)		
	丘陵	有不利因素	60(15)	100(25)	120(30)
		无不利因素	60(15)		
第二级	—		40		
第三级	—		10		

注:1. 括号内数值表示使用 10/350μs 波形的放电电流值。
    2. 不利因素包括高层建筑、山顶、空旷地带;虽然少雷区但时有雷击发生;大地电阻率较高使接地电阻偏大。

②从电源室到监控机房、监控大厅的配电箱,配电箱进线侧应安装第二级 8/20μs 波形限压型防雷产品。

③机房或监控大厅设备电源插座或设备端应安装第三级防雷型插座。

④浪涌保护器连接导线应平直,其长度不宜大于 0.5m。当电压开关型浪涌保护器至限压型浪涌保护器之间的线路长度小于 10m、限压型浪涌保护器之间的线路长度小于 5m 时,在两级浪涌保护器之间应加装退耦装置。当浪涌保护器具有能量自动配合功能时,浪涌保护器之间的线路长度不受限制。浪涌保护器应有过电流保护装置,并宜有劣化显示功能。

⑤机房或监控大厅信号线路设备端应安装适配的信号线路浪涌保护器。

⑥信号线路浪涌保护器应连接在被保护设备的信号端口上。浪涌保护器输出端与被保护设备的端口相连。浪涌保护器也可以安装在机柜内,固定在设备机架上或附近支撑物上。信号线路浪涌保护器接地端宜采用截面积不小于 1.5mm² 的铜芯导线与设备机房内的局部等电位接地端子板连接。

(2)接地要求。

监控机房及大厅接地应采用房建的联合接地,其阻值满足 ≤1Ω;如采取等电位连接措施,其阻值可 ≤4Ω。

①监控及监控大厅应设置等电位连接,一般可采用网状、星形或网状-星形混合型接地结构,推荐使用网状接地结构。

②等电位与机房接地端子应至少两点连接。等电位网应使用不小于 30mm×3mm 的扁铜,地线和均压等电位之间采用不小于 φ8mm 螺栓可靠连接。等电位网格应保持 1.5~2m 的间距。

③所有电子设备的金属外壳、机柜、机架、金属管、槽、屏蔽线外层、电子设备防静电接地、安全保护接地、防雷器的接地端等均应以最短距离与等电位网连接。

3)外场设备防雷与接地

(1)隧道。

①隧道内的设备共用 1 个联合接地,其阻值要求 ≤1Ω,一般应在隧道两端的洞外作接

地极,隧道内通过接地线(扁钢或铜线)将2个接地极连接,扁钢或铜线应焊接在电缆托架上。

②对于长、特长隧道,为确保接地电阻值达到要求,接地线应与隧道主体工程的钢筋网相连,构成整体隧道接地系统,或者在电缆沟内以一定的间距设置接地极。

③隧道内直接从洞外配电房或变压器引电进入洞内的第一个配电箱进线必须安装第一、第二级复合式防雷器组;第一级推荐选择具有能量自动配合功能的 $10/350\mu s$ 波形开关型防雷器;第二级为 $8/20\mu s$ 波形限压型防雷器,具体标称放电电流参数值参照表7-15。

④隧道内视频和数据都采用光缆传输到管理部门,隧道内信号线路可设置数据和视频信号防雷器;火灾检测器应设置信号防雷器。

(2)沿线路段。

①桥梁上的外场设备其接地引线应与桥墩的主筋连接,确保联合接地≤1Ω。

②外场设备保护接地电阻应≤4Ω;防雷接地电阻应≤10Ω;如做联合接地其阻值应≤1Ω。

③外场大型可变信息标志、摄像机等高度5m以上设备应设置避雷针。

④外场大型可变信息标志、气象检测器电源必须设置第一、第二级防雷器,第一级推荐选择具有能量自动配合功能的 $10/350\mu s$ 波形开关型防雷器;第二级为 $8/20\mu s$ 波形限压型防雷器。

⑤外场摄像机、车辆检测器、能见度检测器等设置在高雷区的设备必须设置第一、第二级防雷器;在多雷区可设置第一、第二级防雷器;在少雷区应设置第二级防雷器。

⑥外场设备宜设置视频、数据信号防雷器。

第四节 收费系统工程质量监理

一、收费系统基本概念

1.收费制式

收费系统通常采用三种收费制式,即全线均等收费制(简称均一式)、按路段收费制(简称开放式)和实际行驶里程收费制(简称封闭式)。

1)均一式

在均一式收费制式中,收费站一般设置在高速公路的各个匝道入(出)口和主线两端入(出)口。车辆在进出高速公路时,只要在一个收费站停车缴费就可以在高速公路内自由行驶,不再受阻拦。均一制的收费标准仅根据车型一个因素确定,不考虑行驶里程,而且各个收费站都取统一的收费标准。

2)开放式

在开放式收费制式中,收费站建在高速公路主线上,一般每隔40~60km建设,里程较长的高速公路可以多建几个收费站,各个互通式立交的进出口不再设收费站,这样车辆可以自由地进出高速公路而不受控制,高速公路对外呈"开放"状态。每个收费站的收费标准仍仅根据车型一个因素确定,但各站的标准则因收费站的管辖距离不等而有所区别。

3）封闭式

在封闭式收费制式中，收费站建在高速公路的所有进出处，其中高速公路起终点的收费站一般建在主线上，称为主线起点（或终点）收费站，其收费广场形式与开放式相似。互通立交进出口收费站建在进出口匝道上，称为互通立交匝道收费站。车辆进出高速公路都要经过收费站并受到控制，但在公路内部可以自由行使，高速公路对外呈"封闭"状态。

三种收费制式的收费站在高速公路上的布设形式和位置如图 7-2 所示。为简化起见，互通式立交简化成喇叭形或菱形。

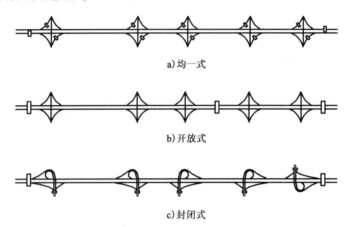

图 7-2 三种收费制式收费站布设示意图

全线均等收费制（简称均一式）和按路段收费制（简称开放式）在早期的高速公路和其他等级公路上多有实际应用，目前我国高速公路收费制式均采用封闭式收费制式。

2. 收费方式

一般来说，根据收费员参与收费过程的多少，收费方式可分为人工收费、半自动收费、自动收费；从用户（驾驶员）的角度来分，可分为停车和不停车收费方式。我国高速公路基本上采用半自动收费，正在推广应用自动收费（ETC）。

1）人工收费

人工收费系统不需要或基本不使用电子和机械设备，收费过程由人工完成，即人工判车型，人工套用收费标准，人工收钱、找零、出具发票。人工收费方式的特点是除基本的土建费以外，不需要其他的收费设施和管理设备，投资较少，造价低，可迅速建成并实施收费，在处理异常情况时有较大的灵活性。

2）半自动收费

半自动收费方式是指收费过程由电子机械设备和人共同完成的收费方式，它通过使用计算机、电子收费设备、交通控制和显示设施代替人工收费方式操作的一部分工作。目前我国的收费站，绝大部分使用此种收费方式，同时增加闭路电视监控系统，形成独具特色的"人工收费、计算机管理、电视监控"的半自动收费模式，使这种收费方式更趋于严密和成熟。半自动收费方式的特点是使用了一些设备代替人工操作，降低了收费员的劳动强度，将人工审计核算、人工财务统计报表转变为计算机数据管理，极大地减轻了收费管理人员的劳动强度，使收费道路的收费管理系统化和科学化，但投资比较大，造价比较高。

3) 自动收费

自动收费方式指电子收费系统(Electronic Toll Collection,简称 ETC)或不停车收费系统,它是指利用电子、计算机与通信技术,完成收费、统计和监控工作,使驾驶员不需要停车就可缴付通行费。不停车、无人工操作和无现金交易是电子收费系统的3个主要特点。由于不需要停车等候,不会产生收费站前的车辆排队等候现象,减少了车辆延误;由于无须人工参与和无现金交易,可完全避免收费过程中的舞弊和贪污现象,同时也能解决由于交通堵塞而引起的能源消耗和环境污染等问题。

在电子收费系统中,车前装有作为通行券使用的电子标签(也称为标识卡),它与装在车道上空的收发通信器进行微波通信(交互读、写)验证通行权,判别车辆类型并自动核算记录通行费额,车辆无须停车,可直接通过(30~120km/h)。电子收费系统代表着当今最先进的收费技术,也是未来发展的方向,有着广泛的发展前景。

3. 车型分类

按车辆类型收取不同的通行费,以保证通行费征收的相对合理性。

1) 车型分类的原则

当今国内外收费道路对车型分类尚无统一标准,但分类的原则和方法基本是一致的。即公平合理性和简单明确性。

2) 车型分类的标准

各省新建联网收费系统应采用全国统一的车型分类标准,并按现行《收费公路通行费车型分类》(JT/T 489)执行,见表7-16。

收费公路车辆通行费车型分类 表7-16

类　　别	车型及规格	
	客车	货车
第1类	≤7座	≤2t
第2类	8~19座	2~5t(含5t)
第3类	20~39座	5~10t(含10t)
第4类	≥40座	10~15t(含15t),29英尺集装箱车
第5类		≥15t,40英尺集装箱车

当单车拖拽另一辆挂车时,该组合车辆的车型按照高于主车一个类别的车型分类标准进行。对于实施计重收费的,按国家或各地的有关规定进行。

4. 通行券(卡)

1) 通行券信息内容

通行券(卡)是封闭式收费制式特有的产物,是携带车辆类型、入口地址、时间等信息的载体。通行券上必须携带的基本信息主要如下:

(1)高速公路名称。

(2)入口站名称(或站号)。

(3)车辆类型(或车辆分类号)。

(4)入口收费员号(或姓名)。

(5)通行车辆车情(普通车、军车、公务车)。

(6)通过入口站的日期及时间。

(7)其他信息,如入口车道号、班次等,可根据各条路的管理要求增减。

2)通行券(卡)种类

通行券种类较多,一般按数据记录介质分类,可分为印刷通行券、打印通行券、条形码通行券、磁票/磁卡通行券、IC卡通行券、车载电子标签等,它们都有各自的优缺点和适用范围,目前,我国高速公路大部分使用IC卡通行券。

5. 通行费支付方式

支付通行费的方式是影响收费车道通过能力的一种重要因素,同时也是决定收费系统结构和功能的一种重要影响因素。目前支付通行费的付款方式有现金支付、预付款、银行卡等多种方式。

二、收费系统工程施工质量监理

1. 计算机网络系统

收费系统计算机网络系统施工包括省收费管理中心、区域收费管理中心、路段收费管理分中心、收费站、收费车道计算机网络系统。

收费管理中心、区域收费管理中心、路段收费管理分中心、收费站机房和收费监控大厅(室)装修须按《数据中心设计规范》(GB 50174—2017)设计要求实施。

收费管理中心(分中心)、收费站所需服务器等计算机、外设等硬件设备必须按照招标文件的要求,全部配置到位,运送到安装现场,并通过监理、业主验收后方可安装。

所有计算机所需安装的操作系统、数据库等操作系统软件必须为正版,工作站的前端软件安装必须有授权。执行软件安装的技术人员必须是经过专业培训,且具有专业软件从业资格。

1)省、区域、路段收费管理中心计算机网络

(1)界面要求。

①施工区域地面、墙体应装修完成。装修活动地板应符合国家标准的相应规定。装修用材料可根据需要采取防静电措施。地面材料应平整、耐磨、易除尘、减少眩光等。

②中心机房设备安装前,所需的供电输入线缆应按设计要求的规格型号引至进线室位置。

③中心系统框架设备(指配电箱、机柜、电视墙、控制台等)应到位,主要设备应基本到位。

④安装设备时,机房土建、装修工程应完工。

(2)流程与监理要点。

①电源设备安装。应按照设计要求对分中心电源进行安装。

②中心设备单机安装包括中心服务器、配置计算机(收费系统计算机、收费CCTV监控计算机及通信计算机),且应按统一收费软件来设置各管理工作站的用途,用来实现对收费分中心的管理。

③相关软件安装。依据统一收费软件系统的安装步骤,依次对分中心的服务器、管理计算机等进行软件安装。

④设备参数配置。正确配置收费车道和机房各计算机与服务器的网络地址。正确配置各

计算机和服务器的访问权限。正确配置收费站机房与车道交换机。

⑤联网调试。收费站计算机系统设备安装完成后,应检查、调整设备安装位置,确保正确、牢固,设备室距应符合设计要求,用万用表检测线缆无问题后,可对设备进行通电调试,检测各设备工作是否正常。核对服务器、工作站、车道工控机 IP 地址、机器名及其相应的机构代码,检查数据流程是否正常。

⑥恢复现场与成品保护。现场所有设备安装调试完后,应对施工现场进行清理恢复,并注意在投入使用前的成品保护。

(3)质量标准。

①基本要求。

a. 计算机系统设备数量、型号应符合要求,部件完整。

b. 设备安装应到位并已连通,且处于正常工作状态,并进行了严格测试和联调。

c. 分项工程自检和系统联调记录、设备及附(备)件清单、有效的设备检验合格报告或证书等资料应齐全。

②实测项目。

a. 各端子对机壳绝缘电阻应不小于 50MΩ。

b. 机房和车道联合接地电阻应不大于 1Ω。

c. 与收费分中心的数据传输功能应定时或实时上传数据。

d. 系统时间设定功能应对车道计算机的时钟进行统一校准。

e. 图像稽查功能应可稽查所有出入口车道"有问题"车辆图像。

f. 报表统计管理及打印功能应能做到收费站计算机系统可打印规定的各种报表。

g. 对各站及车道 CCTV 图像切换及控制功能应可切换、可控制。

h. 收费分中心计算机通信功能应能与收费分中心传输规定的数据,并传输准确。

i. 通行卡管理功能应通过授权,正确制作通行卡、公务卡、身份卡,并能记录、统计、查询本中心发行卡的信息。

j. 系统崩溃或电源故障重新启动时,系统应能自动引导至正常工作状态,且不丢失任何历史数据。

③外观检查。

a. 计算机设备应安装稳固、端正。

b. 监控室内操作、座椅、设备、配线列架等应整齐、有序、无明显歪斜,标志应清楚、牢固。

c. 所有设备安装后,外观应无划伤、刻痕以及防护层剥落等缺陷。

d. 设备及收费监控室内布线应整齐美观、固定可靠、标志清楚;过墙、板、地下通道处要有保护套管,并留有适当余量。

e. 设备之间各连接、插头等部件应连接可靠、紧密、到位准确,且布线整齐、余留规整、标志清楚;固定螺栓等应紧固,无松动。

f. 配电箱内信号线、动力线及其接插头应明显区分,标志清楚,且有永久性接线图。

2)收费站计算机网络

(1)界面要求。

①收费站用于安装计算机的稽查室、所长室、财务室、机房、监控室等房间的地面、墙体应

装修完成。装修活动地板应符合国家标准的相应规定。装修用材料可根据需要采取防静电措施。地面材料应平整、耐磨、易除尘、减少眩光等。

②配电箱、机柜、电视墙、控制台应到位,且按标准规范安装完成。

③安装设备时,房建装修工程应完工,各种穿墙孔洞、爬线架、线缆井、走线槽等应已施工完毕。室内应充分干燥,市电应引入机房,机房照明应能正常使用;机房内不得存放易燃、易爆或腐蚀性、强热源的物体;机房内应配备消防器材并使其在有效期内;机房建筑的防雷接地和保护接地、工作接地体及引线须保证合格,接地电阻必须符合施工图设计要求。

④所用线缆等主要材料数量、型号、规格等应符合设计要求。

(2)流程与监理要点。

①机柜主要安装于机房内,用于摆放安置收费站设备。

②机柜内安装的设备有一定的发热性,在进行机柜安装定位时,应注意前后空间分配与整个机房通风问题。

③机房内机柜摆放一般以机房为中心一字排开,并保证整体整洁。

④所有机柜、计算机桌(控制台)确认安装位置后,均须与地面进行固定处理,如安装静电地板则需落地固定。

⑤收费站操作台与电视墙须符合人机学原理要求。

⑥设备布置应符合设计图纸要求,收费站内通道与设备室的距离应符合设计要求。

(3)质量标准。

①基本要求。

a. 计算机系统设备数量、型号应符合要求,部件完整。

b. 设备应安装到位并已连通,且处于正常工作状态,并进行严格测试和联调。

c. 分项工程自检和系统联调记录、设备及附(备)件清单、有效的设备检验合格报告或证书等资料应齐全。

②实测项目。

a. 各端子对机壳绝缘电阻应不小于 $50M\Omega$。

b. 机房和车道联合接地电阻应不大于 10Ω。

c. 与收费分中心的数据传输功能应定时或实时上传数据。

d. 系统时间设定功能应对车道计算机的时钟进行统一校准。

e. 图像稽查功能应可稽查所有出入口车道"有问题"车辆图像。

f. 报表统计管理及打印功能应能做到收费站计算机系统可打印规定的各种报表。

g. 对各站及车道 CCTV 图像切换及控制功能应可切换、可控制。

h. 收费分中心计算机通信功能应能与收费分中心传输规定的数据,并传输准确。

i. 系统崩溃或电源故障重新启动时,系统应能自动引导至正常工作状态,且不丢失任何历史数据。

③外观检查。

a. 计算机设备应安装稳固、端正。

b. 监控室内操作、座椅、设备、配线列架等应整齐、有序、无明显歪斜,标志应清楚、牢固。

c. 所有设备安装后,外观应无划伤、刻痕以及防护层剥落等缺陷。

d. 设备及收费监控室内布线应整齐美观、固定可靠、标志清楚;过墙、板、地下通道处要有保护套管,并留有适当余量。

e. 设备之间各连接、插头等部件应连接可靠、紧密、到位准确,且布线整齐、余留规整、标志清楚;固定螺栓等应紧固,无松动。

f. 配电箱内信号线、动力线及其接插头应明显区分,标志清楚,并有永久性接线图。

3)收费车道计算机网络

(1)界面要求。

①要求收费岛设备基础、管道已完成,并完成管线试通。基础、地脚螺栓等应符合设计图纸的要求。基础所在位置应无支架等其他障碍物,且满足施工要求。

②设备基础要求平整。设备基础预埋管道质量应焊接牢固,无直角弯,管口应平滑无毛刺,管内应穿有引线。

③预埋管道数量、材质、直径、路由等应符合设计图纸的要求,且畅通无阻塞。

(2)流程与监理要点。

①计算机设备应安装牢固、标志清楚,线缆布放路由应正确、绑扎牢固,端头应连接规范、标志清楚,弯曲半径和预留长度应符合设计或《公路收费车道控制机》(GB/T 24968—2010)的要求。

②车道设备安装布线应整齐美观、固定可靠、标志清楚;过墙、板、地下通道处有保护套管,并留有适当余量,应无防护层剥落等缺陷。

③设备之间的连接、插头等部件应连接可靠、紧密、到位准确;布线应整齐、余留规整、标志清楚;固定螺钉等应要求坚固,无松动。

④所有线缆标志应能体现出该线缆的作用与起止点,设备标志应能体现出该设备的作用与主要设置参数(如本设备的 IP 地址、IP 段、编码地址等)。

⑤设备安装。根据设计图纸,将收费亭安装在收费岛上,将收费车道计算机安装在收费亭内。安装时应注意设备摆放顺序,尽可能与设计图纸一样,设备之间应有一定的距离,以便接线调试和通风散热。

⑥线缆敷设与接入。根据设计图纸要求,把设备所用线缆分强电和弱电线槽分开布放,并与对应设备依次接好。

⑦地线连接。按照设计要求将设备地线连接到母地线排。

⑧挂牌标志。对设备端所有线缆整理并绑扎固定,将制作好的正式线缆标牌分别用扎带悬挂于单独的线缆之上。线缆标志须内容清晰明了,且和线缆对应正确无误。

⑨参数配置。正确配置收费车道和机房各计算机与服务器的网络地址。

⑩设备调试。车道计算机设备安装完成后,检查、调整设备安装位置,确保其正确、牢固,设备安放应符合设计要求,在用万用表检测线缆无问题后,可对设备进行通电调试,并检测各设备工作是否正常。

⑪核对服务器、工作站、车道工控机 IP 地址、机器名及其相应的机构代码,并检查数据流程是否正常。

(3)质量标准。

①基本要求。

a. 计算机系统设备数量、型号应符合要求,部件完整。

b. 设备安装到位并应连通,且处于正常工作状态,并进行严格测试和联调。

c. 分项工程自检和系统联调记录、设备及附(备)件清单、有效的设备检验合格报告或证书等资料应齐全。

②实测项目。

a. 各端子对机壳绝缘电阻应不小于 $50M\Omega$。

b. 机房和车道联合接地电阻应不大于 1Ω。

c. 系统时间设定功能可实现对车道计算机时钟进行统一校准。

d. 完成对各站及车道 CCTV 图像切换及控制功能控制。

e. 系统崩溃或电源故障重新启动时,系统应能自动引导至正常工作状态,且不丢失任何历史数据。

③外观检查。

a. 计算机设备应安装稳固、端正。

b. 监控室内操作、座椅、设备、配线列架等应整齐、有序,无明显歪斜,标志应清楚、牢固。

c. 所有设备安装后,外观应无划伤、刻痕,以及防护层剥落等缺陷。

d. 设备及收费监控室内布线应整齐美观,固定可靠,标志清楚;过墙、板、地下通道处要有保护套管,并留有适当余量。

e. 设备之间的连接、插头等部件应连接可靠、紧密、到位准确;布线应整齐、余留规整、标志清楚;固定螺钉等应紧固,无松动。

f. 配电箱内信号线、动力线及其接插头应明显区分,标志清楚,且有永久性接线图。

2. 收费车道系统

收费车道系统包括车道控制机(含工控机和车道控制器)、收费员终端(显示器、专用键盘)、通行券发券装置(入口)、通行券读写装置(出口)、票据打印机(出口)、IC 卡收发卡机、收费亭内摄像机、收费亭内拾音器、对讲分机、报警开关等设备。

设备安装位置应符合设计要求,安装牢固且不侵入建筑限界,布局应合理,线路连接应正确并便于维修。车道控制机放置位置应不妨碍收费员的正常操作,报警开关原则上应安装在隐蔽位置。

由于设备、材料到场时间难以统一,应要求各设备在该项工程开工前 5~7 天到场,以便有充足的时间进行设备、材料到场检验。

1) 车道控制机

(1) 界面要求。

①票亭安装完毕且应符合设计、施工要求。

②票亭内所需附属设施应都已安装到位。

③预埋管道数量、材质、直径、路由等应符合设计图纸的要求,且畅通无阻塞。

(2) 流程与监理要点。

①控制机箱安装。根据设计位置安装车道控制器,并按照车道机进线孔尺寸,固定机箱前用切割机在收费亭内静电地板上开出线缆进线孔。地板下线槽至车道机进线孔之间的线缆,应加穿金属软管保护并绑扎固定。

②线缆引入。经施工负责人或系统工程师检查,确认所有外设线缆均已布设完毕后,将线缆自地板下由车道机内进线孔引至地板上。恢复亭内静电地板。根据设备自身安装结构,固定车道控制器。

③线缆测量核对。根据布线施工时预留的线缆临时标签,用万用表测量各线缆。检查线缆布放过程中是否有损伤,以及对应的待接设备是否正确,确认无误后进入下道工序。

④线缆成端制作。将线缆逐条进行开缆,每根线缆护套根部均加套热缩管,用热风枪缩封。对照施工接线图,将各条缆线接入相应端子排接口。

⑤开关电源安装。根据车道控制机出厂配置及选购外设所需工作电压,将开关电源用抱箍固定,输出线接入端子排供所需外设取电。

⑥线圈检测器安装。根据线圈电感量及应用软件要求,调整车辆检测器模式及频率。将调整好的车辆检测器安装插入对应插槽内。

⑦字符叠加器安装。在车道机预留位置安装并固定字符叠加器,接入直流电源。将视频电缆的摄像机输入、显示器输出和上传监控室输出分别制作终端,接入字符叠加器对应的输入、环路输出和叠加输出端口。

⑧数据信号接入。将网络、视频和音频缆分别制作拟 RJ45、BNC 和 RFI 端头,对应接入工控机的网卡、视频捕捉卡和声卡接口。

⑨设备通电调试。全部线缆接续完毕,应检查确认,保证线缆全部到位并且接续无误。对车道机送电开机。使用测试软件操作,通过观察外设工作状态及继电器板上的继电器切换状态对受控设备进行初步测试。

⑩线缆标志制作。对设备内所有线缆整理并绑扎固定,将制作好的正式线缆标牌,分别用扎带悬挂于单独的线缆之上。线缆标志内容应清晰明了,并和线缆对应正确无误。

⑪现场清理恢复。将车道机内的箱体、门体等接地端子用导线压接铜线卡子进行连接固定。对引上线缆进行盘留绑扎。清理施工现场,恢复收费亭内卫生。

(3)质量标准。

①车道控制器的安装质量,应符合《公路工程质量检验评定标准 第二册 机电工程》(JTG 80/2—2004)的规定。

②车道控制器的安装位置,应符合设计图要求,且安装稳固、端正,并便于维护。

③车道机设备安装后,外观应无划痕、刻痕,以及防护层剥落等缺陷。

④设备及收费亭内布线应整齐美观、固定可靠,并留有适当余量、标志清楚;地板下、通道处应架设金属线槽或有保护套管。

⑤设备之间连接插头等部件应连接可靠、紧密、到位准确;固定螺钉等应紧固,无松动。

⑥设备之间连接插头等部件应连接可靠、紧密、到位清楚,且有永久性连接线图。

⑦车道控制器设备强电端子对机壳绝缘电阻应不小于50MΩ。

⑧车道控制器安全接地电阻应不大于1Ω。

2)雾灯

(1)界面要求。

①雾灯安装应要求收费岛内雾灯设备基础、管道已完成,并完成试通,收费棚下无障碍物影响。

②岛内设备基础应平整,法兰盘、地脚螺栓等埋设应正确平直。
③车道设备基础预埋管道应焊接牢固,无直角弯,管口应平滑无毛刺,管内应穿有引线。
④基础、地脚螺栓等应符合设计图纸的要求。
⑤预埋管道数量、材质、直径、路由等应符合设计图纸的要求,且畅通无阻塞。

(2)流程与监理要点。

①安装地脚螺栓。按施工设计图指定位置,根据立柱法兰盘尺寸,打入膨胀螺栓。膨胀螺栓安装打入时,须注意防止损坏螺纹。

②线缆引入。利用引线铁丝将电源及视频线缆自基础管道内引出至岛头雾灯杆体上端。将平垫、弹簧垫和螺母依次套入膨胀螺栓,并暂时不拧紧紧固螺母。

③杆体安装校正。用吊线铅锤配合直尺(或水平尺)检测立柱杆体垂直度,直至垂直度符合规范要求,然后彻底紧固螺母。

④灯箱安装。将雾灯箱体与立柱法兰相连接,检查可视角度后将连接螺栓紧固。

⑤线缆接入。用万用表测量检查线缆是否有损伤,确认后对照施工接线图,将电源线缆各芯分别接入相应端口。

⑥设备通电调试。设备通电前,应保证设备两端的线缆接续正确,避免因线缆误接造成设备及元器件的损坏。

⑦恢复现场与成品保护。现场所有设备安装完成后,应对施工现场进行清理恢复,并注意在投入使用前对成品进行保护。

(3)质量标准。

①收费岛雾灯的安装质量,应符合《公路工程质量检验评定标准 第二册 机电工程》(JTG F80/2—2004)和《道路交通信号灯》(GB 14887—2011)的规定。

②安装过程中须保证部件表面光泽一致,且应无划伤、无刻痕、无剥落、无锈蚀。

③同向车道所有设备中心应在一条直线上,侧面垂直度也须保持一致。

④灯箱密封性能必须良好,保证雨水不能进入箱体内部造成侵蚀。

3)手动栏杆安装

(1)界面要求。

①手动栏杆安装应要求收费岛内手动栏杆设备基础、管道已完成,并完成试通,手动栏杆安装处应无障碍物影响。

②基础、地脚螺栓等应符合设计图纸的要求。

③预埋管道数量、材质、直径、路由等应符合设计图纸的要求,且畅通无阻塞。

(2)流程与监理要点。

①安装地脚螺栓。按施工设计图指定位置,根据手动栏杆机压铁尺寸,用电锤钻出底孔,并打入膨胀螺栓。

②立柱安装固定。将自动栏杆机放置于车道基础上,保证安装后同向车道所有的栏杆机在同一横线上。

③套上垫片及膨胀螺栓螺母。用铅锤配合直尺或水平尺检测立柱垂直度。

④手动栏杆横臂安装。将销轴放入栏杆横臂中,然后和栏杆托臂相连,套上连接螺栓进行紧固,最后将栏杆推入托臂槽中。沿行车方向,栏杆臂应能在水平面上打开90°。

⑤恢复现场与成品保护。现场所有设备安装完后,应对施工现场进行清理恢复,并注意在投入使用前对成品进行保护。

(3) 质量标准。

①手动栏杆机的安装质量,应符合《公路工程质量检验评定标准 第二册 机电工程》(JTG F80/2—2004)的规定。

②设备安装后,外观应无划痕、刻痕,以及防护层剥落等缺陷;安装过程中,应避免损坏箱体外表面喷塑层。

③手动栏杆机基础中心距路边距离应符合设计要求,沿行车方向栏杆臂应能在水平面上打开90°。

4) 车辆检测器

(1) 界面要求。

①收费车道路面施工工作应已完成,路面应无障碍物影响。

②路面伸缩缝间距应大于检测线圈的最大内径600mm以上。

③预埋管道数量、材质、直径、路由等应符合设计图纸的要求,且畅通无阻塞。

(2) 流程与监理要点。

①画线定位。清扫车道,根据现场位置核对施工图纸,确定线圈切割尺寸、位置。

②路面切割。用切割机缓慢匀速下刀,切割深度应符合要求。线槽要求走线平直,保证槽底平整。

③线圈倒角。矩形线槽切割完毕后,应对四角150mm处,进行45°角切割出倒角槽。保证倒角槽和线圈槽连接处的平滑。

④清洗切缝。用高压水枪对线缝进行数遍冲洗,将缝内泥浆洗尽,以保证随后的灌封质量。

⑤风干切缝。用吹风机将切缝槽内存水吹出风干。

⑥垫底层泡沫胶条。确定缝内清洁无杂物,用直径为6mm的弹性发泡密封条垫入切槽底部,用线钩压实。

⑦电缆下线。将线圈线缆松紧度适中地逐层下入槽缝内,用线钩逐层压实,根据设计图要求的电感计算下线匝数。

⑧压面层泡沫胶条。在线缆上用弹性发泡密封条压入槽缝内,用线钩将胶条尽量压实。

⑨缠绞馈线。线缆留足接入线圈检测器的余量后截断,将两根馈线按每米10~15r顺时针缠绕。用万用表测量并记录电感、环阻等原始数据。检测符合要求后,引入设备待接端口。

⑩贴防污染胶带。在各条切槽两边用不干胶带粘贴,防止灌封时密封胶污染路面。

⑪灌胶回填。用专用胶枪将硅酮密封胶均匀地灌入切缝中,所有切缝处均须灌封并保证饱满密实,且不能有空层及气泡。

⑫勾缝抹平。灌胶完成后,用油灰刀将硅酮密封胶压实抹平,且不能留有缝隙。

⑬清理恢复车道。清理已完成路面,可将切割产生的水泥灰覆盖于切缝之上,防止粘连。

(3) 质量标准。

①切缝外观应平直美观。检查切槽深度应符合设计要求。

②拐角处应进行倒角切割,避免锐角损伤线缆。

③灌胶前应测量电感量是否符合设计要求。

④隐蔽工程原始数据记录应及时完整。

5)电动栏杆

(1)界面要求。

①要求收费岛电动栏杆设备基础、管道已完成,并完成管线试通。基础、地脚螺栓等应符合设计图纸的要求。基础所在位置应无支架等其他障碍物,满足施工要求。

②设备基础要求平整。设备基础预埋管道质量应焊接牢固,无直角弯,管口应平滑无毛刺,管内应穿有引线。

③预埋管道数量、材质、直径、路由等应符合设计图纸的要求,且畅通无阻塞。

(2)流程与监理要点。

①安装地脚螺栓。按施工设计图指定位置,根据栏杆机压铁尺寸,用电锤钻出底孔,并打入膨胀螺栓。

②箱体安装。将自动栏杆机放置于车道基础上,用细线绳将所有设备进行吊线检测,并保证安装后同向所有车道的栏杆机在同一横线上。

③线缆引入。利用引线铁丝将电源及控制线缆自基础管道内引出至栏杆机上。将线缆护套根部加套热缩管,芯线取足长度截断,用剥线钳剥除端口绝缘层,并按线缆规格选用冷压端子,用压线钳压接。

④机箱固定。将随机附带的安装压铁放置于栏杆机内部,套上垫片及膨胀螺栓螺母,用铅锤配合直尺或水平尺检测机箱垂直度,机箱垂直度应符合规范要求。

⑤控制线缆接入。对照施工接线图和设备安装使用说明书,将控制线缆接入控制模块相应端口。

⑥电源线缆接入。将电源线缆接入相应电源端口,同时连接设备外壳接地线。

⑦栏杆横臂安装。将销轴放入栏杆横臂中,然后与栏杆托臂相连,套上连接螺栓进行紧固,最后将栏杆推入托臂槽中。沿行车方向栏杆臂应能在水平面上打开90°。

⑧防锈润滑处理。设备安装完毕后,对设备接头、旋转等关节处涂抹工业润滑剂,同时对设备做防锈处理。

⑨设备通电调试。全部安装工作完毕,且经系统工程师检查确认后,对设备进行通电调试。应检查栏杆起落状态是否正常,设备能否按线圈的触发状态正常工作。

⑩恢复现场与成品保护。现场所有设备安装完后,应对施工现场进行清理恢复,并注意在投入使用前对成品进行保护。

(3)质量标准。

①自动栏杆机的安装质量,应符合《公路工程质量检验评定标准 第二册 机电工程》(JTG F80/2—2004)的规定。

②设备安装后,外观应无划痕、刻痕,以及防护层剥落等缺陷,安装过程中,应避免损坏箱体外表面喷塑层。在同向车道,所有栏杆机设备箱体中心应在一条直线上。

③自动栏杆机基础中心距路边距离应符合设计要求,沿行车方向栏杆臂应能在水平面上打开90°。

④栏杆臂在受撞击时应能90°转开。

⑤自动栏杆机设备强电端子对机壳绝缘电阻应不小于50MΩ。
⑥自动栏杆机安全接地电阻应不大于1Ω。
⑦感应线圈的引出线在机箱内应尽量缩短,不许盘绕。

6)费额显示器

(1)界面要求。

①要求收费岛费额显示器设备基础、管道已完成,并完成试通。设备基础要求平整,预埋管道要求焊接牢固,无直角弯,管口应平滑无毛刺,管内应穿有引线。

②基础、地脚螺栓等应符合设计图纸的要求。

③预埋管道数量、材质、直径、路由等应符合设计图纸的要求,且畅通无阻塞。

(2)流程与监理要点。

①安装地脚螺栓。应按施工设计图指定位置,根据立柱法兰盘尺寸,用电锤钻出底孔,并打入膨胀螺栓。

②立柱安装校正。用吊线铅锤配合直尺(或者水平尺)检测立柱杆体垂直度,如误差较大,使用垫铁垫入法兰之下,直至垂直度符合规范要求后,再彻底紧固螺母。

③线缆引入。利用引线铁丝将电源及控制线缆自基础管道内引出至费额显示器箱体内。

④线缆成端制作。将线缆护套根部加套热缩管,长度为40~50mm,然后用热风枪缩封。芯线取足长度截断,用剥线钳剥除端口绝缘层,按线缆规格选用冷压端子,用压线钳压接。

⑤机箱安装固定。利用抱箍将费额显示器箱体与立柱法兰相连接,应检查设备的可视角度后将连接螺栓紧固。

⑥线缆接续。根据布线施工时预留的线缆临时标签,用万用表测量各线缆。检查线缆布放过程中是否有损伤以及对应的待接设备是否正确。确认无误后按照施工图将线缆各芯接入对应端口。

⑦设备通电调试。全部安装工作完毕,并经检查确认后,对设备进行送电调试。应检查设备工作情况,确保每个设备和运行车道对应无误,并且保证设备能按规定的触发状态切换及正常工作。

⑧线缆标志制作。对设备内所有线缆整理并绑扎固定,将制作好的正式线缆标牌分别用扎带悬挂于单独的线缆之上。线缆标志须内容清晰明了、正确无误。

⑨设备清理恢复。恢复设备接线端口盖板。清理施工现场,恢复收费车道卫生,并注意在投入使用前对成品进行保护。

(3)质量标准。

①费额显示器的安装质量,应符合《公路工程质量检验评定标准 第二册 机电工程》(JTG F80/2—2004)的规定。

②安装过程中须保证部件表面光泽一致,无划伤、无刻痕、无剥落、无锈蚀。

③同向车道所有设备中心应在一条直线上,侧面垂直度也须保持一致。

④设备箱体密封性能必须良好,并保证雨水不能进入箱体内部造成侵蚀。

7)车道通行信号灯

(1)界面要求。

①收费岛内车道通行灯设备基础、管道应已完成,并完成试通,收费棚下应无障碍物影响。

②岛内设备基础应平整,法兰盘、地脚螺栓等埋设应正确平直。
③车道设备基础预埋管道应焊接牢固,无直角弯,管口应平滑无毛刺,管内穿有引线。
④基础、地脚螺栓等应符合设计图纸的要求。
⑤预埋管道数量、材质、直径、路由等应符合设计图纸的要求,且畅通无阻塞。

(2)流程与监理要点。

①安装地脚螺栓。按施工设计图指定位置,根据立柱法兰盘尺寸,用电锤钻出底孔,并打入膨胀螺栓。膨胀螺栓安装打入时,须注意防止损坏螺纹。

②线缆引入。利用引线铁丝将电源及视频线缆自基础管道内引出至车道通行信号灯杆体上端。将平垫、弹簧垫和螺母依次套入膨胀螺栓,并暂时不拧紧紧固螺母。

③立柱安装校正。用吊线铅锤配合直尺(或水平尺)检测立柱杆体垂直度,如误差较大,使用垫铁垫入法兰之下,直至垂直度符合规范要求后,再彻底紧固螺母。

④灯箱安装。将车道通行信号灯箱体与立柱法兰相连接,检查可视角度后将连接螺栓紧固。

⑤线缆接入。用万用表测量检查线缆是否有损伤,确认后应对照施工接线图,将电源线缆各芯分别接入相应端口。

⑥设备通电调试。设备通电前,必须确认设备两端的线缆是否接续正确。

⑦恢复现场与成品保护。现场所有设备安装完后,应对施工现场进行清理恢复,并注意在投入使用前对成品进行保护。

(3)质量标准。

①车道通行信号灯的安装质量,应符合《公路工程质量检验评定标准 第二册 机电工程》(JTG F80/2—2004)和《道路交通信号灯》(GB 14887—2011)的规定。

②安装过程中须保证部件表面光泽一致、无划伤、无刻痕、无剥落、无锈蚀。
③同向车道所有设备中心应在一条直线上,侧面垂直度也须保持一致。
④灯箱密封性能必须良好,保证雨水不能进入箱体内部造成侵蚀。

8)雨棚信号灯

(1)界面要求。

①收费棚下应无障碍物影响,收费棚立柱及棚顶预留雨棚信号灯安装及穿线施工界面应已完成。

②车道设备基础预埋管道应焊接牢固,无直角弯,管口应平滑无毛刺,管内应穿有引线。
③在有雨棚灯立柱的收费车道,自收费亭下各引镀锌钢管至立柱顶端(管孔直径满足雨棚信号灯供电电缆使用),用于雨棚信号灯穿线使用。

④预埋管道数量、材质、直径、路由等应符合设计图纸的要求,且畅通无阻塞。

(2)流程与监理要点。

①安装附件制作。应根据现场勘测结果进行安装附件设计。
②搭建施工平台。应根据现场条件搭建现场施工平台。
③吊运设备及工器具。吊装灯箱、安装附件以及工器具吊上操作平台应注意安全保护。
④灯体安装固定。将雨棚信号灯箱体吊装在球节点网架式大棚钢梁之上,所有灯箱正面应处在同一水平线上,灯箱侧面垂直度也须保持一致,安装高度应符合设计要求。

⑤线缆接续。检查线缆布放过程中是否有损伤，以及对应的待接设备是否正确。确认无误后，将线缆各芯接入对应端口。

⑥设备通电调试。全部安装工作完毕，经检查确认后，对设备进行通电调试。

⑦恢复现场与成品保护。现场所有设备安装完毕后，应对施工现场进行清理恢复，并注意在投入使用前对成品进行保护。

（3）质量标准。

①雨棚信号灯的安装质量，应符合《公路工程质量检验评定标准　第二册　机电工程》（JTG F80/2—2004）和《道路交通信号灯》（GB 14887—2011）的规定。

②施工作业须遵循《建筑施工高处作业安全技术规范》（JGJ 80—2016）的要求。

③安装过程中须保证部件表面光泽一致，无划伤、无刻痕、无剥落、无锈蚀。

④所有灯箱正面应处在同一水平线上，灯箱侧面垂直度也须保持一致，安装高度应符合设计要求。

⑤灯箱密封性能必须良好，保证雨水不能进入箱体内部造成侵蚀。

9）广场摄像机杆体及摄像机

（1）界面要求。

①收费广场摄像机的立柱基础应已按要求制作完毕。

②车道设备基础预埋管道应焊接牢固，无直角弯，管口应平滑无毛刺，管内应穿有引线。

③预埋管道数量、材质、直径、路由等应符合设计图纸的要求，且畅通无阻塞。

（2）流程与监理要点。

①清理复核地锚尺寸。复核地锚尺寸公差是否符合要求，并清理地锚螺纹，清理基础表面。

②维护爬梯安装。安装钢立柱的维护爬梯，并用螺栓固定。

③杆体吊装。掌扶推动立柱并使立柱法兰孔对正地锚螺栓后，指挥吊车放下立柱。

④杆体校正。用水平尺检测立柱杆体垂直度，使用撬棍将楔铁垫入法兰之下，直至垂直度符合规范要求。

⑤地锚螺栓固定。将平垫、弹簧垫和螺母依次套入地锚螺栓，并用扳手彻底紧固螺母。

⑥避雷针安装及导线连接。利用立柱体内预先穿入的引线铁丝将接地导线引上杆顶，并与避雷针连接，并用螺栓固定避雷针。

⑦线缆引入。利用引线铁丝将电源及视频线缆自基础管道内引出至广场摄像机杆体上端。

⑧摄像机固定安装。将摄像机与立柱顶端法兰相连接，检查设备的可视角度后将连接螺栓紧固。

⑨线缆接入。对照施工接线图，将电源线缆及视频同轴电缆分别接入相应端口，保证线缆全部到位并且接续无误。

⑩设备通电调试。将摄像机连接监视器，通电试看，通过监视器的接收图像，再次对光圈、镜头进行细微调节，直至达到图像质量要求。

⑪观察摄像机的监视区的覆盖范围，通过调整转向法兰调整水平、垂直角度，取景角度、范围应符合使用单位要求，最后将螺栓彻底紧固定位。

⑫恢复现场及成品保护。现场所有设备安装完毕后，应对施工现场进行清理恢复，并注意

在投入使用前对成品进行保护。

(3) 质量标准。

①摄像机杆体及摄像机的安装质量,应符合《公路工程质量检验评定标准 第二册 机电工程》(JTG F80/2—2004)的规定。

②立柱表面应光泽一致,且无划伤、无刻痕、无剥落、无诱蚀。

③防雷接地与保护接地必须符合规范要求。

④接地线与接地线连接部分应做防腐处理。

10) 收费亭

(1) 界面要求。

①收费亭基础的位置、尺寸、水平度和质量要求,应符合《公路工程质量检验评定标准 第二册 机电工程》(JTG F80/2—2004)的规定,并应有验收资料或记录。设备安装前应按允许偏差对设备基础位置和尺寸进行复检。

②收费亭的供电电源应到位,并提供两路供电电源(机电和照明动力)。

③现场场地应有可容纳大型施工车辆或吊车进行吊装施工作业的安全区域。

(2) 流程与监理要点。

①人员、吊装设施及工器具准备。应根据收费亭的质量选用合适的机械设备和材料,确保吊装工作安全、正常地实施。

②亭体吊装及定位。收费亭在收费岛内应定位准确,确保处于水平状态。

③机械部分检查。检查票亭门体有无变形,能否正常开启和关闭,运动过程有无异常响声,门锁是否正常,并在门锁舌头处涂抹适量润滑油。检查收费推拉窗能否正常开启和关闭,运动过程中有无异常响声,锁扣是否正常,并在门锁扣处涂抹适量润滑油。检查前舱箱门能否正常开启和关闭,运动过程中有无异常响声,密封圈是否密封、完整、锁扣是否正常,并在门锁处涂抹适量润滑油。检查抽屉推拉是否正常、顺畅,有无卡死情况,运动过程中有无异常响声。检查抽屉锁能否正常上锁,票款夹子是否完整。

④电源连接。照明和空调的电气进线连接。照明、空调总进线接线应注意导线(相线、零线、接地线)的颜色定义,接头进行锡焊并用热缩套管进行密封,接头应有效分开,不可粘连;检查空气开关上下端接线有无松动,确保接地电阻值在1Ω以下。

⑤电气测试及检查。设备加电测试前应进行绝缘测试和检查,其中包括照明、动力和机电设备的线路绝缘测试。

⑥设备通电测试。测试过程应检查灯具能否正常亮起,开关能否正常,排气扇能否正常运转、有无异常响声,各插座能否正常供电,应急照明能否正常工作等。

⑦表面清洁。对收费亭进行外表面清洁。

⑧内部清洁。对收费亭进行内表面清洁。

⑨恢复现场及成品保护。现场所有设备安装完毕后,应对施工现场进行清理恢复,并注意在投入使用前对成品进行保护。

(3) 质量标准。

①骨架及吊装装置。要求收费亭的骨架为钢结构,应安全坚固,亭顶部四周应设置吊装环,方便吊运。

②饰板。要求外饰板采用不锈钢板,内饰板采用防火装饰板,墙壁内采用高密度纤维板,能隔音保温。

③窗户。要求窗子为隐形窗,玻璃为5mm茶色或灰色钢化玻璃(前面玻璃为夹层玻璃),能防水隔音。

④内饰。要求天花吊顶采用防火装饰板,地板采用防静电地板。

⑤结构。采用人机分离式结构设计,设备仓和工作仓分离。

⑥附属设施。椅子采用实木框架软皮垫。收费亭空调、照明、插座应分别配有相应的空气开关和总的漏电保护器,墙壁上应安装排气扇并有相应控制开关。

⑦电气性能。电源线路(照明和机电系统)相间和对地绝缘电阻应大于7MΩ(IEC 国际电工委员会加强绝缘条件),亭体接地电阻应小于1Ω。

⑧防漏雨性能。使用自来水对亭体顶部、门板、窗口和各玻璃窗进行模拟雨水冲刷,应无漏水现象。

3. 车牌识别器

车牌识别系统包括触发线圈、车牌采集摄像机、处理单元的工程监理。

1) 界面要求

(1) 基础、地脚螺栓等应符合设计图纸的要求。基础所在位置应无其他脚手架、支架等障碍物,且应满足施工要求。

(2) 预埋管道数量、材质、直径、路由等应符合设计图纸的要求,且畅通无阻塞。

2) 流程与监理要点

(1) 组装车牌识别器。领取摄像机、立柱、连接件,应仔细阅读各厂商设备安装说明书后进行组装,并通过监视器的接收图像进行安装。

(2) 安装地脚螺栓。应按施工设计图指定位置,根据立柱法兰盘尺寸,用电锤钻出底孔,并打入膨胀螺栓。

(3) 线缆引入。利用引线铁丝将电源及视频线缆自基础管道内引出至车牌识别器杆体上端。将平垫、弹簧垫和螺母依次套入膨胀螺栓,且暂时不拧紧紧固螺母。

(4) 杆体安装校正。用吊线铅锤配合直尺(或水平尺)检测立柱杆体垂直度,如误差较大,使用垫铁垫入法兰之下,直至垂直度符合规范要求后,再彻底紧固螺母。

(5) 连接转向法兰。将组装好的车牌识别器、转向法兰和立柱用螺栓进行连接。

(6) 线缆成端制作。将视频同轴电缆引入防护罩内并制作BNC接头。使用电烙铁将电缆芯线、屏蔽铜网分别与BNC头的主轴、外壳焊接,屏蔽网应与芯线分开不能搭接相连。

(7) 线缆接入。对照施工接线图,将电源线缆及视频同轴电缆分别接入相应端口,保证线缆全部到位并且接续无误。

(8) 设备通电调试。将车牌识别器连接至监视器,并通电试看,通过监视器的接收图像,再次对光圈、镜头进行细微调节,直至达到图像质量要求。

(9) 观察摄像机监视区的覆盖范围,通过调整转向法兰调整水平、垂直角度,取景角度、范围应符合要求。

(10) 恢复现场与成品保护。现场所有设备安装完毕后,应对施工现场进行清理恢复,并注意在投入使用前对成品进行保护。

3) 质量标准

(1) 车牌识别器的安装质量应符合《公路工程质量检验评定标准 第二册 机电工程》(JTG F80/2—2004) 的规定。

(2) 各部件表面应光泽一致,无划伤、无刻痕、无剥落、无锈蚀。立柱安装应牢固、端正、无明显缝隙。

(3) 摄像机护罩及支架的安装应符合设计要求,固定要安全可靠,水平和俯、仰角应能在设计要求的范围内灵活调整。

(4) 在安装摄像机过程中,严禁打开镜头盖。安装高度须符合设计要求。

4. 计重收费系统

计重收费系统工程监理要求路面平整度、坡度、收费岛长度、岛头长度、路面宽度、广场硬化路面长度、广场渐变线起始位置、排水等情况符合要求。

1) 界面要求

(1) 预埋管道数量、材质、直径、路由等应符合设计图纸的要求,且畅通无阻塞。

(2) 车道宽度、收费岛头距收费亭的距离应满足设计要求。

(3) 收费车道路面应平整,秤台前后 6m 内平整度误差应不大于 3mm,横纵方向坡度应不大于 3%。

(4) 秤台台面应与车道宽度一致,位置偏差在 ±10%。

(5) 排水道的位置应保证排水畅通。

(6) 光栅分离器应尽量向收费岛的中心安装。

(7) 传感器信号、胎型数据、光栅隔离信号、收尾线圈信号的通道预埋件必须按要求做到位。

2) 流程与监理要点

(1) 基础开挖。基础应符合设计图纸。各种信号传输管线开槽宽度以所需穿线管放进为宜,要保证各车道的手孔和集线井处于同一直线。

(2) 基础浇筑。根据现场选定的安装位置和施工图纸要求,进行车道开挖基础的画线。按照图纸的开槽区域进行切割,要求外框符合图纸要求。轮胎判别器基础垫板上沿与路面平整度、数据采集处理器基础垫板水平度、红外线车辆分离器基础垫板水平度及其高低误差应符合规定要求。

(3) 综合布线。电源线与信号线应分管穿线。线缆在穿线管两端应留有余量。一根线缆中间不允许有接头。手孔内的线缆应套上蛇皮管。集线柜里的线必须保证整齐美观,并且均套蛇皮管。所有穿线管的端口都应堵塞、清洁并做防鼠处理。

(4) 现场清理和预埋设施检查。清除松散混凝土块,保证表面干净粗糙,以利于新旧混凝土的连接。固定钢筋笼和框架,保证在浇筑混凝土时不至变形、移位,钢筋的弯制和焊接等均应符合有关技术标准和施工规范要求。

(5) 秤台冲洗设施安装。秤台式计重设备的冲洗设施包括秤台基坑、积水管槽、加压水泵、横穿收费岛排水管道。

(6) 秤台式计重设备秤台底座安装与混凝土浇筑。检查车道路面质量,测量纵横坡度、平整度是否符合施工要求。基础以下的土质要求为 C20 以上混凝土。浇筑时应注意用泡沫或其他物品把穿线管管口密封好,防止进浆封堵穿线管。二次浇筑前应按图纸将相关位置进行凿毛。

(7)秤台式计重设备安装与接线。按正确方向将秤台放入框架。四只传感器压柱与垫板压实。秤台与框架上平面相平。秤台与框架间的距离应保持均匀、等距。所有接线或端子固定,均应使拨出铜线良好,不得有少股和虚连现象,并且电源线根部应采用热缩管保护。进入数据采集器的线缆应理顺,电源信号应分开布线。所有线缆均应有明确的标志。

(8)设备参数配置。包括时钟设置、波特率设置、命令模式、方向使能、通信协议、台面宽度(设定台面宽度)、线圈抓拍、更改口令、抓拍使能、缓存车数、看门狗设置等。

(9)软件安装与参数配置。根据设计文件提供接口协议,并进行软件安装和参数设置。

3)质量标准

(1)计重收费系统的设备及配件数量、型号规格应符合要求,部件及配件应完整。

(2)计重收费系统中使用的称重平台(承载器)必须通过相关部门型式评价(定型鉴定)的检测并取得"计量器具制造许可证"。

(3)称重平台、车辆分离器、胎型识别器安装位置应正确,并符合设计要求。

(4)收尾线圈、称重显示屏(选件)安装尺寸应符合设计要求,线槽应顺直、均匀、封填后应平整,引线过缘石应处理得当。

(5)控制机箱应外部完整,门锁开闭应灵活。

(6)电源、通信线路应按规范要求连接到位,且保证计重收费系统处于正常状态。

(7)隐蔽工程验收记录、分项工程自检和设备调试记录、有效的设备检验合格报告或证书等资料应齐全。

(8)称重平台、车辆分离器、胎型检测器、收费线圈、控制机箱等应安装牢固、端正。

(9)计重收费系统各部件表面应光泽一致、无划伤、无刻痕、无剥落、无锈蚀。

(10)基础混凝土表面应刮平,无损边、无掉角;机箱、各部件、法兰及地脚螺栓规格应符合设计要求,防腐措施应得当,裸露金属基体应无锈蚀。

(11)防雷接地和安全接地应分开设置,接地焊接应牢固,焊缝应饱满并做防腐处理;防雷引下线及接地体所用材料规格、防腐与连接措施、安装位置应符合设计要求;金属机箱与安全保护地应连接可靠,接地极引出线应无锈蚀。

(12)各部件之间的出线管与收费亭连接密封应良好,箱体内应无积水、尘土、霉变。

(13)机箱内电力线、信号线、元器件等布线应平直、整齐、固定可靠,标识应正确、清楚,插头应牢固。

5. 收费闭路监控系统

收费闭路监控系统包括收费亭内摄像机、收费车道摄像机、收费站监控室摄像机以及相关设备的工程监理。

1)车道摄像机

(1)界面要求。

①摄像机经通电测试应工作正常。

②基础、地脚螺栓、立柱、间距等应符合设计图纸的要求。

③预埋管道数量、材质、直径、路由等应符合设计图纸的要求,且通常无阻塞。

④基础所在位置应无其他脚手架、支架等障碍物,且应满足施工要求。

⑤视频头、连接螺栓等材料的数量、规格、材质等符应合设计图纸的要求。

⑥CCD摄像机的镜头安装有两种工业标准,即C安装座和CS安装座。

⑦制作视频电缆BNC接头时,屏蔽铜网与芯线不能相碰,按要求外铜网应与芯线分开,压接应特别注意。

⑧由于屏蔽线或设备末接地,会造成干扰,应按要求将屏蔽线和设备的地线压接好。

⑨认真检查安装过程中的所有线缆制作接续质量,避免摄像机因接线不牢固、成像不清晰,造成无图像或图像不合要求的现象。

(2)流程与监理要点

①摄像机部件组装。领取摄像机、立柱、连接件,应仔细阅读各厂商设备安装说明书后进行组装,并通过确认监视器的接收图像后再进行安装。

②安装地脚螺栓。应按施工设计图指定位置,根据立柱法兰盘尺寸,用电锤钻出底孔,并打入膨胀螺栓。膨胀螺栓安装打入时须注意防止损坏螺纹。

③线缆引入。线铁丝将电源及视频线缆自基础管道内引出至车牌识别器杆体上端。将平垫、弹簧垫和螺母依次套入膨胀螺栓,且暂时不拧紧固螺母。

④杆体安装校正。用吊线铅锤配合直尺(或水平尺)检测立柱杆体垂直度,如误差较大,使用垫铁垫入法兰之下,直至垂直度符合规范要求后再彻底紧固螺母。

⑤连接转向法兰。将组装好的车牌识别器、转向法兰和立柱用螺栓进行连接,并用扳手对螺栓紧固。

⑥线缆成端制作。将视频同轴电缆引入防护罩内并制作BNC接头。使用电烙铁将电缆芯线、屏蔽铜网分别与BNC头的主轴、外壳焊接,屏蔽网应与芯线分开且不能搭接相连。

⑦线缆接入。对照施工接线图,将电源线缆及视频同轴电缆分别接入相应端口,保证线缆全部到位并且接续无误。

⑧设备通电调试。对光圈、镜头进行细微调节,直至达到图像质量要求;调整转向法兰来调整水平、垂直角度,取景角度、范围应符合使用单位要求。

⑨恢复现场与成品保护。现场所有设备安装完毕后,应对施工现场进行清理回复,并注意在投入使用前对成品进行保护。

2)收费亭摄像机

(1)界面要求。

①收费亭应安装完毕且符合设计施工要求。

②收费亭内所需附属设施都应安装到位。

③预埋管道数量、材质、直径、路由等应符合设计图纸的要求,且畅通无阻塞。

(2)流程与监理要点。

①设备定位。亭内摄像机应固定于收费亭的右侧顶部,对准收费员操作位置。

②线缆敷设。线缆敷设、连接时不得有接头,不得有硬伤。线缆应在收费亭地板下侧壁固定,同时留出余量。

③设备安装。制作BNC接头,焊接应牢固,电源线、控制线应加冷压端子接入摄像机端子内,连接牢固,且无虚接现象。摄像机装配调试好后,引出视频线、电源线、控制线至摄像机配

电箱中,并对应接入相应设备。

④线缆成端引入。屏蔽网应与芯线分开且不能搭接相连。

⑤设备通电调试。应对光圈、镜头进行细微调节,直至达到图像质量要求;调整转向法兰来调整水平、垂直角度,取景角度、范围应符合使用单位要求。

3)财务室、监控室摄像机

(1)界面要求。

①财务室、监控室应已按设计要求建设完毕。

②预埋管道数量、材质、直径、路由等应符合设计图纸的要求,且畅通无阻塞。

(2)流程与监理要点。

①财务室、监控室摄像机位置应参照施工图纸,由承包人、监理、业主协商确定。

②应根据房建预埋管道进行线缆敷设。

③摄像机应采用吸顶方式安装,且在天花板上方固定。

④连接线缆不得有接头、梗伤。

⑤事先应调整好摄像机焦距和光圈。

⑥摄像机安装稳固后再调整角度。

4)收费站监控室视频设备

(1)界面要求。

①机房、监控室地面、墙体应已装修完成,装修活动地板应符合国家标准的相应规定。装修用材料可根据需要采取防静电措施。地面材料应平整、耐磨、易除尘、减少眩光等。

②安装设备时,房建装修工程应已完工,各种穿墙孔洞、爬线架、线缆井、走线槽等应已施工完毕。室内应充分干燥,市电应已引入机房,机房照明应已能正常使用;机房内不得存放易燃、易爆或腐蚀性、强热源的物体;机房内应配备消防器材并在有效期内;机房建筑的防雷接地和保护接地、工作接地体及针线须保证合格,接地电阻必须符合施工图设计要求。

③所用线缆等主要材料数量、型号、规格等应符合设计要求。

(2)施工流程。

①监视墙、机柜安装流程。现场位置测量→安装地脚螺栓→电视墙、机柜底座安装校正→支架安装与校正→设备安装→线缆敷设与标志、线缆头制作及接入→电源线敷设与标志→设备的电源接入→设备通电调试、恢复现场与成品保护。

②控制台安装流程。现场位置测量→控制台组装→开进线孔→敷设线缆→设备摆放、线缆引入→地线连接→设备通电调试→清理现场与成品保护。

(3)监理要点。

①监视墙。

a. 根据设计图纸要求,在现场用盒尺测量出电视墙的安装位置,并做好标记。如果房间有静电地板,则安装时需要去掉设备定位处的地板。

b. 根据电视墙底座和底座安装孔的尺寸关系,在已经测好位置的楼层地面标记好底座固定螺栓安装位置,用电锤钻出底孔,打入膨胀螺栓并紧固,防止连轴转。膨胀螺栓安装时须注意防止损坏螺纹。

c. 将电视墙底座安装在已经固定的膨胀螺栓位置,用水平尺测量底座的水平度和垂直度,利用垫铁调整水平及垂直度,直到达到设计要求。

d. 把散装的电视墙支架根据图纸组装好,并利用连接螺栓安装在电视墙支架底座上后,将监视器托板连接固定在电视墙支架上。用水平尺测量支架和托板的水平和垂直度,通过垫铁和连接螺栓调整支架和托板,直至符合设计要求。

②控制台。

a. 根据设计图纸的要求,在安装现场进行位置测量,以确定准确的操作台摆放位置。

b. 组装零散的操作台部件,摆放到已经测量好的位置后,操作台之间须用地线连接起来,以保证操作台的接地符合设计要求。

c. 利用开孔器在操作台底下的线槽侧壁和静电地板上进行开孔,根据穿线的多少来确定开孔大小。线槽至静电地板间的线缆应使用包塑金属软管进行保护,并通过套头固定。

③收费机柜。

a. 根据设计图纸的要求,在现场测量出机柜的安装位置。

b. 在已经测好的位置处,根据设备机柜底座的大小尺寸,用电锤钻出底孔,并打入膨胀螺栓。膨胀螺栓安装打入时须注意防止损坏螺纹。

c. 将设备机柜底座安装固定好,并用水平尺进行水平及垂直度调整。把设备机柜安装在机柜底座上。安装时应注意机柜的垂直度,如机柜是多个并排安装,应注意机柜前门保持在同一水平面,中间缝隙适当。

④计算机、显示器、打印机等设备安装。

a. 设备安装前应检查设备的品牌、型号、规格、产地和数量是否与设计(或合同)相符。

b. 设备应根据设计要求安装在机柜中或独立水平放置在操作台上,螺钉安装应紧固,并应预留足够大的维护空间。

c. 设备安装(摆放)好后,检查主电源电压,并将机器外壳连接地线,接地线必须与建筑物接地线相接,最后将输电线及电源接头连接到设备上进行设备通电调试。

d. 设备电源线、信号线应从机柜、控制台底引入,顺所盘方向理直绑扎整齐。

⑤财务稽查设备安装。

a. 设备安装前应检查设备的品牌、型号、规格、产地和数量是否与设计(或合同)相符。

b. 设备应根据设计要求安装在机柜中或独立水平放置在操作台上,螺钉安装应紧固,并应预留足够大的维护空间。

c. 设备安装(摆放)好后,检查主电源电压,并将机器外壳连接地线,接地线必须与建物接地线相接,最后将输电线及电源接头连接到设备上进行设备通电调试。

d. 设备电源线、信号线应从机柜、控制台底引入,顺所盘方向理直绑扎整齐。

⑥设备参数配置。

a. 正确配置收费车道和机房各计算机与服务器的网络地址。

b. 正确配置各计算机和服务器的访问权限。

c. 正确配置收费站机房与车道交换机。

⑦设备通电调试。

a. 用万用表检测线路并确认无问题后,设备通电,检查确认线路连接和设备安装是否符合设计要求。

b. 收费站监控室设备安装完成后,应检查、调整设备安装位置,确保正确、牢固,设备室距应符合设计要求,用万用表检测线缆无问题后,可对设备进行通电调试,并检测各设备工作是否正常。

c. 核对服务器、工作站、车道工控机 IP 地址、机器名及其相应的机构代码,并检查数据流程是否正常。

d. 调试过程中需注意测试数据的处理问题,避免将测试数据传至省中心造成不必要的麻烦,同时注意设备相应的保护措施。

5) 质量标准

(1) 闭路电视系统的设备及配件数量、型号规格应符合要求,且部件完整。

(2) 端子与机壳绝缘电阻应不小于 $50M\Omega$。机房和车道联合接地电阻应不大于 1Ω。

(3) 防雷部件应安装到位、连接措施应符合规范要求。

(4) 车道以及收费亭内摄像机(云台)安装方位、高度应符合设计要求。

(5) 控制机箱应外部完整,门锁开闭应灵活。

(6) 电源、控制线路以及视频传输线路应按规范要求连接到位,闭路电视系统的所有设备应处于正常工作状态。

(7) 收费监控系统软件功能应符合要求。

(8) 收费管理中心(分中心)、收费站、收费车道各级监控室的连接应按设计要求开通。

(9) 应提交隐蔽工程验收记录、分项工程自检和设备调试记录、有效的设备检验合格报告或证书等资料。

(10) 所有设备安装后,外观应无划伤、刻痕,以及防护层剥落等缺陷。

(11) 设备及收费监控室内布线应整齐美观、固定可靠、标志清楚;过墙、板、地下通道处要有保护套管,并留有适当余量。

(12) 设备之间连接、插头等部件应连接可靠、紧密,到位准确;布线应整齐、余留规整、标志清楚;固定螺钉等应坚固,无松动。

(13) 配电箱内信号线、动力线及其接插头应有明显区分,且标志清楚,并有永久性接线图。

6. 对讲与报警系统

1) 界面要求

(1) 对讲主机和分机设备应完好,通信线缆应已敷设完毕。

(2) 收费岛内声光报警器设备基础、管道应已完成,并完成试通,收费棚下应无障碍物影响。岛内设备基础应平整,法兰盘、地脚螺栓等埋设应正确平直。

2) 流程与监理要点

(1) 安装地脚螺栓。按施工设计图指定位置,根据立柱法兰盘尺寸,用电锤钻出底孔,并打入膨胀螺栓。

(2) 线缆引入。利用引线铁丝将电源及视频线缆自基础管道内引出至车道通行信号灯灯杆体上端。将平垫、弹簧垫和螺母依次套入膨胀螺栓,且暂时不拧紧紧固螺母。

(3) 立柱安装校正。用吊线铅锤配合直尺(或水平尺)检测立柱杆体垂直度,如误差较大,使用垫铁垫入法兰之下,直至垂直度符合规范要求后再彻底紧固螺母。

(4)灯箱安装。将声光报警器箱体与立柱法兰相连接,检查可视角度后将连接螺栓紧固。

(5)线缆接入。用万用表测量检查线缆是否有损伤,确认后对照施工接线图,将电源线缆各芯分别接入相应端口。接续完毕,由施工负责人或系统工程师检查确认。

(6)设备通电调试。设备通电前,必须由施工负责人或系统工程师检查设备两端的线缆接续是否正确,避免因线缆误解造成设备及元器件的损坏。

(7)全部安装工作完毕,经检查确认后,对设备进行通电调试。检查设备工作情况,确保每个设备和运行车道对应无误。

(8)恢复现场与成品保护。现场所有设备安装完毕后,应对施工现场进行清理恢复,并注意在投入使用前对成品进行保护。

3)质量标准

(1)对讲和声光报警器的安装质量,应符合《公路工程质量检验评定标准 第二册 机电工程》(JTG F80/2—2004)和《道路交通信号灯》(GB 14887—2011)的规定。

(2)安装过程中须保证部件表面光泽一致,无划伤、无刻痕、无剥落、无锈蚀。

(3)同向车道所有设备中心应在一条直线上,侧面垂直度也须保持一致。

(4)灯箱密封性能必须良好,保证雨水不能进入箱体内部造成侵蚀。

7. 电子收费(ETC)系统

1)界面要求

(1)所有通信、收费管道均应完工。主干线通信管道和收费系统用信号、电力管道、人井、手孔应已完工。收费广场下的电缆沟(管道或人行通道)、收费岛上设备所需的管道及其预留预埋等应已完工。

(2)接地。各附属设施和收费天棚的房建、机电的联合接地应已建设完毕,接地电阻应小于1Ω。

(3)收费岛及相关基础。ETC收费岛的土建工程建设(包括ETC外场设备基础、穿线管道)应已完成,并使之符合ETC系统工程施工的要求,安放ETC车道系统的收费亭必须安装有空调。

(4)标志、标线、标牌。ETC车道的标志、标线、标牌及其他有关引导设施必须在ETC车道安装的同时安装完毕。

(5)ETC车道收费亭内应具备可连接至收费站及收费系统的局域网接口。

2)流程与监理要点

(1)综合布线。

①电缆敷设前,要认真查看施工设计要求,列出电缆敷设回路明细表,找出起点终点,按电缆规格,计算好电缆长度。本着先放控制电缆后放动力电缆的原则进行施工。

②电缆进场检验。电缆进场前应检查电缆的规格、型号是否与设计相符,合格证等技术资料是否齐全。

③电缆敷设前的其他准备工作。清理沟内外杂物,支架应安装完毕。

④配管。强弱电线管应分开敷设,以防漏电。

⑤穿线前,线管内要清除干净,导线要分色焊接,线径要符合图纸要求。

⑥敷设电缆时,尽可能用放线架。终点施工时,绝缘带要包扎严密,顺序要正确,线端要用

压线钳压紧。

⑦电缆应预留长度。

⑧过人、水井的电缆必须在井内用带勾膨胀螺栓固定。

(2)现场清理和预埋设施检查。

①应在有资质的技术人员指导下,进行脚手架、临时通道、临时安全防护栏等的拆除工作。

②做好施工场地地下管线和邻近建筑物、构筑物(包括文物保护建筑)、古树名木的保护工作。

③保证施工场地清洁且符合环境卫生管理的有关规定,交工前要清理现场并达到业主的要求,并应承担因自身原因违反有关规定造成的损失和罚款。

④配合交通和路政管理部门清理、清扫施工区域,避免影响或堵塞交通主干线或交通辅助设施的正常使用。

(3)立柱与机柜安装。

①天线立柱安装。

a. 调整立柱使其竖直,线缆穿过立柱内孔;再将立柱安装在费额显示器基础上,并拧紧地脚螺栓上的螺母。

b. 封立柱出线孔。用玻璃胶密封立柱出线孔,并用防水胶布包好防护套管。

②费额显示器立柱安装。

a. 将费额显示器立柱平放,线缆穿过立柱内孔,再将立柱安装在费额显示器基础上,调整好费额显示器正面与行车方向的角度(以行车时驾驶员的视角最佳为准,一般为 70°~75°),拧紧地脚螺栓上的螺母,并对螺栓做防锈处理。

b. 封立柱出线孔。用玻璃胶密封立柱出线孔,用防水胶布包好防护套管。

③车道摄像机立柱安装。

a. 将立柱平放,线缆小心穿过立柱内孔以防止划伤,再将立柱放在摄像机基础正上方,并紧固地脚螺栓上的螺母。

b. 封立柱出线孔。用玻璃胶密封立柱出线孔,用防水胶布包好防护套管。

(4)收费亭内机柜设备安装工序流程。

①检查机柜层板及底板接线端子是否已经装配好。

②将机柜摆放到预定位置,拆下机柜前、后、侧门,检查机柜各连接螺栓有无松动。

③接机柜电源线和接地线。接线完毕后必须检测连接是否良好、可靠。

④机柜通电,检查机柜散热风扇工作是否正常。

⑤连接各亭外设备控制线至机柜底板接线端子排。接线完毕后应给每根线缆挂上标签。

⑥将工控机、车控器、天线控制器、字符叠加器等柜内设备安装在规定位置。设备底部必须安装标准支垫,机箱、车控器、天线控制器等用螺钉固定到机柜上。

⑦按图纸连接各设备线缆,并挂好标签。

⑧检查视频同轴线缆与视频专用接头之间有无虚焊或短路。

⑨用网线连接工控机网卡和收费站车道网络接口,应检测网络连接有无接触不良现象。

⑩屏蔽线缆的屏蔽层和设备的接地端应良好接地。

⑪检查各设备接线是否牢固、准确,插头紧固螺钉是否拧紧。

⑫插好各设备电源线。应注意检查各电源插头与插座的连接有无相互干涉,排除虚接。应给各电源插头挂上标签。

(5)设备安装与接线。

①ETC 天线安装。

　a.天线龙门架安装。龙门架立柱安装在天线基础上,调整立柱使其竖直,并拧紧地脚螺栓上的螺母;再将龙门架横梁(垂直于车道)水平安装在立柱上。

　b.敷设专用线缆。铺设线缆时,从天线龙门架安装天线位置旁的出线孔开始穿线缆,并预先在线缆靠近航空插头一端套好软保护套管。

　c.将天线固定支架安装在天线龙门架上。固定支架与龙门架之间要加一块绝缘胶垫,保证固定支架底部水平,并将固定螺栓拧紧。

　d.将天线安装到固定支架上。拧紧安装螺栓,天线离地面的安装高度应保持在 5.5m 以上。

　e.将天线专用线缆的航空插头正确插入天线插座,并拧紧插头螺套。专用线缆的另一端按编号接天线控制器端口。

　f.接防雷地线。从靠近龙门架最近位置的接地扁钢处接一根 $20mm^2$ 的接地铜缆到龙门架,接地铜缆连接要牢固可靠。

　g.防锈处理。将龙门架安装螺栓、螺帽表面喷涂一层防锈漆,并封灌水泥。把龙门架基础填至与岛面平齐;若有要求,基础表面还须铺上岛面地砖。

　h.安装完毕后应清理现场。

②ETC 自动栏杆机安装。

　a.栏杆机安装。将栏杆机放在基础正中,且注意保证栏杆机安装平整,并放好压块,拧紧螺母。

　b.线缆准备。将敷设线缆阶段盘在自动栏杆机上的线缆理顺。

　c.栏杆机电源接线。按图纸要求接线,并挂好线缆标签。

　d.栏杆机控制信号接线。按图纸要求接线,并挂好线缆标签。

　e.安装栏杆臂。

　f.安装完毕后清理现场,并保存好栏杆机钥匙。

③ETC 费额显示器安装工序流程说明。

　a.线缆整理。将敷设线缆阶段盘在费额显示器上的线缆理顺,并将电力线和信号线分开捆扎好。

　b.费额显示器立柱安装。将费额显示器立柱平放,线缆穿过立柱内孔,再将立柱安装在费额显示器基础上,调整好费额显示器正面与行车方向的角度(以行车时驾驶员的视角最佳为准,一般为 70°～75°),拧紧地脚螺栓上的螺母,并对螺栓做防锈处理。

　c.费额显示器安装。抬起费额显示器,将线缆穿过费额显示器穿线孔,放正费额显示器,上好螺栓、弹簧垫圈等连接件,拧紧每个螺母。

　d.费额显示器接线。按图纸要求接线,要求费额显示器箱内走线美观,并挂好线缆标签。

e.安装完毕后锁好费额显示器后门,保管好钥匙,并清理现场。

④ETC车道车牌识别器安装。

a.线缆整理。将预先敷设好的线缆埋顺。

b.安装摄像机立柱。将立柱平放,线缆应小心穿过立柱内孔以防止划伤,再将立柱放正在摄像机基础上,并紧固地脚螺栓上的螺母。

c.安装摄像机。先调整防护罩的大致角度,安装好防护罩。然后将镜头安装到摄像机上,并按说明书将摄像机设置好,再把摄像机安装到立柱上。

d.摄像机接线。按图纸要求接线,接线完毕将防护罩盖好。

e.封立柱出线孔。用玻璃胶密封立柱出线孔,并用防水胶布包好防护套管。

f.安装完毕后应清理现场。

(6)声光报警器安装。

①确定安装位置及切割出线孔。根据施工图及现场实际情况,确定好报警器的安装位置。

②线缆准备。确定所需电缆长度,裁剪好线缆。

③线管(线槽)准备及铺设线缆。铺设线管,在亭顶位置应保证线缆不能裸露在外面。

④安装支架和声光报警器。先安装声光报警器支架,再安装报警器及接线。支架和报警器都必须安装端正。

⑤用胶布和玻璃胶封住出线孔。

(7)设备参数配置。

①正确配置各计算机与服务器的访问地址。

②正确配置各计算机的访问权限。

③合理调整监控图像数据存储空间与位置。

(8)软件安装与参数配置。

①在ETC收费车道工控机上安装收费车道软件。

②配置参数包括基本配置、设备控制、异常报警、功能参数、文件存放路径和其他参数。

(9)设备和系统调试。

①车道系统调试工作内容。

a.线路检查。

b.复测(加电)。

c.各设备单项功能测试。

d.各设备技术性能测试。

e.车道设备硬件联调。

f.与收费站通信设备联调。

②收费站调试工作步骤。

a.收费站服务器监控程序与车道程序联调。

b.收费站服务器监控程序与人工收费系统联调。

③收费系统联机调试。

a.提出需接入的接口标准、通信协议、技术要求。

b. 收费系统调试包括数据传输、通行费拆分、黑名单下发、IC 卡管理等。
3）质量标准
（1）基本要求。
①车道系统的设备数量、型号应符合要求，且部件完整。
②车道系统的关键设备和交易处理流程应严格按照国家、交通运输行业相关标准及技术规范执行。
③设备应安装到位并已连通，且处于正常工作状态。
④车道控制逻辑应缜密、稳定、可靠。
⑤车道专用标志标线的设置应符合相关标准规范要求。
⑥车道应具备完整的设计、施工、验收等材料，以及分项工程自检和设备调试记录、设备及附（备）件清单、有效的设备检验合格报告或证书等资料。
⑦管理中心系统除了具备保证全省（自治区、直辖市）高速公路现金收费清分结算相关管理功能的同时，还应具备全省（自治区、直辖市）非现金收费清分结算功能及相应的数据合法性验证、传输、统计、存储等管理功能。
⑧管理中心（省级）电子收费密钥管理系统应符合交通运输部统一的密钥管理体系。
⑨管理中心系统性能，包括主服务器性能以及系统可靠性、安全性和灵活性等，在符合《收费公路联网收费技术要求》相关规定的基础上，应能够满足本省（自治区、直辖市）2~3 年内应用发展的需求。
⑩管理中心系统应严格按照标准进行设计、施工和验收，相关设计、施工、验收材料应齐全。
（2）外观检测。
①车道设备及部件安装应牢固、端正。
②收费亭内操作台、座椅、设备等应整齐、有序，应无明显歪斜，标志应清楚牢固。
③所有设备安装后，外观应无划伤、无刻痕、无剥落、无锈蚀。
④设备及收费亭内布线应整齐美观、固定可靠、标识清楚；过墙、板、地下通道处要有保护套管，并留有适当余量。
⑤设备之间连接、插头等部件应连接可靠、紧密、到位准确；布线应整齐、余留规整、标识清楚；固定螺丝等应紧固，无松动。
⑥车道基础混凝土表面应刮平，无损边、无掉角；机箱、立柱、法兰及地脚螺栓规格应符合设计要求，防腐措施应得当，裸露金属基体应无锈蚀。
⑦防雷接地和安全接地应分开设置，接地焊接应牢固，焊缝应饱满并做防腐处理；金属机箱与安全保护地应连接可靠，接地极引出线应无锈蚀。
⑧车道设备机箱的出线管与箱体连接密封应良好，箱体内应无积水、灰尘、霉变。
⑨管理中心系统设备应安装稳固、端正。
⑩管理中心系统设备、配线列架等应整齐、有序、无明显歪斜，标志应清楚、牢固。
⑪设备安装后，外观应无划伤、无刻痕、无防护层剥落等缺陷。
⑫设备布线应整齐美观、固定可靠、标识清楚；过墙、板、地下通道处要有保护套管，并留有适当余量。

⑬设备之间连接、插头等部件应连接可靠、紧密、到位准确;布线应整齐、余留规整、标识清楚;固定螺丝等应紧固,无松动。

第五节 隧道机电系统工程质量监理

公路隧道机电工程是保证车辆安全通行的必要条件。公路隧道由于车速快、流量大、光线较暗、空气质量差、环境噪声大而比一般路段更容易发生交通事故;因迂回空间有限,隧道内的事故处理比较困难,中断交通时间较长,若发生火灾,危险性更大,因此设立完善的隧道机电设施十分必要。

一、公路隧道机电工程的组成及设施配置

(一)公路隧道机电工程的组成

公路隧道机电工程,是指在公路隧道这一特殊路段上根据交通工程学原理和方法为使车辆快速、安全、舒适通过而设置的通风、照明、监控、消防、应急救援电话、有线广播、安全及管理等设施、设备和系统。公路隧道机电工程主要由下列系统组成:

(1)公路隧道通风系统。
(2)公路隧道照明系统。
(3)公路隧道交通控制系统。
(4)公路隧道火灾报警系统。
(5)公路隧道监控系统。
(6)公路隧道电视监视系统。
(7)公路隧道供电系统。
(8)公路隧道消防设施。
(9)公路隧道交通安全设施。

(二)公路隧道机电工程等级划分

公路隧道机电工程等级按照隧道长度和隧道交通量这两个参数来划分,一般将隧道长度在10km以内,隧道单洞日交通量在50000辆以下的公路隧道划分为A、B、C、D四级。根据公路隧道长度和其开通后第5年预测交通量,在图7-3中确定公路隧道机电工程等级。隧道长度超过10km将做特殊研究。

(三)公路隧道机电工程设施配置

隧道作为公路运输网的瓶颈路段。完善的隧道机电工程设施可以改善洞内环境、减少污染、减少事故,增强隧道的通行能力,延长隧道的使用期限,保证隧道的安全运营,给驾乘人员提供一个顺畅、安全、舒适的行车环境。公路隧道机电工程等级确定以后,可根据《公路隧道照明设计细则》(JTG/T D70/2-01—2014)和《公路隧道交通工程设计规范》(JTG/T D71—2004)配置相应的系统和设施,具体配置见表7-17。

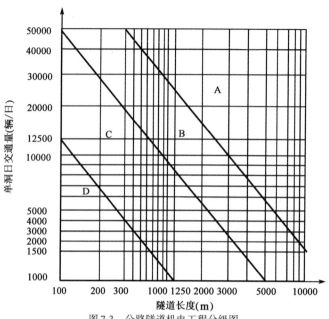

图 7-3 公路隧道机电工程分级图

高速公路隧道交通工程设施配置表

表 7-17

设施名称		隧道分级			
		A	B	C	D
标志标线	标志	●	●	●	●
	标线	●	●	●	●
交通监控设施	车辆检测器	●	■	▲	—
	摄像机	●	●	▲	—
	可变限速标志	●	■	▲	—
	可变信息标志	●	■	▲	—
	交通信号灯	●	■	▲	—
	车道指示器	●	■	▲	—
通风与照明控制设施	VI 检测器	●	■	▲	—
	CO 检测器	●	■	▲	—
	风速风向检测器	●	■	▲	—
	亮度检测器	●	■	▲	—
紧急呼叫设施	紧急电话	●	●	▲	—
	有线广播	●	■	▲	—
火灾报警、消防与避难设施	火灾检测器	●	■	▲	—
	手动报警按钮	●	●	▲	—
	灭火器	●	●	●	●
	消火栓	●	●	▲	—
	水成膜灭火装置	●	■	▲	—

续上表

设 施 名 称		隧 道 分 级			
		A	B	C	D
中央控制管理设施	计算机设备	●	■	▲	—
	显示设备	●	■	▲	—
	控制台	●	■	▲	—

说明：●必选设施　■应选设施　▲可选设施　—不作要求。

二、隧道机电工程施工质量监理

(一)隧道通风系统

1．系统施工应具备的条件

1)界面

(1)土建主体施工完毕,设备基础及预埋件的位置、高程、尺寸应符合设计规范要求。

(2)隧道现场应具备足够的运输空间及作业场地。作业场地应清理干净,要求无影响设备安装的障碍物及其他管道、设备、设施等。

2)人员、技术

(1)制订风机安装施工组织实施方案,组织召开技术交底会。

(2)电焊工、起重工应持有相关从业资格证。

3)机具及材料准备

(1)设备和主、辅材料应已运抵现场,安装所需机械、机具应已准备齐全,并有安全防护措施。

(2)风机安装所使用的主料和辅料的规格、型号应符合设计规定,并具有出厂合格证明书或质量鉴定文件。

(3)地脚螺栓通常随设备配套带来,其规格和质量应符合施工图纸或说明书要求。

(4)设备地脚螺栓的规格、长度,以及平、斜垫铁的厚度、材质和加工精度应满足设备安装要求。

4)安全措施与保护

(1)有可移动高空作业工作台时,作业处两边应摆放反光锥,人员必须戴好安全帽、系好安全带、穿反光背心,台架应贴反光膜。

(2)现场应有专职瞭望员,维护现场安全。

2．质量控制要点

1)风机安装基础检验

(1)风机安装前应根据设计图纸对设备基础进行全面检查,且安装位置、高程及尺寸应符合设备安装要求。此外应注意核查附近有无其他预留安装的设备,如有应及早协调变更。

(2)焊接风机座架专用U形卡,应双面满焊,焊条型号必须严格符合技术要求。

(3)座架焊接完成后,必须做抗拔力测试。测试拉力应为实际静荷载的15倍,拉力持续时间应在 15min 以上。

2）风机进场检查

（1）风机运抵现场后，应保持包装和密封良好，技术文件应当齐全，并有装箱清单，其规格、型号、技术参数应符合设计要求。应对照设备装箱清单清点，核对叶轮、机壳和其他部位的主要尺寸是否符合设计要求，并做好检验记录。

（2）风机安装前应认真进行外观清理检查，并做好记录。清理检查项目包括外部清扫，包装紧固件的拆卸，外面油漆情况的检查，旋转紧固件的检查，风机各相绝缘情况检查测定。如是轴流风机还应进行液压油油位检查。

（3）进、出风口应用盖板严密遮盖，防止尘土和杂物进入。

（4）搬运设备应由专人指挥，使用的工具及绳索必须符合安全要求。

3）风机吊装

（1）风机安装过程中不得撞击、敲击机壳，以免壳体变形；不得解体风机。现场组装风机时，绳索的捆绑不得损伤机件表面，转子、轴径和轴封等处均不作为捆绑部位。

（2）风机吊装采用专用吊架吊装，也可采用机械设备吊装。吊装时应由风机两端安装螺栓并同时起吊。吊装过程应当始终均匀提升，严禁用一组螺栓吊装，严禁吊挂消声器。吊装时应注意风机方向。整个安装过程须由监理工程师监督执行。风机吊装时应有安全措施。

（3）风机安装要确保间距与设计一致，风机中轴线要与隧道轴线处于平行状态。然后按规定力矩拧紧螺母。

（4）风机电源连接及接地必须与施工图的规定一致，并按接线盒上随机所附的接线图连接。接线可采用金属软管保护，线径、规格应与设计一致。接地线应当连接牢靠，并与主接地回路可靠连通，外露接线端子应选用铜端子，并进行防潮处理。

3. 检查与测试

1）运转检查

（1）风机运转试验，应在监理工程师的监控下进行运转试验，试验前应确保电压符合要求，接线正确，连接件牢固，转动叶片与机壳应无触碰。

（2）在启动风机前，应测试电机绝缘电阻，若绝缘电阻值小于 $1M\Omega$，应对定子绕组进行干燥处理；干燥处理时的温度不允许超过 120℃。

（3）经过全面检查，并确定供应电源相序正确后，方可送电试运转。

（4）运转过程中应对电机运行电流进行监控，以保证该电流在风机电机铭牌指标之内。

（5）叶轮旋转方向必须正确；在额定转速下试运转时间不得少于 2h。

（6）射流风机正反转换向时，应等风机叶轮停稳后，方可接通反向电源。

2）检查测试

（1）软启动值正常转速所用时间应保证启动电流不超过额定电流的 3～4 倍。

（2）应检查风机是否有软停止功能。

（3）正常运转时的风速应达到设计和风机技术参数的要求。

①射流风机正、反转出口风速测试。用风速仪测量风机正反转时的出口风速，在风机出口截面上取 6 个测试点，取点位置为距风机口 10cm，距风机边缘向圆心方向 20cm 处，以 60°角顺时针方向分别取 6 个点，并记录各点数值。

②隧道截面风速测试。用风速仪测量隧道截面风速,在距隧道入口端、出口端各100m处,横向截面取5个点(左车道路缘、左车道中心线、路面中心线、右车道中心线、右车道路缘),路面垂直向上取3个点(距车道高0.35m、2.0m、4.0m),每个截面共取15个点,并记录各点数值。

(4)正常运转时的噪声。在风机运行的情况下,用声级计在风机出口下距风机10m、45°角位置测量风机运行时的噪声,并记录。

以上数据均应符合设计要求。

(二)隧道照明系统

1. 系统施工应具备的条件

1)界面

施工前要进行施工现场调查,了解隧道、路基施工环境是否具备灯具安装条件,施工界面是否已提交,并用表格详细记录。

(1)隧道、路基界面应已具备机电工程施工条件。

(2)有关预埋件及预留孔洞应符合灯具设计要求。

(3)装饰工作应全部结束。

(4)相关回路管线应敷设到位,穿线应检查完毕。

2)人员、技术

(1)项目部专业监理工程师要对所安装的灯具施工图进行详细审查,熟悉图纸所要求的每一个灯具安装高度以及每一个技术参数。对所安装灯具的规格、型号和性能要详细了解,对灯具布局位置做到心中有数,特别是灯具固定的预留预埋件尺寸一定要提前复测。

(2)要求施工方在施工前要对作业人员进行技术交底,未参加技术交底签字的作业人员一律不得上岗作业,要求作业人员必须持证上岗。

(3)灯具安装前,先对隧道、公路沿线的沟、槽、管、洞进行疏通,并进行两端封堵,以免造成二次人为故障。同时要对沟、槽、管、洞的尺寸、数量与设计图纸要求的尺寸、数量详细核对。

(4)施工图纸及技术资料应齐全。

3)机具及材料

(1)电动工具(电钻、冲击钻),移动发电机组。

(2)可移动高架工作台,架梯,施工车辆。

(3)电烙铁,压接钳,热风机等常用电工工具。

(4)万用表,兆欧表,接地电阻测试仪,照度仪,钢卷尺。

(5)吊车(可租用)。

4)安全措施与保护

(1)施工人员应配备安全帽、保险带、反光背心。

(2)施工现场应配备施工安全牌、反光锥、施工车辆,工作台架应贴反光膜等,并做好双向防护。

(3)专职安全员应检查施工现场,并每日记安全日志。

2. 质量控制要点

(1) 监理工程师必须认真熟悉图纸,熟悉每一道工序,做到心中有数。

(2) 要认真检查施工方画线时所用的工具、材料。主要包括吊线锤、水平尺、记号笔、钉子、高架车、钢卷尺(30m)、长直尺(2~4m)、电锤、手锤、照明灯、线绳等。

(3) 安全防护:监理工程师应检查施工方在隧道内施工人员是否穿戴安全帽、反光背心,在作业区前后端应设置醒目的安全警示牌、安全反光锥、安全警示灯等,在高空作业平台或车辆前后端应设置有反光警示标志(标志尺寸不小于1m×1.5m)。

(4) 工序衔接应安排到位,确保各工序的连续性,上道工序不影响下一道工序,确保进度和质量。

(5) 加强技术管理。要求施工技术管理人员要经常去工地检查,发现问题及时改正,每名施工人员应把自己的工序做细、做准,使工序误差减到最小。

(6) 加强检验和设计复核力度,上道工序要为下道工序负责,下道工序检查上道工序,人人负责把关。

(7) 加强材料管理。材料应堆放整齐,各类材料按类堆放,便于施工时拿取。

3. 检查与测试

(1) 通电前,测试线间绝缘、线地间绝缘,电阻值皆应大于 $0.5M\Omega$。

(2) 测量各回路供电电压,应符合设计值。

(3) 分回路控制各回路灯具点亮情况,应符合设计要求。

(4) 用照度仪测量指定点的照度,应符合设计要求。

(5) 测量应急灯后备时间,应符合设计要求。

(三) 隧道交通监控系统

1. 系统施工应具备的条件

1) 界面

(1) 土建主体施工应完毕,与主体工程相关的设备基础及预埋件应已完成,并且位置、高程、尺寸应符合设计规范要求。

(2) 隧道现场应具备足够的运输空间及作业场地。影响机电工程施工的装饰工程应基本完成。

2) 人员、技术

(1) 监理工程师要对所安装的设备施工图进行详细审查,熟悉图纸所要求的每一个设备安装高度以及每一个技术参数。对所安装设备的规格、型号和性能要详细了解,对设备布局位置做到心中有数,特别是设备固定的预留预埋件尺寸一定要提前复测。

(2) 要求施工方在施工前要对作业人员进行技术交底,未参加技术交底签字的作业人员一律不得上岗作业,所有作业人员必须持证上岗。

(3) 施工图纸及技术资料应齐全。

3) 机具及材料准备

(1) 设备和主、辅材料应已运抵现场,安装所需机械、机具应已准备齐全,并有安全防护措施。

(2)安装所使用的主料和辅料的规格、型号应符合设计规定,并具有出厂合格证明书或质量鉴定文件。

4)安全措施与保护

(1)有可移动高空作业工作台,作业处两边应摆放反光锥,人员必须戴好安全帽、系好安全带、穿反光背心,台架应贴反光膜。

(2)现场应有专职瞭望员,维护现场安全。

2. 质量控制要点

1)车辆检测器

(1)检测器线圈的安装应符合下列规定。

①线圈不得跨伸缩缝安装,埋设位置应避开金属物体;切缝应干燥、清洁。

②环形线圈不应有接头、断裂、打结或外皮损坏现象。

③线圈敷设后测量线圈电感量,电感量应符合检测器要求。

④在250V直流电压测试条件下,线圈对地电阻应大于10MΩ。

⑤线圈敷设应留有余量;敷设完成后,宜采用环氧树脂进行封装。

⑥封装应避免产生气泡;馈线与环形线圈应为完整电缆;馈线应扭绞结花。

(2)微波车辆检测器的安装高度、倾斜角度应满足设备技术文件要求。

(3)控制箱安装应牢固,机箱表面应无损伤。

(4)控制箱强电端子对机壳的绝缘电阻不应小于50MΩ,接地电阻不应大于4Ω。

(5)控制箱内接线应布线平直、整齐、牢固可靠、标识清晰,插头应牢固。

2)摄像机

(1)摄像机在装配、搬运、架设过程中应有防护措施,摄像机装配过程应防止粉尘污染,在搬运、架设摄像机过程中不得打开镜头盖。

(2)摄像机安装前的准备工作应满足下列要求。

①摄像机应逐台通电进行检测和粗调。

②应检查确认云台的水平、垂直转动角度是否满足设计要求,并根据设计要求定准云台转动起点方向。

③应检查确认摄像机在防护罩内紧固。

④应检查确认摄像机底座与支架或云台的安装尺寸是否满足设计要求。

(3)摄像机镜头视场内,不应有遮挡监视目标的物体。洞外摄像机镜头应避免强光直射。

(4)摄像机就位后,应通电试看、细调、检查各项功能,并确认其已满足设计要求。

(5)摄像机立柱垂直偏差不应大于5mm/m。

(6)从摄像机引出的电缆应留有余量,不得影响摄像机的转动。

3)交通控制与诱导信息发布设备

(1)交通控制与诱导信息发布设备包括交通信号灯、车道指示器、可变信息标志、可变限速标志等。

(2)设备立柱垂直偏差不应大于5mm/m。

(3)隧道内可变信息标志吊装支架安装完成后应做荷载试验,确认其已满足设计要求。

(4)设备安装高度应满足设计要求,水平偏差不应大于3mm/m,垂直偏差不应大于5mm/m。
(5)显示屏、控制机箱的出线管与箱体连接处应密封良好,箱体内应无积水、尘土、霉变。
(6)显示屏、控制机箱内电力线、信号线应布线平直、整齐、牢固可靠,标识清晰,插头应牢固。

4)区域控制单元
(1)区域控制单元安装应稳固,安装完成后设备表面应无损伤。
(2)控制箱内布线应牢固、整齐、标识清晰。
(3)控制箱门、进出线孔应有防水措施。

3.检查与测试
1)车辆检测器
(1)基本要求。
①车辆检测器及其配件的数量、型号规格应符合要求。
②车辆检测器安装位置应正确,机箱外部应完整,门锁开闭应灵活。
③线圈(探头)安装尺寸应符合设计要求,线槽应顺直、均匀,封填后应平整,引线过缘石应处理得当。
④电源、通信线路应按规范要求连接到位,检测器应处于正常状态。
⑤隐蔽工程验收记录、分项工程自检和设备调试记录、有效的设备检验合格报告或证书等资料应齐全。

(2)实测项目。
见《公路工程质量检验评定标准 第二册 机电工程》(JTG F80/2—2004)。

(3)外观鉴定。
①机箱应安装牢固、端正。
②机箱表面应光泽一致、无划伤、无刻痕、无剥落、无锈蚀。
③基础混凝土表面应刮平,无损边、无掉角;联结地脚及螺栓规格应符合设计要求,防腐措施应得当,裸露金属基体应无锈蚀;金属机箱与接地极应连接可靠,接地极引出线应无锈蚀。
④机箱的出线管与箱体连接密封应良好,箱体内应无积水、尘土、霉变。
⑤机箱内电力线、信号线、元器件等布线应平直、整齐、固定可靠,标识应正确、清楚,插头应牢固。

2)闭路电视系统
(1)基本要求。
①闭路电视监视系统的设备及配件数量、型号规格应符合要求,且部件完整。
②外场摄像机基础安装位置应正确,立柱安装应竖直、牢固。
③防雷部件应安装到位、连接措施应符合规范要求。
④摄像机(云台)安装方位、角度应符合设计要求。
⑤控制机箱外部应完整,门锁开闭应灵活。
⑥电源、控制线路以及视频传输线路应按规范要求连接到位,闭路电视系统的所有设备应处于正常工作状态。
⑦隐蔽工程验收记录、分项工程自检和设备调试记录、有效的设备检验合格报告或证书等资料应齐全。

(2)实测项目。

见《公路工程质量检验评定标准 第二册 机电工程》(JTG F80/2—2004)。

(3)外观鉴定。

①立柱、机箱及摄像机(云台)安装应牢固、端正。

②各部件表面应光泽一致、无划伤、无刻痕、无剥落、无锈蚀。

③基础混凝土表面应刮平,无损边、无掉角;机箱、立柱、法兰及地脚螺栓规格应符合设计要求,防腐措施应得当,裸露金属基体应无锈蚀。

④防雷接地和安全接地应分开设置,接地焊接应牢固,焊缝应饱满并做防腐处理;防雷引下线及接地体所用材料规格、防腐与连接措施、安装位置应符合设计要求;金属机箱与安全保护地应连接可靠,接地极引出线应无锈蚀。

⑤云台防护罩和机箱的出线管与箱体连接应密封良好,箱体内应无积水、尘土、霉变。

⑥机箱内电力线、信号线、元器件等布线应平直、整齐、固定可靠,标识应正确、清楚,插头应牢固。

3)可变标志

可变标志包括:可变限速标志、可变信息标志、匝道、隧道、收费站的车道控制标志,交通信号灯等交通信息提供装置。

(1)基本要求。

①可变标志设备及配件数量、型号规格应符合要求,且部件完整。

②基础安装位置应正确,立柱安装应竖直、牢固。

③防雷部件应安装到位,连接措施应符合规范要求。

④可变标志板面安装方位、角度、高度应符合设计要求。

⑤控制机箱外部应完整,门锁开闭应灵活。

⑥电源、控制线路以及通信线路应按规范要求连接到位,设备应处于正常工作状态。

⑦显示屏发光单元处于受控状态,失效率应符合产品标准要求。

⑧隐蔽工程验收记录、分项工程自检和设备调试记录、有效的设备检验合格报告或证书等资料应齐全。

(2)实测项目。

见《公路工程质量检验评定标准 第二册 机电工程》(JTG F80/2—2004)。

(3)外观鉴定。

①立柱、控制机箱及显示屏应安装牢固、端正。

②各部件表面应光泽一致、无划伤、无刻痕、无剥落、无锈蚀。

③基础混凝土表面应刮平,无损边、无掉角;控制机箱、立柱、法兰及地脚螺栓规格应符合设计要求,防腐措施应得当,裸露金属基体应无锈蚀。

④防雷接地和安全接地应分开设置,接地焊接应牢固,焊缝应饱满并做防腐处理;防雷引下线及接地体所用材料规格、防腐与连接措施、安装位置应符合设计要求;金属机箱与接地极应连接可靠,接地极引出线应无锈蚀。

⑤显示屏、控制机箱的出线管与箱体连接应密封良好,箱体内应无积水、尘土、霉变。

⑥显示屏、控制机箱内电力线、信号线、元器件等布线应平直、整齐、固定可靠,标识应正

确、清楚,插头应牢固。

4) 环境检测设备

(1) 基本要求。

①环境检测器及其配置的 CO 传感器、烟雾传感器、照度传感器、风向风速传感器的数量、型号规格应符合要求,且部件完整。

②环境检测器及其配置的传感器安装位置应正确,且符合要求。

③按规范要求连接环境检测器及其传感器的保护线、信号线、电力线应排列规整、无交叉拧绞,经过通电测试,应处于正常工作状态。

④隐蔽工程验收记录、分项工程自检和设备调试记录、安装和非安装设备及附(备)件清单、有效的设备检验合格报告或证书等资料应齐全。

(2) 实测项目。

见《公路工程质量检验评定标准 第二册 机电工程》(JTG F80/2—2004)。

(3) 外观鉴定。

①环境检测器控制箱应安装稳固、位置正确,表面应光泽一致、无划伤、无刻痕、无剥落、无锈蚀。

②控制箱门应开关灵活、出线孔应分列明确、密封要措施得当,机箱内应无积水、无霉变、无明显尘土,表面应无锈蚀。

③控制箱内电力线、信号线、接地线应分列明确,且布线整齐、美观、绑扎牢固,接线端头应焊(压)结牢固、平滑;编号标识应清楚,且余留长度适当、规整。

④控制箱至传感器的电力线、信号线、接地线端头制作应规范;应按设计要求采取线缆保护措施、布线排列整齐美观、安装牢固、标识清楚。

⑤传感器的布设位置应正确、排列整齐要美观、安装应牢固、标识应清楚。

⑥传感器表面应光泽一致、无划伤、无刻痕、无剥落、无锈蚀。

5) 本地控制器

(1) 基本要求。

①本地控制器及其配件的数量、型号规格应符合要求,且部件完整。

②本地控制器安装方位应正确、不侵入公路建筑限界,设备标识应清楚。

③明装的线缆、管道保护措施应符合设计要求。

④本地控制器至控制中心以及隧道下端设备的保护线、信号线、电力线的连接应符合设计要求。线缆应排列规整、无交叉拧绞,标识应完整、清楚。

⑤应与下端设备及控制中心计算机进行通电测试、联调,工作状态应正常。

⑥隐蔽工程验收记录、分项工程自检和设备调试记录、有效的设备检验合格报告或证书等资料应齐全。

(2) 实测项目。

见《公路工程质量检验评定标准 第二册 机电工程》(JTG F80/2—2004)。

(3) 外观鉴定。

①本地控制器应安装稳固、位置正确,设备表面应光泽一致、无划伤、无刻痕、无剥落、无锈蚀。

②与外部连接的电力线、信号线、接地线端头制作应规范;应按设计要求采取线缆保护措施、布线排列整齐美观、安装固定符合要求、标识清楚。

③控制箱内布线应整齐、美观、绑扎牢固,接线端头焊(压)结应牢固、平滑并进行热塑封合;编号标识应清楚,且余留长度要适当。

④箱门开关应灵活、出线孔密封措施应得当,机箱内应无积水、无霉变、无明显尘土,表面应无锈蚀。

(四)紧急呼叫设施

1. 系统施工应具备的条件

紧急呼叫设施施工应在具备以下条件时进行:

(1)隧道及控制室装饰工程完毕。

(2)隧道外紧急电话基础平台施工完毕并经过检查。

(3)隧道内紧急电话洞室尺寸满足设计要求。

2. 质量控制要点

1)紧急电话主控设备安装应符合下列规定

(1)紧急电话主控设备机柜前净距不应小于800mm,机柜背面净距不应小于600mm;机柜安装应竖直平稳,垂直偏差不应大于5mm/m。

(2)紧急电话中心控制台设备及外围打印机和电话终端设备的安装,应符合机房平面布置要求,台面排列应整齐。

(3)紧急电话主控设备接地电阻不应大于1Ω。

2)紧急电话分机安装应符合下列规定

(1)紧急电话分机机身垂直偏差不应大于10mm/m;机身与基础连接应牢固。

(2)紧急电话分机受话器距地坪高度为1450mm±20mm。

(3)隧道内分机洞室应有防潮、防尘措施;壁挂式分机的安装孔和进线孔应密封。

(4)紧急电话分机接地线应与接地干线可靠连接。

(5)安装完成后分机表面应无划伤、刻痕、保护层剥落;箱体内应无积水、尘土、霉变。

3)有线广播控制器安装应符合下列规定

(1)有线广播控制器的所有部件安装应符合机房平面布置要求。

(2)机柜前净距不应小于800mm,机柜背面净距不应小于600mm;机柜垂直偏差不应大于5mm/m。

(3)有线广播控制器接地电阻值不应大于1Ω。

4)有线广播扬声器的安装

有线广播扬声器的安装位置、高度、间隔、方向等应满足设计要求。

3. 检查与测试

1)基本要求

(1)紧急电话分机、主机的数量、型号应符合要求。

(2)紧急电话分机安装位置应正确,机箱外部应完整、门锁开闭应灵活。

(3)紧急电话分机上的标志应符合现行《道路交通标志和标线》(GB 5768)的要求,反光膜应使用高强级反光材料。

(4)安装方位应符合路线走向要求,并按要求安装必要的防护措施。

(5)电源、通信线路应按规范要求连接到位,主、分机连通并处于正常工作状态。

(6)隐蔽工程验收记录、分项工程自检和设备调试记录、有效的设备检验合格报告或证书等资料应齐全。

2)实测项目

见《公路工程质量检验评定标准 第二册 机电工程》(JTG F80/2—2004)。

3)外观鉴定

(1)防雷接地要求与接地极焊接,焊缝要饱满,焊后应清渣并做防腐处理。

(2)基础混凝土表面应刮平,无损边、无掉角;法兰及地脚螺栓规格应符合设计要求,应用热浸镀锌作防腐层,裸露金属基体应无锈蚀。

(3)分机机身与基础连接应牢固、端正,安装后外露螺纹长度应一致。

(4)分机表面应光泽一致、无划伤、无刻痕、无剥落,金属机箱或部件应无锈蚀。

(5)机箱内电力线、信号线、元器件等布线应平直、整齐、固定可靠,标识应正确、清楚。

(6)机箱的出线管与箱体连接应密封良好,箱体关键部位应无积水、尘土、霉变。

(7)太阳能供电的分机,太阳能电池板自身密封以及与分机的密封状态应良好,且无积水、无渗透。

(五)隧道消防报警设施

1. 系统施工应具备的条件

火灾报警设施施工应在具备以下条件时进行:

(1)隧道装饰工程完毕。

(2)控制室、值班室、变电所装饰工程完毕。

(3)预留孔洞、槽、预埋件等满足设计要求。

2. 质量控制要点

1)点型火灾探测器

(1)应根据设计要求确定探测器安装位置、高度、间距和角度,探测器的检测范围应覆盖整个检测区域,探测器周围0.5m范围内不应有遮挡物,探测器的确认灯应设置于便于检修人员观察的位置。

(2)点型火灾探测器的安装应符合下列规定:

①探测器探测范围应覆盖全部探测区域。

②探测器与保护目标之间应无遮挡物。

(3)隧道内点型火灾探测器的安装高度在同一工程中应保持一致,安装高度偏差不应大于100mm。

(4)点型火灾探测器的底座应固定牢靠,其布线应符合现行《火灾自动报警系统施工及验收规范》(GB 50166)的规定。导线连接必须可靠压接或焊接,当采用焊接时不得使用带腐蚀性的助焊剂,外接导线应有150mm的余量,入端处应有明显标志。

(5)安装完成后隧道内探测器防护等级应满足设计要求。

2)线型火灾探测器

(1)应根据设计要求确定线型火灾探测器的安装位置。

(2)洞顶安装的线型火灾探测器可采用托架或钢索吊装,安装应符合下列规定。

①探测器距隧道顶壁距离应符合设备技术文件要求。

②钢制托架、吊架及附件应用热镀锌,且符合现行《公路交通工程钢构件防腐技术条件》(GB/T 18226)的规定。

③托架安装时,托架间距应满足设计要求,托架应固定可靠,托架与探测器应用阻燃卡具固定。

④钢索吊装时,钢索应采用吊架固定,吊架间距应满足设计要求,且不应大于50m;吊架应固定可靠,能承受1000N拉力且不松动;钢索应张紧并逐段固定,在钢索最低点吊100N重物后钢索最大垂度不应大于100mm;探测器应用阻燃卡具与钢索固定。

(3)线型火灾探测器安装弯曲半径不应小于探测器允许的最小弯曲半径;无明确要求时,探测器弯曲半径不应小于探测器外径的20倍,探测器不应扭曲。

(4)线型火灾探测器安装时,牵引力不应超过探测器允许张力的80%,瞬时最大牵引力不得大于探测器允许的张力。安装时不得损伤探测器护套。

(5)线型火灾探测器安装完毕后应稳固,线形应流畅。

3)手动火灾报警按钮

(1)隧道内手动火灾报警按钮的安装高度在同一工程中应保持一致安装高度且偏差不应大于20mm。

(2)隧道内手动火灾报警按钮防护等级不应低于IP65。

(3)手动火灾报警按钮应有醒目标识。

(4)手动火灾报警按钮的外接导线,应留有不小于100mm的余量,且在端部应有明显标志。

4)火灾报警控制器

(1)火灾报警控制器在墙上安装时,应按照设计要求确定其底边距地面高度;落地安装时,其底部宜高出地坪10~20mm。

(2)控制室内控制器与门轴的距离不应小于1m,正面操作空间宽度不应小于1.2m。

(3)控制器应安装牢固;安装水平偏差不应大于2mm/m,垂直偏差不应大于3mm/m。

(4)火灾报警系统传输线路应采用铜芯绝缘导线或铜芯电缆。50V以下供电的控制线路,其电压等级不应低于交流250V;交流220/380V的供电和控制线路,其电压等级不应低于交流500V。

(5)引入火灾报警控制器的电缆或导线,应符合下列规定。

①配线应牢固、整齐,避免交叉,端子板不应承受来自线缆的外力。

②电缆和导线的端部,均应标明编号,并与图纸一致,字迹应清晰不易褪色。

③端子板的每个接线端,接线不得超过2根。

④电缆芯线和所配导线应留有不小于200mm的余量。

⑤导线应绑扎成束。

⑥穿线后,进线管孔处应封堵。

(6)火灾报警控制器的主电源引入线,应直接与消防电源连接,严禁使用电源插头。主电源应有明显标识。

(7)控制器的接地应牢固,并有明显标识,工作接地电阻不应大于4Ω。采用联合接地时,接地电阻不应大于1Ω。

3. 检查与测试

1)报警与诱导设施

(1)基本要求。

①报警与诱导设施的数量、型号规格应符合设计要求,且部件完整。

②报警与诱导设施的位置应正确,且符合要求。

③应按规范要求连接报警与诱导设施的保护线、信号线、电力线,应排列规整、无交叉拧绞。

④经过通电测试,工作状态应正常。

⑤隐蔽工程验收记录、分项工程自检和设备调试记录、安装和非安装设备及附(备)件清单、有效的设备检验合格报告或证书等资料应齐全。

(2)实测项目见表7-18。

报警与诱导设施实测项目　　　　　表7-18

项次	查检项目	技术要求	检查方法
1	报警按钮的位置和高度偏差	符合设计要求	用经纬仪或量尺测量
2	警报器的位置和高度偏差	符合设计要求	用经纬仪或量尺测量
3	诱导设施的位置和高度偏差	符合设计要求	用经纬仪或量尺测量
4	△绝缘电阻	强电端子对机壳≥50MΩ	500V兆欧表测量
5	△安全保护接地电阻	≤4Ω	接地电阻测量仪
6	防雷接地电阻	≤10Ω	接地电阻测量仪
7	△数据传输性能	24h观察时间内失步现象不大于1次或BER≤10^{-8}	数据传输测试仪
8	△警报器音量	96~120Db(A)或设计要求	声级计
9	诱导设施的色度	符合现行《道路交通信号灯》(GB 14887)的要求	用色度/亮度计实测
10	诱导设施的亮度	符合现行《道路交通信号灯》(GB 14887)的要求	用色度/亮度计实测
11	报警信号输出	能将报警位置、类型等信息发送到中心控制室计算机或本地控制器	实际操作
12	△报警按钮与警报器的联动功能	警报器可靠接受报警信号的控制	实际操作

(3)外观鉴定。

①警报器和诱导设施控制箱应安装稳固、位置正确,表面应光泽一致、无划伤、无刻痕、无剥落、无锈蚀。

②控制箱柜门开关应灵活、出线孔应分列明确、密封措施应得当,机箱内应无积水、无霉变、无明显尘土,表面应无锈蚀。

③控制箱内电力线、信号线、接地线应分列明确,布线应整齐、美观、绑扎牢固,接线端头焊(压)结应牢固、平滑;编号标识应清楚,预留长度应适当、规整。

④控制箱至警报器和诱导设施的电力线、信号线、接地线端头制作应规范;应按设计要求采取线缆保护措施,布线排列应整齐美观、安装牢固、标识清楚。

⑤警报器和诱导设施的布设应位置正确、排列整齐美观、安装牢固、标识清楚。

⑥警报器和诱导设施表面应光泽、无划伤、无刻痕、无剥落、无锈蚀。

2)消防设施

(1)基本要求。

①消防设施的火灾探测器、消防控制器、火灾报警器、消火栓、灭火器、加压设施、供水设施及消防专用连接线缆、管道、配(附)件等器材的产品质量应符合国家或行业标准,其数量、型号规格应符合设计要求,且部件完整。

②消防设施的安装支架、预埋锚固件、预埋管线、在隧道内安装孔位、安装间距等应符合设计要求。

③明装的线缆、管道保护措施符应合设计要求。

④所有安装设施应安装到位、方位正确、不侵入公路建筑限界,设备标识应清楚。

⑤应按规范要求连接消防设施的保护线、信号线、电力线,线缆排列应规整、无交叉拧绞,标识应完整、清楚,消防系统经过通电测试、联调,工作状态应正常。

⑥隐蔽工程验收记录、分项工程自检和设备调试记录、安装和非安装设备及附(备)件清单、有效的设备检验合格报告或证书等资料应齐全。

(2)实测项目。

见《公路工程质量检验评定标准 第二册 机电工程》(JTG F80/2—2004)。

(3)外观鉴定。

①消防设施应安装稳固、位置正确,且与隧道协调、美观。

②消防设施的电力线应安装固定、标识清楚。

③设备表面应光泽一致、无划伤、无刻痕、无剥落、无锈蚀。

④控制箱内布线应整齐、美观、绑扎牢固,接线端头应焊(压)结牢固、平滑并进行热塑封合;编号应标识清楚,且预留长度适当;箱门开关应灵活、出线孔密封措施应得当,机箱内应无积水、无霉变、无明显尘土,表面应无锈蚀。

(六)隧道中央控制系统

1. 系统施工应具备的条件

中央控制管理设施施工应在具备以下条件时进行:

(1)房屋装饰装修工程已完成。

(2)当控制室处于强电磁场或强振源、强噪声源附近等恶劣环境时,应已采取有效的防治措施。

(3)防静电地板安装已完成。

(4)防雷、接地、供电等设施已安装调试完成。

2. 质量控制要点

1)控制台

(1)控制台的平面布置应符合设计要求。

(2)控制台基础型钢的制作和安装应符合设计要求,台体的安装应符合设计要求。

(3)控制台安装时,应保证散热空间,不得堵塞散热孔洞。

(4)控制台设备应布局合理,安装稳固。接插件应安装牢固,接触可靠,接线应整齐有序,标识应清晰。

(5)控制台的连接线缆应由下部引入,线缆两端应留有余量,并有永久性标识。

2)机柜

(1)机柜前净距不应小于0.8m,机柜背面净距不应小于0.6m,壁挂式机柜底面距地面不宜小于0.3m。

(2)机柜基础型钢的制作和安装应符合设计的要求。

(3)机柜安装应牢固,并应符合下列规定。

①垂直偏差不应大于10mm/m。

②机柜成排紧密放置时,面板应在同一平面上并与基准线平行,前后偏差不应大于3mm,机柜间缝隙不应大于3mm。

③机柜成排分散放置时,其面板前后偏差不应大于5mm。

(4)机柜内设备、部件的安装,应在机柜定位完毕并固定后进行。安装在机柜内的设备应牢固。

(5)机柜内设备应布局合理,且保证必要的散热和维修空间;机柜内应留有不少于10%的卡件安装空间。

(6)线缆布放应牢固、整齐,成端应规范,标识应清晰,且预留长度适当,接线端子预留数量应合理。

3)信息显示设备

(1)信息显示设备主要包括监视器墙、地图板、大屏幕系统等。

(2)监视器墙、地图板、大屏幕系统的安装方位、角度、高度应符合设计要求,设备后部净距不应小于800mm。

(3)监视器墙、地图板、大屏幕系统的屏幕不应受外来光直射。

(4)监视器墙、地图板、大屏幕系统的基础型钢制作和安装应符合设计的要求。

(5)设备应有通风散热措施,电磁屏蔽应满足设计要求。

(6)线缆布线应整齐、标识应清晰,预留长度应适当。

(7)监视器墙的安装应符合下列规定。

①监视器墙应按设计要求布局,监视器间距应满足设计要求。

②监视器墙支架应拼(焊)接完整,安装稳固,横竖端正。

③监视器墙垂直偏差不应大于2mm/m。

(8)地图板的安装应符合下列规定。

①地图板应按设计要求布局。

②地图板模块应拼接完整,安装稳固。

③地图板板面应平整、线形流畅,垂直偏差不应大于2mm/m。

(9)大屏幕系统的安装应符合下列规定。

①大屏幕系统应按设计要求布局。

②屏幕应平整整洁,拼接缝应满足设计要求。

4)计算机及网络设备

(1)设备应布局合理,安装牢固,标识清晰。

(2)网线接头、插座的制作应符合 ANSI/TIA-568.C 的规定,且在一个系统中只能选用一种制作标准,不得混用。

(3)光(电)缆布放时应路由正确、排列整齐、成端规范、连接稳固、标识清晰齐全,弯曲半径和预留长度应满足设计和有关规范要求。

(4)设备安装时应根据设备散热要求保留必要的散热空间。

5)软件

(1)应用软件设计、开发和管理应符合国家和行业有关标准、规范的规定。

(2)应用软件人机界面应符合友好、汉化、图形化要求,图形切换流程应清楚易懂,便于操作,对报警信息的显示和处理应直观有效。

(3)应用软件应具有可扩展性。

(4)应用软件应有容错功能和分级保密功能。

(5)应用软件应与管理要求相适应。

(6)应用软件安装前,应确认计算机及网络设备软硬件配置是否满足要求。

3. 检查与测试

1)隧道监控中心设备及软件

(1)基本要求。

①隧道监控中心设备。

a.所有设备型号规格、数量、性能参数和配置应符合设计和合同要求。

b.隧道监控中心机房的防雷、接地、水暖、供电、空调通风、照明等辅助设施应安装调试完毕并通过相关专业的验收。

c.隧道监控中心机房应整洁,通风、照明应良好。

d.计算机控制系统要求所有硬件设备应安装调试完毕,并与外场所有子系统接通联调,使系统处于正常运转工作状态。

e.隐蔽工程验收记录、分项工程自检和设备及系统联调记录、有效的设备检验合格报告或证书等资料应齐全。

②计算机控制系统软件。

a.应具有采集隧道段交通流、气象参数、隧道内环境参数、火灾信息、声音图像信息、隧道段主要交通设施运行状态信息的功能。

b. 应具有自动探测和确认隧道内异常事件并作出快速响应的功能。

c. 应具有建立隧道段交通数据库的功能。

d. 应按国家相关标准进行软件的稳定性、可靠性测试并附报告;应编制并提供符合规范的软件手册及相关文档。

(2)实测项目见表 7-19。

隧道监控中心设备及软件实测项目　　　　　　表 7-19

项次	检查项目	技术要求	检查方法
1	△系统设备安装连接的可靠性	系统设备安装连接应可靠,经振动试验后系统应无告警、错误动作	橡皮锤轻轻敲击设备基架和服务器主机的配线背板 15min
2	接地连接的可靠性	工作地、安全地、防雷地按规范要求分别连接到汇流排上	用万用表测量,目测检查
3	△联合接地电阻	≤4Ω	接地电阻测量仪测量
4	强电端子对机壳绝缘电阻	≥50MΩ	500V 兆欧表抽测人易触摸到的带电金属壳体设备
5	与本地控制器的通信功能	定时或实时轮询各本地控制器的数据,收集信息发送执行命令	实际操作
6	与监控中心计算机通信功能	与监控中心传输规定的数据,传输准确	实际操作
7	服务器功能	主要完成网管、数据备份、资源共享;其他设计规定的内容	实际操作
8	中央管理计算机功能	协调和管理其他计算机;其他设计规定的内容	实际操作
9	交通控制计算机功能	接收下端车辆检测器传来的信息,做出执行控制方案;其他设计规定的内容	实际操作或模拟操作
10	通风照明计算机功能	接收下端环境检测器传来的信息,做出执行控制方案;其他设计规定的内容	实际操作或模拟操作
11	火灾报警控制计算机功能	接收下端火灾报警控制器传来的信息,做出执行控制方案;其他设计规定的内容	实际操作或模拟操作
12	图像控制计算机的功能	对各 CCTV 图像切换、控制,并在大屏幕上显示;其他设计规定的内容	实际操作
13	紧急电话控制台功能	完成对下端分机呼叫的应答;其他设计规定的内容	实际操作

续上表

项次	检 查 项 目	技 术 要 求	检 查 方 法
14	大屏幕的安装质量和功能	符合设计要求	目测和实际操作
15	地图板的安装质量和功能	符合设计要求	目测和实际操作
16	△报表统计管理及打印功能	中心计算机系统可打印规定的各种报表	实际操作
17	双机热备份功能	当主机宕机时,从机能够自动接管,保证业务的连续性和正确性,且切换时间符合要求	模拟操作
18	数据完整性测试	系统崩溃或电源故障,重新启动时,系统能自动引导至正常工作状态,并执行原控制方案,且不丢失历史数据	实际操作或查历史记录

(3)外观鉴定。

①监控中心计算机设备应安装稳固、端正。

②中心监控室内操作座椅、设备、配线列架等应整齐、有序、无明显歪斜,标志应清楚、牢固。

③所有设备安装后,外观应无划伤、刻痕,无防护层剥落等缺陷。

④设备及收费监控室内布线应整齐美观、固定可靠、标识清楚;过墙、板、地下通道处要有保护套管,并留有适当余量。

⑤设备之间连接、插头等部件应连接可靠、紧密、到位准确;布线应整齐、余留规整、标识清楚;固定螺丝等应坚固,无松动。

⑥配电箱内信号线、动力线及其接、插头要求明显区分,标识应清楚,并有永久性接线图。

2)隧道监控中心计算机网络

见监控系统。

第六节 供配电、照明系统工程质量监理

一、供配电、照明系统概述

高速公路供配电系统是指由电力部门输电网提供电能的输电线路(10kV 或 35kV),经由变压器将电压降为高速公路机电设备用电电压(380V/220V),然后由低压线路直接为高速公路沿线设施(包括监控、通信、收费系统设备、养护服务设施及道路照明、隧道机电设备、沿线

收费站、路段中心、服务区等)提供符合标准的电能,是保证高速公路安全、通畅、经济、快速和舒适等特性的支持系统,是实现高速公路运营管理现代化的根本保证。

1. 高速公路供配电系统的特点

高速公路供配电系统既不同于工矿企业的供配电系统,也不同于电力系统内部供配电系统,其自身特点如下:

(1)高速公路站线长,跨区域运行,不宜集中供电,否则将大大增加建设成本和运行管理成本。

(2)高速公路沿线用电点多而散、负荷量小,多为低压单相设备,考虑低压不宜远供的原则,应采用相对集中供电。如电源引自邻近收费站、服务区及隧道变电所,应形成以站、区、所为供电中心的相对集中的供电体系。

(3)高速公路机电系统对供电质量的可靠性要求较高,各收费站、隧道站、控制中心、分中心供电电源应引自高压供电网,并且采用双备份电源或配置柴油发电机组,以保证为机电系统设备提供不间断供电和自动稳压电源。

(4)高速公路沿线对电磁干扰有严格要求的设施,如车辆检测器、气象检测器、监视器等,应采取防干扰措施。

(5)部分机电设备需要直流供电,且功率较小。

2. 高速公路对供配电系统的要求

为了能充分发挥高速公路的优势,达到有效使用的目的,必须根据工程特点合理地选择安全、可靠、安装维护方便的设备。供电系统应做到安全、可靠、优质、经济并满足运营需要,同时系统接线要简单并有一定的灵活性,且操作安全、检修方便等。此外,应合理处理局部与全局、当前与长远的关系,既要满足当前用电负荷的要求,又要适应将来的发展。因此,供配电系统应满足以下要求。

1)安全

供配电系统的安全性是指电能在高速公路各系统的供应、分配和使用过程中,不应发生任何人身伤亡事故、设备损坏事故和由电能引起的其他事故。因此,供配电系统应具有自身完善的安全保护系统。同时相关的工程技术人员必须掌握安全用电的基本知识,使电能更好地为高速公路现代化管理服务。

2)可靠

供配电系统的可靠性是指电能的供应与分配应满足高速公路各机电系统对供配电可靠性即不中断供电的要求。一旦供配电系统发生突然停电故障,将会引起高速公路的监控、通信、收费、照明和隧道通风、监控、消防等系统瘫痪,从而失去对高速公路交通运行的监视与控制功能。因此,为满足高速公路运营管理对供配电系统的要求,提高供配电系统的可靠性,高速公路供配电系统必须对重要系统设备采取不间断的供电措施,如采用自备发电机组或 UPS 电源(Uninterruptible Power System,不间断电源)等。

3)优质

供配电系统的优质是指应满足高速公路机电系统设备对供电电压、频率、波形、电流等参数的质量要求。供电部门对电力系统中用户的电压波动幅度(对额定电压的偏差值)有以下的规定：

(1) 10kV 及以下的高压和低压电力用户为 ±7%。

(2) 照明：在一般工作场所为 ±5%；对于远离变电所的小面积一般工作场所，难以满足上述要求时，可为 +5%、-10%；应急照明、道路照明等为 +5%、-10%。

(3) 其他用电设备当无特殊规定时为 ±5%。

4) 经济

供配电系统的经济性是指在满足高速公路用电要求的前提下，系统的建设成本和运行费用要低，利用效率要高，并尽可能地节约电能和减少用于输送电能的传输线路中有色金属的消耗量。

3. 高速公路供配电系统的设计原则

高速公路供配电系统设计与工矿企业供配电系统设计有所区别，但总的原则应按现行《供配电系统设计规范》(GB 50052)、《20kV 及以下变电所设计规范》(GB 50053)、《低压配电设计规范》(GB 50054) 和《10kV 及以下架空配电线路设计技术规范》(DL/T 5220) 等的规定执行。高速公路供配电系统设计又具有自身的特点，设计时应遵循以下原则：

(1) 供电系统应满足负荷对供电可靠性和电能质量的要求，同时应注意接线简单、操作方便安全，并具有一定灵活性。

(2) 单相用电设备应适当配置，力求达到三相负荷基本平衡。

(3) 应根据高速公路供配电系统的特点、规模和发展规划，处理好近期建设与远期发展的关系，做到远近结合，留有余地。

(4) 结合我国国情，在进行供配电系统设计时应有选择地采用国内外先进技术，选取技术先进、经济合理的方案，不仅要满足用户的使用要求，而且要做到安全和经济用电。

(5) 应与当地供电部门和其他有关系统协调一致。主要包括：负荷计算、负荷等级、供电方案、功率因数补偿、防雷、防静电及接地系统、变电所布置、容量、供电范围、主要设备选择等，还应包括自备电源规模、供电能力、防反送电措施等，以保证电网的安全运行。

4. 高速公路的电力负荷

高速公路的用电设备主要包括：管理机构设施、交通机电设施、养护设施以及服务设施的办公、生活用电负荷。

1) 负荷分级

根据用电负荷对供电稳定性、可靠性的要求以及中断供电所造成的影响，电力负荷分为以下三级。

(1) 一级负荷(关键负荷)。突然中断供电将造成人身伤亡、重大社会影响、重大经济损失或秩序严重混乱。如隧道照明、收费系统收费车道设备、收费亭照明、监控系统、通信系统、机房电源以及消防设施等。

(2) 二级负荷(重要负荷)。突然中断供电将造成较大社会、经济影响或公共场所秩序混乱。如重点区域的照明(包括收费广场、服务区、站区、互通立交及收费天棚等)以及部分隧道通风设施等。

(3) 三级负荷(一般负荷)。不属于一级、二级负荷的其他负荷。

2)负荷电源及其选择

电力负荷可由多种电源供电,以满足不同设备对电力和供电可靠性的需要。

直接来自电力系统的电源是用户的主要电能来源,它为用户提供了满足长期稳定持续供电需要的大量电能,属于正常电源。

除正常电源外,用户根据需要可以设置一些应急电源,以备正常电源故障中断供电时的应急之用。如柴油发电机组、蓄电池组、不间断电源(UPS)等。

各级电力负荷的供电电源和供电方式,应根据负荷对供电可靠性的要求和地区供电条件,按下列原则考虑。

(1)一级负荷。应由两个独立电源供电。两个供电电源应在设备的控制箱内实现自动切换,切换时间应满足设备允许中断供电的要求。

(2)二级负荷。应由两回线路供电,并可在配电装置内实现切换,当一回线路故障时,应不影响另一回线路供电。当负荷较小或取得两回线路有困难时,可由一回专用线路供电。

(3)三级负荷。对供电方式无特殊要求,但在不增加投资或经济允许的情况下,也应尽量提高供电可靠性。

高速公路机电设施绝大多数都是一、二级负荷,为保证供电的可靠性,一般应由电力部门不同的变电所引来两路相互独立的高压供电线路,两路电源互为备用。

由于两路电源要取自电力部门不同的变电所,难度较大,并且费用很大,因此在考虑成本问题或当地供电条件困难、无法提供两路独立电源时,可以站、所为供电中心,由电力部门变电所引来一路高压专用电源供电,并在低压侧配置柴油发电机组作为备用电源;由于发电机组启动需要一定时间,所以对通信、监控、收费等系统的主要设备,要求在其前端设置不间断电源(UPS)作为应急电源。

二、供配电、照明系统工程施工质量监理

1. 概述

高速公路机电工程中,供配电系统是所有机电工程的基础,主要包括以下几个分部(或分项)工程:

(1)低压配电设施。包括:中心(站)内低压配电设备、外场设备电力线路。

(2)照明设施。主要是道路及广场照明。

(3)隧道机电设施。包括:隧道通风设施、隧道照明设施、隧道低压供配电(内容同上)。

供配电、照明系统工程施工质量监理主要分:施工准备,工程施工、设备安装,工程完工测试及联调,试运行,缺陷责任期等几个阶段。

供配电、照明系统的监理工作,其重点是质量监理、进度监理和安全监理。为了保证工程质量,创造优质工程,监理的工作方法与措施主要包括:

1)工程质量监理

(1)供配电照明系统设备较多,虽然大多产品都是定型产品,但严把设备质量关也至关重要,必须严格按合同规定,核对产品型号、规格、产地,不得轻易变更;重点产品要加强工厂监造、厂验工作,让缺陷问题在厂内解决。

（2）全过程旁站监理。对关键部位施工,隐蔽工程(如基础、接地装置、缆线敷设)、样板工程要全过程旁站监理。在施工过程中,不断对施工单位的施工工艺,有关技术问题,施工中出现的难题进行检查、询问,并及时更正和解决,确保施工质量。

（3）加强施工测量,对各类安装尺寸、垂直度、水平度、镀层厚度要加强测量,用数据说话。

（4）加强功能测试。供配电系统应设专职监理工程师,对通风、照明、变电所等加强各项功能性试验,确保各机电设施正常工作。

（5）配合好质检部门的质量监督检查,利用各种测试仪表,对各供电性能指标(电压、电流、功率因数、三相平衡等)、安全指标(绝缘电阻、接地电阻等)等进行全面测试。

（6）系统联调。供配电照明系统完工测试检验合格后,最后还应进行系统联调,联调的目的是检验该工程的各项功能是否满足规范及设计的要求,以提高整个机电系统的可靠性。联调应委托有资质单位组织进行,监理人员要全程参加,协调组织好联调测试工作。

2) 工程进度监理

（1）供配电系统工程进展情况,直接影响到总的机电工程完工情况,因此要加强对供配电系统工程进度的控制,监理人员应编制和建立施工进度图表,用于记录、统计、反映实际工程进度与计划进度的差距,以便随时对工程进度进行分析和评价,并作为对施工单位的要求,成为使其加快工程进度、调整进度计划的依据。

（2）监督审查施工单位上报的月进度、旬进度工程计划表,对计划进度与实际进度进行核实,分析原因,研究对策,提出纠偏措施,协助施工单位在进度方面的各种实际困难,提出建设性的意见。

（3）加强协调。供配电系统施工单位进度往往受房建、土建施工方面的制约,因此做好与各有关单位的组织协调工作至关重要,应及时向业主反映和建议,预防和排除对施工进度的干扰,保证工程顺利进行。

3) 安全监理

（1）供配电系统工程的施工安全与其他机电工程相比更为重要,一旦发生安全事故,将直接造成人身伤亡或重要设备损坏,导致其他机电系统工作瘫痪,因此建立完善的工程安全保障措施非常重要。

（2）在施工准备阶段就要审查施工单位的安全保证体系,监督施工单位的安全教育,要求施工单位对全体参建人员进行全面系统的安全教育,强化全员安全意识,提高自我防范能力,明确专职安全员。

（3）在施工阶段要加强检查,严格落实各项安全保障措施,一旦发现缺陷要立即纠正并及时通报,预防各种安全事故苗头,保证工程顺利进行

（4）在完工测试及联调阶段更要重视安全。由于测试大多是带电操作,必须严格遵守操作规程,先安全测试(绝缘、接地等),必须在专人监护下进行通电测试,以防触电及短路故障的发生。

2. 低压配电设施

1) 原则与要求

针对公路低压配电系统特点,一般采取下列原则:

（1）高速公路沿线站点设施一般为一级、二级负荷,普通公路一般为三级负荷。

(2)位于变电所正常供电区域内,一般采用放射式配电;当用电设备容量不大且无特殊要求时,可采用树干式配电。

(3)当部分用电设备距离供电点较远,而彼此间却相距很近且容量均较小时,可采用链式配电,但每一回路连接设备不宜超过 5 台,其总容量不宜超过 10kW。

(4)当采用 380V/220V 的 TN 及 TT 系统接地形式且不存在较大功率的冲击性负荷时,照明和其他电力设备宜由同一台变压器供电。

(5)在 TN 及 TT 系统接地形式低压电网中,当变压器选用的是 Yyn0 接线组别的三相变压器时,其由单相不平衡负荷引起的中性线电流不得超过低压绕组额定电流的 25%,且其任一相的电流在满载时不得超过额定电流值。

(6)低压配电一般采用 380V/220V 电压。因特殊场所安全需要,可选用安全电压供电。当线路损耗较大时,也可以在局部支线回路利用升/降压方式供电,从而减少线路损耗,节省导线截面。

(7)在太阳能、风能条件适宜的地区,可选择光伏、风力或风光互补等技术提供新型能源。

(8)连续稳定工作要求等级较高的公路机电系统或设备,应根据当地供电条件配备相应的应急电源,其供电、投切与保护方式应能满足相应的可靠性规定。

2)带电导体和采用接线方式

(1)带电导体是指正常通过工作电流的导体,包括相线和中性线(N 线及 PEN 线),但不包括 PE 线。常见的形式有:单相二线制、两相三线制、三相三线制、三相四线制及三相五线制。

(2)交流配电电缆芯线的相间额定电压不得低于使用回路的工作线电压;电缆的冲击耐压水平应满足系统绝缘配合要求。

(3)电缆截面选取应满足持续允许电流、短路热稳定、允许电压损失等要求。

(4)公路低压配电系统通常接线方式主要有放射式、树干式、链式三种。

3.技术要求

1)通用要求

(1)电器的额定电压应与所在回路标称电压相适应。

(2)电器的额定电流不应小于所在回路的计算电流。

(3)电器的额定频率域所在回路的频率相适应。

(4)电器应适应所在场所的环境条件。

(5)电器应满足短路条件下的动稳定与热稳定的要求。用于断开短路电流的电器,应满足短路条件下的通断能力。

(6)配电装置及馈电线路的绝缘电阻值不应小于 0.5MΩ。

2)配电缆线的要求

(1)线路电压损失应满足用电设备正常工作及启动时端电压的要求。

(2)按敷设方式及环境条件确定的导体载流量,不应小于计算电流。

(3)导体应满足动稳定与热稳定的要求。

(4)导体最小截面应满足机械强度的要求。

(5)在三相四线制配电系统中,中性线(N 线)的允许载流量不应小于线路中的最大不平衡负荷电流,且应计入谐波电流的影响。以气体放电灯为主要负荷的回路中,N 线截面应与相线截面相同。

(6)保护线(PE 线)采用单芯绝缘导线时,按机械强度要求,有机械性保护时应≥2.5mm²;无机械性保护时应≥4mm²。

(7)装置外可导电部分禁用作保护中性线(PEN 线)。在 TN-C 系统中,PEN 线严禁接入开关设备。

3)配电线缆的保护

(1)配电线路应装设短路保护、过负载保护和接地故障保护。

(2)配电线路采用的上下级保护电器,其动作应具有选择性,各级之间应能协调配合。

(3)保护电器应装设在操作维护方便,不易受机械损伤,不靠近可燃物的地方,并应采取措施避免保护电器运行时意外损坏对周围人员造成伤害。

(4)保护电器应装设在被保护线路与电源线路的连接处,应采取将短路危险减至最小的措施,保护电器不接近可燃物。

(5)短路保护电器应装设在低压配电线路不接地的各相(或极)上,但对于中性点不接地 N 线也不引出的三相三线配电系统,可只在二相(或极)上装设保护电器。

(6)在 TT 或 TN-S 系统中,若 N 线的截面与相线相同,或虽小于相线但已能为相线上的保护电器所保护,N 线上可不装设保护;若 N 线不能被相线保护电器所保护,应另外在 N 线上装设保护电器保护,将相应相线电路断开,但不必断开 N 线。

(7)在 TT 或 TN-S 系统中,N 线上不宜装设电器将 N 线断开;当需要断开 N 线时,应装设相线和 N 线一起切断的保护电器。当装设漏电保护电器时,应能将其所保护的回路所有带电导线断开。在 TN-C 系统中,严禁断开 PEN 线;不得装设断开 PEN 线的任何电器。

(8)当维护、测试和检修设备需断开电源时,应设置隔离电器。

4)电能质量的技术要求

(1)配电系统的电能质量包括:电压质量、波形质量(谐波)和频率质量(频率偏差)。电压质量则包括:电压偏差、电压波动、电压波动和电压闪变、不对称(不平衡)等性能指标。

(2)正常运行情况下,用电设备端子处电压偏差允许值(以额定电压的百分数表示)宜符合规定要求。

(3)采用电力电容器作为无功补偿装置时,宜就地平衡补偿。

(4)低压电容器组宜加大投切容量或采用专用投切接触器。当在受谐波量较大的用电设备影响的线路上装设电容器组时,宜串联电抗器。

5)应急电源

因为多数地方的公路沿线电力条件有限且很不稳定,所以有必要在负荷等级要求较高的场所配置应急电源。应用于公路机电系统的应急电源种类主要有以下几种。

(1)蓄电池装置。适用于允许停电时间为毫秒级,且容量不大且要求直流电源的重要负荷。

(2)静止型不间断供电装置(UPS)。适用于允许停电时间为毫秒级,且容量不大且要求交流电源的重要负荷。

(3)快速启动的柴油发电机组。适用于停电时间允许15s 以上的,需要驱动电动机且启动电流冲击负荷较大的重要负荷(一般快速自启动的发电机组自启动时间为10s左右)。

6)柴油发电机组的技术要求

柴油发电机组主要由柴油机、发电机和控制屏三部分组成,有移动式和固定式两种安装形式。作为应急电源使用时,应选择G3级以上的自动化柴油发电机组(柴油发电机组性能分为G1、G2、G3、G4共4个等级),其功能要求如下。

(1)自动维持。机组应急启动和快速加载时的机油压力、机油温度、冷却水温度应符合产品技术条件的规定。

(2)自动启动和加载。接受自控或遥控指令或市电供电中断时,机组能自动启动供电。机组允许3次自动起动,每次起动时间为8~9s,起动间隙为5~10s。第3次失败时,应发出起动失败的声光报警信号。当有备用机组时,应能自动地将起动信号传递给备用机组;机组自动起动的成功率不低于98%,市电失电后恢复向负荷供电的时间一般为8~20s。对于额定功率不大于250kW柴油发电机,首次加载量应不小于50%的额定负荷;大于250kW柴油发电机首次加载量应按产品技术条件规定。

(3)自动停机。接收自控或遥控的停机指令后,机组应能自动停机;当电网恢复正常后,机组应能自动切换和自动停机,由电网相负载供电。

(4)自动补给。燃油、机油、冷却水应能够自动补充,机组启动利用蓄电池自动充电。

(5)有过载、短路、过速度(或频率)保护装置。

(6)有表明正常运行或非正常运行的声光信号系统。

7)不间断电源的要求

不间断电源(UPS)一般由整流器、蓄电池、逆变器、静态开关和控制系统组成。5kV·A以下容量UPS电源可分为后备式和在线式两种,通常采用在线式UPS。不间断电源的功能要求如下:

(1)静态旁路开关的切换时间一般为2~10ms。

(2)用市电旁路时,逆变器的频率和相位应与市电相同步。

(3)对于三相输出的负荷不平衡度,最大一相和最小一相负载基波的方均根电流之差不应超过不间断电源额定电流的25%,而且最大的线电流不得超过其额定值。

(4)三相输出的系统输出电压不平衡系数(负序分量对正序分量比)应不超过5%,输出电压的总波形失真度不超过5%(单相输出允许10%)。

(5)不间断电源给计算机系统供电时,单台UPS的输出功率应大于计算机系统各设备额定功率总和的1.5倍;对其他设备供电时,为最大负荷的1.3倍。负荷冲击电流不应大于不间断电源设备的额定电流的150%。

(6)为保证用电设备按照操作顺序进行停机,其蓄电池的额定放电时间可按停机所需最大时间来确定,一般可取8~15min。

8)蓄电池和充电装置的要求

(1)蓄电池。

①蓄电池通常分为碱性蓄电池和酸性蓄电池。蓄电池按其供电性质可分为:经常负荷、事故负荷和冲击负荷。

②铅酸蓄电池不宜采用降压装置;镉镍碱性蓄电池组应设置降压装置。

③蓄电池试验放电装置按额定电流选择,额定电压应不小于蓄电池组的额定电压,额定电流应为$(1.10 \sim 1.30)I_{10}$(镉镍电池为I_5)。

(2)充电装置。

①充电装置主要有两种类型:高频开关型和晶闸管整流型。目前广泛应用的是高频开关模块型充电装置。

②充电器应满足蓄电池组的充电和浮充电要求。在均衡充电时,若带有经常性负荷,则需特别注意充电装置的容量。

③充电装置的直流输出电压(通常称为标称电压)一般指220V或110V,而实际上长期连续工作电压为230V或115V,应该高出额定电压的5%。

④充电装置应具有良好的稳流、稳压和限流性能,并应具有自动和手动浮充电、均衡充电和稳流、限流充电等功能。

⑤充电装置的交流电源输入宜为三相制,频率为50Hz,额定电压为380(±10%)V。小容量充电装置可采用220(±10%)V。

4. 中心(站)内低压配电设备施工质量监理要点

1)基本要求

(1)电源设备数量、型号规格应符合设计要求,且部件及配件应完整。

(2)电源室内市电油机转换屏(柜)、交直流配电、动力开关柜、UPS、室外配电箱、发电机组控制柜等设备应安装稳固,位置、方位应正确。设备、列架排列应整齐、有序,标志应清楚、牢固。

(3)进入配电(箱)柜的所有电缆接头应按规范进行开剥、焊接、镀锡、绑扎、密封和热塑封合防潮处理。

(4)设备、列架内以及设备之间的连接布线应符合规范要求。所有进出线都要进行标记,并附有配电简图。

(5)蓄电池组的连接条、螺栓、螺母应进行防腐处理,且连接可靠。

(6)所有设备安装到位,工作、安全、防雷等接地连接应可靠。

(7)经过通电测试,应处于正常工作状态。

(8)电源室、发电机组室应通过安全、消防验收。

(9)隐蔽工程验收记录、分项工程自检和设备调试记录、安装和非安装设备及附(备)件清单、有效的设备检验合格报告或证书等资料应齐全。

2)实测项目、要求及检测方法

(1)室内设备、列架的绝缘电阻应符合设计要求,无要求时应≥2MΩ(设备安装后);用500兆欧表在设备内布线和地之间测量。

(2)安全接地电阻应≤4Ω;联合接地电阻应≤1Ω;发电机组控制柜接地电阻应≤4Ω,用接地电阻测量仪测量。

(3)设备安装的水平度应≤2mm/m;设备安装的垂直度应≤3mm,用铅垂和量具实测。

(4)发电机组控制柜绝缘电阻应≥2MΩ(设备安装后);发电机组控制柜绝缘电阻应≥2MΩ(设备安装后)。

(5)检验发电机组启动及启动时间、发电机组容量测试、发电机组相序和发电机组输出电压稳定性。

(6)检验自动发电机组自启动转换测试与机组供电切换对机电系统的影响等。

3)外观鉴定

(1)配电屏、设备、列架应布局合理、安装稳固、横竖端正、排列整齐。

(2)设备安装后表面应光泽一致、无划伤、无刻痕、无剥落、无锈蚀;部件标识应正确、清楚。

(3)电源输出配线路由和位置应正确、布放应整齐,且符合施工工艺要求。

(4)设备内部件应整齐、美观、绑扎牢固,接线端头焊(压)接应牢固、平滑;编号应标示清晰,且预留长度适当。

(5)设备抗振加固措施应符合设计要求等。

5. 外场设备电力电缆线路施工质量监理要点

1)基本要求

(1)室内外配电设备、电缆程序、保护管道、人(手)孔形式等设施的数量、型号规格、技术要求应符合设计规定,且部件及配件应完整。

(2)电缆路由应符合设计要求、人(手)孔及管道设置安装应齐全、防水措施应良好。

(3)室内外配电箱等设备应安装稳固,位置、方位应正确。标识应清楚、牢固。

(4)室外配电箱应做双层防腐处理并有明显的"高压危险"字样及相应图案等标志。

(5)进入配电(箱)柜的所有电缆接头都应按规范进行了开剥、焊接、镀锡、绑扎、密封处理,最后并进行热塑缝合防潮处理。

(6)设备、列架内以及设备之间的连接布线应符合规范要求。所有进出线都应进行标记,并附有配电简图。

(7)直埋电缆应符合相关施工规范要求。

(8)所有设施应安装到位并作可靠的接地连接。

(9)经过通电测试,应处于正常工作状态。

(10)应提交隐蔽工程验收记录、分项工程自检和设备调试记录、安装和非安装设备及附(备)件清单、优先的设备检验合格报告或证书等资料。

2)实测项目、要求及检测方法

(1)配电箱基础尺寸及高程应符合设计要求,并用量具测量。

(2)配电箱涂层厚度应符合设计要求,无要求时按现行《公路交通工程钢构件防腐技术条件》(GB/T 18226)执行,并用涂层测厚仪实测。

(3)电缆埋深应符合要求,并检验记录和实测。

(4)电源箱、配电箱、分线箱安全接地电阻应≤4Ω,并用接地电阻测量仪实测。

(5)配线架对配电箱绝缘电阻应≥10MΩ,并用兆欧表实测。

(6)对地绝缘护套的绝缘电阻应≥2MΩ(全程),并用兆欧表实测。

3)外观鉴定

(1)基础混凝土表面应刮平,无损边、无掉角;连接地脚及螺栓规格应符合设计要求,外观应无腐蚀现象。

(2)配电箱安装后,防腐涂层应光泽一致、无划伤、无刻痕、无剥落等缺陷。

(3)箱体应开孔合适、切口整齐,出线管与箱体连接密封应良好,箱门开闭应灵活。

(4)箱内接线应整齐、回路编号应齐全正确。

(5)机箱应密封良好,机箱内应无积水、无明显尘土和霉变。

(6)接地焊接应牢固,焊缝应饱满并做防腐处理;机箱应接地可靠,连线标识清楚,走线横平竖直,并符合视觉美观要求。

(7)电缆成端应符合规范要求,沿电缆井引入时,电缆排列应整齐有序、绑扎牢固;进入墙壁应有保护套管,预留长度应满足使用要求。

(8)直埋电缆两端铠装层接地处理措施应得当,电缆标石埋设应符合设计要求。"隧道低压供配电"工程施工质量监理也按上述规定执行。

6. 照明设施

1)概述

为了保证交通安全视认性以及视觉效果的舒适性,在公路上可按路段、互通式立交、收费广场及收费天棚、特大桥、隧道、平面交叉路口等区段设置照明设施,并满足机动车安全行驶与交通管理的需要。

公路照明系统主要是由照明光源、灯具与电器附件等装置、配置与控制设施、安全防护设备等组成。

公路照明应以路面平均宽度(或路面平均照度)、路面亮度均匀和纵向均匀度(或路面照度均匀度)、眩光限制、诱导性等作为评价指标。

2)技术要求

根据《公路照明技术条件》(GB/T 24969—2010),照明设施的技术要求主要包括:

(1)照明质量要求。

①照明等级。

公路照明等级可按适用条件分为一级和二级,见表7-20。

公路照明等级 表7-20

公路照明等级	使 用 条 件
一级	车流密度较大或/和公路自身条件复杂的照明路段
二级	车流密度适中、视距条件好、公路自身条件良好的照明路段

②照明质量要求。

a. 公路照明应具有良好的视觉诱导性。

b. 公路照明质量应符合表7-21的要求。

公路照明质量要求 表7-21

公路照明等级	亮度要求			照度要求		眩光限制阈值增量 T_1(%)	环境比 SR
	平均亮度 L_{av}(cd/m²)	总均匀度 U_0(E)	纵向均匀度 U_1(E)	平均照度 E_{av}(lx)	总均匀度 U_0(E)		
	最小维持值	最小值	最小值	最小维持值	最小值	最大初始值	最小值
一级	2	0.4	0.7	30	0.4	10	0.5
二级	1.5	0.4	0.6	20	0.4	10	0.5

注:表中所列数值仅适用于干燥路面;照度要求仅适用于沥青混凝土路面,水泥混凝土路面照度要求可相应降低不超过30%;公路照明的维护系数可按0.70确定。

c. 公路交会区和沿线特殊设施及场所照明质量应符合表 7-22 的要求。

公路交会区和公路沿线特殊设施及场所照明质量要求 表 7-22

照明区域		照度要求		眩光限制
		平均照度 E_{av}(lx)	总均匀度 U_0(E)	
		最小维持值	最小值	
公路交会区	与一级照明等级公路相连	50	0.4	与灯具向下垂直轴夹角在 80°和 90°的观察方向上的光强应分别不大于 30cd/1000lm 和 10cd/1000lm
	未与一级照明等级公路相连	30	0.4	
公路沿线特殊设施及场所	收费站广场	20～50	0.4	应防止照明设施给行人、机动车驾驶员和作业者造成眩光
	服务区	10～20	0.3	
	养护区	10～20	0.3	
	停车区	15～30	0.3	

注：公路交会区指交叉区、匝道及进出口区、限制宽度车道等。

(2) 光源和灯具。

① 照明光源。

a. 公路照明光源的选择应综合考虑光效、使用寿命和显色性等因数。

b. 常规路段照明宜采用高压钠灯,不应采用白炽灯。

c. 对显色性有较高要求的设施及场所可采用显色指数较高的光源。

d. 对公路照明也可采用能够符合公路照明要求的新型光源,如 LED 光源、无极灯等。

② 照明灯具及附属设施。

a. 公路照明应采用截光型或半截光型灯具。

b. 公路照明灯具的安全要求应符合现行《灯具　第 1 部分:一般要求与试验》(GB 7000.1)和《灯具　第 2-3 部分:特殊要求　道路与街路照明灯具》(GB 7000.203)的规定。

c. 公路照明灯具的防护等级按现行《外壳防护等级(IP 代码)》(GB 4208)的规定应不低于 IP55,环境污染严重、维护困难的路段和区域,照明灯具的防护等级应不低于 IP65。

d. 公路照明灯具应具有耐蚀性能和耐火性能。

e. 公路照明应选用金属灯杆或钢筋混凝土灯杆。当采用金属灯杆时,其防腐性能要求应符合现行《公路交通工程钢构件防腐技术条件》(GB/T 18226)的规定。

(3) 照明布设要求。

① 照明布设一般要求。

a. 根据公路横断面形式、宽度、照明器具的配光性能和照明要求,灯具的布设可在单侧布置、双侧交错布置、双侧对称布置、中心对称布置和中心布置等方式中选择。

b. 照明灯具的间距应根据安装高度(H)、公路宽度、灯具的配光性能以及照明质量的要求设置,一般灯杆间距宜为 $3H$～$4.5H$。采用泛光灯照明时,高杆灯的灯杆间距宜为 $4H$～$6H$。

c. 照明灯具的悬挑延伸长度一般不宜超过灯杆高度的 1/4,灯具的仰角不宜超过 15°。

②曲线路段照明布设要求。

a. 平曲线半径大于等于1000m的曲线路段,可按直线路段进行照明布设。

b. 平曲线半径小于1000m的曲线路段,照明灯具的布设间距宜为直线段的0.5~0.7倍。半径越小,间距也应越小。

c. 在反向曲线路段上,宜在单侧设置灯具,产生视线障碍时可在曲线外侧增设附加灯具。

d. 当曲线路段的路面较宽需采取双侧布置灯具时,宜采用双侧对称布置。

e. 曲线路段的照明灯具不得安装在直线路段照明灯具的延长线上。

③公路交会区和公路沿线特殊设施及场所照明布设要求。

a. 公路沿线特殊设施及场所照明应根据其范围和不同功能的要求进行照明布设。小型收费站广场宜采用低杆、中杆照明方式;大型收费站广场和互通式立体交叉应根据其特点及照明要求采用高杆照明方式;停车区宜采用高杆照明方式。当采用高杆照明方式时,宜优先选用升降式高杆照明设施。

b. 特大型桥梁照明宜根据桥梁结构形式采用与之相适应的照明灯具和布设方式。桥梁照明应防止眩光,必要时应采用严格控光灯具,不得使用对船舶航行等水上交通及渔业活动造成不利影响的照明设施。

c. 有照明设施且平均亮度高于$1.0cd/m^2$的公路出入口,应设置照明过渡段。

(4)照明供电要求及控制。

①照明供电安全要求。

a. 公路照明配电回路应设保护装置,每个灯具应设有单独保护装置。

b. 可触及的金属灯杆和配电箱等金属照明设备均需保护接地,接地电阻应不大于4Ω。

c. 高杆灯或其他安装在高耸构筑物上的照明装置应配置避雷装置,并应符合现行《建筑物防雷设计规范》(GB 50057)的规定。

②照明控制要求。

a. 照明控制宜优先采用定时控制和光电控制相结合的控制方法。定时控制应根据公路所在地区的地理位置和季节变化合理确定;光电控制的开关时间应按照满足照明质量要求的原则合理确定。

b. 对照明系统采用远程控制方式时,照明系统应具有本地控制功能。

③照明配电及控制要求。

a. 道路照明总功率较大时,宜采用专用变压器。电压偏差较大时,为保证照明质量和光源寿命并有利节能,宜采用有载自动调压变压器。

b. 一般照明光源电压采用220V,1500W及以上高强度气体放电灯的电源电压宜采用380V。照明灯具输入端的端电压不宜大于其额定电压的105%,且不宜低于90%。

c. 照明配电宜采用放射式和树干式结合的系统。配电室宜设置在靠近照明负荷中心且便于操作维护的位置。

d. 照明配电线路应设置短路保护、过负载保护和接地保护,每段配电线路的首段应装设保护电器(熔断器或断路器)。此外,每个灯具也应设单独的保护器。

e. 三相配电干线的各相负荷分配应平衡,不宜超过三相负荷平均值的±15%。

f. 每一单相分支回流的电流不宜超过16A,所接光源数不宜超过25个;连接组合灯具时,回路不宜超过25A,光源数不宜超过60个。单相分支回路宜单独装设保护器,不宜采用三相断路器对3个单相分支回路进行保护和控制。

g.供气体放电灯的配电线路,宜在线路或灯具内设置电容补偿,使功率因数不低于0.9。气体放电灯的频闪效应对视觉有影响的场所,且采用电感镇流器时,相邻灯具应分接在不同相序,以降低频闪程度。

h.道路照明宜采用TN-S或TT接地形式。当采用Ⅰ类灯具时,灯具的外露可导电部分应可靠接地(直接接地或PE接地)。

i.照明配电线应采用铜芯绝缘电线或电缆,分支线截面不应小于$1.5mm^2$。

(5)照明节能要求。

①照明灯具及器件节能要求。

a.气体放电灯线路功率因数应在0.85以上。

b.常规照明灯具的性能指标应符合国家现行有关能效标准规定的节能评价值要求。

②照明控制节能要求。

a.应根据所在地区的地理位置(纬度)和季节变化合理确定开关灯时间,并根据天空亮度修正。黄昏时天然光照度为15lx时开启路灯,清晨天然光照度为20lx(对次干路和支路)或30lx(对快速路和主干路)时关灯。

b.道路照明应采用集中遥控方式,有条件时最好采用光控和时间相结合的控制方式,所有情况都应具有集中手动控制功能。

c.道路照明同一电杆装有两只光源时,半夜时应能关闭一个;只装一个光源时宜采用功率转换控制,半夜时应能转换至低功率状态运行。

(6)升降式高杆照明装置。

①灯杆。

a.灯杆分为圆形拔梢状和多边形拔梢状两大类。对于圆形拔梢状灯杆,其截面圆度误差应不超过0.3%;对于多边形灯杆,其截面各内角偏差应不超过±1.5°,边长误差应不超过2mm。

b.每10m灯杆,其轴线测量的直线误差应不超过0.05%,灯杆的全长直线度误差应不超过0.1%。

c.灯杆的壁厚根据使用地区和设计文件确定。多边形灯杆的插接长度应不小于插接直径的1.5倍。灯杆小门内下部应设有接地螺栓。

②灯盘。

a.灯盘直径与灯盘高度之比宜控制在1:5~1:7之间。

b.灯盘造型可分为圆形和对称多边形,也可分为框架式功能型。

c.灯盘结构应有足够的机械强度,其结构可分为2~3瓣,应采用现场拼接。

③升降系统和安全保护装置

a.升降系统采用单根钢丝绳作为主绳的,应设置防止灯盘发生意外坠落的制动装置,其钢丝绳设计安全系数应不小于8。

b.升降系统采用两根及以上钢丝绳作主绳的,其单根钢丝绳设计安全系数应不小于6。

c.灯盘上必须设置橡胶轮或橡胶圈,以防止在升降过程中灯盘与灯杆之间的碰撞。

d. 钢丝绳升降传动滑轮轴最大应力应小于材料屈服点应力的30%,其传动滑轮直径应大于钢丝绳直径的12倍。电源电缆线随钢丝绳升降用的导向滑轮的直径应大于电缆直径的8倍。

e. 升降系统应设电气、机械限位装置和过扭矩保护装置。

f. 升降系统应具备电动、手动两种功能。电动时,灯盘的升降速度不宜超过2m/min;手动时,操作应轻便灵活。

g. 采用单根主钢丝绳的升降系统在灯盘升至工作位置后,应具有自动卸载装置,将灯盘可靠地挂置在灯杆上,使牵引钢丝绳卸载。当使用两根或两根以上不锈钢丝绳作主绳时,灯盘上升至工作位置后,允许钢丝绳处在负载状态。

④防腐处理。

升降式高杆照明装置的各加工部件,以及标准件中作改装的部件均应做防腐处理。防腐处理采用热浸锌、热铝喷涂以及涂漆处理等。对于沿海等腐蚀较严重的地区,应采用热浸锌或热铝喷涂方式进行结构防腐蚀处理。热浸锌层厚度不应低于85μm;热铝喷涂防腐蚀的铝喷涂厚度不小于80μm;所涂底漆厚度不得小于40μm,涂完面漆后总厚度为125~175μm。

⑤防雷装置。

高杆照明设施的防雷接地装置接地电阻应不大于10Ω。灯杆的避雷针一般采用圆钢或焊接钢管制成,选用圆钢时直径应不小于16mm;选用钢管时直径应不小于25mm。

3)施工质量监理要点

(1)基本要求。

①照明器和亮度传感器的类别、规格、适用场所、有效范围、数量、位置、安装间距、安装质量等应符合要求。

②设备的电力线、信号线、接地线的类别、规格、数量、布设方式、位置、连接质量等应符合要求。

③路面照明、建筑物(构造物)的景观照明、航空障碍灯等照明设施应完整、协调。

④高杆灯应由取得相应资质的单位供货,并有可靠的测试记录和报告。

⑤隐蔽工程验收记录、分项工程自检和设备调试记录、有效的设备检验合格报告书或证书等资料应齐全。

(2)实测项目、要求及检测方法。

①灯杆基础尺寸应符合设计要求;长、宽用量具测量,埋深应查隐蔽工程验收记录或实例。

②灯杆壁厚应符合设计要求;金属灯杆用超声波测厚仪测量,混凝土灯杆应查隐蔽工程验收记录。

③灯杆、避雷针(接闪器)高度、法兰和地脚几何尺寸应符合设计要求;用全站仪测量灯杆和避雷针高度,用量具测量其他尺寸。

④金属灯杆防腐涂层壁厚。镀锌应≥85μm,其他涂层应符合实际要求;涂层测厚仪测量。

⑤灯杆垂直度应≤5mm/m,并用经纬仪测量。

⑥灯杆横纵向偏差应符合设计要求,并用经纬仪测量。

⑦照明设备控制装置的接地电阻应≤4Ω,并用接地电阻测试仪测量。灯杆接地电阻应≤10Ω,并用接地电阻测试仪测量。

⑧高杆灯的灯盘升降功能测试应符合设计要求和实际操作。

⑨路段直线段照度及均匀度、路段弯道段照度及均匀度、大桥桥梁段照度及均匀度、立交桥面段照度及均匀度、收费广场照度及均匀度、收费天棚照度及均匀度应符合设计要求,并用照度计测量。

⑩应用自动、手动两种方式控制全部或部分照度器的开闭。亮度传感器与照明器的联动功能和定时控制功能应满足可控性检验,以及模拟或实际操作验证。

(3)外观鉴定。

①灯柱、机箱及灯具安装位置和方位应正确、牢固、端正。

②各部件表面应光泽一致、无划伤、无刻痕、无剥落、无锈蚀。

③基础混凝土表面应刮平,无损边、无掉角;机箱、立柱、法兰及地脚螺栓规格应符合设计要求,防腐措施应得当,裸露金属基体应无锈蚀。

④高杆灯防雷接地焊接应牢固,焊缝应饱满并做防腐处理;防雷引下线及接地体用材料规格、防腐与连接措施、安装位置应符合设计要求;金属机箱与安全保护地连接应可靠,接地极引出线裸露金属基体应无锈蚀。

⑤机箱的出线管与箱体连接密封应良好,箱体内应无积水、尘土、霉变。

⑥机箱内电力线、信号线、元器件等布线应平直、整齐、固定可靠,标识应正确、清楚,插头牢固。

⑦灯杆、灯具装配安装后,线形与道路线形在横向、纵向、高度应协调一致,且线形美观。

第八章 公路工程施工安全监理概述

第一节 安全监理概述

工程监理制度是我国根据工程建设项目管理体制改革的需要,借鉴国外先进的工程建设管理经验,并结合我国实际情况所确立的工程项目管理四项基本制度之一。安全监理则是《建设工程安全生产管理条例》赋予工程监理工作的一项新内容,安全监理工作是工程监理工作的主要组成部分。

《公路工程施工监理规范》(JTG G10—2006)确定了公路工程监理的五项任务,即质量、安全、环保、费用、进度(新增安全、环保)。2017年6月12日,交通运输部为加强公路水运工程安全生产监督管理工作,保障人身及财产安全,根据《中华人民共和国安全生产法》《建设工程安全生产管理条例》《安全生产许可证条例》,修订并颁布了《公路水运工程安全生产监督管理办法》,并于2017年8月1日起实施。从此,公路水运工程安全生产管理工作更上一层楼。

一、公路建设工程安全生产概况

1. 安全生产的发展过程及安全监理产生的背景

国务院颁布的《建设工程安全生产管理条例》,于2004年2月1日起施行。《建设工程安全生产管理条例》适应了我国建设工程安全生产的当前形势和今后发展的要求,是在贯彻"以人为本"思想和"安全第一、预防为主、综合治理"方针,加强建设工程安全生产、进一步实现我国建设工程安全生产管理法制化的背景之下产生的。

《建设工程安全生产管理条例》规定了工程建设参与各方责任主体的安全责任,明确规定了工程监理单位的安全责任,以及工程监理单位和监理工程师应对建设工程安全生产承担的监理责任,赋予了工程监理单位一项新的工作内容,由此产生了安全监理工作,使安全监理成为工程监理重要的组成部分。

监理单位和监理工程师应承担的安全责任可以分为生产经营单位安全生产责任(安全生产条件保障、安全生产教育培训、提供劳动防护用品等)和安全监理责任(相关的安全监理职责)两类。

2. 公路建设工程施工安全生产和安全事故特点

1)公路建设工程施工安全生产特点

(1)产品生产的单件性。

公路建设产品一般为比较复杂、大型、投资多且具有固定场所的一次性产品,或称单件性产品,具有投资大、生产周期长、专业繁多、涉及面广的特点,在产品形成过程中,要根据其构成特点、技术要求、使用功能、合同约定的质量、工期和资金等条件,进行施工生产和系统管理。由于产品生产的单件性及其生产和管理的复杂性,因而容易出现施工安全事故。

(2)露天作业条件的恶劣性。

和其他建筑工程相比,公路建设工程的施工现场远离城镇,受地形、地质、气候影响较大,环境复杂,条件恶劣,安全隐患多,安全监管难度大。

(3)庞大结构施工的危险性。

公路建设工程的结构十分庞大,操作人员有时在十几米甚至数百米的高空进行施工作业,容易发生高处坠落伤亡事故。随着公路建设的持续发展和技术的不断进步,山岭隧道、水底隧道建设逐渐增多,地下、水下作业也相应增多,容易产生坍塌、中毒等伤亡事故。

(4)队伍流动性大,素质参差不齐,实施安全管理的困难性。

近年来,由于工程建设发展迅速,普遍缺乏有技术基础并能熟练操作的工人,大批文化水平较低、安全意识和自我保护能力较弱的人员成了建筑工人,导致施工队伍整体素质参差不齐,而且由于队伍流动性大,多数务工人员对如何按安全规程进行施工作业不太了解或掌握不足。

由于公路建设产品的单件性,当这一产品完成后,施工单位就必须转移到新的施工地点,施工人员流动性大,给施工安全管理带来难度,因此要求安全管理工作必须做到及时、到位。

(5)手工操作多、体力消耗大、强度高,造成劳动保护的艰巨性。

在恶劣的作业环境中,施工人员的手工操作多,体能耗费大,劳动时间和劳动强度比其他行业要大,其职业危害严重,带来了个人劳动保护的艰巨性。

(6)产品品种多样性,施工工艺多变性,导致施工安全管理复杂性。

由于公路建设产品品种的多样性,施工生产工艺的复杂多变性,如一座桥从基础施工、下部结构施工、上部结构施工至竣工验收,各道工序均有不同的特征,其不安全的因素各不相同。同时,随着工程建设的进行,施工现场的不安全因素也在随时变化,要求施工单位必须针对工程进度和施工现场实际情况不断采取安全技术措施和安全管理措施保证安全。

(7)施工场地窄小带来多工种作业的立体交叉性。

近年来,公路建设工程由低向高发展,由地上向地下、水下发展,由内河、近岸向近海及深海发展,施工现场却由宽向窄发展,致使施工场地与施工条件要求的矛盾日益突出,多工种立体交叉作业增加,导致机械伤害、物体打击事故增多。

施工安全生产的上述特点,决定了施工生产的安全隐患多存在于高处作业、交叉作业、垂直运输、个人劳动保护以及使用电气机具等环节,伤亡事故也多发生在高处坠落、物体打击、机械伤害、起重伤害、触电、坍塌等方面。同时,新、奇、个性化的建设工程产品的出现,给公路建设工程带来了新的挑战,也给公路建设工程安全管理和安全技术提出了新的要求。

2)公路建设工程安全事故特点

(1)严重性。

公路建设工程发生安全事故,其影响往往较大,会直接导致人员伤亡或财产损失,重大安全事故甚至会导致群死群伤或巨大财产损失。

(2)复杂性。

工程事故产生的特点,决定了影响公路建设工程安全的因素多,造成工程安全事故的原因错综复杂,即使同一类安全事故,其发生原因也可能多种多样。

(3)可变性。

许多公路建设工程施工中出现的安全事故隐患并不是静止的,而是可能随着时间的推移和各种外因条件的变化而发展、恶化,若不及时处理,则可能发展成严重或重大安全事故。

(4)多发性。

公路建设工程中的有些安全事故,往往会在工程某部位、某工序或某种作业活动中经常发生,例如物体打击事故、触电事故、高处坠落事故、坍塌事故、起重机械事故、中毒事故等。

3.公路建设工程安全生产及其管理

公路建设工程安全生产是指在工程建设施工生产过程中,努力改善劳动条件,克服不安全因素,防止伤亡事故的发生,使劳动生产在保证劳动者安全健康和国家财产及人民生命财产安全的前提下顺利进行。

公路建设工程安全生产管理是指公路建设工程生产、管理单位按照有关安全法律、法规,为预防公路建设工程施工中发生安全事故而建立的安全管理系统,包括计划、组织、协调和控制等系列活动。

1)安全生产方针

我国安全生产的方针经历了从"安全生产""安全第一、预防为主"到"安全第一、预防为主、综合治理"的发展过程,当前安全管理强调在生产中做好预警预防工作,尽可能将事故消灭在萌芽状态。

"安全第一"是原则和目标,是从保护和发展生产力的角度,确立了生产与安全的关系,肯定了安全在建设工程生产活动中的重要地位。安全第一,就是在生产过程中把安全放在最重要的位置,切实保护劳动者的生命安全和身体健康。在新的历史条件下坚持安全第一,是贯彻落实"以人为本"的科学发展观、构建社会主义和谐社会的必然要求。

"安全第一"的方针,就是要求所有参与工程建设的人员,包括管理者和操作人员以及对工程建设活动进行监督管理的人员都必须树立安全观念,不能一味追求经济利益而牺牲安全。当安全与生产发生矛盾时,必须先解决安全问题,在保证安全的前提下从事生产活动,只有这样才能使生产正常进行,促进经济发展,保持社会稳定。

"预防为主"是手段和基本途径。预防为主,就是要把安全生产工作的关口前移,超前防范,监理预教、预测、预想、预报、预警、预防的递进式、立体化事故隐患预防体系,概述安全状况,预防安全事故。在新时期,"预防为主"的方针又有了新的内涵,即通过建设安全文化、健全安全法制、提高安全科技水平、落实安全责任、加大安全投入,构筑坚固的安全防线。具体地说,就是要促进安全文化建设与社会文化建设的互动,为预防安全事故打造良好的意识;建立健全有关法律法规和规章制度,依靠法制的力量促进安全事故防范;大力实施"科技兴安"战略,把安全生产状况的根本好转建立在依靠科技进步和提高劳动者素质的基础上;强化安全生产责任制,创新安全生产监管体制,健全和完善中央、地方、企业共同投入机制,提升安全生产投入水平,增强基础设施的安全保障能力。在工程建设活动中,根据工程建设的特点,对不同的生产要素采取相应的管理措施,有效地控制不安全因素的发展和扩大,把可能发生的事故消灭在萌芽状态,以保证生产活动中人的安全与健康。

"综合治理"是落实安全生产方针政策、法律法规最有效的手段。综合治理是指为适应我国安全生产形势的要求,自觉遵循安全生产规律,正视安全生产工作的长期性、艰巨性和复杂性,抓住安全生产工作中的主要矛盾和关键环节,综合运用经济、法律、行政等手段,人管、法治、技防多管齐下,并充分发挥社会、职工、舆论的监督作用,有效解决安全生产领域的问题。

"安全第一、预防为主、综合治理"的安全生产方针是一个有机统一的整体。安全第一是预防为主、综合治理的统帅和灵魂,没有安全第一的思想,预防为主就失去了思想支撑,综合治理就失去了整治依据。预防为主是实现安全第一的根本途径。只有把安全生产的重点放在建立事故隐患预防体系上,超前防范,才能有效减少事故损失,实现安全第一。综合治理是落实安全第一、预防为主的手段和方法。只有不断健全和完善综合治理工作机制,才能有效贯彻安全生产方针,真正把安全第一、预防为主落到实处,不断开创安全生产工作新局面。

安全与生产是辩证统一的关系,是一个整体。生产必须安全,安全促进生产,不能将二者对立起来。在施工过程中,必须尽一切可能为作业人员创造安全的生产环境和条件,积极消除生产中的不安全因素,防止伤亡事故的发生,使作业人员在安全的条件下进行生产;同时,安全工作必须紧紧围绕着生产活动进行,不仅要保障作业人员的生命安全,还要促进生产的发展。离开生产,安全工作就毫无实际意义。

2)安全生产管理的原则

安全生产管理是一个从项目可行性研究到缺陷责任期的全过程、由全体相关人员共同参与的管理系统工程,必须遵循以下原则:

(1)管生产必须管安全的原则。

国务院《关于加强企业生产中安全工作的几项规定》中明确指出:"各级领导人员在管理生产的同时,必须负责管理安全工作""企业中有关专职机构,都应该在各自业务范围内,对实现安全生产的要求负责",不仅是对各级领导人员明确安全管理责任,同时,也向一切与生产有关的机构、人员明确了业务范围内的安全管理责任。

(2)安全生产动态管理的原则。

生产活动中必须坚持全员、全过程、全方位、全天候的动态安全管理原则。安全管理不是少数人和安全机构的事,而是一切与生产有关的人共同的事。缺少全员的参与,安全管理不会有生气,不会出好的管理效果。

安全管理涉及生产活动的方方面面,涉及从开工到竣工交付的全部生产过程,涉及全部的生产时间,涉及一切变化着的生产因素。

安全管理是在变化着的生产活动中的管理,是一种动态的管理,这就意味着必须坚持持续改进的原则,以适应变化的生产活动,及时发现并消除新的危险因素。更重要的是要不间断地探索新规律,注意总结管理、控制的办法与经验,不断改进、完善、提高安全管理工作的水平和质量。

(3)安全一票否决的原则。

"安全具有否决权"是指安全生产工作是衡量建设工程项目管理的一项基本内容,它要求在对项目各项指标考核、评优创先时,首先必须考虑安全指标的完成情况。安全指标没有实现,其他指标虽已顺利完成,该项目就不能认为是已实现了最优化目标,安全具有一票否决的作用。

(4) 事故处理"四不放过"原则。

国家有关法律法规明确要求,在处理事故时必须坚持和实施"四不放过"原则。

①事故处理原因未查清不放过。

②事故责任者和职工群众没有受到教育不放过。

③安全隐患没有整改预防措施不放过。

④事故责任者不处理不放过。

(5) 安全工作的"五同时"原则。

安全工作的"五同时"原则是指企业的生产组织领导者必须在计划、布置、检查、总结、评比生产工作的同时进行计划、布置、检查、总结、评比安全工作的原则。它要求把安全工作落实到每一个生产组织管理环节中去。这是解决生产管理中安全与生产统一的一项重要原则。

(6) 同步协调发展原则。

同步协调发展原则是指安全生产与经济建设、企业深化改革、技术改造同步规划、同步发展、同步实施的原则。这就要求把安全生产内容融入生产经营活动各个方面,以保证安全生产一体化,解决安全、生产两张皮的弊病。要避免只抓生产注重经济效益,不重视安全的局面,而应把经济效益与安全效益统一起来。

3) 安全生产的五种关系

安全生产必须正确处理好五种关系。

(1) 安全与危险并存。

安全与危险在同一事物的运动中是相互对立、相互依赖而存在的。因为有危险,才要进行安全管理,以防止危险。安全与危险并不是等量并存、平静相处。随着事物的运动变化,安全与危险每时每刻都在变化着,进行着此消彼长的斗争。可见,在事物的运动中,都不会存在绝对的安全和危险。

危险因素客观存在于事物运动之中,自然是可知的,也应是可控的。

保持生产的安全状态,必须采取多种措施,积极预防、有效控制和消除各种危险因素。

(2) 安全与生产的统一。

生产是人类社会存在和发展的基础。如果生产中人、物、环境都处于危险状态,则生产将无法顺利进行,因此安全是生产的客观要求。

生产有了安全保障,才能持续、稳定发展。当生产与安全发生矛盾,危及职工生命或国家财产时,生产活动必须进行整顿,待消除危险因素以后,生产形势才会变得更好。

(3) 安全与质量同步。

安全是质量的基础,只有在良好的安全措施保证之下,施工人员才能较好地发挥技术水平,保证工程施工质量。同样,工程施工质量越好,其产生的安全效应就越高,可以说质量是"本",安全是"标",两者密不可分。只有标本兼治,才能使工程项目达到设计标准要求。可见,安全与质量是同步的。

从广义上看,质量包含安全工作质量,安全概念也包含着质量,交互作用,互为因果。安全第一、质量第一这两种说法并不矛盾。安全第一是从保护生产要素的角度出发,而质量第一则是从关心产品成果的角度出发。安全为质量服务,质量需要安全保证。

(4) 安全与速度互促。

安全是速度的前提。由于建设项目的最大特点是施工工期比较长,建设单位总是希望其投入的资金能尽快产生效益,但工期过短是埋下安全隐患的原因之一。国家规范标准中的工期是可以进行适当压缩的,但对工期提出一个有利于安全的合理工期即约定工期,应当在施工合同中明确规定。可见,安全与进度是相互促进的。速度应以安全作为保障,安全就是速度。在项目实施过程中,应追求安全加速度,尽量避免安全减速度,当速度与安全发生矛盾时,应暂时减缓速度,保证安全才是正确的做法。

(5) 安全与效益兼顾。

安全技术措施的实施,会改善作业条件,带来经济效益,安全与效益是一致的,安全促进了效益的增长。在安全管理中,投入要适度,要进行统筹安排,既要保证安全生产,又要经济合理,还要考虑力所能及。单纯为了省钱而忽视安全生产,不但会给施工单位带来巨大的经济损失,而且会推迟建设单位投入资金产生的效益。可见,安全与效益是兼顾的。

二、安全生产管理相关制度

1. 安全生产许可证制度

《建设工程安全生产管理条例》规定施工单位应当具备安全生产条件。同时,《安全生产许可证条例》进一步明确规定,国家对矿山企业、建筑施工企业和危险化学品、烟花爆竹、民用爆破器材生产企业实行安全生产许可制度。上述企业未取得安全生产许可证的,不得从事生产活动。

住建部负责中央管理的建筑施工企业安全许可证的颁发和管理。省、自治区、直辖市人民政府建设主管部门负责上述规定以外的建筑施工企业安全生产许可证的颁发和管理,并接受住建部的指导和监督。

2. 安全生产责任制度

安全生产责任制度是指企业对企业中各级领导、各个部门、各类人员所规定的在他们各自职责范围内,针对安全生产应负责任的制度。其内容应充分体现责、权、利相统一的原则。建立以安全生产责任制为中心的各项安全管理制度,是保障安全生产的重要手段。安全生产责任制应根据"管生产必须管安全""安全生产人人有责"的原则,明确各级领导、各职能部门和各类人员在施工生产活动中应负的安全责任。

3. 安全生产教育培训制度

安全生产教育培训制度是指对从业人员进行安全生产教育和安全生产技能培训,并将这种教育和培训制度化、规范化,以提高全体人员的安全意识和安全生产管理水平,减少、防止生产安全事故的发生。

安全教育主要包括安全生产思想教育、安全知识教育、安全技能教育、安全法制教育四个方面,其中对新职工的三级安全教育(公司、工地、班组),是安全生产基本教育制度。培训制度主要包括对施工单位的管理人员和作业人员定期培训,特别是在采用新技术、新工艺、新设备、新材料时,对作业人员的培训。

4. 安全生产费用保障制度

安全生产费用是指建设单位在编制建设工程概算时,为保障安全施工确定的费用。建设单位根据工程项目的特点和实际需要,在工程概算中确定安全生产费用,并将这笔费用划转给施工单位。安全生产费用保障制度是指施工单位必须将安全生产费用于施工安全防护用具及设施的采购和更新、安全施工措施的落实、安全生产条件的改善。

5. 安全生产管理机构和专职人员制度

安全生产管理机构是指施工单位专门负责安全生产管理的内设机构,其人员即为专职人员,由施工单位项目工程主要负责人(项目经理)负责,根据工程规模大小、难易程度和复杂性,配备若干持证的专职安全生产管理人员。管理机构的职责是负责落实国家有关安全生产的法律法规和工程建设强制性标准,监督安全生产措施的落实,组织施工单位进行内部安全生产检查活动,及时整改各种安全事故隐患以及进行日常安全生产检查。

专职安全生产管理人员是指施工单位专门负责安全生产管理的人员,是国家法律法规、标准在本单位实施的具体执行者,其职责是对安全生产进行现场监督检查并做好记录,发现生产安全事故隐患及时向项目负责人和安全生产管理机构报告,对违章指挥、违章操作和违反劳动纪律的立即制止。

6. 特种作业人员持证上岗制度

特种作业人员是指从事容易发生事故,对操作者本人、他人的安全、健康及设备、设施的安全可能造成重大危害的作业人员。施工单位的电工,焊接与热切割作业人员,架子工,起重信号司索工,起重机械司机,起重机械安装拆卸工,高处作业吊篮安装拆卸工,锅炉司炉,压力容器操作人员,电梯司机,场(厂)内专用机动车司机,制冷与空调作业人员,从事爆破工作的爆破员、安全员、保管员,瓦斯监测员,工程船舶船员,潜水员,国家有关部门认定的其他作业人员,必须按照国家相关规定,经过专门的安全作业培训,并取得特种作业操作资格证书后,方可上岗作业。

7. 安全技术措施制度

安全技术措施是指从技术上采取措施,防止工伤事故和职业病的危害。在工程施工中,具体针对工程项目特点、环境条件、劳动组织、作业方法、施工机械、供电设施等制定确保安全施工的措施。安全技术措施也是建设工程项目管理实施规划或施工组织设计的重要组成部分。

8. 专项施工方案审查制度

对于结构复杂、危险性较大、特性较多的特殊工程,必须编制专项施工方案,并附安全验算结果,经施工单位技术负责人签字后,必要时还应当组织专家进行论证审查,经审查同意和总监理工程师签字后,方可组织施工。

9. 安全生产技术交底制度

安全生产技术交底制度指每项工程实施前,施工单位负责项目管理的技术人员对有关的施工技术要求向施工作业班组、作业人员详细说明并由双方签字确认的制度。

施工前详细说明制度主要内容包括:本项目的施工作业特点和危险点,针对危险点的具体预防措施,应注意的安全事项,相应的安全操作规程和标准,发生事故后应及时采取的避难和急救措施等。

10. 消防安全责任制度

消防安全责任制度是指施工单位确定施工现场的消防安全责任人,制定用火、用电、使用易燃易爆材料等各项消防安全管理制度和操作规程,施工现场设置消防通道、消防水源,配备消防设施和灭火器材,并在施工现场入口处设置明显消防标志。

11. 防护用品及设备管理制度

防护用品及设备管理制度是指施工单位采购、租赁的安全防护用具、机械设备、施工机具及配件,应当具有生产(制造)许可证、产品合格证,并在进入现场前进行查验。同时必须做好防护用品和设备的维修、保养、报废和资料档案管理。

12. 起重机械和设备设施验收登记制度

施工单位在工程中使用施工起重机械和整体提升式脚手架、滑模爬模、架桥机等自行式架设设施前,应当组织有关单位进行验收,或者委托具有相应资质的检验检测机构进行验收。使用承租的机械设备和施工机具及配件的,由承租单位、出租单位和安装单位共同进行验收。验收合格的方可使用。验收合格后30日之内,应当向当地交通运输主管部门登记。

《特种设备安全监察条例》规定施工起重机械在验收前应当经有相应资质的检验检测机构监督检验合格。

13. 三类人员考核任职制度

三类人员是指施工单位的主要负责人、项目负责人和专职安全生产管理人员。施工单位的主要负责人对本单位的安全生产工作全面负责,项目负责人对所承包的项目安全生产工作全面负责,专职安全生产管理人员直接、具体承担本单位日常的安全生产管理工作。三类人员在施工安全方面的知识水平和管理能力直接关系本单位、本项目的安全生产管理水平。从事公路建设工程的三类人员必须经交通运输主管部门对其安全知识和管理能力考核合格后方可任职。

14. 意外伤害保险制度

施工单位应当为施工现场的人员办理意外伤害保险,意外伤害保险费应由施工单位支付。实行施工总承包的,由总承包单位支付意外伤害保险费。该项保险是施工单位必须办理的,以维护施工现场从事危险作业人员的利益。

15. 安全事故应急救援制度

施工单位应当针对本项目工程特点制定生产安全事故应急预案,定期组织演练。建立应急救援组织或者配备应急救援人员,配备必需的应急救援器材、设备,并根据建设工程施工的特点、范围,对施工现场易发生重大事故的部位、环节进行监控。

实行施工总承包的,由总承包单位统一组织编制建设工程生产安全事故应急救援预案,工程总承包单位和分包单位按照应急救援预案,各自建立应急救援组织或者配备应急救援人员,配备救援器材、设备,并定期组织演练。

16. 安全事故报告制度

公路建设工程施工单位发生生产安全事故,施工单位应当立即向建设单位、监理单位和事故发生地的公路水运工程安全生产监督部门以及其他安全监督机构报告。按照国家有关伤亡事故报告和调查处理的规定,及时、如实地报告,特种设备发生事故的,还应当同时向特种设备安全监督管理部门报告。实行施工总承包的建设工程,由总承包施工单位负责上报事故。

17. 工艺、设备、材料的淘汰制度

在公路建设工程的设计、施工中,不得采用国家有关部门公布的淘汰工艺、设备和材料,各项机械、设备应建立相应的资料档案,并按国家有关规定及时报废。对在规定淘汰期限之后仍继续使用淘汰工艺、设备、材料的单位和个人,有关部门将依法责令停止使用,对屡禁不止的,由司法机关追究其法律责任。

18. 安全生产事故隐患排查治理制度

为了建立安全生产事故隐患排查治理长效机制,强化安全生产主体责任,加强事故隐患监督管理,防止和减少事故,保障人民群众生命财产安全,必须建立健全安全生产事故隐患排查治理制度,逐级建立并落实从主要责任人到每个从业人员的隐患排查治理和监督责任制。

三、安全生产责任

《建设工程安全生产管理条例》对建设工程参与各方及相关方的安全责任作了明确规定。政府是安全生产的监管主体,企业是安全生产的责任主体。安全生产工作必须建立、落实政府行政首长负责制和企业法定代表人负责制。两个主体、两个负责制相辅相成,共同构成我国安全生产工作基本责任制度。

根据《公路水运工程安全生产监督管理办法》的规定,从业单位应当建立健全安全生产责任制,明确各岗位的责任人员、责任范围和考核标准等内容。从业单位应当建立相应的机制,加强对安全生产责任制落实情况的监督考核。

1. 建设单位的安全责任

(1)建设单位应当向施工单位提供施工现场及毗邻区域内供水、排水、供电、供气、供热、通信、广播电视等地下管线资料,气象和水文观测资料,相邻建筑物和构筑物、地下工程的有关资料,并保证资料的真实、准确、完整。

(2)执行法律法规和工程建设强制性标准并遵守合同约定,不得对勘察、设计、施工、工程监理等单位提出不符合建设工程安全生产法律法规和强制性标准规定的要求,不得随意压缩合同规定的工期。

(3)提供安全生产费用,在编制工程概算时,应当确定建设工程安全作业环境及安全施工措施所需费用。

(4)在申请领取施工许可证时,要报送有关安全施工的资料,且自开工报告批准之日起15日内,将保证安全施工的措施报送建设工程所在地的县级以上地方人民政府交通运输主管部门或者其他有关部门备案。

(5)不得明示或者暗示施工单位购买、租赁、使用不符合安全施工要求的产品,不得明示或者暗示施工单位购买、租赁、使用不符合安全施工要求的安全防护用具、机械设备、施工机具及配件、消防设施和器材。

(6)建设单位应当将拆除工程发包给具有相应资质等级的施工单位,应当在拆除工程施

工 15 日前,将下列资料报送建设工程所在地的县级以上地方人民政府有关部门备案:

①施工单位资质等级证明。

②拟拆除建筑物、构筑物及可能危及毗邻建筑的说明。

③拆除施工组织方案。

④堆放、清除废弃物的措施。

2. 勘察设计单位的安全责任

(1)勘察单位应当按照法律法规和工程建设强制性标准的规定进行勘察,重视地质环境对安全的影响,提交的勘察文件应当真实、准确,满足公路水运工程安全生产的需要。

(2)勘察作业时,应当严格执行操作规程,采取措施保证各类管线、设施和周边建筑物、构筑物的安全,要健全安全生产管理机构,配备专职安全生产管理人员,对重点或关键岗位要落实安全责任负责人,要对安全生产规章制度和技术标准执行情况进行定期检查,发现问题及时纠正,把安全生产责任制落到实处,保护作业人员的安全。

(3)设计单位应当按照法律法规和工程建设强制性标准的规定进行设计,应当考虑施工安全操作和防护的需要,对涉及施工安全的重点部位和环节在设计文件中注明,并对防范生产安全事故提出指导意见,防止因设计不合理导致安全生产隐患或者安全生产事故的发生。

(4)设计单位应当对采用新结构、新材料、新设备、新工艺的建设工程和特殊结构的建设工程,在设计中提出保障施工作业人员安全和预防生产安全事故的措施建议。

3. 工程监理单位的安全责任

安全监理是工程建设监理的重要组成部分,也是建设工程安全管理的重要保障。安全监理的实施,是提高施工现场安全管理的有效方法,也是建设工程项目管理体制改革中加强安全管理,控制重大伤亡事故的一种新模式。

(1)审查施工组织设计中的安全技术措施或者专项施工方案是否符合工程建设强制性标准要求。

(2)在实施监理过程中,发现存在安全事故隐患的,应要求施工单位整改,情况严重的要求暂时停工,拒不整改的及时报告主管部门。

(3)工程监理单位和监理工程师应当按照法律法规和工程建设强制性标准的规定实施监理,并对建设工程安全生产承担监理责任。

根据《建设工程安全生产管理条例》,监理单位应建立五项安全管理制度:

①安全技术措施审查制度。

②专项施工方案审查制度。

③安全隐患处理制度。

④严重安全隐患报告制度。

⑤按照法律法规与强制性标准的规定实施监理制度。

监理单位和监理工程师在实施安全监理过程中还应注意把握以下几个方面:

1)违法行为

(1)工程监理单位未对施工组织设计中的安全技术措施或者专项施工方案进行审查就构成违法行为。

(2)工程监理单位发现安全事故隐患未及时要求施工单位整改或者暂时停止施工就构成不作为的违法行为。

(3)施工单位拒不整改或者不停止施工,工程监理单位未及时向有关主管部门报告便构成违法行为。

工程监理单位监督施工单位安全施工,同时,也在履行社会监督义务。施工单位拒不整改或者不停止施工,工程监理单位需要履行这一义务,及时向有关主管部门报告,工程监理单位报告不及时,也是违法行为。

(4)工程监理单位未依照法律法规和工程建设强制性标准的规定实施监理就构成违法行为。

2)法律责任

(1)行政责任。对于监理单位的上述违法行为,责令限期改正;逾期未改正的,责令停业整顿,并处10万元以上30万元以下的罚款;情节严重的,降低资质等级,直至吊销资质证书。

(2)刑事责任。《中华人民共和国刑法》第一百三十七条规定:"建设单位、设计单位、施工单位、工程监理单位违反国家规定,降低工程质量标准,造成重大安全事故的,对直接责任人员,处五年以下有期徒刑或者拘役,并处罚金;后果特别严重的,处五年以上十年以下有期徒刑,并处罚金",这里的刑事责任针对的是监理单位的直接责任人员,承担刑事责任的前提是造成重大的安全事故。

(3)民事责任。工程监理单位的违法行为通常也是违约行为,如果给建设单位造成损失,监理单位应当对建设单位承担赔偿责任。

4. 施工单位的安全责任

施工单位在建设工程安全生产中处于核心地位,施工单位主要负责人依法对本单位的安全生产工作全面负责。《建设工程安全生产管理条例》对施工单位的安全责任做了全面、具体的规定,包括施工单位负责人和项目负责人的安全责任、施工总承包和分包单位的安全生产责任等。同时,《建设工程安全生产管理条例》规定施工单位必须建立企业安全生产管理机构和配备专职安全生产管理人员,应当在施工前向作业班组和人员做出安全施工技术要求的详细说明,应当对因施工可能造成损害的毗邻建筑物、构筑物和地下管线采取专项防护措施,应当向作业人员提供安全防护用具和安全防护服装并书面告知危险岗位操作规程。《建设工程安全生产管理条例》还对施工现场安全警示标志的使用、作业和生活环境标准等做了明确规定。

1)施工单位应当具备的安全生产资质条件

施工单位从事建设工程的新建、扩建、改建和拆除等活动,应当具备国家规定的注册资本、专业技术人员、技术装备和安全生产等条件,依法取得相应等级的资质证书,并在其资质等级许可的范围内承揽工程。

2)施工单位的安全生产责任制度

施工单位主要负责人依法对本单位的安全生产工作全面负责。施工单位应当建立健全安全生产责任制度和安全生产教育培训制度,制定安全生产规章制度和操作规程,保证本单位安全生产条件所需资金的投入,对所承担的建设工程进行定期和专项安全检查,并做好安全检查记录。

施工单位的项目负责人应当由取得相应执业资格的人员担任,对建设工程项目的安全施工负责,落实安全生产责任制度、安全生产规章制度和操作规程,确保安全生产费用的有效使用,并根据工程的特点组织制定安全施工措施,消除安全事故隐患,及时、如实报告生产安全事故。

3)施工单位的安全生产基本保障措施

(1)安全生产费用应当专款专用。

施工单位对列入建设工程概算的安全作业环境及安全施工措施所需费用,应当用于施工安全防护用具及设施的采购和更新、安全施工措施的落实、安全生产条件的改善,不得挪作他用。《公路水运工程安全生产监督管理办法》明确规定,施工单位在工程报价中应当包含安全生产费用,一般不得低于投标价的1.5%,且不得作为竞争性报价。

(2)安全生产管理机构及人员的设置。

施工单位应当设立安全生产管理机构,配备专职安全生产管理人员。

专职安全生产管理人员负责对安全生产进行现场监督检查。发现安全事故隐患,应当及时向项目负责人和安全生产管理机构报告;对违章指挥、违章操作的,应当立即制止。专职安全生产管理人员的配备办法由国务院建设行政主管部门会同国务院其他有关部门制定。《公路水运工程安全生产监督管理办法》明确规定,施工单位应当根据工程施工作业特点、安全风险以及施工组织难度,按照年度施工产值配备专职安全生产管理人员,不足5000万元的至少配备1名;5000万元以上不足2亿元的按每5000万元不少于1名的比例配备;2亿元以上的不少于5名,且按专业配备。

(3)编制安全技术措施及专项施工方案的规定。

施工单位应当在施工组织设计中编制安全技术措施和施工现场临时用电方案,对达到一定规模的危险性较大的分部分项工程编制专项施工方案。对于公路建设工程,表8-1所示危险性较大的工程应当编制专项施工方案,并附安全验算结果,经施工单位技术负责人、总监理工程师签字后实施,由专职安全生产管理人员进行现场监督。施工单位对表8-1中所列的需专家论证的专项施工方案还应当组织专家进行论证、审查。

危险性较大的工程 表8-1

序号	类别	需编制专项施工方案	需专家论证、审查
1	基坑开挖、开挖、支护、降水工程	1. 开挖深度不小于3m的基坑(槽)工程。 2. 深度小于3m但地质条件和周边环境复杂的工程	1. 深度不小于5m的基坑(槽)的土(石)工程。 2. 开挖深度虽小于5m,但地质条件、周围环境和地下管线复杂,或影响毗邻建(构)筑物安全,或存在有毒有害气体分布的工程
2	滑坡处理和填、挖方路基工程	1. 滑坡处理。 2. 边坡高度大于20m的路堤或地面斜坡坡率陡于1:2.5的路堤,或不良地质、特殊岩土地段的挖方边坡。 3. 土质挖方边坡高度大于20m、岩质挖方边坡高度大于30m,或不良地质、特殊岩土地段的挖方边坡	1. 中型及以上滑坡体处理。 2. 边坡高度大于20m的路堤或地面斜坡坡率陡于1:2.5的路堤,或不良地质、特殊岩土地段的挖方边坡。 3. 土质挖方边坡高度大于20m、岩质挖方边坡高度大于30m,或不良地质、特殊岩土地段的挖方边坡
3	基础工程	1. 桩基础。 2. 挡土墙基础。 3. 沉井等深水基础	1. 深度不小于15m的人工挖孔桩或开挖深度不超过15m,但地质条件复杂或存在有毒有害气体分布的人工挖孔桩工程。 2. 平均高度不小于6m且面积不小于200m²的砌体挡土墙的基础。 3. 水深不小于20m的各类深水基础

续上表

序号	类别	需编制专项施工方案	需专家论证、审查
4	大型临时工程	1. 围堰工程。 2. 各类工具式模板工程。 3. 支架高度不小于5m，跨度不小于10m，施工总荷载不小于10kN/m²，集中线荷载不小于15kN/m。 4. 塔设高度24m以上的落地式钢管脚手架，附着式整体和分片提升脚手架工程，悬挑式脚手架工程，吊篮脚手架工程，自制卸料平台、移动操作平台工程，新型及异形脚手架工程。 5. 挂篮。 6. 便桥、临时码头。 7. 水上作业平台	1. 水深不小于10m的围堰工程。 2. 高度不小于40m墩柱、高度不小于100m索塔的滑模、爬模、翻模工程。 3. 支架高度不小于8m，跨度不小于18m，施工总荷载15kN/m²，集中线荷载不小于20kN/m。 4. 50m及以上落地式钢管脚手架工程，用于钢结构安装等满堂承重支撑体系、承受单点集中荷载7kN以上。 5. 猫道、移动模架
5	桥涵工程	1. 桥梁工程中的梁、拱、柱等构件施工。 2. 打桩船作业。 3. 施工船作业。 4. 边通航边施工作业。 5. 水下工程中的水下焊接、混凝土浇筑等。 6. 顶进工程。 7. 上跨或下穿既有公路、铁路、管线施工	1. 长度不小于40m的预制梁的运输与安装，钢箱梁吊装。 2. 跨度不小于150m的钢管拱安装施工。 3. 高度不小于40m的墩柱、高度不小于100m的索塔等的施工。 4. 离岸无掩护条件下的桩基施工。 5. 开敞式水域大型预制构件的运输与吊装作业。 6. 在三级及以上通航等级的航道上进行的水上水下施工。 7. 转体施工
6	隧道工程	1. 不良地质隧道。 2. 特殊地质隧道。 3. 浅埋、偏压及邻近建筑物等特殊环境条件隧道。 4. Ⅳ级以及以上软弱围岩地段的大跨度隧道。 5. 小净距隧道。 6. 瓦斯隧道	1. 隧道穿越岩溶发育区、高风险断层、沙层、采空区等工程地质或水文地质条件复杂地质环境，Ⅴ级围岩连续长度占总隧道长度10%以上且连续长度超过100m，Ⅵ级围岩的隧道工程。 2. 软岩地区的高地应力区、膨胀岩、黄土、冻土等地段。 3. 埋深小于1倍跨度的浅埋地段，可能产生坍塌或滑坡的偏压地段，隧道上部存在需要保护的建筑物地段，隧道下穿水库或河沟地段。 4. Ⅳ级以及以上软弱围岩地段跨度不小于18m的特大跨度隧道。 5. 连拱隧道，中夹岩柱小于1倍隧道开挖跨度的小净距隧道，长度大于100m的偏压棚洞。 6. 高瓦斯或瓦斯突出隧道。 7. 水下隧道

续上表

序号	类别	需编制专项施工方案	需专家论证、审查
7	起重吊装工程	1. 采用非常规起重设备、方法,且单件起吊重量在10kN及以上的起重吊装工程。 2. 采用起重机械进行安装的工程。 3. 起重机械设备自身的安装、拆卸。	1. 采用非常规起重设备、方法,且单件起吊重量在100kN及以上的起重吊装工程。 2. 起吊重量在300kN及以上的起重设备安装、拆卸工程。
8	拆除、爆破工程	1. 桥梁、隧道拆除工程。 2. 爆破工程。	1. 大桥及以上桥梁拆除工程。 2. 一级及以上公路隧道拆除工程。 3. C级及以上爆破工程、水下爆破工程。

专项施工方案应包括下列主要内容:

①工程概况:工程基本情况、施工平面布置、施工要求和技术保证条件。
②编制依据:相关法律法规、规范性文件、标准规范及图纸(国标图集)、施工组织设计等。
③施工计划:包括施工进度计划、材料与设备计划。
④施工工艺技术:技术参数、工艺流程、施工方法、检查验收等。
⑤施工安全保证措施:组织保障、技术措施、应急预案、监测监控等。
⑥劳动力计划:专职安全生产管理人员、特种作业人员等。
⑦计算书及相关图纸。

(4)安全施工技术交底。

建设工程施工前,施工单位负责项目管理的技术人员应当对有关安全施工的技术要求向施工作业班组、作业人员做出详细说明,并由双方签字确认。

(5)安全警示标志的设置。

施工单位应当在施工现场入口处、施工起重机械、临时用电设施、脚手架、出入通道口、楼梯口、电梯井口、孔洞口、桥梁口、隧道口、基坑边沿、爆破物及有害危险气体和液体存放处等危险部位,设置明显的安全警示标志或者必要的安全防护设施。

施工单位应当根据不同施工阶段和周围环境及季节、气候的变化,在施工现场采取相应的安全施工措施。施工现场暂时停止施工的,施工单位应当做好现场防护,所需费用由责任方承担,或者按照合同约定执行。

(6)施工现场办公区、生活区与作业区设置要求。

施工单位应当将施工现场的办公区、生活区与作业区分开设置,并保持安全距离。办公区、生活区的选址应当符合安全性要求。职工的膳食、饮水、休息场所等应当符合卫生标准。施工单位不得在尚未竣工的建筑物内设置员工集体宿舍。

施工现场临时搭建的建筑物应当符合安全使用要求。施工现场使用的装配式活动房屋应当具有产品合格证。

(7)环境污染防护措施。

施工单位对因建设工程施工可能造成损害的毗邻建筑物、构筑物和地下管线等,应当采取专项防护措施。

施工单位应当遵守有关环境保护法律法规的规定,在施工现场采取措施,防止或者减少粉尘、废气、废水、固体废物、噪声、振动和施工照明对人和环境的危害和污染。在城市市区内的建设工程,施工单位应当对施工现场实行封闭围挡。

(8)消防安全保障措施。

施工单位应当在施工现场建立消防安全责任制度,确定消防安全责任人,制定用火、用电、使用易燃易爆材料等各项消防安全管理制度和操作规程,设置消防通道、消防水源,配备消防设施和灭火器材,并在施工现场入口处设置明显标志。

(9)劳动安全管理。

施工单位应当向作业人员提供安全防护用具和安全防护服装,并书面告知危险岗位的操作规程和违章操作的危害。作业人员有权对施工现场的作业条件、作业程序和作业方式中存在的安全问题提出批评、检举和控告,有权拒绝违章指挥和强令冒险作业。在施工中发生危及人身安全的紧急情况时,作业人员有权立即停止作业或者在采取必要的应急措施后撤离危险区域。作业人员应当遵守安全施工的强制性标准、规章制度和操作规程,正确使用安全防护用具、机械设备等。

施工单位应当为施工现场从事危险作业的人员办理意外伤害保险。意外伤害保险费由施工单位支付。实行施工总承包的,由总承包单位支付意外伤害保险费。意外伤害保险期限自建设工程开工之日起至竣工验收合格止。

(10)安全防护用具、机械设备、施工机具的安全管理。

施工单位采购、租赁的安全防护用具、机械设备、施工机具及配件,应当具有生产(制造)许可证、产品合格证,并在进入施工现场前进行查验。施工现场的安全防护用具、机械设备、施工机具及配件必须由专人管理,定期进行检查、维修和保养,建立相应的资料档案,并按照国家有关规定及时报废。

施工单位在使用施工起重机械和整体提升式脚手架、滑模爬模、架桥机等自行式架设设施前,应当组织有关单位进行验收,也可以委托具有相应资质的检验检测机构进行验收;使用承租的机械设备和施工机具及配件的,由承租单位、出租单位和安装单位共同进行验收。验收合格的方可使用。

《特种设备安全监察条例》规定特种设备出厂时,应当附有安全技术规范要求的设计文件、产品质量合格证明、安装及使用维修说明、监督检验证明等文件。特种设备投入使用前,使用单位应当核对其是否附有上述相关文件。

施工单位应当自施工起重机械和整体提升式脚手架、滑模爬模、架桥机等自行式架设设施验收合格后 30 日内,向当地交通运输主管部门登记。登记标志应当置于或者附着于该设备的显著位置。

4)施工总承包单位、分包单位安全责任的划分

建设工程实行施工总承包的,由总承包单位对施工现场的安全生产负总责。

总承包单位应当自行完成建设工程主体结构的施工。总承包单位依法将建设工程分包给其他单位的,分包合同中应当明确各自的安全生产方面的权利、义务。总承包单位和分包单位对分包工程的安全生产承担连带责任。分包单位应当服从总承包单位的安全生产管理,分包单位不服从管理导致生产安全事故的,由分包单位承担主要责任。

5）安全教育培训制度

（1）特种作业人员培训和上岗。

特种作业人员必须按照国家有关规定经过专门的安全作业培训，并取得特种作业操作资格证书后，方可上岗作业。

（2）安全管理人员、作业人员的安全教育和考核。

施工单位的主要负责人、项目负责人、专职安全生产管理人员应当经有关部门考核合格后方可任职。施工单位应当对管理人员和作业人员进行每年不少于两次安全生产教育培训，其教育培训情况记入个人工作档案。安全生产教育培训考核不合格的人员，不得上岗。

（3）作业人员进入新岗位、新工地或采用新技术时的上岗教育培训。

新进人员和作业人员进入新的岗位或者新的施工现场前，应当接受安全生产教育培训。

施工单位在采用新技术、新工艺、新设备、新材料时，应当对作业人员进行相应的安全生产教育培训。未经安全生产教育培训或者教育培训考核不合格的人员，不得上岗作业。

《公路水运工程安全生产监督管理办法》规定：施工单位有下列行为之一的，责令限期改正，可以处5万元以下的罚款；逾期未改正的，责令停产停业整顿，并处5万元以上10万元以下的罚款，对其直接负责的主管人员和其他直接责任人员处1万元以上2万元以下的罚款：

①未按照规定设置安全生产管理机构或者配备安全生产管理人员的；

②主要负责人和安全生产管理人员未按照规定经考核合格的。

5. 其他有关单位的安全责任

其他有关单位应建立完善本单位安全生产的各项规章制度和技术标准，特别要建立健全危险性较大的施工工艺、工序的安全生产规章制度。各单位要健全安全生产管理机构，配备专职安全生产管理人员，对重点或关键岗位要落实安全责任负责人。

1）提供机械设备和配件的单位的安全责任

为建设工程提供机械设备和配件的单位，应当按照安全施工的要求配备齐全有效的保险、限位等安全设施和装置。

2）出租单位的安全责任

出租的机械设备和施工机具及配件，应当具有生产（制造）许可证、产品合格证。出租单位应当对出租的机械设备和施工机具及配件的安全性能进行检测，在签订租赁协议时，应当出具检测合格证明。禁止出租检测不合格的机械设备和施工机具及配件。

3）拆装单位的安全责任

在施工现场安装、拆卸施工起重机械和整体提升脚手架、模板等自升式架设设施，必须由具有相应资质的单位承担。安装、拆卸施工起重机械和整体提升脚手架、模板等自升式架设设施，应当编制拆装方案、制定安全施工措施，并由专业技术人员现场监督。安装完毕后，安装单位应当自检，出具自检合格证明，并向施工单位进行安全使用说明，办理验收手续并签字。

4）检验检测单位的安全责任

检验检测机构对检测合格的施工起重机械和整体提升脚手架、模板等自升式架设设施，应当出具安全合格证明文件，并对检测结果负责。

5）来访人员

施工现场可能涉及各种检查、监督、参观、访问。无论哪一类人员，一旦进入施工现场必须遵守现场的安全管理规定,任何单位和个人不得搞特殊化。

《公路水运工程安全生产监督管理办法》规定:从业单位及相关责任人违反本办法规定,有下列行为之一的,责令限期改正;逾期未改正的,对从业单位处 1 万元以上 3 万元以下的罚款;构成犯罪的,依法移送司法部门追究刑事责任:

(1)从业单位未全面履行安全生产责任,导致重大事故隐患的;

(2)未按规定开展设计、施工安全风险评估,或者风险评估结论与实际情况严重不符,导致重大事故隐患未被及时发现的;

(3)未按批准的专项施工方案进行施工,导致重大事故隐患的;

(4)在已发现的泥石流影响区、滑坡体等危险区域设置施工驻地,导致重大事故隐患的。

《公路水运工程安全生产监督管理办法》规定:交通运输主管部门及其工作人员违反本办法规定,有下列情形之一的,对直接负责的主管人员和其他直接责任人员依法给予行政处分;构成犯罪的,依法移送司法部门追究刑事责任:

(1)发现公路水运工程重大事故隐患、生产安全事故不予查处的;

(2)对涉及施工安全的重大检举、投诉不依法及时处理的;

(3)在监督检查过程中索取或者接受他人财物,或者谋取其他利益的。

总之,监理单位和监理工程师应当在认真学习领会相关安全法律法规的基础上,从施工组织方案审批开始,就严格要求施工单位建立安全管理体系,落实安全管理制度,形成施工单位安全管理自我约束的机制,不能以监理工程师的安全管理监督替代或部分替代施工单位安全管理系统的正常运行。

第二节 安全事故致因分析

20 世纪 30 年代,美国著名安全工程师海因希里发表了事故致因理论的研究成果,并以此奠定了事故学理论的基础。事故学理论结束了以往对安全防范无能为力的历史,为世界工业发展和社会进步的安全管理做出了重要贡献。

一、海因希里事故因果连锁理论

20 世纪初,资本主义工业化大生产飞速发展,机械化的生产方式迫使工人适应机器,包括操作要求和工作节奏,这一时期的工伤事故频发。1936 年,美国学者海因希里调查研究了 75000 件工伤事故,发现其中的 98% 是可以预防的。在这些可以预防的事故中,以人的不安全行为为主要原因的事故占 89.8%,而以设备和物质不安全状态为主要原因的事故只占 10.2%。

海因希里在《工业事故预防》一书中提出了著名的"事故因果连锁理论",该理论认为伤害事故的发生是一连串的事件,是按照一定的因果关系依次发生的结果。

海因希里把工业伤害事故的发生、发展过程描述为具有一定因果关系的连锁,即:

(1)发生人员伤亡是事故的结果。

(2)事故的发生产生于人的不安全行为和物的不安全状态。

(3)人的不安全行为或物的不安全状态是由于人的缺点造成的。

(4)人的缺点是由于不良环境诱发的,或者是由先天的遗传因素造成的。

海因希里最初提出的事故因果连锁过程包括如下5个因素:

1. 遗传及社会环境

遗传因素及社会环境是造成人性格缺点的原因。遗传因素可能造成鲁莽、固执等不良性格;社会问题可能妨碍教育、助长性格上的缺点发展。

2. 人的缺点

人的缺点是使人产生不安全行为或造成机械、物质不安全状态的原因,包括鲁莽、固执、过激、神经质、轻率等性格上的、先天的缺点,以及缺乏安全生产知识和技能等后天的缺点。

3. 人的不安全行为或物的不安全状态

所谓人的不安全行为或物的不安全状态是指那些曾经引起事故,或可能引起事故的人的行为,或机械、物质的状态,他们是造成事故的直接原因。例如,在起重机的吊钩下停留,不发信号就启动机器,工作时间打闹,拆除安全防护装置等都属于人的不安全行为;没有防护的传动齿轮,裸露的带电体,或照明不良等都属于物的不安全状态。

4. 事故

事故是由于物体、物质、人或放射线的作用或反作用,使人员受到伤害或可能受到伤害的、出乎意料的、失去控制的事件。坠落、物体打击等能使人员受到伤害的事件是典型的事故。

5. 伤害

指直接由于事故产生的人身伤害。海因希里用多米诺骨牌来形象地描述这种因果连锁关系,得到如图 8-1 所示的事故因果连锁关系的多米诺骨牌系列。在多米诺骨牌系列中,第一块倒下(事故的根本原因发生),会引起后面的连锁反应,其余的几块骨牌相继被碰到,第五块倒下的就是伤害事故(包括人的伤亡与物的损失)。如果移去连锁中的一块骨牌,则连锁被隔离,发生事故的过程被中止。

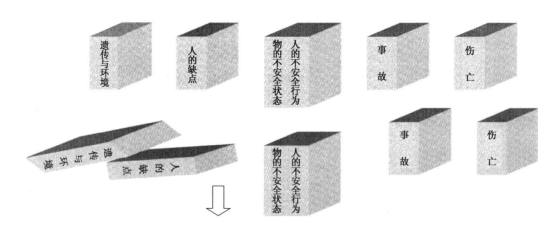

图 8-1 事故因果连锁关系的多米诺骨牌系列

该理论的最大价值在于使人认识到,如果抽出了第三块骨牌,也就是消除了人的不安全行为或物的不安全状态,即可防止事故的发生。企业安全工作的中心就是防止人的不安全行为,消除机械的或物质的不安全状态,中断事故连锁的进程,从而避免事故发生。

海因希里的工业安全理论,阐述了工业事故发生的因果连锁论,人与物的关系,事故发生频率与伤害严重程度之间的关系,不安全行为的原因,安全工作与企业其他管理机能之间的关系,以及安全与生产之间的关系等工业安全中最重要、最基本的问题。该理论曾被称作"工业安全公理"。

二、博德事故因果连锁理论

博德在海因希里事故因果连锁理论的基础上,提出了与现代安全观点更加吻合的事故因果连锁理论。博德的事故因果连锁过程同样由五个因素组成,但每个因素的含义与海因希里所提出的含义都有所不同。

1. 管理缺陷

对于大多数生产企业来说,由于各种原因,完全依靠工程技术措施预防安全事故,既不经济也不现实,需要具备完善的安全管理体系,才能防止事故的发生。如果安全管理出现缺陷,就会导致事故原因的出现。必须认识到,只要生产没有实现本质安全化,就有发生事故及伤害的可能。因此,安全管理是企业的重要一环。

2. 基本原因

为了从根本上预防事故,必须查明事故的基本原因,并针对查明的基本原因采取对策。基本原因包括:个人原因及与工作有关的原因。关键是在于找出问题基本的、背后的原因,而不仅仅是停留在表面的现象上,这方面的原因是由于上一个环节——管理缺陷造成的。个人原因包括:缺乏安全知识或技能,行为动机不正确,生理或心理有问题等。工作条件原因包括:安全操作规程不健全,设备、材料不合适,以及存在温度、湿度、粉尘、有毒有害气体、噪声、照明、工作场地状况(如打滑的地面、障碍物、不可靠支撑物)等有害作业环境因素。只有找出并控制这些原因,才能有效防止后续原因的产生,从而防止事故的发生。

3. 直接原因

人的不安全行为或物的不安全状态是事故的直接原因。这种原因是最重要的,在安全管理中必须重点加以追究。但是,直接原因只是一种表面现象,是深层次原因的表征。在实际工作中,不能停留在这种表面现象上,而要追究其背后隐藏的管理上的缺陷,并采取有效的控制措施,从根本上杜绝事故的发生。

4. 事故

从实用的目的出发,通常把事故定义为最终导致人员身体损伤、死亡、财物损失、不希望发生的事件。但是,越来越多的安全专业人员从能量的观点把事故看作是人的身体或构筑物、设备与超过其限值的能量的接触,或人体与妨碍正常施工生产活动的物质的接触。因此,防止事故就是防止接触。通过对装置、材料、工艺的改进来防止能量的释放,训练工人提高识别和回避危险的能力,加强个体防护(佩戴个人防护用具)来防止接触。

5. 损失

人员伤害及财物损坏统称为损失。人员的伤害包括工伤、职业病、精神创伤等。在许多情况下,可以采取适当的措施,使事故造成的损失最大限度地减少。例如,对受伤者进行迅速正确的抢救,对设备进行抢修以及平时对有关人员进行应急训练等。

三、亚当斯事故因果连锁理论

亚当斯提出了一种与博德事故因果理论类似的因果连锁模型,该模型以表格形式给出,见表 8-2。

亚当斯因果连锁表   表 8-2

管理体系	管理失误		现场失误	事故	伤害或损害
目标 组织 机能	领导者的行为在下述方面决策错误或未做决策: 政策 目标 权威 责任 职责 注意规范 权限授予	安全技术人员的行为在下述方面决策错误或疏忽: 行为 责任 权威 规则 指导 主动性 积极性 业务活动	不安全行为 不安全状态	伤亡事故 伤害事故 损害事故	对人 对物

该理论中,事故和损失因素与博德理论相似。这里把事故的直接原因——人的不安全行为和物的不安全状态称作"现场失误",主要目的在于提醒人们注意人的不安全行为和物的不安全状态的性质。

该理论的核心在于对现场失误的背后原因进行了深入的研究。操作者的不安全行为及生产作业中的不安全状态等现场失误,是由于企业领导者及安全工作人员的管理失误造成的。管理人员在管理工作中的差错或疏忽,企业领导人决策错误或没有做出决策等失误,对企业经营管理及安全工作具有决定性的影响。管理失误反映企业管理系统中的问题,涉及管理体制,即如何有组织地进行管理工作,确定怎样的管理目标,如何计划、实现确定的目标等方面的问题。管理体制反映决策中心的领导人的信念和目标,决定各级管理人员安排工作的轻重缓急、工作准则及指导方针等重大问题。

四、约翰逊和斯奇巴的人机轨迹交叉理论

人的不安全行为或物的不安全状态是导致事故的直接原因。随着现代工业的发展,工程施工中的机械化程度也越来越高,人不可避免地要与机器进行协同工作。研究人员根据事故统计资料发现,多数工业伤害事故的发生,既由于物的不安全状态,也由于人的不安全行为。

现在,越来越多的人认识到,一起工业事故之所以能够发生,除了人的不安全行为之外,一定存在着某种不安全条件,并且不安全条件对事故发生的作用更大。反映这种认识的一种理论是人机轨迹交叉理论,只有当两种因素同时出现时才能发生事故。

该理论认为,在事故发展过程中,人的因素的运动轨迹与物的因素的运动轨迹的交点,就是事故发生的时间和空间,即人的不安全行为和物的不安全状态发生于同一时间、同一空间,或者说人的不安全行为与物的不安全状态相遇,则将在此时间、空间发生事故。

按照事故致因理论,事故的发生、发展过程可以描述为:基本原因→间接原因→直接原因→事故→伤害。从事物运动发展的角度,这样的过程可以被形容为事故致因导致事故的运动轨迹。

如果分别从人的因素和物的因素两个方面考虑,则人的因素的运动轨迹包括:

(1)遗传、社会环境或管理缺陷。

(2)由于遗传、社会环境或管理缺陷所造成的心理、生理上的弱点,安全意识低下,缺乏安全知识及技能等特点。

(3)人的不安全行为。

而物的因素的运动轨迹包括:

(1)设计、制造缺陷,如利用有缺陷的或不符合要求的材料,设计计算错误或结构不合理,错误的加工方法或操作失误等造成的缺陷。

(2)使用、维修、保养过程中潜在的或显现的故障、毛病。机械设备等随着时间的延长,由于磨损、老化、腐蚀等原因容易发生故障;超负荷运转、维修保养不良等都会导致物的不安全状态。

(3)物的不安全状态。

人的因素的运动轨迹与物的因素的运动轨迹的交点,即人的不安全行为与物的不安全状态,在同时、同地出现,则将发生事故。如图8-2所示。

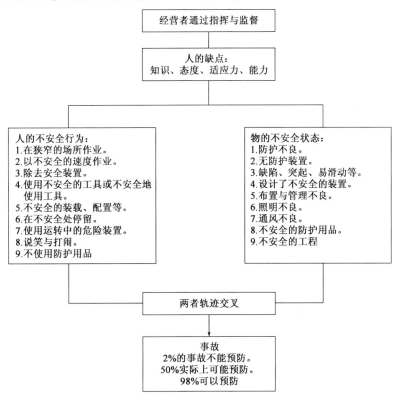

图8-2 人机轨迹交叉理论示意图

值得注意的是，许多情况下人与物又互为因果。有时候物的不安全状态诱发了人的不安全行为，而人的不安全行为又促进了物的不安全状态的发展，或导致新的不安全状态出现。因此，实际的事故并非简单地按照上述的人、物两条轨迹进行，而是呈现非常复杂的因果关系。人机轨迹交叉论作为一种事故致因理论，强调人的因素、物的因素在事故致因中占同样重要的地位。按照该理论，可以通过避免人与物两种因素运动轨迹交叉，即避免人的不安全行为和物的不安全状态的同时、同地出现，来预防事故的发生。

上述四种理论均认为：从直接原因来预防安全事故是最有效和最直接的。也就是控制了生产人员的不安全行为和生产物资与设备的不安全状态就可以预防安全事故。但在消除直接原因之后，还应消除引进直接原因的间接原因，即还要注重消除包括生产管理人员的个人原因及与工作有关的原因在内的管理失误与缺陷，如管理决策层过于强调生产数量、片面追求利益等。

第三节　风险管理及控制

一、工程项目风险概述

1. 工程项目风险

所谓风险是指实际结果与预期目标的差异，或与出现损失有关的不确定性。结果与目标的差异程度越大或出现损失的不确定性越高，风险就越大。任何风险都包括两个基本要素：一是风险因素发生的不确定性；二是风险发生带来的损失。

由于工程建设项目的特点，决定了项目实施过程中存在着大量的不确定因素，这些因素无疑会给项目的目标实现带来影响。其中有些影响甚至是灾难性的，工程项目的风险就是指那些在项目实施过程中可能出现的灾难性事件或不满意的结果。

2. 工程项目风险的形成、发展机理

研究工程项目风险的存在、发生、发展直至形成风险损失的过程，对深入认识风险、有效控制风险具有重要的意义。

(1) 风险因素指能增加和产生损失频率、损失程度的要素。某一风险的存在是由该风险形成的内在因素的存在决定的。这种不确定性因素是由人们对事物认识的阶段性和认识的局限性所决定的。

(2) 风险事件指风险因素可能诱发的各种不确定性事件。风险事件的发生不等同于风险损失的发生。

(3) 风险损失或称风险后果，指风险事件所引起的损失（灾难性后果）。

(4) 工程项目风险的形成机理：风险因素→风险事件→作用途径→风险损失。

3. 风险量

风险事件发生的不确定性，是由千变万化的外部环境，以及项目本身的复杂性和人们预测能力的局限性决定。风险的大小可用风险量表示，其简化公式见式(8-1)。

$$D = L \cdot EC \tag{8-1}$$

式中：L——发生事故的可能性大小的分数值；

E——暴露于危险环境的频繁程度的分数值；

C——发生事故产生的后果的分数值；

D——危险性分值。

L：事故或危险事件发生的可能性，当用概率来表示时，绝对不可能的事件发生概率为 0，而必然发生的事件概率为 1。但在考虑系统安全时，绝对不发生的事故是不可能的，所以人为地将"发生事故可能性小"的分数定为 0.1，而必然要发生的事件分数定为 10，介于这两种情况之间的情况指定为若干个中间值，见表 8-3。

事故发生的可能性（L） 表 8-3

分数值	事故发生的可能性	分数值	事故发生的可能性
10	完全可以预料	0.5	很不可能，可以设想
6	相当可能	0.2	极不可能
3	可能，但不经常	0.1	实际不可能
1	可能性小，完全意外		

E：人员出现在危险环境中的时间越长，危险性越大。因此将人员连续出现在危险环境的情况定为 10，将非常罕见出现在危险环境中定为 0.5，介于两者之间的各种情况分别规定为若干中间值，见表 8-4。

暴露于危险环境的频繁程度（E） 表 8-4

分数值	暴露于危险环境的频繁程度	分数值	暴露于危险环境的频繁程度
10	连续暴露	2	每月一次暴露
6	每天工作时间暴露	1	每年几次暴露
3	每周一次或偶然暴露	0.5	非常罕见暴露

C：在所有工程活动过程中，因各种过失酿成机械设备损坏和安全设施失当造成人身伤亡或重大经济损失的事故，经济损失是指直接经济损失，泛指因事故造成人身伤亡及善后处理支出的费用和损坏财产的价值。《企业职工伤亡事故分类》（GB 6441—1986）规定分数值为 1~100，见表 8-5。

发生事故产生的后果（C） 表 8-5

分数值	发生事故产生的后果	分数值	发生事故产生的后果
100	10 人以上死亡/直接经济损失 100 万~300 万元	7	伤残/经济损失 1 万~10 万元
40	3~9 人死亡/直接经济损失 30 万~100 万元	3	重伤/经济损失 1 万元以下
15	1~2 人死亡/直接经济损失 10 万~30 万元	0.5	轻伤（损失 1~105 工作日的失能伤害）

D：根据公式可以计算作业的危险性程度，但关键是如何确定各分值和根据总分来划分风险等级。一般来说，总分在 70 以下，认为是低度风险，可采用加强培训、健全规章制度、强化安全检查等方法进行管理。如果总分在 70 以上，则是要采取措施进行整改的重大风险，见表 8-6。

风险等级划分　　　　　　　表8-6

危险性分值	危险程度	风险等级	备注
>320	极其危险,不能继续操作	5	重大风险
260~320	高度危险,要立即整改	4	重大风险
70~160	显著危险,需整改	3	
20~70	一般危险,需注意	2	低度风险
<20	稍有危险,可以接受	1	低度风险

公路工程项目而言,在项目的实施过程中存在风险是必然的、不可避免的,监理工程师须有强烈的和正确的风险意识。

二、风险管理

风险管理是一个识别和度量项目风险,制定、选择和管理风险处理方案的系列过程。风险管理的流程,如图8-3所示。

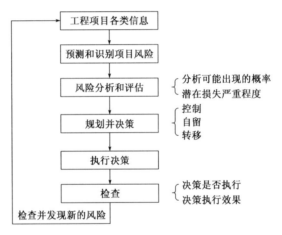

图8-3　风险管理流程图

1.风险的预测和识别

风险的预测和识别是指通过一定的方式,系统而全面地识别出影响建设工程目标实现的风险事件并加以适当归类的过程,必要时还需要对风险事件的后果做出定性的估计。

风险预测和识别的过程主要立足于数据收集、分析和预测。要重视经验在预测中的特殊作用(定性预测)。为了使风险识别做到准确、完善和有系统性,应从项目风险管理的目标出发,通过风险调查、信息分析、专家咨询及实验论证等手段进行多维分解,从而全面认识风险,形成风险清单。

风险识别的结果是建立风险清单,识别的核心工作是"工程风险分解""识别工程风险因素""风险事件及后果"。

2.风险分析和评估

这一过程将工程风险事件发生的可能性和损失后果进行定量化,评价其潜在的影响,内容包括:确定风险事件发生的概率和对项目目标影响的严重程度,如经济损失量、工期迟延量等;评价所有风险和潜在影响,得到项目的风险决策变量值,作为项目决策的重要依据。风险分析和评估,可以采用定性和定量两类方法。定性风险评价方法有专家打分法、层次分析法等,其作用是区分不同风险的相对严重程度以及根据预先确定的可接受的风险水平做出相应的决策。从广义上讲,定量风险评价方法也有很多,如敏感性分析、盈亏平衡分析、决策树、随机网络等。

3. 风险控制对策的规划

风险控制对策的规划是确定工程风险事件最佳组合的过程。一般来说,风险管理中所运用的对策有四种:风险回避、损失控制、风险自留和风险转移。这些风险控制对策的适用对象各不相同,需要根据风险评价的结果,对不同的风险事件选择最适宜的风险控制对策,从而形成最佳的风险控制对策组合。

4. 实施决策

风险管理人员在选择风险控制对策时,要根据建设工程的自身特点,从系统的观点出发,从整体上考虑风险管理的思路和步骤,从而制定一个与建设工程总体目标相一致的风险管理原则。这一原则需要指出风险管理各基本对策之间的联系,为风险管理人员实施风险对策提供参考。实施决策的内容是制订安全计划、损失控制计划、应急计划,确定保险内容、保险额、保险费、免赔额和赔偿额等,并签订保险合同。

5. 检查

检查是指在项目实施过程中,不断检查以上步骤的实施情况,包括计划执行情况及保险合同执行情况,以实际效果评价决策效果。还要确定在条件变化时风险处理方案,检查是否有被遗漏的风险项目。对新发现的风险应及时提出对策。

三、风险控制的基本要求

在考虑、提出风险控制措施时,应满足以下基本要求:
(1)能消除或减弱生产过程中产生的危险、危害。
(2)处置危险和有害物质,并降低到国家规定的限值内。
(3)预防生产装置失灵和操作失误产生的危险、危害。
(4)能有效预防重大事故和职业危害的发生。
(5)发生意外事故时,能为遇险人员提供自救和互救条件。

四、制定风险控制措施的原则

在制定风险控制措施时,应遵循如下原则:

1. 安全技术措施等级顺序

(1)直接安全技术措施。保证生产设备本身安全,不出现任何事故和危害。
(2)间接安全技术措施。若不能或不完全能实现直接安全技术措施时,必须为生产设备设计出一种或多种安全防护装置(不得留给用户去承担),最大限度地预防、控制事故或危害的发生。

(3)指示性安全技术措施。间接安全技术措施也无法实现或实施时,则须采用检测报警装置、警示标志等措施,警告提醒作业人员注意,以便采取相应的对策措施或紧急撤离危险场所。

(4)若间接、知识性安全技术措施仍然不能避免事故、危害发生,则应采用安全操作规程、安全教育、安全培训和个体防护用品等措施来预防,减弱危险、危害程度。

2. 应遵循的具体原则

(1)消除。尽可能从根本上消除危险、有害因素,如采用无害化工艺技术,生产中以无害物质代替有害物质、实现自动化作业、遥控技术等。

(2)预防。当消除危险、有害因素有困难时,可采取预防性技术措施,预防危险、危害的发生,如使用安全阀、安全屏护、漏电保护装置、安全电压、熔断器、防爆膜、事故排放装置等。

(3)减弱。在无法消除危险、有害因素和难以预防的情况下,可采取减少危险、危害的措施,如局部通风排毒装置、生产中以低毒性物质代替高毒性物质、降温、避雷装置、消除静电装置、减振装置、消声装置等。

(4)隔离。在无法消除、预防、减弱的情况下,应将人员与危险、有害因素隔开,将不能共存的物质分开,如遥控作业、安全罩、防护屏、隔离操作室、安全距离、事故发生时的自救装置(防护服、各类防毒面具)等。

(5)连锁。当操作者失误或设备运行到危险状态时,应通过连锁装置终止危险、危害发生。

(6)警示。在易发生故障和危险性较大的地方,配置醒目的安全色、安全标志,必要时设置声、光或声光组合报警装置。

3. 风险控制措施应具有针对性、可操作性和经济合理性

(1)针对不同项目的特点和通过评价得出的主要危险、有害因素及其后果,提出对策措施(风险控制)。由于危险、有害因素及其后果具有隐蔽性、随机性、交叉影响性,对策措施不仅要针对某项危险、有害因素单独地采取措施,而且为使系统达到安全的目的,应采取优化组合的综合措施。

(2)提出的风险控制措施是设计单位、建设单位、生产经营单位进行设计、生产、管理的重要依据,因而风险控制措施应在经济、技术、时间上是可行的,是能够落实和实施的。此外,应尽可能具体指明风险控制措施所依据的法规、标准,说明应采取的具体对策措施,以便于应用和操作,不宜笼统地以"按某某标准有关规定执行"作为对策措施提出。

(3)经济合理性是指不应超过国家及建设项目、生产经营单位的经济、技术水平,按过高的安全要求提出安全对策措施,即在采用先进技术的基础上,考虑进一步发展的需要,以安全法规、标准为依据,结合评价对象的经济、技术状况,使安全技术装备水平与工艺装备水平相适应,求得经济、技术、安全的合理统一。

(4)风险控制措施应符合国家有关法规、标准的规定。

应严格按有关设计规定的要求,提出安全风险控制措施。

五、安全风险控制措施的内容

安全风险控制措施的内容主要包括：
(1)项目场址及场区平面布局的对策措施。
(2)防火、防爆对策措施。
(3)电气安全对策措施。
(4)机械伤害对策措施。
(5)其他安全对策措施(高处坠落、物体打击、安全色、安全标志、特种设备等)。
(6)有害因素控制对策措施(粉尘、毒、窒息、噪声和振动等)。
(7)安全管理对策措施。

第四节 现代安全管理方法

20世纪80年代，安全科学的理论不断发展，建立了以安全科学为代表的理论体系。安全科学理论研究事物内在的、本质的规律，能够在社会发展和生产中安全管理方面起到极为重要的作用。

一、危险源分类与识别

1. 监理工程师必须重视危险源

根据现行《公路工程施工安全技术规范》(JTG F90)的规定，危险源是指可能造成人员伤害、疾病、财产损失、作业环境破坏或其他损失的因素或状态。监理工程师必须给予高度重视，并认真进行识别与控制。
(1)监理工程师应了解工程施工中危险源的识别和评价方法。
(2)监理工程师应增加控制危险源对策方面的知识积累。
(3)监理工程师应了解采用现有知识和技术对危险源综合控制对策进行决策的原则。
(4)监理工程师应监督组合对策、决策实施过程是否有效并持续改进。

2. 几个基本概念

1)安全和危险

安全和危险是一对互为存在前提的术语。

安全是指不会发生损失或伤害的状态。安全的实质就是防止事故，消除导致死亡、伤害、急性职业危害及各种财产损失发生的条件。

危险则反之，是指易于受到损害或伤害的状态。例如，在生产过程中存在导致灾害性事故的人的误判断、误操作、违章作业，设备缺陷，安全装置失效，防护器具故障，作业方法及作业环境不良等危险因素。危险因素与危险之间存在因果关系。

2)危险、有害因素

危险、有害因素是指产生或增加损失或伤害的频率和程度的条件或因素，是意外或偶发事件的潜在原因,是造成损失或伤害的内在或间接原因。

3）事故

事故是造成人员死亡、伤害、职业病、财产损失或其他损失的意外或偶发事件,即人们在实现其目的的行动过程中,突然发生迫使暂停或永远终止其行动目的的意外或偶发事件。由一种或几种危险因素相互作用导致的,造成人员死亡、伤害、职业病危害及各种财产损失的事件都属于事故。这些事件是事故的外在原因或直接原因。事故的发生是由于管理失误、人的不安全行为和物的不安全状态及环境因素造成的。

4）损失

损失是指非环境的、非计划的或非预期的经济价值的减少。一般可分为直接损失和间接损失两种。

5）安全系统工程

安全系统工程是以预测和预防事故为中心,以识别、分析、评价和控制系统风险为重点,开发、研究出来的安全理论和方法体系。它将工程和系统的安全问题作为一个整体,作为对整个工程目标系统所实施的管理活动的一个组成部分,应用科学的方法对构成系统的各个要素进行全面分析,判断各种状态下危险因素的特点及其可能导致的灾害性后果,通过定性和定量分析对系统的安全性做出预测和评价,将系统安全风险降低至可接受的程度。

安全系统工程设计两个系统对象:事故致因系统和安全管理系统。事故致因系统涉及4个要素,通常称"4M"要素：人（Men），人的不安全行为是事故产生的最直接因素；机（Machine），机器的不安全状态也是事故的直接因素；环境（Medium），不良的生产环境影响人的行为,同时对机械设备安全产生不良作用；管理（Management），管理的缺欠。安全管理系统的要素是：人,人的安全素质（心理与生理素质、安全能力素质、文化素质）；物,设备和环境的安全可靠性（设计安全性、制造安全性、使用安全性）；能量,生产过程中能的安全作用（能的有效控制）；信息,充分可靠的安全系统（管理能效的充分发挥）。

认识事故致因系统和安全管理系统是辩证统一的。对事故致因系统要素的认识是建立在大量血的教训之上的,是被动和滞后的认知,却对安全管理系统的建设具有超前和预警意义；安全管理系统的建设是通过针对性地打破或改变事故致因要素诱因的条件或环境来保障安全的方法和措施,是建立在更具理性和科学性的安全原理指导下的实现。

3. 危险源的分类

一般情况下,对危险因素和有害因素不加以区分,统称为危险、有害因素。危险、有害因素主要是指客观存在的危险、有害物质或能量超过一定限值的设备、设施和场所,也就是所谓危险源。

事故发生的本质是存在能量、有害物质以及由于失去控制导致能量意外释放或有害物质泄漏。危险源分为第一类（根源性）危险源和第二类（状态性）危险源。第一类危险源是指生产或活动过程中存在的可能发生意外释放的能量或危险物质,如机械能、电能、热能、化学能、声能、光学、生物能和辐射能等。第二类危险源主要指导致能量或危险物质的约束或限制措施破坏或失效的各种因素,包括生产活动中的人、物、环境、管理等。

一起事故的发生往往是两类危险源共同作用的结果。两类危险源相互关联、相互依存。第一类危险源的存在是事故发生的前提,在事故发生时释放出的危险、有害物质和能量是导致人员伤害或财物损坏的主体,决定事故后果的严重程度;第二类危险源是第一类危险源造成事故的必要条件,决定事故发生的可能性。因此,危险源辨识的首要任务是识别第一类危险源,在此基础上再识别第二类危险源。

危险源的分类是为了便于对危险源进行辨识和分析,危险源的分类方法有多种。

1)按诱发危险、有害因素失控的条件分类

危险、有害物质和能量失控主要体现在人的不安全行为、物的不安全状态和管理缺陷等3个方面。

《企业职工伤亡事故分类》(GB 6441—1986)将人的不安全行为分为操作失误,造成安全装置失效,使用不安全设备,手代替工具操作,物体存放不当,冒险进入危险场所,攀坐不安全位置,在起吊物下作业(停留),机器运转时加油(修理、检查、调整、清扫等),有分散注意力的行为,不使用必要的个人防护用品或用具,不安全装束,对易燃易爆等危险品处理错误等13个大类;将物的不安全状态分为防护、保险、信号等装置缺乏或有缺陷,设备、设施、工具、附件有缺陷,个人防护用品、用具缺少或有缺陷,生产(施工)场地环境不良等四大类。

管理缺陷可参考以下分类:

(1)对物(含作业环境)性能控制的缺陷,如设计、监测和不符合处置方面要求的缺陷。

(2)对人的失误控制的缺陷,如教育、培训、指示、雇佣选择、行为监测方面的缺陷。

(3)工艺过程、作业程序的缺陷,如工艺、技术错误或不当,无作业程序或作业程序有错误。

(4)用人单位的缺陷,如人事安排不合理、负荷超限、无必要的监督和联络、禁忌作业等。

(5)对来自相关方(供应商、施工单位等)的风险管理的缺陷,如合同签订、采购等活动中忽略了安全健康方面的要求。

(6)违反安全人机工程原理,如使用的机器不适合人的生理或心理特点。此外一些客观因素,如温度、湿度、风雨雪、照明、视野、噪声、振动、通风换气、色彩等也会引起设备故障或人员失误,是导致危险、有害物质和能量失控的间接因素。

2)按导致事故和职业危害的直接原因进行分类

《生产过程危险和有害因素分类与代码》(GB/T 13861—2009),将生产过程中的危险、有害因素分为四大类、四个层次,四大类分别是"人的因素""物的因素""环境因素"和"管理因素";四个层次分别是大、中、小、细。

(1)人的因素:

①心理、生理性危险、有害因素。

②行为性危险和有害因素。

(2)物的因素:

①物理性危险和有害因素。

②化学性危险和有害因素。

③生物性危险和有害因素。

(3)环境因素:

①室内作业场所环境不良。

②室外作业场地环境不良。

③地下(含水下)作业环境不良。
④其他作业环境不良。
(4)管理因素:
①职业安全卫生组织机构不健全。
②职业安全卫生责任制未落实。
③职业安全卫生管理规章制度不完善。
④职业安全卫生投入不足。
⑤职业健康管理不完善。
⑥其他管理因素缺陷。

3)按引起的事故类型分类:

参照《企业职工伤亡事故分类》(GB 6441—1986),综合考虑事故的起因物、致害物、伤害方式等特点,将危险源及危险源造成的事故分为20类。此种分类方法所列的危险源与企业职工伤亡事故处理调查、分析、统计、职业病处理及职工安全教育的口径基本一致,也易于接受和理解,便于实际应用。这20类分别是物体打击、车辆伤害、机械伤害、起重伤害、触电、淹溺、灼烫、火灾、高处坠落、坍塌、冒顶片帮、透水、放炮、火药爆炸、瓦斯爆炸、锅炉爆炸、容器爆炸、其他爆炸、中毒和窒息、其他伤害。其中物体打击、机械伤害、触电、高处坠落和坍塌为公路工程生产五大伤害安全事故。

4.危险源的辨识

根据《公路工程施工安全技术规范》(JTG F90—2015),危险源辨识是指发现、识别危险源的存在,并确定其特性的过程。

1)危险源辨识的方法

识别施工现场危险源方法有许多,如现场调查、工作任务分析、安全检查表、危险与可操作性研究、事件树分析、故障树分析等,现场调查是安全管理人员采取的主要方法。

(1)现场调查。通过询问交谈、现场观察、查阅有关记录,获取外部信息,加以分析研究,可识别有关的危险源。

(2)工作任务分析。通过分析施工现场人员工作任务中所涉及的危害,可识别出有关的危险源。

(3)安全检查表。运用编制好的安全检查表,对施工现场和工作人员进行系统的安全检查,可识别出存在的危险源。

(4)危险与可操作性研究。危险与可操作性研究是一种对工艺过程中的危险源实行严格审查和控制的技术,是通过指导语句和标准格式寻找工艺偏差,以识别系统存在的危险源,并确定控制危险源风险的对策。

(5)事件树分析。事件树分析是一种从初始原因事件起,分析各环节事件"成功(正常)"或"失败(失效)"的发展变化过程,并预测各种可能结果的方法。应用这种方法,通过对系统各环节事件的分析,可识别出系统的危险源。

(6)故障树分析。故障树分析是一种根据系统可能发生的或已经发生的事故结果,去寻找与事故发生有关的原因、条件和规律。通过这样一个过程分析,可识别出系统中导致事故的有关危险源。

上述几种危险源辨识方法从着眼点和分析过程上,都有其各自特点,也有各自的适用范围或局限性。因此,安全管理人员在识别危险源的过程中,若只使用一种方法,还不足以全面地识别其所存在的危险源,必须综合地运用两种或两种以上方法。

2)危险源辨识的步骤

危险源辨识的步骤可分为以下几步:

(1)划分作业活动。

(2)危险源辨识。

(3)风险评价。

(4)判断风险是否容许。

(5)制订风险控制措施计划。

3)危险源辨识注意事项

应充分了解危险源的分布。

(1)从范围上讲,应包括施工现场内受到影响的全部人员、活动与场所,以及受到影响的社区、排水系统等,也包括分包商、供应商等相关方的人员、活动与场所可施加的影响。

(2)从状态上,应考虑以下三种状态:

①正常状态,指固定、例行性且计划中的作业与程序。

②异常状态,指在计划中,但不是例行性的作业。

③紧急状态,指可能或已发生的紧急事件。

(3)从时态上,应考虑以下三种时态:

①过去,以往发生或遗留的问题。

②现在,现在正在发生的,并持续到未来的问题。

③将来,不可预见什么时候发生且对安全和环境造成较大影响。

(4)从内容上,应包括涉及所有可能的伤害与影响,包括人为失误,物料与设备过期、老化、性能下降造成的问题。

①弄清危险源伤害与影响的方式或途径。

②确认危险源伤害与影响的范围。

③要特别关注重大危险源与重大环境因素,防止遗漏。

④对危险源与环境因素保持高度警觉,持续进行动态识别。

⑤充分发挥全体员工对危险源辨识的作用,广泛听取意见和建议。

【例1】 某工地上拆除钢管脚手架施工中的危险源辨:

某施工队在城市一条街道旁的一个旅馆工地拆除钢管脚手架。钢管紧靠建筑物,临街面架设有10kV的高压线,离建筑物只有2m。由于街道狭窄,暂无法解决距离过近的问题。且由于某些原因,又不能切断对高压线的供电。由于上午下过雨,下午墙上仍比较湿。虽然上午安全员向施工工人讲过操作方式,要求立杆不要往上拉,应该向下放,但下午上班后在工地二楼屋面"女儿墙"内继续工作的泥工马×和普工刘×在屋顶上往上拉已拆除的一根钢管脚手架立杆。向上拉开一段距离后,马×、刘×以墙棱为支点,将管子压成斜向,欲将管子斜拉后置于屋顶上。由于斜度过大,钢管临街一端触及高压线,当时墙上比较湿,管与墙棱交点处发出火花,将靠墙的管子烧弯25°。马×的胸口靠近管子烧弯处,身上穿着化纤衣服,当即燃烧起来,人体被烧伤。刘×手触管子,手指也被烧伤。

楼下工友及时跑上楼将火扑灭,将受伤者送至医院。马×烧伤面积达50%,由于呼吸循环衰竭,抢救无效,于当日晚12时死于医院。刘×烧伤面积达15%,三根手指残疾。

依据上述作业活动信息,对照危害的分类,可以发现存在如下危害:

(1)物的不安全状态:设计不良:高压线距建筑物过近(2m)。
(2)人的不安全行为:
①不采取安全措施,钢管距高压线过近而未采取隔离措施。
②不按规定的方法操作,把立杆往斜上方拉。
③使用保护用具的缺陷,不穿安全服装。
(3)作业环境的缺陷,工作场所间隔不足。
(4)安全管理的缺陷:
①没有危险作业的作业程序。
②作业组织不合理:
——人事安排不合理,工人不具备安全生产的知识和能力。
——从事危险作业任务而无现场监督。

在上述危险源中,(1)、(3)两点是"先天"造成的,而其余的危害是可以避免的。

二、事故五要素及其引发事故时的七种组合

1. 引发事故的五个基本因素及其存在与表现形式

不安全状态、不安全行为、起因物、致害物和伤害方式是引发生产安全事故的五个基本因素,简称"事故五要素"。

1) 不安全状态

不安全状态是指在施工场所和作业项目之中存在事故的起因物和致害物,或者能使起因物和致害物起作用(造成事故和伤害)的状态。

施工场所状态为施工场所提供的工作(作业)与生活条件的状态,包括涉及安全要求的场地(地面、地下、空中)、周围环境、原有和临时设施以及使用安排状态;作业项目状态为分项分步工程进行施工时的状态,包括施工中的工程状态,脚手架、模板和其他施工设施的设置状态和各项施工作业的进行状态等。

一般来说,凡是违反或者不符合安全生产法律法规、工程建设标准和企业(单位)安全生产制度规定的状态,都是不安全状态。但建设工程安全生产法律法规、标准和制度没有或者未予规定的状态,也会成为不安全状态。因此,应当针对具体的工程条件、现场安排和施工措施情况,研究、认识可能存在的不安全状态,并予以排除。

不安全状态有四个属性:事故属性(属于何种事故);场所属性(在何种场所存在);状态属性(属于何种状态)和作业属性(属于何种施工作业项目),并可按这四个属性划分相应不安全

状态的类型。这四种划分方法从四个不同的侧面反映出不安全状态的存在与表现形式,且在它们之间存在着相互补充、交叉、渗透、作用和影响的关系。由于其中的任何一个侧面都不能全面和完整地反映在建筑施工中可能存在的不安全状态,因此,不应只按一种划分方法去研究和把握,而应将其综合起来,并根据主管工作的范围有重点地去进行管理(即消除不安全状态的安全管理工作),使相应的侧面成为主要负责人、管理部门和有关管理人员分抓的重点,或者作为企业(单位)在某一时期、某一工程项目、某一施工场所或某种作业的安全生产工作中的重点。

一般情况下,负责全面工作的企业主要负责人和大的、综合性工程项目负责人,宜以其事故属性为主(核心),并兼顾其他属性抓好消除不安全状态的工作;企业安全管理部门和从事安全措施技术与设计工作的人员宜以其状态属性为主兼顾其他属性做好相应工作;现场管理和施工指挥人员应以其场所和作业属性并兼顾其他属性做好工作。所谓"兼顾",就是将主抓属性中未能涉及的或直接涉及的其他属性的项目与要求考虑进去。

消除不安全状态的工作关系,如图8-4所示。

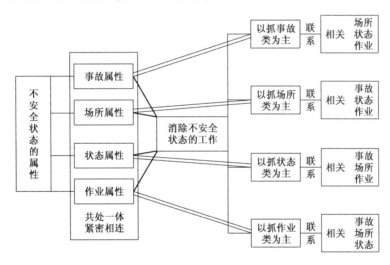

图8-4 消除不安全状态的工作关系

2)不安全行为

在建筑工程施工中存在的不安全行为,是指在施工作业中存在的违章指挥、违章作业以及其他可能引发和招致生产安全事故发生的行为。

不安全行为可以分成以下四类:

(1)违章指挥:在施工作业中,违反安全生产法律法规、工程建设和安全技术标准、安全生产制度和规定的指挥。

(2)违章作业:违反安全生产法律法规、标准、制度和规定的作业。

(3)其他主动性不安全行为:其他由当事人发出的不安全行为。

(4)其他被动性不安全行为:当事人缺乏自我保护意识和素质的行为(会受到致害物或主动不安全行为的伤害)。

其中的"其他主动性不安全行为"包括违反上岗身体条件、违反上岗规定和不按规定使用安全护品等三种行为,因此共有六种(类)不安全行为。

不安全行为在施工工地不同程度地存在,带有普遍性,常与其安全工作的环境氛围有关。当安全工作的环境氛围淡薄时,不安全行为就会大量存在和不断滋长。适于不安全行为存在和滋长的环境为:

(1)不正规的工程施工工地和施工队伍。
(2)违法转包和建设费用缺口很大的工地。
(3)领导不重视、安全无要求、安全工作无专人管理的工地。
(4)无安全工作制度和安全工作岗位责任制度或者制度不健全的工地。
(5)不按规定进行集中和日常安全教育培训的工地。
(6)在一段时间内未出生产安全事故,思想麻痹、安全工作放松的工地。

因此,营造良好的安全工作环境氛围是减少和消除不安全行为存在和滋长的重要条件。

3)事故的起因物、致害物和伤害方式

直接引发生产安全事故的物体(品),称为"起因物";在生产安全事故中直接招致(造成)伤害发生的物体(品),称为"致害物";致害物作用于被伤害者(人和物)的方式,称为"伤害方式"。

在某一特定的生产安全事故中,起因物可能是唯一的或者为多个。当有多个起因物存在时,按其作用情况会有主次和前后之分、组合和单独作用之分。在某一特定的伤害事故中,致害物也可能是一个或多个。在同一生产安全事故中,起因物和致害物可能是不同的物体(品)或同一物体(品)。

起因物和致害物的存在构成了不安全状态和安全(事故)隐患,不及时发现并消除就有可能引发或发展成事故。而一旦发生生产安全事故,对起因物和致害物的分析确定工作,又是判定事故性质和确定事故责任的重要依据。

起因物和致害物的类别有两种划分方法:一种按其自身的特征划分,另一种按其引发的事故划分。

伤害方式包括伤害作用发生的方式、部位和后果。对人员伤害的部位为身体的各部(包括内脏器官),伤害的后果分为轻伤、重伤和死亡。而伤害作用发生的方式则有以下18种:碰撞、击打、冲击、砸压、切割、绞缠、掩埋、坠落、滑跌、滚压、电击、灼(烧)、爆炸、射入、弹出、中毒、窒息、穿透。

对伤害方式的研究,一是可改进和完善劳动(安全)保护用品的品种和使用;二是可相应加强针对那些没有适用安全护品的伤害方式的安全预防和保护措施。

2. 事故要素作用的七种组合

在发生的生产安全事故中,五种事故要素可能同时存在,或者部分存在。某些由人为作用引起的事故,其不安全行为同时也是起因物和致害物,而起因物和致害物有时是同一个,因此形成引发事故的七种作用组合,见表8-7。

事故要素在引发事故时的七种组合 表8-7

类　　型	事故要素的组合
E 型	不安全状态,不安全行为,起因物,致害物,伤害方式(五种要素同时存在)
D-1 型	不安全状态,起因物,致害物,伤害方式

续上表

类　型	事故要素的组合
D-2 型	不安全行为,起因物,致害物,伤害方式
D-3 型	不安全状态,不安全行为,起因(致害)物,伤害方式
C-1 型	不安全状态,起因(致害物),伤害方式
C-2 型	不安全行为,起因(致害物),伤害方式
B 型	不安全行为(起因、致害物),伤害方式

不安全状态或不安全行为的存在(或者二者同时存在)是事故的"起因",伤害方式直接导致"后果"。而起因物和致害物则是"事故的载体",它将起因和后果连接起来。当没有不安全状态和不安全行为存在时,也就没有起因物和致害物的存在,或者即使存在也不能起作用而引发事故(例如架空的高压裸线是起因物,没有不安全状态和不安全行为造成触及高压线时,就不会引发触电事故),而当有效地控制起因物和致害物,使其不能起作用时,即使有不安全状态和不安全行为存在,也不会导致伤害事故的发生(但不安全行为既是起因物又是致害物的情况除外)。

三、防止公路工程安全事故的基本方法

根据关于安全事故致因理论的介绍,基本可以得出一个一致的结论,人的不安全行为与物的不安全状态是产生事故的直接原因,只要能消除人的不安全行为与物的不安全状态,就可以预防98%的事故。事故的间接原因对于不同的国家、不同的行业及不同的企业有不同的情况。

预防建设工程安全事故的基本方法如下:

(1)建立健全安全生产管理制度。

从制度上来减少人的不安全行为与物的不安全状态。通过制度来提高人们的安全防护意识,强化安全防护技术的应用,保证必要的安全设施与措施费用,杜绝只强调生产而忽视安全的行为,同时也通过制度对违反规定的行为进行必要的惩戒。

(2)强化安全教育。

安全教育可以提高施工人员的安全操作技能与人们的安全意识,对防止人的不安全行为有非常重要的作用。专业安全人员及施工队长、班组长是预防事故的关键,他们工作的好坏对能否做好预防事故工作有重要影响。

(3)统一管理生产与安全工作,不断审查和改进技术方案和安全防护技术。

通过安全防护技术的应用既可以消除物的不安全状态,还可以消除人的不安全行为。施工生产企业应有足够的安全投入来实施安全防护措施。应把安全技术费用纳入成本管理之中。

(4)对工程技术方案进行审查与改进,强化安全防护技术。

(5)对作业人员进行安全教育,强化他们的安全意识。对不适宜从事某种作业的人员进行调整。

(6)必要的安全防护装置与工具,必要的检查与监督以及必要的惩戒。

这六种最基本的安全对策后来被归纳为众所周知的"3E"原则,即:

(1)Engineering——技术:对工程技术进行层层把关,确保技术的安全可靠性,运用工程技

术手段消除不安全因素,实现生产工艺、机械设备等生产条件的安全。

(2) Education——教育:利用各种形式的教育和训练,使职工树立"安全第一"的思想,掌握安全生产所必需的知识和技能。

(3) Enforcement——强制:借助于规章制度、法律法规等必要的行政,乃至法律手段约束人们的行为。

四、本质安全化

本质安全是20世纪60年代电气设计中提出的一种设计思想,指的是在正常情况或发生事故时,所产生的火花、电弧和高热都不至于引燃爆炸性气体。这种构造不是从系统外部采取附加的安全装置和设施,而是依靠系统自身的安全设计,进行本质方面的改善,使系统在发生故障或误操作的情况下,仍能保证安全运行。

本质安全化已经将本质安全的内涵加以扩大,已不单纯是机械设备构造的本质安全设计,还涉及生产中的"管理、人、物、环境"等的本质安全水平。

1. 施工组织设计中的本质安全化

首先在施工组织的技术设计中,对危险作业和危险机械,配置本质安全化的控制设备和思考周密的防范措施,即使人为失误也不会导致事故发生;其次在施工人员安全行为模式上,通过企业文化,贯彻施工安全精神,培养施工人员自主安全意识,同时配备必要的安全教育培训计划,让施工人员在工作之余有条件进行安全知识学习;最后在施工作业计划安排中,通过合理的施工工艺组合和工作单元的有效划分,系统全面地认识施工项目危险源,并形成一套系统地危险源控制实践方法。施工组织安全控制程序如图8-5所示。

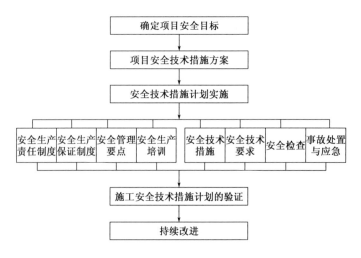

图8-5 施工组织安全控制程序

2. 施工作业人员本质安全化

施工作业人员本质安全化,实际是利用本质安全化手段预防人的失误,或者说是预防组织潜在失效。组织的事故原因模型如图8-6所示。

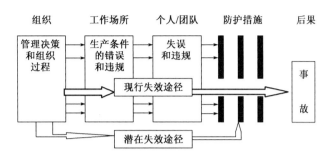

图 8-6 组织的事故原因模型

1）实施人员本质安全化的方法

从事故预防角度出发，可以从 3 个方面采取措施防止人的失误：

（1）控制、减少可能引起人失误的各种因素，防止出现人失误。

（2）在发生了人失误的场合，使失误不至于引起事故，实现人员失误无害化。

（3）在人失误引起了事故的情况下，限制事故的发展，减小事故损失。

人的本质安全化是技术手段与组织手段、文化手段相结合，从管理决策、组织、技术、事故分析、评审等过程和层面构建主动型人失误的安全防护系统。

2）主要手段

（1）建立健全安全技术措施，是防止和消除人失误的必要手段。技术措施并不能防止和消除组织所有的人失误，因此，技术措施需要通过管理途径来支持补充，利用企业的文化氛围促使作业者在任何时候都能严格遵守规程和规定，否则，高质量的安全技术措施及规程都可能是无效的。

（2）倡导企业安全文化。

企业安全文化是企业文化的重要组成部分，它强调人的价值与生产价值的统一，安全价值与经济效益、社会效益的一致性。

通过包括职工的劳动纪律、安全意识、安全态度等方面的培养来树立企业职工的安全意识和安全态度。

（3）建立以人为中心的安全管理体制。

组织各个级别的人员参加各种安全管理活动，鼓励一线操作人员提出安全建议，尽量满足操作工人的各种安全需要。合理安排工作任务，防止发生疲劳。实行标准化作业，改善工作环境。

（4）安全教育与培训。

安全技术知识的普及和提高，可以使广大职工掌握施工伤害事故发生发展的客观规律，掌握安全检测技术和控制技术的科学知识，提高安全技术操作水平，保护好自身和他人的安全。

3）基于本质安全化的人员素质要求和教育培训的意义

人员本质安全化的实质是使人的安全生理素质、安全心理素质、安全文化素质及安全技术素质 4 个方面的素质与机具、环境系统的安全匹配。教育和培训是减少人为失误引发事故，提高人员的安全素质，实现人员的本质安全化的唯一途径。

在安全教育培训工作中要建立科学、系统的教育培训方案体系，制定严格的管理标准和工作标准,使广大企业职工和项目操作人员在统一的标准下共同遵守教育培训规则,自觉学习要求掌握的各项知识、技能和动作标准。

3. 施工中的人机配合本质安全化

人机工程学指出"好的人机工程条件可减少事故的可能性,增加生产能力"。

1) 人机特征分析和合理的工作分配

在进行人机功能分配时,应当将人的准确度、体力、动作的速度及知觉能力等方面的基本界限和机器的性能、维持能力、正常动作能力、判断能力及成本等方面的基本界限综合加以考虑。通过扬长避短,将作业人员安排从事要求智力、视力、听力、综合判断力、应变能力及反应能力的工作,而将功率大、速度快、重复性作业及持续单调作业任务通过机器设备来完成。

2) 人机配合本质安全化中的技术措施

在施工机械本质安全化设计中,可以从以下几个方面来评价人机的配合度和可操作性。

(1) 机械设备提供给操作人员的视线和视角范围。

(2) 机械设备提供非操作人员的工作空间。

(3) 司机的保护设施。

(4) 操作人员进、出机械设备的便利程度。

(5) 控制装置和显示装置的位置是否得当。

(6) 控制装置的设计和显示装置的设计是否符合安全规范的要求和人机配合度。

(7) 机械设备铭牌等的标示和说明是否恰当。

(8) 司机等操作人员座位是否恰当。

(9) 机器的照明是否满足施工需要。

(10) 在恶劣地面上的机器稳定性。

(11) 机械设备附带的警告系统是否齐全。

在施工生产的机械设备配置过程中,要密切关注以下几点:

(1) 注意操作人员的人体尺寸、人体力量幅度、人体活动幅度和人体对信息接受与传递的特点,这些是否能够和机械设备提供的条件相吻合。

(2) 根据机械设备常用的工作场所环境,注意空间尺寸的测定、灰尘与气候条件、照明与色彩、噪声与振动和放射线剂量等因素对操作人员的影响。

(3) 在设计机械设备的工作程序时,注意机械设备工作的任务范围中操作人员的工作时间、工作强度、休息时间、劳动的单调程度以及人员年龄、个体素质等个体差异性特点。

从技术上来看,人机配合本质安全化应主要在机械设备的设计和选用过程中突出以下几个方面:

(1) 施工机械和设备的安全性能,例如在设备上装置防止漏电的保护系统,提高设备本质安全功能。

(2) 提高设备的安全防护性能,例如在设备表面安装接地保护装置,当工人无意触及或者出现行为失误时,不会受到电器设备伤害。

(3) 提高设备安全保护性能,例如普遍采用检漏继电器,对于过载的设备进行保护,及时纠正操作者的错误作业行为,使整个安全保护系统保持原有的功能,而不至于引发电气设备事故。

(4)提高设备的安全可靠性。

3)人机配合本质安全化中的管理措施

在人机本质安全化过程中,要根据施工项目所处的不同时间段,在项目的初始阶段、建设期间、项目完工等不同时段采取相应的本质化安全措施。

(1)初始与结束时的人机本质安全化控制。

(2)机械进场前的人机本质安全化控制。

(3)人机操作过程中的安全控制。

机械操作人员在操作使用机械设备时要严格遵守现行《建筑机械使用安全技术规程》(JGJ 33)和《建筑安装工人安全技术操作规程》中的各项规定。

4. 施工环境无害化处理

施工环境可以分为宏观环境和微观施工作业环境。宏观环境主要是指施工作业的政策法规环境,良好的政策法规和施工安全监督体系为施工安全营造了良好的宏观大环境;微观施工作业环境是指文明现场和文明施工,现场的合理布置和科学的施工组织活动。

施工作业环境还可以分为施工现场的物理环境(空间环境、时间环境等)、化学环境和生物环境,化学环境和物理环境的本质安全化必须按照国家和行业现行有关标准的规定执行。空间环境和时间环境的本质安全化可以推行"定置管理"方法。

五、工程安全隐患

为建立公路工程事故隐患排查治理的长效机制,消除重大事故隐患,防止或减少生产安全事故的发生,根据国家有关法律法规、部门规章和文件的规定,公路工程建设必须开展安全生产隐患排查治理工作。隐患排查治理是安全监理的基础性工作,是抓好安全监理工作的关键。

1. 安全隐患分级

隐患是指未被事先识别或未采取必要防护措施的可能导致安全事故的危险源或不利环境因素。工程施工安全隐患是在安全检查及数据分析过程中发现的。按照事故可能造成的人员死伤后果,事故隐患可分级如下:

(1)特别重大隐患:可能造成死伤30人及以上。

(2)重大隐患:可能造成死伤10~29人。

(3)较大隐患:可能造成死伤3~9人。

(4)一般隐患:可能造成死伤2人及以下。

2. 安全隐患排查程序

施工单位应做好安全隐患自查工作,施工单位项目负责人对本合同段施工阶段隐患排查治理负全责。应以项目领导班子为决策管理机构,以质量安全管理部门为主要办事机构,以基层安全管理人员为骨干,以全体员工为基础,形成从上至下的组织保证。形成从主要负责人到一线员工的隐患排查治理工作网络,确定各个层级的隐患排查治理职责。对设计中存在的施工安全考虑不足,缺乏防范生产安全事故技术措施的,施工单位应及时报监理机构,由建设单位组织设计、监理、施工单位复核,设计单位应提交自查报告。

事故隐患排查治理应按照排查登记、公示公告、防范或整改、验收销号等程序进行处理。

（1）排查登记。

施工单位项目负责人应根据所在省（自治区、直辖市）统一的排查要求对各施工工序及设备、危险物品、现场环境与驻地等开展全面排查，将排查出的事故隐患分级建档，登记编号。对重大及特别重大的事故隐患由业主单位报当地交通运输主管部门，其中特别重大的事故隐患还应报省级交通运输主管部门。当事故隐患等级可能随时间、外界条件变化时，应注重动态监控并在档案中及时调整其等级，对升级为重大及特别重大的事故隐患予以补报，对降级的事故隐患也应相应报告。

（2）公示公告。

施工项目部应当如实向施工作业班组、作业人员详细告知作业场所和工作岗位存在的危险因素、危险特征及防范措施，由双方签字确认。在作业场所明显部位设置重大及特别重大的事故隐患公示牌。制定应急预案并告知作业人员与现场相关人员，必要时组织演练。

在上述场所应设置明显安全警示标志，在无法封闭施工的工地，还应悬挂当日施工现场危险告示，以告知路人和社会车辆。

事故隐患公示牌不宜小于 40cm×60cm，版面宜采用黄色底版黑色字体，做到一个隐患一块牌，并根据变化调整，由专职安全员负责动态管理。事故隐患公示牌应包含事故隐患名称、隐患等级、临界危险特征、防控措施、涉险人员名单以及施工责任人、专职安全员、监理人员、业主监督人等信息。

（3）防范或整改。

施工单位对处在危险区域有潜在危险的驻地坚决搬迁，对有危险的作业点进行有效防范，对施工机具登记管理，在使用维修前应加强检查，对所有隐患的防范措施应一一审核是否有操作性、是否有效。监理单位应加强对防范整改的监督检查，并对施工单位的整改情况加以书面确认。业主单位应制定奖惩措施，对无防范措施或措施无效及整改不力的施工项目部严格惩处，对仍存在重大及特别重大事故隐患的场所、部位，立即停工整顿。

（4）验收销号。

建设单位应制定本项目隐患排查治理的验收销号标准。当有完善有效的防范措施时可验收，但应确保无隐患或施工完工方可销号。在建设单位组织验收销号前，施工单位应先组织自验，项目验收销号结果应按项目管理的隶属关系报交通运输主管部门。对难以按时消除事故隐患的，应制定监控措施，落实责任人和整改时限。

（5）监督检查。

根据事故隐患的严重程度和有关规定，省级交通运输主管部门对存在重大事故隐患的项目，应纳入重点督查计划，落实现场督导人员和措施；对未通过验收或销号的项目，应督促建设单位查清原因，落实监控和治理措施。

3. 安全隐患治理

1）一般隐患治理

（1）现场立即整改隐患。

违反操作规程和劳动纪律行为的隐患，属于人的不安全行为一般隐患，排查人员一旦发现，应当要求立即整改，并如实记录，以备对此类行为统计分析，确定是否为习惯性或群体性隐患。有些设备设施简单的不安全状态，如安全装置没有启用、现场混乱等物的不安全状态一般隐患,也可以要求现场立即整改。

(2)限期整改隐患。

有些隐患难以做到立即整改,但也属于一般隐患,则应限期整改。限期整改通常由排查人员或排查主管部门对隐患所属单位发出"隐患整改通知",明确列出隐患情况的排查发现时间和地点、隐患情况的详细描述、隐患发生原因的分析、隐患整改责任的认定、隐患整改负责人、隐患整改的方法和要求、隐患整改完毕的时间要求等。

限期整改需要全过程监督管理,除对整改结果进行"闭环"确认外,也要在整改工作实施期间进行监督,以发现和解决可能临时出现的问题,防止拖延。

2)重大隐患治理

针对重大隐患,应制订专门的排查治理方案,并报监理工程师审核批准。由于重大隐患治理的复杂性和较长的周期性,在没有完成治理前,还要有临时性的措施和应急预案,治理完成后还有书面申请以及接受审查等工作。重大事故隐患治理方案应包括以下内容:

(1)治理的目标和任务。
(2)采取的方法和措施。
(3)经费和物资的落实。
(4)负责治理的机构和人员。
(5)治理的时限和要求。
(6)安全措施和应急预案。

此外,对检查过程中发现的重大事故隐患,应下达整改指令书,并建立信息管理台账。同时,根据事故隐患的严重程度和有关规定,必要时,报告上级交通运输主管部门并对重大事故隐患实行挂牌督办。

重大事故隐患处理报告主要内容包括:

(1)整改处理过程描述。
(2)调查和核查情况。
(3)安全事故隐患原因分析。
(4)处理的依据。
(5)审核认可的安全隐患处理方案。
(6)实施处理中有关原始数据、验收记录、资料。
(7)对处理结果的检查、验收结论。

3)巡视检查

监理工程师应对施工现场安全生产情况进行巡视检查,监督施工单位落实各项安全措施。发现有违规施工和存在安全事故隐患的,应要求施工单位整改;情况严重的,由总监理工程师下达工程暂停施工令,并报告建设单位;施工单位拒不整改或不停止施工的,应及时向当地政府有关部门书面报告。巡视中如果发现存在安全隐患,应及时签发"监理通知",责成施工单位整改,并跟踪整改结果。

4.安全隐患排查要求

隐患排查的实施是一个涉及项目所有管理范围的工作,需要有计划、按部就班地开展。

1)排查计划

排查工作涉及面广、时间较长,需要制订一个比较详细可行的实施计划,确定参加人员、排查内容、排查时间、排查安排、排查记录等内容。为提高效率,也可以与日常安全检查、安全生产标准化的自评工作或管理体系中的合规性评价和内审工作相结合。

2)隐患排查的种类

(1)日常隐患排查。

主要是指班组、岗位员工的交接班检查和班中巡回检查,以及业主、监理和项目部质量安全等部门专业技术人员的日常性检查。日常隐患排查要加强对关键装置、要害部位、关键环节、重大危险源的检查和巡查。

(2)综合性隐患排查。

主要是指以保障安全生产为目的,以安全责任制、各项专业管理制度和安全生产管理制度落实情况为重点,各有关专业和部门共同参与的全面检查。

(3)专业隐患排查。

主要是指对施工区域位置、专业施工场所、工序、工艺、关键设备、临电、消防等系统分别进行的专业检查。

(4)季节性隐患排查。

主要是指根据各季节特点开展的专项隐患检查,主要包括:

①春季以防雷、防静电、防解冻泄漏、防解冻坍塌为重点。

②夏季以防雷暴、防设备容器高温超压、防台风、防洪、防暑降温为重点。

③秋季以防雷暴、防火、防静电、防凝保温为重点。

④冬季以防火、防爆、防雪、防冻防凝、防滑、防静电为重点。

(5)重大活动及节假日前隐患排查。

主要是指在重大活动和节假日前,对施工场所、主要工序作业、主要设备装置是否存在异常状况和隐患、应急救援等进行的检查。

(6)事故类比隐患排查。

指对项目内和行业内发生事故后的举一反三的安全检查。

3)排查的实施

以专项排查为例,项目组织隐患排查组,根据排查计划到各部门和各所属单位进行全面排查。

排查时必须及时、准确和全面地记录排查情况和发现的问题,并随时与被检查单位的人员做好沟通。

4)排查结果的分析总结

(1)评价本次隐患排查是否覆盖了计划中的范围和相关隐患类别。

(2)评价本次隐患排查是否做到了"全面、抽样"的原则,是否做到了重点部门、高风险和重大危险源适当突出的原则。

(3)确定本次隐患排查发现的问题,包括确定隐患清单、隐患级别以及分析隐患的分布(包括隐患所在单位和地点的分布、种类)等。

(4)做出本次隐患排查治理工作的结论,填写隐患排查治理标准表格。

(5)向领导汇报情况。

六、安全事故应急预案

1. 几个基本概念

(1)应急预案:针对可能发生的事故,为迅速、有序地开展应急行动而预先制定的行动方案。

(2)应急准备:针对可能发生的事故,为迅速、有序地开展应急行动而预先进行的组织准备和应急保障。

(3)应急响应:事故发生后,有关组织或人员采取的应急行动。

(4)应急救援:在应急响应过程中,为消除、减少事故危害,防止事故扩大或恶化,最大限度地降低事故造成的损失或危害而采取的救援措施或行动。

(5)应急预案制度建设目的:及时组织有效的应急救援行动、降低危害后果。

2. 应急预案的编制程序

1)编制准备

2)编制程序

(1)编制依据:法律法规、相关的应急预案。

(2)应急预案编制工作组。

(3)资料收集。

(4)危险源与风险分析。

(5)应急能力评估。

(6)应急预案编制。

(7)应急预案评审与发布。

3)应急预案体系的构成

应急预案应形成体系,针对各级各类可能发生的事故和所有危险源制订专项应急预案和现场应急处置方案,并明确事前、事发、事中、事后的各个过程中相关部门和有关人员的职责。生产规模小、危险因素少的生产经营单位,综合应急预案和专项应急预案可以合并编写:

(1)综合应急预案。

(2)专项应急预案。

(3)现场处置方案。

3. 应急预案的主要内容

1)综合应急预案的主要内容

(1)总则:编制目的、编制依据、适用范围、应急预案体系、应急工作原则。

(2)生产经营单位的危险性分析:生产经营单位概况、危险源与风险分析。

(3)组织机构及职责:应急组织体系、指挥机构及职责。

(4)预防与预警:危险源监控、预警行动、信息报告与处置(信息报告与通知、信息上报、信息传递)。

(5)应急响应:响应分级、响应程序、应急结束。

(6) 信息发布。
(7) 后期处置。
(8) 保障措施：通信与信息保障、应急队伍保障、应急物资装备保障、经费保障、其他保障。
(9) 培训与演练：培训、演练。
(10) 奖惩。
(11) 附则：术语和定义、应急预案备案、维护和更新、制定与解释、应急预案实施。

2) 专项应急预案的主要内容
(1) 事故类型和危害程度分析。
(2) 应急处置基本原则。
(3) 组织机构及职责：应急组织体系、指挥机构及职责。
(4) 预防与预警：危险源监控、预警行动。
(5) 信息报告程序：
①确定报警系统及程序。
②确定现场报警方式，如电话、警报器等。
③确定24小时与相关部门的通信、联络方式。
④明确相互认可的通告、报警形式和内容。
⑤明确应急反应人员向外求援的方式。
⑥应急处置：响应分级、响应程序、处置措施。
⑦应急物资与装备保障。

3) 现场处置方案的主要内容
(1) 事故特征：
①危险性分析，可能发生的事故类型。
②事故发生的区域、地点或装置的名称。
③事故可能发生的季节和造成的危害程度。
④事故前可能出现的征兆。
(2) 应急组织与职责：
①基层单位应急自救组织形式及人员构成情况。
②应急自救组织机构、人员的具体职责。
(3) 应急处置：
①事故应急处置程序。
②现场应急处置措施。
③报警电话及上级管理部门、相关应急救援单位联络方式和联系人员，事故报告的基本要求和内容。
(4) 注意事项：
①佩戴个人防护器具方面的注意事项。
②使用抢险救援器材方面的注意事项。
③采取救援对策或措施方面的注意事项。
④现场自救和互救注意事项。

⑤现场应急处置能力确认和人员安全防护等事项。
⑥应急救援结束后的注意事项。
⑦其他需要特别警示的事项。

4. 监理单位应急管理职责

核查施工单位的应急预案,监督安全专项施工方案或安全技术措施的实施;对危险性较大的分部分项工程进行重点巡查,对发现的安全事故隐患及时责令改正;严格安全防护措施和应急措施的月度计量支付管理;及时向建设单位、当地交通运输主管部门、地方安全监管部门报告事故情况,配合事故调查、分析和处理工作;对现场监理人员进行安全教育,配备必要的安全防护用品。

5. 应急预案培训与演习

要以加强基础、突出重点、边练边战、逐步提高为原则作为应急救援培训与演习的指导思想,锻炼和提高应急队伍在突发事故情况下快速封闭事故现场、及时营救伤员、正确指导和帮助人员防护或撤离,有效消除危害后果、开展现场急救和伤员转送等应急救援技能和应急反应综合素质,有效降低事故危害,减少事故损失。

(1)应急培训应主要包括以下内容:
①报警。
②疏散。
③火灾应急培训。
④不同水平应急者培训。
(2)预案训练和演习类型:
①可根据演习规模进行桌面演习、功能演习和全面演习。
②可根据演习内容进行基础训练、专业训练、战术训练和自选科目训练。

七、工程安全事故处理

1. 事故等级划分

根据现行《生产安全事故报告和调查处理条例》将安全事故划分为:
(1)特别重大事故:死亡30人以上,或重伤100人以上,或直接经济损失1亿元以上。
(2)重大事故:死亡10~30人,或重伤50~100人,或直接经济损失5000万~1亿元。
(3)较大事故:死亡3~10人,或重伤10~50人,或直接经济损失1000万~5000万元。
(4)一般事故:死亡3人以下,或重伤10人以下,或直接经济损失1000万元以下。

2. 工程安全事故处理依据

安全生产事故处理依据包括:
(1)安全事故实况资料(时间、地点、描述、记录、照片、录像等)。
(2)有关合同及合同文件。
(3)有关技术文件和档案。
(4)相关建设工程法律法规和标准规范。

3. 工程重大生产安全事故报告

1) 报告原则

应迅速、准确,在规定时间内逐级上级报(每级上报时间不超过 2 小时)。

2) 报告程序

(1) 事故发生后,事故现场有关人员应立即向本单位负责人报告,单位负责人接到报告后,应于 1 小时内向事故发生地县级以上人民政府安全生产监督管理部门和负有安全生产监督管理职责的有关部门报告。

情况紧急时,事故现场有关人员可以直接向事故发生地县级以上人民政府安全生产监督管理部门和负有安全生产监督管理职责的有关部门报告。

(2) 有关部门接到事故报告后,应依照下列规定上报事故情况,并通知公安机关、劳动保障行政部门、工会和人民检察院:

① 特别重大事故、重大事故逐级上报至国务院有关部门。

② 较大事故逐级上报至省级相关部门。

③ 一般事故上报至设区的市级相关部门。

安全生产监督管理部门和负有安全生产监督管理职责的有关部门逐级上报事故情况,每级上报的时间不得超过 2 小时。

重大生产安全事故报告程序规定:

① 发生重大生产安全事故后,项目施工单位除向项目建设和监理单位报告外,应立即将事故情况如实向事故所在地交通运输主管部门、地方安全监管部门报告。实行工程总承包的公路建设项目,由总承包单位负责上报。

② 事故所在地交通运输主管部门接到事故报告后,应迅速核实有关情况,并立即报告同级人民政府和上一级交通运输主管部门。省级交通运输主管部门接到事故报告后,及时上报省级人民政府和交通运输部。

③ 交通运输部接到一次死亡(或下落不明)10 人以上事故报告后,部业务主管部门负责提供专报的文字材料,由部办公厅按规定渠道向国务院办公厅报送。

④ 交通运输部设在长江干流的航务管理机构所管辖的长江航道工程发生重大生产安全事故,除向事故发生地的省级人民政府和地方安全监管部门报告外,还应向交通运输部报告。

⑤ 交通运输部直属单位负责组织建设的公路水运工程发生重大生产安全事故,除向当地交通运输主管部门和地方安全监管部门报告外,还应向交通运输部专报。

3) 报告内容

(1) 事故发生时间、地点、事故类型、人员伤亡情况、预估的直接经济损失。

(2) 事故中建设、勘察、设计、施工、监理等单位的名称、资质等级情况,施工单位安全生产许可证号及发证机构,施工单位"三类人员"的姓名及岗位证书情况,监理人员执业资格等情况。

(3) 项目的基本概况。

(4) 事故的简要经过,紧急抢险救援情况,事故原因的初步分析。

(5) 采取措施的情况。

(6) 事故报告单位、签发人及报告时间等。

4)报告方式

紧急情况下,可采取电话、传真、电子邮件的形式先行报告事故概况,有新情况及时续报,但应在 12 小时内补齐书面材料。

4. 公路建设工程重大生产安全事故处理

1)事故调查权限

特别重大事故由国务院或国务院授权有关部门组织事故调查组进行调查。

重大事故、较大事故、一般事故分别由事故发生地省级人民政府、设区的市级人民政府、县级人民政府负责调查,可以直接调查,也可以授权有关部门组织事故调查组进行调查。

未造成人员伤亡的一般事故,县级人民政府也可以委托事故发生单位事故调查组进行调查。

2)事故处理

重大事故、较大事故、一般事故负责调查的人民政府应当自收到事故调查报告之日起 15 日内作出批复;特别重大事故 30 日内做出批复,特殊情况下,可以延长,但延长的时间不得超过 30 日。

3)交通运输部有关规定

各级交通运输主管部门应遵循"统一指挥、快速反应、各司其职、协同配合"的原则,共同做好事故的应急处置工作,可视具体情况派现场督导组参与事故调查处理工作。

发生一次死亡 6 人以上、一次受伤 20 人以上和涉险 30 人以上的事故,交通运输部派出现场督导组,省级交通运输主管部门同时予以配合。现场督导组由交通运输部负责组织,成员由与事故没有直接利害关系的相关专业技术专家和施工安全监管等专业人员组成。

发生一次死亡 3~5 人、一次受伤 10~19 人和涉险 10~29 人的事故,省级交通运输主管部门派出现场督导组,市级交通运输主管部门同时予以配合。省级现场督导组人员由省级交通运输主管部门负责组织。根据现场特殊情况或应省级交通运输主管部门的要求,交通运输部可派出专家组给予技术支援。

党中央、国务院、交通运输部领导同志批示的重大生产安全事故,交通运输部应按批示要求派出现场督导组,省级交通运输主管部门予以配合。

有关现场处理的规定如下:

(1)督导组主要任务:赶赴现场实地督导,对有关情况进行调查、核实;支持协助地方人民政府做好抢险救援工作,防止事态扩大或再次发生次生、衍生的质量安全事故;从行业角度初步分析事故原因,总结经验教训,为事故调查做准备;及时将有关情况向交通运输主管部门报告,并应通过本级交通运输主管部门及时将督导报告上报交通运输部。

(2)按照有关规定,事故现场的抢险救援工作由当地人民政府统一组织。事故发生地的交通运输主管部门应在当地政府统一领导下,立即启动相关应急预案,迅速赶赴现场,按照政府应急指挥命令和职责分工,协助公安、消防、卫生等部门做好抢险救援工作,会同安全监管、建设、检察等部门开展事故调查,及时将有关情况向当地政府和省级交通运输主管部门报告。

(3)项目建设、施工等单位,在公安、消防、卫生等专业抢险力量到达现场前,应立即启动本单位的应急救援预案,全力开展事故抢险救援工作,同时协助有关部门保护现场,维护现场秩序,妥善保管有关物证,配合有关部门收集证据。

中央企业发生事故时,其总部应全力调动相关资源,有效开展应急救援工作。

5. 交通运输行业建设工程安全生产事故统计报表制度

为做好交通运输行业公路水运工程安全监管工作,全面掌握施工安全事故情况,科学判断施工安全形势,交通运输部对《交通运输行业建设工程生产安全事故统计报表制度》进行了修订和完善,并于2012年12月7日实施。

按照统一管理、分级负责的原则,交通运输部负责全国交通建设工程安全生产事故统计工作,各省(自治区、直辖市)交通运输主管部门负责本辖区交通建设工程安全生产事故统计工作。

发生的生产安全事故经核实清楚后,事故单位应向建设单位、项目的安全监管机构、当地人民政府安全监督管理部门报告。

发生1人以上(含1人)死亡的生产安全事故,事故单位应在1小时内按照"交通运输行业建设工程生产安全事故快报表"的要求向建设单位、项目的安全监管机构报告。项目的安全监管机构应逐级上报至省交通运输主管部门,每级不超过2小时。

省交通运输主管部门应在接到报告后2小时内,按照"交通运输行业建设工程生产安全事故快报表"的要求上报交通运输部,并及时续报事故救援进展、事故调查处理及结案情况。

省级交通运输主管部门每月28日前必须将统计期(即上月25日至当月24日)内本辖区发生的伤亡安全生产事故(包括死亡事故和重伤事故)汇总后,按"交通建设工程安全生产事故统计月报表"要求上报交通运输部,没有发生事故的省要报送零事故报告。

快报表报送超过规定时限,视为迟报。月报表报送超过28日零时,应说明情况,无故超过24小时后,视为迟报。快报表和月报表因过失未填写报送有关重要项目的,视为漏报;故意不属实上报有关重要内容的,经查证属实的,视为谎报;故意隐瞒已发生的事故,经有关部门查证属实的,视为瞒报;存在以上行为的,视情节在行业内给予通报,构成犯罪的,依法追究刑事责任。

6. 生产安全事故罚款处罚规定

《生产安全事故罚款处罚规定(试行)》(自2015年5月1日起施行)中规定:

第十四条 事故发生单位对造成3人以下死亡,或者3人以上10人以下重伤(包括急性工业中毒,下同),或者300万元以上1000万元以下直接经济损失的一般事故负有责任的,处20万元以上50万元以下的罚款。

事故发生单位有本条第一款规定的行为且有谎报或者瞒报事故情节的,处50万元的罚款。

第十五条 事故发生单位对较大事故发生负有责任的,依照下列规定处以罚款:

(1)造成3人以上6人以下死亡,或者10人以上30人以下重伤,或者1000万元以上3000万元以下直接经济损失的,处50万元以上70万元以下的罚款;

(2)造成6人以上10人以下死亡,或者30人以上50人以下重伤,或者3000万元以上5000万元以下直接经济损失的,处70万元以上100万元以下的罚款。

事故发生单位对较大事故发生负有责任且有谎报或者瞒报情节的,处100万元的罚款。

第十六条 事故发生单位对重大事故发生负有责任的,依照下列规定处以罚款:

(1)造成 10 人以上 15 人以下死亡,或者 50 人以上 70 人以下重伤,或者 5000 万元以上 7000 万元以下直接经济损失的,处 100 万元以上 300 万元以下的罚款;

(2)造成 15 人以上 30 人以下死亡,或者 70 人以上 100 人以下重伤,或者 7000 万元以上 1 亿元以下直接经济损失的,处 300 万元以上 500 万元以下的罚款。

事故发生单位对重大事故发生负有责任且有谎报或者瞒报情节的,处 500 万元的罚款。

第十七条 事故发生单位对特别重大事故发生负有责任的,依照下列规定处以罚款:

(1)造成 30 人以上 40 人以下死亡,或者 100 人以上 120 人以下重伤,或者 1 亿元以上 1.2 亿元以下直接经济损失的,处 500 万元以上 1000 万元以下的罚款;

(2)造成 40 人以上 50 人以下死亡,或者 120 人以上 150 人以下重伤,或者 1.2 亿元以上 1.5 亿元以下直接经济损失的,处 1000 万元以上 1500 万元以下的罚款;

(3)造成 50 人以上死亡,或者 150 人以上重伤,或者 1.5 亿元以上直接经济损失的,处 1500 万元以上 2000 万元以下的罚款。

事故发生单位对特别重大事故负有责任且有下列情形之一的,处 2000 万元的罚款:

①谎报特别重大事故的;

②瞒报特别重大事故的;

③未依法取得有关行政审批或者证照擅自从事生产经营活动的;

④拒绝、阻碍行政执法的;

⑤拒不执行有关停产停业、停止施工、停止使用相关设备或者设施的行政执法指令的;

⑥明知存在事故隐患,仍然进行生产经营活动的;

⑦一年内已经发生 2 起以上较大事故,或者 1 起重大以上事故,再次发生特别重大事故的;

⑧地下矿山矿领导没有按照规定带班下井的。

第九章 安全监理程序和主要内容

一个工程项目的安全施工,主要依靠施工单位严格、科学、规范的管理。在工程施工的全过程中,安全监理工作是工程监理工作中的重要组成部分。本章内容涉及工程建设各个阶段的安全监理工作内容,特别是施工阶段安全监理的具体内容,其目的是让监理工程师了解各专业、各工种、各种施工机具及电气设备的安全施工、安全操作要领及工程建设各阶段的监理工作内容,以便在日常监理工作中更好地履行自己的监督检查职责。

第一节 招 标 阶 段

一、审查施工(投标)单位的资质和安全生产许可证

1. 协助建设单位编制招标文件中相关安全生产的条款

(1)根据工程性质、规模和施工工艺特点,在编制招标文件时对投标单位资质和诚信记录设定相应条件。

(2)招标文件中应要求投标单位提供企业的安全生产许可证、三类人员(企业主要负责人、项目经理、专职安全管理员)安全资格证书。

(3)招标文件应结合本工程实际情况,单独列出相关安全、文明施工技术措施费用的清单项目,要求投标单位在投标文件中明确相应的报价,安全生产费用的报价一般不低于投标价的1.5%,且不得作为竞争性报价,并在招标文件中明确支付条件、使用要求和调整方式等内容。

(4)招标文件中应明确要求投标单位在编制投标文件时必须承诺的安全生产目标、安全职责、安全管理工作内容及要求、现场配备专职安全管理人员的条件和数量、安全奖惩措施、安全管理网络、安全管理制度和操作规程要求、安全技术措施、安全文明施工技术费使用计划等专用条款,并提供合同签订时需要的安全生产协议的格式文本。

(5)招标文件中应明确要求,投标单位在提供投标文件时要在安全专用条款中明确承诺所配套的文件、计划、协议书和专职安全管理人员名单,以及初步认定的危险性较大的分部工程的施工方案和投入大中型设备、安全设施、特殊工种的清单。

(6)在招标文件中可要求投标单位提供相关的安全生产奖惩记录和主管部门评价记录,作为评标加减分的参考依据。

2. 协助建设单位对投标单位资格预审及对投标文件符合性的核查

1)资格预审

(1)审查投标单位的资质证书(副本原件)、营业执照(副本原件)、诚信记录、资信等级是

否符合招标文件要求。

(2)审查投标单位的安全生产许可证(副本原件)是否为有效证件。

2)投标文件符合性的核查

根据招标文件的要求,对投标文件中的施工生产安全目标,从以下几个方面进行核查:

(1)安全生产管理机构。审查投标文件中安全生产管理机构的设置。针对工程项目建立健全的安全生产管理机构,配备专职安全管理人员,专职安全管理人员的数量、条件应满足招标文件的要求。

(2)安全生产管理网络。投标单位应依据工程项目,成立安全领导小组,合理配备现场专职安全管理人员,形成安全生产管理网络。

(3)安全生产规章制度和操作规程。投标文件应包括安全生产责任制,建立完善的安全生产保证体系,明确各项安全管理的制度和措施及本项目相关的安全生产操作规程。

(4)大中型机械设备、安全设施和特殊工种清单。投标单位在投标文件中必须明确本项目所需要的大、中型设备,安全设施和特殊工种清单。重点审查提供适用于工程项目的主要施工设备型号、性能、数量。所有从事特殊工种作业人员的上岗证明材料。

(5)安全生产、文明施工的技术措施,安全费用的报价清单和使用计划。审查投标单位是否按照招标文件编制要求,提出了关于安全、文明施工的技术措施及本项目相关的安全生产操作规程。

(6)安全生产方面奖惩情况。投标单位必须在投标文件中,提供有关主管部门对企业安全生产方面的奖惩记录。

二、协助建设单位拟定工程施工安全生产协议书

协助建设单位拟定工程施工安全生产协议书,在起草协议书之前必须了解协议双方各自的安全生产责任。

1. 建设单位的安全生产责任

(1)保证安全生产专项资金的投入。按照合同约定,及时向施工单位支付安全防护、文明施工措施费,并说明对施工单位落实安全防护、文明施工的奖惩措施。

(2)核查施工单位和指定分包单位的安全资质。

(3)向施工单位提供与施工现场相关的地下管线资料,并要求施工单位采取相应措施加以保护。

(4)向施工单位提供安全生产要求和注意事项,及时传达贯彻交通运输主管部门下达的有关安全生产的文件、指示,并掌握执行情况。

(5)审核施工单位编制的施工组织设计和专项安全施工方案中的安全技术措施,并督促施工单位落实。

(6)督促施工单位对施工人员进行安全教育。

(7)向施工单位提供施工机具、电气设施时,应符合安全生产管理规定,并办理书面租赁和验收手续,不得向无合法操作资格的单位提供设备、设施。

(8)不定期地对施工单位实施安全生产检查,并按合同约定条款对承(分)包单位实施奖

罚,督促对事故隐患限期整改。

(9)按规定及时向交通运输主管部门报告事故,并根据交通运输主管部门的意见,组织或协助有关主管部门对事故进行调查和处理,督促施工单位向有关单位报告事故。

2.施工单位的安全生产责任

(1)按规定主动接受建设单位的安全检查、审核。

(2)按照建设单位的安全生产规章制度和提出的要求,认真落实安全生产责任制、安全操作规程等,并将项目安全管理网络和安全管理人员的名单报建设单位备案。

(3)及时传达、贯彻交通运输主管部门和建设单位有关安全生产的文件、指示。

(4)根据合同要求,施工组织设计中的安全技术措施或专项安全施工方案应报监理单位审查。根据审查批准后的施工组织设计中的安全技术措施和专项安全施工方案,落实相关工作。

(5)应当确保安全防护、文明施工措施费用专款专用,在财务管理中要单独列出安全防护、文明施工措施费用清单,以备建设单位组织核查。

(6)进入施工现场前应对全体职工进行安全教育。

(7)定期(每月不少于两次)进行安全检查和每日安全巡查,并对重大危险源的部位进行监护。

(8)向建设单位借用机电设备、设施,必须办理租赁、验收的书面手续。

(9)按建设单位安全生产标准组织检查,根据合同约定接受建设单位的安全生产奖罚,对查出的隐患要及时整改。

(10)若发生重大伤亡事故,除及时向监理单位、建设单位报告外,还应按规定及时向有关主管部门报告。

第二节 施工准备阶段

一、安全监理的工作准备

1.组织监理人员开展安全教育,确定工作内容

(1)监理单位应根据工程规模和特点,派出能满足施工现场安全管理要求的相关监理人员进驻现场。由监理工程师及时建立安全监理的相关组织结构,在编制监理计划中确定安全监理方案,明确各级监理人员安全职责范围,与建设单位、施工单位建立正常的工作程序和联系渠道。

(2)监理工程师应组织监理人员熟悉设计文件和施工周边环境,学习施工、监理合同文件,熟悉掌握合同文件中的安全监理工作内容和要求,并按照监理计划中的安全监理方案和专项安全监理细则中的内容对监理人员进行安全交底和进入工地现场的自身安全教育。

(3)监理人员应参加技术单位组织的设计交底会,了解设计对结构安全的技术要求和施工过程的安全注意事项。

(4)监理工程师编制的监理计划应包括安全监理方案,并根据工程特点和高危作业的施工,编制专项安全监理细则。

(5)监理行业应完善安全监理组织网络,确定各项安全监理管理工作内容,制订安全监理责任制及各级监理岗位安全职责,将安全监理责任分解到各个监理岗位,纳入监理工作质量考核办法并进行定期检查考核。

(6)审核专项安全施工方案。施工单位编制的专项安全施工方案应由施工单位专业技术人员编制,项目负责人审核,并经施工单位技术负责人批准(对规定应组织专家论证的,需附专家论证意见),在项目开工前,报现场监理机构,先由专业监理工程师核查,然后由总监理工程师(或驻地监理工程师)审核签字。

(7)审查分包单位安全生产资质。分包工程开工前,安全监理人员应审查施工单位报送的分包单位安全生产许可证、三类人员的安全资格证书及特殊工种作业人员上岗资格证书。

(8)核查进场机械设备及安全设施。施工单位应对进场设备、安全设施的验收(检测)合格证及操作人员的上岗证进行自检验收。自检合格后,报安全监理核查,安全监理核查同意后,方可投入现场使用。

(9)审查工程开工申请报告。工程开工前,施工单位要提出书面开工申请报告,然后由监理工程师审查现场准备情况,如各项安全工作审批手续是否完善,现场技术、管理、施工作业等人员是否到位,机械设备及安全设施等是否已到达现场并处于安全状态。符合开工条件时,监理工程师批准开工申请,并报建设单位备案。

(10)制订安全监理程序、记录方法和表格。监理工程师应组织相关监理人员根据施工合同文件中安全生产的要求并结合工程项目设计制订安全监理程序。在选用《公路工程施工监理规范》(JTG G10—2016)所列表格的基础上,补充、完善并同意指定安全监理工作的各种记录格式、报表,送交建设单位备案。

2.安全监理计划及其实施细则的编制

1)编制安全监理方案

监理工程师在编制项目监理计划时,应将安全监理方案单独列为一个章节,且应具有对安全监理工作的指导性。安全监理方案的编制应根据法律法规、委托合同中安全监理约定的要求以及工程项目的特点、施工现场的实际情况,明确项目监理机构的安全监理工作目标,确定安全监理工作制度、方法和措施,并根据施工情况的变化予以补充、修改和完善。

安全监理方案包括以下主要内容:

(1)安全监理工作依据。

(2)安全监理工作目标。

(3)安全监理工作内容。

(4)项目监理机构安全监理岗位、人员及工作任务。

(5)安全监理工作制度。

(6)初步认定的危险性较大的分部分项工程一览表。

(7)初步认定须经监理认定符合安全许可验收手续的大中型机械和安全设施一览表。

(8)初步确定须编制的专项安全监理细则一览表。

(9)初步选定的新材料、新技术、新工艺及防止安全事故的监督控制措施。

（10）必要的安全防护用品。

2）编制专项安全监理细则

对危险性较大的分部分项工程必须在施工开始前编制专项安全监理细则。安全监理细则由专业监理工程师编制，并经总监理工程师（或驻地监理工程师）批准。

（1）编制专项安全监理细则的依据：

①已批准的包含安全监理方案的监理计划。

②相关法律法规、工程建设强制性标准和设计文件。

③施工组织设计。

④其他规范性文件等。

（2）专项安全监理细则应包括以下主要内容：

①危险性较大的分部分项工程安全监理工程的特点和施工现场环境状况。

②安全监理人员安排与分工。

③安全监理工作的方法及措施。

④针对性的安全监理检查、控制要点。

⑤相关过程的核查记录表格和资料目录。

二、检查施工单位安全生产管理体系

（1）检查施工单位安全管理体系中的管理机构，总、分包现场项目经理和专职安全生产管理人员执证上岗，安全员数量配备情况。

（2）检查施工单位的安全时间责任制度、安全生产教育培训制度、安全生产规章制度和操作规程、消防安全责任制度、安全生产事故应急救预案、安全施工技术交底制度以及设备的租赁、安装拆卸、运行维护保养、自检验收管理制度等是否健全和完善。

（3）检查施工现场各种安全标志和临时设施的设置。

（4）检查、督促施工单位与分包单位之间签订施工安全生产协议书。

（5）检查施工单位安全技术措施或文明施工措施费用的使用计划。

（6）督促施工单位制订安全事故应急救援方案、监控对重点部位和重点环节制订的工程项目危险源监控措施和应急救援方案的实施。

（7）对有关施工单位安全生产管理体系的检查项目，由项目监理机构在第一次工地会议上书面向施工单位告知。

（8）明确本项目工程安全事故上报与处理程序，要求事故单位在第一时间内按预定程序上报建设单位、所在安全生产监督管理部门、交通运输主管部门、公安部门、工会等相关部门，不得隐瞒和拖延上报。

三、审查施工单位的安全设施、设备、特种作业人员进入现场的报验手续

1. 安全设施的审查

监理工程师在安全设施未进入工地前按下列步骤进行监督：

（1）施工单位应提供当地或外购安全设施的产地、厂家以及出厂合格证书，供监理工程师审查。

（2）监理工程师可在施工初期，根据需要对这些厂家的生产工艺等进行调查了解。

（3）必要时，可要求施工单位对安全设施取样试验，确保安全设施满足要求。

2. 大、中型施工机械的审查

审查施工单位进场大、中型施工机械设备一览表及合格证，对施工单位报审进入施工现场的大、中型施工机械设备数量、型号、规格、生产能力、完好率进行审查。当发现施工单位的进场机械和报审表不一致时，要求施工单位更正。

3. 特种作业人员的进场审查

审核施工单位申报的特种作业人员资格，包括垂直运输机械作业、安装拆卸作业、起重信号作业、登高架设、爆破作业、电工、预应力张拉、水上作业、大（中）型机械操作等特种作业人员的名册、岗位证书的相符性和有效性。

四、安全审查要点

1. 驻地和场站建设

（1）施工现场驻地和场站应选在地质良好的地段，应避开易发生滑坡、塌方、泥石流、崩塌、落石、洪水、雪崩等危险区域，宜避让取土、弃土场地。

（2）施工现场生产区、生活区、办公区应分开设置，距离集中爆破区应不小于500m。

（3）施工现场临时用房、临时设施、生产区、生活区、办公区的防火间距应符合现行《建设工程施工现场消防安全技术规范》(GB 50720)的相关要求。

（4）办公区、生活区宜避开存在噪声、粉尘、烟雾或对人体有害物质的区域，无法避开时应设在噪声、粉尘、烟雾或对人体有害物质所在区域最大频率风向的上风侧。

（5）施工现场原材料、半成品、成品、预制构件等堆放及机械、设备停放应整齐、稳固、规范、标识清楚，且不得侵占场内道路或影响安全。

（6）材料加工场应符合下列规定：

①宜设围墙或围栏防护实行封闭管理，并宜设排水设施。

②场内应设置明显的安全警示标志及相关工种的操作规程。

③加工棚宜采用轻钢结构，并应采取防雨雪、防风等措施。

（7）预制场、拌和场应符合下列规定：

①应合理分区、硬化场地，并应设置排水设施。

②拌和及起重设备基础的地基承载力应满足要求，材料及成品存放区地基应稳定。

③料仓墙体强度和稳定性应满足要求，料仓墙体外围应设警戒区，距离宜不小于墙高2倍。

④拌和及起重设备应设置防倾覆和防雷设施。

（8）施工现场变电站建设应符合现行《施工现场临时用电安全技术规范》(JGJ 46)的有关规定。

（9）储油罐的设置应符合下列规定：

①储油罐与在建工程的防火间距应不小于15m，并应远离明火作业区、人员密集区、建（构）筑物集中区。

②储油罐顶部应设置遮阳棚。
③应按要求配备泡沫灭火器、干粉灭火器、沙土袋、沙土箱等灭火消防器材及沙土等灭火消防材料。
④应设防静电、防雷接地装置及加油车接地装置,接地电阻不得大于10Ω。
⑤应悬挂醒目的禁止烟火等警示标识。

2. 施工便道

(1)施工便道应根据运输荷载、使用功能、环境条件进行设计和施工,不得破坏原有水系、降低原有泄洪能力,并应符合下列规定:
①双车道施工便道宽度不宜小于6.5m。
②单车道施工便道宽度不宜小于4.5m,并宜设置错车道,错车道应设在视野良好地段,间距不宜大于300m。设置错车道路段的施工便道宽度不宜小于6.5m,有效长度不宜小于20m。
③路拱坡度应根据路面类型和现场自然条件确定,并应大于1.5%。
④施工便道应根据需要设置排水沟和圆管涵等排水设施。
⑤施工便道在急弯、陡坡、连续转弯等危险路段应进行硬化,设置警示标志,并根据需要设置防护设施。
⑥施工便道中易发生落石、滑坡等危险路段应根据需要设置防护设施。
(2)施工便道与既有道路平面交叉处应设置道口警示标志,有高度限制的应设置限高架。
(3)施工便桥应根据使用要求和水文条件进行设计,并应设置限宽、限速、限载标志,建成后应验收。

3. 临时码头和栈桥

(1)临时码头宜选择在水域开阔、岸坡稳定、波浪和流速较小、水深适宜、地质条件较好、陆路交通便利的岸段。
(2)临时码头宜设置在桥梁、隧道、大坝、架空高压线、水下管线、取水泵房、危险品库、水产养殖场等区域的下游方向,与其他构筑物的安全距离应符合现行《海港总体设计规范》(JTS 165)和《河港工程总体设计规范》(JTJ 212)的有关规定。
(3)临时码头应按照使用要求和相应的技术规范进行设计、施工和验收,并应设置安全警示标志,配备相应的安全防护设施。
(4)栈桥和栈桥码头应按照使用要求和相应的技术规范进行设计、施工和验收,并应符合下列规定:
①通航水域搭设的栈桥和栈桥码头应取得海事和航道管理部门批准,并应按要求设置航行警示标志。
②栈桥和栈桥码头的设计应考虑自重荷载、车辆荷载、波浪力、风力、水流力、船舶系靠力及漂浮物、腐蚀等,并应按施工期可能出现的最不利荷载组合进行验算。
③栈桥和栈桥码头应设置行车限速、防船舶碰撞、防人员触电及落水等安全警示标志和救生器材。
④栈桥上车辆和人员行走区域的面板应满铺并应与下部结构连接牢固。悬臂板应采取有效的加固措施。

⑤栈桥两侧和栈桥码头四周应设置高度不低于1.2m的防护栏杆。防护栏杆上杆任何部位应能承受1000N的外力。

⑥栈桥行车道两侧宜设置护轮坎。

⑦长距离栈桥应设置会车、掉头区域,间隔不宜大于500m。

⑧通过栈桥的电缆应绝缘良好,并应固定在栈桥的一侧。

⑨发生栈桥面或栈桥码头面被洪水、潮汛淹没,或栈桥被船舶撞击,或桩柱受海水严重腐蚀等情况,应重新检修、复核原构筑物。

⑩栈桥应设置满足施工安全要求的照明设施。

⑪栈桥和栈桥码头应设专人管理,非施工车辆及人员不得进入,非施工船舶不得靠泊。

4. 施工临时用电

(1)施工现场临时用电应符合现行《施工现场临时用电安全技术规范》(JGJ 46)的有关规定。

(2)施工用电设备数量在5台及以上,或用电设备容量在50kW及以上时,应编制用电组织设计。

(3)施工现场临时用电工程专用的电源中性点直接接地的220/380V三相四线制低压电力系统,必须符合下列规定:

①采用三级配电系统。

②采用TN-S接零保护系统(图9-1)。

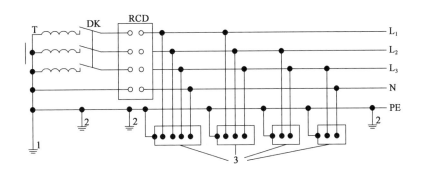

图9-1 临时用电配电系统

③采用二级保护系统。

(4)电线架设应符合下列规定:

①架空线路宜避开施工作业面、作业棚、生活设施与器材堆放场地。

②架空线路边线无法避开在建工程(含脚手架)时,其安全距离应符合表9-1的规定。

外电架空线路外侧边缘与在建工程(含脚手架)间安全距离　　　表9-1

外电线路电压等级(kV)	<1	1~10	35~110	220	350~500
安全距离(m)	4	6	8	10	15

③施工现场的机动车道与外电架空线路交叉时,架空线路的最低点与路面的垂直安全距

离应符合表 9-2 的规定。

施工现场的机动车道与外电架空线路交叉时的垂直安全距离　　表 9-2

外电线路电压等级(kV)	<1	1～10	35
安全距离(m)	6	7	8

(5)铺设电缆线应符合下列规定：
①施工现场开挖沟槽边缘与埋设电缆沟槽边缘的安全距离不得小于 0.5m。
②地下埋设电缆应设防护管。
③架空铺设电缆应沿墙或电杆做绝缘固定。
④通往水上的岸电应用绝缘物架设，电缆线应留有余量，作业过程中不得挤压或拉拽电缆线。

(6)水上或潮湿地带的电缆线必须绝缘良好并具有防水功能，电缆线接头必须经防水处理。

(7)每台用电设备必须独立设置开关箱；开关箱必须装设隔离开关及短路、过载、漏电保护器，严禁设置分路开关；配电箱、开关箱的电源进线端严禁用插头和插座做活动连接。

(8)配电箱及开关箱设置应符合下列规定：
①总配电箱应设在靠近电源的区域；分配电箱应设在用电设备或负荷相对集中的区域；开关箱与分配电箱的距离不得大于 30m，开关箱应靠近用电设备，与其控制的固定式用电设备水平距离不宜大于 3m。
②动力配电箱与照明配电箱宜分别设置。合并设置的配电箱，动力和照明应分路设置。
③配电箱、开关箱应装设在干燥、通风及常温场所，不得装设在存在瓦斯、烟气、潮气及其他有害介质的场所。
④配电箱、开关箱应选用专业厂家定型、合格产品。
⑤总配电箱中漏电保护器的额定漏电动作电流应大于 30mA，额定漏电动作时间应大于 0.1s，额定漏电动作电流与额定漏电动作时间的乘积不得大于 30mA·s。开关箱中漏电保护器的额定漏电动作电流不得大于 30mA，额定漏电动作时间不应大于 0.1s。潮湿或有腐蚀介质场所的漏电保护器应采用防溅型产品，额定漏电动作电流不得大于 15mA，额定漏电动作时间不得大于 0.1s。
⑥配电箱、开关箱应装设端正、牢固。固定式配电箱、开关箱的中心点与地面的垂直距离应为 1.4～1.6m。移动式配电箱、开关箱应装设在坚固、稳定的支架上，其中心点与地面的垂直距离应为 0.8～1.6m。

(9)遇有临时停电、停工、检修或移动电气设备时，应关闭电源。

5．生产生活用水
(1)生活饮用水水质应符合现行《生活饮用水卫生标准》(GB 5749)的有关规定。
(2)施工现场搭设的水塔、水箱等储水设施应稳固、牢靠，并应采取防倾覆措施。

6．施工机械设备
(1)应制定施工机械设备安全技术操作规程，建立设备安全技术档案。
(2)施工机械设备进场前应查验机械设备证件、性能、状况；进场后，应向操作人员进行安全技术交底。

(3)特种设备现场安装、拆除应按相关规定具有相应作业资质。

(4)龙门吊、架桥机等轨道行走类设备应设置夹轨器和轨道限位器。轨道的基础承载力、宽度、平整度、坡度、轨距、曲线半径等应满足说明书和设计要求。

(5)机械设备集中停放的场所应设置消防通道,并应配备消防器材。

(6)施工现场专用机动车辆驾驶人员应按相关规定经过专门培训,并应取得相应资格证书。

(7)施工现场运输车辆应状态良好,车身应设置反光警示标识。

五、审查安全技术措施或专项施工方案

安全技术措施包括防火、防毒、防爆、防尘、防洪、防触电、防坍塌、防物体打击、防机械伤害、防溜车、防高空坠落、防交通事故、防寒、防暑、防疫、防环境污染等方面的措施。

1. 施工组织设计中的安全技术措施

施工安全技术措施是针对每项工程在施工过程中可能发生的事故隐患和可能发生安全问题的环节进行预测,从而在技术上和管理上采取措施,消除或控制施工过程中的危险因素,防范安全事故的发生。

监理工程师在审查施工单位编制的施工组织设计时,应根据工程项目的特点制订与此相应的安全监理措施。因此,施工安全技术是工程施工安全生产的指令性文件,是施工现场安全管理和监理的重要依据。施工安全技术措施主要包括:

(1)进入施工现场的安全规定。

(2)地面、深坑、隧道施工安全的防护。

(3)水上、高处及立体交叉施工作业的防护。

(4)施工用电安全技术措施。

(5)机械、机具使用过程中的安全防护及夜间施工安全防护。

(6)为确保安全对于采用新工艺、新材料、新技术制订的专项安全技术措施。

(7)预防自然灾害(台风、雷击、洪水、地震、高温、寒冻、泥石流等)的措施。

2. 专项安全施工方案

监理工程师应依据《公路水运工程安全生产监督管理办法》第二十四条规定的分部分项工程,督促施工单位在施工前单独编制专项安全施工方案,如不良地质条件下有潜在危险的土方、石方开挖、滑坡及高边坡处理、桩基础、挡墙基础、深水基础及围堰工程等,同时对交通设计工程中特有的、危险性大的工程,如预应力结构张拉施工、特种设备施工、大江(大河)的导流(截流)施工、港口码头工程、航道工程、采用新技术、新工艺、新材料的工程,以及可能影响建设工程质量、安全,已经行政许可但尚无技术标准的施工,也必须督促施工单位编制专项安全方案。另外根据现行《施工现场临时用电安全技术规范》(JGJ 46),对于施工现场临时用电设备有超过5台、功率在50kW及50kW以上的,也应监督施工单位编制临时用电专项安全方案。

1)专项安全施工方案的编制、审核程序

依据交通运输部《公路水运工程安全生产监督管理办法》的规定,施工单位应当在施工组织设计中编制安全技术措施和施工现场临时用电方案,对表8-1中危险性较大的工程应当编制专项施工方案,并附安全验算结果,须施工项目负责人、监理工程师审查同意并签字后实施,由安全生产管理人员进行现场监督。

2)专家论证审查工作的要求和程序

(1)施工单位应当组织不少于5人的专家组,对已编制的专项安全施工方案进行论证审查。

(2)专项安全施工方案专家组必须提出书面论证意见,施工单位应根据专家论证意见进行完善,施工单位技术负责人、监理工程师签字后,方可实施。

(3)专家组书面论证意见应作为专项安全施工方案的附件,在实施过程中,监理工程师应督促施工单位严格按照专项安全施工方案执行。

3)监理工程师对专项安全施工方案的审查

(1)施工单位应当分别编写各危险性较大的分部分项工程的专项安全施工方案,并在施工前办理监理报审。

(2)监理工程师应按下列方法主持审查。

程序性审查:专项安全施工方案按规定须经专家论证、审查的,是否执行;专项安全施工方案是否经施工单位技术负责人签认,不符合程序的应退回。

符合性审查:专项安全施工方案必须符合强制性标准的规定,并附有安全验算结果。须经专家论证、审查的项目应附有专家审查的书面报告,专项安全施工方案应有紧急救护措施等应急救援预案。

针对性审查:专项安全施工方案应针对本工程特点以及所处环境、管理模式,具有可操作性。

(3)专项安全施工方案经专业监理工程师审查后,应在报审表上填写监理意见,并由监理工程师签字确认。

(4)特别复杂的专项安全施工方案,项目监理机构应报请工程监理单位技术负责人主持审查。

六、对施工单位事故应急救援预案的审查

监理工程师应督促施工单位在开工前根据各自项目施工现场和周边单位、社区的安全重大危险源类别、周边主要基础设施(道路、航道、港口)以及本项目工程特点、环境条件、人员素质、物质资源评估等情况编制相应的事故应急救援预案,建立健全施工的现场应急救援体系并报监理工程师审查。

1. 事故应急救援预案编制的相关法律法规要求

近年来我国政府相继颁布了一系列法律法规,对特大安全事故、重大危险源、危险化学品等应急救援工作提出相应的规定和要求。施工现场要求建立事故应急救援体系的法律法规主要有如下几个方面。

《中华人民共和国安全生产法》中第十八条规定:生产经营单位的主要负责人对本单位安

全生产工作负有组织制定并实施本单位的生产安全事故应急救援预案的职责。第二十二条规定:生产经营单位的安全生产管理机构以及安全生产管理人员履行督促落实本单位重大危险源的安全管理措施,组织或者参与本单位应急救援演练的职责。

《公路水运工程安全生产监督管理办法》第二十五条规定:建设、施工等单位应当针对工程项目特点和风险评估情况分别制定项目综合应急预案、合同段施工专项应急预案和现场处置方案,告知相关人员紧急避险措施,并定期组织演练。

《中华人民共和国职业病防治法》第二十条规定:用人单位应当采取建立、健全职业病危害事故应急救援预案的职业病防治管理措施。

《中华人民共和国消防法》第十七条规定:消防安全重点单位应当履行落实消防安全责任制,制定本单位的消防安全制度、消防安全操作规程,制定灭火和应急疏散预案,组织进行有针对性的消防演练等消防安全职责。

2. 监理工程师对应急救援体系的管理

尽管重大、特大事故发生具有突发性和偶然性,但事故的应急管理不只限于事故发生后的应急救援行动。安全监理人员对应急救援体系管理是对重大事故的全过程管理,充分体现"预防为主、常备不懈"的管理思想。

监理工程师首先在开工准备阶段对应急救援体系的管理网络内的人员组成情况、危险源辨识结果,预案编制的针对性、可操作性以及完整性进行审查,提出整改意见,督促建立健全应急救援体系。在施工阶段对预案内资源准备和操作演练进行跟踪动态检查,及时发现应急体系内的缺陷或问题,书面提出整改意见,督促施工单位不断完善应急救援体系和补充调整应急预案,保证预案可操作性。在事故发生过程中,记录分析应急救援过程中的不足之处,事后进行科学分析,对经验和教训进行及时总结和提高,以不断提高应急救援体系的管理质量。

第三节 施工阶段

在施工阶段,监理单位应派专人对施工现场安全情况进行巡视检查,对发现的各类安全隐患,应书面通知施工单位整改;情况严重的,监理单位应及时下达工程暂时停工令,要求施工单位停工整改,并同时报告建设单位。隐患消除后,监理单位应检查整改结果,签署复查或复工意见。施工单位拒不整改的,监理单位应当及时向建设单位或工程所在地交通运输主管部门报告。施工阶段监理工程师安全监理的工作程序如图9-2所示。

一、施工现场日常安全监理的工作和程序

1. 日常安全监理

1) 加强监督

(1) 监督施工单位按照国家有关法律法规、工程建设强制性标准和经审查同意的施工组织设计或专项施工方案进行施工,禁止违规作业。

(2) 监督施工单位定期进行安全生产自查工作,包括班组检查、项目部检查、公司检查,并

将检查结果报送项目监理部。

(3)督促施工单位进行自查自评。工程监理单位根据现场安全实况和自查自评情况,认真、公正地进行审查评价,填写有关报表,并报送当地交通运输主管部门或其授权的建设工程安全监督管理机构(部门)备案。

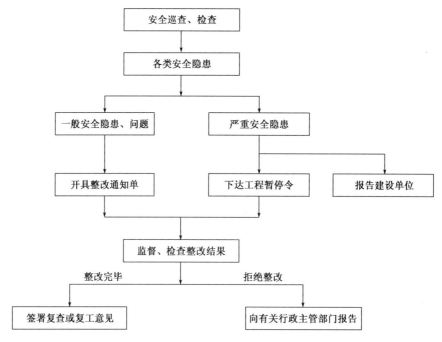

图9-2 施工阶段监理工程师安全工作程序

2)巡视检查

监理工程师应对施工现场安全生产情况进行巡视检查,监督施工单位落实各项安全措施,发现有违规施工和存在安全事故隐患的,应要求施工单位整改;情况严重的,由总监理工程师下达工程暂停施工令,并报建设单位。施工单位拒不整改或不停止施工的,应及时向当地政府有关部门书面报告。在巡视中,如果发现存在安全隐患,应及时签发监理通知,责成施工单位整改,并跟踪整改结果。

3)监理会议

(1)在定期召开的监理会议上,将安全生产列入会议主要内容之一,评述现场安全生产现状和存在问题,提出整改要求,制订预防措施,使安全生产工作落到实处。

(2)发现施工单位违反安全施工有关要求时,应在监理会上提出或签发监理通知,责成施工单位整改。

(3)在监理日报中向建设单位汇报安全、文明施工情况。

2. 日常安全监理实施程序

1)发出口头通知,开具整改通知单

在日常现场巡视、检查工作中,若发现存在违反强制性建设标准的现象或安全事故隐患,应首先口头通知施工方,要求立即采取措施整改,并及时采用书面通知予以确认。未按期整改且无整改措施时,专业监理工程师或总监理工程师应及时向施工方签发书面通知、指令。在签发书面通知、指令时应注意文件的时效性。书面通知应采用"监理通知书"或"监理工作联系单"的形式。

2)召开专题监理例会

当签发书面通知、指令后,施工单位仍未采取措施整改时,应当组织建设单位、施工单位及其他有关单位召开专题监理例会,对书面通知、指令中的内容,结合强制性建设标准加以强调。要求责任方说明原因,落实整改措施,明确计划整改完成的时间,同时要求责任方明确在后续工作中对类似问题的预控措施,并形成例会纪要。

3)签发"工程暂停令"

在签发书面通知、指令或召开专题监理例会后,施工单位仍未及时整改,或拒不整改、情况严重的,应当要求施工方暂停施工,并由总监理工程师签发"工程暂停令",同时报告建设单位。"暂停"的部位视工程的情况,可以是整个工程暂停,也可以是局部工程暂停。若"工程暂停令"发出后执行效果不佳,可进一步向建设单位提出,加强与施工企业管理部门的协调,要求其参与执行。

4)向建设主管部门报告

若施工单位拒不整改或者不停止施工的,总监理工程师应及时向有关交通运输主管部门以书面形式报告。

二、监督施工单位按已批准的施工方案组织施工

1. 监督施工安全技术措施实施

1)安全生产责任制

监理工程师应根据通过审核后的施工组织设计中的施工安全技术措施,对项目施工单位安全生产责任制建立和落实情况进行监督检查,检查的人员包括项目负责人、其他负责人、安全职能结构负责人或专职施工安全管理人员、班组长、岗位工人等。

2)安全管理结构的建立及人员配备

施工单位应当按照有关法律法规的规定设立安全生产管理结构,配备专职安全生产管理人员。监理工程师应当依据通过审核后的施工组织设计中的施工安全技术措施,对施工项目安全生产管理机构的建立、专职安全生产管理人员的配置情况进行监督检查。

3)对分包单位安全生产的管理

总承包单位依法将建设工程分包给其他单位的,分包合同中应当明确各自的安全生产方面的权力和义务。总承包单位和分包单位对分包工程的安全生产承担连带责任。分包单位应当服从总承包单位的安全生产管理。分包单位不服从管理导致生产安全事故的,由分包单位承担主要责任。

总承包单位不得向不具备安全生产条件的施工单位发包工程。总包单位和分包单位在签订工程分包合同的同时必须签订总分包安全生产协议书,以进一步明确双方的权力、义务和责任。总分包安全生产协议书应有双方法人代表或委托人签字,单位盖章之后生效,并送政府有关部门备案。

4)三类人员及特种作业人员的资格

监理工程师应对施工单位三类人员取得考核合格的证书情况进行审查。施工单位的主要负责人、项目负责人、专职安全管理人员必须取得交通运输主管部门考核合格的证书后,方可任职。

监理工程师应对施工单位特种作业人员取得特种作业操作资格证书情况进行审查。垂直运输作业人员、施工船舶作业人员、爆破作业人员、安装拆卸工、起重信号工、电工、焊工等国家规定的特种作业人员,必须按照国家规定经过专门的安全作业培训,并取得特种作业资质资格证书后,方可上岗作业。

5)安全生产教育培训制度落实

施工单位应当对管理人员和作业人员进行每年不少于两次的安全生产教育培训,其教育培训情况记入个人工作档案。监理工程师应当对施工单位管理人员和作业人员安全教育培训制度落实情况进行审查,安全生产教育培训考核不合格的人员不得上岗。

(1)教育培训对象:

①三类人员:施工单位承包、分包单位的主要负责人、项目负责人、项目专职安全管理人员。

②特种作业人员:垂直运输机械作业人员、施工船舶作业人员、爆破作业人员、安装拆卸工、起重信号工、电工、焊工等国家规定的作业人员。

③现场其他管理人员、技术人员。

④现场从业人员:指建设工程施工现场所有从事施工作业的人员,同时还包括勤杂工及其他工作人员。

(2)教育培训的内容:

①新工人必须进行公司、工地和班组的三级教育培训,教育培训的内容包括安全生产方针、政策、法规、标准、安全技术知识、设备性能、安全制度、严禁事项,以及安全操作规程。

②特种作业人员,除进行一般安全教育外,还要经过本工种的安全技术培训。

③采用新工艺、新技术、新设备施工或调换工作岗位时,对操作人员进行新工艺、新技术、新设备、新岗位的安全教育。

(3)教育培训的时间要求:

参照《建筑企业职工安全教育培训暂行规定》的规定,对企业职工安全教育培训的具体要求为"建筑企业职工每年必须接受一次专门的安全培训。"规定的培训对象与时间详见表9-3。

培训对象与时间 表9-3

序号	培训对象	每年接受安全培训的时间,不得少于(学时)
1	企业法定代表人、项目负责人	30
2	专职安全管理人员	40
3	其他管理人员、技术人员	20
4	特种人员	20
5	企业职工	15
6	转岗、重新上岗	(每次)20

(4)培训要求：

①作业人员进入新的岗位或者新的施工现场，应当接受安全生产教育培训，未经教育培训或者教育培训考核不合格的人员，不得上岗作业。

②加强对全体施工人员节前节后的安全教育，布置学习各工种安全技术操作规程，进行定期和季节性的安全技术教育。

③施工单位在采用新技术、新工艺、新设备、新材料时，应当对作业人员进行相应的安全生产教育培训。

④新从业人员安全生产教育培训时间不得少于24学时。危险性较大的行业和岗位，教育培训时间不得少于48学时。

(5)特种作业人员培训要求：

①特种作业人员上岗作业前，必须进行专门的安全技术和操作技能的教育培训，增强其安全生产意识，并获得证书后才能上岗。

②离开特种作业岗位达6个月以上的特种工作人员，应当重新进行实际操作考核，经确认合格后方可上岗。

③取得《特种作业人员操作证》的人员，每两年进行一次复审；连续从事本工作10年以上者，经用人单位进行知识更新后每4年复审一次。

④特种作业人员复审的内容包括健康检查、违章记录、安全新知识和事故案例教育、本工种安全知识考试。

⑤未按期复审和复审不合格者，其操作证自动失效。

(6)施工单位人员"教育培训"记录的主要内容：

安全教育和培训记录包括现场全部从业人员介绍教育和培训的设施记录、培训合格证书、上岗证书和其他有关培训、教育的确认记录。现场教育培训记录资料应包括下列内容：

①接受教育和培训人员的姓名、性别、出生年月、身份证号码及复印件。

②所属单位、所属基层的记录。

③从事现工种的时间及本单位录用的起始时间。

④上岗前三级教育和培训的情况，即企业教育培训、分公司或项目部教育培训、班组教育培训。三级教育和培训必须有书面记载的完整资料，必须有考核合格的记录。

⑤对三类人员、特种作业人员必须有查验安全资格证书原件的记录。在查验安全资格证书原件时，要注意该证件的时效和持证人是否在规定的时间内进行复训。在查验安全培训原始证件的同时，留下安全资格证书的复印件，作为安全资格证书的记录。

6）应急救援人员和物质、器材的配备

监理工程师应依据通过审核后的施工组织设计中的施工安全技术措施，对施工单位应急救援预案的人员组织落实，必要的应急救援器材、设备配备，以及应急救援预案的定期演练进行监督检查。

7）施工安全技术交底

监理工程师应对施工单位落实施工安全技术交底制度情况进行监督。工程施工前，施工单位负责项目管理的技术人员应当对有关安全施工的技术要求向施工作业班组、作业人员做出详细说明，并由双方签字确认。单位工程开工前，必须进行安全技术交底，安全技术交底做到以下几点：

(1) 对施工场所、作业环境，如高压线、地下管线、施工用电、现场防火和季节性特点等明确交底。

(2) 对多工种交叉作业时的安全技术及防范措施应作详细交底。

(3) 对防止事故的"预防措施"和"劳动保护要求"作明确交底。

(4) 分部分项工程安全技术交底要有针对性。

2. 监督专项安全施工方案实施

危险性较大的分部分项工程必须按照批准的专项安全施工方案进行施工，在施工过程中需要对专项安全施工方案进行修改的，必须报原批准部门同意，不得擅自修改。监理工程师应对危险性较大的分部分项工程专项施工方案的实施进行重点监督检查。

3. 及时制止违规行为

监理工程师对施工现场实施监理工作时，发现施工单位有违反国家法律法规、标准、安全操作规程的行为，应及时制止并采取以下措施：

(1) 发现严重冒险作业和严重安全事故隐患的，应责令其暂时停工进行整改。

(2) 下达隐患整改通知单，要求施工单位整改事故隐患，并复查整改情况。

(3) 向建设单位报告，督促施工单位整改情况。

(4) 向工程所在地政府有关部门报告施工单位拒不整改或不停止施工情况。

三、核查现场机械和安全设施的验收手续并签署意见

监理工程师应对施工现场使用的施工机械和设施的采购、租赁，起重机械的现场安装和拆卸，起重机械的检测与验收等情况进行检查验收。监理单位核查施工单位提交的有关施工机械、安全设施等验收记录，并由项目总监理工程师在验收记录上签署意见。

1. 施工机械、机具的采购和租赁

(1) 施工单位采购、租赁的安全防护用具、机械设备、施工机具及配件，应当具有生产（制造）许可证、产品合格证，并在进入施工现场前由使用单位或承租单位、出售单位或出租单位、安装单位共同进行验收查验，验收合格的方可使用。验收合格后30日内，应当向当地交通运输主管部门登记。对于尚无相关国家标准或行业标准的设备和设施，应当保障其质量和安全性能。

(2) 施工现场的机械设备、施工机具及配件必须由专人管理，定期进行检查、维修和保养，建立相应的资料档案，并按照国家有关规定及时报废。

(3) 为建设工程提供机械设备和配件的单位，应当按照安全施工的要求配备齐全有效的保险、限位等安全设施和装置。

(4) 出租单位应当对出租的机械设备和施工机具及配件的安全性能进行检测，在签订租赁协议时，应当出具检测合格证明。

(5) 禁止出租检测不合格的机械设备和施工机具及配件。

2. 起重机械和设施的现场安装与拆卸

(1) 在施工现场安装、拆卸施工起重机械和整体提升式脚手架、滑模爬模、架桥机等自行

式架设设施时,必须由具有相应资质的单位承担。

(2)安装、拆卸施工起重机械和整体提升式脚手架、滑模爬模、架桥机等自行式架设设施,应当编制拆装方案,制订安全施工措施,并由专业技术人员现场监督。

(3)施工起重机械和整体提升式脚手架、滑模爬模、架桥机等自行式架设设施安装完毕后,安装单位应当自检,出具自检合格证明,并向施工单位进行安全使用说明,办理验收手续并签字。

3.起重机械和设施的检测与验收

(1)在施工现场安装、拆卸施工起重机械和整体提升式脚手架、滑模爬模、架桥机等自行式架设设施时,必须由具有相应资质的单位承担。

(2)安装、拆卸施工起重机械和整体提升式脚手架、滑模爬模、架桥机等自行式架设设施,应当出具安全合格证明文件,并对检测结果负责。

(3)施工单位在使用施工起重机械和整体提升式脚手架、滑模爬模、架桥机等自行式架设设施前,应当组织有关单位进行验收,也可委托具有相应资质的检测机构进行验收;使用承租的机械设备和施工机具及配件的,由施工总承包单位、分包单位、出租单位和安装单位共同进行验收,验收合格的方可使用。对于尚无相关国家标准或行业标准的设备和设施,应当保障其质量和安全性能。

(4)《特种设备安全监察条例》规定的施工起重机械,在验收前应当经有相应资质的检验检测机构监督检验合格。

(5)施工单位应当自施工起重机械和整体提升式脚手架、滑模爬模、架桥机等自行式架设设施验收合格之日起30日内,向交通运输主管部门备案或者在其他有关部门登记。登记标志应当置于或者附着于该设备的显著位置。

4.施工机械使用的安全监督

施工机械应当按照施工总平面布置图规定的位置和线路设置,不得任意侵占场内道路,施工机械进场的必须经过安全检查,经检查合格的方可使用。施工机械操作任意人员必须建立机组责任制,并依照有关规定持证上岗,禁止无证人员操作。

四、检查现场安全防护设施等是否符合规范要求

1.检查施工现场安全防护用品的提供及使用情况

施工单位应当向作业人员提供安全防护用具和安全防护服装,并书面告知危险岗位的操作规程和违章操作的危害。作业人员应当遵守安全施工的强制性标准、规章制度和操作规程,正确使用安全防护用具、机械设备等。

1)劳动防护用品的发放

(1)根据工作场所中的职业危害因素及危害程度,按照法律法规、标准的规定,为从业人员免费提供符合国家规定的防护用品。

(2)应到定点经营单位或者生产企业购买特种劳动防护用品。防护用品必须具有"三证",即生产许可证、产品合格证和安全鉴定证。购买的防护用品必须经本单位安全管理部门验收,并在使用前对其防护功能进行检验。

(3)应教育从业人员按照防护用品的使用规则和防护要求,正确使用防护用品。使从业人员做到"三会",即会检查防护用品的可靠性,会正确使用防护用品,会正确维护保养防护用品。

(4)应按照产品说明书的要求,及时更换、报废过期和失效的防护用品。

(5)应建立健全防护用品的购买、验收、保管、发放、使用、更换、报废等管理制度和使用档案。

2)正确使用劳动防护用品的要求

(1)使用前应首先做外观检查。检查的目的是认定用品对有害因素防护程度,用品外观有无质量缺陷或损坏,各部件组装是否严密,启动是否灵活等。

(2)劳动防护用品的使用必须在其性能范围内,不得超极限使用;不得使用未经国家指定检测部门认可或检测达不到标准的产品;不得随便代替,更不能以次充好。

(3)严格按照使用说明书正确使用劳动防护用品。

2. 安全标志

施工单位应在施工现场出入口或者沿线各交叉口、施工起重机械、拌和场、临时用电设施、爆破物及有害危险气体和液体存放处,以及孔洞口、隧道口、基坑边沿、脚手架、码头边沿、桥梁边沿等危险部位,设置明显的安全警示标志或者必要的安全防护设施。

3. 安全防护设施

施工单位应当在施工现场做好各项施工的安全防护,配备必要的防护设施。

五、安全施工措施费用的使用

监理工程师应依据国家有关法律法规、规章制度的规定,以及通过审核后的施工组织设计中的施工安全技术措施,对列入建设工程概算的安全作业环境及安全施工措施所需费用使用情况进行审核签认。列入建设工程概算的安全作业环境及安全施工措施所需费用,应当用于施工安全防护用具及设施的采购和更新、安全施工措施的落实、安全生产条件的改善,不得挪作他用。

列入建设工程概算的安全作业环境及安全施工措施费用应主要用于以下方面:

(1)安全设施建设,如防火工程、通风工程、安全防护设施等。

(2)增设安全设备、器材、装备、仪器、仪表等以及这些安全设备的日常维护。

(3)按国家标准为职工配备劳动保护用品。

(4)职工的安全生产教育和培训。

(5)其他预防事故发生的安全技术措施费用,如用于制定及落实施工安全事故应急救援预案等。

六、督促施工单位安全自检、进行抽查及参与安全生产专项检查

1. 督促施工单位进行安全自检

工程项目安全检查的目的是消除隐患、防止事故,是安全控制工作的一项重要内容。施工

项目的安全自检应由项目经理定期进行,安全自检可分为日常性检查、专业性检查、季节性检查、节假日前后的检查和不定期检查等。

(1)日常性检查,即经常的、普遍的检查。企业一般每年进行1~4次;工程项目组、车间、科室每月至少进行一次;班组每周、每班次都应进行检查。专职安全技术人员的日常检查应该有计划,针对重点部位周期性进行。

(2)专业性检查,是针对特种作业、特种设备、特殊场所进行的检查,如电、气焊、起重设备、运输车辆、锅炉压力容器、易燃易爆场所等。

(3)季节性检查,是指根据季节特点,为保障安全生产的特殊要求的检查。如春季风大,要着重防火、防爆;夏季高温多雨,要着重防暑、降温、防汛、防雷击、防触电;冬季着重防寒、防冻等。

(4)节假日前后的检查,是针对节假日期间容易产生麻痹思想的特点而进行的安全检查,包括节日前进行安全生产综合检查,节日后进行的检查等。

(5)不定期检查是指在工程或设备开工和停工前、检修中、工程或设备竣工及试运转时进行的安全检查。

2.对施工单位自查情况进行抽查

监理工程师对施工单位自查情况进行抽查,抽查后应编制安全检查报告,对施工单位自检情况进行综合评价。

1)监理工程师对施工单位自查情况进行抽查

(1)定期或不定期对施工单位自查情况进行抽查、评价和考核。

(2)抽查中发现作业中存在的不安全行为和隐患,签发安全整改通知,督促施工单位制订整改方案,落实整改措施,整改后应予复查。

(3)抽查应采取随机抽样、现场观察和实地检测的方法,并记录检查结果,纠正违章指挥和违章作业。

2)抽查一般内容

(1)检查施工单位在施工过程中,人员、施工机械设备、材料、施工方法、施工工艺及施工环境条件等是否符合保证施工安全的要求。

(2)重要的和对工程施工安全有重大影响的工序、工程部位、施工过程中的施工专项方案、施工组织设计中的安全技术措施落实情况。

(3)施工单位自查记录资料整理情况,自查存在问题整改情况。

(4)施工工艺、机械设备安全操作规程执行情况。

(5)现场安全防护设施、文明施工、用电安全及消防安全管理情况等。

第四节 交工验收阶段

交工验收阶段监理工程师主要工作内容包括协助建设单位落实工程建设项目"三同时"的规定,审查安全设施等是否按设计要求与主体工程同时建成交付使用,承担交工验收至竣工验收阶段质量缺陷和问题修复施工作业安全管理责任。

一、建设项目"三同时"

1. 建设项目"三同时"的定义

建设项目"三同时"是指生产性基本建设项目中的劳动安全卫生设施必须符合国家规定的标准,必须与主体工程同时设计、同时施工、同时投入生产和使用,以确保建设项目竣工投产后,符合国家规定的劳动安全卫生标准,保障劳动者在生产过程中的安全与健康。

2. "三同时"的法律依据

《中华人民共和国安全生产法》《中华人民共和国劳动法》《中华人民共和国职业病防治法》等。

3. "三同时"的内容和要求

(1)可行性研究:劳动安全卫生论证,将劳动安全卫生设施所需投资纳入投资计划。
(2)初步设计:严格遵守有关劳动安全卫生的法律法规、标准,编制"劳动安全卫生专篇"。
(3)施工:落实"三同时"规定的具体要求,施工单位应对建设项目的劳动安全卫生设施的工程质量负责,监理工程师应对建设项目的劳动安全卫生设施的工程质量进行检查与验收。
(4)试运营:对劳动安全卫生设施进行调试与考核,对其效果做出评价。

二、路面修复安全作业

(1)作业人员必须穿着有反光标志的橘红色工作装,管理人员必须穿着有反光标志的橘红色背心。
(2)按作业控制区交通控制标准设置相关的渠化装置和标志,并指派专人负责维持交通。
(3)在高速公路和一级公路上修复作业必须用车辆接送,不得在控制区外活动或堆放物体。
(4)在山体滑坡、塌方、泥石流等路段作业必须有专人观察险情。
(5)在高路堤路肩、陡边坡等路段作业时,应采取防滑坠落措施,并注意防止危岩、浮石滚落。
(6)坑槽必须当天完成,若不能完成必须布置作业控制区。
(7)夜间作业,应设置照明设施。照明必须满足作业要求,并覆盖整个工作区域。
(8)当进行修复作业时,应顺着交通流方向设置安全设施。当作业完成后,应逆着交通流方向撤除为修复作业而设置的有关安全设施,恢复正常交通。

三、桥梁修复安全作业

(1)公路桥梁、涵洞现场要专门设置修复作业时的交通标志。桥面应按作业控制区布置要求设置相关的渠化装置和标志,并设专人负责维持交通。
(2)桥梁修复作业时,应首先了解架设在桥面上下的各种管线,并注意保护公用设施(煤气、水管、电缆、架空线等),必要时应与有关单位联系,取得配合。
(3)在栏杆外进行作业时必须设置悬挂式吊篮等防护设施,作业人员须系安全带。

(4)桥墩、桥台修复时,应在上、下游航道两段设置安全设施,夜间须设置警示标志信号。必要时应与有关单位取得联系,相互配合。

四、隧道修复安全控制要点

(1)应按作业控制区布置要求设置相关的渠化装置和标志,并设专人负责维持交通。在修复明洞和半山洞前,应及时清除山体边坡或洞顶危石。

(2)在隧道内进行登高堵漏作业或修复照明设施时,登高设施的周围应设醒目的安全设施。

(3)对隧道衬砌局部坍塌进行修复作业时,应采取措施保证人员安全。

(4)当实测的隧道内一氧化碳浓度或烟尘浓度高于规定的容许浓度时,作业人员应及时撤离,并开启通风设备进行通风。

(5)隧道内不准堆放易燃易爆物品,严禁明火作业或取暖。

(6)作业宜选择在交通量较小时段进行。作业前,应做好以下工作:

①检测隧道内一氧化碳、烟雾等有害气体的浓度及能见度是否会影响施工安全。

②检测结构状况是否会影响作业安全,如有危险,应先处理后作业。

③检查施工信道信号灯是否准确、明显,施工标志设置是否规范。

④对养护机械、台架进行全面的安全检查,并应在机械上设置明显的反光标志,在台架周围设置防眩灯,以反映作业现场的轮廓。

(7)隧道内作业时,应遵守以下规定:

①修复作业控制区经划定不得随意变更。

②作业人员不得在工作区外活动或将任何机具、材料置于工作区之外。

③施工路段内的照明应满足要求。

(8)电力设施等有特别要求的维护,应按有关部门的安全操作规程执行。

(9)隧道内发生交通事故时,应通知并配合交通安全管理部门到现场处理交通事故。

(10)事故发生后,应尽快清理现场,排除路障,恢复隧道正常通车,并登记相关损失,应认真分析事故原因,恢复或改善隧道的防灾能力。

五、道路、桥梁检测安全作业

(1)严禁在能见度低(如夜晚、大雾天)的条件进行作业。

(2)道路、桥梁检测车在高速公路、一级公路进行检测时,凡行进速度低于50km/h时,均应按临时定点或移动修复作业控制区布置。应在检测设备尾部安装发光可变标志牌,或按规定设置安全警戒区。

第十章 公路工程施工安全监理要点

在公路工程施工阶段,监理单位应派专人对施工现场安全现场情况进行巡视检查,对发现的各类安全隐患,应书面通知施工单位整改;情况严重的,监理单位应及时下达工程暂时停工令,要求施工单位停工整改,并同时报告建设单位。隐患消除后,监理单位应检查整改结果,签署复查或复工意见。施工单位拒不整改的,监理单位应当及时向建设单位或工程所在地交通运输主管部门报告。施工阶段监理工程师安全监理的工作程序如图9-2所示。

第一节 通用作业的安全监理要点

一、测量作业

(1)密林丛草间施工测量,应探明周边环境、遵守护林防火规定,并应采取预防有害动物、植物伤人的个体防护措施。

(2)于外电架空线路附近工作时,测量人员的身体和测量设备外沿与外电架空线路之间的安全距离应符合现行《施工现场临时用电安全技术规范》(JGJ 46)的有关规定。安全距离无法实现时,应与有关部门协商,采取停电、迁移外电线路或改变工程位置等措施。

(3)不中断交通道路上的测量工作,应设置交通安全标志,并应设专人指挥或警戒。测量人员应穿反光标志服。

(4)陡坡及不良地质地段测量,测量人员应系安全带、穿防滑鞋等,并应加强监护。桥墩等高处测量,测量人员应正确佩戴和使用个体防护用品。

(5)水上测量作业,测量船应悬挂号灯或号型,并应设专人负责瞭望。测量人员应穿救生衣。

(6)水上测量平台应稳固可靠,并应设置防护围栏和警示标志,作业时应派交通船守护。

(7)冰上测量前应掌握冰封情况,冰封情况应满足作业要求。冰封不稳定的河段及春季冰融期间不得进行冰上测量。

(8)夜间测量照明应满足作业要求,测量人员应穿反光标志服。

二、支架及模板工程

(1)钢支架设计应符合现行《钢结构设计标准》(GB 50017)的规定,支架钢管应符合现行《碳素结构钢》(GB/T 700)、《建筑施工碗扣式钢管脚手架安全技术规范》(JGJ 166)、《建筑施工扣件式钢管脚手架安全技术规范》(JGJ 130)和《钢管脚手架扣件》(GB 15831)的相关规定。

(2)定型组合模板应符合现行《组合钢模板技术规范》(GB 50214)的规定。

(3)支架、模板的强度、刚度和稳定性,应按照现行《公路桥涵施工技术规范》(JTG/T F50)设计并验算,水中支架基础尚应考虑水流冲刷的影响。

(4)支架周转材料使用前应按照现行《建筑施工扣件式钢管脚手架安全技术规范》(JGJ 130)、《建筑施工碗扣式钢管脚手架安全技术规范》(JGJ 166)的要求检查,达不到设计要求时不得使用。

(5)支架支撑体系应符合下列规定:

①支架基础应根据所受荷载、搭设高度、搭设场地地质等情况进行设计及验算。

②支架基础的场地应设排水措施,遇洪水或大雨浸泡后,应重新检验支架基础、验算支架受力。冻胀土基础应有防冻胀措施。

③支架基础施工后应检查验收。

④支架在安装完成后应检查验收。

⑤使用前应预压。预压荷载应为支架需承受全部荷载的 1.05~1.10 倍。

⑥预压加载、卸载应按预压方案要求实施,使用沙(土)袋预压时应采取防雨措施。

⑦支架应设置可靠的接地装置。

(6)使用碗扣式、门式或扣件式钢管脚手架作为支架时,脚手架构造应分别符合现行《建筑施工碗扣式钢管脚手架安全技术规范》(JGJ 166)、《建筑施工门式钢管脚手架安全技术规范》(JGJ 128)和《建筑施工扣件式钢管脚手架安全技术规范》(JGJ 130)的规定。扣件应符合现行《钢管脚手架扣件》(GB 15831)的规定。

(7)桩、柱梁式支架应符合下列规定:

①钢管桩的承载力应满足要求。

②纵梁之间应设置安全可靠的横向连接。

③搭设完成后应检查验收。

④跨通行道路时,应按照现行《道路交通标志和标线》(GB 5768)的要求设置交通标志。

⑤跨通航水域时,应设置号灯、号型。

(8)跨通行道路、通航水域的支架应根据道路、水域通行情况设置防撞设施。

(9)模板加工制作应符合下列规定:

①制作钢木结合模板,钢、木加工场地应分开,并应及时清除锯末、刨花和木屑。

②模板所用材料应堆放稳固。

③模板堆放高度不宜超过 2m。

(10)模板吊环不得采用冷拉钢筋,且吊环的计算拉应力不得大于 50MPa。

(11)模板应按设计方案设置纵、横、斜向支撑和水平拉杆,拉杆不得焊接。

(12)大型钢模板应设置工作平台和爬梯。工作平台应设置防护栏杆、挡脚板和限载标志。

(13)模板安装应符合下列规定:

①吊装模板前,应检查模板和吊点。吊装应设专人指挥。模板未固定前,不得实施下道工序。

②模板安装就位后,应立即支撑和固定。支撑和固定未完成前,不得升降或移动吊钩。
③模板应按设计要求准确就位,且不宜与脚手架连接。
④模板安装完成后节点联系应牢固。
⑤基准面以上2m安装模板应搭设脚手架或施工平台。

(14)模板、支架拆除应符合下列规定:
①模板、支架的拆除期限和拆除程序等应按施工组织设计和施工方案要求进行,危险性较大的模板、支架的拆除尚应遵守专项施工方案的要求。
②模板、支架的拆除应遵循先拆非承重模板、后拆承重模板,自上而下、分层分段拆除的顺序和原则。
③承重模板应横向同时,纵向对称均衡卸落。
④简支梁、连续梁结构模板宜从跨中向支座方向依次循环卸落;悬臂梁结构模板宜从悬臂端开始顺序卸落。
⑤承重模板、支架应在混凝土强度达到设计要求后拆除。
⑥模板、支架的拆除应设立警戒区,非作业人员不得进入。
⑦拆除人员应使用稳固的登高工具、防护用品。
⑧模板存放应符合下列规定:
a. 模板存放场地应坚实平整。
b. 大型模板应存放在专用模板架内或卧倒平放,不得直靠其他模板或构件。特型模板应存放在专用模板架内。
c. 突风频发区或台风到来前,对存放的大型模板应采取加固措施。
d. 清理模板或刷脱模剂时,模板应支撑牢固,两片模板间应留有足够的人行通道。

三、钢筋工程

(1)钢筋加工机械所有转动部件应有防护罩。
(2)钢筋冷弯作业时,弯曲钢筋的作业半径内和机身不设固定销的一侧不得站人或通行。
(3)钢筋冷拉作业区两端应装设防护挡板,冷拉钢筋卷扬机应置于视线良好位置,并应设置地锚。钢筋或牵引钢丝两侧3m内及冷拉线两端不得站人或通行。
(4)钢筋对焊机应安装在室内或防雨棚内,并应设可靠的接地、接零装置。多台并列安装对焊机的间距不得小于3m。对焊作业闪光区四周应设置挡板。
(5)作业高度超过2m的钢筋骨架应设置脚手架或作业平台,钢筋骨架应有足够的稳定性。
(6)吊运预绑钢筋骨架或成捆钢筋应确定吊点的数量、位置和捆绑方法,不得单点起吊。
(7)作业平台等临时设施上存放钢筋不得超载。

四、混凝土工程

(1)混凝土拌和前应确认搅拌、供料、控制等系统运行正常。
(2)维修、保养或检查清理搅拌系统、供料系统应封闭下料口、切断电源、锁定安全保护装置、悬挂"严禁合闸"安全警示标志,并派专人看守。

(3)水泥隔离垫板的刚度及稳定性应满足要求。袋装水泥应交错整齐码放,高度不得超过10袋,且不得靠墙。砂石料堆放不得超过规定高度。

(4)混凝土浇筑的顺序、速度应符合施工方案的要求,不得随意更改。

(5)吊斗灌注混凝土应设专人指挥,起吊、运送、卸料人员、车辆不得在吊斗下停留或通行,不得攀爬吊斗。

(6)泵送混凝土应符合下列规定:

①混凝土输送泵应安装稳固,管道布设应平稳,安装应固定牢靠,接头和卡箍应密封、紧固。

②泵送前应检查泵送和布料系统。首次泵送前应进行管道耐压试验。泵送混凝土时,操作人员应随时监视各种仪表和指示灯,发现异常应立即停机检查。

③输送泵出料软管应设专人牵引、移动,布料臂下不得站人。

④混凝土输送管道接头拆卸前,应释放输送管内剩余压力。

⑤清理管道时应设警戒区,管道出口端前方10m内不得站人。

(7)混凝土浇筑过程中应检查模板、支架、钢筋骨架的稳定、变形情况,发现异常应立即停止作业,并应整修加固。

(8)混凝土振捣应符合下列规定:

①检修或作业停止,应切断电源。

②不得用电缆线、软管拖拉或吊挂振捣器。

③装置振捣器的构件模板应坚固牢靠。

(9)混凝土养护应符合下列规定:

①覆盖养护时,预留孔洞周围应设置安全护栏或盖板,并应设置安全警示标志,不得随意挪动。

②洒水养护时,应避开配电箱和周围电气设备。

③蒸汽、电热养护时,应设围栏和安全警示标志,并应配置足够、适用的消防器材,非作业人员不得进入养护区域。

五、电焊与气焊

(1)电工、焊接与热切割作业人员应按照有关规定经专业机构培训,并应取得相应的从业资格。

(2)电工、焊接与热切割作业人员应按规定正确佩戴、使用劳动防护用品。

(3)面罩及护目镜应符合现行《职业眼面部防护 焊接防护 第1部分:焊接防护具》(GB/T 3609.1)的有关规定。防护服应符合现行《防护服装 阻燃防护 第2部分:焊接服》(GB 8965.2)的有关规定,并应根据具体的焊接和切割操作特点选择。

(4)储存、搬运、使用氧气瓶、乙炔瓶除应符合现行《焊接与切割安全》(GB 9448)的有关规定外,尚应符合下列规定:

①气瓶、阀门、焊具、胶管等均不得沾污油脂,作业人员不得使用油污手套操作。

②压力表、安全阀、橡胶软管和回火保护器等均应定期校验或试验,标识应清晰。

③使用的气瓶应稳固竖立或装在专用车(架)或固定装置上。

④气瓶与实际焊接或切割作业点的距离应大于10m,无法满足要求的应设置耐火屏障。

⑤气割作业氧气瓶与乙炔瓶之间的距离不得小于5m。

⑥电、气焊作业点和气瓶存放点应按规定配备灭火器材。

(5)电焊机一次侧电源线长度不得大于5m;二次侧焊接电缆线应采用防水绝缘橡胶护套铜芯软电缆,长度不宜大于30m,且进出线处应设置防护罩。

(6)电焊钳的绝缘和隔热性能应满足要求,钳柄与导线应连接牢固,电缆芯线不得外露。

(7)电焊机置于干燥、通风的位置,露天使用电焊机应设防雨、防潮装置,移动电焊机时应切断电源。

(8)电焊机外壳接地电阻不得大于4Ω,接地线不得使用建(构)筑物的金属结构、管道、轨道或其他金属物体搭接形成焊接回路。

(9)不宜使用交流电焊机。若要使用交流电焊机时,除应在开关箱内装设一次侧漏电保护器外,尚应安装二次侧空载降压触电保护器。

(10)使用过危险化学品的容器、设备、桶槽、管道、舱室等,动火前必须清洗,并经测爆合格。

(11)密闭空间内实施焊接及切割,气瓶及焊接电源应置于密闭空间外。

(12)密闭空间焊接作业应设置通风、绝缘、照明装置和应急救援装备。

(13)密闭空间焊接作业应设专人监护,金属容器内照明设备的电压不得超过12V。

(14)高处电焊、气割作业,作业区周围和下方应采取防火措施,按要求配备消防器材,并应设专人巡视。

(15)雨天严禁露天电焊作业。潮湿区域作业人员必须在干燥绝缘物体上焊接作业。

六、起重吊装

(1)起重吊装应符合现行《建筑施工起重吊装工程安全技术规范》(JGJ 276)和《起重机械安全规程 第一部分:总则》(GB 6067.1)的有关规定。

(2)起重机械司机、起重信号司索工、起重机械安装拆卸工应按照有关规定经专业机构培训,并应取得相应的从业资格。

(3)起重作业人员应穿防滑鞋、戴安全帽,高处作业时应按规定佩挂安全带。

(4)吊装作业应设警戒区,警戒区不得小于起吊物坠落影响范围。

(5)作业前应检查起重设备安全装置、钢丝绳、滑轮、吊索、卡环、地锚等。

(6)钢丝绳吊索的安全系数应符合下列规定:

①当利用吊索上的吊钩、卡环钩挂重物上的起重吊环时,安全系数不得小于6。

②当用吊索直接捆绑重物,且吊索与重物棱角间采取了妥善的保护措施时,安全系数不得小于6。

(7)吊点位置应符合设计规定,设计无规定的应经计算确定。

(8)施工升降机作业应符合现行《建筑施工升降机安装、使用、拆卸安全技术规程》(JGJ 215)、《货用施工升降机》(GB/T 10054)的有关规定。

(9)吊塔作业应符合现行《塔式起重机安全规程》(GB 5144)的有关规定。

(10)起重设备通行的道路、作业场地应平整坚实,吊装前支腿应全部打开,并应按要求铺设垫木。

(11)高空吊装梁等大型构件应在构件两端设溜绳。

(12)安装所使用的螺栓、钢模(或木模)、钢垫板、垫木和电焊条等材质应符合设计要求。

(13)吊装大、重、新结构构件和采用新的吊装工艺应先进行试吊。

(14)起重机与架空输电线的安全距离应满足现行《施工现场临时用电安全技术规范》(JGJ 46)的规定。当需要在小于规定的安全距离范围内进行作业时,必须采取严格的安全保护措施,并应按照相关规定经有关部门批准。

(15)双机抬吊宜选用同类型或性能相近的起重机,负载分配应合理,单机载荷不得超过额定起重量的80%。两机应协调起吊和就位,起吊速度应平稳缓慢。

(16)缆索起重机系统施工应符合下列规定:

①吊塔、扣塔及相应索具、风缆、锚碇均应进行稳定性验算,安全系数应满足最不利工况要求。

②缆索起重机所用材料、设备等进场前应进行验收,材料应无损伤无变形,强度、刚度应满足设计要求;主缆宜采用钢丝绳,安全系数不得小于3。

③吊塔、扣塔塔架前后及侧向应设置缆风索,缆风索安全系数应大于2。

④缆索起重机正式吊装前应分别按1.25倍设计荷载的静荷和1.1倍设计荷载的动荷进行起吊试验。

⑤塔架顶部应设置可靠的避雷装置;人员上下塔架应配备符合要求的电梯或爬梯,不得徒手攀爬。

(17)起重机严禁吊人。

(18)严禁采用斜拉、斜吊,严禁超载吊装,严禁吊装起吊重量不明、埋于地下或铰接在地面上的构件。

(19)吊起的构件上不得堆放或悬挂零星物件。

(20)作业人员严禁在已吊起的构件下或起重臂下旋转范围内作业或通行。

(21)吊装作业临时固定工具应在永久固定的连接稳固后拆除。

(22)雨、雪后,吊装前应清理积水、积雪,并应采取防滑和防漏电措施,作业前应先试吊。

七、高处作业

(1)高处作业应符合现行《建筑施工高处作业安全技术规范》(JGJ 80)和现行《公路工程施工安全技术规范》(JTG F90)的有关规定。

(2)高处作业不得同时上下交叉进行。

(3)高处作业下方警戒区设置应符合现行《高处作业分级》(GB 3608)的有关规定。

(4)高处作业人员不得沿立杆或栏杆攀登。高处作业人员应定期进行体检。

(5)高处作业场所临边应设置安全防护栏杆,并应符合下列规定:

①防护栏杆应能承受1000N的可变荷载。

②防护栏杆下方有人员及车辆通行或作业的,应挂密目安全网封闭,防护栏杆下部应设置高度不小于0.18m的挡脚板。

③防护栏杆应由上、下两道横杆组成,上杆离地高度应为1.2m,下杆离地高度应为0.6m。
④横杆长度大于2m时,应加设栏杆柱。

(6)高处作业场所的孔、洞应设置防护设施及警示标志。

(7)安全网质量应符合现行《安全网》(GB 5725)的规定,安装和使用安全网应符合下列规定:

①安全网安装应系挂安全网的受力主绳,不得系挂网格绳。安装完毕应进行检查、验收。
②安全网安装或拆除应根据现场条件采取防坠落安全措施。
③作业面与坠落高度基准面高差超过2m且无临边防护装置时,临边应挂设水平安全网。作业面与水平安全网之间的高差不得超过3.0m,水平安全网与坠落高度基准面的距离不得小于0.2m。

(8)安全带使用除应符合现行《安全带》(GB 6095)的规定外,尚应符合下列规定:

①安全带除应定期检验外,使用前尚应进行检查。织带磨损、灼伤、酸碱腐蚀或出现明显变硬、发脆以及金属部件磨损出现明显缺陷或受到冲击后发生明显变形的,应及时报废。
②安全带应高挂低用,并应扣牢在牢固的物体上。
③安全带的安全绳不得打结使用,安全绳上不得挂钩。
④缺少或不易设置安全带吊点的工作场所宜设置安全带母索。
⑤安全带的各部件不得随意更换或拆除。
⑥安全绳有效长度不应大于2m,有两根安全绳的安全带,单根绳的有效长度不应大于1.2m。

(9)严禁安全绳用作悬吊绳。严禁安全绳与悬吊绳共用连接器。新更换安全绳的规格及力学性能必须符合规定,并加设绳套。

(10)高处作业上下通道应根据现场情况选用钢斜梯、钢直梯、人行塔梯,各类梯子安装应牢固可靠。

(11)钢斜梯使用应符合下列规定:

①长度不宜大于5m,扶手高度宜为0.9m,踏步高度不宜大于0.2m,梯宽宜为0.6~1.1m。
②长度大于5m的应设梯间平台,并分段设梯。

(12)钢直梯应符合下列规定:

①攀登高度不宜大于8m,踏棍间距宜为0.3m,梯宽宜为0.6~1.1m。
②高度大于2m应设护笼,护笼间距宜为0.5m,直径宜为0.75m,并设纵向连接。
③高度大于8m应设梯间平台,并分段设梯。
④高度大于15m应每5m设一梯间平台,平台应设防护栏杆。

(13)高架桥等大型构件作业场所上下通道宜采用人行塔梯。

(14)人行塔梯宜采用专业厂家定型产品。

(15)自行搭设人行塔梯应根据施工需要和工况条件设计,踏步高度不宜大于0.2m,踏步梯应设置防滑设施和安全护栏。

(16)人行塔梯安装应符合下列规定:

①顶部和各节平台应满铺防滑面板并牢固固定,四周应设置安全护栏。

②人行塔梯基础应稳固,四脚应垫平,并应与基础固定。
③塔梯连接螺栓应紧固,并应采取防退扣措施。
④人行塔梯高度超过5m时应设连墙件。
⑤用电线路不宜装设在塔梯上,必须装设时,线路与塔体间应绝缘。
⑥人行塔梯通往作业面通道的两侧宜用钢丝网封闭。

(17)吊篮作业应符合现行《高处作业吊篮》(GB 19155)的有关规定,且应使用由专业厂家制作的定型产品,不得自行制作吊篮。

(18)高处作业吊篮安装拆卸工应按照有关规定经专业机构培训,并应取得相应的从业资格。

(19)登高梯上端应固定,吊篮和临时工作台应绑扎牢靠。

(20)吊篮和工作台的脚手板必须铺平绑牢,严禁出现探头板。

(21)脚手架的强度、刚度和稳定性应能承受施工期间可能产生的各项荷载。搭设高度24m及以上的落地式钢管脚手架的钢管、扣件应进行抽样检测,脚手架设计计算应以钢管抽样检测的壁厚及力学性能为依据。

(22)不宜使用竹、木质脚手架。

(23)搭设场地应平整无杂物,并应设防、排水设施。

(24)脚手架地基与基础应根据所受荷载、搭设高度、搭设场地等情况进行设计及验算。

(25)脚手架应设排水措施,遇洪水或大雨浸泡后,应重新检验脚手架基础。冻胀土基础应设防冻胀措施。

(26)碗扣式、扣件式及门式脚手架搭设应分别符合现行《建筑施工碗扣式钢管脚手架安全技术规范》(JGJ 166)、《建筑施工扣件式钢管脚手架安全技术规范》(JGJ 130)及《建筑施工门式钢管脚手架安全技术规范》(JGJ 128)的相关规定。

(27)脚手架作业层、斜道的栏杆和挡脚板的搭设应符合高处作业的有关规定。

(28)脚手架的脚手板应满铺、固定,离结构物立面的距离不得大于0.15m。

(29)脚手架拆除必须严格执行专项施工方案,拆除作业必须由上而下逐层进行,严禁上下同时作业。连墙件必须随脚手架逐层拆除,严禁提前拆除。

(30)架子工应按照有关规定经专业机构培训,并应取得相应的从业资格。作业时应戴安全帽、穿防滑鞋、系安全带。

(31)高处作业现场所有可能坠落的物件均应预先撤除或固定。所存物料应堆放平稳,随身作业工具应装入工具袋,不得向下抛掷拆卸的物料。

(32)雨雪季节应采取防滑措施。

八、水上作业

(1)应及时了解当地气象、水文、地质等情况,掌握施工区域附近的桥梁、隧道、大坝、架空高压线、水下管线、取水泵房、危险品库、水产品养殖区以及避风锚地、水上应急救援资源等情况。

(2)开工前,应根据施工需要设置安全作业区,并办理水上水下施工作业许可证,发布航行通告。

(3)水上作业人员应正确穿戴救生衣等个人安全防护用品。

(4)工程船舶必须持有效的船检证书,船员必须持有与其岗位相适应的适任证书,船员配置必须满足最低安全配员要求。

(5)工程船舶应按规定配备有效的消防、救生、堵漏和油污应急设施,制订安全技术措施和应急预案,并应按规定定期演练。施工船舶应安装船舶定位设备,保证有效的船岸联系。

(6)工程船舶甲板、通道和作业场所应根据需要设有防滑装置。施工船舶楼梯、走廊等应保持通畅,梯口、应急场所应设有醒目的安全警示标志。

(7)工程船舶必须在核定航区和作业水域内作业。

(8)工程船舶作业、航行或停泊时,应按规定显示号灯或号型。

(9)水上工况条件超过施工船舶作业性能时,必须停止作业。

(10)在狭窄水道和来往船舶频繁的水域施工时,应设专人值守通信频道。

(11)遇雨、雾、暴风等能见度不良的天气时,工程船舶和施工区域应显示规定的信号,必要时应停止航行或作业。

(12)遇大风天气,船舶应按规定及时进避风锚地或港池。

(13)靠泊船舶上下人或两船间倒运货物应搭设跳板、扶手及安全网。

(14)交通船舶必须配有救生设备,载人严禁超过乘员定额。

(15)定位船及抛锚作业船,其锚链、锚缆滚滑区域不得站人,锚缆伸出的水域应设置警示标志。

(16)运输船舶装货时必须均匀加载,严禁超载、超宽、偏载。卸货时必须分层均匀卸载。

(17)起重船作业应符合下列规定:

①作业前,人员应熟悉吊装方案,明确联系方式和指挥信号。

②根据吊装要求,起重船应指导驳船选择锚位和系缆位置。

③吊装前,吊钩升降、吊臂仰俯、制动性能应良好。安全装置应正常有效。

④吊装结束后,起重船应退离安装位置,并对起重吊钩进行封钩。

(18)打桩船作业应符合下列规定:

①打桩船作业应统一指挥。

②打桩架上的活动物件应放稳、系牢,打桩架上的工作平台应设有防护栏杆和防滑装置。

③穿越群桩的前缆应选择合适位置,绞缆应缓慢操作,缆绳两侧 10m 范围内不得有工程船舶或作业人员进入。

④桩架底部两侧悬臂跳板的强度和刚度应满足作业要求,跳板的移动和封固装置应灵活、牢固、有效。

(19)打桩船电梯笼必须设防坠落安全装置,笼内必须设置升降控制开关。桩锤检修或加油时,严禁启动吊锤卷扬机。

(20)甲板驳需要配备履带吊、打桩架等机械时,必须符合下列规定:

①必须核算船舶的稳性。

②机械就位处的船体甲板和船舱骨架必须加固。

③履带吊等机械底盘与船体必须整体固结。

(21)拖轮配合非自航工程船舶作业,应由拖轮船长和工程船船长共同商定顶推、绑拖、吊拖的编队方式,拖轮拖力应满足要求。

(22)水中围堰(套箱)和水中作业平台应设置船舶靠泊系统和人员上下通道,临边应设置高度不低于1.2m的防护栏杆,挂设安全网和救生圈。四周应设置警示标志和夜间航行警示灯光信号,通航密集水域应配备警戒船和应急拖轮。

九、爆破作业

(1)从事爆破工作的爆破员、安全员、保管员应按照有关规定经专业机构培训,并取得相应的从业资格。

(2)爆破作业单位实施爆破项目前,应按规定办理审批手续,批准后方可实施爆破作业。

(3)爆破作业和爆破器材的采购、运输、储存等应按照现行《民用爆炸物品安全管理条例》和《爆破安全规程》(GB 6722)执行。

(4)预裂爆破、光面爆破、大型土石方爆破、水下爆破、重要设施附近及其他环境复杂、技术要求高的工程爆破应编制爆破设计方案,制订相应的安全技术措施;其他爆破可编制爆破说明书,并经有关部门审批同意。

(5)经审批的爆破作业项目,爆破作业单位应于施工前3天发布公告,并在作业地点张贴,施工公告内容应包括:工程名称、建设单位、设计施工单位、安全评估单位、安全监理单位、工程负责人及联系方式、爆破作业时限等。

(6)爆破作业必须设警戒区和警戒人员,起爆前必须撤出人员并按规定发出声、光等警示信号。

(7)爆炸源与人员、其他保护对象的安全距离应按地震波、冲击波和飞散物三种爆破效应分别计算,取最大值。

(8)钻孔装药应拉稳药包提绳,配合送药杆进行。在雷管和起爆药包放入之前发生卡塞时,应用长送药杆处理;装入起爆药包后,不得使用任何工具冲击和挤压。

(9)盲炮检查应在爆破15min后实施,发现盲炮应立即安全警戒,及时报告并由原爆破人员处理。电力起爆发生盲炮时应立即切断电源,爆破网络应置于短路状态。

(10)雷电、暴雨雪天不得实施爆破作业。强电场区爆破作业不得使用电雷管。遇能见度不超过100m的雾天等恶劣天气不得露天爆破作业。

(11)水下电爆网路的主线和连接线应强度高、电阻小、防水、柔韧、绝缘。波浪、流速较大水域中的爆破主线应呈松弛状态并应与伸缩性小的导向绳固定。

(12)投药船离开投放药包地点前,应进行详细检查,船底、船舵、螺旋桨、缆绳和其他附属物不得挂有药包、导线等物品。

(13)水下爆破引爆前,警戒区内不得滞留船舶和人员。

十、小型机具

(1)小型机具应有出厂合格证和操作说明书。

(2)小型机具应制定管理制度,建立台账,并按要求维修、保养和使用。

(3)作业人员应了解所用机具性能并熟悉掌握其安全操作常识,施工中应正确佩戴各类安全防护用品。

(4)各种机具不得带病运转。运转中发现不正常时,应先停机检查,排除故障后方可使用。

(5)不得站在不稳定的地方使用电动或气动机具,必须使用时应有专人监护。

(6)齿轮传动、皮带传动、联轴器传动的小型机具应设有安全防护装置。

(7)手持式电动工具应配备安全隔离变压器、漏电保护器、控制箱和电源连接器。

(8)小型起重机具使用应符合下列规定:

①千斤顶应垂直安装在坚实可靠的基础上,底部宜用枕木等垫平。

②电动葫芦应设缓冲器,轨道两端应设挡板。电动葫芦不得超载起吊,起吊过程中,手不得握在绳索与吊物之间。

③卷扬机卷筒上的钢丝绳应排列整齐,不得在转动中用手拉或脚踩钢丝绳。作业中,不得跨越卷扬机钢丝绳。卷筒剩余钢丝绳不得少于3圈。

(9)严禁2台及2台以上手拉葫芦同时起吊重物。

(10)手持式电动工具的作业应符合现行《手持式、可移式电动工具和园林工具的安全 第一部分:通用要求》(GB 3883.1)的规定。

十一、涂装作业

(1)作业、储存场所严禁明火。

(2)涂装作业除应符合现行《涂装作业安全规程 安全管理通则》(GB 7691)的规定外,尚应符合下列规定:

①从事涂装作业人员应正确佩戴安全防护用品并穿防静电服。

②涂装作业设备属于特种设备的应由国家认可的检验机构检验并取得使用登记证书。

③储存、作业场所应设立安全警戒区,配备消防设备。

④积聚有机溶剂蒸发的低凹死角区域,应设置局部排风装置。

⑤涂装作业结束后,应及时清理现场,撤出涂装作业设备和原料,清除沾污涂料及有机溶剂、废弃物。

(3)有限空间涂装作业必须符合下列规定:

①作业场所必须配备检测设备、定时检查作业场所氧气及可燃气体浓度。

②作业场所必须设通风设备,作业条件必须符合安全要求。

③热加工作业必须设专人监护,烘烤涂层必须使用防爆灯具。

第二节 路基工程施工中的安全监理要点

路基工程施工易产生物体打击、机械伤害、爆炸、触电、中毒、滑坡、泥石流、坍塌等安全事故,安全生产管理难度较大。因此,在安全生产管理中,应紧密围绕减少或消除人的不安全行为、机械设备与材料的不安全状态和改善生产环境及保护自然环境的目标,设立安全生产管理机构,配备安全生产管理人员,配置安全防护设施和劳动保护用品,建立健全各项安全生产规章制度,消除和控制安全隐患,以减少或避免安全事故的发生。

一、一般规定

(1)路基施工前应掌握影响范围内地下埋设的各种管线情况,制订安全措施。施工中发现危险品及其他可疑物品时,应立即停止施工,按照规定报请有关部门处理。

(2)路基施工应做好施工期临时排水设施总体规划,临时排水设施应与永久性排水设施综合考虑,并与工程影响范围内的自然排水系统相协调。

(3)机械作业范围内不得同时进行人工作业。

(4)施工机械设备不宜在坡度大的边坡区域作业,必要时应采取防止设备倾覆的措施。

(5)多台机械同时作业时,各机械之间应保持安全距离。

(6)路基边坡、边沟、基坑边缘地段上作业的机械应采取防止机械倾覆、基坑拥塌的安全措施。

(7)弃方除应符合现行《公路路基施工技术规范》(JTG/T 3610)的有关规定外,尚应符合下列规定:

①施工前,应现场核实弃土场的具体情况,弃土场四周应设立警示标志。

②弃方不得影响排洪、通航,不得加剧河岸冲刷。水库、湖泊、岩溶漏斗及暗河口处不得弃方。桥墩台、涵洞口处不得弃方。

③弃方作业应遵循"先支护、后弃土"的原则。

二、场地清理

(1)不得焚烧杂草、树木等。

(2)清理淤泥或处理空穴前,应查明地质情况,采取保证人员和机械安全的防护措施。

三、土方工程

(1)取土场(坑)的边坡、深度等应满足设计要求,且不得危及周边建(构)筑物等既有设施的安全。

(2)取土场(坑)底部应平顺并设有排水设施,取土场(坑)边周围应设置警示标志和安全防护设施,宜设置夜间警示和反光标志。

(3)地面横向坡度陡于1:10的区域,取土坑应设在路堤上侧。

(4)取土坑与路基间的距离应满足路基边坡稳定的要求,取土坑与路基坡脚间的护坡道应平整密实,表面应设1%~2%向外倾斜的横坡。

(5)路堑开挖应采取保证边坡稳定的措施,边坡有防护要求的应开挖一级防护一级,且应自上而下开挖,不得掏底开挖、上下同时开挖、乱挖超挖。开挖应按施工方案执行,并应符合下列规定:

①宜按规定监测土体稳定性。

②应采取临时排水措施。

③应及时排除地表水、清除不稳定孤石。

(6)深挖路堑施工应及时施作临时排水设施。边坡应严格按设计坡度开挖,并应监测边坡的稳定性。

(7)填方作业区边缘应设置明显的警示标志,并应做好临时排水。

(8)高填方路堤施工应符合下列规定:

①路堤预留宽度应符合设计要求。

②应及时施作边坡临时排水设施。

③作业区边缘应设置明显的警示标志。

④应进行位移监测。

(9)靠近结构物处挖土应采取安全防护措施。路基范围内暂时不能迁移的结构物应预留土台,并应设警示标志。

四、石方工程

(1)爆破作业前应设置警戒区。

(2)石方开挖严禁采用洞室爆破。

(3)近边坡部分宜采用光面爆破或预裂爆破。

(4)高填方路基施工应在填方作业区边缘设置明显的警示标志,并应做好临时排水。

(5)深挖路堑施工过程中,应及时施作临时排水设施。边坡应严格按设计坡度开挖,并应监测边坡的稳定性。

五、防护工程

(1)砌筑施工应符合下列规定:

①边坡防护作业应设警戒区,并应设置明显的警示标志。

②砌筑作业人员应佩戴安全帽、防滑鞋等防护用品。

③高度超过2m的作业应设置脚手架并应符合高处作业的有关要求。

④砌筑作业中,脚手架下不得有人操作及停留,不得重叠作业。

⑤不得自上而下顺坡卸落、抛掷砌筑材料。

⑥高处运送材料宜使用专用提升设备。

⑦高边坡的防护应编制专项安全方案。

(2)砂浆喷射作业应严格执行操作规程,边坡喷射砂浆应自下而上顺序施作。

(3)人工开挖支挡抗滑桩施工除应符合现行《公路路基施工技术规范》(JTG/T 3610)的有关规定外,尚应符合下列规定:

①现场应配备气体浓度检测仪器,进入桩孔前应先通风15min以上,并经检查确认孔内空气符合现行《环境空气质量标准》(GB 3095)规定的三级标准浓度限值。人工挖孔作业时,应持续通风,现场应至少备用1套通风设备。

②土石层变化处和滑动面处不得分节开挖。应及时加固防护护壁内滑裂面。

③同排桩施工应跳槽开挖,相邻桩孔不得同时开挖,相邻两孔中的一孔浇筑混凝土,另一孔内不得有作业人员。

④土层或破碎岩石中挖孔桩应采用钢筋混凝土护壁,并应根据计算确定护壁厚度和配筋量。

⑤孔内作业人员应戴安全帽、系安全带、穿防滑鞋,安全绳应系在孔口。作业人员应通过带护笼的直梯进出,人员上下不得携带工具和材料。作业人员不得利用卷扬机上下桩孔。

⑥绞车、绞绳、吊斗、卷扬机等设备应完好,起吊设备应装设限位器和防脱钩装置。

⑦孔口处应设置护圈,护圈应高出地面 0.3m。孔口应设置护栏和临时排水沟,夜间应悬挂示警红灯。孔口四周不得堆积弃渣、无关机具及其他杂物。

⑧非爆破开挖的挖孔桩雨季施工孔口应设置防雨棚,雨天孔内不得施工。

⑨在含有毒有害气体的地区,孔内作业应至少每 2h 检测一次有毒有害气体及含氧量,保持通风,同时应配备不少于 5 套且满足施救需要的隔绝式压缩氧自救器等应急救援器材。

⑩孔深不宜超过 15m 孔径不宜小于 1.2m。

⑪孔深超过 15m 的桩孔内应配备有效的通信器材,作业人员在孔内连续作业不得超过 2h;桩周支护应采用钢筋混凝土护壁,护壁上的爬梯应每间隔 8m 设一处休息平台。孔深超过 30m 的应配备作业人员升降设备。

⑫孔口应设专人看守,孔内作业人员应检查护壁变形、裂缝、渗水等情况,并与孔口人员保持联系,发现异常应立即撤出。

⑬挖孔作业人员的头顶部应设置护盖。弃渣吊斗不得装满,出渣时,孔内作业人员应位于护盖下。

⑭孔内照明电压应为安全电压,应使用防水带罩灯泡,电缆应为防水绝缘电缆。

⑮孔内爆破作业应专门设计,采用浅眼松动爆破法,并应严格控制炸药用量,炮眼附近孔壁应加强防护或支护。孔深不足 10m,孔口应做覆盖防护。爆破作业的安全管理应按照现行《爆破安全规程》(GB 6722)中的有关规定执行。爆破前,相邻桩孔人员必须撤离。

⑯混凝土护壁应随挖随浇,每节开挖深度应符合专项施工方案要求,且不得超过 1m,护壁外侧与孔壁间应填实。混凝土护壁浇筑前,上下段护壁的钩拉钢筋应绑扎牢固。护壁模板应在混凝土强度达到 5MPa 以上后拆除。

(4)挡土墙施工除应符合现行《公路路基施工技术规范》(JTG/T 3610)的有关规定外,尚应符合下列要求:

①挡土墙施工应设警戒区。

②回填作业应在挡土墙墙身的强度达到设计强度的 75% 后实施,墙背 1.0m 以内不宜使用重型振动压路机碾压。

③挡土墙墙高大于 2m 时,施工应符合高处作业的有关规定。

④锚杆挡土墙施工前,应清除岩面松动石块,并整平墙背坡面。

(5)锚杆、锚索预应力张拉应符合施工工艺要求。

(6)张拉作业应设警戒区,操作平台应稳固,张拉设备应安装牢固。

(7)张拉过程中操作人员不得离岗,千斤顶后方不得站人。

六、排水工程

(1)高边坡截水沟施工应设置防作业人员坠落设施。

(2)排水沟施工不得自上而下滚落运送材料。

(3)渗井应随挖随支,停止施工或完成后应加盖封闭。

七、软基处理

(1)施工场地及机械行走范围的承载力应满足相应的要求,并应保持平整。
(2)排水板打设设备与架空线路之间的安全距离应符合有关规定。
(3)振沉砂桩或碎石桩作业灌料斗下方不得站人。
(4)强夯施工应符合下列规定:
①强夯作业区应封闭管理并设置安全警示标志,由专人负责统一指挥。
②强夯机架刚度、强度、稳定性应满足施工要求,变换夯位后,应检查门架支腿。作业前,应提升夯锤 0.1~0.3m 并检查整机的稳定性。
③吊锤机械司机室前应设置防护网,司机应佩戴防护镜。
(5)旋喷桩的高压设备和管路系统的密封圈应完好,各管道和喷嘴内不得有杂物。喷射过程中出现压力突变应停工查明原因。
(6)真空预压施工应符合下列规定:
①施工用电应符合施工临时用电的规定。
②应观察负压对邻近结构物的影响。
③排水不得危及四周道路及结构物。
(7)在淤泥区域进行换填施工作业时,应采取防止人员陷入的措施。

八、特殊路基

(1)滑坡地段路基施工应符合下列规定:
①路基施工应加强对滑坡区内其他工程和设施的保护。滑坡区内有河流时,施工不得使河流改道或压缩河道。
②滑坡影响范围应设安全警示标志,根据现场情况设置围挡等防护措施。
③滑坡影响范围内不得设置临时生产、生活设施或停放机械、堆放机具等。
④施工前应先做好截、排水设施,并应随开挖随铺砌。施工用水不得浸入滑坡地段。
⑤滑坡体上开挖路壁和修筑抗滑支挡构筑物时,应分段跳槽开挖,不得大段拉槽开挖,并随挖、随砌、随填、随夯;开挖与砌筑时应加强支撑和临时锚固,并监测其受力状态;采用抗滑桩挡土墙共同支挡时,应先做抗滑桩后做挡土墙。
⑥冰雪融化期不得开挖滑坡体,雨后不得立即施工,夜间不得施工。
(2)崩塌与岩堆地段施工应符合下列规定:
①施工前应对影响范围进行评估,并应对既有建(构)筑物和交通设施等采取相应的安全防护或迁移措施。
②施工前应先清理危岩,并根据现场情况修建拦截建(构)筑物等防护措施。防治工程应及时配套完成。
③刷坡时应明确刷坡范围,并设置围挡和警示标志。
④爆破开挖时应采取控制爆破技术,并加强现场防护及爆破后的检查。
(3)岩溶地区施工应符合下列规定:
①施工前应根据洞穴的位置和分布情况,设置明显的警示标志和防护设施。

②洞内存在有害气体和物质未排除前人员不得进入。不稳定洞穴应采取临时支撑等安全措施。

③应先疏导、引排对路基稳定有影响的岩溶水、地面水。

④注浆处理时,应观测注浆压力和周边情况,发现异常应及时采取相应措施。

(4)泥石流地区施工取土和弃土应避开泥石流影响。

(5)采空区施工应符合下列规定:

①施工前应在施工现场对采空区塌陷影响范围进行标识,并设置警示标志,规定作业人员和施工机械作业范围。

②路基边沟及排水沟底部,应采取防止地表水渗漏到采空区内的措施。

(6)在同一个雪崩区,防雪工程应自雪崩源头开始施工,上一单项工程未完成时,相邻的下一个单项工程不得施工。

(7)沿江、河、水库等地区施工应符合下列规定:

①沿河、沿溪地区的高填方、半挖半填、拓宽路段的新老交界面应按设计要求采取保证路基稳定的措施,峡谷地段宜采用石质填料。

②汛期应采取防洪措施。

第三节 路面工程施工中的安全监理要点

一、一般规定

(1)施工中,拌和楼、发电站(机)、运输车、滑模摊铺机、轨道摊铺机、沥青摊铺机等大型机械设备及其辅助机械(具)操作手不得擅自离开操作台。

(2)施工现场出入口、沿线各交叉口等处应设明显警示、警告标志,并应设专人指挥。

(3)机械设备停放位置应平整,周围应设置明显的警示标志,夜间应设警示灯。

(4)开挖下承层沟槽或施作伸缩缝应设置明显的安全警示标志。

(5)夜间施工,现场作业人员应身穿反光服,路口、危险路段和桥头引道应设置警示灯或反光标志,施工设备均应有照明设备和明显的警示标志,照明应满足夜间施工要求。

(6)隧道内摊铺沥青混凝土路面应符合下列规定:

①应采用机械通风排烟,隧道内空气中的有毒气体和可燃气体的浓度不得超过相关规定。

②隧道内作业人员应佩戴符合要求的防毒面具。

③隧道内应有照明和排风等设施,作业人员应穿反光服。

二、基层与底基层

(1)消解石灰,浸水过程中不得投料、翻拌,人员应远避并采取个体防护措施。

(2)拌和作业开机前应警示,拌和机前不得站人,拌和过程中人员不得跨越皮带或调整皮带运输机。

(3)混合料运输应按指定线路行走,不得超载、超速。卸料升斗时,人员不得在车斗的正下方停留。

(4)整平和摊铺作业应临时封闭交通、设明显警示标志,下承层内的各类检查井口应稳固封盖,辅助作业人员应面向压路机方向作业,设备之间应保持安全距离。

(5)碾压作业应符合下列规定:
①多台压路机同时作业时,各机械之间应保持安全距离。
②作业人员应在行驶机械后方清除轮上黏附物。
③碾压区内人员不得进入,确需人员进入的应安排专人监护。

三、沥青面层

(1)封层、透层、黏层施工应符合下列规定:
①喷洒前应做好检查井、闸井、雨水口的安全防护。
②洒布车行驶中不得使用加热系统。洒布地段不得使用明火。
③小型机具洒布沥青时,喷头不得朝上,喷头10m范围不得站人,不得逆风作业。
④大风天气,不得喷洒沥青。
(2)沥青储存地点应配备灭火器、消防砂等消防设施,并应设置警示标志。
(3)沥青脱桶、导热油加热沥青作业应采取防火、防烫伤措施。
(4)沥青混合料拌和作业除应符合拌和的规定外,尚应符合下列规定:
①拌和机点火失效时,应关闭喷燃器油门,并应通风清吹后再行点火。
②拌和过程中人员不得在石料溢流管、升起的料斗下方站立或通行。
③沥青罐内检查不得使用明火照明。
④沥青拌和站应配备灭火器、消防砂等消防设施。
(5)沥青路面摊铺、碾压应符合有关规定。

四、水泥混凝土面层

(1)拌和及运输应符合混凝土工程的规定。
(2)摊铺作业布料机与振平机应保持安全距离。
(3)切缝、刻槽作业范围应设警戒区。

第四节 桥涵工程施工中的安全监理要点

桥涵工程施工过程中,影响和制约安全生产的因素比较多,在安全生产方面要加以重点控制。目前,在桥梁施工中采用了各种新技术、新工艺、新设备、新材料;在高塔、高墩和深水基础的大跨径桥梁施工中,采用了各种先进的施工机械设备,如大型基础施工机械设备、大型运输设备、大型船舶等。因此,对作业人员进行相应的安全生产教育培训尤为重要。

一、一般规定

(1)跨既有公路施工,通行区应搭设安全通道。安全通道应满足通行要求,施工作业面底部应悬挂安全网。安全通道应设防撞设施及限高、限宽、减速标志和设施,梁式桥的模板支架及其他设施宜在防撞栏等上部构造施工完成后拆除。

(2)泥浆池、沉淀池周围应设置防护栏杆和警示标志。

二、预应力混凝土工程

(1)预应力张拉机具设备应按规定校验、标定。

(2)张拉作业应符合下列规定:

①张拉作业现场应设警戒区。

②张拉及放张程序应符合设计要求。张拉过程中出现异常现象应立即停止张拉作业,检查、排除异常。

(3)先张法施工应符合下列规定:

①张拉端后方应设立防护挡墙。

②正式施工前应进行试张拉。

③张拉及放张过程中预制台座区域及张拉台座两端不得站人。

④已张拉的预应力钢筋不得电焊、站人。

(4)先张法施工,张拉台座应经设计验算,强度、刚度和稳定性应符合要求。张拉完毕后,应妥善保护张拉施锚两端。

(5)后张法施工应符合下列规定:

①高处张拉作业应搭设张拉作业平台、张拉千斤顶吊架,平台应加设防护栏杆和上下扶梯。

②梁端应设围护和挡板。

③张拉作业时千斤顶后方不得站人。

④管道压浆作业人员应佩戴护目镜。

三、钻(挖)孔灌注桩

(1)钻(挖)孔灌注桩施工作业应符合下列规定:

①施工作业区域应设置警戒区。

②临近堤防及其他水利、防洪设施施工应符合相关部门的有关规定。

③山坡上钻(挖)孔灌注桩施工应清除坡面上的危石和浮土;存在裂缝的坡面或可能坍塌区域应采取必要的防护措施。

④停止施工的钻、挖孔桩,孔口应加盖防护,四周应设置护栏及明显的警示标志,夜间应悬挂示警红灯。

⑤钻机等高耸设备应按规定设置避雷装置。

⑥钢筋笼下放应采用专用吊具。钢筋笼孔口连接时,孔内钢筋笼应固定牢靠。作业人员不得在钢筋笼内作业,安全带不得扣挂在钢筋笼上。

⑦浇筑混凝土时,孔口应设防坠落设施。

(2)钻孔灌注桩施工作业应符合下列规定:

①施工场地及行走道路应平坦坚实,满足钻机正常工作和移动的要求。

②钻机安设应平稳、牢固。
③发生卡钻时,不得强提,应查明原因并处理。
④停钻时,钻头、钻杆应置于孔外安全位置。
⑤钻机电缆线接头应绑扎牢固,不得透水、漏电;电缆线不得浸泡于水、泥浆中,不得挤压电缆线及风水管路。

(3)冲击钻机的卷扬机应制动良好,钻架顶部应设置行程开关。钢丝绳应无死弯和断丝,安全系数不应小于12;钢丝绳夹数量应与钢丝绳直径相匹配,并应设置保险绳夹。

(4)回旋钻机成孔应符合下列规定:
①回旋钻机钻进时,高压胶管下不得站人。水龙头与胶管应连接牢固。钻机旋转时,不得提升钻杆。
②钻机移动不得挤压电缆线及管路。
③潜水钻机钻孔时,每完成一根钻孔桩后应检查电机的密封状况。

(5)旋挖钻机成孔应符合下列规定:
①钻孔作业过程中,应观察主机所在地面变化情况,发现下沉现象应及时停机处理。因故长时间停机应挂牢套管口保险钩。
②场内墩位间转移旋挖钻机应预先检查转移路线、放倒机架,并应设专人指挥。

(6)岩溶、采空区和其他特殊地区钻孔灌注桩施工作业应符合下列规定:
①施工前,应核对桩位处的地质勘察资料;地质情况有疑问时,应补充完善地质资料。
②发生漏浆及明孔等现象,应立即停止作业,采取保证平台、钻机和作业人员安全的措施。

(7)大直径、超长桩钢护筒作为平台支撑时,最小埋置深度应满足工作平台受力和稳定性要求。

(8)无法采用机械成孔且无地下水或有少量地下水,无不良地质的地区,可采用人工挖孔。

(9)人工挖孔桩作业应制订专项施工方案,并应符合人工开挖支挡抗滑桩的相关规定。

四、沉入桩

(1)钢筋混凝土桩、预应力混凝土桩和钢管桩的吊运、存放和运输应符合现行《公路桥涵施工技术规范》(JTG/T F50)的有关规定。

(2)沉入桩施工应符合下列规定:
①沉桩施工区域应设置明显的安全警示标志,非作业人员不得进入施工区域。
②起吊桩或桩锤作业人员不得在桩、桩锤下方或桩架龙门口停留或作业。
③吊点应符合设计要求,桩身应设溜绳,桩身不得碰撞桩锤或桩机。

(3)锤击沉桩作业应符合下列规定:
①打桩机移动轨道应铺设平顺、轨距一致,轨道与桩枕应钉牢,钢轨端部应设止轮器,打桩机应设夹轨器。
②应设专人指挥打桩机移动,机体应平稳,桩锤应置于机架最低位置,打桩机应按要求配重。
③滚杠滑移打桩机,工作人员不得在打桩机架内操作。

④应经常检查维护打桩架及起重工具。检查维护的桩锤应放落在地面或平台上。工作状态不得维护打桩机。

⑤锤击沉桩应按要求观测邻近建(构)筑物和周边土体的沉降和位移,发现异常应停止沉桩并采取措施处理。

⑥沉桩时,桩锤、送桩与桩应保持在同一轴线上。

(4)振动沉桩作业应符合下列规定:

①沉桩时,作业人员应远离基桩。沉桩过程遇有异常情况应立即停振,并妥善处理。

②桩机停止作业时应立即切断动力源。

③电动振动锤使用前应测定电动机的绝缘值,且不得小于 $0.5M\Omega$,并应对电缆芯线进行通电试验。电缆绝缘层应完好无损。电缆线应采取有效的防止磨损、碰撞的保护措施。沉桩或拔桩作业时,电动振动锤的电流不得超过规定值。

(5)水上沉桩除应符合沉桩的规定外,尚应符合下列规定:

①固定平台、自升式平台应搭设牢固。打桩机底座应与打桩平台连接牢靠。

②打桩船沉桩应符合水上作业船舶管理的有关规定。

(6)拔桩的起重设备应配超载限制器,不得强制拔桩。

五、沉井

(1)沉井制作场地应符合现行《公路桥涵施工技术规范》(JTG/T F50)的有关规定。

(2)筑岛制作沉井应符合下列规定:

①筑岛围堰应牢固、抗冲刷。

②筑岛围堰顶高程应高于施工期间可能出现的最高水位 0.7m 以上,同时应考虑波浪的影响。

(3)施工机械设备应在坚实的基础上作业,其承载力应满足设备施工要求。

(4)沉井顶部作业应搭设作业平台,平台结构应依跨度、荷载经计算确定,作业平台的脚手板应满铺且绑扎牢固,临边防护、通道等设施应符合高处作业的有关规定。

(5)制作沉井应同步完成直爬梯或梯道预埋件的安设,各井室内应悬挂钢梯和安全绳。

(6)沉井照明应充足,作业施工用电应符合现行《施工现场临时用电安全技术规范》(JGJ 46)的规定。

(7)沉井内的水泵、水力机械、管道、起重等施工设备应安装牢固。

(8)沉井内的潜水作业应符合相关规定。

(9)施工过程中,应安排专人负责观察现场情况,发现涌水、涌砂时,井内作业人员应及时撤离。

(10)下沉前,应对周边的建(构)筑物和施工设备采取有效的防护措施。下沉过程中,应对邻近建(构)筑物、地下管线进行监测,发现异常应停止作业,并采取相应措施。

(11)沉井取土下沉应符合下列规定:

①不宜采用爆破法进行沉井内取土,必须爆破时应经专项设计。

②开挖沉井刃脚或井内横隔墙附近时,无关人员不得进入现场。

③井内起重作业应符合起重的有关规定。

(12)采用配重下沉沉井,配重物件应堆码整齐,沉井纠偏应逐级增加荷载,并连续观测。

(13)高压射水辅助下沉时,高压水不得直接对人或机械设备、设施喷射。

(14)空气幕辅助下沉的储气罐应放置在通风遮阳位置,不得曝晒或高温烘烤。

(15)沉井顶端距地面小于1m时应在井口四周架设防护栏杆和相关安全警示。

(16)沉井接高应停止沉井内取土作业。倾斜的沉井不得接高。

(17)浮式沉井应制订专项施工方案,浮运、就位、下沉等施工阶段应设专人观测沉井的稳定性。

(18)沉井内潜水清理作业应符合相关规定。

(19)浇筑沉井封底混凝土应搭设工作平台。

六、地下连续墙

(1)地下连续墙施工应编制专项施工方案,在堤防等水利、防洪设施及其他既有构筑物周边施工应进行风险评估,施工过程中应持续观测。

(2)地下连续墙施工应设警戒区,施工现场和施工道路应平整,地基承载力应满足施工要求。

(3)地下连续墙安放钢筋笼、浇筑混凝土应符合钻孔灌注桩的有关规定。

(4)开挖作业应在地下连续墙的混凝土达到设计强度后进行。开挖挡土墙结构的地下连续墙时,应严格按照程序设置围挡支撑或土中锚杆。

七、围堰

(1)围堰内作业应及时掌握水情变化信息,遇有洪水、流冰、台风、风暴潮等极端情况,应立即撤出作业人员。

(2)土石围堰施工应符合现行《公路桥涵施工技术规范》(JTG/T F50)的有关规定。

(3)钢板(管)桩围堰施工除应符合沉入桩的有关规定外,尚应符合下列规定:

①地下水位高或水中围堰应采取可靠的止水措施。

②水中围堰抽水应及时加设围模和支撑系统。

③水上作业应符合相关规定。

(4)双壁钢围堰施工应符合下列规定:

①应按设计要求制造钢围堰,焊缝应检验,并应进行水密试验。

②浮船或浮箱上组装双壁钢围堰,钢围堰应稳固。

③双壁钢围堰浮运、吊装应制订专项施工方案。

④水上作业应符合有关规定。

⑤钢围堰接高和下沉作业过程中,应采取保持围堰稳定的措施。悬浮状态不得接高作业。

⑥施工过程中应注意监测水位变化,围堰内外的水头差应在设计范围内。

(5)钢吊(套)箱围堰施工应符合下列规定:

①应验算悬吊装置、吊杆的安全性以及有底钢吊(套)箱的抗浮性。

②吊装所用设备、机具,状态应良好。

③吊(套)箱就位后应及时与四周的钢护筒连成整体。

④吊(套)箱内排水应在封底混凝土强度符合设计规定后进行,排水不应过快,并应加强监测吊箱变化情况,及时设置内支撑。

(6)围堰拆除应符合专项施工方案的要求,内外水位应保持一致,拆除时应设置稳固装置,潜水作业应符合有关规定。

八、明挖地基

(1)挖基施工宜在枯水或少雨季节进行,并应连续施工,有支护的基坑应采取防碰撞措施,基坑附近有管网或其他结构物时,应有可靠的防护措施。中等以上降雨期间基坑内不得施工。

(2)基坑内作业前,应全面检查边坡滑塌、裂缝、变形以及基坑涌水、涌砂等情况,并应详实记录。坑沿顶面出现裂缝、坑壁松塌或遇有涌水、涌砂影响基坑边坡稳定时,应立即加固防护,在确认安全后方可恢复施工。

(3)大型深基坑除应遵循边开挖、边支护的原则施工外,尚应建立边坡稳定信息化动态监控系统。

(4)开挖和降水施工应符合下列规定:

①开挖应视地质和水文情况、基坑深度按规定坡度分层进行,不得采用局部开挖深坑或从底层向四周掏土的方法施工。

②开挖影响邻近建(构)筑物或临时设施时,应采取安全防护措施。

③开挖过程中应监测边坡的稳定性、支护结构的位移和应力、围堰及邻近建(构)筑物的沉降与位移、地下水位变化、基底隆起等项目。

④基坑顶面应设置截水沟。多年冻土地基上开挖基坑,坑顶截水沟距基坑上边缘不得小于10m,排出水的位置应远离基坑。

⑤排水作业不得影响基坑安全,排水困难时,应采用水下挖基方法,并应保持基坑中原有水位。

⑥爆破开挖宜采用浅眼松动爆破法。爆破作业应符合现行《爆破安全规程》(GB 6722)的规定。

⑦开挖影响既有道路车辆通行时,应制订交通组织方案。

⑧冻结法开挖时,制冷设备的电源应采用不同供电所双路输电,应分层冻结、逐层开挖,不得破坏周边冻结层,基础工程施工应在冻融前完成。

⑨弃方不得阻塞河道、影响泄洪。

⑩基坑周边1m范围内不得堆载、停放设备。

⑪深基坑四周距基坑边缘不小于1m处应设立钢管护栏、挂密目式安全网,靠近道路侧应设置安全警示标志及夜间警示灯带。

(5)坑壁及支护施工应符合下列规定:

①应根据水文、地质、开挖方式及施工环境条件等因素,确定坑壁的支护措施,并严格执行。

②顶面有动载的基坑,其边沿与动载之间应留有不小于1m宽的护道,动荷载较大时宜适当加宽护道;水文和地质条件较差时,应采取加固措施。

③支护结构应通过设计计算确定,支护结构和支撑的强度、刚度及稳定性应满足基坑开挖施工的要求。

④直接喷射混凝土加固坑壁,喷射前应清除坑壁上的松软层及岩渣。锚杆、预应力锚索和土钉支护施工参数应通过抗拉拔力试验确定。

⑤加固坑壁应按照设计要求逐层开挖、逐层加固,坑壁或边坡上有明显出水点处应设置导管排水。

九、承台与墩台

（1）承台施工模板和混凝土作业应符合模板和混凝土工程的有关规定。

（2）现浇墩、台身、盖梁施工除应符合现行《公路桥涵施工技术规范》(JTG/T F50)的有关规定外,尚应符合下列规定：

①脚手架及作业平台应搭设牢固,不得与模板及其支撑体系连接,高处作业应符合有关规定。

②墩身高度超过40m宜设施工电梯,电梯司机应按照有关规定经过专门培训,并应取得相应资格证书。

③墩身钢筋绑扎高度超过6m应采取临时固定措施。

④模板工程应符合有关要求,设置防倾覆设施,高墩且风力较大地区的墩身模板,应考虑风力影响。

⑤混凝土浇筑应符合有关规定。

（3）预制墩身吊装应符合吊装的有关规定。

（4）高墩翻模施工应符合下列规定：

①翻模应专门设计,刚度、强度应满足施工要求。

②翻模分节分块的重量应满足起重设备的使用规定,吊装作业应符合有关规定。

③每层模板均应设工作平台,安全防护设施应符合高处作业有关规定。

④夜间不宜进行翻模作业。

（5）高墩爬（滑）模施工应符合下列规定：

①爬（滑）模系统应专门设计,刚度、强度应满足施工要求。安全防护设施应符合高处作业的有关规定。

②液压系统顶升应保持同步、平稳。

③拆模应在混凝土强度达2.5MPa以上后实施。爬升时承载体受力处的强度应大于15MPa。

④应经常检查、及时更换预埋爬锥配套螺栓。

⑤爬（滑）模不宜夜间升降。

十、砌体

（1）砌体工程施工应符合下列规定：

①砌筑基础前应先做好临时排水,并应检查基坑边坡稳定情况。

②砌筑材料应随运随砌、分散码放。
③吊运砌筑材料应符合吊装的有关规定。
④在距地面2m及2m以上的高处从事砌筑、撬石、运料、开凿缝槽等作业时,应搭设作业平台,高处作业应符合有关规定。
⑤破石及开凿缝槽作业,作业人员之间的距离不应小于2m。砌筑作业应自下而上进行;人员不得在支架下方操作或停留,砌筑勾缝不得交叉作业。
⑥下雨、冰冻后,应检查砌体,发现存在垂直度变化、裂缝、不均匀下沉等现象,应查明原因,及时修复。
⑦砌体上不宜拉锚缆风绳、吊挂重物、设置其他施工临时设施和支撑的支承点。
⑧坡面砌筑应预先清除上方不稳固石块等物料。不得从高处往下抛掷石料或自上而下自由滚落运送石料。

(2)加筋土桥台施工应符合下列规定:
①面板应逐层安砌、稳固并分层摊铺、碾压填料。未完成填土作业的面板上不得安砌上一层面板。
②台背填筑施工过程中应随时观测加筋土桥台的变形、位移,发现异常应暂停施工,及时处理。

(3)勾缝及养护应符合下列规定:
①抹面、勾缝、养护涉及高处作业的,应符合高处作业的有关规定,并应按照先上后下顺序施工。
②多级砌体、护坡应按照先上后下的顺序抹面、勾缝。
③养护期间应避免砌体振动、承重或碰撞砌体。

十一、钢筋混凝土和预应力梁式桥

(1)支架现浇施工应符合下列规定:
①支架、模板和混凝土浇筑应符合有关规定。
②支架在承重期间,不得随意拆除任何受力杆件。承重模板支架应在张拉完成后拆除。
③梁体底模、支架应严格按设计要求顺序卸载。

(2)移动模架施工应符合下列规定:
①模架应按产品的操作手册拼装,并由移动模架设计制造厂家派专人现场指导安装与调试。
②首孔梁浇筑位置就位后应按设计要求进行预压。
③混凝土的浇筑过程中,应随时检查模架的关键受力部位和支撑系统,有异常时应采取有效措施及时处理;移动过孔时,应监控模架的运行状态。
④每完成一孔梁的施工,均应对模架的关键部位及支撑系统进行检查,发现问题应及时处理。
⑤模架横向移动和纵向移动过孔时,应解除作用于模架上的全部约束。纵向移动时两侧的承重钢梁应保持同步。模架在移动过孔时的抗倾覆系数不得小于1.5。

(3)装配式桥施工应符合下列规定:
①装配式桥构件移动、存放和吊装时的混凝土强度不应低于设计吊装强度;设计未规定时,不得低于设计强度的80%。

②存梁台座应坚固稳定，且应高出地面0.2m以上，存放地点应设置排水系统。梁、板构件存放支点位置应符合设计规定。上下层垫木应在同一条竖线上；叠放的高度宜按构件强度、台座地基的承载力、垫木强度及叠放的稳定性等计算确定，大型构件不宜超过2层，小型构件不宜超过6层。

③架桥机的抗倾覆稳定系数不得小于1.3；架桥机过孔时，起重小车应位于对稳定最有利的位置，且抗倾覆稳定系数不得小于1.5。架桥机的安装、使用、检修、检验等应符合现行《架桥机安全规程》(GB 26469)的有关要求。

④梁、板构件移动吊点位置应符合设计规定，经冷拉的钢筋不得用做构件吊环，吊环应顺直，吊绳与起吊构件的交角小于60°时应设置吊梁或起吊扁担。

⑤吊移高宽比较大的预应力混凝土T形梁和I形梁应采取防止梁体侧向弯曲的有效措施。

⑥架桥机纵向移动应一次到位，不得中途停顿。起吊天车提升与携梁行走不得同时进行，天车携梁应平稳前移。停止作业的架桥机应临时锚固。

⑦运梁、架设应在相邻梁片之间的横向主筋焊接完成后实施。

⑧架梁和湿接缝施工期间应设置母索系统。

⑨梁、板安装及架桥机移动过孔期间，作业区域下方应设警戒区。

⑩就位后的梁、板应及时固定，T形梁、I形梁应与先安装的构件形成横向连接。

(4)悬臂浇筑除应符合现行《公路桥涵施工技术规范》(JTG/T F50)的有关规定外，尚应符合下列规定：

①挂篮制作加工完成后应进行试拼装。现场组拼后，应检查验收，并应按最大施工组合荷载的1.2倍做荷载试验。

②挂篮行走滑道铺设应平顺，锚固应稳定。行走前应检查行走系统、吊挂系统、模板系统等。

③挂篮应在混凝土强度符合要求后移动，墩两侧挂篮应对称平稳移动；就位后应立即锁定；挂篮每次移动后，应经检查验收。

④雨雪天或风力超过挂篮设计移动风力时，不得移动挂篮。

(5)悬臂拼装应符合下列规定：

①梁段装车、装船运输应平稳安放，梁段与车、船之间应安装防倾覆固定装置。

②梁段起吊时混凝土强度应符合设计规定。

③拼装施工前应按施工荷载对起吊设备进行强度、刚度和稳定性验算，其安全系数不得小于2。梁段起吊安装前，应对起吊设备进行全面安全技术检查，并应分别进行1.25倍设计荷载的静荷和1.1倍设计荷载的动荷起吊试验。梁段正式起吊拼装前，起吊条件应符合要求。

④天气突然变化、卷扬机电机过热或其他机械设备出现故障时，应暂停吊运作业，并应采取相应的应急避险措施。

(6)顶推施工应符合现行《公路桥涵施工技术规范》(JTG/T F50)的有关规定，墩台上宜设置导向装置，顶推过程中，宜监测梁体的轴线位置、墩台的变形、主梁及导梁控制界面的挠度和应力变化等；发现异常，应停止顶推并处理。

(7)整孔预制安装箱梁施工应符合现行《公路桥涵施工技术规范》(JTG/T F50)的有关规

定,架设安装时,箱梁在起落过程中应保持水平;顶落梁时梁体的两端应同步缓慢起落,并不得冲击临时支座。

十二、拱桥

(1)各类拱桥施工涉及高空作业,安全防护设施均应符合有关规定。

(2)拱架浇(砌)筑拱圈应符合下列规定:

①拱架及模板应进行专项设计,强度、刚度和稳定性应满足最不利工况要求。落地式拱架弹性挠度不得大于相应结构跨度的1/2000,且不得超过50mm;拱式拱架弹性挠度不得大于相应结构跨度的1/1000,且不得超过100mm。拱架抗倾覆稳定系数不得小于1.5,并应满足支架与模板的有关规定。

②拱架正式施工前应进行预压,预压应符合支架与模板的有关规定。

③拱圈混凝土浇筑或圬工砌筑顺序应按设计要求实施,两端应同步、对称浇(砌)筑。浇(砌)筑时应观测拱架变形情况,发现异常应及时处理。

④拱架拆除应设专人指挥,不得使用机械强行拽拉拱架。

⑤现浇混凝土拱圈的拱架应按设计要求拆除,设计未规定时应在拱圈混凝土达到设计强度的85%后拆除。浆砌圬工拱桥的拱架应在砂浆强度达到设计强度的85%后拆除。

⑥拱架应纵向对称均衡拆除、横向同时拆除。

⑦满布式落地拱架应从拱顶向拱脚依次循环拆除。

⑧多孔拱桥拱架应多孔同时或各连续孔分阶段拆除;桥墩允许承受单孔施工荷载的可单孔拆除。

(3)混凝土拱肋、横撑、斜撑施工应符合拱架浇筑的规定,应在拱肋、横撑、斜撑混凝土强度达到100%后,按设计要求的顺序拆除支架。

(4)悬臂浇筑混凝土拱圈除应符合悬臂浇筑的有关规定外,尚应符合下列规定:

①扣塔、扣索、锚碇组成的系统强度、刚度和稳定性应满足最不利工况的要求。

②扣索应在拱圈混凝土达到设计规定的强度后分批、分级张拉,扣索、锚索的钢丝绳和卡具的安全系数应大于2。

③应按设计要求调索,并应设专人检查张拉段和扣锚段工作状况、记录索力和位移变化。

④扣索和锚索应在合龙段混凝土强度符合设计规定的强度或达到设计强度的85%后拆除;挂篮应在拱脚处拆除。

(5)斜拉扣挂法悬拼拱肋施工应符合下列规定:

①扣塔架设及扣锚索张拉应搭设操作平台及张拉平台。

②扣塔上应设缆风索,缆风索安全系数应大于2。

③扣索、锚索应逐根分级、对称张拉、放张,扣索、锚索安全系数应大于2。

(6)拱上起重机施工拱肋应符合下列规定:

①拱上起重机抗倾覆稳定性应满足最不利工况要求。

②过程中扣索、锚索施工应满足相关规定。

③拱上起重机前行到位后,前支后锚应牢固。非工作状态时应收拢吊钩,臂杆应与钢梁固定。

④起重机纵、横移轨道上应配备止轮器。
(7)钢管拱肋内混凝土应按设计顺序两端对称浇筑。
(8)转体施工应符合下列规定:
①桥梁转体的转动体系、锚固体系、动力体系等应进行专项设计。
②转体施工前,应掌握转体作业期间的天气情况,遇恶劣天气不得进行转体施工。
③正式转体前应进行试转,明确转动角速度、拱圈悬臂端线速度、牵引力等相关技术参数。
④转体完成后应及时约束固定,并应浇筑施工球铰处混凝土。
⑤合龙段施工时,悬臂端的临时压重及卸载应按照设计方案要求的重量、位置及顺序作业。
(9)有平衡重平转施工应符合下列规定:
①转体前,应核对平衡体的重量和转动体系的重心;采用临时配重,应设置锚固设施。
②转动体系应平衡可靠,抗倾覆安全系数应大于1.5,四周的保险支腿应稳固。
③转动体低于水面应设围堰保护,低于地平面应在基坑周围砌护墙,围堰和基坑周围应设护栏,非转体作业人员不得入内。
④扣索和后锚索应牢固可靠。扣索张拉应符合设计要求,应检测扣索的索力,允许偏差不得超过±3%。
⑤内、外锚扣体系时,扣索宜采用钢绞线和带墩头锚的高强钢丝等高强材料,其安全系数应大于2;大跨径拱桥采用多扣点张拉时,应确保张拉过程同步。
⑥张拉到位、拱圈卸架后,应进行24h观测,检验锚固、支撑体系的可靠程度。
⑦转动时应控制转动速度,千斤顶应同步牵引。转动角速度应控制在0.01~0.02rad/min,拱圈悬臂端的线速度应控制在1.5~2.0m/min。
⑧钢丝绳牵引索应在千斤顶直接顶推启动后再牵引转动。
⑨接近止动距离时应按方案要求进行止动操作,并应设专人负责限位工作。
⑩合龙段混凝土达到设计强度后,应分批、分级松扣,拆除扣、锚索。
(10)无平衡重平转施工应符合下列规定:
①尾索张拉、扣索张拉、拱体平转、合龙卸扣作业应监测索力、轴线、高程等。
②无平衡重平面转体锚固体系的抗剪强度、抗滑稳定性应符合设计要求。锚碇系统两方向的平撑及尾索应形成三角稳定体。转动体系应灵活自如、安全可靠。位控体系应能控制转动体的转动速度和位置。
③两组尾索应上下左右对称、均衡张拉,桥轴向和斜向的尾索应分次、分组交叉张拉,各尾索的内力应均衡。
④扣索张拉前,应检查支撑、锚梁、轴套、拱钱、拱体和锚碇等部位(件)。扣索应锚固可靠,拱圈(肋)卸架应对称拴扣风缆。
⑤扣索应对称于拱体按由下向上的次序分级张拉。张拉过程中各索内力相对偏差应控制在5kN以内。
⑥风缆的走速在启动和就位阶段应控制在0.5~0.6m/min,中间阶段应控制在0.8~1.0m/min。
⑦合龙后扣索应对称、均衡、分级拆除,拆除过程中应监控拱轴线及扣索内力。

(11)竖转法施工应符合下列规定：

①扣索应选用钢丝绳或钢绞线，钢丝绳的安全系数不得大于6，钢绞线的安全系数不得小于2，锚碇的抗拔、抗滑安全系数不得小于2。

②索塔的偏载、荷载变化和风力等不得超出设计要求。

③转动体应转动灵活，接触面应满足局部承压要求；索塔顶端滚轴组鞍座内应无异物；拱上多余约束应解除。

④遇恶劣天气不得进行转体施工。

⑤转动前应进行试转，竖转速度应控制在 0.005~0.011rad/min。

⑥转动过程中扣索应同步提升，速度应均匀、可控，并应不间断观测吊塔顶部位移、检测后锚索与扣索的索力差，并应控制在允许范围以内。

⑦拱顶两侧应对称拴扣缆风索，释放索距应与扣索提升同步。

(12)吊杆(索)、系杆施工应搭设稳定、安全的施工平台，张拉应同步、对称。

(13)拱上结构应符合下列规定：

①缆索吊装或斜拉扣挂系统应符合有关规定。

②拱上结构施工应符合现行《公路桥涵施工技术规范》(JTG/T F50)的有关规定。

十三、斜拉桥

(1)混凝土索塔施工应符合下列规定：

①参加索塔施工的人员应体检，患高血压、心脏病、高空作业禁忌症及医生认为其他不适合从事高空作业的人员，不得从事索塔施工作业。

②塔吊上部应装设测风仪。塔吊停机作业后，吊臂应按顺风方向停放。

③索塔施工作业，应在劲性骨架、模板、塔吊等构筑物顶部设置有效的避雷设施，并应定期检测防雷接地电阻。

④索塔、横梁等悬空作业，应形成绕索塔塔身封闭的高空作业系统，每层施工面应设置安全立网和平网，立网高度不得小于1.5m，平网应随施工高度提升，网格、网距、受力等应符合要求。

⑤索塔施工应设警戒区，通往索塔人行通道的顶部应设防护棚。

⑥索塔上部、下部、塔腔内部等通信联络应畅通有效。

⑦起重作业应执行有关规定。

⑧索塔施工超过40m时应设置施工升降机。

⑨索塔施工机具、设备和物料的提升和吊运应使用专用吊具。

⑩采用泵送浇筑塔身混凝土，混凝土泵管应附墙设置，泵管附墙件应经计算、审核，并应定期检查。

⑪索塔施工平台四周及塔腔内部应按要求配备消防器材。

⑫索塔施工应设置劲性骨架，劲性骨架的刚度、强度应能满足钢筋架立、模板安装的要求。

⑬倾斜索塔施工应验算索塔内力，并应分高度设置水平横撑或拉杆。

(2)索塔横梁及塔身合龙段施工应符合下列规定：

①支架系统应进行专门设计，其强度、刚度和稳定性应满足最不利工况要求。

②支架焊接、拴接作业应设置牢固的作业平台。

③支架系统安装完成后,应组织验收,并应详细记录。

④横梁与索塔采用异步施工时,上部索塔、下部横梁均应采取防止高空坠落和物体打击的安全措施。

⑤下横梁和中横梁钢筋混凝土施工时,在支撑模板的分配梁四周应安装不低于1.2m的安全护栏,护栏外侧应满挂安全网。

⑥索塔横梁及塔身合龙段预应力施工,应搭设操作平台,防护设施应符合高处作业的有关规定。

⑦在横梁、塔身合龙段内部空心段拼装、拆除模板时,应配备消防器材和照明设施,必要时应采取通风措施。

(3)钢梁施工应符合下列规定:

①钢梁施工应编制专项施工方案,超过一定规模的危险性较大工程应按要求进行专家论证。

②梁段运输应采取临时固定措施。

③存放场地应平整、稳固、排水良好,基础承载力应满足要求。钢梁存放堆码不得大于两层。

④吊装作业应设置缆风绳等软固定设施。

⑤非定型桥面悬臂起重机应进行专门设计,委托具有相应资质的专业单位加工制造,并组织验收。

⑥梁段吊装前,应检查桥面悬臂起重机的前支点和后锚固点等关键受力部位。

⑦用桥面悬臂起重机调整梁段之间的缝宽及梁端高程。

⑧压锚前应校验液压千斤顶、测力设备。压索前应检查张拉系统,连接丝杆与斜拉索应顺直。

⑨在现场高空焊接、拴接梁段,宜采用桥梁永久检修小车作为焊接、拴接操作平台。梁段焊缝探伤作业人员应穿带有防辐射功能的防护背心。

⑩已拼接的桥面钢箱梁临边应设置防护栏杆。

⑪钢箱梁悬拼过程中,箱梁内应保持通风,箱梁内照明应使用安全电压。

⑫主梁施工过程中,在梁端安装斜拉索后,应在梁端采取控制斜拉索的措施。

⑬大跨径斜拉桥施工安排应合理,长悬臂状态下的主梁施工不宜在大风或台风季节进行;不可避免时,应验算长悬臂主梁的稳定性,并应采取临时抗风加固措施。

(4)主梁挂篮悬浇除应符合挂篮施工的规定外,尚应符合下列规定:

①安装调试后,应按最大施工组合荷载的1.2倍做荷载试验。

②采用挂篮浇筑主梁0号段及相邻梁段浇筑施工时,应设置可靠的支架系统,施加在支架上的临时施工荷载应包括悬浇挂篮的重量。

③浇筑混凝土前,应检查挂篮锚固、水平限位、吊带等部件。

④浇筑混凝土应保持挂篮对称平衡,偏载量不得超过设计规定。

⑤挂篮后端应与已完成的梁段锚固,稳定系数不得小于2。

⑥挂篮行走速度应小于0.1m/min,前移滑道应铺设平整、顺直,不得偏移。前移时应检查

后锚固及各部件受力情况,后锚固的稳定系数不得小于2。就位后,后锚同点应立即锁定。

⑦挂篮后锚固解除后,挂篮应沿箱梁中轴线对称向两端推进,每前进0.5m应观测一次。

(5)斜拉索施工应符合下列规定:

①在船上放置索盘架,应保持放索船平衡。索盘架底部与船体甲板应焊牢,索盘架的4个承重点应置于船体骨架上,索架应焊斜支撑。

②斜拉索展开时,索头小车应保持平衡,操作人员与索体距离不得小于1m。

③塔端挂索施工平台应搭设牢固,作业平台关键部位焊接应牢固,平台四周及人员上下平台的通道应设置防护栏杆,护栏外侧应满挂安全网。人员上下通道跳板应满铺。

④塔内脚手架应稳定可靠,操作平台应封闭,操作平台底应挂安全网。作业人员不得向索孔外扔物品。

⑤塔腔内应设人员疏散安全通道。

⑥塔腔内照明应采用安全电压,并应配备消防器材。塔腔内不得存放易燃易爆物品。

⑦塔端挂索前,应检查塔顶卷扬机、导向轮钢丝绳及卷扬机与塔顶平台的连接焊缝。

⑧挂索前,应检查塔腔内撑脚千斤顶、手拉葫芦及千斤顶的吊点情况。

⑨挂索或桥面压索前,应检查张拉机具。连接丝杆与斜拉索应顺直,夹板应无变形,焊缝应无裂纹,螺栓应无损伤。

⑩梁端移动挂索平台应搭设牢固,滑车及轨道应保持完好。

⑪塔腔内放软牵引索应同步,安装工具夹片应及时。

⑫千斤顶、油泵等机具及测力设备应校验。张拉杆的安全系数应大于2,每挂5对索应用探伤仪检查一次张拉杆,不得使用有裂纹、疲劳及变形的张拉杆。

十四、悬索桥

(1)重力式锚破基坑作业应符合下列规定:

①基坑开挖施工除应符合有关规定外,尚应沿等高线自上而下分层进行开挖,及时支护坑壁,在坑外和坑底应分别设置截水沟和排水沟。

②夜间施工基坑周围应设置警示灯。

(2)重力式锚碇基础施工应符合下列规定:

①沉井作为锚碇基础施工除应符合沉井施工的有关规定外,尚应在施工下沉过程中注意观察江边堤防等水利设施的稳定情况,发现异常应及时采取相关措施。

②地下连续墙基础的施工除应符合地下连续墙的有关规定外,尚应在基坑开挖前对地下连续墙基底的基岩裂隙进行压浆封闭,并应采取防渗措施。

③高处作业和脚手架施工应符合高处作业的有关规定。

(3)隧道锚洞室开挖和岩锚开挖宜在开挖场所附近选取一处地质相似的地方进行爆破试验,对爆破施工方案的各种参数应进行试验和修正,并应据此确定爆破方案。

(4)索塔施工应符合现行《公路桥涵施工技术规范》(JTG/T F50)和索塔施工的有关规定。

(5)索鞍吊装施工应符合下列规定:

①对设置在塔顶或鞍部顶面的起重支架及附属的起重装置等应进行专门设计,其强度、刚

度和稳定性应符合要求。

②地面各作业施工区域场地应设置警戒区,并应设置地面安全通道、作业卷扬机防护顶棚等安全防护设施。

③起重支架在索鞍吊装作业前,应进行荷载试验。试吊加载的重量分别为设计吊重的80%、100%、110%和125%,其中80%和125%加载时为静载试验,100%和110%加载时为动载试验。

④索鞍吊装时应垂直起吊,吊装过程中构件下方不得站人或有人员行走。

⑤索鞍吊装施工尚应符合有关规定执行。

(6)猫道施工设计应符合下列规定:

①猫道应根据悬索桥的跨径、主缆线形、施工环境条件等因素进行专门设计,其结构形式和各部尺寸应满足主缆工程施工的需要。

②猫道的线形宜与主缆空载时的线形平行。猫道面层宜由阻风面积小的两层大、小方格钢丝网组成,面层顶部与主缆下沿的净距宜为1.3~1.5m;猫道的净宽宜为3~4m,扶手高宜为1.2~1.5m。猫道在桥纵向应左右对称于主缆中心线布置,猫道间宜设置横向人行通道。

③猫道的强度、刚度和抗风稳定性应符合要求;猫道承重索计算时,其荷载组合与安全系数应符合表10-1的规定。

施工猫道承重索强度计算荷载组合及安全系数取值表　　　表10-1

	荷载组合	安全系数	备注
静力结构强度验算	恒载	≥3.5	
	恒载+活载	≥3.0	
	恒载+活载+温度荷载	≥3.0	温度荷载按温降15℃考虑
风荷载组合结构强度验算	恒载+活载+施工阶段风荷载组合	≥3.0	按6级风力考虑
	恒载+最大阵风荷载组合	≥2.5	

④承重索的锚固系统每端宜设大于2m的调整长度。

⑤猫道锚固系统及其他各种预埋件应满足设计受力要求,拉杆应按照设计要求调整,拉杆加工制作单位应按规定具备相关资质,拉杆制作完成后应做探伤和抗拉试验。

(7)先导索施工应符合下列规定:

①先导索施工前应对施工方案进行专项论证,并应加强先导索跨越区域的监控。

②采用火箭牵引先导索施工,应由专业机构操作,并按规定经相关部门批准。火箭发射及着陆区域应设置安全警戒区。

③采用拖轮牵引先导索施工,拖力应满足牵引技术要求并应经海事、航道管理部门批准,施工期间应封航。

④采用直升机、无人机牵引先导索施工,直升机、无人机性能应满足牵引技术要求,并应按规定经有关部门批准。

⑤恶劣天气不得进行先导牵引作业。

(8)猫道架设应符合下列规定:

①猫道架设应遵循横桥向对称、顺桥向边跨和中跨平衡的原则,裸塔塔顶的变位及扭转应

控制在设计允许范围内。

②承重索及其他钢丝绳投入使用前应严格验收,严禁使用断丝、变形、锈蚀等超出相应规定的钢丝绳,施工过程中应注意检查和防护。

③承重索和抗风缆采用钢丝绳时,架设前应通过预张拉消除钢丝绳非弹性变形,预张拉荷载不得小于其破断拉力的0.5倍。

④横桥向架设承重索,两侧应同步架设,数量差不宜超过1根;顺桥向架设承重索,边跨与中跨应连续架设,且中跨的承重索宜采用托架法架设。

⑤面层及横向通道铺设,宜从索塔塔顶开始,同时向跨中和锚碇方向对称、平衡架设安装,并应设置牵引及反拉系统,控制面层铺设下滑速度。

⑥猫道面层应每隔0.5m绑扎1根防滑木条,每3m交替设置面层小横梁和大横梁,并应与猫道牢固连接。

⑦猫道外侧应设置扶手绳及钢丝密目网。

⑧猫道单根承重索宜采用整根钢丝绳,接长的连接方式应安全、可靠,应进行工艺评定,并应进行静载试验,连接部位实际抗拉力应大于钢丝绳最小破断力。

(9)猫道拆除应符合下列规定:

①猫道拆除前应制订专项施工方案,对承重索、扶手绳、横向通道等构件应进行受力计算,拆除使用的各种机具应满足受力要求。

②猫道拆除前应收紧承重索。

③猫道面层和底梁宜按中跨从塔顶向跨中方向、边跨从塔顶向锚碇方向的顺序分段拆除。

④猫道下放前,下放的垂直方向不得有障碍物。

⑤猫道拆除前,影响拆除作业区域的翼缘板不得施工。

(10)主缆施工应符合下列规定:

①索股放索速度不得超过方案规定值,索股牵引过程中应有专人跟踪牵引锚头,且宜在沿线设观测点监测索股的运行状况。

②索股整型入鞍时,握索器与索股应连接可靠,索股应保持在限位轮中,操作人员不得处于索股下方。

③索股锚头入锚后应临时锚固,索鞍位置处调整好的索股应临时压紧固定,不得在鞍槽内滑移。

(11)索夹与吊索施工应符合下列规定:

①在满足施工需要的前提下应减小猫道面层开孔面积并应在开孔位置四周绑扎防滑木条,设立警示标志。

②索夹在主缆上定位后,应紧固螺栓。紧固同一索夹的螺栓时,各螺栓受力应均匀。

③采用缆索吊安装索夹及吊索时,应符合有关规定。

④吊运物体时,作业人员不得沿主缆顶面行走。

⑤猫道上摆放索夹的位置处应铺设木板。

⑥缆索吊装索夹、吊索时运行速度应平稳,作业人员应在吊运构件到位稳定后作业。

⑦制动不良不得吊运作业。

(12)加劲梁施工应符合下列规定:

①加劲梁安装前应制订专项施工方案,并应对桥位处的自然环境条件进行勘察,掌握当地的有关气象资料。

②安装加劲梁的起重机、吊索具等应进行专门设计,加劲梁吊装作业前应按各工况进行试吊,试吊荷载为最大梁段重量的1.2倍。

③钢箱加劲梁接头焊缝的施焊宜从桥面中轴线向两侧对称进行,接头焊缝强度和刚度不符合要求时,不得解除临时刚性连接。

④钢桁架梁吊装,桥面起重机、铰接设备、吊索牵引机具、片架运输台车、行走轨道铰点过渡梁和移动操作台车等设备应做专项设计、加工及试验。桥面起重机应满足拼装过程中顺桥向坡度变化的要求,底盘应设止滑保险装置。

⑤吊装设备应安排专人负责监测,发现吊绳松弛、油泵漏油、吊具偏位等情况应立即停止作业。

⑥吊装加劲梁,梁体上不得搭载人员、材料及设备。

⑦顶推安装钢箱梁型自锚式悬索桥加劲梁应符合有关规定,顶推设备的能力不得小于2倍的计算顶推力;拼装平台、临时墩墩顶均应设导向及纠偏装置。

十五、钢桥

(1)钢桥安装应编制专项施工方案,应附有临时支架、支承、起重机等临时结构和钢桥结构本身在不同受力状态下的强度、刚度及稳定性验算结果。

(2)平板拖车运输钢桥构件应符合下列规定:

①平板拖车速度宜小于5km/h。

②牵引车上应悬挂安全标志。超高的部件应有专人照看,并应配备适当工具清除障碍。

③除驾驶员外,还应指派1名助手协助瞭望。平板拖车上不得坐人。

④重车下坡应缓慢行驶,不得紧急制动。驶至转弯或险要地段时,应降低车速,同时注意两侧行人和障碍物。

⑤装卸车应选择平坦、坚实的路面为装卸地点。装卸车时,机车、平板车均应驻车制动。

(3)水上运输钢桥构件应符合下列规定:

①水上运输前,应根据所经水域的水深、流速、风力等情况,制订运输方案,并按规定审批。

②需临时封闭航道时,应按规定报相关管理部门批准,并办理相关手续。

③装船前应进行稳定性验算。

④驳船装载的钢桥构件应安放平稳。拖轮牵引驳船行进速度应缓慢,不得急转弯。

(4)轨道平车运输钢桥构件应符合下列规定:

①轨道路基宽度、平整度、强度应满足施工要求。铺设轨道应平直、圆顺,轨距应在允许误差值之内,轨道半径不得小于25m,纵坡不宜大于2%,纵坡大于2%的区域应采取相应的安全措施。轨道与其他道路交叉时,应按规定铺设交叉道口。

②轨道平车运输大型构件前,应检查平车的转向托盘或转盘、支撑制动器等。

③大型构件运输过程中应检查构件的稳定状况及轨道平车运行情况,发现异常应停止作业。

④下坡时应以溜绳控制速度,并应人工拖拉止轮木块跟随前进。

(5)钢桥安装应设置避雷设施并应符合现行《建筑物防雷设计规范》(GB 50057)的规定。

(6)起重吊装作业应符合有关规定。

(7)水上安装应符合有关规定。

(8)构件组拼和钢桥安装属于高处作业时,应符合有关规定。

(9)钢梁杆件组装,应在平整的作业台上进行,基础承载力应满足要求。

(10)支架上拼装钢梁应符合下列规定:

①冲钉和粗制螺栓总数不得少于孔眼总数的1/3,其中冲钉不得多于2/3。

②冲钉和粗制螺栓总数不得少于6个,少于6个时,应将全部孔眼插入冲钉或粗制螺栓。

③采取悬臂或半悬臂法拼装钢梁时,连接处冲钉数量应按所承受荷载计算决定,且不得少于孔眼总数的一半,其余孔眼宜布置精制螺栓,冲钉和精制螺栓应均匀布置。

④高强度螺栓合梁拼装时,其余孔眼宜布置高强度螺栓。吊装杆件时,应在杆件完全固定后松钩卸载。

(11)装拆脚手架、上紧螺栓、铆合等不得交叉作业。杆件拼装对孔应采用冲钉探孔。

(12)钢梁上的各种电动机械和电缆线、照明线路等,应保持绝缘良好。

(13)拼装杆件时,应安好梯子、溜绳、脚手架。斜杆应安拴保险吊具。杆件起吊时,应先试吊。

(14)架梁用的扳手、小工具、冲钉及螺栓等应存放在工具袋内,不得抛掷。多余的料具应及时清理。

(15)悬臂拼装法施工应符合下列规定:

①起重机应按设计就位、锚固,并应做动、静荷载试验。

②构件起吊前,应检查构件,吊环应无损伤,结合面不得有突出外露物,构件上不得有浮置物件。

③构件应垂直起吊,并应保持平衡稳定,不得碰撞已安装构件和其他作业设施。

④构件起升后,运送构件的车辆或船舶应迅速撤出。

⑤卷扬机电机过热或其他机械设备出现故障时,应暂停吊运作业。

(16)钢桥顶推施工应符合顶推的有关规定。

(17)钢桥现场检验检测涉及高处作业时应符合高处作业的有关规定。

(18)钢桥的X射线探伤作业应符合现行《工业X射线探伤放射防护要求》(GBZ 117)的规定。

十六、桥面及附属工程

(1)桥面系施工前,上下行桥之间空隙处应满布安全网。

(2)反开槽安装的伸缩装置槽口应临时铺设钢板或沙袋,并应在开槽处设置警示标志。

(3)桥面清扫垃圾、冲洗弃渣等应集中收集后运往指定地点,不得直接抛往桥下。

(4)混凝土防撞护栏的施工应符合下列规定:

①装配式梁式桥防撞护栏施工前,边梁应与中梁连接牢固。

②单柱墩桥梁防撞护栏应两侧对称施工。

十七、涵洞与通道

（1）顶进法施工涵洞或通道桥涵应编制专项施工方案。
（2）涵洞基坑和顶进工作坑开挖应符合明挖基础的有关规定。
（3）现场浇筑涵洞或通道桥涵时，支架、模板应安装牢固，应符合混凝土浇筑的有关规定。
（4）顶进前应编制公路中断和抢修预案，并应配备抢修人员和物资。
（5）雨季不宜顶进作业，无法避开时，应采取防洪、排水措施。
（6）顶进作业时，地下水位应降至涵洞或通道桥涵基础底面1m以下，且降水作业应控制土体沉降。
（7）顶进前，应注浆加固易坍塌土体，并应通过现场试验确定注浆参数，注浆时土体不得隆起。
（8）传力柱支承面应密贴，方向应与顶力轴线一致。宜在每4~8m加一道横梁，应采用填土压重等防止传力柱崩出伤人的措施，传力柱上方不得站人。顶进时应安排专人密切观察传力柱的变化，有拱起、弯曲等变形时，应立即停止顶进，进行调整。
（9）顶入路基后，宜连续顶进。
（10）顶进挖土时，应派专人监护。发现异常情况时，作业人员及机械应立即撤离危险区域，并应视情况采取交通安全保障措施。
（11）顶进挖土作业应坚持"勤挖快顶"的原则。不得掏洞取土、逆坡挖土。顶进暂停期内不得挖土。
（12）挖土机械不得碰撞加固设施和桥涵主体结构。人工清理开挖工作面时，挖土机械应退出开挖面。
（13）支点桩不得爆破拆除。

第五节　隧道工程施工中的安全监理要点

隧道工程施工，由于危险性较大，因此应将安全工作贯穿到从施工准备到交工验收的施工全过程；在思想上要重视、组织上要落实、措施上要具体、行动上要积极；为了处理好隧道工程施工中"人、机、物、方法、环境"之间的关系，预防安全事故发生，首先要从总体上切实抓好安全工作，以确保安全施工。

一、一般规定

（1）隧道施工前应开展安全风险评估，辨识施工过程中的主要危险源及危害因素，制订安全防护措施，并应根据工程建设条件、技术复杂程度、地质与环境条件、施工管理模式，以及工程建设经验对隧道工程实施动态风险控制和跟踪处理。
（2）隧道施工应按设计文件规定的施工方法制订施工方案，地质条件发生变化时，应及时进行设计变更。
（3）压力容器操作人员应按照有关规定经专业机构培训，并应取得相应的从业资格。

(4)施工现场布设应符合下列规定:

①临时设施的设置除应符合驻地和场站建设的有关规定外,尚应避开高边坡、陡峭山体下方、深沟、河流、池塘边缘等区域。

②弃渣场地应设置在不易横塌、不产生滑坡的安全地段,不得堵塞河流、泄洪通道。

③隧道内供风、供水、供气管线与供电线路应分别架设,照明和动力线路应分层架设。

④供电线路架设应遵循"高压在上、低压在下,干线在上、支线在下,动力线在上、照明线在下"的原则。110V以下线路距地面不得小于2m,380V线路距地面不得小于2.5m,6~10kV线路距地面不得小于3.5m。

(5)隧道洞口管理应符合下列规定:

①隧道洞口应设专人负责进出人员登记及材料、设备与爆破器材进出隧道记录和安全监控等工作。

②隧道施工应建立洞内外通信联络系统。

③长、特长及高风险隧道施工应设置稳定可靠的视频监控系统、门禁系统和人员识别定位系统。

(6)隧道洞口与桥梁、路基等同一个工点有多个单位同时施工或洞内不同专业交叉作业时,应共同制订现场安全措施。

(7)隧道内施工不得使用以汽油为动力的机械设备。

(8)通风机、抽水机等隧道安全设备应配备用设备。

(9)隧道内作业台车、台架应满足施工安全要求,高处作业安全防护设施应符合高处作业的有关规定。

(10)隧道洞口、开关箱、配电箱、台车、台架、仰拱开挖等危险区域应设置明显的警示标志。洞内施工设备均应设反光标识。

(11)隧道内应按要求配备消防器材。

(12)应根据危险源辨识情况编制隧道坍塌、突水突泥、触电、火灾、爆炸、窒息、有害气体等应急预案并应配备相应的应急资源。

(13)高压富水隧道钻孔作业应采取防突水、突泥冲出的反推或拴锚等措施。

(14)不良地质隧道地段应遵循"早预报、预加固、弱爆破、短进尺、强支护、早封闭、勤量测、快衬砌"的原则施工。

(15)超前地质预报和监测方案应作为必要工序统一纳入施工组织管理。

(16)施工隧道内不得明火取暖。

(17)隧道内严禁存放汽油、柴油、煤油、变压器油、雷管、炸药等易燃易爆物品。

二、洞口与明洞

(1)洞口施工前,应先清理洞口上方及侧方可能滑塌的表土、灌木及山坡危石等。

(2)洞口的截、排水系统应在进洞前完成,并应与路基排水顺接,不得冲刷路基坡面、桥台锥体、农田屋舍,土质截水沟、排水沟应随挖随砌。

(3)石质边、仰坡应采用预留光爆层法或预裂爆破法,不得采用深眼大爆破或集中药包爆破开挖。

(4)洞口边、仰坡坡面防护应符合要求,洞口施工应监测边、仰坡变形。

(5)洞口开挖应先支护后开挖、自上而下分层开挖、分层支护。不得掏底开挖或上下重叠开挖。陡峭、高边坡的洞口应根据设计和现场需要设安全棚、防护栏杆或安全网,危险段应采取加固措施。洞口工程应及早完成。

(6)洞口附近存在建(构)筑物且使用爆破掘进的,应采用控制爆破技术,并应监测振动波速及建(构)筑物的沉降和位移。

(7)洞口施工应采取措施保护周围建(构)筑物、既有线、洞口附近交通道路。

(8)洞口开挖宜避开雨季、融雪期及严寒季节。

(9)明洞施工应符合下列规定:

①明洞开挖前,洞顶及四周应设防水、排水设施。

②明洞应自上而下开挖。石质地段开挖应控制爆破炸药用量,开挖后应立即施作边坡防护。

③开挖松软地层边、仰坡应随挖随支护。

④衬砌强度未达到设计的70%、防水层未完成时,不得回填。

⑤明洞槽不宜在雨天开挖。

三、开挖

(1)长度小于300m的隧道,起爆站应设在洞口侧面50m以外;其余隧道洞内起爆站距爆破位置不得小于300m。

(2)装药、起爆、通风、盲残炮处置等应符合现行《爆破安全规程》(GB 6722)的有关规定。

(3)爆破后应按先机械后人工的顺序找顶,并应安全确认。

(4)机械开挖应根据断面和作业环境选择机型、划定安全作业区域,并应设置警示标志。

(5)人工开挖应设专人指挥,作业人员应保持安全操作距离。

(6)两座平行隧道开挖,同向开挖工作面纵向距离应根据两隧道间距、围岩情况确定,且不宜小于2倍洞径。

(7)隧道双向开挖面间相距15~30m时,应改为单向开挖。停挖端的作业人员和机具应撤离。土质或软弱围岩隧道应加大预留贯通的安全距离。

(8)涌水段开挖宜采用超前钻孔探水查清含水层厚度、岩性、水量与水压。

(9)全断面法施工应符合下列要求:

①应控制一次同时起爆的炸药量。

②地质条件较差地段应对围岩进行超前支护或预加固。

(10)台阶法和环形开挖预留核心土法施工,除应符合现行《公路隧道施工技术规范》(JTG F60)的有关规定外,尚应符合下列规定:

①围岩较差、开挖工作面不稳定时,应采用短进尺、上下台阶错开开挖或预留核心土措施,宜采用喷射混凝土、注浆等措施加固开挖工作面。

②应根据围岩条件和初期支护钢架间距确定台阶上部开挖循环进尺,上台阶每循环开挖支护进尺Ⅴ、Ⅵ级围岩不应大于1榀钢架间距,Ⅳ级围岩不得大于2榀钢架间距。

③围岩较差、变形较大的隧道,上部断面开挖后应立即采取控制围岩及初期支护变形量的措施。

④台阶下部断面一次开挖长度应与上部断面相同,且不得超过 1.5m。

⑤台阶下部开挖后应及时喷射混凝土封闭。

(11)中隔壁法施工应符合现行《公路隧道施工技术规范》(JTG F60)的有关规定,且同侧上、下层开挖工作面应保持 3~5m 距离。

(12)双侧壁导坑法施工应符合下列规定:

①及时施工初期支护并尽早封闭成环。

②侧壁导坑形状应近似于椭圆形断面。

③导坑跨度宜为隧道跨度的 1/3。

④左右导坑前后距离不宜小于 15m。

⑤导坑与中间土体同时施工时,导坑应超前 30~50m。

(13)仰拱开挖施工应符合下列规定:

①Ⅳ级及以上围岩仰拱每循环开挖长度不得大于 3m,不得分幅施作。

②仰拱与掌子面的距离,Ⅲ级围岩不得超过 90m,Ⅳ级围岩不得超过 50m,Ⅴ级及以上岩不得超过 40m。

③底板欠挖硬岩应采用人工钻眼松动、弱爆破方式开挖。

④开挖后应立即施作初期支护。

⑤栈桥等架空设施强度、刚度和稳定性应满足施工要求;栈桥基础应稳固;桥面应做防侧滑处理;两侧应设限速警示标志,车辆通过速度不得超过 5km/h。

四、装渣与运输

(1)装渣与运输应符合现行《公路隧道施工技术规范》(JTG F60)的有关规定。

(2)运渣车辆应状态完好、制动有效,不得载人,不得超载、超宽、超高运输。

(3)装渣、卸渣及运输作业场地的照明应满足作业人员安全的需要,隧道内停电或无照明时,不得作业。

(4)长、特长隧道施工有轨运输应配备载人列车,并设专人操作。

(5)有轨运输应设置会车场所、转向场所及行人的安全通路。

五、支护

(1)围岩自稳程度差的地段应先进行超前支护、预加固处理,并应符合设计要求。

(2)应随时观察支护各部位,支护变形或损坏时,作业人员应及时撤离现场。

(3)喷射混凝土、锚杆、钢筋网、超前小导管、管棚支护施工应符合现行《公路隧道施工技术规范》(JTG F60)的有关规定。焊接作业区域内不得有易燃易爆物品,下方不得有人员站立或通行。

(4)钢架施工除应符合现行《公路隧道施工技术规范》(JTG F60)的有关规定外,尚应符合下列规定:

①钢架底脚基础应坚实、牢固。

②相邻的钢架应连接成整体。

③已安装的钢架发生扭曲变形时,应及时逐榀更换,不得同时更换相邻的钢架。
④下部开挖后,钢架应及时接长、落底,钢架底脚不得左右同时开挖。
⑤拱脚开挖后应立即安装拱架、施作锁脚锚杆,锁脚锚杆数量、长度、角度应符合设计要求。
⑥拱脚不得脱空,不得有积水浸泡。
⑦临时钢架支护,在隧道钢架支撑封闭成环并满足设计要求后拆除。

六、衬砌

(1)软弱围岩及不良地质隧道的二次衬砌应及时施作,二次衬砌距掌子面的距离Ⅳ级围岩不得大于90m,Ⅴ级及以上围岩不得大于70m。
(2)隧道内不得加工钢筋。
(3)衬砌钢筋安装应设临时支撑,临时支撑应牢固可靠并有醒目的安全警示标志。
(4)钢筋焊接作业在防水板一侧应设阻燃挡板。
(5)衬砌台车应经专项设计,衬砌台车、台架组装调试完成应组织验收,并应试行走,日常使用应按规定维护保养。
(6)拱架、墙架和模板拆除应符合现行《公路隧道施工技术规范》(JTG F60)的有关规定。
(7)仰拱应分段一次整幅浇筑,并应根据围岩情况严格限制分段长度。

七、辅助坑道

(1)横洞、平行导坑施工应符合现行《公路隧道施工技术规范》(JTG F60)的有关规定。平行导坑宜采用单车道断面,间隔200m左右应设置一处错车道。错车道的有效长度宜为1.5倍施工车辆的长度。
(2)开挖前应妥善规划并完成斜井、竖井井口周边的截水、排水系统和防冲刷设施,斜井洞门、竖井锁口圈应及早施作。
(3)开挖前应检查斜井、竖井与正洞连接处的围岩稳定情况,应根据检查结果确定并实施超前预加固措施。开挖后,应及时支护和监控量测。
(4)斜井施工应符合下列规定:
①无轨运输斜井内运输道路应硬化,并应采取防滑措施;长隧道斜井无轨运输道路综合纵坡不得大于10%;单车道的斜井,每隔一定距离应设置错车道,其长度应满足安全行车要求。
②无轨运输进洞载物车辆车速不得大于8km/h,空车车速不得大于15km/h;出洞爬坡车速不得大于20km/h。
③有轨运输井口应设置挡车器,并设专人管理;在挡车器下方5~10m及接近井底前10m处应各设一道防溜车装置;长大斜井每隔100m应分别设置防溜车装置,井底与通道连接处应设置安全索;车辆行驶时,井内严禁人员通行与作业。
④有轨运输井身每30~50m应设置躲避洞,井底停车场应设避车洞,井底附近的固定设备应置于专用洞室。
⑤斜井口、井下及提升绞车应有联络信号装置。每次提升、下放与停留应有明确的信号规定。

⑥斜井中牵引运输速度不得大于5m/s,接近洞口与井底时不得大于2m/s,升降加速度不得大于0.5m/s²。

⑦斜井提升设备应按规定装设符合要求的防止过卷装置、防止过速装置、限速器、深度指示器、警铃、常用闸和保险闸等保险装置。

⑧斜井提升、连接装置和钢丝绳应符合安全使用的要求,并应定期检查。

⑨人员不得乘斗车上下;当斜井垂直深度超过50m时,应有运送人员的专用设施。

⑩运送人员的车辆应设顶盖,并装有可靠的防坠器;车辆中应装有向卷扬机司机发送紧急信号的装置。

(5)竖井施工应符合现行《公路隧道施工技术规范》(JTG F60)的有关规定,提升机、罐笼、绞车应符合现行《矿井提升机和矿用提升绞车 安全要求》(GB 20181)和《罐笼安全技术要求》(GB 16542)的有关规定。除此之外,尚应符合下列规定:

①井口应配置井盖,除升降人员和物料进出外,井盖不得打开。井口应设防雨设施,通向井口的轨道应设挡车器。井口周围应设防护栏杆和安全门,防护栏杆的高度不得小于1.2m。

②竖井井架应安装避雷装置。

③竖井吊桶、罐笼升降作业应制订操作规程,并严格执行。

④每次爆破后,应有专人清除危石和掉落在井圈上的石渣,并检查初期支护和临时支撑,清理完后方可正常工作。当工作面附近或未衬砌地段发现落石、支撑发响、大量涌水时,作业人员应立即撤出井外,并报告处理。

八、防水和排水

(1)隧道防水板施工作业台架应设置消防器材及防火安全警示标志,并应设专人负责。照明灯具与防水板间距离不得小于0.5m,不得烘烤防水板。

(2)隧道排水作业应符合下列规定:

①隧道内反坡排水方案应根据距离、坡度、水量和设备情况确定。抽水机排水能力应大于排水量的20%,并应有备用台数。

②隧道内顺坡排水沟断面应满足隧道排水需要。

③膨胀岩、土质地层、围岩松软地段应铺砌水沟或用管槽排水。

④遇渗漏水面积或水量突然增加,应立即停止施工,人员撤至安全地点。

(3)斜井及竖井排水应符合下列规定:

①斜井应边掘进边排水;涌水量较大地段应分段拦截排水。

②竖井、斜井的井底应设置排水泵站;排水泵站应设在铺设排水管的井身附近,并应与主变电所毗邻;泵站应留有增加水泵的余地。

③水箱、集水坑处应挂设警示牌标志,并对设备进行挡护。

九、通风、防尘及防有害气体

(1)施工通风应符合下列规定:

①隧道施工独头掘进长度超过150m时应采用机械通风;通风方式应根据隧道长度、断面大

小、施工方法、设备条件等确定,主风流的风量不能满足隧道掘进要求时,应设置局部通风系统。

②隧道施工通风应纳入工序管理,由专人负责。

③隧道施工通风应能提供洞内各项作业所需要的最小风量,风速不得大于6m/s;每人供应新鲜空气不得小于$3m^3/min$,内燃机械作业供风量不宜小于$4.5m^3/(min\cdot kW)$;全断面开挖时风速不得小于0.15m/s,导洞内不得小于0.25m/s。

④长及特长隧道施工应配备备用通风机和备用电源。

⑤通风机应装有保险装置,发生故障时应自动停机。

⑥通风管沿线应每50~100m设立警示标志或色灯。

⑦通风管安装作业台架应稳定牢固,并应经验收合格。

⑧主风机间歇时,受影响的工作面应停止工作。

(2)防尘、防有害气体应符合下列规定:

①作业过程中,空气中的氧气含量不得低于19.5%;不得用纯氧通风换气。

②空气中的一氧化碳(CO)、二氧化碳(CO_2)、氮氧化物(NO_x)等有害气体浓度不得超过表10-2中的允许值。

工作场所空气中有毒物质允许浓度(mg/m^3) 表10-2

中文名(CAS No.)		MAC	TWA	STEL
二氧化氮(NO_2)		—	5	10
二氧化硫(SO_2)		—	5	10
二氧化碳(CO_2)		—	9000	18000
一氧化氮(NO)		—	15	30
一氧化碳(CO)	非高原	—	20	30
	海拔为2000~3000m	20	—	—
	海拔大于3000m	15	—	—

注:TWA——时间加权平均允许浓度(8h);MAC——最高允许浓度,指在一个工作日内任何时间都不应超过的浓度;
　　STEL——短时间接触允许浓度(15min)。

③空气中粉尘浓度应符合表10-3的规定。

工作场所空气中粉尘容许浓度(mg/m^3) 表10-3

中文名(CAS No.)		TWA	STEL
白云石粉尘	总尘	8	10
	呼尘	4	8
沉淀SiO_2(白炭黑)	总尘	5	10
大理石粉尘	总尘	8	10
	呼尘	4	8
电焊烟尘	总尘	4	6
沸石粉尘	总尘	5	10
硅灰石粉尘	总尘	5	10
硅藻土粉尘(游离SiO_2含量小于10%)	总尘	6	10

续上表

中文名(CAS No.)		TWA	STEL
滑石粉尘(游离 SiO_2 含量小于10%)	总尘	3	4
	呼尘	1	2
煤尘(游离 SiO_2 含量小于10%)	总尘	4	6
	呼尘	2.5	3.5
膨润土粉尘	总尘	6	10
石膏粉尘	总尘	8	10
	呼尘	4	8
石灰石粉尘	总尘	8	10
	呼尘	4	8
石墨粉尘	总尘	4	6
	呼尘	2	3
水泥粉尘(游离 SiO_2 含量小于10%)	总尘	4	6
	呼尘	1.5	2
炭黑粉尘	总尘	4	8
稀土粉尘(游离 SiO_2 含量小于10%)	总尘	2.5	5
萤石混合性粉尘	总尘	1	
云母粉尘	总尘	2	4
	呼尘	1.5	3
蛭石粉尘	总尘	3	5
珍珠岩粉尘	总尘	8	10
	呼尘	4	8
重晶石粉尘	总尘	5	10
矽尘 含10%~15%游离 SiO_2 的粉尘	总尘	1	2
含10%~80%游离 SiO_2 的粉尘		0.7	1.5
含80%以上游离 SiO_2 的粉尘		0.5	1
含10%~50%游离 SiO_2 的粉尘	呼尘	0.7	1
含50%~80%游离 SiO_2 的粉尘		0.3	0.5
含80%以上游离 SiO_2 的粉尘		0.2	0.3
其他粉尘		8	10

注:1. TWA——时间加权平均容许浓度(8h);STEL——短时间接触容许浓度(15min)。
2."其他粉尘"指不含有石棉且游离 SiO_2 含量低于10%,不含有毒物质、尚未制定专项卫生标准的粉尘。
3."总尘"指直径为40mm的滤膜,按标准粉尘测定方法采样所得的粉尘。
4."呼尘"即呼吸性粉尘,指按呼吸性粉尘采样方法所采集的可进入肺泡的粉尘粒子,其空气动力学直径均在 $7.07\mu m$ 以下,空气动力学直径 $5\mu m$ 粉尘粒子的采样效率为50%。

④隧道施工应采取综合防尘措施,并应配备专用检测设备及仪器。隧道内存在砂尘的作业场所,每月应至少取样分析空气成分一次、测定粉尘浓度一次。

⑤隧道作业人员应配备防尘口罩、耳塞等个人劳动保护用品,并应定期体检。

十、风、水、电供应

(1)施工供风应符合下列规定:
①空气压缩机站应设有防水、降温和防雷击设施。
②供风管的材质及耐风压等级应满足相应要求,供风管不得有裂纹、创伤和凹陷,管内不得留有残余物和其他脏物。
③供风管应铺设平顺、接头严密,软管与钢风管的连接应牢固,风管应在空压机停机或关闭闸阀后拆卸。
④不得在空压机风管进出口和软管旁停留人员或放置物品。
(2)施工供水的蓄水池应设防渗漏措施和安全防护设施,且不得设于隧道正上方。
(3)施工供电与照明必须符合下列规定:
①非瓦斯隧道施工供电应符合临时用电规定。
②瓦斯隧道供电照明应符合现行《煤矿安全规程》(国家安全生产监督管理总局令第87号)的有关规定。
③隧道外变电站应设置防雷击和防风装置。
④隧道内设置6~10kV变电站时,变压器与周围及上下洞壁的最小距离不得小于0.3m,变电站周围应设防护栏杆及警示灯。
⑤成洞地段固定的电线路应采用绝缘良好的胶皮线架设,施工地段的临时电线路应采用橡套电缆。竖井、斜井地段应采用铠装电缆,瓦斯地段输电线应使用密封电缆。
⑥涌水隧道电动排水设备、瓦斯隧道通风设备以及斜井、竖井内电气装置应采用双回路输电,并应设可靠的切换装置和防爆措施。
⑦动力干线上的每一分支线,必须装设开关及保险装置。严禁在动力线路上加挂照明设施。
⑧隧道施工用电必须按设计要求设置双电源或自备电源。自备发电机组与外电线路必须电源联锁,严禁并列运行。
⑨隧道内照明灯光应保证亮度充足、均匀及不闪烁,采用普通灯光照明时,其照度应符合现行《公路隧道施工技术规范》(JTG/T F60)的有关规定。
⑩作业地段照明电压不宜大于36V,成洞段和不作业地段宜采用220V,照明灯具宜采用冷光源。
⑪漏水地段应采用防水灯具,瓦斯地段应采用防爆灯具。
⑫隧道内用电线路和照明设备应设专人负责检查和维护,检修电路与照明设备应切断电源。

十一、不良地质和特殊岩土地段

(1)富水软弱破碎围岩隧道施工应符合下列规定:
①施工过程应加强对隧道围岩和支护结构变形、地下水变化的监测,并应依据监测结论动

态调整设计和施工参数。

②应严格控制开挖循环进尺,初期支护应及时施作。

③应遵循"防、排、堵、截"相结合的原则治水。

④施工中出现浑水、突水突泥、顶钻、高压喷水、出水量突然增大、坍塌等突发性异常情况应立即停止施工、分析异常原因,并应妥善处理。

(2)岩溶地质隧道施工应符合下列规定:

①应先开展地质调查,并根据综合地质预报对溶洞里程、影响范围、规模、类型、发育程度和填充物、储水及补给情况、岩层稳定程度以及与隧道的相对位置等做出预测分析,制订防范措施。

②应遵循"因地制宜、综合治理"的原则施工。

③隧道溶洞与地表水存在水力联系时,宜在旱季进行、溶洞处理和隧道施工。

④岩溶段爆破开挖应严格控制单段起爆药量和总装药量,控制爆破震动。

⑤应备用足够数量的排水设备。

(3)含水沙层和风积沙隧道施工应符合下列规定:

①含水沙地段开挖应遵循"先治水、后开挖"的原则,风积沙地段开挖应遵循"先加固、后开挖"的原则;循环进尺应严格控制,并应加强监控量测。

②开挖完成后应及时支护、尽早衬砌、封闭成环。施工过程中应遇缝必堵,严防沙粒从支护缝隙中漏出。

(4)黄土隧道施工应符合下列规定:

①施工前应验证黄土的年代、成因、含水率、强度、压缩性、孔隙率、抗水性等情况,掌握详细的地质信息。

②进洞前,洞口的防排水系统应施作完毕。应采取回填夯实、填土反压、改变地表水径流等方法处理地表和浅埋段的冲沟、陷穴、裂缝。

③宜在旱季开挖洞口,雨季施工应采取控制措施。

④含水率较大的地层应及时排水不得浸泡墙脚、拱脚。

⑤施工中应密切观察垂直节理。

⑥施工中应密切监测拱脚下沉情况。

(5)膨胀岩土地质隧道施工应符合下列规定:

①施工前应查明膨胀岩土岩性、规模、各向异性程度、吸水性、围岩强度比、水文地质、膨胀机理等情况,选择合适的施工方法和预控措施。

②除常规监测项目外,尚应加强监测围岩净空位移、围岩压力,并应根据监测结果及时调整预留变形量和支护参数。

③应控制开挖循环进尺,逐次开挖断面各分部,分部开挖不得超前独进。

④隧道开挖断面轮廓应圆顺。

⑤隧道开挖后应尽快初喷混凝土封闭岩面,并应控制施工用水,加强施工用水管理,岩面不得受水浸泡。

(6)岩爆地质隧道施工应符合下列规定:

①施工中应加强围岩特性、岩爆强度等级、水文地质情况等的预报、预测和分析。

②宜在围岩内部应力释放后采用短进尺开挖,每循环进尺宜为1.0~2.0m,光面爆破的开挖面周壁宜圆顺。

③拱部及边墙应布设预防岩爆锚杆,施工机械重要部位应加装防护钢板。

④每循环内对暴露的岩面应加大监测及找顶频次。

⑤施工过程中应密切观察岩面剥落、监听岩体内部声响情况。出现岩爆迹象,作业人员应及时撤离。

(7) 软岩大变形地质隧道施工应符合下列规定:

①施工过程中应加强围岩岩性、地应力、水文地质、地质构造、变形机理分析,确定可能产生的变形程度与危害。

②施工过程中应监测拱顶下沉、周边位移、底鼓、围岩内部位移、支护结构变形等情况,并应依据监测结果及时调整支护参数和预留变形量。发现变形异常应及时处理。

③应严格控制循环进尺,仰拱、二衬应及时施作、封闭成环。

(8) 含瓦斯隧道施工应符合下列规定:

①施工前应编制专项施工方案、超前地质预报方案、通风设计方案、瓦斯监测方案、应急预案、作业要点手册等。

②应建立专门机构,并设专人做好瓦斯检测、记录和报告工作,瓦斯监测员应按照相关规定经专业机构培训,并应取得相应的从业资格。

③各作业面应配备瓦检仪,高瓦斯工点和瓦斯突出地段应配置高浓度瓦检仪和自动检测报警断电装置,瓦斯隧道人员聚集处应设置瓦斯自动报警仪。

④瓦斯检测应至少选择瓦斯压力法、综合指标法、钻屑指标法、钻孔瓦斯涌出初速度法、R值指标法中的两种方法,并应相互验证。

⑤瓦斯含量低于0.5%时,应每0.5~1h检测一次;瓦斯含量高于0.5%时,应随时检测,发现问题立刻报告。煤与瓦斯突出较大、变化异常时应加大检测频率。

⑥进入隧道施工前,应检测开挖面及附近20m范围内、断面变化处、导坑上部、衬砌与未衬砌交界处上部、衬砌台车内部、拱部塌穴等易积聚瓦斯部位、机电设备及开关附近20m范围内、岩石裂隙、溶洞、采空区、通风不良地段等部位的瓦斯浓度。隧道内瓦斯浓度限值及超限处理措施应符合表10-4的规定。

隧道内瓦斯浓度限值及超限处理措施　　表10-4

序号	地点	限值	超限处理措施
1	低瓦斯工区任意处	0.5%	超限处20m范围内立即停工,查明原因,加强通风、监测
2	局部瓦斯积聚(体积大于0.5m³)	2.0%	附近20m停工,撤人,断电,进行处理,加强通风
3	开挖工作面风流中	1.0%	停止电钻钻孔
4	煤层爆破后工作面风流	1.0%	继续通风,人员不得进入
5	局部通风机及电器开关20m范围内	0.5%	停机并不得启动
6	钻孔排放瓦斯时回流中	1.5%	撤人,停电,调整风量
7	竣工后洞内任何处	0.5%	查明渗漏点,向设计方反映,增加运营通风设备

⑦通风设施应保持良好状态,并应配置一套备用通风装置,各工作面应独立通风。

⑧风筒、风道、风门、风墙等设施应保持封闭,施工中应设专人维修和保养,不得频繁开启风门。

⑨应配置两套电源供电并应采用双电源线路,电源线不得分接隧道以外任何负荷。

⑩应按规定设置灭火器、消防水池、消防沙等消防设施。

⑪应采用湿式钻孔开挖装药前、放炮前和放炮后爆破工、班组长和瓦斯检测员应现场检查瓦斯浓度并参加爆破全过程。

⑫爆破作业应使用煤矿许用炸药、煤矿许用瞬发电雷管或煤矿许用毫秒延期电雷管,并应使用防爆型发爆器起爆。

⑬爆破母线应成短路状态,并包覆绝缘层。

⑭炮孔应使用炮泥填堵,填料应采用黏土或不燃性材料。

⑮起爆网络应由工作面向起爆站依次连接。

⑯揭煤地段施工宜采用微振动控制爆破掘进,并应根据煤层产状、厚度范围选定石门揭煤方法,爆破后应及时喷锚支护、封闭瓦斯,仰拱、二衬应及时施工,衬砌背后应及时压浆填充空隙。

⑰铲装石渣前应浇湿石渣。

⑱开挖完成后应及时喷锚支护、封闭围岩、堵塞岩面缝隙。

(9)瓦斯隧道严禁两个作业面之间串联通风。洞口20m范围内严禁明火。严禁使用黑火药或冻结、半冻结的硝化甘油类炸药,同一工作面不得使用两种不同品种的炸药。

(10)高瓦斯工区和瓦斯突出工区电气设备与作业机械必须使用防爆型。

(11)冻土隧道施工应符合下列规定:

①洞口段应根据季节温度的变化采取保温措施,换填、保温、防护排水等设施宜在春融前完成,季节性冻土段宜安排在非冻季节施工。施工前应查明冻土类别、含水率及分布规律、结构特征、厚度以及物理力学性质。

②洞口应设置防寒保温门,洞口边、仰坡应"快开挖、快防护"。

③开挖爆破后,应及时喷锚支护封闭围岩。

十二、盾构施工

(1)盾构始发应符合下列规定:

①盾构始发前应验算盾构反力架及其支撑的刚度和强度,反力架应牢固支撑在始发井结构上。盾构反力架整体倾斜度应与盾构基座的安装坡度一致。

②应根据工程水文地质条件、盾构机类型、盾构工作井的围护结构形式等因素加固盾构工作井端头地基,承载力应满足始发要求。

③应拆除刀盘不能直接破除的洞门围护结构。拆除前始发工作井端头地基加固与止水效果应良好。拆除时,应将洞门围护结构分成多个小块,从上往下逐个依次拆除,拆除作业应迅速连续。

④洞门围护结构拆除后,盾构刀盘应及时靠紧开挖面。

⑤盾构始发时应在洞口安装密封装置;盾尾通过洞口后,应尽早稳定洞口。

⑥盾构始发时,始发基座应稳定,盾构不得扭转。
⑦千斤顶应均匀顶进,反力架受力应均匀。
⑧负环脱出盾尾后,应立即对管片环向进行加固。

(2)盾构掘进应符合下列规定:

①盾构应在始发段50～100m进行试掘进,并应根据地质情况、施工监测结果、试掘进经验等因素选用掘进参数。

②土压平衡盾构掘进,开挖土体应充满土仓,并应核算排土量和开挖量。泥水平衡盾构掘进,泥浆压力与开挖面水土压力、排土量与开挖量应保持平衡。掘进过程中,应采取防止螺旋输送机发生喷涌的措施。

③盾构机不宜长时间停机。

④盾构刀具检查和更换地点应选择地质条件好、地层稳定的地段。

⑤维修刀盘应对刀盘前方土体采取加固措施或施作竖井。

⑥盾构设备应在机器停止操作时维修;液压系统维修前,应关闭相关阀门并降压;电气系统维修前,应关闭系统;空气和供水系统维修时,应关闭相应阀门并降压;刀盘、拼装机等旋转设备部件区域维修前,设备应停止运转。

(3)盾构管片拼装应设专人指挥。管片拼装时,拼装设备与管片连接应稳固,管片拼装和吊运范围内不得有人和障碍物,拼装完的管片应及时固定。

(4)盾构接收应符合下列规定:

①盾构到达前应拆除洞门围护结构,拆除前,工作井端头地基承载力、止水应满足要求。拆除时应控制凿除深度。洞口应安装止水密封装置。

②盾构距到达接收工作井15m内,应调整掘进速度、开挖压力等参数,减小推力、降低推进速度和刀盘转速,控制出土量并监测土仓内压力。

③隧道贯通前10环管片应设置管片纵向拉紧装置,贯通后应快速顶推并迅速拼装管片。

④隧道贯通前10环管片应加强同步注浆和即时注浆,盾尾通过洞口后应及时密封管片环与洞门间隙。

(5)盾构过站、掉头及解体应符合下列规定:

①过站、掉头托架或小车的强度、刚度和稳定性应满足盾构过站、掉头及解体的需要。

②盾构过站、掉头应观察盾构转向或移动状态。应控制好盾构掉头速度,并应随时观察托架或小车变形、焊缝开裂等情况。

③举升盾构机应同步、平稳。

④牵引平移盾构应缓慢平稳,钢丝绳应牢固。

⑤盾构解体前应关闭各个系统,各个部件应支撑牢固。

(6)盾构洞门、联络通道施工应符合下列规定:

①洞口负环拆除前应二次注浆。

②联络通道施工应编制专项施工方案。

③联络通道施工前应加固开挖范围及上方地层。

④拆除联络通道交叉口管片前应加固管片壁后土体和联络通道处管片。

⑤隧道内施工平台应与机车运输系统保持安全间距。

(7) 特殊地质和施工环境条件下的盾构施工应符合下列规定:
①应制订监控量测方案,并应根据监控量测结果及时调整掘进参数。
②浅覆土地段应根据地质、水文条件与施工环境采取地基加固、设置抗浮板或加盖板等处理措施。
③小净距隧道施工前,应加固隧道间土体;先建隧道管片壁后应注浆,隧道内应支设钢支撑;后建隧道施工应控制掘进速度、土仓压力、出渣量、注浆压力等。
④小半径曲线段隧道施工应制订防止盾构配套台车和编组列车脱轨或倾覆的措施。
⑤盾构下穿或近距离通过既有建(构)筑物、地下管线前,应详细调查并评估施工对该地段既有建(构)筑物、地下管线的影响,并应根据实际情况加固受盾构掘进影响的地基或基础、控制掘进参数,且应加强观测既有建(构)筑物的沉降、位移。
⑥大坡度地段机车和盾构机后配套台车应设置防溜装置。

(8) 盾构施工运输应符合下列规定:
①皮带输送机机架应坚固、平顺。启动皮带输送机前应发出声光警示,应空载试转,各部位运转应正常,皮带应连接牢固、松弛度适中。应在达到额定转速后均匀装料,并应设专人检查皮带运转情况。
②轨道应平顺,钢轨与轨枕间应牢固,轨枕和轨距拉杆应符合安装规定,并应设专人养护轨道。
③机车安全装置应可靠有效,机车行驶速度不得大于10km/h,经过转弯处或接近岔道时不得大于5km/h,靠近工作面100m距离内不得大于3km/h并应打铃警示,车尾接近盾构机台车时不得大于3km/h。
④机车在启动和行驶过程中应启动警铃、电喇叭等警示装置。开车前应前后检查,各类物件应平稳放置、捆绑牢固,不得超载、超宽和超长运输。

十三、水下隧道

(1) 钻爆法施工的水下隧道应符合下列规定:
①应加强超前地质预测预报,查明掌子面前方地质情况,并应采取有效防治措施。
②洞口浅埋段应进行预支护和注浆加固。
③隧道穿越断层、破碎带、风化深槽等软弱不良地层,应采取超前预加固,并做好支护。
④围岩薄弱部位、高水压地段施工应采取防突涌、突水措施。注浆孔口应加设防突和止浆球阀装置,现场排水设备应充足。
⑤水下隧道应设置分段隔水闸门,应采取分段式集、排水井坑排水。
(2) 盾构法施工的水下隧道除应符合盾构法施工的有关规定外,尚应符合下列规定:
①水下隧道掘进宜选用泥水平衡盾构掘进机。
②洞门凿除前应探孔进行水位实时监测,并应做好洞门止水密封。
(3) 沉管法施工的水下隧道应符合下列规定:
①基槽开挖作业前,应对隧址处海床和航道的演进历史进行充分调查。
②沉管浮运前,应检验沉管水密性能,掌握施工水域水文、气象信息。
③沉管起浮后,应核实沉管浮运时的干舷高度,监控管节浮态变化,并应及时处理。

④管节浮运、沉放时的水文、气象等工况条件应满足施工要求。浮运过程应设警戒船跟随。

⑤管节沉放到位后,沉管端头封闭门应按规定程序拆除。

⑥管节安装完成后,应按照规定报有关部门,并应在两岸设置禁止抛锚等警示标志。

十四、特殊地段

(1)浅埋段不宜采用全断面法施工。

(2)浅埋段应加强地表沉降、拱顶下沉的量测;偏压隧道应加强对围岩的监测;地面有建(构)筑物时应采用控制爆破技术,并应监测爆破震动及变形。

(3)浅埋段地表冲沟、陷穴、裂缝等应回填夯实、砂浆抹面,并处理地表水。

(4)偏压隧道施工前,应根据土压情况对偏压段进行平衡、加固处理。

(5)偏压隧道靠山一侧应加强支护,每次开挖进尺不得超过一幅钢架间距,并应及时封闭。

(6)下穿隧道施工前应按照规定办理相关手续,编制保证交通安全和周围结构安全的专项施工方案。

(7)下穿隧道应加强监控量测工作,及时掌握隧道拱顶、净空变化及地表沉降情况。

(8)桩基托换法施工应检测托换桩、托换梁及既有建(构)筑物,并应验算沉降、应力、裂缝、变形和桩顶横向位移。

十五、小净距及连拱隧道

(1)地质条件不同的两孔隧道,宜先开挖地质条件较差的隧道,后开挖地质条件较好的隧道。

(2)小净距隧道施工应符合下列规定:

①小净距隧道洞口切坡宜保留两隧道间原土体。

②两隧道工作面应错开施工,先行洞与后行洞掌子面错开距离应大于2倍隧道开挖宽度。应严格控制爆破震动。

③后行隧道应根据围岩情况先加固中岩墙,极软弱围岩段应加固两隧道相邻侧拱架基础。

④宜采用光面爆破技术,并应采用低威力、低爆速炸药;爆破时另一洞内作业人员也应撤离。

(3)连拱隧道施工应符合下列规定:

①应根据中导洞探察的岩层情况确定合理的施工方案,主洞上拱部开挖应在中隔墙混凝土达到设计要求的强度后进行。

②中导洞不得作为爆破临空面。

③应在先行洞模筑衬砌混凝土达到设计要求的强度后进行后行洞的开挖和衬砌。

④主洞开挖时,左、右两洞开挖掌子面错开距离宜大于30m。

⑤应监测连拱隧道中隔墙的位移,并应及时对中隔墙架设水平支撑;后开挖隧道一侧的中隔墙和主洞之间的空隙宜回填密实或支撑稳固。

十六、附属设施工程

（1）设备洞、横通道及其他洞室施工应符合下列规定：

①洞室及与正洞连接地段爆破作业前,应根据围岩级别、扩挖断面大小选择合理的开挖爆破参数。

②安全距离以内的所有人员应撤离至安全区域。

③洞室的永久性防水、排水工程应与正洞一次同时完成。

④设备洞及横通道等处的施工宜采用喷锚支护,围岩不稳定时应增设钢架支撑。支护应紧跟开挖。与正洞连接地段,支护应予以加强。

（2）装饰工程施工应符合下列规定：

①隧道装饰区域应设置作业区警示标志及人员、机械绕行线路标志。

②各类装修原材料应分类存放并设置警示标志,并应配备防火、防爆消防设备;易燃、易爆等材料应设专人负责管理。

（3）通风机、蓄水池、电力管线及压力管道铺设等其他附属设施施工应符合临时用电、生产生活用水、混凝土工程、高处作业的有关规定。

十七、超前地质预报和监控量测

（1）超前地质预报和监控量测方案应根据隧道地质条件、支护参数、施工方法以及设计要求编制,主要应包括工程简介、监测目的、监测项目、监测机构、监测方法、监测仪器、测点布置、量测频率、监测管理标准等内容。复杂工程监测方案应经论证。

（2）施工监测信息应及时分析、反馈,变化异常区段应加强监测,并提出相应的对策措施。

（3）监测仪器、元器件及其构成的监测系统应可靠、耐久、稳定,并按要求进行相应的校对、标定和检查。

（4）施工监测应建立数据记录、计算、分析、复核及审核制度,数据应准确、可靠,具有可追溯性。

（5）施工期间隧道所在区域发生地震、滑坡、泥石流等不良地质灾害后,应加强监测,并提出相应对策措施。

（6）超前地质预报作业应符合下列规定：

①地质预报工作应在隧道找顶作业结束后进行,高地应力区隧道应待工作面支护完成后进行。工作前应观察操作空间上方、周围、开挖工作面附近安全状态。

②区域地质条件复杂的隧道,应根据区域地质勘测资料,选择以钻探法为主,结合物探法、地质调查法的多种预测预报方法综合分析。

③应按动态设计原则,并根据地质复杂程度确定预报方案。

④地质调查法应在隧道开挖排险结束后进行,钻探法、物探法应待工作面支护完成后进行。

⑤地质调查应落实安全防护措施、完善防护设施。作业区域照明的光照度应满足数据采集和预报作业人员安全操作的需要。

⑥钻探法预报钻孔孔口管应安设牢固,钻机使用的高压风、高压水的各种连接部件应采用符合要求的高压配件,管路连接应安设牢固、经常检查。

⑦地震波反射法预报炸药量不得大于75g。

(7)监控量测作业应符合下列规定:

①应对观测点周围环境状态进行观察判断,随时观察工作环境及周边安全状态。监控量测过程中应保证作业平台稳定牢固、安全防护到位,作业时应照明充足。

②在富水区隧道安装量测仪器或进行钻孔时,发现岩壁松软、掉块或钻孔中的水压、水量突然增大,以及有顶钻等异常情况时,应停止钻进,并监测水情。当发现情况危急时,应立即撤出所有危险区域的人员,并采取处理措施。

③隧道附近有重要建(构)筑物、设施设备和其他保护对象时,应对建(构)筑物进行变形和沉降观测;隧道采用爆破施工时,应按现行《爆破安全规程》(GB 6722)进行爆破监测。

十八、逃生与救援

(1)隧道施工应配备应急救援机械设备、监测仪器、堵漏和清洗消毒材料、交通工具、个体防护设备、医疗设备和药品、生活保障和救援物资等,应进行定期检查、维护和更新。不得挪用救援物资及救援设备。

(2)隧道施工应建立兼职救援队伍。

(3)隧道通风、供水及供电设备应纳入正常工序管理,设专人负责管理。施工过程中应加强通风效果检测,供水供电管道、线路应通畅,同时应设置备用设备和备用电源。

(4)隧道内交通道路及开挖作业等重要场所应设置安全应急照明和应急逃生标志,应急照明应有备用电源并保证光照度符合要求。

(5)软弱围岩隧道开挖掌子面至二次衬砌之间应设置逃生通道,随开挖进尺不断前移,逃生通道距离开挖掌子面不得大于20m。逃生通道的刚度、强度及抗冲击能力应满足安全要求,逃生通道内径不宜小于0.8m。

(6)长、特长及高风险隧道应设报警系统及逃生设备、临时急救器械和应急生活保障品等。

(7)隧道施工期间各施工作业面应安装有应急照明装置的报警系统装置。

第六节 交通安全设施安全监理要点

一、一般规定

(1)不中断交通施工作业应按现行《道路交通标志和标线》(GB 5768)和《公路养护安全作业规程》(JTG H30)设置作业控制区。

(2)在通车道路上施工或夜间作业时,应采取限速、导流及渠化等措施,交通指挥人员和上路作业人员应按规定穿着安全反光标志服或反光背心。

(3)机电工程、收费站、服务区、园林绿化等施工应符合相关行业标准的要求。

二、护栏

(1)运货车辆未停稳时,不得装、卸货物,立柱堆放应采取防止滚落的措施。

(2)打、压立柱的桩机应安设牢固、平稳。桩机移动时应注意避让地面沟槽、地上架空线路等障碍物。

(3)缆索放线架和线盘应放置稳固,放线架应配有制动设施。

(4)缆索架设作业时,张拉人员应站在张紧器与钢丝绳连接处的侧后方,张拉时紧邻张拉跨中间立柱两侧不得站人。

(5)波形梁板安装后应及时固定。

(6)高边坡、陡崖、沿溪线的现浇混凝土护栏施工,作业人员应采取防坠落的措施。

(7)安装桥梁金属护栏时,作业人员和未完全固定的构件应采取预防坠落的措施。

三、交通标志

(1)基坑位于现场通道或居民区附近时,应沿边缘设立防护栏杆或围挡,夜间应加设红色警示灯。

(2)标志安装应符合下列规定:

①标志支撑结构的安装应在基础混凝土强度达到设计要求后进行。

②起重作业应符合有关规定。

③安装门架标志时,作业人员不得站在门架横梁上作业。

④高处作业宜使用液压升降机和车载式高空平台作业车。

四、交通标线

(1)运输、存放标线涂料、溶剂应采取防火措施。

(2)热熔作业时,作业人员应穿着防护服,佩戴护目眼镜、防护手套和防有机气体口罩。

(3)热熔釜熔料时最大投料量不得超过缸体的4/5,热熔釜和漆料保温桶上方不得出现明火。

(4)喷涂水性涂料应采取防涂料飞溅的措施。

五、隔离栅和桥梁护网

(1)隔离栅施工应符合下列规定:

①隔离栅安装作业人员应佩戴防穿刺手套。

②混凝土立柱和基础预制块件存放高度不得超过1.5m,且应码放整齐,不得滚落卸载。

(2)桥梁护网安装应符合护栏安装的有关规定。

六、防眩设施

(1)运输、存放塑料防眩板应采取防火措施。

(2)桥梁上下行空隙处安装防眩板应采取防坠落措施。

第七节 改扩建工程安全监理要点

一、一般规定

(1)不中断交通进行公路改扩建工程施工,应符合下列规定:
①应按照现行《道路交通标志和标线》(GB 5768)、《公路养护安全作业规程》(JTG H30)和交通组织方案设置作业控制区。
②应定期对交通安全设施进行检查和维护。
(2)施工路段两端及沿线进出口处应设置明显的临时交通安全设施。
(3)爆破作业前应临时中断交通。爆破后应立即清理道路上的土、石,检修公路设施。应确认达到行车条件后开放交通。
(4)边通车边施工路段,通车路段的路面应保持清洁。
(5)半幅施工作业区与车行道之间应设置隔离设施。应设专人和通信设备,指挥交通、疏导车辆。弯道顶点附近不宜堆放物料、机具。
(6)在居民点或公共场所附近开挖沟槽时,应设防护设施,夜间应设置照明灯和警示灯。
(7)作业人员应穿着反光服,佩戴贴有反光带的安全帽。

二、拆除

(1)应根据所拆除建(构)筑物的结构特点及施工环境要求确定拆除施工的段落、层次、顺序和方法。拆除施工应从上至下、逐层、分段实施,不得立体交叉作业。
(2)当拆除工程对周围相邻建筑安全可能产生危险时,应采取相应保护措施。
(3)拆除现场应设置围挡、警示标志,非作业人员不得进入拆除现场。
(4)拆除旧桥、旧涵时,在旧桥的两端应设置禁止通行的路障及标志,夜间应悬挂警示灯。
(5)拆除施工中的应符合高处作业、起重作业、爆破作业的有关规定。
(6)拆除施工作业人员和机具应处于稳固位置。必须进行临时悬吊作业时,应系好悬吊绳和安全绳。悬吊绳和安全绳应分别锚固,锚固位置应牢固。
(7)拆除梁或悬臂构件应采取防坠落、防坍塌措施。
(8)定向拆除墩、柱时,应采取控制倒塌方向的措施。
(9)拆除的材料应及时清理、分类放置,不得随意抛掷。
(10)隧道拆除二衬前应采取有效预支护措施,控制变形和沉降量。
(11)隧道拆除过程中应对施工段进行监控量测。
(12)隧道拆除作业应以机械作业为主要施工方法,不得扰动、破坏周边围岩和结构。
(13)隧道拆除作业需爆破作业的,应采取有效措施保护既有建(构)筑物。

三、加固

(1)采用化学材料施工时,应采取防火措施。

(2)桥梁基础加固应采取防洪、防汛措施。

(3)加固受力状态下的结构构件过程中对原结构有削弱时,应采取限载或支架支撑措施。所搭设的支架应按最不利荷载进行验算。

(4)不中断交通的桥梁加固施工,应符合改扩建的有关规定。

(5)桥梁顶升作业所用千斤顶的规格、型号应一致,顶升速度应一致、随顶随支,并应设置防止梁掉落的支垫保险装置。

(6)采用吊架加固梁体时,吊架应稳固牢靠。高处作业应符合高处作业的有关规定。

(7)局部凿除二衬混凝土进行修补加固作业,应对二衬背后防排水结构进行保护和修复。其修补的混凝土部分应与原结构物有锚固措施。

(8)隧道治理渗漏水应以"疏、堵、截、排,综合治理"为原则,同时应保证二衬混凝土强度和结构的完整性。

(9)隧道加固作业需要背后注浆的,应控制注浆压力和注浆量,不得破坏二衬结构。

(10)隧道二衬表面需要加固补强及安装机械设备的,应满足隧道对净空限界尺寸的要求。

第八节 特殊季节与夜间施工安全监理要点

由于公路工程施工项目多数属于点多线长、露天和连续作业,涉及的人员、材料、机械设备多,技术含量低且需要经常变换工种的施工环境,使得安全风险极大。加之目前建设项目大多工期紧任务重,施工中不可避免地面临冬季、雨季以及夜间等特殊季节和特殊时段施工任务。因此,各级安全管理人员有义务对全体从业人员做好相关知识的宣传教育,使他们知道冬季防火防煤气、夏季防汛防中暑、夜间施工要有足够的照明设施等知识。因此,各施工单位必须对夜间和季节性施工安全措施高度重视,针对夜间施工和未来特殊气候环境影响下施工中可能发生的造成人员伤亡、疾病、财产损失、工作环境破坏等危险及紧急情况,采取的有针对性的事先预防措施。

一、一般规定

(1)应根据施工所在地季节性变化规律、施工环境,结合施工特点,制订特殊季节、特殊环境防范措施,编制应急预案,并应储备应急物资、定期演练。

(2)应及时收集当地气象、水文等信息,并根据情况及时采取防范措施。

二、冬季施工

(1)冬季来临前,应检修、保养使用的船机、设备、机具及防护、消防、救生设施,并应采取防冻措施。

(2)冬季施工现场的道路、工作平台、斜坡道、脚手板、船舶甲板等均应采取防滑措施,及时清除冰雪。冬季施工现场应配备消防设施。

(3)办公、生活区严禁使用电炉、碘钨灯等取暖,煤炭炉取暖必须采取防火、防一氧化碳中毒的措施。

(4)雪天或滑道、电缆结冰的现场外用电梯应停用,梯笼应置于底层。

(5)冬季进行高处作业应采取可靠的防滑、防寒和防冻措施,并应及时清除水、冰、霜、雪。

(6)严禁明火烘烤或开水加热冻结的储气罐、氧气瓶、乙炔瓶、阀门、胶管。

(7)封冻河流上施工应制订专项施工方案,机械设备冰上作业应经论证。

(8)内河凌汛期,水上在建的建(构)筑物和工程船舶等应采取防撞措施,现场上游应布设破冰防线。

三、雨季施工

(1)雨季来临前,应检查、修复或完善现场避雷装置、接地装置、排水设施,围堰、堤坝等应采取加固和防坍塌措施,易冲刷部位应采取防冲或导流措施。

(2)现场的脚手架、跳板、桥梁、墩台等作业面应采取防滑措施。

(3)大风、大雨后,应检查支架、脚手架、起重设备、临时用电工程、临时房屋等设施的基础。

(4)雷雨时,不得从事露天作业。

四、夜间施工

(1)夜间施工时,作业场所或工程船舶应设置照明设备,照度应满足施工要求。光束不得直接照射工程船舶、机械的操作和指挥人员。

(2)夜间施工时,作业现场的预留孔洞、上下道口及沟槽等危险部位应设置夜间警示标志和警示灯。

五、高温施工

(1)作业时间应避开高温时段。

(2)必须在高温条件下的施工作业应采取防暑降温措施。

(3)施工现场的易燃易爆物品应采取防晒措施。

六、台风季节施工

(1)在建工程、施工机械设备、临时设施、生活和办公用房应做防风加固,排水沟渠应通畅。

(2)应落实船舶避风锚地、拖轮和人员的转移地点。

七、汛期施工

(1)易发生洪水、泥石流、滑坡等灾害的施工现场应加强观测、预警,发现危险预兆应及时撤离作业人员和施工机械设备。

(2)库区及下游受排洪影响地区施工作业应及时掌握水位变化情况。

八、能见度不良施工

(1)能见度不良的施工现场不宜施工作业。

(2)能见度不良时水上作业场地应按规定启用声响警示设备和红光信号灯。

(3)船舶雾航必须按现行《国际海上避碰规则》和《中华人民共和国内河避碰规则》的有关规定执行。停航通告发布后,必须停止航行。

(4)航行中突遇浓雾应立即减速、测定船位,继续航行应符合上一条规定。

九、沙漠地区施工

(1)风沙地区的临时生产、生活设施应满足防风、防沙要求,驻地附近应设置高于15m的红色信号旗和信号灯。

(2)通行车辆技术性能应满足沙漠运行要求,操作人员应接受相应培训。

(3)外出作业每组不得少于3人,并应配备通信设备。

(4)大风来临前,机械设备应按迎风面最小正对风向放置,高耸机械应采取固定、防风措施。

十、高海拔地区施工

(1)海拔3000m以上地区施工作业应严格执行高海拔地区有关规定,制定相应规章制度,并应采取有效保障措施。

(2)应设立医疗机构和氧疗室,现场应配备供氧器。

(3)生活区、料库(场)、设备存放场应避开热融可能滑坍的冰锥、冻胀丘、高含冰量的冻土和湖塘等不良地段。

(4)高海拔地区施工驻地周边沼泽地带应设置警示标志。

(5)高海拔地区工作的人员应严格体检,不适合人员不得从事高海拔地区作业。

(6)海拔4000m及以上地区野外作业每天不宜超过6h,隧道内作业每天不宜超过4h。

参 考 文 献

[1] 中华人民共和国行业标准.公路工程技术标准:JTG B01—2014[S].北京:人民交通出版社,2014.

[2] 中华人民共和国行业标准.公路工程名词术语:JTJ 002—87[S].北京:人民交通出版社,1987.

[3] 中华人民共和国行业标准.公路建设项目环境影响评价规范:JTG B03—2006[S].北京:人民交通出版社,2006.

[4] 中华人民共和国行业标准.公路环境保护设计规范:JTG B04—2010[S].北京:人民交通出版社,2010.

[5] 中华人民共和国行业标准.公路路线设计规范:JTG D20—2017[S].北京:人民交通出版社股份有限公司,2017.

[6] 中华人民共和国行业标准.公路排水设计规范:JTG/T D33—2012[S].北京:人民交通出版社,2012.

[7] 中华人民共和国行业标准.公路桥涵设计通用规范:JTG D60—2015[S].北京:人民交通出版社股份有限公司,2015.

[8] 中华人民共和国行业标准.公路桥涵地基与基础设计规范:JTG 3363—2019[S].北京:人民交通出版社股份有限公司,2019.

[9] 中华人民共和国行业标准.公路隧道设计规范 第一册 土建工程:JTG 3370.1—2018[S].北京:人民交通出版社股份有限公司,2018.

[10] 中华人民共和国行业标准.公路路基设计规范:JTG D30—2015[S].北京:人民交通出版社股份有限公司,2015.

[11] 中华人民共和国行业标准.公路沥青路面设计规范:JTG D50—2017[S].北京:人民交通出版社股份有限公司,2017.

[12] 中华人民共和国行业标准.公路水泥混凝土路面设计规范:JTG D40—2011[S].北京:人民交通出版社,2011.

[13] 中华人民共和国行业标准.公路路基施工技术规范:JTG 3610—2019[S].北京:人民交通出版社股份有限公司,2019.

[14] 中华人民共和国行业标准.公路路面基层施工技术细则:JTG/T F20—2015[S].北京:人民交通出版社股份有限公司,2015.

[15] 中华人民共和国行业标准.公路沥青路面施工技术规范:JTG F40—2004[S].北京:人民交通出版社,2004.

[16] 中华人民共和国行业标准.公路水泥混凝土路面施工技术细则:JTG F30—2014[S].北京:人民交通出版社,2014.

[17] 中华人民共和国行业标准.公路工程沥青及沥青混合料试验细则:JTG E20—2011[S].北京:人民交通出版社,2011.

[18] 中华人民共和国行业标准.公路养护技术规范:JTG H10—2009[S].北京:人民交通出版社,2009.

[19] 中华人民共和国行业标准.公路沥青路面养护技术规范:JTG 5142—2019[S].北京:人民交通出版社股份有限公司,2019.

[20] 中华人民共和国行业标准.公路水泥混凝土路面养护技术规范:JTJ 073.1—2001[S].北京:人民交通出版社,2001.

[21] 中华人民共和国行业标准.公路工程施工监理规范:JTG G10—2016[S].北京:人民交通出版社股份有限公司,2016.

[22] 中华人民共和国行业标准.公路隧道照明设计细则:JTG/T D70/2-01—2014[S].北京:人民交通出版社,2014.

[23] 中华人民共和国行业标准.公路隧道通风设计细则:JTG/T D70/2-02—2014[S].北京:人民交通出版社,2014.

[24] 中华人民共和国行业标准.公路隧道设计规范 第二册 交通工程与附属设施:JTG D70/2—2014[S].北京:人民交通出版社,2014.

[25] 中华人民共和国国家标准.电气装置安装工程 电气设备交接试验标准:GB 50150—2016[S].北京:中国计划出版社,2016.

[26] 中华人民共和国行业标准.公路工程质量检验评定标准 第一册 土建工程:JTG F80/1—2017[S].北京:人民交通出版股份有限公司,2017.

[27] 中华人民共和国行业标准.公路工程质量检验评定标准 第二册 机电工程:JTG F80/2—2004[S].北京:人民交通出版社,2004.

[28] 中华人民共和国国家标准.火灾自动报警系统施工及验收标准:GB 50166—2019[S].北京:中国计划出版社,2019.

[29] 中华人民共和国国家标准.公路交通工程钢构件防腐技术条件:GB/T 18226—2015[S].北京:中国标准出版社,2015.

[30] 李宇峙,秦仁杰.工程质量监理[M]第三版.北京:人民交通出版社,2013.

[31] 盛安莲.路基路面检测技术[M].北京:人民交通出版社,1997.

[32] 李宇峙,邵腊庚.路基路面工程检测技术[M].北京:人民交通出版社,2003.

[33] 赵忠杰.公路隧道机电工程[M].北京:人民交通出版社,2007.

[34] 邓学钧.路基路面工程[M].北京:人民交通出版社,2000.

[35] 邓学钧.路面设计原理与方法[M].北京:人民交通出版社,2001.

[36] 习应祥.道路工程材料质量控制与检测[M].长沙:湖南地图出版社,1989.

[37] 沙庆林.公路压实与压实标准[M].北京:人民交通出版社,1999.

[38] 张学维,朱维益.质量检测员手册[M].北京:中国建筑工业出版社,1995.

[39] 盛骤.概率论与数理统计[M]第四版.高等教育出版社,2008.

[40] 杨惠连.误差理论与数据处理[M].天津:天津大学出版社,1992.

[41] 谢式千,盛骤.概率论与数理统计[M].北京:高等教育出版社,1989.

[42] 沈同.常用综合性基础指标指要(一)[M].北京:中国统计出版社,1993.

[43] 丁汉哲.试验技术[M].北京:机械工业出版社,1983.

[44] 饶鸿雁.数理统计在道路工程中的应用[M].北京:人民交通出版社,1983.

[45] 赵特伟.试验数据的整理与分析[M].北京:中国铁道出版社,1991.

[46] 邓学钧,陈荣生.刚性路面设计[M].北京:人民交通出版社,1992.

[47] 姚祖康.道路路基和路面工程[M].上海:同济大学出版社,1994.

[48] 黄晓明,张晓冰.公路工程检测手册[M].北京:人民交通出版社,2006.

[49] 袁聚云.土工试验与原理[M].上海:同济大学出版社,2003.

[50] 孟高头.土体工程勘察原位测试及其工程应用[M].北京:地质出版社,1992.

[51] 胡长顺,黄辉华,王秉纲.高等级公路路基路面施工技术[M].北京:人民交通出版社,1994.

[52] 李生林,王正宏.土质分类及其工程应用[M].北京:水利水电出版社,1998.

[53] 黄仰贤.路面设计与分析[M].齐诚,邓学钧,译.北京:人民交通出版社,1998.

[54] 殷岳江.公路沥青路面施工[M].北京:人民交通出版社,2000.

[55] 汤林新.高等级公路路面耐久性[M].北京:人民交通出版社,1997.

[56] 张登良.沥青路面[M].北京:人民交通出版社,1999.

[57] 茅梅芳.路基路面工程质量检测[M].南京:东南大学出版社,1998.

[58] 日本道路协会.日本沥青路面规范[M].北京:人民交通出版社,1983.

[59] 奥本大学国家沥青技术中心.热拌沥青混合料材料、混合料设计与施工[M]余叔藩,译.1991.

[60] 卢照辉.动力触探测试及应用[J].焦作工学院学报,2003.

[61] 袁钟,李思源.标准贯入试验的应用及贯入击数的影响因素[J].港工技术,2002.

[62] 王钟琦.我国的静力触探的发展前景[J].岩土工程学报,2000.

[63] 张志祥,孙文州.沥青混凝土路面车辙病害原因的调查分析与评价[J].公路,2004.